해커스
국민건강보험공단
NCS+법률
실전모의고사

취업강의 1위, 해커스잡 ejob.Hackers.com

해커스
국민건강보험공단
NCS+법률 실전모의고사

서문

국민건강보험공단 필기시험 어떻게 준비해야 하나요?

국민건강보험공단 임용을 위한 필수 관문인 필기시험 대비에 어려움을 겪는 여러분의 마음을 알기에,
「해커스 국민건강보험공단 NCS+법률 실전모의고사」를 펴내며 많은 고민을 하였습니다.

최신 출제 경향을 정확히 파악하고 대비할 수 있도록,
실전 감각을 극대화할 수 있도록,
법률까지 확실히 대비할 수 있도록,

해커스는 수많은 고민을 거듭한 끝에
「해커스 국민건강보험공단 NCS+법률 실전모의고사」 개정판을 출간하게 되었습니다.

「해커스 국민건강보험공단 NCS+법률 실전모의고사」는

01 **출제 경향 알아보기**와 **기출복원문제**를 수록해 최신 출제 경향을 정확히 파악하고 2025년 채용을 대비할 수 있도록 하였습니다.

02 출제 경향을 반영한 **실전모의고사를 풍부하게 수록**하여 실전 감각을 극대화할 수 있도록 하였습니다.

03 NCS 직업기초능력뿐만 아니라 법률에도 대비할 수 있도록 **국민건강보험법과 노인장기요양보험법 모의고사까지 수록**하여 법률 문제에도 확실히 대비할 수 있도록 하였습니다.

해커스와 함께 국민건강보험공단 필기시험 관문을 넘어 최종 합격하실 '**예비 국민건강보험공단인**' 여러분께 이 책을 드립니다.

해커스 취업교육연구소

목차

필기시험 합격을 위한 이 책의 활용법 6 | 맞춤 학습 플랜 8

국민건강보험공단 합격 가이드 국민건강보험공단 알아보기 10 | 국민건강보험공단 채용 알아보기 12

국민건강보험공단 필기시험 합격 가이드 출제 경향 알아보기 14 | 필기시험 대비 학습 전략 15 | 시험 당일 Tip! 15

기출복원문제

01 NCS 직업기초능력 · · · · · · 18
02 국민건강보험법 · · · · · · 32
03 노인장기요양보험법 · · · · · · 36

실전모의고사

실전모의고사 1회

01 NCS 직업기초능력 · · · · · · 44
02 국민건강보험법 · · · · · · 92
03 노인장기요양보험법 · · · · · · 100

실전모의고사 2회

01 NCS 직업기초능력 · · · · · · 110
02 국민건강보험법 · · · · · · 160
03 노인장기요양보험법 · · · · · · 168

실전모의고사 3회

01 NCS 직업기초능력 — 178
02 국민건강보험법 — 226
03 노인장기요양보험법 — 234

실전모의고사 4회

01 NCS 직업기초능력 — 244
02 국민건강보험법 — 292
03 노인장기요양보험법 — 300

[부록]
법률 빈칸노트
국민건강보험법 빈칸노트
노인장기요양보호법 빈칸노트

[책 속의 책]
약점 보완 해설집

[온라인 제공]
해커스잡 사이트(ejob.Hackers.com)
건보 고득점을 위한 PSAT형 모의고사(PDF)
법률 빈칸노트(PDF)

필기시험 합격을 위한 이 책의 활용법

1 최신 출제 경향을 파악하고 효과적으로 학습한다!

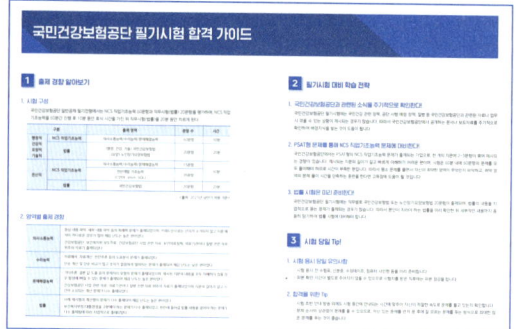

출제 경향 알아보기
최근 국민건강보험공단 필기시험 출제 경향을 확인할 수 있습니다.

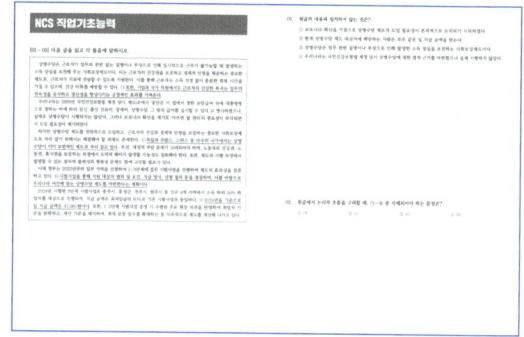

기출복원문제
가장 최근 시험인 2024년 하반기 시험 경향을 철저히 분석하여 반영한 모의고사로 최신 출제 경향을 파악하는 것은 물론 2025년 시험도 확실히 대비할 수 있습니다.

2 출제 경향이 반영된 모의고사로 실전 감각을 극대화한다!

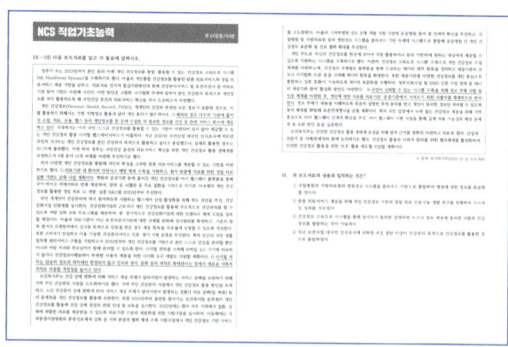

NCS 실전모의고사(4회분)
실제 시험과 유사한 유형 및 난도로 구성된 NCS 실전모의고사 4회분을 제한시간을 두고 풀어보면서 실전에 철저히 대비할 수 있습니다.

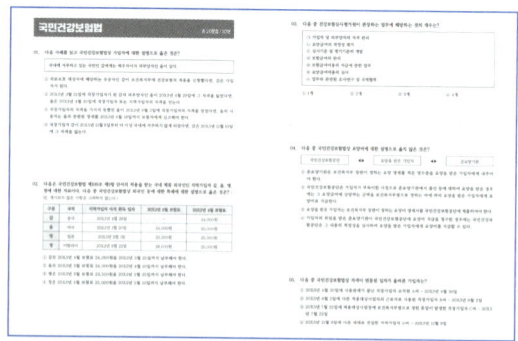

법률 모의고사(4회분)
국민건강보험법, 노인장기요양보험법 법률 모의고사를 4회분씩 수록하여, 지원하는 직종에 맞는 법률 실전모의고사로 법률 시험도 한 번에 대비할 수 있습니다.

3 법률 빈칸노트를 활용하여 어렵고 헷갈리는 법률을 쉽게 암기한다!

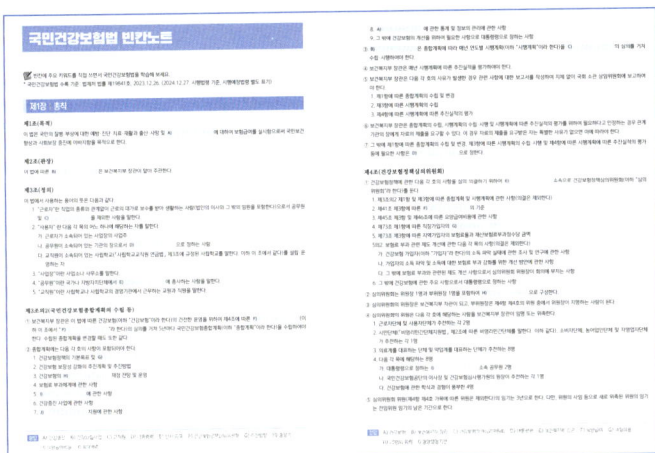

법률 빈칸노트

국민건강보험법, 노인장기요양보험법 내용 중 빈칸으로 제시된 주요 키워드를 직접 채우면서 법률 시험을 효과적으로 대비할 수 있습니다.

4 꼼꼼한 해설로 완벽하게 정리하고, 효과적인 풀이법을 익힌다!

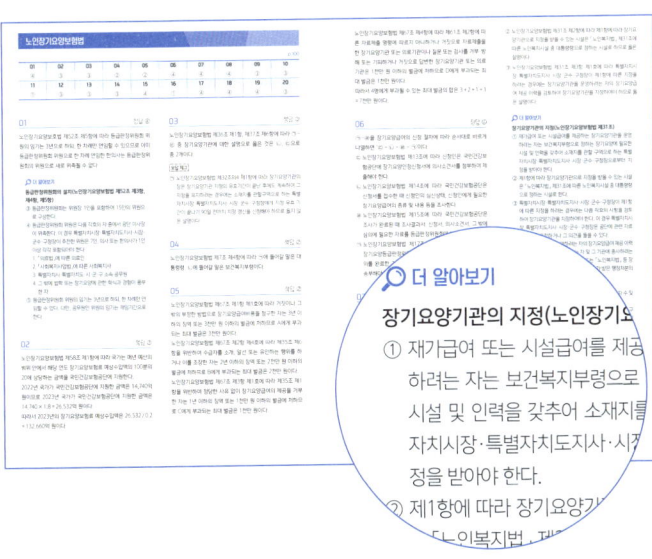

정답·해설

문제집과 해설집을 분리하여 보다 편리하게 학습할 수 있으며, 모든 문제에 대해 상세하고 이해하기 쉬운 해설을 수록하여 체계적으로 학습할 수 있습니다.

특히 해설의 '빠른 문제 풀이Tip'을 통해 문제를 빠르고 정확하게 풀이하는 노하우를 익힐 수 있으며, '더 알아보기'로 문제와 관련된 추가 개념까지 한 번에 학습할 수 있습니다.

맞춤 학습 플랜

자신의 학습 기간에 맞는 학습 플랜을 선택하여 계획을 수립하고, 그날에 해당하는 분량을 공부합니다.

3일 완성 학습 플랜

	날짜	학습 내용
1일	___월 ___일	☐ 기출복원문제 ☐ 실전모의고사 1회(NCS+법률) ☐ 실전모의고사 2회(NCS+법률)
2일	___월 ___일	☐ 실전모의고사 3회(NCS+법률) ☐ 실전모의고사 4회(NCS+법률)
3일	___월 ___일	☐ 법률 빈칸노트 ☐ 기출복원문제, 실전모의고사 1~4회, 법률 빈칸노트 복습

5일 완성 학습 플랜

	날짜	학습 내용
1일	___월 ___일	☐ 기출복원문제 ☐ 기출복원문제 복습 ☐ 실전모의고사 1회(NCS+법률) ☐ 실전모의고사 1회(NCS+법률) 복습
2일	___월 ___일	☐ 실전모의고사 2회(NCS+법률) ☐ 실전모의고사 2회(NCS+법률) 복습
3일	___월 ___일	☐ 실전모의고사 3회(NCS+법률) ☐ 실전모의고사 3회(NCS+법률) 복습
4일	___월 ___일	☐ 실전모의고사 4회(NCS+법률) ☐ 실전모의고사 4회(NCS+법률) 복습
5일	___월 ___일	☐ 법률 빈칸노트 ☐ 법률 빈칸노트 복습

국민건강보험공단 합격 가이드

1 국민건강보험공단 알아보기

1. 경영목표

미션
국민보건과 사회보장 증진으로 국민의 삶의 질 향상

비전
행복한 국민 건강한 대한민국 든든한 국민건강보험

핵심가치 체계

핵심가치	건강과 행복	공정과 신뢰	혁신과 전문성	청렴과 윤리	소통과 배려
경영방침	더 건강한 세상을 위한 THE건강보험 [제도·서비스] 국민건강, 근거기반, 연계·통합 [이해관계자] 협력주도, 소통, 배려 [기관운영] 혁신, 효율, 청렴				
전략목표	· 국민의 평생건강을 책임지는 건강보장체계 · 건강수명 향상을 위한 맞춤형 건강관리 · 초고령사회 대비 국민이 안심하는 장기요양보험 · 소통·혁신·청렴 기반의 신뢰경영				
전략과제	· 필수의료 중심의 보장영역 구축 · 예방적 건강관리 강화 · 맞춤형 장기요양 서비스 이용체계 구축 · 공정하고 공평한 부과체계 설계 · 국민참여 소통경영 강화 · 건강약자 의료안전망 강화 · 생애주기 건강검진체계 개편 · 지역사회 거주 돌봄지원 강화 · 스마트 징수관리체계 구축 · 성과·역량 중심 조직혁신		· 보건의료 공급기반 안정화 · 지역중심 건강서비스 강화 · 장기요양서비스 품질 향상 · 보험급여 지출관리 혁신 · 디지털 기반 서비스행정 전환 · 건강보장 연구 및 국제협력 강화 · 데이터 기반 민간혁신·성장지원 확대 · 장기요양보험 제도 지속가능성 제고 · 전략적 재정관리 강화 · 윤리·안전 및 책임경영 강화		

2. 인재상

Nation-oriented 국민을 위하는 인재	· 국민의 희망과 행복을 위해 봉사, 책임을 다하는 행복 전도사 · 공공기관의 가치를 이해하고 국민과 소통하는 커뮤니케이터
Honest 정직으로 신뢰받는 인재	· 공직자 사명감을 바탕으로 매사 정직하게 업무를 처리하는 공단인 · 높은 청렴도와 윤리의식을 겸비하여 국민으로부터 신뢰받는 공직자
Innovative 혁신을 추구하는 인재	· 더 나은 가치를 창출하기 위해 열정을 쏟는 도전가 · 열린 마음과 유연한 사고를 바탕으로 조직 혁신을 위한 선도자
Specialized 전문성 있는 인재	· 우수성, 전문성을 갖추기 위해 평생학습하고 성장하는 주도자 · 새로운 시각을 기반으로 창의적 정책을 제시하는 탐색자

<출처: 국민건강보험공단 홈페이지>

국민건강보험공단 합격 가이드

2 국민건강보험공단 채용 알아보기

1. 채용절차

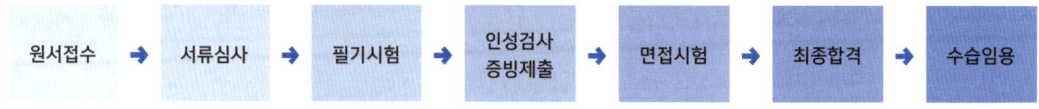

원서접수
- 직무 중심 입사지원서를 제출하는 단계로, 온라인 접수를 통해서만 진행된다.

서류심사
- 지원자의 자격요건 확인 및 직무능력중심의 정량·정성평가가 진행된다.

필기시험
- 서류심사 합격자를 대상으로 직무수행 기본 역량을 검증하기 위한 평가 단계이다.

인성검사
- 직무수행 및 직장생활 적응에 요구되는 기초적인 인성 측정하는 단계로, 인성검사 결과는 면접 시 참고사항이 된다. 인성검사를 시행하며 원서접수 시 등록한 내역에 대한 증빙서류 제출이 이루어진다.

면접시험
- 지원자가 제출한 원서 내용을 확인하고 지원자가 갖추고 있는 기본 역량과 자질을 확인하고자 하는 단계이다.
- 국민건강보험공단은 분야별 직무와 연계된 경험행동면접(BEI), 상황면접(SI), 토론면접(GD)을 진행하며, 면접시험은 다대다 면접으로 진행된다.

2. 지원자격

공통
- 성별·연령·학력 제한 없음
- 병역필 또는 면제자
- 공단 인사규정 제14조(결격사유)에 해당하지 않는 자
    - ※ 결격사유: 파산자, 병역기피자, 금고 이상의 실형을 선고 받고 그 집행이 종료되거나 집행을 받지 아니하기로 확정된 후 5년이 지나지 않은 자, 금고 이상의 형을 선고 받고 그 집행유예 기간이 끝나지 않았거나 끝난 날로부터 2년이 지나지 않은 자 등

자격
- 행정직: 해당사항 없음
- 건강직: 간호사, 방사선사, 임상병리사, 영양사, 건강운동관리사, 보건교육사(2급 이상) 중 하나 이상의 면허 소지한 사람
- 요양직: 간호사, 물리치료사, 작업치료사, 사회복지사(2급 이상) 중 하나 이상의 면허 소지한 사람
- 전산직: 정보처리기사, 전자계산기기사, 정보통신기사 중 하나 이상의 면허 소지한 사람
- 기술직: (안전) 산업안전기사 자격증 소지한 사람

<출처: 국민건강보험공단 홈페이지, 2025년 상반기 채용 기준>

국민건강보험공단 필기시험 합격 가이드

1 출제 경향 알아보기

1. 시험 구성

- 국민건강보험공단 일반공채 필기전형에서는 NCS 직업기초능력 60문항과 직무시험(법률) 20문항을 평가하며, NCS 직업기초능력을 60분간 진행 후 10분 동안 휴식 시간을 가진 뒤 직무시험(법률)을 20분 동안 치르게 된다.

구분		출제 영역	문항 수	시간
행정직 건강직 요양직 기술직	NCS 직업기초능력	의사소통능력/수리능력/문제해결능력	60문항	60분
	법률	(행정, 건강, 기술) 국민건강보험법 (요양) 노인장기요양보험법	20문항	20분
전산직	NCS 직업기초능력	의사소통능력/수리능력/문제해결능력	15문항	60분
		전산개발 기초능력 (C언어, JAVA, SQL)	35문항	
	법률	국민건강보험법	20문항	20분

<출처: 2025년 상반기 채용 기준>

2. 영역별 출제 경향

의사소통능력	· 중심 내용 파악, 세부 내용 파악 등의 독해력 문제가 출제되었으며, 키워드만으로는 선지가 소거되지 않고 지문 해석이 까다로운 경우가 많아 체감 난도는 높은 편이었다. · 건강보험공단, 보건복지부 보도자료, 건강보험공단 사업 관련 자료, 보건의료정책, 의료기관이나 질병 관련 자료 위주의 자료가 출제되었다.
수리능력	· 자료해석, 자료계산, 빈칸추론 등의 도표분석 문제가 출제되었다. · 단순 계산 및 단순 비교가 많고 숫자가 깔끔하게 떨어지는 문제가 출제되어 체감 난도는 낮은 편이었다.
문제해결능력	· 기타추론, 결론 값 도출 등의 문제처리 유형의 문제가 출제되었으며, 제시된 지문의 내용을 모두 이해하지 않을 경우 함정에 빠질 수 있는 문제가 출제되어 체감 난도는 높은 편이었다. · 건강보험공단 사업 관련 자료, 의료기관이나 질병 관련 자료 위주의 자료가 출제되었으며 지문의 길이가 길고 시간이 소요되는 계산 문제가 다수 출제되었다.
법률	· 사례 제시형과 계산형의 문제가 다수 출제되어 체감 난도는 높은 편이었다. · 보건복지부령/대통령령을 구분해야 하는 문제가 다수 출제되었고, 빈칸에 들어갈 법률 내용을 알아야 하는 문제가 다수 출제됨에 따라 지엽적으로 출제되었다.

<2024년 하반기 필기시험 기준>

2 필기시험 대비 학습 전략

1. 국민건강보험공단과 관련된 소식을 주기적으로 확인한다!
국민건강보험공단 필기시험에는 국민건강 관련 정책, 공단 시행 예정 정책, 질병 등 국민건강보험공단과 관련된 자료나 업무 시 겪을 수 있는 상황이 제시되는 경우가 많습니다. 따라서 국민건강보험공단에서 공개하는 문서나 보도자료를 주기적으로 확인하여 배경지식을 쌓는 것이 도움이 됩니다.

2. PSAT형 문제를 통해 NCS 직업기초능력 문제에 대비한다!
국민건강보험공단에서는 PSAT형의 NCS 직업기초능력 문제가 출제되는 기업으로, 한 개의 지문에 2-3문항이 묶여 제시되는 경향이 있습니다. 제시되는 지문의 길이가 길고 빠르게 이해하기 어려운 편이며, 시험은 60분 내에 60문항의 문제를 모두 풀이해야 하므로 시간이 부족한 편입니다. 따라서 평소 문제를 풀면서 자신이 취약한 영역이 무엇인지 파악하고, 취약 영역의 문제 풀이 시간을 단축하는 훈련을 한다면 고득점에 도움이 될 것입니다.

3. 법률 시험은 미리 준비한다!
국민건강보험공단 필기시험에는 직무별로 국민건강보험법 또는 노인장기요양보험법 20문항이 출제되며, 법률의 내용을 지엽적으로 묻는 문제가 출제되는 경우가 많습니다. 따라서 본인이 치러야 하는 법률을 미리 확인한 뒤 세부적인 내용까지 꼼꼼히 암기하여 법률 시험에 대비해야 합니다.

3 시험 당일 Tip!

1. 시험 응시 당일 유의사항
- 시험 응시 전 수험표, 신분증, 수정테이프, 컴퓨터 사인펜 등을 미리 준비합니다.
- 파본 확인 시간이 별도로 주어지지 않을 수 있으므로 시험지를 받은 직후에는 파본 점검을 합니다.

2. 합격을 위한 Tip
- 시험 초반 안내 방송 외에도 시험 중간에 안내되는 시간에 맞추어 자신이 적절한 속도로 문제를 풀고 있는지 확인합니다.
- 문제 순서와 상관없이 문제를 풀 수 있으므로, 자신 있는 문제를 먼저 푼 후에 잘 모르는 문제를 푸는 방식으로 최대한 많은 문제를 푸는 것이 좋습니다.

취업강의 1위, 해커스잡
ejob.Hackers.com

해커스 국민건강보험공단 NCS+법률 실전모의고사

기출복원문제

* 본 모의고사는 2024년 하반기 NCS 직업기초능력 및 법률 시험 후기를 바탕으로 한 기출복원문제로 구성되어 있습니다.

NCS 직업기초능력

[01 – 02] 다음 글을 읽고 각 물음에 답하시오.

　상병수당은 근로자가 업무와 관련 없는 질병이나 부상으로 인해 일시적으로 근무가 불가능할 때 발생하는 소득 상실을 보전해 주는 사회보장제도이다. 이는 근로자의 건강권을 보호하고 경제적 안정을 제공하는 중요한 제도로, 근로자가 치료에 전념할 수 있도록 지원한다. 이를 통해 근로자는 소득 걱정 없이 충분한 회복 시간을 가질 수 있으며, 건강 악화를 예방할 수 있다. ㉠또한, 기업과 국가 차원에서도 근로자의 건강한 복귀는 업무의 연속성을 유지하고 생산성을 향상시키는 긍정적인 효과를 가져온다.
　우리나라는 1999년 국민건강보험법 제정 당시 제50조에서 '공단은 이 법에서 정한 요양급여 외에 대통령령으로 정하는 바에 따라 임신·출산 진료비, 장제비, 상병수당, 그 밖의 급여를 실시할 수 있다.'고 명시하였으나, 실제로 상병수당이 시행되지는 않았다. 그러나 코로나19 확산을 계기로 '아프면 쉴 권리'의 중요성이 부각되면서 도입 필요성이 제기되었다.
　하지만 상병수당 제도를 전면적으로 도입하고, 근로자의 건강과 경제적 안정을 보장하는 중요한 사회보장제도로 자리 잡기 위해서는 해결해야 할 과제도 존재한다. ㉡독일과 프랑스, 스위스 등 다수의 국가에서는 상병수당이 이미 보편적인 제도로 자리 잡고 있다. 우선, 재정적 부담 문제가 고려되어야 하며, 노동자의 건강권, 노동권, 휴식권을 보장하는 과정에서 도덕적 해이가 발생할 가능성도 검토해야 한다. 또한, 제도의 시행 과정에서 발생할 수 있는 절차적 불편성과 형평성 문제도 함께 고민할 필요가 있다.
　이에 정부는 2022년부터 일부 지역을 선정하여 1~3단계에 걸친 시범사업을 진행하며 제도의 효과성을 검증하고 있다. ㉢시범사업을 통해 지원 대상의 범위 및 요건, 지급 방식, 신청 절차 등을 점검하며, 이를 바탕으로 우리나라 여건에 맞는 상병수당 제도를 마련한다는 계획이다.
　2024년 시행된 3단계 시범사업은 충주시, 홍성군, 전주시, 원주시 등 신규 4개 지역에서 소득 하위 50% 취업자를 대상으로 진행되며, 지급 금액은 최저임금의 60%로 기존 시범사업과 동일하다. ㉣2024년을 기준으로 일 지급 금액은 47,560원이다. 또한, 1·2단계 시범사업 운영 시 수렴된 주요 현장 의견을 반영하여 취업자 기준을 완화하고, 재산 기준을 폐지하며, 최대 보장 일수를 확대하는 등 지속적으로 제도를 개선해 나가고 있다.

01. 윗글의 내용과 일치하지 않는 것은?

① 코로나19 확산을 기점으로 상병수당 제도의 도입 필요성이 본격적으로 논의되기 시작하였다.

② 현재 상병수당 제도 대상자에 해당하는 사람은 모두 같은 일 지급 금액을 받는다.

③ 상병수당은 업무 관련 질병이나 부상으로 인해 발생한 소득 상실을 보전하는 사회보장제도이다.

④ 우리나라는 국민건강보험법 제정 당시 상병수당에 대한 법적 근거를 마련했으나 실제 시행하지 않았다.

02. 윗글에서 논리적 흐름을 고려할 때, ㉠~㉣ 중 삭제되어야 하는 문장은?

① ㉠　　　　② ㉡　　　　③ ㉢　　　　④ ㉣

[03 – 04] 다음 보도자료를 읽고 각 물음에 답하시오.

> 보건복지부는 2024년 7월 1일(월)부터 제2차 '아동치과주치의 건강보험 시범사업'(이하 '시범사업')을 실시한다고 밝혔다. 해당 시범사업은 2021년도에 도입되어, 참여 아동에게 2년 8개월 동안 학기*마다 1회(최대 6회) 주치의를 통한 포괄적인 구강관리서비스**를 제공하여 아동 스스로 올바른 구강 관리 습관을 길러 건강한 치아를 유지할 수 있도록 도와주는 사업이다.
> * 1학기(3월~8월), 2학기(9월~다음년도 2월), 다만, 2024년도 1학기는 7월~8월로 함
> ** (서비스 내용) 문진, 시진, 구강위생검사로 구강 건강상태 및 구강 관리습관을 평가하고 결과에 따라 구강관리계획을 수립, 칫솔질 교육, 치면세마, 불소도포 등 제공
>
> 2차 시범사업부터는 그간 광주광역시, 세종특별자치시로 한정되었던 사업지역을 기초단위 지방자치단체(시·군·구)를 포함한 9개 지역으로 확대하고, 대상도 종전 초등학교 4학년 외 초등학교 1학년도 포함하는 것으로 확대한다.
>
> [제2차 아동치과주치의 시범사업 주요 변경사항]
>
> | 구 분 | 1차 시범사업 | 2차 시범사업 |
> | --- | --- | --- |
> | 사업기간 | 2021년 5월~2024년 4월 | 2024년 7월~2027년 2월 |
> | 대상아동 확대 | 2021년 기준, 초등 4학년 아동 | 초등 1학년, 4학년 아동
(2024년 1·4학년
▶ 2025년 1·2·4·5학년
▶ 2026년 초등학생 전 학년) |
> | 사업지역 확대 | 광주광역시, 세종특별자치시 | 광주광역시, 세종특별자치시,
서울특별시, 대전광역시, 원주시, 장성군,
경주시, 의성군, 김해시 |
> | 본인부담률 | 10% 적용
(의료급여대상자와 차상위계층은 면제) | 좌동 |
>
> 치과주치의 이용을 원하는 아동(법정대리인)은 국민건강보험공단 누리집 등을 통해 이용할 치과의원을 찾아보고 방문하여 치과의원 주치의에게 등록을 신청하면 방문 당일에도 서비스를 이용할 수 있다. 본인부담금은 구강건강관리료 비용의 10%이며 의료급여수급권자와 차상위 계층의 경우 면제된다.
> 또한, 아동치과주치의로 활동하고자 하는 치과의사는 대한치과의사협회 누리집에서 아동치과주치의 교육을 이수 후, 국민건강보험공단 요양기관정보마당에 아동치과주치의로 직접 등록하면 된다.
> 보건복지부 건강정책국장은 "제2차 시범사업으로 아동치과주치의사업 대상이 대폭 확대되어, 더 많은 아동들이 올바른 구강 관리에 도움을 받을 수 있게 되었다"라며 "아동기의 예방적 구강관리로 평생 건강한 치아를 유지하여 국민건강 증진에 기여할 수 있을 것으로 기대한다"라고 밝혔다.
>
> ※ 출처: 보건복지부(2024-07-01 보도자료)

03. 위 보도자료의 제목으로 가장 적절한 것은?

① 초등학생 구강건강 관리 혁신, 아동치과주치의 시범사업 드디어 추진되다.
② 튼튼치아 맞춤케어, 제2차 아동치과주치의 건강보험 시범사업으로 확대 실시
③ 국민건강 첫걸음, 아동 구강관리 서비스 본사업으로 전환되다.
④ 더 많은 아이들에게 건강한 미소를! 아동치과주치의 시범사업 전국으로 확대 시행

04. 위 보도자료의 내용과 일치하지 않는 것은?

① 1차 시범사업 기간이 2차 시범사업 기간보다 더 길다.
② 2차 시범사업 참여 아동이라고 하더라도 미리 신청하지 않으면 방문 당일엔 서비스를 이용하기 어렵다.
③ 치과의사가 아동치과주치의로 활동하고자 한다면 교육 이수 조건을 충족해야 한다.
④ 2026년에는 원주시에 사는 초등학생이라면 누구나 아동치과주치의 서비스를 받을 수 있다.

[05 – 06] 다음 글을 읽고 각 물음에 답하시오.

  우리 사회는 급격한 산업화와 도시화로 인해 복잡한 환경 변화에 직면해 있으며, 이로 인해 발생하는 환경성 질환은 현대인의 건강을 위협하는 심각한 문제로 대두되고 있다. (A) 알레르기, 비염, 아토피피부염과 같은 질환은 환경오염과 밀접한 연관성을 보이며, 의학적 측면을 넘어 사회경제적, 심리적 측면에서도 개인의 삶의 질을 저하시키는 요인으로 지적되기도 한다.
  환경성 질환의 핵심은 외부 환경 요인과 인체 면역 반응 간의 복잡한 상호작용에 있다. 미세먼지, 대기오염, 화학물질 등 유해 환경 인자들은 인체의 면역 체계를 교란시키고 과도한 면역 반응을 유발한다. 이러한 메커니즘은 알레르기성 질환의 근본적인 발생 원인이 된다.
  알레르기는 외부 물질에 대한 과민 반응으로, 꽃가루, 집먼지진드기, 애완동물의 털 등 다양한 항원에 의해 발생한다. 비염은 이러한 알레르기 반응의 대표적인 증상으로, 특정 항원에 대한 과민 반응으로 콧물, 재채기 등의 증상을 동반하며, 계절성과 대기오염 등이 악화 요인으로 작용한다. 치료를 위해서는 환경 요법과 약물 치료를 병행하는 것이 필요하다. (㉠)
  아토피피부염 또한 피부가 민감해지는 알레르기성 반응으로, 아토피피부염은 심한 가려움증과 피부 염증을 동반한다. 아토피피부염은 유전적 요인과 환경적 요인이 복합적으로 작용하는 것으로 알려져 있다. 주로 유아기나 소아기에 발병하며, 만성적이고 재발이 잦은 특징이 있다. 악화와 호전이 반복되므로 꾸준한 치료가 중요하며, 악화 및 유발 인자를 파악하고 이를 제거하는 노력이 필요하다. (㉡)
  한편 천식은 만성적인 기도 염증 질환으로, 폐 속 기관지가 때때로 좁아져 호흡곤란이나 기침, 천명 등의 호흡기 증상이 반복적으로 나타나는 질환이다. 우리나라의 천식 유병률은 3.4~4.7%로, 어린이와 고령층에서 모두 증가하는 추세이다. 천식은 원인과 악화 요인이 환경과 밀접하게 관련이 있다. 주요 원인으로는 집먼지진드기, 꽃가루, 곰팡이, 반려동물의 비듬과 털, 바퀴벌레, 음식물 등이 있고, 악화 요인으로는 기후변화, 대기오염, 담배 연기, 화학물질, 상기도 감염, 약물, 식품 첨가물 등이 있다. (㉢)
  최근 이러한 환경성 질환의 발생 빈도가 지속적으로 증가하고 있으며, 도시화된 환경, 실내 생활의 증가, 공기오염, 식생활 변화 등 복합적인 요인들이 이 증가에 기여하고 있다. 환경성 질환의 예방과 관리를 위해서는 개인적 차원과 사회적 차원의 통합적 접근이 필요하다. 개인은 공기청정기 사용, 주기적인 환기, 개인 위생 관리 등을 통해 환경성 질환의 위험을 줄일 수 있으며, 물을 자주 마시고 과일과 채소를 섭취하는 것도 호흡기를 촉촉하게 유지하고 노폐물을 걸러내는 데 도움을 준다. (㉣)

05. 윗글의 A에 들어갈 단어로 가장 적절한 것은?

① 더욱이　　　　　② 반면에　　　　　③ 따라서　　　　　④ 특히

06. 윗글에서 논리적 흐름을 고려할 때, 다음 문장이 들어갈 가장 적절한 위치는?

> 이 외에도 COPD(만성폐쇄성폐질환), 폐암 등도 환경성 질환으로 볼 수 있으며, 이 질환들 역시 흡연, 대기오염, 화학물질, 직업 환경 등 환경적 요인에 의해 발생하거나 악화된다.

① ㉠　　　　　② ㉡　　　　　③ ㉢　　　　　④ ㉣

[07 – 09] 다음은 K 지역의 연령대별 평균 3대 영양소 섭취 비율 및 탄수화물 섭취량을 나타낸 자료이다. 각 물음에 답하시오.

[연령대별 평균 3대 영양소 섭취 비중] (단위: %)

구분	탄수화물	단백질	지방
10대 미만	64	13	23
10대	60	15	25
20대	59	17	24
30대	60	17	23
40대	64	14	22
50대 이상	68	13	19

※ 영양소별 섭취 비중(%) = (영양소별 섭취량/연령대별 3대 영양소 총 섭취량) × 100

[연령대별 탄수화물 섭취량] (단위: g)

10대 미만	10대	20대	30대	40대	50대 이상
224	276	295	270	256	238

07. 다음 중 자료에 대한 설명으로 옳은 것은?

① 10대 미만의 탄수화물 섭취 비중은 40대의 지방 섭취 비중의 3배 이상이다.

② 10대의 단백질 섭취량은 지방 섭취량의 0.6배 미만이다.

③ 제시된 연령대 중 다른 연령대에 비해 탄수화물 섭취 비중이 가장 높은 연령대의 지방 섭취 비중은 다른 연령대에 비해 가장 낮다.

④ 50대 이상의 탄수화물 섭취량은 20대의 탄수화물 섭취량보다 67g 적다.

08. 제시된 연령대 중 탄수화물 섭취량이 가장 많은 연령대와 두 번째로 많은 연령대의 단백질 섭취량 차이는?

① 16g   ② 21g   ③ 25g   ④ 29g

09. 제시된 연령대 중 지방 섭취량 대비 단백질 섭취량의 비율이 가장 큰 연령대와 가장 작은 연령대를 차례로 나열한 것은?

① 30대, 10대 미만   ② 30대, 10대   ③ 40대, 20대   ④ 50대 이상, 20대

[10 – 12] 다음은 S 병원의 질병군별 환자 수 및 전문의 수에 대한 자료이다. 각 물음에 답하시오.

[질병군별 환자 수] (단위: 명)

구분	2021년	2022년	2023년	2024년
호흡기계	97,720	91,900	76,100	77,360
신경계	29,020	34,960	27,200	19,980
순환계	23,830	32,860	31,420	23,790
소화기계	80,680	72,720	88,930	85,420
비뇨생식기계	25,890	24,100	18,470	19,930
근골격계	49,540	57,110	51,790	41,300

[질병군별 전문의 수] (단위: 명)

구분	2021년	2022년	2023년	2024년
호흡기계	35	34	37	32
신경계	5	4	3	4
순환계	6	7	8	8
소화기계	22	23	20	24
비뇨생식기계	5	6	6	5
근골격계	17	19	20	17

10. 다음 중 자료에 대한 설명으로 옳지 않은 것은?

   ① 2022년 이후 질병군별 환자 수의 전년 대비 증감 추이가 신경계와 같은 질병군은 총 2개이다.
   ② 제시된 기간 동안 매년 호흡기계 전문의 수는 순환계 전문의 수의 4배 이상이다.
   ③ 제시된 기간 동안 환자 수가 다른 질병군 대비 가장 적은 질병군은 매년 비뇨생식기계이다.
   ④ 2024년 신경계 전문의 1명당 환자 수는 2022년 대비 3,745명 감소하였다.

11. 다음 중 (가)~(라)의 크기가 큰 순서대로 나열한 것은?

   (가) 2021년 비뇨생식기계 전문의 1명당 환자 수
   (나) 2023년 근골격계 환자 수의 전년 대비 감소량
   (다) 2024년 신경계 환자 수와 순환계 환자 수의 차이
   (라) 2024년 소화기계 환자 수의 3년 전 대비 감소량

   ① (가) - (나) - (라) - (다)
   ② (나) - (가) - (다) - (라)
   ③ (나) - (가) - (라) - (다)
   ④ (다) - (나) - (가) - (라)

12. 2022년 전문의 수가 다른 질병군 대비 세 번째로 적은 질병군의 2021년부터 2024년까지 환자 수의 평균은?

   ① 27,420명   ② 27,605명   ③ 27,790명   ④ 27,975명

[13 - 15] 다음은 고속도로 통행료 인하 및 할인 규정 안내문과 20X5년 고속도로 이용 내역에 대한 자료이다. 각 물음에 답하시오.

[고속도로 통행료 인하 및 할인 규정 안내]

1. 목적
   - 고속도로 노선 간 요금 편차를 감소함으로써 특정 고속도로에 이용객이 치중되는 현상을 감소하고자 함
   - 고속도로 통행료를 큰 폭으로 인하함으로써 지역 간 교류 및 관광을 활성화하고자 함

2. 고속도로 통행료 인하

구분	A 도로 ↔ B 도로		C 도로 ↔ D 도로	
	인하 전	인하 후	인하 전	인하 후
1종(경~소형)	10,000원	4,500원	5,800원	4,000원
2종(중형)	10,500원	5,000원	6,500원	4,200원
3종(대형)	11,000원	5,500원	7,000원	4,500원
4종(대형화물)	15,000원	6,500원	8,500원	5,500원
5종(특수화물)	18,000원	8,000원	9,500원	7,000원

   ※ 20X5년 1월 1일 00:00 이후부터 인하된 통행료가 적용됨

3. 할인 규정
   : 중복 할인 적용은 불가하며, 아래의 할인 항목 중 할인율이 가장 큰 하나의 할인만 적용함
   1) 화물차 심야 할인
      - 적용 대상: 4~5종 차량
        ※ 1~3종 차량은 화물차 전용단말기 이용 차량에 한하여 적용됨
      - 적용 시간: 21:00~06:00
      - 할인 시간 이용 비율에 따른 할인율

구분	20% 미만	20% 이상 50% 미만	50% 이상 80% 미만	80% 이상
할인율(%)	0	20	30	50

        ※ 할인 시간 이용 비율(%) = (할인 적용 시간대 통행 시간 / 전체 고속도로 이용 시간) × 100

   2) 경형차량 할인
      - 적용 대상: 1종 차량 중 경형차량
      - 할인율: 50%
   3) 국가유공자 및 장애인 할인
      - 적용 대상: 본인 및 동일한 주민등록표에 등재되어 있는 세대원 소유차량
      - 할인 방법: 아래 요건 모두 충족시 적용
        가) 통합복지카드 제시
        나) 등록된 차량과 운행 차량 일치
        다) 본인 탑승

- 할인율

구분	할인율
독립유공자	100%
국가유공자 1~5급 / 5·18 민주화운동 부상자 1~5급	100%
국가유공자 6~7급 / 5·18 민주화운동 부상자 6~14급 / 고엽제후유증환자 / 장애인 1~6급	50%

[20X5년 고속도로 이용 내역]

구분	차량	이용 도로	이용 시간	기타 정보
갑	2종	D 도로 → C 도로	1월 4일 10:00 ~1월 4일 15:00	• 화물차 전용단말기 이용 차량 운행함
을	1종 (경형)	C 도로 → D 도로	1월 4일 18:00 ~1월 4일 24:00	–
		B 도로 → A 도로	1월 5일 12:00 ~1월 5일 17:00	
병	5종	A 도로 → B 도로	1월 4일 20:00 ~1월 5일 01:00	• 국가유공자 7급에 해당함 • 통합복지카드 제시함 • 국가유공자 소유차량으로 등록된 차량을 국가유공자 본인이 직접 운행함
정	3종	B 도로 → A 도로	1월 4일 17:00 ~1월 4일 22:00	• 화물차 전용단말기 이용 차량 운행함 • 장애인 1급에 해당함 • 통합복지카드 미제시 • 장애인 주민등록표에 등재된 세대원의 소유차량으로 등록된 차량에 장애인 본인이 탑승함

13. 위 안내문과 20X5년 고속도로 이용 내역을 근거로 판단할 때, 네 사람 중 고속도로 통행료가 가장 저렴한 사람은?

    ① 갑　　　　　② 을　　　　　③ 병　　　　　④ 정

14. 위 안내문과 20X5년 고속도로 이용 내역을 근거로 판단할 때, 고속도로 통행료 인하로 인해 이익을 가장 많이 본 사람은? (단, 할인 규정은 20X5년 1월 1일 이전에도 동일하게 적용되었다.)

    ① 갑　　　　　② 을　　　　　③ 병　　　　　④ 정

15. 위 안내문과 20X5년 고속도로 이용 내역을 근거로 판단할 때, 정이 통합복지카드를 제시하였다면 정의 고속도로 통행료는 얼마인가?

    ① 2,500원　　　② 2,750원　　　③ 3,000원　　　④ 3,250원

[16 - 18] 다음은 에너지 취약계층 도시가스요금 지원사업에 대한 공고문이다. 각 물음에 답하시오.

[에너지 취약계층 도시가스요금 지원사업 공고]

1. 지원대상
   - 3개월 이상 도시가스요금을 내지 못한 기초생활수급자 또는 차상위계층
     ※ 주거용 주택에 거주하는 가구에 한하며, 도시가스요금 지원 시 향후 2년간 재지원 불가

2. 지원제외대상
   - 미납된 도시가스요금이 3개월 미만인 가구
   - 비주거용 도시가스요금
     ※ 주택용(도시가스)에 한해 지원
   - 도시가스요금이 관리비에 포함되어 통합으로 청구되는 아파트 거주자
     ※ 단, 아파트에 거주하더라도 도시가스요금이 단독으로 고지될 경우에는 신청 가능
   - 여러 가구가 하나의 계량기를 사용하는 경우
     ※ 단, 세입자 모두 지원대상일 경우 사유서를 첨부하면 지원 가능
   - 청구서 위변조 등이 발견될 경우(지원을 중단하고 지원금액을 환수)
   - 신청기간 마지막날 기준 2년 이내 도시가스요금 지원을 받은 가구

3. 지원내용
   - 미납된 도시가스요금을 가구당 최대 20만 원 한도 내에서 지원

4. 신청방법
   - 아래의 신청기관이 지원대상의 신청서류를 신청기간 내에 도시가스요금 지원사업 홈페이지에 접수
   - 신청기관: 기초자치단체(시·군·구), 주민자치단체(읍·면·동주민센터), 사회복지기관
   - 신청기간: 20X5.2.11 ~ 20X5.3.10

5. 신청서류 (※ 모든 서류는 온라인으로만 접수 가능하며, 아래의 신청서류를 모두 접수하여야 함)
   - 신청서 1부
   - 수급자증명서 또는 차상위계층 확인서
   - 도시가스요금 고지서(가장 최근에 받은 고지서) 1부
     ※ 고지서 필수항목이 없는 경우 반려 또는 지원이 지연될 수 있음
     ※ 고지서 필수항목: 납부자번호(고객번호), 3개월 이상 미납내역, 고객전용 입금계좌

[참고] 차상위계층 확인서 인정범위
   1) 한부모가정 증명서
   2) 장애수당 대상 확인서
   3) 본인부담경감대상자 증명서
   4) 자활근로자확인서
   5) 우선돌봄 차상위 증명서
   6) 요금감면 이동전화 서비스신청용 감면대상자 증명서

16. 위 공고문을 근거로 판단할 때, 도시가스요금을 지원받기 위해서 해야 할 행동으로 옳은 것은?

   ① 지원대상에 해당하는 가구가 직접 도시가스요금 지원사업 홈페이지에 신청서류를 접수해야 한다.
   ② 신청서는 우편으로 송부하고, 나머지 신청서류는 온라인으로 접수해야 한다.
   ③ 하나의 계량기를 같이 사용하는 모든 가구가 지원대상에 포함될 경우 사유서를 첨부하여 신청서류를 접수해야 한다.
   ④ 도시가스요금 고지서는 접수일 기준 3개월 이내에 받은 고지서를 접수해야 한다.

17. 다음은 도시가스요금 지원사업 홈페이지에 접수된 A~D의 정보이다. 네 사람 중 도시가스요금 지원을 받을 수 있는 사람은? (단, 네 사람이 접수한 도시가스요금 고지서에는 필수항목이 모두 포함되어 있으며, 제시되지 않은 사항은 고려하지 않는다.)

구분	거주지	접수서류	지원받은 이력	기타 특이사항
A	아파트 (주거용)	신청서, 자활근로자확인서, 도시가스요금 고지서	20X3.2.15	도시가스요금 단독 고지됨
B	오피스텔 (비주거용)	신청서, 수급자 증명서, 도시가스요금 고지서	없음	-
C	다세대 주택 (주거용)	신청서, 한부모가정 증명서, 도시가스요금 고지서	20X4.1.10	-
D	다가구 주택 (주거용)	신청서, 교육지원대상자 증명서, 도시가스요금 고지서	없음	-

   ① A   ② B   ③ C   ④ D

18. 다음 중 도시가스요금 지원사업에 대해 올바르게 이해한 사람을 모두 고르면?

   - 주희: 차상위계층 가구가 5개월 동안 30만 원의 도시가스요금을 미납하였다면, 지원받을 수 있는 금액은 20만 원이야.
   - 석진: 기초생활수급자가 15만 원의 도시가스요금을 지원받은 후에 접수했던 신청서류에서 위변조가 적발되면 15만 원을 다시 돌려내야 해.
   - 성동: 본인부담경감대상자가 꾸준히 도시가스요금을 납부하다가 2개월만 미납하였다면 도시가스요금을 지원받을 수 없어.

   ① 주희, 석진   ② 주희, 성동   ③ 석진, 성동   ④ 주희, 석진, 성동

국민건강보험법

01. 다음 중 건강보험분쟁조정위원회에 대한 설명으로 옳지 않은 것은?
   ① 분쟁조정위원회는 위원장을 포함하여 60명 이내의 위원으로 구성하고, 위원장을 제외한 위원 중 1명은 당연직위원으로 한다.
   ② 분쟁조정위원회는 구성원 과반수의 출석과 출석위원 과반수의 찬성으로 의결한다.
   ③ 분쟁조정위원회는 공무원인 위원이 전체 위원의 과반수가 되도록 하여야 한다.
   ④ 분쟁조정위원회의 회의는 위원장, 당연직위원 및 위원장이 매 회의마다 지정하는 7명의 위원을 포함하여 총 9명으로 구성하되, 공무원이 아닌 위원이 과반수가 되어야 한다.

02. 다음 중 국민건강보험법상 직장가입자의 피부양자가 될 수 있는 사람을 모두 고르면? (단, 소득 및 재산이 보건복지부령으로 정하는 피부양자 자격요건을 충족하는 것으로 가정한다.)

   > ㉠ 사립 대학에 교수로 근무하고 있는 A
   > ㉡ 공무원 B와 공무원 B에게 주로 생계를 의존하며 사는 배우자 C
   > ㉢ 모든 직원을 4대 사회보험에 가입시키는 카페에서 근무하는 직원 D
   > ㉣ A의 자녀로, 직업 없이 A에게 주로 생계를 의존하며 사는 E

   ① A, B   ② C, D   ③ C, E   ④ A, C, E

03. 다음은 갑~정의 개인정보와 올해 받아야 할 검진 종류를 정리한 표이다. 검진 종류가 잘못 작성된 사람을 모두 고르면?

이름	개인정보	검진 종류
갑	• 7세 • 피부양자	영유아검진
을	• 18세 • 피부양자	일반건강검진
병	• 24세 • 직장가입자	일반건강검진
정	• 58세 • 지역가입자 • 암관리법에 따른 대장암 검진 대상자	일반건강검진, 암검진

   ① 갑   ② 갑, 을   ③ 을, 병   ④ 병, 정

04. 다음 중 국민건강보험법 제48조의 내용으로 옳지 않은 것은?

① 가입자나 피부양자는 본인일부부담금 외에 자신이 부담한 비용이 요양급여 대상에서 제외되는 비용인지 여부에 대하여 심사평가원에 확인을 요청할 수 있다.
② 가입자나 피부양자가 확인 요청한 비용이 요양급여 대상에 해당하는 비용이라는 것을 심사평가원으로부터 통보받은 요양기관은 과다본인부담금을 지체 없이 확인을 요청한 사람에게 지급하여야 한다.
③ 공단은 요양기관이 지급해야 할 과다본인부담금을 지급하지 아니하면 해당 요양기관에 지급할 요양급여비용에서 과다본인부담금을 공제하여 확인을 요청한 사람에게 지급할 수 있다.
④ 요양급여 대상 여부에 대한 확인 요청의 범위, 방법, 절차, 처리기간 등 필요한 사항은 대통령령으로 정한다.

05. 다음 ㉠~㉢에 들어갈 숫자를 모두 더하면?

제82조 (체납보험료의 분할납부)
① 공단은 보험료를 (㉠)회 이상 체납한 자가 신청하는 경우 보건복지부령으로 정하는 바에 따라 분할납부를 승인할 수 있다.
② 공단은 보험료를 3회 이상 체납한 자에 대하여 제81조 제3항에 따른 체납처분을 하기 전에 제1항에 따른 분할납부를 신청할 수 있음을 알리고, 보건복지부령으로 정하는 바에 따라 분할납부 신청의 절차·방법 등에 관한 사항을 안내하여야 한다.
③ 공단은 제1항에 따라 분할납부 승인을 받은 자가 정당한 사유 없이 (㉡)회(제1항에 따라 승인받은 분할납부 횟수가 (㉢)회 미만인 경우에는 해당 분할납부 횟수를 말한다) 이상 그 승인된 보험료를 납부하지 아니하면 그 분할납부의 승인을 취소한다.
④ 분할납부의 승인과 취소에 관한 절차·방법·기준 등에 필요한 사항은 보건복지부령으로 정한다.

① 7　　　　　② 9　　　　　③ 13　　　　　④ 15

06. 다음 중 국민건강보험법상 부당이득 징수금 체납자의 인적사항등 공개에 대해 잘못 설명한 사람은?

• 갑: 부당이득 징수금 체납자의 인적사항등에 대한 공개 절차는 대통령령으로 정하고 있군.
• 을: 국민건강보험공단은 부당이득 징수금 체납자로서 인적사항등의 공개대상자에게 공개대상자임을 서면으로 통지하여 소명 기회를 부여해야 해.
• 병: 부당이득 징수금 체납자의 인적사항등에 대한 공개 방법은 관보로 제한하고 있지.
• 정: 국민건강보험공단에서는 부당이득 징수금 체납 정보공개심의위원회를 두어 부당이득 징수금 체납자의 인적사항등에 대한 공개 여부를 심의하고 있어.

① 갑　　　　② 을　　　　③ 병　　　　④ 정

07. 다음은 국민건강보험법상 벌칙에 대한 내용 일부이다. 빈칸에 들어갈 말로 적절한 것은?

> **제115조(벌칙)**
> ① 제102조 제1호를 위반하여 가입자 및 피부양자의 개인정보를 누설하거나 직무상 목적 외의 용도로 이용 또는 정당한 사유 없이 제3자에게 제공한 자는 (㉠) 이하의 징역 또는 (㉡) 이하의 벌금에 처한다.
> ② 다음 각 호의 어느 하나에 해당하는 자는 3년 이하의 징역 또는 3천만 원 이하의 벌금에 처한다.
>   1. 대행청구단체의 종사자로서 거짓이나 그 밖의 부정한 방법으로 요양급여비용을 청구한 자
>   2. 제102조 제2호를 위반하여 업무를 수행하면서 알게 된 정보를 누설하거나 직무상 목적 외의 용도로 이용 또는 제3자에게 제공한 자

	㉠	㉡
①	3	3천만 원
②	3	5천만 원
③	5	3천만 원
④	5	5천만 원

08. 다음 중 국민건강보험법상 재정운영위원회에 대한 설명으로 옳은 것을 모두 고르면?

> ㉠ 재정운영위원회의 설립 목적은 요양급여비용의 계약 및 결손처분 등 보험급여에 관련된 사항을 심의·의결하기 위함에 있다.
> ㉡ 재정운영위원회의 위원 임명 및 위촉은 보건복지부장관에 의하여 진행된다.
> ㉢ 재정운영위원회의 운영 등에 필요한 사항은 보건복지부장관령으로 정한다.
> ㉣ 재정운영위원회의 위원장은 공익을 대표하는 위원 중에서 호선된다.

① ㉠, ㉡   ② ㉠, ㉢   ③ ㉡, ㉢   ④ ㉡, ㉣

09. 다음 중 국민건강보험법상 보험급여를 하지 않는 경우에 해당하는 것의 개수는?

> ㉠ 고의 또는 중대한 과실로 국민건강보험공단이나 요양기관의 요양에 관한 지시에 따르지 아니한 경우
> ㉡ 직장가입자의 귀책사유로 인해 보수월액보험료를 체납하고 완납하지 않은 경우
> ㉢ 교도소에 수용되어 있는 경우
> ㉣ 국외에 체류하는 경우

① 1개　　　② 2개　　　③ 3개　　　④ 4개

10. 다음 중 국민건강보험법상 500만 원의 과태료를 부과받는 경우에 해당하는 것은?

① 정당한 사유 없이 국민건강보험공단에서 요청한 신고 또는 서류제출을 하지 아니하거나 거짓으로 신고·서류제출을 한 경우
② 정당한 사유 없이 건강보험증이나 신분증명서로 가입자 또는 피부양자의 본인 여부 및 그 자격을 확인하지 아니하고 요양급여를 실시한 경우
③ 요양급여가 끝난 날부터 5년간 요양급여비용의 청구에 관한 서류를 보존하지 않은 경우
④ 국민건강보험공단이나 심사평가원이 아닌 자가 국민건강보험공단, 건강보험심사평가원 또는 이와 유사한 명칭을 사용한 경우

노인장기요양보험법

01. 다음은 노인장기요양보험법상 장기요양급여의 제한에 관한 내용이다. 각 빈칸에 들어갈 내용으로 적절하지 않은 것은?

> 제29조(장기요양급여의 제한)
> ① 공단은 장기요양급여를 받고 있는 자가 정당한 사유 없이 제15조 제4항에 따른 조사나 제60조 또는 제61조에 따른 요구에 응하지 아니하거나 답변을 거절한 경우 장기요양급여의 (㉠)를 제공하지 아니하게 할 수 있다.
> ② 공단은 장기요양급여를 받고 있거나 받을 수 있는 자가 장기요양기관이 (㉡)이나 그 밖의 부정한 방법으로 장기요양급여비용을 받는 데에 가담한 경우 장기요양급여를 중단하거나 (㉢)의 범위에서 장기요양급여의 횟수 또는 제공 기간을 제한할 수 있다.
> ③ 제2항에 따른 장기요양급여의 중단 및 제한 기준과 그 밖에 필요한 사항은 (㉣)으로 정한다.

① ㉠: 일부   ② ㉡: 거짓   ③ ㉢: 1년   ④ ㉣: 보건복지부령

02. 다음 중 노인장기요양보험법 제33조의2에 따라 폐쇄회로 텔레비전을 설치하지 않아도 되는 경우에 해당하는 것을 모두 고르면?

> ㉠ 재가급여만을 제공하는 경우
> ㉡ 시설급여만을 제공하는 경우
> ㉢ 장기요양기관을 운영하는 자가 수급자 전원 또는 그 보호자 전원의 동의를 받아 특별자치시장·특별자치도지사·시장·군수·구청장에게 신고한 경우
> ㉣ 장기요양기관을 설치·운영하는 자가 수급자, 그 보호자 및 장기요양기관 종사자 전원의 동의를 받아 「개인정보 보호법」 및 관련 법령에 따른 네트워크 카메라를 설치한 경우

① ㉠, ㉡, ㉣   ② ㉠, ㉡, ㉢   ③ ㉠, ㉢, ㉣   ④ ㉡, ㉢, ㉣

03. 다음 중 노인장기요양보험법상 등급판정에 대한 설명으로 옳지 않은 것은?

① 등급판정위원회는 신청자격요건을 충족하는 신청인에 대해 수급자로 심의·판정을 하는 때 신청인과 그 가족, 의사소견서를 발급한 의사 등 관계인의 의견을 들을 수 있다.

② 등급판정위원회는 신청자격요건을 충족하는 신청인이 3개월 이상 동안 혼자서 일상생활을 수행하기 어렵다고 인정하는 경우 등급판정기준에 따라 수급자로 판정한다.

③ 국민건강보험공단은 장기요양급여를 받고 있는 자가 거짓으로 장기요양인정을 받은 경우에는 소속 직원으로 하여금 해당자를 조사하여 그 결과를 등급판정위원회에 제출하여야 한다

④ 국민건강보험공단은 장기요양인정 신청에 따른 조사가 완료된 때 조사결과서, 신청서, 의사소견서, 그 밖에 심의에 필요한 자료를 등급판정위원회에 제출하여야 한다.

04. 다음 중 노인장기요양보험법상 장기요양기관의 폐업 등의 신고에 대해 잘못 설명한 사람은?

> 甲: 장기요양기관의 장이 2025년 1월 30일에 장기요양기관을 휴업하고자 한다면 휴업 예정일 30일 전까지는 특별자치시장·특별자치도지사·시장·군수·구청장에게 신고하여야 해.
> 乙: 특별자치시장·특별자치도지사·시장·군수·구청장은 장기요양기관이 운영하는 노인의료복지 시설에 대하여 사업정지 또는 폐지 명령을 하는 경우 지체 없이 공단에 그 내용을 통보하여야 해.
> 丙: 장기요양기관의 장은 장기요양기관을 폐업하거나 휴업하려는 경우 보건복지부령으로 정하는 바에 따라 수급자의 권익을 보호하기 위하여 조치를 취하여야 해.
> 丁: 장기요양기관의 장이 유효기간이 끝나기 20일 전까지 장기요양기관 지정의 갱신 신청을 하지 않는 경우 특별자치시장·특별자치도지사·시장·군수·구청장은 그 사실을 국민건강보험공단에 통보하여야 해.

① 甲　　　　② 乙　　　　③ 丙　　　　④ 丁

05. 다음 중 노인장기요양보험법상 장기요양인정 신청 등에 대한 대리를 할 수 있는 사람에 해당하는 것의 개수는? (단, 장기요양급여를 받고자 하는 자가 신체적·정신적인 사유로 노인장기요양보험법에 따른 장기요양인정의 신청, 장기요양인정의 갱신신청 또는 장기요양등급의 변경신청 등을 직접 수행할 수 없다고 가정한다.)

> ㉠ 장기요양급여를 받고자 하는 자의 가족
> ㉡ 장기요양급여를 받고자 하는 자의 이해관계인
> ㉢ 장기요양급여를 받고자 하는 자의 동의를 받은 사회복지전담공무원
> ㉣ 장기요양급여를 받고자 하는 자의 동의를 받은 장기요양기관의 장

① 1개　　② 2개　　③ 3개　　④ 4개

06. 다음 중 노인장기요양보험법상 장기요양위원회에 대한 설명으로 옳지 않은 것은?

① 장기요양위원회 위원의 임기는 3년으로 하되, 공무원인 위원의 임기는 재임기간으로 한다.
② 장기요양위원회의 위원장은 보건복지부차관이 되고, 부위원장은 위원 중에서 위원장이 지명한다.
③ 장기요양위원회 회의는 구성원 과반수의 출석으로 개의하고 출석위원 2/3의 찬성으로 의결한다.
④ 장기요양위원회는 위원장 1인, 부위원장 1인을 포함한 16인 이상 22인 이하의 위원으로 구성한다.

07. 다음 ㉠~㉢에 들어갈 숫자를 모두 더하면?

> 제55조(심사청구)
> ① 장기요양인정·장기요양등급·장기요양급여·부당이득·장기요양급여비용 또는 장기요양보험료 등에 관한 공단의 처분에 이의가 있는 자는 공단에 심사청구를 할 수 있다.
> ② 제1항에 따른 심사청구는 그 처분이 있음을 안 날부터 (㉠)일 이내에 문서(「전자정부법」 제2조 제7호에 따른 전자문서를 포함한다)로 하여야 하며, 처분이 있은 날부터 (㉡)일을 경과하면 이를 제기하지 못한다. 다만, 정당한 사유로 그 기간에 심사청구를 할 수 없었음을 증명하면 그 기간이 지난 후에도 심사청구를 할 수 있다.
> ③ 제1항에 따른 심사청구 사항을 심사하기 위하여 공단에 장기요양심사위원회(이하 "심사위원회"라 한다)를 둔다.
> ④ 심사위원회는 위원장 1명을 포함한 (㉢)명 이내의 위원으로 구성한다.
> ⑤ 이 법에서 정한 것 외에 심사위원회의 구성·운영, 그 밖에 필요한 사항은 대통령령으로 정한다.

① 280　　② 300　　③ 320　　④ 360

08. 다음 중 노인장기요양보험법상 실태조사에 대한 설명으로 옳지 않은 것은?

　① 보건복지부장관은 실태조사 결과를 공표하여야 한다.

　② 실태조사의 방법과 내용 등에 필요한 사항은 보건복지부령으로 정한다.

　③ 실태조사 시 장기요양요원의 근로조건, 처우 및 규모에 관한 사항이 포함되어야 한다.

　④ 보건복지부장관은 장기요양사업의 실태를 파악하기 위하여 매년 정기적인 조사를 실시하여야 한다.

09. 다음은 노인장기요양보험법상 위반사실 등의 공표에 관한 내용 일부이다. 각 빈칸에 들어갈 내용으로 적절하지 않은 것은?

> 제37조의3(위반사실 등의 공표)
> ① 보건복지부장관 또는 특별자치시장·특별자치도지사·시장·군수·구청장은 장기요양기관이 거짓으로 재가·시설 급여비용을 청구하였다는 이유로 제37조 또는 제37조의2에 따른 처분이 확정된 경우로서 다음 각 호의 어느 하나에 해당하는 경우에는 위반사실, 처분내용, 장기요양기관의 명칭·주소, 장기요양기관의 장의 성명, 그 밖에 다른 장기요양기관과의 구별에 필요한 사항으로서 (㉠)으로 정하는 사항을 공표하여야 한다. 다만, 장기요양기관의 (㉡) 등으로 공표의 실효성이 없는 경우에는 그러하지 아니하다.
> 1. 거짓으로 청구한 금액이 (㉢) 이상인 경우
> 2. 거짓으로 청구한 금액이 장기요양급여비용 총액의 (㉣) 이상인 경우

　① ㉠: 대통령령　　② ㉡: 휴업　　③ ㉢: 1천만원　　④ ㉣: 100분의 10

10. 다음 중 노인장기요양보험법상 장기요양요원지원센터의 수행 업무에 해당하지 않는 것은?

　① 장기요양요원의 권리 침해에 관한 상담 및 지원

　② 장기요양요원의 근무 여건 개선을 위한 문화 정립

　③ 장기요양요원의 역량강화를 위한 교육지원

　④ 장기요양요원에 대한 건강검진 등 건강관리를 위한 사업

취업강의 1위, 해커스잡
ejob.Hackers.com

해커스 국민건강보험공단 NCS+법률 실전모의고사

실전모의고사

실전모의고사 1회
실전모의고사 2회
실전모의고사 3회
실전모의고사 4회

수험번호	
성명	

실전모의고사
1회
(NCS + 법률)

시작과 종료 시각을 정한 후, 실전처럼 모의고사를 풀어보세요.

- NCS 직업기초능력   시   분 ~   시   분 (총 60문항/60분)
- 직무시험(법률)   시   분 ~   시   분 (총 20문항/20분)

□ 시험 유의사항

[1] 국민건강보험공단 필기시험은 NCS 직업기초능력을 60분 이내에 풀고 난 뒤 직무시험(법률)을 20분 동안 풀어야 하며, 직렬별 시험 구성은 다음과 같습니다.
- 행정직/건강직/기술직: NCS 직업기초능력(의사소통·수리·문제해결능력) 60문항 + 직무시험(국민건강보험법) 20문항
- 요양직: NCS 직업기초능력(의사소통·수리·문제해결능력) 60문항 + 직무시험(노인장기요양보험법) 20문항
- 전산직: NCS 직업기초능력(의사소통·수리·문제해결·전산개발 기초능력) 50문항 + 직무시험(국민건강보험법) 20문항

[2] 본 실전모의고사는 NCS 직업기초능력평가 60문항과 국민건강보험법 20문항, 노인장기요양보험법 20문항으로 구성되어 있습니다. 따라서 NCS 직업기초능력평가 60문항을 풀이하고 난 뒤 지원 직렬에 맞는 직무시험 20문항을 풀이하시기 바랍니다.
  ※ 직무시험은 다음 법령을 토대로 구성되었으므로 실제 시험과 출제 기준이 다를 수 있습니다. 따라서 채용공고를 통해 출제 기준을 확인한 후 실제 시험에 대비하시기 바랍니다.
  - 국민건강보험법: 법제처 법률 제19841호, 2023.12.26. (2024.12.27. 시행법령 기준, 시행예정법령 별도 표기)
  - 노인장기요양보험법: 법제처 법률 제20213호, 2024.2.6. (2025.2.7. 시행법령 기준, 시행예정법령 별도 표기)

[3] 본 교재 마지막 페이지에 있는 OMR 답안지와 해커스ONE 애플리케이션의 모바일 타이머를 이용하여 실전처럼 모의고사를 풀어보시기 바랍니다.

NCS 직업기초능력

총 60문항 / 60분

[01 – 03] 다음 보도자료를 읽고 각 물음에 답하시오.

　정부가 오는 2023년까지 본인 동의 아래 개인 건강정보를 통합·활용할 수 있는 '건강정보 고속도로 시스템(My Healthway System)'을 구축하기로 했다. 아울러 개인통합 건강정보를 활용한 맞춤 의료서비스와 정밀 의료서비스 제공 기반을 갖추고, 의료자료 전자적 발급지원방안과 함께 건강관리서비스 및 유전자검사 등 비의료기관 참여 기반도 마련해 나간다. 이번 방안은 고령화·디지털화 추세에 맞추어 본인 건강관리 목적으로 개인정보를 적극 활용하도록 해 국민건강 증진과 의료서비스 혁신을 적극 도모하고자 마련했다.

　개인 건강정보(Personal Health Record, PHR)는 개개인의 건강과 관련된 모든 정보가 포함된 것으로, 이를 활용하기 위해서는 가명·익명정보 활용과 달리 개인 동의가 필수적이다. ㉠해외의 경우 다수의 기관에 흩어진 소셜, 의료, 금융, 헬스 등의 개인정보를 한 곳에 수집한 뒤 필요한 정보를 건강 등 관련 서비스 회사에 제공하고 있다. 국내에서는 아직 국민 스스로 건강정보를 활용할 수 있는 기반이 마련되어 있지 않아 체감할 수 있는 개인 건강정보 활용 디지털 헬스케어서비스가 미흡하다. 지난 2020년 보건산업 대국민 인식조사에 따르면 국민의 76.9%는 개인 건강정보를 본인 건강관리 목적으로 활용하고 싶다고 응답했으나, 실제로 활용한 경우는 30.7%에 불과했다. 이에 따라 정부는 국민건강 증진과 의료서비스 혁신을 위한 개인 건강정보 활용 생태계를 조성하고자 5대 분야 13개 과제를 마련해 추진하기로 했다.

　먼저 다양한 개인 건강정보를 통합해 개인의 특성을 고려한 맞춤 의료서비스를 제공할 수 있는 기반을 마련하기로 했다. ㉡의료기관 내 환자의 안전사고 예방 체계 구축을 지원하고, 환자 맞춤형 치료를 위한 정밀 의료 실현 기반도 갖춰 나갈 계획이다. 병원과 공공기관 등에 흩어진 개인 건강정보를 마이 헬스웨이 플랫폼을 통해 국가 바이오 빅데이터로 연계·제공하며, 암과 심·뇌혈관 등 주요 질환을 시작으로 다기관·다유형의 개인 건강정보를 활용한 정밀 의료 AI 개발·실증 R&D를 2023년부터 추진한다.

　국민 개개인이 건강관리에 적극 참여하도록 지원하는 헬스케어 산업 활성화를 위해 제도 개선을 추진, 건강친화기업 인증제를 실시한다. 건강친화기업의 근로자가 개인 건강정보를 활용해 주도적으로 건강관리를 할 수 있도록 역량 강화 교육 프로그램을 제공하며, 중·장기적으로 건강친화기업에 대한 인센티브 체계 도입을 검토할 예정이다. 아울러 의료기관이 아닌 유전자검사기관에 대한 규제를 완화해 검사범위를 확대하고, 기존의 항목 열거식 규제방식에서 신고된 목적으로 인증을 받은 경우 제공 항목을 자유롭게 신청할 수 있도록 개선한다. 또한 소비자가 안심하고 이용 가능한 건강관리서비스 인증·평가 시범 운영을 추진한다. 특히 민간의 국민 생활 밀착형 편의서비스 구현을 지원하고자 2023년부터 개인 건강정보를 기반으로 본인 스스로 건강을 관리할 뿐만 아니라 어린 자녀와 부모님까지 함께 관리할 수 있도록 한다. 디지털 격차를 고려해 모바일·IoT 기기에 익숙하지 않거나 건강정보이해능력이 부족한 사용자 계층을 위한 시각화 도구 개발도 지원할 계획이다. ㉢디지털 격차는 단순히 정보의 격차에만 한정되지 않고 인식과 생각, 문화 등의 격차로 확대된다는 점에서 새로운 사회적 격차로 작동할 개연성을 높이고 있다.

　보건복지부는 건강 상태 변화에 의해 서비스 제공 주체가 달라지면서 발생하는 서비스 공백을 보완하기 위해 지역 주민 건강관리 사업을 고도화하기로 했다. 지역 주민 건강관리 사업에서 개인 건강정보 활용 방안을 모색하고, 노인 건강관리 상태 변화에 따라 서비스 제공 주체가 달라지면서 발생하는 전환기 의료 공백(입·퇴원) 등의 문제점을 개인 건강정보를 활용해 보완한다. 또한 2023년부터 읍면동 찾아가는 보건복지팀 공무원이 개인 건강정보를 활용해 건강 상태 점검과 관련 안내 및 교육을 실시한다. 2022년에는 환자 거주 지역에서 질환·상태에 적합한 의료를 제공받을 수 있도록 의료기관 구분의 세분화를 위한 시범사업을 실시하며, 이듬해에는 지역중증거점병원과 중증진료체계 강화 등 지역 완결적 협력 체계 구축 시범사업에서 개인 건강정보 기반 서비스를 고도화한다. 아울러 스마트병원 선도 모형 개발 지원 사업에 공공병원 참여 및 단계적 확산을 추진하고, 국립병원 및 지방의료원 등의 병원정보 시스템을 클라우드 기반 차세대 시스템으로 통합해 공공병원 간 개인 건강정보 표준화 및 진료 협력 확대를 추진한다.

개인 주도로 자신의 건강정보를 한곳에 모아서 직접 활용하거나 동의 기반하에 원하는 대상에게 제공할 수 있도록 지원하는 시스템을 구축하기로 했다. 이른바 '건강정보 고속도로 시스템' 구축으로 개인 건강정보 수집 체계를 마련하는데, 건강정보 유형별로 플랫폼을 통해 수집하는 데이터 세부 항목을 정의하고 제공기관의 규모나 디지털화 수준 등을 고려해 데이터 항목을 확대한다. 또한 제공기관별 다양한 건강정보를 개인 중심으로 통합하고 상호 호환이 가능하도록 데이터 표준화를 수행하며, 정부지원사업 및 EMR 인증 사업 연계 등 데이터 제공기관 참여 활성화 방안도 마련한다. ㉢국민이 신뢰할 수 있는 시스템 구축을 위해 정보 주체 식별 및 인증 체계를 마련한 후, 개인에 대한 자료를 의료기관·공공기관에서 가져오기 위한 식별자를 체계적으로 관리한다. 정보 주체가 내용을 이해하도록 충분히 설명한 후에 동의를 받고 개인이 동의한 정보만 처리될 수 있도록 동의 체계를 확립해 표준연계형식을 갖출 계획이다. 특히 국민 입장에서 누락 없는 건강정보 제공을 위해 지역 중심으로 마이 헬스웨이 단계적 확산을 추진, 마이 헬스웨이 시범 사업을 통해 실제 적용 가능성과 예상 문제점 및 보완 방안 등을 실증한다.

보건복지부는 건전한 건강정보 활용 생태계 조성을 위해 법적 근거를 명확히 마련하고 의료계·환자·산업계·전문가 등 이해관계자와 함께 논의하기로 했다. 건강정보 활용의 사회적 합의를 위한 협의체계를 활성화하며, 안전한 건강정보 활용을 위한 '보호·활용 제도'를 도입할 계획이다.

※ 출처: 보건복지부(2021-12-21 보도자료)

01. 위 보도자료의 내용과 일치하는 것은?

① 국립병원과 지방의료원의 병원정보 시스템을 클라우드 기반으로 통합하여 병원에 대한 정보를 표준화할 것이다.

② 맞춤 의료서비스 제공을 위해 개인 건강정보 기반의 정밀 의료 인공지능 개발 연구를 진행하여 가시적인 성과를 거두었다.

③ 건강정보 고속도로 시스템을 통해 당사자가 동의한 상대라면 누구나 정보 제공에 동의한 사람의 건강정보를 열람하는 것이 가능하다.

④ 지난 보건사업 대국민 인식조사에 의하면 국민 절반 이상이 건강관리 목적으로 건강정보를 활용한 것으로 응답하였다.

02. 위 보도자료를 통해 추론한 내용으로 가장 적절하지 않은 것은?

　① 개인 건강정보를 처리하기 위해서는 정보 주체가 관련 내용을 이해할 수 있도록 충분한 설명이 선행되어야 한다.

　② 개인 건강정보란 개인의 질병 및 입원 기록을 모두 포함하는 개념이다.

　③ 보건복지팀 공무원이 직접 지역 주민의 건강 상태를 점검하고 관련 교육을 실시하여 서비스 공백을 채워갈 계획이다.

　④ 비의료기관에 대한 규제를 엄격히 하여 국민 개개인이 개인 건강정보 활용에 안심할 수 있는 환경을 만들 예정이다.

03. 위 보도자료의 논리적 흐름을 고려할 때, ㉠~㉣ 중 삭제되어야 하는 문장은?

① ㉠　　　　② ㉡　　　　③ ㉢　　　　④ ㉣

[04 – 05] 다음 글을 읽고 각 물음에 답하시오.

국민건강보험이란 국민의 건강 향상과 사회 보장 증진을 위해 국민의 질병·부상·분만·사망 따위에 대한 보험 급여를 시행하는 사회 보장 제도이다. 보험금은 국민이 지불하는 보험료를 기본으로 하고, 보험 사고 발생 시 운영 기금을 보험 급여로 제공하여 가계에서 발생할 수 있는 위험 부담 비용을 분담하는 역할을 한다. 개인의 경제적 여력에 따라 보험료를 차등하여 지불하도록 규정하고 있으나, 이와 관계없이 모든 국민에게 균등한 보험 급여를 제공하기 때문에 경제적 부담을 줄여주는 소득재분배 기능도 수행한다. (㉠) 건강보험료 납부액은 소득 외에 재산, 자동차 등 다양한 요소를 고려하여 산정되고 있으나, 제도의 허점으로 인해 피해를 보는 사례도 있다. 예를 들어, 부모 사후 체납된 건강보험료가 납부 능력이 없는 자녀에게 그대로 인계된 경우도 있고, 오랜 기간 동안 부모와 연락이 닿지 않았으나 자녀 통장이 체납 보험료 징수로 압수되어 채용 취소 통보를 당한 사건도 있었다. (㉡) 부득이한 결과라고 여기기 쉽지만, 이러한 문제가 발생하게 된 원인에는 건강보험이 직장과 지역으로 이원화된 보험료 부과기준을 갖고 있다는 데 있다. 다시 말해 저소득자라도 지역가입자의 건강보험료는 높게 책정되는 반면, 고소득자라도 직장가입자의 피부양자로 등록되어 있으면 건강보험료를 아예 납입하지 않는 경우가 생기기도 하는 것이다. 더 이상 억울한 사례가 생기지 않도록 국회에서는 보다 공평하고 서민 부담이 낮아지도록 국민건강보험법 개정안을 통과시켰고, 2018년 1단계 개편이 단행된 데 이어 2단계 개편도 진행될 예정이다. (㉢) 특히, 악성 체납으로 문제가 된 고소득·고액재산 피부양자 7만 가구, 직장가입자 형제·자매 피부양자 23만 가구가 지역가입자로 분류되면서 그에 맞는 보험료를 부담하게 되었다. 게다가 직장가입자 중 약 1%에 해당하는 고소득 15만 가구의 보험료를 제외한 나머지 99%의 보험료에는 변화가 없어 저소득층에게 돌아가는 부담은 없을 것으로 보인다. 하지만 보험료율 개편이 문제의 진정한 해결책은 아닐 것이다. (㉣) 여전히 생계형 체납자들은 우리 주변에 만연하고 있으나, 현실적으로 이들 모두에게 결손처분을 해준다는 것은 도덕적 해이를 발생시킬 수 있다. 물론, 모두가 만족하는 제도가 하루아침에 제정되기는 어렵겠지만, 부당한 이익을 받는 사람이 없도록 점차 나아가야 할 것이다.

04. 윗글의 중심 내용으로 가장 적절한 것은?
① 생계형 건강보험료 체납자를 대상으로 징벌적 제재를 감면하고 결손처분을 받을 수 있도록 해야 한다.
② 건강보험법 개정 시 자동차 보험료 산출 체계를 변경하여 서민들의 부담이 줄어들게 해야 한다.
③ 건강보험료에 대한 고소득층의 경제적 부담을 완화할 수 있는 방향으로 보험료율을 개편해야 한다.
④ 모든 국민이 공정한 보험료 혜택을 받을 수 있도록 건강보험료에 대한 보완이 계속해서 이루어져야 한다.

05. 윗글의 논리적 흐름을 고려할 때, ㉠~㉣ 중 〈보기〉의 문장이 들어갈 곳으로 가장 적절한 것은?

〈보기〉
실제로 변경된 안에 따라 지역가입자의 약 80%에 해당하는 590만 가구의 월평균 건강보험료가 10만 4000원에서 8만 2000원으로 약 21% 감소했으며, 소득·재산이 상위 2~3%에 해당하는 지역가입자의 보험료는 증가했다.

① ㉠   ② ㉡   ③ ㉢   ④ ㉣

[06 - 08] 다음 글을 읽고 각 물음에 답하시오.

통풍(痛風)이란 팔다리 관절에 심한 염증이 되풀이되어 생기는 유전성 대사 이상 질환을 말한다. 통풍의 발생 원인은 혈액 속 요산 농도와 관련이 있다. 요산은 몸속 세포가 죽으면 나오는 푸린을 통해서 만들어지는데, 본래 요산은 신장을 거쳐 소변으로 배출되어야 하지만 통풍 환자들은 이러한 과정이 원활하지 않기 때문에 요산이 결정형태로 쌓여 요산염이 되고, 요산 결정이 관절의 연골, 힘줄과 같은 주위 조직에 침투하게 되면 염증과 함께 통증이 동반된다.

통풍은 요산염이 침범하기 쉬운 엄지발가락 근저부 관절, 발등, 발목, 발꿈치 힘줄 등에서 발병하는 것이 일반적이지만 간혹 어깨관절, 엉덩이 관절, 척추 등에서도 생길 수 있다. 맨 처음 증상은 주로 엄지발가락 근저부 관절에서 나타나며 급작스러운 통증이 수반됨과 동시에 붉게 부어오르고, 증상이 심해질 경우 손이 스치는 것만으로도 통증이 느껴질 수 있다. 증상 발현 후 4~5일이 지나면 통증 및 붓기가 자연적으로 줄어들며 피부가 검붉은 색으로 바뀌는데, 이후 표피의 각질층이 벗겨지면 관절 기능도 정상으로 돌아오게 된다. 정상 상태로 회복되면 평소 생활하는 데 무리는 없고, 타인이 보기에 건강해 보이지만 1년쯤 뒤에 돌발적으로 발작이 나타날 수 있으며 그 간격은 차츰 줄어들게 된다. 6~7년가량 지나면 귓바퀴에 콩알 모양의 통풍 결절이 발견되며, 경우에 따라서는 통풍 결절이 밖으로 나오기도 한다.

관절의 윤활액 또는 주위 조직을 뽑아낸 다음 현미경을 활용해 백혈구가 탐식하고 있는 요산 결정이 확인되면 통풍으로 확진한다. 이때 윤활액을 얻기 어려울 경우 임상적으로 급성 단관절염, 고요산혈증, 콜히친 치료에 대한 극적인 반응을 확인해 세 가지 모두 통풍 환자의 조건을 만족하면 통풍으로 진단할 수 있다.

치료는 급성 발작을 막고 재발을 방지하며 합병증의 발현을 감소시키는 것에 목적이 있다. 통풍성 관절염, 콩팥돌증 등의 증상이 동반되지 않은 무증상 고요산혈증은 의사의 판단에 따라 치료 여부를 결정하게 된다. 특히 고요산혈증이 통풍 관련 질환을 일으키는 직접적인 요소라는 명확한 증거가 없기 때문에 평소 생활습관을 개선하여 비만, 고혈압 등으로 진행되지 않도록 하는 것이 더욱 중요하다. 통풍 증상이 나타난 후에는 콜히친, 비스테로이드 항염제 등의 약물로 급성 통풍발작의 증상을 완화시킬 수 있으며 치료를 빨리 시작하면 그만큼 빠르게 호전될 수 있으므로 증상이 나타난 즉시 약물 투여를 해야 한다.

06. 다음 중 윗글을 잘못 이해한 사람은?

- 기정: 대체로 발 쪽에서 통풍이 발생하는 경우가 많지만, 어깨나 척추에서도 통풍이 나타날 수 있어.
- 보경: 고요산혈증 환자는 별다른 증상이 없더라도 이른 시일 내로 치료를 받는 것이 중요하겠구나.
- 은진: 통풍 환자는 건강한 사람에 비해 요산을 소변으로 배출하기가 어렵겠네.
- 지효: 통풍에 걸리고 1년 정도가 지난 환자라도 갑작스러운 발작이 생길 수 있으니 조심해야겠어.

① 기정　　　　② 보경　　　　③ 은진　　　　④ 지효

07. 윗글을 읽고 답변할 수 있는 질문으로 가장 적절하지 않은 것은?

① 윤활액을 확보하기 어려운 환자의 경우 통풍 진단을 내리기 위해 확인해야 하는 반응은 무엇인가?
② 통풍의 발생 원인은 무엇인가?
③ 통풍 증상이 있을 때 사용하는 약물은 무엇인가?
④ 여성보나 남성에게서 통풍이 더 많이 발생하는 이유는 무엇인가?

08. 윗글을 통해 추론한 내용으로 적절한 것은?

① 통풍 환자의 주위 조직에 요산 결정이 없다면 통풍으로 진단하지 않을 확률이 높다.
② 혈압이 높을수록 통풍 발병 가능성이 낮아진다.
③ 통풍으로 인한 붓기가 줄어들게 되면 피부가 밝은 붉은빛을 띠게 될 것이다.
④ 고요산혈증은 통풍을 일으키는 주요 원인 중 한 가지이다.

[09 – 11] 다음 글을 읽고 각 물음에 답하시오.

　　보건복지부는 5월 29일(월) 관계부처 합동으로 마련한 「외국인환자 유치 활성화 전략」을 발표하였다. 이번 대책은 세계보건기구(WHO)가 코로나19에 대한 국제적 보건 비상사태(PHEIC)를 해제함에 따라 적극적인 외국인환자 유치 정책을 통한 아시아 의료관광 중심국가로의 도약을 목적으로 마련되었다.
　　2022년 우리나라를 방문한 외국인환자는 24.8만 명으로 2021년 14.6만 명 대비 70.1% 증가했으며, 이는 코로나19 세계적 유행(팬데믹) 이전 2019년(49.7만 명) 대비 50% 수준까지 회복된 수치이다. 이번 「외국인환자 유치 활성화 전략」을 통해 2027년 외국인환자 70만 명 유치를 목표로 ▲ 출입국절차 개선 ▲ 지역·진료과 편중 완화 ▲ 유치산업 경쟁력 강화 ▲ 한국 의료 글로벌 인지도 제고 등 4대 부문별 추진전략을 마련하였으며 주요 내용은 다음과 같다.
　　첫째, 의료관광 우수 유치기관 확대 및 비자 제한 완화 등을 통해 외국인환자의 출입국절차를 개선한다. 비자 발급의 편의성 제고를 위해 환자가 재외공관을 방문하지 않고도 온라인을 통해 비자를 대신 발급받을 수 있는 법무부 우수 유치기관 지정을 확대(27개 → 50개 이상)하고, 보건복지부 인증 유치기관(KAHF, 현 7개소) 및 상급종합병원(현 45개소)이 신청하는 경우 별도 심사 없이 우수 유치기관으로 지정할 예정이다. (㉠) 유치환자의 불법체류율이 높은 기관은 당연 지정 대상에서 제외된다. 또한, 외국인환자의 직계가족 유무, 질병의 시급성 등을 고려하여 간병인·보호자의 범위를 배우자·직계가족에서 형제·자매까지 확대하고, 동반자에 대한 재정능력입증서류 제출 의무도 면제한다.
　　둘째, 의료·관광 연계를 강화하고, 진료과목 등을 고려한 국가별 맞춤형 전략 마련을 통해 지역·진료과 편중을 완화한다. 외국인환자 및 보호자가 의료와 함께 관광까지 할 수 있도록 웰니스·의료관광 융복합 클러스터를 구축하고, 지역별 특화된 외국인환자 유치모델 개발을 위한 지자체 역량강화 사업도 추진한다. 이와 더불어 유치 주요국 대상 한국의료관광대전 개최 및 박람회 참석 등 국내·외 주요 행사를 적극 활용하고, K-컬처를 연계한 다양한 홍보 콘텐츠를 발굴하여 한국 의료관광을 적극 홍보해 나갈 예정이다. (㉡) 주요 발생질환, 한국 의료 선호분야 등 수요와 공급을 종합적으로 고려한 국가별 맞춤형 전략을 수립하고, 해외에서도 인정받고 있는 성형·피부과와 함께 한국이 경쟁력을 갖는 중증·복합성 질환 및 한의약 분야 외국인환자 유치도 적극적으로 추진한다.
　　셋째, 유치기관 질 관리를 강화하고, 외국인환자 사전상담·사후관리 활성화 등을 통해 유치산업 경쟁력을 제고한다. 병원급 의료기관 인증평가 시 외국인환자 유치 의료기관 인증평가도 함께 받을 수 있도록 절차를 간소화하는 등 유치기관 평가인증제를 활성화할 예정이다. 이뿐만 아니라 방한 외국인환자의 효과적 치료 및 만족도 제고를 위해 ICT 기반 사전상담·사후관리 지원사업을 확대하고, 현재 국내 의료인과 국외 의료인 간 기술 지원, 환자의 건강과 질병에 대한 상담 등 '원격 협진'만 가능하도록 규정됐던 「의료 해외진출 및 외국인환자 유치 지원에 관한 법률(이하 의료해외진출법)」의 개정을 통해 외국인환자 비대면진료 제도화를 추진한다.
　　넷째, 메디컬코리아 브랜드 홍보 및 나눔 의료, 의료인 연수 등을 활용한 위상 강화를 통해 한국 의료의 국제 인지도를 제고한다. 재외공관, 한국 문화원 등과 상시 협의체를 구성하여 민관협력사업을 활성화하고, 메디컬코리아 국제 콘퍼런스 등 국제행사와 온라인 플랫폼을 활용한 홍보를 적극 추진한다. (㉢) 의료 사각지대에 놓인 주변국 환자를 무상으로 초청하여 진료하는 나눔 의료 사업 및 외국 의료인 대상 의료 연수를 확대하여 우수한 한국 의료기술을 전파할 계획이다.
　　한편 보건복지부 박민수 제2차관은 30일(화) 지역 외국인환자 유치산업 활성화를 위한 현장의 의견을 묻고 격려하기 위해 광주광역시 조선대학교병원을 방문할 예정이다. 조선대학교병원은 2009년 전라남도·광주광역시 지역 최초로 외국인환자 유치 의료기관으로 등록한 이후 2022년까지 33개국, 총 8,992명의 외국인환자를 유치하였으며, 2015년부터 외국 의료인 연수 사업에도 적극적으로 참여하여 현재까지 총 105명의 외국 의료인이 수료하였다. (㉣) 보건복지부 지역특화 유치 기반 강화 사업에 2년 연속 참여하여 광주광역시의 차별화된 유치모델 개발을 통해 외국인환자 유치의 지역 균형발전에도 기여하고 있다.

보건복지부 제2차관은 "외국인환자 유치는 관광 등 다른 분야에 경제적 파급 효과가 큰 산업"이라고 강조하며, "현장에서 정책 효과를 체감할 수 있도록 외국인환자 유치 활성화 전략을 속도감 있게 추진하고, 지속적으로 소통하여 정책을 보완해 나갈 계획이다."라고 밝혔다.

※ 출처: 보건복지부(2023-05-29 보도자료)

09. 위 보도자료의 제목으로 가장 적절한 것은?

① 외국인환자 유치 활성화를 위한 비대면 진료 제도화
② 의료관광 중심국가로의 도약을 위한 한국형 병원 규제 신설
③ 외국인환자 유치 활성화를 통한 의료 사업 회복 기대
④ 아시아 의료관광 중심국가로 도약하기 위한 발판 마련

10. 위 보도자료의 빈칸에 들어갈 단어 중 기능이 동일한 것으로 바르게 묶인 것은?

① ㉠, ㉡   ② ㉢, ㉣   ③ ㉠, ㉡, ㉢   ④ ㉡, ㉢, ㉣

11. 위 보도자료의 내용과 일치하지 않는 것은?

① 웰니스·의료관광 융복합 클러스터가 만들어지면 국내에 입국하는 외국인환자는 치료뿐 아니라 관광을 즐길 수 있게 된다.
② 유치기관 평가인증제가 활성화될수록 외국인환자의 유치 의료기관 인증평가의 절차가 복잡해질 수 있다.
③ 보건복지부가 인증하는 유치기관이 우수 유치기관 자격을 신청하면 우수 유치기관 심사가 면제된다.
④ 전라남도 및 광주광역시 지역 최초로 외국인환자를 유치한 의료기관으로 등록한 병원은 조선대학교병원이다.

[12 – 13] 다음은 국민건강보험공단에서 제공하는 건강검진 시행 안내문의 일부이다. 각 물음에 답하시오.

[건강검진 시행 안내문]

1. 건강검진 대상자 선정(국민건강보험공단)

구분	세부사항
지역가입자	세대주 또는 만 20세 이상 세대원 중 해당 출생연도(짝, 홀) 출생자
피부양자	만 20세 이상 해당 출생연도(짝, 홀) 출생자
직장가입자	비사무직 전체, 격년제 실시에 따른 사무직 대상자
의료급여수급자	만 19~64세 해당 출생연도(짝, 홀) 출생자

※ 직장가입자의 경우 사업장으로 건강검진 대상자 명부 송부할 예정

2. 검진 항목

   1) 공통 검진 항목

대상 질환	검진 항목	대상 질환	검진 항목
비만	신장, 체중, 허리둘레, 체질량 지수	당뇨병	공복혈당
시각 이상	시력	청각 이상	청력
고혈압	혈압	간장질환	AST, r-GTP
신장질환	요단백, 혈청크레아티닌, e-GFR	폐결핵/흉부질환	흉부 방사선 촬영
빈혈	혈색소	구강질환	구강검진

   2) 성·연령별 검진 항목

검진 항목	대상 연령
혈액 검사(이상지질혈증 검사)	• 남자: 만 24세 이상(4년 주기) • 여자: 만 40세 이상(4년 주기)
B형간염 항원, 항체	만 40세(면역자, 보균자 제외)
골밀도 검사	만 54세, 66세 여성
인지기능장애	만 66세 이상(2년 주기)
정신건강(우울증) 검사	만 20세, 30세, 40세, 50세, 60세, 70세
생활습관평가	만 40세, 50세, 60세, 70세
노인신체기능 검사	만 66세, 70세, 80세
치면세균막 검사	만 40세

   3) 6대 암 검진

검진 항목	검진 방법	대상 연령
위암	위내시경 검사	만 40세 이상 전체(2년 주기)
대장암	분변잠혈 검사(대변 검사)	만 50세 이상 전체(매년 시행)
간암	간 초음파 검사, 혈청 알파태아단백 검사	만 40세 이상 고위험군 전체(연 2회)
유방암	유방 촬영 검사	만 40세 이상 여성(2년 주기)
자궁경부암	자궁경부 세포 검사	만 20세 이상 여성(2년 주기)
폐암	저선량 흉부 CT 검사	만 54~74세 고위험군 대상(2년 주기)

3. 검진 결과 처리
   1) 일반건강검진 결과 통보
      - 일반건강검진 후 15일 이내 문진표에 작성한 주소지(우편 또는 이메일)로 결과지 발송
   2) 의심 소견자 결과 통보

검사 항목	대상	검사 방법
확진 검사	고혈압질환 의심자	진찰 및 상담, 혈압 측정
	당뇨병질환 의심자	진찰 및 상담, 공복혈당 검사
2단계 검진	위암 검진 결과 암 의심자	조직 검사
	대장암 검진 결과 '반응 있음'자	대장 내시경 또는 이중조영 검사

4. 필수 확인사항
   1) 건강검진 전 주의사항
      - 검진 전 8시간 이상 공복 유지 필수
      - 대상 기관 방문 시 신분증 지참 필수
   2) 검진기간 안내: 매년 1. 1.~12. 31.(확진 검사는 다음 연도 1. 31.까지)
      - 건강검진의 검진기간은 매년 12. 31.로 종료되며 검진기간 연장은 없음. 다만, 전년도 미수검자가 공단에 요청 시 금년도 검진대상으로 추가 등록은 가능함
      - 성·연령별 검진 항목은 해당하는 자에 한하여 당해 연도만 검사 가능

12. 위 안내문을 읽고 이해한 내용으로 가장 적절하지 않은 것은?

    ① 검진대상 연령에 해당하는 사람에 한해 6대 암 검진 중 대장암과 간암을 제외한 나머지 4가지 암 검진은 2년을 주기로 받을 수 있다.
    ② 건강검진은 매년 12월 31일로 종료되나 전년도 미수검자의 경우 금년도 검진대상자로 추가 등록할 수 있다.
    ③ 의심 소견에 따른 확진 검사는 건강검진 종료기간 전까지만 받을 수 있다.
    ④ 만 66세의 건강검진 대상자는 골밀도 검사, 인지기능장애, 노인신체기능 검사를 받을 수 있으나, 골밀도 검사는 여성만 받을 수 있다.

13. 귀하는 올해 자신이 건강검진을 받지 않은 것을 깨달아 국민건강보험공단 홈페이지에 들어가 건강검진 관련 안내사항을 열람하였다. 귀하가 열람한 건강검진 시행 안내문이 위와 같을 때, 귀하가 추후 확인할 사항으로 가장 적절하지 않은 것은?

    ① 만 50세 이상으로 올해 대장암 검진을 받고 싶다면 작년에 분변잠혈 검사를 했는지 여부를 확인한다.
    ② 공복 유지 시간을 맞출 수 있도록 건강검진 대상 기관을 검색하고 예약 가능 시간을 확인한다.
    ③ 건강검진 결과 통보를 직장에서 우편으로 받고자 하는 경우 직장 주소지를 사전에 확인한다.
    ④ 사무직에 종사하고 있는 직장가입자라면 직장에 올해 건강검진 대상자에 해당하는지를 확인한다.

[14 - 16] 다음 글을 읽고 각 물음에 답하시오.

　　정부는 치매관리의 중요성을 널리 알리고 치매를 극복하기 위한 범국민적 공감대를 형성하기 위하여 매년 9월 21일을 치매 극복의 날로 지정하였다. 치매란 후천적 원인으로 인해 사람의 정신 능력이 현저히 떨어지면서 발생하는 인지기능 장애로, 일상생활에 어려움을 가져올 정도로 심각한 지적 능력의 저하를 말한다. 과거에는 치매를 나이가 들어감에 따라 필연적으로 나타나는 현상이라 여겨 흔히 노망이라고 불렀다. (㉠) 지금은 치매가 단지 노화로 인한 증상이 아니라 뇌 질환임이 잘 알려져 있다. 치매를 일으키는 원인 질환은 매우 다양한 편이나 대표적으로 노인성 치매로 알려진 알츠하이머병, 혈관성 치매를 꼽을 수 있다.
　　먼저 알츠하이머병은 치매 발병의 원인 질환 중에서도 가장 흔한 뇌 질환으로, 발병의 근본적인 원인에 대해서는 밝혀지지 않았다. 다만, 현재까지 알려진 발병의 핵심 요인은 베타 아밀로이드(beta-amyloid)라는 작은 단백질로, 이 단백질이 지나치게 생성되어 뇌에 침착하게 되면 뇌세포에 해로운 영향이 발생해 치매가 발병할 수 있다고 한다. 한편으로는 뇌세포의 구조를 유지하는 데 중요한 역할을 담당하는 타우 단백질(tau protein)의 산화적 손상, 염증 반응, 과인산화 등도 뇌세포 손상에 영향을 미친다고 한다. 또한, 유전적 요인은 전체 알츠하이머병 발병 요인의 절반가량을 차지해 직계가족 중 알츠하이머병을 앓은 사람이 있을 경우 발병 위험이 그렇지 않은 경우보다 높다고 알려져 있다.
　　다음으로 혈관성 치매는 뇌혈관 질환으로 뇌 조직이 손상되면서 발병하는 치매이다. 뇌혈관의 위험인자 즉 고혈압, 당뇨, 심장병, 흡연, 비만, 운동 부족 등을 조절해야 한다. 위험인자가 잘 알려진 혈관성 치매는 위험인자를 교정 및 조절하는 등의 방법으로 얼마든지 예방이 가능한 치매이며, 걸리더라도 초기에 발견하면 더 이상의 진행을 막을 수 있고 호전되기도 한다. (㉡) 알츠하이머병과 달리 느닷없이 발병하기도 하며, 병의 진행 정도가 갑작스레 악화되는 경우도 많다. 게다가 뇌혈관 질환의 발병 위치나 발병 범위에 따라 증상의 정도, 종류와 더불어 증상이 나타나는 시기 등이 매우 다양하며, 기억력이 떨어지는 증상보다 언어기능, 판단력 등과 같은 인지능력 저하가 더욱 극심하게 나타나기도 한다.
　　모든 질병이 그렇듯 치매 역시 예방이 중요하다. 뇌세포는 몸의 다른 세포와 달리 일단 손상이 되면 재생이 어렵다. 뇌세포가 파괴되는 원인을 미리 발견하여 그 원인을 제거해야 치매를 예방할 수 있다는 말이다. 치매의 원인 질환의 종류와 정도가 다양한 것처럼 치매로 인한 증상들도 매우 다양하게 나타나는데, 일반적으로 가장 먼저 나타나는 증상은 기억력 감퇴이다. 인지기능이 떨어지기도 하며, 사지가 경직되거나 보행에 어려움이 나타나기도 한다. 인격장애, 성격의 변화와 비정상적인 행동들도 치매가 점차 진행됨에 따라 나타나기도 하는데, 이런 증상들이 나타나면 초기를 넘어서 말기에 접어들었을 가능성이 높다. (㉢) 기억 감퇴 증상이 나타나면 일단 치매 초기를 의심하고 전문기관을 찾아야 한다.
　　치매의 정확한 진단을 위해서는 먼저 지역 치매안심센터에 방문해 3단계에 걸친 치매 검진을 받아야 한다. 1단계와 2단계는 각각 선별검사와 진단검사로, 치매안심센터에서 진행되며, 3단계 감별검사는 센터와 연계된 협약 병원에서 진행된다. 여기서 1단계는 무료 검진이 가능하나 2단계와 3단계는 모두 소정의 진단 비용이 발생하는데 만 60세 이상이고, 중위소득 120% 이하에 해당된다면 2단계에서 최대 8만 원, 3단계에서 최대 11만 원의 검사 비용을 지원받을 수 있다. (㉣) 우리나라는 고령사회에 대비하여 건강하고 품위 있는 노후를 보장하겠다는 목표로 치매국가책임제를 시행하고 있다. 2017년부터 전국 256개의 보건소에 치매안심센터와 치매안심병원을 확충하고, 중증치매 환자 본인 부담을 낮추기 위해 2018년부터 고비용 진단 검사 급여화, 장기 요양 치매 수급자 본인 부담 감소에 중점을 둔 정책을 시행하고 있다.
　　이와 관련하여 보건복지부는 2017년 9월 '치매 국가책임제 대국민 보고대회'에서 '치매국가책임제 추진계획'을 발표하였다. 이를 통해 정부는 치매 환자와 가족에게 치매 예방부터 검진, 상담, 등록관리, 서비스 연계 및 가족지원 등 일대일 맞춤형 원스톱 서비스를 제공할 방침이라고 밝혔다. 치매 치료비 부담을 줄이기 위해 중증 치매 환자는 산정 특례 적용 시 건강보험을 90%까지 적용하고, 신경인지검사와 MRI도 건강보험을 적용한다. 중증뿐 아니라 경증 치매일 경우에도 장기요양급여를 받을 수 있도록 인지지원등급이 신설되었고, 장기요양 본인부담 경감제도도 2018년 하반기부터 확대하였다. 또한, 치매전담형 시설과 안심병원을 확충할 예정이며, 보건복지부는 과학기술정보통신부와 함께 치매에 대한 근본적 치료와 예방을 위한 연구개발 투자에 2020년부터 2028년까지 9년간 약 2,000억 원을 투입하기로 계획을 발표하기도 하였다.

14. 윗글을 읽고 나눈 대화가 다음과 같을 때, 빈칸에 들어갈 내용으로 가장 적절한 것은?

    A: 치매국가책임제에 대해서 알고 계신가요?
    B: 네, 지난 2017년 보건복지부가 발표한 치매국가책임제 추진계획에 대해 본 적 있어요. 치매 환자뿐 아니라 가족에게 지원되는 맞춤형 서비스를 제공한다니, 치매 발병으로 인한 부담을 완화할 수 있겠어요.
    C: 그렇죠. 치매국가책임제가 활발히 시행되면 치매의 어려움에 대한 국민적 공감대 형성에 긍정적 영향을 미칠 것 같아요. 그런데 정부는 치매국가책임제를 통해 어떤 계획을 추진할 예정인지 알고 계신가요?
    D: 네, (   )

    ① 치매 환자와 그 가족의 경제적 부담을 줄여주기 위해 장기요양 본인부담 경감제도 도입을 준비 중이네요.
    ② 인지지원등급이 신설되었기 때문에 치매 증상의 정도와 관계없이 장기요양급여를 받을 수 있게 될 거예요.
    ③ 경증 치매 환자를 포함한 치매 환자는 산정 특례 적용 시 건강보험을 90%까지 적용받을 수 있어요.
    ④ 치매 환자 맞춤형 원스톱 서비스 제공을 위한 치매전담형 시설과 안심병원 건립을 시작할 거예요.

15. 윗글의 ㉠~㉣ 중 접속어의 기능이 같은 것을 모두 고르면?

    ① ㉠, ㉡   ② ㉠, ㉣   ③ ㉠, ㉡, ㉢   ④ ㉡, ㉢, ㉣

16. 윗글의 내용과 일치하지 않는 것은?

    ① 알츠하이머병은 혈관성 치매와 달리 매우 서서히 발병하여 병의 진행 경과가 점진적으로 나타난다.
    ② 중위소득 120% 이하에 해당하면서 만 60세 이상이라면 치매 검진 시 최대 19만 원을 지원받을 수 있다.
    ③ 베타 아밀로이드의 생성이 억제될 경우 뇌세포 활성화가 저하되어 알츠하이머 발병률이 높아진다.
    ④ 치매는 대체로 기억력 감퇴 증상부터 시작하여 말기로 진행될수록 인격장애 증상이 발현된다.

[17 – 18] 다음 보도자료를 읽고 각 물음에 답하시오.

　보건복지부가 12일부터 2달간 요양병원과 장기요양서비스, 지역사회 노인돌봄서비스를 통합해 신청·조사하고 대상자를 결정하는 '의료-요양-돌봄 통합판정체계(이하 통합판정체계)' 모의적용 사업을 실시한다고 밝혔다. 그동안 고령화가 빠르게 진행됨에 따라 노인들이 의료와 돌봄의 복합적 욕구를 가지고 있음에도 불구하고 요양병원과 장기요양서비스, 지역사회 노인돌봄서비스가 각각의 기준에 따라 분절적으로 운영되어 노인들이 필요한 서비스를 적절하게 이용하지 못한다는 문제가 꾸준히 지적되어왔다. (　　　) 보건복지부는 이번 모의적용으로 요양병원-장기요양-지역사회 돌봄서비스를 통합적으로 평가하는 도구를 마련하고, 이를 현장에 적용해 판정체계의 정확성을 제고하며 개선 필요사항을 도출할 계획이다.

　이번 통합판정체계는 장기요양 등급판정체계의 확대·개편을 기본으로 요양병원 환자분류군, 지역사회 노인돌봄서비스 판정·조사 기준을 융합해 개발했다. 또한 기존 등급판정체계의 문제점을 보완해 인정조사 항목과 등급판정 모형을 개편했고, 특히 장기요양 의사소견서를 전면 개편했으며 통합판정위원회 내 의사 3인으로 구성된 의료위원회 구성·운영 등 의료적 판단 기능을 강화했다. 이와 함께 돌봄 필요자의 의료 필요도와 요양 필요도도 함께 평가해 서비스 대상자를 판정할 계획이다.

　이번에 실시하는 모의적용 대상은 장기요양서비스를 신청하는 노인(신규/갱신 포함), 요양병원 입원 희망자 및 181일 이상 장기입원자, 지자체 노인돌봄/통합돌봄 서비스 신청 노인이다. 그리고 참여는 경기 안산·화성, 광주 서구·광산구, 부산 북구·강서구, 경북 안동·경산, 대전 유성 등 9개 지역의 국민건강보험공단 장기요양운영센터이다. 이에 따라 1단계로 국민건강보험공단 장기요양운영센터·지정 읍면동·지정 요양병원에서 통합판정을 신청하고, 2단계로 새로 개발된 통합판정 욕구 조사표를 활용해 국민건강보험공단 장기요양운영센터 직원이 방문해 조사한다. 이어 3단계에서는 의사소견서와 간호인력을 통한 통합판정 욕구 조사 결과를 토대로 통합판정위원회에서 최종 결정하고, 끝으로 4단계에서 요양병원이나 장기요양, 지역사회 돌봄서비스 등을 결정하고 안내한다.

　통합판정체계와 현 요양병원, 장기요양, 노인돌봄서비스의 대상자 선별도구를 동시 적용해 결과를 비교·분석함으로써 타당성 등을 검증해 나갈 계획이다. 다만, 이번 모의적용은 통합된 욕구 조사를 통해 서비스를 결정하는 통합판정체계의 타당성을 검증하고 운영 가능성을 점검하는 것이 주요 목적으로, 서비스 결정 결과에 따른 이용을 강제하는 것은 아니다. 이에 보건복지부는 모의적용 후 성과평가를 통해 실제 서비스 이용까지 연결될 수 있도록 제도 개선 필요사항을 발굴하고 지속 보완할 예정이다.

　양○○ 복지부 제1차관은 "이번 모의적용은 노인들이 가지는 의료와 요양의 복합적 욕구를 정확히 파악하고, 필요에 따른 서비스를 합리적으로 이용하며 효율적으로 제공할 수 있는 체계를 마련하고자 하기 위한 것"이라고 설명했다. 이어 "모의적용 결과를 바탕으로 보다 실효성 있게 체계를 보완하고 관련 제도를 개선해 나가는 등 지속적으로 노력해 나갈 계획"이라고 밝혔다.

※ 출처: 보건복지부·건강보험공단·건강보험연구원(2021-10-12 보도자료)

17. 위 보도자료의 내용과 일치하지 않는 것은?

① 통합판정체계 모의적용의 취지는 해당 체계의 타당성을 검토하고 운영 가능성을 점검하는 데 있다.
② 통합판정체계는 요양병원 환자분류군과 지역사회 노인돌봄서비스의 판별 및 조사 기준을 함께 고려하여 만들어 낸 체계이다.
③ 장기요양서비스를 이전에 신청한 경험이 있는 노인은 통합판정체계 모의적용 대상에 해당하시 않는다.
④ 모의적용 결과에 따라 통합판정체계의 일부 시스템이나 특정 제도가 수정될 가능성이 있다.

18. 위 보도자료의 빈칸에 들어갈 단어로 가장 적절한 것은?

① 한편　　　　② 예컨대　　　　③ 따라서　　　　④ 아울러

[19 – 20] 다음 글을 읽고 각 물음에 답하시오.

(가) 화학적 측면에서 가돌리늄은 반응성이 큰 금속으로 분류되는 않지만, 대부분의 원소와 결합하여 산화수가 +3인 가돌리늄 화합물을 이루는 특성이 있다. 특히나 고온에서는 질소, 탄소, 황, 인, 붕소, 셀레늄 등과 결합하여 이원자 분자 화합물을 만들기도 한다. 가돌리늄은 여타 희토류 원소들과 다르게 건조한 공기에서 꽤 안정적이다. 그러나 습한 공기에서는 빠르게 변색되어 산화가돌리늄을 형성하는데, 이 산화물이 금속 표면에서 쉽게 분리되면서 시료 전체가 산화된다. 여러 금속의 산화물을 원소 상태로 환원하는 강력한 환원제로 작용하고, 더운물과 반응하면 수산화가돌리늄을 형성한다.

(나) 원자번호 64번의 원소인 가돌리늄은 주기율표상 란타넘족에 포함되는 희토류 원소의 일종이다. 자연에서의 가돌리늄은 대개 여러 광물 내에서 산소와 결합하여 산화물의 형태로 존재하는데, 이와 반대로 산소와 분리되는 경우에는 다른 희토류 금속을 불순물로 포함한다. 1880년 스위스의 화학자 드 마리냐크에 의해 산화물 형태의 가돌리늄이 처음 발견되었으며, 1886년에 프랑스의 화학자 부아보드랑은 가돌리나이트에 포함된 산화물인 가돌리니아에서 순수한 금속인 가돌리늄 분리에 성공하였다.

(다) 이와 같은 특성을 띠는 가돌리늄은 매우 다양한 용도로 활용된다. 우선 강한 상자성의 영향으로 가돌리늄 화합물은 핵자기공명(NMR)에서의 이동 시약과 자기공명영상(MRI)에서의 조영제로 사용된다. 예를 들어 가돌리늄 화합물을 정맥 주사할 경우 가돌리늄 화합물이 암과 같은 이상 조직에 쌓여 MRI 영상에 명확하게 나타난다. 또한, 가돌리늄 화합물의 혈관 주사는 X 선을 이용한 내이(內耳) 종양의 검출에 사용되며, 중성자 검출 장비, 골밀도 측정기 등의 의료기기에 폭넓게 활용된다. 이외에도 가돌리늄과 수은의 합금은 충치의 구멍을 메우는 데 주로 쓰이며, 텔레비전 화면의 형광체로도 사용된다.

(라) 이후 부아보드랑은 최초로 희토류 원소를 발견한 요한 가돌린의 공적을 기리고자 원소 이름을 '가돌리늄'으로 결정하게 되었다. 이렇게 발견된 가돌리늄은 크게 물리적 특성과 화학적 특성으로 나누어 설명되는 것이 일반적이다. 먼저 물리적 측면에서 보면 가돌리늄은 전성과 연성, 흡습성, 공기 중의 탄소 흡수력을 갖고 있는 흰빛의 금속으로, 실온에서 육방 조밀 격자 구조의 α-형 구조를 가지지만 1,235℃ 이상에서는 체심입방 구조의 β-형 구조로 바뀐다. 19℃ 이하에서는 외부의 자기장에 의하여 강하게 자기화(磁氣化)되어 자기장을 없애도 자기화가 그대로 남아 있는 강자성을 갖고, 19℃보다 높은 온도에서는 자기장 속에서 자기장과 같은 방향으로 자력을 띠는 상자성을 강하게 갖는다. 그리고 자기장 노출에 따라 온도가 변화하는 자기열량 효과를 보이기도 한다.

(마) 하지만 가돌리늄의 생물학적 역할은 거의 알려진 바가 없어 안전성에 대해서는 다소 논란이 있는 편이다. 알려진 바에 따르면 자유 이온 상태의 가돌리늄은 독성이 높지만 장기적 독성은 없고, 가돌리늄이 킬레이트화되면 자유 이온 상태일 때보다 약 100배가량의 독성이 줄어든다고 한다. 이는 킬레이트화된 가돌리늄이 조직에서 독성을 방출하기 전에 신장을 지나 체외로 배설되기 때문인데, 가돌리늄이 주로 활용되는 MRI 조영제 역시 킬레이트 화합물 형태라는 점에서 안전하다고 여겨진다. 그렇지만 킬레이트 화합물의 독성은 킬레이트 세기에 따라 달라진다는 점에서 신장 기능이 손상된 환자에게는 부작용을 유발할 수 있다.

19. 윗글을 통해 추론한 내용으로 적절하지 않은 것은?

① 가돌리늄 화합물을 정맥 주사하면 이상 조직에 축적되어 MRI 영상에 뚜렷하게 나타난다.

② 킬레이트 강도에 따라 독성이 달라지는 MRI 조영제는 신장 기능이 떨어진 환자에게 이상 작용을 일으킬 수 있다.

③ 19℃보다 낮은 온도의 자기장 속에 놓인 가돌리늄은 자기장과 동일한 방향으로 자력을 띠게 된다.

④ 주기율표상 란타넘족 원소에 해당하는 가돌리늄은 여러 광물 내에서 산화물 형태로 존재하는 것이 일반적이다.

20. 윗글을 논리적 순서대로 알맞게 배열한 것은?

① (가) – (나) – (라) – (마) – (다)
② (가) – (다) – (나) – (라) – (마)
③ (나) – (라) – (가) – (다) – (마)
④ (나) – (라) – (가) – (마) – (다)

[21-23] 다음은 지역별 초혼 신혼부부 수와 초혼 신혼부부의 총 소유 주택 수를 나타낸 자료이다. 각 물음에 답하시오.

[지역별 초혼 신혼부부 수 및 총 소유 주택 수]

구분	전체 신혼부부 수 (쌍)	맞벌이 신혼부부 수 (쌍)	주택 소유 신혼부부 수 (쌍)	총 소유 주택 수 (호)
전국	988,370	490,411	428,202	532,328
서울특별시	199,294	113,420	72,087	94,312
부산광역시	57,847	27,445	25,058	31,919
대구광역시	44,108	20,124	21,082	25,103
인천광역시	57,804	26,516	24,757	30,583
광주광역시	27,255	13,785	14,390	17,428
대전광역시	28,300	14,110	10,989	13,269
울산광역시	24,045	9,899	13,186	15,604
세종특별자치시	11,249	6,149	4,467	5,610
경기도	283,212	138,699	115,000	142,029
강원도	25,484	12,360	10,555	13,074
충청북도	28,831	14,011	13,231	16,273
충청남도	40,519	18,251	19,824	24,859
전라북도	26,566	12,509	12,972	15,863
전라남도	27,441	12,217	13,586	16,802
경상북도	43,290	18,219	21,519	26,296
경상남도	60,469	26,433	30,312	36,690
제주특별자치도	12,656	6,264	5,187	6,614

※ 1) 신혼부부 맞벌이 비율(%) = (맞벌이 신혼부부 수 / 전체 신혼부부 수) × 100
　 2) 신혼부부 주택 소유율(%) = (주택 소유 신혼부부 수 / 전체 신혼부부 수) × 100
※ 출처: KOSIS(통계청, 신혼부부통계)

21. 다음 중 자료에 대한 설명으로 옳지 않은 것은?

① 전체 신혼부부 수가 가장 많은 지역은 맞벌이 신혼부부 수가 가장 많은 지역과 동일하다.
② 인천광역시의 신혼부부 맞벌이 비율은 40% 이상이다.
③ 주택 소유 신혼부부 수가 가장 적은 지역의 신혼부부 주택 소유율은 35% 미만이다.
④ 전국 총 소유 주택 수 중 충청북도와 충청남도의 총 소유 주택 수 합계의 비중은 약 7.7%이다.

22. 총 소유 주택 수가 세 번째로 많은 지역의 주택 소유 신혼부부 1쌍당 평균 소유 주택 수는? (단, 소수점 둘째 자리에서 반올림하여 계산한다.)

① 0.8호 ② 1.2호 ③ 1.3호 ④ 1.5호

23. 다음 중 제시된 자료를 바탕으로 만든 그래프로 옳은 것은?

① 전라북도와 전라남도의 신혼부부 합계

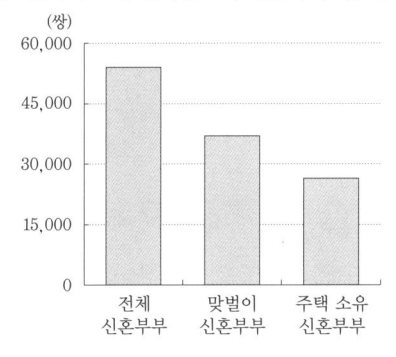

② 경상북도와 경상남도 주택 소유 신혼부부 합계의 비중

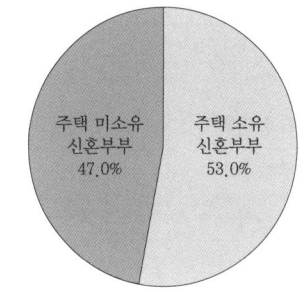

③ 3개 시의 맞벌이 및 주택 소유 신혼부부 수

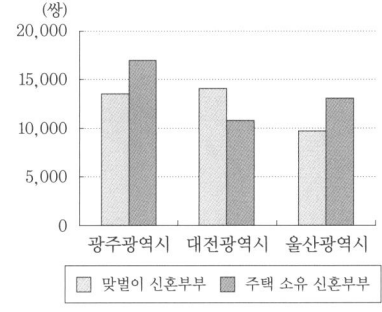

④ 3개 시의 신혼부부 주택 소유율

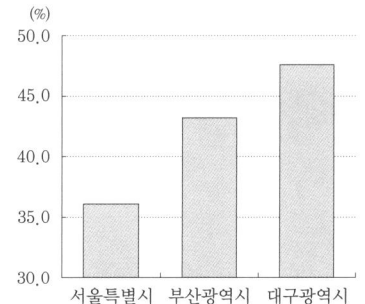

[24 - 25] 다음은 연도별 의료인력 현황에 대한 자료이다. 각 물음에 답하시오.

[연도별 의료인력 현황]

(단위: 명)

구분		2016년	2017년	2018년	2019년	2020년
의사		97,713	100,241	102,471	105,628	107,976
	일반의	5,061	5,246	5,557	5,870	6,030
	인턴	2,766	2,743	2,777	2,863	3,021
	레지던트	11,604	11,211	10,990	10,773	10,048
	전문의	78,282	81,041	83,147	86,122	88,877
치과의사		24,150	25,300	25,792	26,486	26,978
	일반의	21,197	21,324	21,136	20,578	19,883
	인턴	364	404	372	347	327
	레지던트	842	799	822	881	891
	전문의	1,747	2,773	3,462	4,680	5,877
한의사		19,737	20,389	20,759	21,630	22,038
	일반의	16,850	17,333	17,570	18,219	18,507
	일반수련의	244	233	290	285	287
	전문수련의	341	359	354	399	429
	전문의	2,302	2,464	2,545	2,727	2,815

※ 출처: KOSIS(국민건강보험공단/건강보험심사평가원, 건강보험통계)

24. 다음 중 자료에 대한 설명으로 옳지 않은 것을 모두 고르면?

> ㉠ 2020년 의사 의료인력 중 4년 전 대비 인력 수가 가장 많이 증가한 의료인력은 전문의이다.
> ㉡ 2020년 의사, 치과의사, 한의사 각각의 전체 인력 수에서 일반의 인력 수가 차지하는 비중이 가장 높은 의료인력은 치과의사이다.
> ㉢ 제시된 기간 동안 의사 인턴 인력 수가 가장 적었던 해에 치과의사 인턴 인력 수도 제시된 기간 중 가장 적었다.
> ㉣ 제시된 기간 동안 한의사 전문수련의와 일반수련의의 인력 수 차이가 가장 큰 해와 작은 해의 전체 한의사 인력 수 평균은 21,500명 미만이다.

① ㉠, ㉡   ② ㉡, ㉢   ③ ㉡, ㉣   ④ ㉢, ㉣

25. 다음 중 제시된 자료를 바탕으로 만든 그래프로 옳지 않은 것은?

① 2019년 의사 의료인력 수 비중

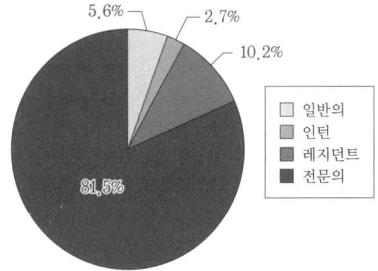

② 2018년 치과의사 의료인력 수

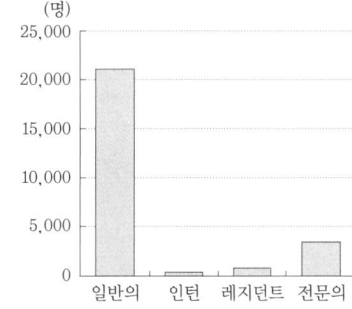

③ 한의사 일반의 인력 수의 전년 대비 증가량

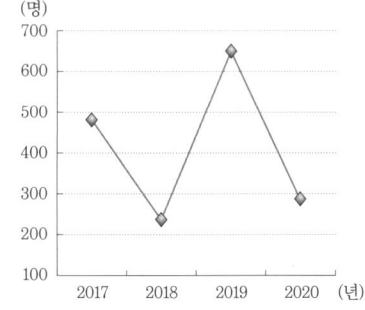

④ 연도별 의사, 치과의사, 한의사 전문의 인력 수의 합

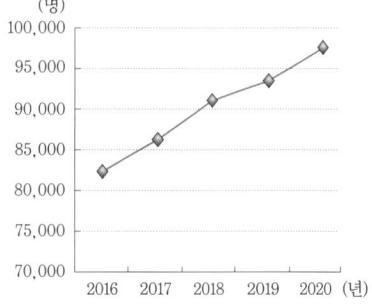

[26 – 28] 다음은 일부 지역의 자전거 수리 센터 현황에 대한 자료이다. 각 물음에 답하시오.

[지역별 자전거 수리 센터 수 및 수리 실적]

구분	2017년		2018년		2019년	
	수리 센터(개)	수리 실적(대)	수리 센터(개)	수리 실적(대)	수리 센터(개)	수리 실적(대)
서울특별시	47	111,973	46	105,531	46	99,982
부산광역시	24	18,972	4	18,606	6	25,391
대구광역시	6	19,574	7	17,289	7	19,350
인천광역시	3	6,287	3	8,273	1	8,877
광주광역시	9	27,607	6	5,688	7	24,560
울산광역시	2	4,856	2	2,240	2	3,120
경기도	7	123,274	9	127,114	14	33,204
강원도	1	120	1	120	1	100
전라북도	3	54,677	2	2,316	2	1,921
전라남도	2	651	2	616	2	648
경상남도	3	1,589	6	1,501	6	1,185

※ 출처: KOSIS(행정안전부, 자전거이용현황)

26. 다음 중 자료에 대한 설명으로 옳지 않은 것은?

① 제시된 지역 중 2017년부터 2019년까지 3년 동안 자전거 수리 센터 수가 매년 동일한 지역은 총 3곳이다.

② 제시된 지역 중 2018년 자전거 수리 센터 수가 전년 대비 감소한 지역은 2018년 자전거 수리 실적도 전년 대비 모두 감소하였다.

③ 제시된 지역 중 2019년 자전거 수리 센터 수의 전년 대비 변화량이 가장 큰 지역은 경기도이다.

④ 제시된 지역을 연도별로 자전거 수리 실적이 많은 지역부터 순서대로 나열하면 그 순위는 2017년과 2018년이 같다.

27. 2017년 자전거 수리 실적 대비 2019년 자전거 수리 실적의 증가량이 가장 많은 지역의 2018년 자전거 수리 실적 대비 2019년 자전거 수리 실적의 증가율은 약 얼마인가?

① 31.2% ② 33.8% ③ 36.5% ④ 41.2%

28. 다음 중 제시된 자료를 바탕으로 만든 그래프로 옳지 않은 것은?

① 연도별 인천광역시 자전거 수리 실적 대수

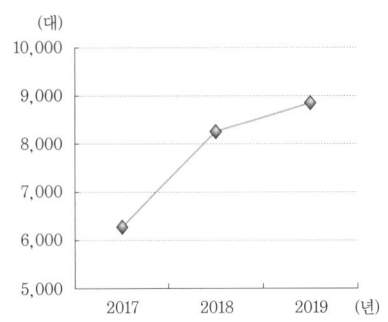

② 2018~2019년 전라북도와 전라남도 자전거 수리 실적 수

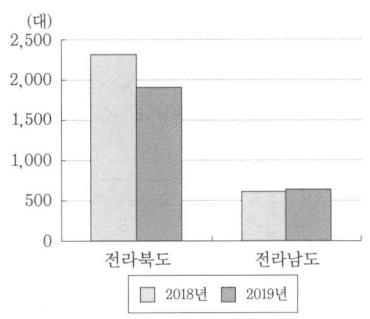

③ 연도별 광주광역시와 대구광역시의 누적 자전거 수리 실적

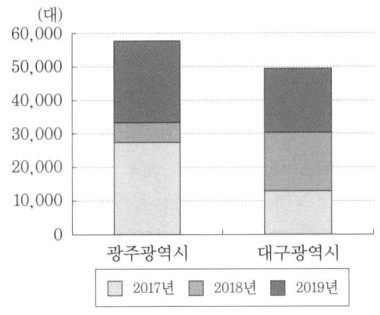

④ 2018~2019년 경기도 자전거 수리 센터의 전년 대비 증가율

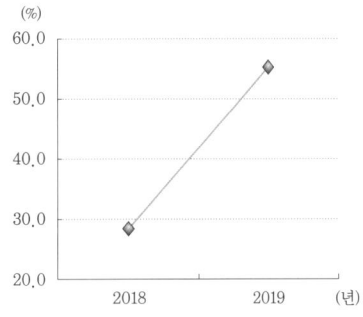

[29 – 31] 다음은 60세 이상이 지급받은 노령연금의 연령대별 지급액에 대한 자료이다. 각 물음에 답하시오.

[연령대별 노령연금 지급액]

(단위: 백만 원)

구분	60~64세	65~69세	70~74세	75세 이상
서울특별시	429,600	641,965	370,539	83,328
A	168,736	259,277	151,300	34,018
B	103,148	152,130	71,378	15,240
인천광역시	120,889	156,615	85,346	18,614
광주광역시	51,371	72,721	34,046	6,025
C	57,756	75,450	38,053	7,899
울산광역시	36,327	51,069	36,025	7,004
D	8,056	12,307	5,117	928
경기도	501,757	685,447	370,070	80,004
강원도	68,627	101,520	39,963	7,707
충청북도	68,116	100,221	38,021	7,144
충청남도	84,942	138,525	44,408	7,815
전라북도	79,036	130,201	45,650	7,197
전라남도	74,953	135,480	39,408	5,723
경상북도	108,816	186,040	70,156	13,270
경상남도	130,657	202,853	86,379	16,437
제주특별자치도	25,049	37,816	14,028	2,615

※ 출처: KOSIS(국민연금공단, 국민연금통계)

29. 다음 중 자료에 대한 설명으로 옳은 것은?

① 연령대별 노령연금 지급액이 네 번째로 많은 지역은 모든 연령대에서 동일하다.
② 60세 이상 노령연금 총 지급액은 서울특별시가 경기도보다 많다.
③ 60~69세 노령연금 지급액은 전라남도가 전라북도보다 1,196백만 원 더 많다.
④ 경상북도의 60~64세 노령연금 지급액은 75세 이상 노령연금 지급액의 8배 미만이다.

30. 다음 조건을 모두 고려하였을 때, 제시된 자료의 A~D를 바르게 연결한 것은?

㉠ A, B, C, D는 각각 대구광역시, 대전광역시, 부산광역시, 세종특별자치시 중 한 지역에 해당한다.
㉡ 대전광역시의 65~69세 노령연금 지급액은 60~64세 노령연금 지급액보다 17,694백만 원 더 많다.
㉢ A~D 4개 지역 중 노령연금 총 지급액이 가장 많은 지역은 부산광역시이다.
㉣ 대구광역시의 70~74세 노령연금 지급액은 75세 이상 노령연금 지급액의 5배 미만이다.

	A	B	C	D
①	부산광역시	대전광역시	대구광역시	세종특별자치시
②	부산광역시	대구광역시	대전광역시	세종특별자치시
③	부산광역시	세종특별자치시	대전광역시	대구광역시
④	대구광역시	대전광역시	세종특별자치시	부산광역시

31. 다음 중 제시된 자료를 바탕으로 만든 그래프로 옳지 않은 것은?

① 충청도의 연령대별 노령연금 지급액

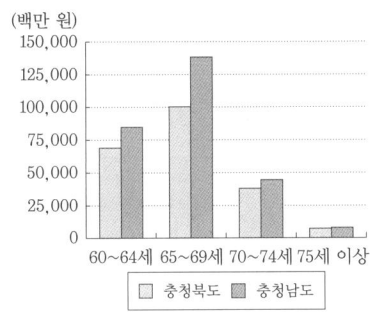

② 제주특별자치도의 연령대별 노령연금 지급액 비중

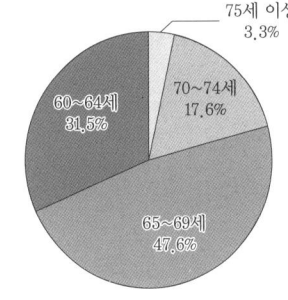

③ 울산광역시의 연령대별 노령연금 지급액

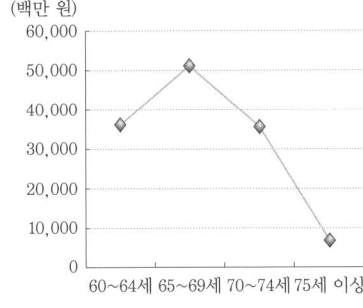

④ 수도권의 75세 이상 노령연금 지급액

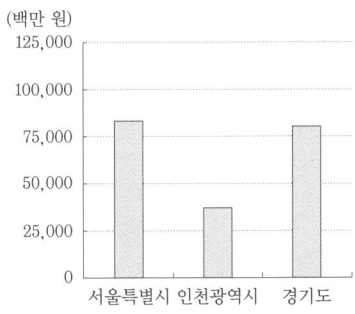

[32 – 33] 다음은 지역별 휴게 및 일반 음식점 수에 대한 자료이다. 각 물음에 답하시오.

[지역별 휴게 및 일반 음식점 수]

(단위: 백 개)

구분	2018년		2019년		2020년	
	휴게음식점	일반음식점	휴게음식점	일반음식점	휴게음식점	일반음식점
서울	330	1,205	354	1,213	364	1,230
부산	86	421	96	420	104	428
대구	71	299	81	305	86	304
인천	71	296	79	304	86	309
광주	36	174	41	177	44	180
대전	39	188	43	191	47	193
울산	31	148	35	151	38	154
세종	7	34	9	35	10	35
경기	323	1,314	363	1,345	396	1,391
강원	49	297	56	299	61	302
충북	44	243	50	246	54	250
충남	60	313	66	316	71	319
전북	56	241	63	245	67	249
전남	45	278	50	281	56	284
경북	94	423	103	422	111	427
경남	104	481	115	486	125	492
제주	34	133	38	140	42	143
전국	1,480	6,488	1,642	6,576	1,762	6,690

※ 출처: KOSIS(식품의약품안전처, 식생활관리현황)

32. 다음 중 자료에 대한 설명으로 옳지 않은 것은?

① 2019년 이후 전국 일반음식점 수는 전년 대비 매년 100백 개 이상 증가하였다.

② 2020년 서울과 경기를 제외한 총 음식점 수는 일반음식점이 휴게음식점의 4배 이상이다.

③ 2019년 대전 음식점 수의 전년 대비 증가량은 휴게음식점이 일반음식점보다 더 크다.

④ 2018년 휴게음식점 수가 40백 개 미만인 모든 지역은 각각 제시된 기간 동안 일반음식섬 수가 매년 200백 개 미만이다.

33. 2019년 이후 일반음식점 수가 전년 대비 매년 증가한 지역들의 2020년 총 일반음식점 수와 총 휴게음식점 수 차이는? (단, 전년 대비 수치가 동일한 지역은 증가하지 않은 것으로 본다.)

① 4,045백 개   ② 4,055백 개   ③ 4,062백 개   ④ 4,066백 개

[34 – 35] 다음은 수술 종류별 수술 현황에 대한 자료이다. 각 물음에 답하시오.

[수술 종류별 수술 현황]

구분	2018년			2019년		
	수술 인원 (명)	수술 건수 (건)	입원일수 (천 일)	수술 인원 (명)	수술 건수 (건)	입원일수 (천 일)
A	25,224	34,205	283	26,373	35,316	294
갑상샘 수술	29,797	30,062	171	32,547	32,943	181
B	24,613	25,573	501	25,355	26,617	511
뇌종양 수술	5,052	5,166	93	5,368	5,538	98
담낭 절제술	74,242	74,547	522	79,664	80,170	550
C	59,822	61,430	330	61,790	63,656	342
슬관절 치환술	63,398	66,349	1,393	70,285	73,430	1,535
D	17,135	17,211	209	16,795	16,936	208
자궁 절제술	40,362	41,174	292	40,361	40,543	280
전립선 절제술	1,962	1,966	23	2,075	2,089	24
충수 절제술	77,843	80,047	413	78,614	79,012	403
편도 절제술	38,643	39,646	124	39,468	39,859	122

※ 출처: KOSIS(국민건강보험공단, 건강보험주요수술통계)

34. 다음 중 자료에 대한 설명으로 옳지 않은 것은?

① 수술 인원이 많은 순서대로 상위 3개 수술 종류의 순서는 2018년과 2019년이 서로 다르다.
② 2019년 입원일수가 가장 적은 수술의 2019년 수술 인원 1명당 입원일수는 12일 이상이다.
③ 2018년 수술 건수는 자궁 절제술이 뇌종양 수술의 8배 미만이다.
④ 2019년 편도 질제술과 갑상샘 수술의 수술 건수 차이는 전년 대비 2,668건 감소하였다.

35. 다음 조건을 모두 고려하였을 때, 제시된 자료의 A~D를 바르게 연결한 것은?

㉠ A, B, C, D는 각각 위절제술, 고관절 치환술, 간색전술, 스텐트 삽입술 중 한 가지에 해당한다.
㉡ 2019년 수술 인원이 전년 대비 1,000명 이상 증가한 수술은 간색전술과 스텐트 삽입술이다.
㉢ 2019년 수술 건수가 전년 대비 감소한 수술은 위절제술이다.
㉣ 2018년 스텐트 삽입술의 수술 인원 1명당 입원일수는 10일 미만이다.

	A	B	C	D
①	스텐트 삽입술	고관절 치환술	간색전술	위절제술
②	간색전술	고관절 치환술	스텐트 삽입술	위절제술
③	스텐트 삽입술	위절제술	간색전술	고관절 치환술
④	고관절 치환술	간색전술	스텐트 삽입술	위절제술

[36 – 38] 다음은 중부지방 지역별 요양기관 현황에 대한 자료이다. 각 물음에 답하시오.

[2010년 1/4분기 지역별 요양기관 현황]

(단위: 개소)

구분	합계	병원	요양병원	의원	치과의원	한의원	약국	기타
서울특별시	20,683	169	68	7,205	4,426	3,334	5,290	191
인천광역시	3,648	52	37	1,320	677	499	975	88
경기도	16,014	248	146	5,515	3,119	2,283	4,235	468
강원도	2,234	43	19	658	310	305	630	269
충청북도	2,334	39	27	758	296	313	616	285
충청남도	3,208	51	44	1,002	422	418	831	440
합계	48,121	602	341	16,458	9,250	7,152	12,577	1,741

[2015년 1/4분기 지역별 요양기관 현황]

(단위: 개소)

구분	합계	병원	요양병원	의원	치과의원	한의원	약국	기타
서울특별시	21,303	217	106	7,676	4,648	3,516	4,946	194
인천광역시	4,048	54	59	1,419	807	604	1,002	103
경기도	17,943	290	281	6,082	3,625	2,715	4,481	469
강원도	2,378	46	28	717	357	337	627	266
충청북도	2,530	41	42	791	373	372	629	282
충청남도	3,400	51	72	1,012	486	495	856	428
합계	51,602	699	588	17,697	10,296	8,039	12,541	1,742

[2020년 1/4분기 지역별 요양기관 현황]

(단위: 개소)

구분	합계	병원	요양병원	의원	치과의원	한의원	약국	기타
서울특별시	22,930	230	125	8,706	4,851	3,625	5,181	212
인천광역시	4,508	64	70	1,573	913	657	1,107	124
경기도	20,727	277	352	7,127	4,246	3,143	5,072	510
강원도	2,545	45	32	774	392	365	673	264
충청북도	2,774	37	49	884	435	397	680	292
충청남도	3,667	44	88	1,072	561	519	947	436
합계	57,151	697	716	20,136	11,398	8,706	13,660	1,838

※ 출처: KOSIS(국민건강보험공단, 건강보험통계)

36. 2015년 1/4분기 의원 수의 합계에서 강원도 의원 수가 차지하는 비중과 동일한 기간 의원 수의 합계에서 인천광역시 의원 수가 차지하는 비중의 합은 약 얼마인가?

    ① 10%   ② 11%   ③ 12%   ④ 13%

37. 다음 중 자료에 대한 설명으로 옳지 않은 것은?

    ① 요양기관 수의 합계가 큰 순서대로 지역별 순위를 정했을 때 지역별 순위는 제시된 기간 1분기 모두 동일하다.
    ② 2020년 1/4분기 충청북도 요양기관 수의 합계에서 한의원 수가 차지하는 비중은 15% 미만이다.
    ③ 2015년 1/4분기 충청남도 치과의원 수의 5년 전 대비 증가율은 15% 이상이다.
    ④ 2010년 1/4분기 서울특별시 의원 수는 동일한 기간 서울특별시 병원 수의 약 50배이다.

38. 2020년 1/4분기 경기도의 5년 전 대비 증가한 약국 수는 동일한 기간 경기도의 5년 전 대비 증가한 요양병원 수의 약 몇 배인가?

    ① 8.0배   ② 8.3배   ③ 8.7배   ④ 9.0배

[39 – 40] 다음은 A 진료 이용 경험 설문조사 결과에 대한 자료이다. 각 물음에 답하시오.

[A 진료 이용 경험 설문조사 결과]
(단위: %)

구분		2020년		2021년	
		있다	없다	있다	없다
연령별	20대 이하	43.1	56.9	39.0	61.0
	30대	63.4	36.6	57.0	43.0
	40대	77.7	22.3	70.7	29.3
	50대	86.1	13.9	79.6	20.4
	60대 이상	90.6	9.4	86.2	13.8
가구 소득별	150만 원 미만	84.7	15.3	77.9	22.1
	150만 원 이상 300만 원 미만	77.4	22.6	75.6	24.4
	300만 원 이상 450만 원 미만	70.9	29.1	69.7	30.3
	450만 원 이상 600만 원 미만	72.1	27.9	65.8	34.2
	600만 원 이상	70.9	29.1	58.3	41.7

※ 조사 인원은 매년 연령별로 20,000명, 가구 소득별로 10,000명을 대상으로 조사함

39. 다음 중 자료에 대한 설명으로 옳지 않은 것은?

① 연령별 집단 중 2021년에 '없다'라고 응답한 비율이 전년 대비 5%p 이상 증가한 집단은 3개이다.

② 제시된 기간 동안 가구 소득별 집단 중 다른 집단에 비해 '없다'라고 응답한 비율이 두 번째로 낮은 집단은 매년 동일하다.

③ 연령별 집단 중 2021년에 '있다'라고 응답한 비율과 '없다'라고 응답한 비율의 차이가 가장 작은 집단은 30대 집단이다.

④ 600만 원 이상 집단에서 '있다'라고 응답한 인원수는 2020년이 2021년보다 1,300명 이상 많다.

40. 연령별 집단 중 2021년에 '있다'라고 응답한 비율이 다른 집단에 비해 두 번째로 많은 연령대의 2021년에 '있다'라고 응답한 인원수는?

① 7,960명　　② 8,620명　　③ 15,920명　　④ 17,240명

[41 – 43] 다음은 암 환자 의료비 지원 사업에 대한 안내문이다. 각 물음에 답하시오.

[암 환자 의료비 지원 사업 안내]

1. 암 환자 의료비 지원 사업이란?
   - 정부가 저소득층 암 환자를 대상으로 암 치료에 대한 의료비를 지원하는 사업으로, 저소득층 암 환자의 경제적 부담을 줄이고 의료 이용 장벽을 낮추어 암 환자의 암 치료 접근성 향상을 목적으로 함

2. 신청 절차
   1) 등록 신청
      - 신청 대상: 암 환자 의료비 지원을 받고자 하는 암 환자 또는 암 환자의 보호자
      - 신청 장소: 암 환자의 주민등록지 관할 보건소
      - 접수 기한: 매월 1일부터 5일간
   2) 지원 신청
      - 신청 대상: 등록 신청 후 암 환자 의료비 지원자 대상에 선정된 암 환자 또는 암 환자의 보호자
      - 신청 장소: 암 환자의 주민등록지 관할 보건소
      - 접수 기한: 상시 접수

3. 지원 내용
   1) 소아 암 환자
      - 지원 대상: 만 18세 미만의 소아 암 환자 중 건강보험 가입자 또는 의료급여 수급권자
      - 지원 암종: 악성 신생물, 제자리 신생물, 행동양식 불명 또는 미상의 신생물 중 원발성 악성 신생물에 해당하는 일부 암종
      - 지원 금액: 백혈병 및 기타 암종으로 조혈모세포 이식을 받은 경우 연간 최대 3,000만 원까지 지원하며, 그 외 기타 암종은 연간 최대 2,000만 원까지 지원함(만 18세 미만에 해당하는 연도까지 지원함)
   2) 성인 암 환자
      ① 건강보험가입자
         - 지원 대상: 국가 암 검진을 통해 암 진단을 받은 암 환자
         - 지원 암종: 국가 암 검진 사업을 시행하는 5대 암종(위암, 유방암, 자궁경부암, 간암, 대장암)
         - 지원 금액: 본인 일부 부담금 연간 최대 200만 원까지 지원함(최대 연속 3년간 지원함)
      ② 의료급여 수급권자
         - 지원 대상: 의료급여 수급권자 중 만 18세 이상의 전체 원발성 암 환자
         - 지원 암종: 악성 신생물, 제자리 신생물, 행동양식 불명 또는 미상의 신생물 중 원발성 악성 신생물에 해당하는 일부 암종
         - 지원 금액: 본인 일부 부담금은 연간 최대 120만 원까지 지원하며, 비급여 본인부담금은 연간 최대 100만 원까지 지원함(최대 연속 3년간 지원함)

4. 지원 항목

구분	내용	대상
본인 일부 부담금	진찰료, 입원료, 마취료 등	소아 암 환자 및 성인 암 환자 전체
비급여 본인부담금	상급 병실료, 투약 및 조제료, 처치 및 수술료 등	소아 암 환자 및 성인 암 환자 (의료급여 수급권자 한정)
조혈모세포 이식 관련 의료비	골수 이식, 말초혈 이식	소아 암 환자
구암으로 인한 치과 의료비	-	소아 암 환자

※ 상급 병실료는 소아 암 환자의 경우 일반적으로 10일 이내, 의학적 사유가 있는 경우 30일까지 전액 지원하며 성인 암 환자(의료급여 수급권자 한정)의 경우 금액의 50%를 지원함

[첨부 1] 소아 암 환자 지원 가구 소득 기준 (단위: 원)

1인 가구	2인 가구	3인 가구	4인 가구	5인 가구	6인 가구	7인 가구
2,193,397	3,705,695	4,780,740	5,851,548	6,982,848	7,954,324	8,996,638

[첨부 2] 소아 암 환자 지원 가구 재산 기준 (단위: 원)

1인 가구	2인 가구	3인 가구	4인 가구	5인 가구	6인 가구	7인 가구
214,599,453	250,865,583	276,646,043	302,324,892	327,679,799	352,751,165	377,746,705

41. 위 안내문을 토대로 판단한 내용으로 옳은 것은?

① 소아 암 환자와 의료급여 수급권자인 성인 암 환자의 지원 암종은 서로 동일하다.
② 소아 암 환자가 의학적 사유가 없다면 상급 병실료 중 최대 50%를 지원받을 수 있다.
③ 암 환자 의료비 지원 사업에 등록 신청을 하고자 하는 암 환자의 보호자는 연중 아무 때나 신청할 수 있다.
④ 건강보험에 가입한 성인 암 환자는 조제료를 지원받는 대상에 포함된다.

42. 다음 중 위 안내문을 잘못 이해한 사람은?

- **가희**: 만 20세인 의료급여 수급권자가 2017년 1월 1일부터 연속으로 암 의료비를 지원받는다면 2019년 12월 31일까지만 지원받을 수 있겠네.
- **민지**: 건강보험에 가입한 성인 암 환자의 암종이 간암이라면 암 치료비를 지원받을 수 있겠구나.
- **수용**: 소아 암 환자가 2인 가구인 경우 재산이 약 2억 원이고 소득이 약 300만 원이라면 지원 기준을 충족해.
- **승현**: 기타 암종으로 조혈모세포를 이식받은 소아 암환자가 지원 기준에 부합한다면 1년에 최대 2,000만 원까지 지원받을 수 있어.

① 가희   ② 민지   ③ 수용   ④ 승현

43. 의료급여 수급권자인 성인 암 환자 K는 정부에서 시행하는 암 환자 지원 사업의 지원 대상에 해당하여 작년부터 암 치료에 대한 의료비를 지원받고 있다. 올해 K에게 본인 일부 부담금 250만 원, 비급여 본인부담금 200만 원, 치과 의료비 80만 원에 해당하는 진료비가 청구되었을 때, K가 올해 지불해야 하는 진료비는? (단, 제시되지 않은 사항은 고려하지 않는다.)

① 80만 원   ② 230만 원   ③ 310만 원   ④ 530만 원

[44-46] 다음 보도자료를 읽고 각 물음에 답하시오.

　　질병관리청 국립보건연구원 김○○ 박사 연구팀 등은 한국인 비알코올성 지방간질환 환자 등록 임상 코호트를 활용하여, 간 생검으로 입증된 비알코올성 지방간의 조직학적 중증도가 심화될수록 10년 내 심혈관질환 발생위험이 크게 증가한다는 연구 결과를 발표하였다. 이번 연구 결과는 심혈관 대사 및 간질환 분야의 국제 학술지인 헤파톨로지 인터내셔널의 인터넷판에 최근 게재되었다. 비알코올성 지방간질환은 음주와 관계없이 비만, 지질대사이상 등으로 간세포 내에 지방이 축적되어 생기는 질환으로, 전 세계적으로 유병률이 급격하게 증가하고 있으며 국내 비알코올성 지방간질환 유병률은 약 20~30% 정도로 추정되고 있다. 또한, 서구화된 식생활과 생활 습관 및 운동 부족, 이로 인한 비만과 당뇨병의 증가 추세를 고려한다면 비알코올성 지방간질환의 유병률은 지속적으로 증가될 것으로 예상된다.

　　비알코올성 지방간질환은 심혈관질환 발생과 깊은 연관성이 있는 것으로 잘 알려져 있지만, 환자별 질환 진행상의 조직학적 스펙트럼을 고려한 연구는 많지 않다. 한편 비알코올성 지방간질환과 심혈관질환 발생 연관성에 대한 결과는 각 연구 대상, 분석 방법 등에 따라 차이가 있어 한국인 대상보다 더 정확한 근거 생산이 필요한 상황이다. 비알코올성 지방간질환은 중증도에 따라 비알코올성 단순 지방간과 비알코올성 지방간염으로 구분된다. 단순 지방간은 임상적으로 예후가 양호하지만, 비알코올성 지방간염은 지방증과 함께 염증, 간세포 풍선 변성 등으로 간 손상이 동반되어 예후가 심각한 형태로, 이에 대한 적절한 치료가 이루어지지 않으면 간경화, 간암, 심혈관질환의 발병 위험이 증가하고 이로 인한 사망 위험도 커진다.

　　이에 본 연구에서는 비알코올성 지방간질환 환자의 간 생검 자료를 기반으로 조직학적 중증도를 단순 지방간과 지방간염으로 구분하고, 나아가 간 섬유화 진행 단계에 따라 심혈관질환 발생위험도를 함께 분석하였다. 이전 연구들 대부분은 초음파 영상이나 간단한 혈액검사 등을 이용하여 비알코올성 지방간질환 여부와 중증도를 정의한 반면, 본 연구에서는 생검 조직학적 데이터를 기반으로 질환과 중증도를 정의하고 구분한 것으로 임상적 구분 정확도가 훨씬 높다고 할 수 있다.

　　주요 연구결과는 다음과 같다. 임상에 참여한 한국인 비알코올성 지방간 환자 500명 중 간 생검으로 입증된 비알코올 지방간질환 환자 398명과 정상인 102명의 임상 정보 및 자료를 활용하여, 지방간염, 간 섬유화 등 비알코올성 지방간의 중증도에 따라 구분한 후 10년 내 심혈관질환 발생위험도를 평가하였다. 정상인에 비해 지방간염을 가진 비알코올성 지방간 환자에서 10년 내 심혈관질환 발생위험이 4.07배 증가하였으며, 정상인에 비해 간 섬유화를 가진 비알코올성 지방간 환자에서 10년 내 심혈관질환 발생위험은 중증도에 따라 5.50~8.11배 증가하였다. 단순 지방간을 가진 사람이라 해도 간 섬유화가 심한 사람은 심혈관질환 발생위험이 4.97배 증가하였고, 지방간염을 가진 비알코올성 지방간 환자가 간 섬유화를 가지는 경우 중증도에 따라 경증은 4.97배, 중증은 9.42배까지 증가하였다.

　　현재 연구팀은 비알코올성 지방간과 간 섬유화를 보다 쉽게 조기에 예측하고 진단할 수 있는 방법의 개발이 필요하여 비알코올성 지방간과 간 섬유화에 대한 생체 바이오마커 등을 발굴하고, 조기 예측, 진단, 중재 지표로서의 효과성을 검증하고 있다. 한편 비알코올성 지방간 연구를 위한 국내 연구 기반은 매우 열악한 상황으로, 국립보건연구원은 이를 해결하기 위해 신규 예산을 추가로 확보하여 비알코올성 지방간 임상 코호트 구축 사업과 효과적인 예방관리 및 극복을 위한 연구지원 사업을 확대해 나갈 계획이라고 밝혔다.

※출처: 질병관리청(2021-10-27 보도자료)

44. 위 보도자료를 근거로 판단한 내용으로 옳은 것은?

① 국내에는 비알코올성 지방간 연구를 위한 선진적인 기반이 갖춰진 상태이다.
② 비알코올성 지방간염의 예후는 단순 지방간에 비해 간 손상이 미미한 편이다.
③ 임상에 참여한 연구 대상자 중 비알코올 지방간질환을 가진 사람이 차지하는 비중은 90% 이상이다.
④ 본 연구에서는 생검 조직학적 데이터를 근거로 질환 중증도를 규정하여 이전 연구보다 정확도가 높다.

45. 다음 중 위 보도자료를 잘못 이해한 사람은?

① 갑: 비알코올성 지방간질환에 대한 이번 연구 결과는 헤파톨로지의 인터넷 버전을 통해 찾아볼 수 있어.
② 을: 지방간염을 가진 비알코올성 지방간 환자는 정상인에 비해 10년 안에 심혈관질환 발병 위험이 5배 이상 높다는 연구 결과가 나왔대.
③ 병: 환자의 조직학적 스펙트럼을 기반으로 비알코올성 지방간질환과 심혈관질환의 발생 연관성을 조사한 연구가 활성화된 편은 아니구나.
④ 정: 당뇨병과 비만 환자의 증가 추이를 감안하면 비알코올성 지방간질환의 환자 수 역시 늘어날 확률이 높겠어.

46. 비알코올성 지방간염을 가진 환자 A는 최근 자신의 몸에서 경증 간 섬유화가 진행되고 있다는 것을 알게 되었다. 위 보도자료를 근거로 판단할 때, 정상인에 비해 환자 A에게 10년 내 증가할 수 있는 심혈관질환 발생위험의 최대치는 약 얼마인가? (단, 제시되지 않은 내용은 고려하지 않는다.)

① 약 4.07배   ② 약 4.97배   ③ 약 5.50배   ④ 약 8.11배

[47 – 48] 다음은 노인틀니 건강보험 적용에 대한 안내문이다. 각 물음에 답하시오.

[노인틀니 건강보험 적용 안내]

1. 목적
   - 어르신들의 틀니 시술에 대해 건강보험 급여를 적용하여 저작기능을 개선하고, 이를 통해 건강증진 및 삶의 질 향상을 도모하기 위함

2. 급여 지원 내용
   - 완전틀니: 전체틀니, 완전의치, 총의치라고도 하며 치아가 전혀 없는 상태에서 치아와 흡수된 잇몸을 수복해주는 틀니
   - 부분틀니: 치아가 부분적으로 남아 있을 경우 시행되는 보철물로, 부분의치, 국소의치라고도 하며 결손된 치아를 대체할 보철물을 만든 뒤 여러 가지 구조물을 통해 다른 치아에 틀니를 고정할 수 있도록 만든 틀니

구분	완전틀니		부분틀니
대상자	만 65세 이상으로 상악 또는 하악에 치아가 전혀 없는 경우		만 65세 이상으로 상악 또는 하악의 치아 결손으로 남은 치아를 이용하여 부분틀니 제작이 가능한 경우
틀니 종류	레진상 완전틀니, 금속상 완전틀니 ※ 금속(금, 티타늄 등)을 사용한 완전틀니 급여 지원 제외		클라스프(고리) 유지형 금속상 부분틀니 ※ 어태치먼트(똑딱이) 등 특수 부분틀니는 급여 지원 제외
권장 재료	레진상 완전틀니 열중합형 의치상용 레진, 다중중합 레진치아	금속상 완전틀니 열중합형 의치상용 레진, 다중중합 레진치아, 코발트크롬 금속류	열중합형 의치상용 레진, 다중중합 레진치아, 코발트크롬 금속류
틀니 단계	1~5단계		1~6단계
시행일	레진상 완전틀니 2012. 07. 01.	금속상 완전틀니 2015. 07. 01.	2013. 07. 01.
본인부담률	비용 총액의 30% ※ 1) 차상위 대상자: 희귀난치성질환자의 경우 비용 총액의 5%, 만성질환자의 경우 비용 총액의 15% 2) 의료급여 대상자 1종의 경우 비용 총액의 5%, 2종의 경우 비용 총액의 15%		
급여적용기간	7년, 추가 보상 불가 ※ 구강 상태가 심각하게 변화되어 새로운 틀니 제작이 불가피하다고 인정되는 의학적 소견이 있을 경우 추가 1회 재제작 가능		
무상보상기간	틀니 장착 후, 3개월에 6회에 한하여 시술료 없이 진찰료만 산정		

3. 급여 신청 절차

1단계	치과 병·의원에서 진료 후, 노인틀니 급여 대상자 판정
2단계	노인틀니 시술을 받을 요양기관에서 시술 동의 후, 등록 신청 ※ 치과 병·의원이 급여 등록 신청 대행

3단계	요양기관이 확인한 「건강보험 틀니 대상자 등록 신청서」를 공단(지사)에 제출하여 등록 신청이 가능하며, 의료급여 수급권자의 등록 신청은 관할 보장기관(시군구)에서만 가능함
4단계	등록 신청 접수 및 등록 결과 통보
5단계	치과 병·의원에서 틀니 대상자 자격 확인에서 등록 여부 확인 후 시술 ※ 1) 노인틀니는 여러 단계로 나뉘어 시술이 진행되는 진료 단계별 부분 포괄 수가로 단계별로 차지하는 비율에 따라 시술 비용이 결정됨 　　2) 제작 도중 타 병원 전원은 제한되며, 중단 시 해당 단계까지 비용 부담

4. 급여 대상자 변경/해지/취소 신청 방법
  - 요양기관 변경 신청: 「건강보험 틀니 대상자 변경/해지/취소 신청서」 및 해당 증빙자료(진료기록부 사본 등)를 공단으로 제출(팩스, 내방, 우편)
  - 요양기관 취소 신청: 「건강보험 틀니 대상자 변경/해지/취소 신청서」를 공단으로 제출(팩스, 내방, 우편)
  - 수진자 해지 신청: 7년간 급여가 제한되는 사항을 수진자의 확인하에 「건강보험 틀니 대상자 변경/해지/취소 신청서」를 공단으로 제출(팩스 – 수진자 신분증 사본 첨부, 내방, 우편)

47. 위 안내문을 토대로 판단한 내용으로 옳은 것은?

① 요양기관이 취소 신청을 할 경우 건강보험 틀니 대상자 변경/해지/취소 신청서와 진료기록부 사본을 공단에 제출해야 한다.
② 치아가 부분적으로만 남아 있을 경우에는 완전틀니를 이용하여 틀니 시술을 해야 한다.
③ 금속상 완전틀니는 급여 지원 대상에 해당하지만 금속을 사용한 완전틀니는 급여 지원 대상에서 제외된다.
④ 치과 병원에서 진료 후 노인틀니 급여 대상자로 판정되면 대상자가 직접 급여 등록을 신청해야 한다.

48. 만 70세로 노인틀니 건강보험 급여 대상자로 판정되어 등록 신청을 한 뒤 시술을 한 N 씨는 의료급여 대상자 2종에 해당한다. N 씨가 금속상 완전틀니로 시술하였더니 필요한 비용 총액이 280만 원이었을 때, N 씨 본인이 부담한 금액은? (단, N 씨는 차상위 대상자에 해당하지 않는다.)

① 14만 원　　　② 42만 원　　　③ 84만 원　　　④ 196만 원

[49 – 51] 다음은 A 공단의 암 검진 절차 안내문 및 B 기업 직원의 암 검진 내역이다. 각 물음에 답하시오.

[암 검진 절차 안내]

1. 검진표 발송 및 수령
   - 지역가입자는 주민등록 주소지로 우편 발송해 드리고, 공단에 실거주지 등록이 되어있거나 전자 문서 서비스를 이용하시는 경우 해당 경로로 발송해 드립니다.
   - 직장가입자, 직장피부양자, 의료급여 수급권자는 주민등록 주소지로 우편 발송해 드리고, 전자 문서 서비스를 이용하시는 경우 해당 경로로 발송해 드립니다.

2. 암 검진 예약 및 검진기관 방문
   - 해당 검진기관을 확인한 후 사전 예약을 한 다음, 검진기관에 암 검진표와 신분증을 가지고 방문하시면 암 검진을 받으실 수 있습니다.
     ※ 검진 기간: 매년 1월 1일부터 12월 31일까지

3. 암 검진 내용

구분	대상	검진 주기	검사 내용	검진 비용	비고
위암	40세 이상 남녀	2년	위내시경 검사	118,000원	-
대장암	50세 이상 남녀	1년	분변잠혈 검사	118,000원	-
유방암	40세 이상 여성	2년	유방촬영 검사	200,000원	-
자궁경부암	20세 이상 여성	2년	자궁경부 세포 검사	200,000원	-
간암	40세 이상 남녀	1년	간 초음파 검사 및 혈액 검사	140,000원	고위험군 대상
폐암	54세~74세 남녀	2년	저선량 흉부 CT 검사	100,000원	고위험군 대상

※ 1) 대상: 암종별 대상 나이가 된 해부터 검진 주기에 따라 검진을 받아야 함
   2) 검진 비용: 공단 90%, 수검자 10% 부담(대장암 및 자궁경부암은 전액 공단 부담)

4. 고위험군 기준
   - 간암: 과거 연도 일반 건강검진 결과에서 B형 간염 바이러스 표면 항원 양성 또는 C형 간염 바이러스 항체 양성인 환자를 의미합니다.
   - 폐암: 해당연도 전 2년 내 국가 건강검진과 금연 치료 지원 사업의 문진표 자료 중 30갑년 이상 흡연 경력의 현재 흡연자를 의미합니다.
     ※ 갑년: 흡연 기간 × 1일 흡연량

5. 결과 통보
   - 검진 결과는 검진기관에서 15일 이내에 환자가 선택한 방법(우편, 이메일 등)으로 통보됩니다.

[암 검진 내역]

구분	나이	성별	암 검진 항목	비고
갑	51세	남	대장암	-
을	28세	여	자궁경부암	-
병	38세	여	자궁경부암	-
정	52세	남	위암, 대장암	국가 건강검진 자료에 현재 흡연자로 기록 (1일 흡연량: 2갑, 흡연 기간: 16년)
무	49세	여	간암	C형 간염 바이러스 항체 양성 반응 기록

※ 2022년 기준

49. 위 안내문과 암 검진 내역을 근거로 판단할 때, 2024년에 가장 많은 직원이 검진받는 암 검진 항목은?
(단, 중간에 입사하거나 퇴사하는 사람은 없다.)

① 위암 ② 대장암 ③ 유방암 ④ 자궁경부암

50. 위 안내문과 암 검진 내역을 근거로 판단할 때, 2024년에 무가 검진받는 암 검진 항목에 따라 총 몇 개의 검사를 받는가?

① 1개 ② 2개 ③ 3개 ④ 4개

51. 위 안내문과 암 검진 내역을 근거로 판단할 때, 2024년에 정이 부담하는 암 검진 비용은 총 얼마인가?

① 11,800원 ② 21,800원 ③ 33,600원 ④ 33,800원

[52 – 53] 다음은 금연구역 흡연자 과태료 감면제도에 대한 안내문이다. 각 물음에 답하시오.

[금연구역 흡연자 과태료 감면제도 안내]

1. 금연구역 흡연자 과태료 감면제도란?
   - 금연구역 내 흡연자로 과태료 부과 대상인 자가 금연교육 또는 금연지원서비스를 이수할 경우 과태료가 감면되는 제도로 과태료 부담을 완화하고, 흡연자가 금연할 수 있는 동기를 부여하기 위해 마련되었음

2. 감면 신청 방법
   - 과태료 감면을 받으려는 금연구역 흡연자 과태료 감면제도 신청자는 금연교육 또는 금연지원서비스 중 하나를 선택하여 과태료 부과 처분 의견제출 기한 내에 보건복지부령으로 정하는 '교육 및 금연지원서비스 신청서'를 작성하여 적발 보건소에 제출해야 함
   - 방문, 우편, Fax로 신청 가능하며, 우편 신청은 의견제출 기한 내 도착분에 한하여 인정함
   ※ 1) 의견제출 기한 내 신청서 미제출 시 신청 불가함
   2) 과태료 납부 후 감면 신청은 불가하며, 감면 프로그램 선택 후 신청 내용 변경, 중복 적용은 불가함
   3) 최근 2년간 과태료 감면제도에 의한 감면을 2회 받은 자와 과태료를 체납 중인 자는 적용 제외됨

3. 과태료 부과 유예 및 감면 결정
   - 시·도지사 또는 시장·군수·구청장은 금연교육 및 금연지원서비스 신청 내용에 따라 과태료 부과를 유예할 수 있으며 제도 신청자는 해당 기간 내에 금연교육 또는 금연지원서비스를 이수해야 함
   ※ 1) 금연교육 신청자 과태료 부과 유예 기간: 신청서 제출한 날부터 1개월
   2) 금연지원서비스 신청자 과태료 부과 유예 기간: 신청서 제출한 날부터 6개월
   3) 금연교육 및 금연지원서비스 신청서 미제출 시 금연교육 및 금연지원서비스를 이수하여도 감면 적용 불가하므로 신청서를 먼저 제출하여야 함
   - 금연교육 또는 금연지원서비스 이수 후 과태료 감면 신청서, 이수 확인서를 과태료 부과 대상이 되는 행위를 적발한 지방자치단체 보건소에 제출함
   - 과태료 감면 신청서와 이수 확인서는 과태료 부과 유예 기간 이내에 방문, 우편, Fax로 제출 가능하며, 우편은 기한 내 도착분에 한하여 인정함
   ※ 1) 금연교육 또는 금연지원서비스 이수 후 각 이수 기관에 이수 확인서를 요청하여 제출하여야 함
   2) 유예 기간 이내에 과태료 감면 신청서, 이수 확인서를 제출하지 않은 경우와 유예 기간 중 금연구역에서 흡연행위를 적발당한 경우 지체 없이 원래의 기준에 따라 과태료를 부과함

4. 금연교육 및 금연지원서비스 이수 기준
   - 금연구역 내 흡연행위로 과태료 부과 대상인 사람이 금연교육을 이수하면 과태료 금액의 50%를 감면하고, 금연지원서비스를 이수하면 과태료 금액의 100%를 면제함
   - 금연교육과 금연지원서비스 중 1종류를 선택하여 신청 후 이수 기준을 충족해야 함

구분	종류	이수 기준
금연교육	온라인: 온라인 금연교육센터	3시간 이상 이수
	오프라인: 인근 보건소	
금연지원서비스	보건소 금연클리닉	3개월 이상 등록 유지, 4회 이상 대면상담
	금연치료 건강보험 지원사업	8~12주로 구성된 프로그램 이수
	전문치료형(집중치료형) 금연캠프	캠프(5일) 수료 후 3개월간 등록 유지, 2회 이상 대면상담
	금연상담전화	100일 프로그램 이수

52. 위 안내문을 토대로 판단한 내용으로 옳은 것은?

① 감면 신청을 우편으로 하는 경우 의견제출 기한 내 발송분까지 감면 신청이 가능하다.
② 온라인 금연교육센터에서 온라인 금연교육을 3시간 이수하면 금연교육 이수 기준을 만족한다.
③ 유예 기간 중 금연구역에서 흡연행위를 적발당한 경우 원래의 기준에 2배를 가산하여 과태료를 부과한다.
④ 금연지원서비스 신청사의 과태료 부과 유예 기간은 신청서 제출일로부터 1개월이다.

53. 다음은 H 씨가 최근 2년간 금연구역에서 흡연한 뒤 적발되어 과태료 부과 처분을 받은 내역과 금연구역 흡연자 과태료 감면제도 이수 내역이다. 최근 2년간 제시된 내역 외의 과태료 부과 처분이나 체납 내역은 없으며, 과태료 감면제도의 신청 및 이수 내역을 기한 내 모두 제출하였다고 할 때, H 씨가 감면 또는 면제받은 과태료의 총금액은?

적발 일자	적발 내용	과태료 감면제도 이수 내용
2020. 12. 10.	지하철 출입구 10m 이내 흡연, 과태료 5만 원 부과	보건소 실시 오프라인 금연교육 3시간 이수
2021. 05. 23.	유치원 10m 이내 흡연, 과태료 10만 원 부과	보건소 금연클리닉 3개월 등록 유지, 4회 대면상담 후 이수
2021. 07. 21.	공동주택 금연구역 흡연, 과태료 5만 원 부과	과태료 감면제도 2회 이용으로 이용하지 않음

① 7만 5천 원　　② 12만 5천 원　　③ 15만 원　　④ 20만 원

[54 – 56] 다음은 △△시 취업지원제도에 대한 안내문이다. 각 물음에 답하시오.

[△△시 취업지원제도 안내]

1. 지원 목적
   - 저소득층, 청년, 영세 자영업자 등 취업 취약 계층에게 취업지원서비스를 지원하고 취업촉진수당을 지급하여 취업지원 및 생활 안정을 도모하기 위함

2. 신청 방법
   1) 신청 대상: △△시 취업지원제도 지원을 희망하는 당사자
   2) 신청 방법: 고용노동부 홈페이지에서 온라인 신청 또는 △△시 관할 고용센터에서 방문 신청
   3) 신청 기간: 연중 상시

3. 지원 내용
   1) 취업지원서비스: 취업 활동 계획 수립 및 구직 활동 프로그램을 지원하며 사후관리까지 보장하는 서비스
   2) 취업촉진수당: 구직 활동 프로그램 이행자에 한하여 최소한의 생활 안정을 위해 최대 3,000만 원(월 50만 원, 6개월) 지급

4. 지원 대상
   1) 요건 심사형: 15~69세 구직자 중 다음 요건을 모두 만족하는 자
      ① 가구 단위 중위소득 50% 이하
      ② 재산 3억 원 이하
      ③ 최근 2년 이내 100일 또는 800시간 이상의 취업 경험
   2) 선발형: 요건 심사형 중 취업 경험 요건만을 충족하지 못한 자(단, 18~34세의 청년 구직자의 경우 가구 단위 중위소득이 120% 이하에 해당하는 자)

5. 지원 절차

수급 자격 결정 및 알림	신청서 제출일로부터 1개월 이내 알림 ※ 신청서 제출일로부터 14일 이내에 1차 취업촉진수당 지급

▼

취업 활동 계획 수립	고용센터 상담자와 대면 상담 및 직업 심리 검사, 직업 선호도 검사를 수행한 후 개인별 취업 역량, 취업 의지 등에 따라 수립 ※ 수급 자격 결정 알림을 받은 날로부터 1개월 이내에 완료해야 함

▼

구직 활동 프로그램 지원	구직 프로그램(이력서 작성 및 면접 기법 등) 및 취업 프로그램(직업훈련, 일 경험 등) 지원

▼

취업촉진수당 지급	• 2차 취업촉진수당: 1차 취업촉진수당 지급일로부터 두 달 후 지급 • 3~6차 취업촉진수당: 2차 취업촉진수당을 받은 다음 달부터 구직 활동 프로그램을 최소 월 2회 이상 이행한 자에게 매달 말일 지급

▼

사후관리	• 미취업자: 취업지원서비스 종료 이후 3개월간 구인 정보 제공 등 • 취업자: 장기근속 유도를 위한 취업성공수당 지급

54. 위 안내문을 토대로 판단한 내용으로 옳지 않은 것은?

① 요건 심사형 조건 중 취업 경험 조건을 제외한 모든 조건을 만족하는 자는 선발형 지원 대상에 해당한다.
② 지원자가 매달 구직 활동 프로그램을 1회 이수했다면 6차 취업촉진수당까지 받을 수 있다.
③ 취업지원제도를 희망하는 당사자는 신청 대상에 해당한다.
④ 선발형으로 뽑힌 지원자가 프로그램 수료 이후 취업했다면 추가 수당을 지급받을 수 있다.

55. 다음은 △△시 취업지원제도에 지원한 A, B, C, D의 정보이다. 네 사람 중 자신이 지원한 유형의 요건에 충족되지 않는 사람은?

구분	지원 유형	나이	가구 단위 중위소득	재산	취업 경험(2년 내)
A	선발형	27세	350만 원(2인 기준, 약 120%)	3억 원	583시간
B	요건 심사형	16세	180만 원(3인 기준, 약 40%)	1억 원	112일
C	요건 심사형	28세	250만 원(5인 기준, 약 40%)	2억 원	738시간
D	선발형	35세	228만 원(4인 기준, 약 40%)	1억 5천만 원	98일

① A ② B ③ C ④ D

56. 위 안내문을 근거로 다음 내용을 판단할 때, E가 3차 취업촉진수당을 받는 날짜는?

> E는 온라인 홈페이지에서 9월 2일에 △△시 취업지원제도를 신청했다. 요건 심사형 지원 요건을 모두 만족한 E는 신청일로부터 13일이 지난 이후 취업촉진수당을 받았으며 그로부터 이주 뒤 수급 자격 결정 및 알림을 받게 되었다. 알림을 받은 E는 자신의 취업 역량과 취업 의지 등을 고려하여 취업 활동 계획을 3일 동안 수립하였고, 그로부터 일주일 후에 국민취업지원제도에서 지원하는 직업훈련 프로그램, 이력서 작성 프로그램 등 구직 활동 프로그램을 이수하였다. 2개의 프로그램 이행 여부를 매달 확인받은 E는 6차 취업촉진수당까지 받게 되었다.

① 11월 15일 ② 11월 30일 ③ 12월 15일 ④ 12월 31일

[57 – 58] 다음은 M 공단에서 배포하는 상병수당 시범사업 안내문 및 참여 의료기관 모집 공고문이다. 각 물음에 답하시오.

[상병수당 시범사업 안내]

1. 지원 조건

구분	근로 활동 불가 모형 1	근로 활동 불가 모형 2	의료 이용 일수 모형
지역	경기 부천시, 경북 포항시	서울 종로구, 충남 천안시	전남 순천시, 경남 창원시
입원 여부	제한 없음	제한 없음	입원 발생 시
급여	근로 활동 불가 기간	근로 활동 불가 기간	의료 이용 일수
대기기간	7일	14일	3일
최대 보장기간	90일	120일	90일

※ 1) 근로자에게는 대기기간이 종료된 다음 날부터 상병수당을 지급함
　　2) 보장기간은 지급 요건을 충족하는 근로자에 대한 상병수당 지원 기간을 의미함

2. 지원 내용
　1) 급여 지급기간
　　① 근로 활동 불가 모형 1·2: 모형별로 근로 활동이 어려운 전체 기간
　　② 의료 이용 일수 모형: 의료 이용 일수에서 대기기간 일수를 제외한 기간
　2) 지급 금액: 일 43,960원

[참여 의료기관 모집 공고]

1. 신청 대상
　- 각 모형에 해당하는 6개 지역 내 소재한 의원·병원·종합병원·상급종합병원
2. 등록 절차

가수요 신청 6. 2.(목)~6. 17.(금)	참여 의료기관은 공단 홈페이지에 안내된 상병수당 시범사업 가수요 신청서를 작성하여 이메일, 팩스, 우편 한 가지 방법으로 공단에 제출함
교육 이수 6. 20.(월)~6. 30.(목)	참여 의료기관은 상병수당 진단 관련 온라인 교육을 이수해야 함 ※ 가수요 신청 기관에 한하여 교육자료 및 교육영상 배포 예정
등록 신청 6. 20.(월)~6. 30.(목)	교육 이수를 완료한 의료기관은 상병수당 시범사업 참여 의료기관 등록 신청서를 가수요 신청서 제출 시 이용한 방법으로 공단에 제출함
등록 안내 7. 4.(월)	공단에서 교육 이수 결과 및 신청서 검토 후 등록 결과를 안내함

57. 위 안내문을 근거로 판단한 내용으로 옳은 것은?

    ① 참여 의료기관은 상병수당 시범사업의 등록 신청서를 제출한 후 상병수당 진단 관련 교육을 이수해야 한다.
    ② 신청 대상에 해당하는 상병수당 시범사업 지역에는 충청북도 일부 지역이 포함된다.
    ③ 근로 활동 불가 기간만큼 급여를 지급하고, 최대 지원 기간이 3개월인 모형은 근로 활동 불가 모형 1이다.
    ④ 근로 활동 불가 모형 1의 지원 요건에 충족한 근로자는 7일의 대기기간이 끝난 날부터 상병수당을 받을 수 있다.

58. 위 안내문을 근거로 판단할 때, 빈칸에 들어갈 내용으로 가장 적절한 것은? (단, 제시되지 않은 사항은 고려하지 않는다.)

    > 전라남도 순천시에 거주하는 근로자 박 씨는 지난주에 갑작스럽게 교통사고를 당하여 다리의 인대가 늘어나는 부상을 입었다. 박 씨에게 의사는 2주 동안의 입원 치료가 필요하다는 말을 전했고, 간호사로부터 상병수당 시범사업에 대한 내용을 듣게 되었다. 이후 M 공단에서 해당 사업을 신청한 박 씨는 지원 조건에 충족하여 상병수당 지급액으로 (   )을 받게 되었다.

    ① 307,720원　　② 483,560원　　③ 527,520원　　④ 615,440원

[59 - 60] 다음 안내문을 읽고 각 물음에 답하시오.

[에너지 바우처 신청 안내]

1. 에너지 바우처란?
   - 에너지 취약계층이 전기, 도시가스, 지역난방, 등유, LPG, 연탄을 구입할 수 있도록 지원하는 제도

2. 신청장소
   - 주민등록상 거주지 내 읍·면·동 행복복지센터
     ※ 거동이 불편한 분은 대리 신청 또는 담당 공무원의 직권 신청도 가능하니 거주지 내 읍·면·동에 사전 문의

3. 신청기간
   - 20X3년 5월 31일~12월 29일

4. 신청대상
   - 「국민기초생활 보장법」상 생계·의료·주거·교육급여 수급 세대 중 노인, 영유아, 장애인, 임산부, 중증·희귀난치질환자, 한부모가족, 소년소녀가정(가정위탁보호 아동 포함)이 있는 세대

5. 사용 안내

구분	지원 기간	사용 방법
하절기 바우처	20X3년 7월 9일 ~20X3년 9월 30일	요금 차감(전기)
동절기 바우처	20X3년 10월 11일 ~20X4년 4월 30일	- 요금 차감(전기, 도시가스, 지역난방 중 택1) - 국민행복카드(등유, LPG, 연탄, 전기, 도시가스에 사용 가능)

   ※ 1) 요금 차감은 20X4년 4월 30일까지 에너지 공급사에서 차감 신청 및 요금 고지서가 청구(작성)된 경우에 한해 지원
   2) 국민행복카드는 지원 기간 내에 카드 결제완료 필요

6. 바우처 금액

구분	1인 세대	2인 세대	3인 세대	4인 이상 세대
하절기 바우처	31,300원	46,400원	66,700원	95,200원
동절기 바우처	118,500원	159,300원	225,800원	284,440원

   ※ 1) 위 금액은 20X3년 총 지원 금액으로, 월별 지원 금액이 아님
   2) 동절기 바우처 일부를 하절기 바우처로 당겨쓸 수 있으며, 희망 세대의 경우 최초 신청 시 선택 필요함(최대 45천 원까지 가능)
   3) 하절기 바우처 잔액은 동절기 바우처에 합산하여 사용할 수 있음

7. 문의처
   - 산업통상자원부 자원산업정책과(044-1234-5678), 자원안보정책과(044-123-5678)

59. 위 안내문을 근거로 판단한 내용으로 옳지 않은 것은?

① 1인 세대가 20X3년 1년간 받을 수 있는 바우처 금액의 2배는 3인 세대가 20X3년 1년간 받을 수 있는 바우처 금액보다 크다.

② 에너지 바우처 신청을 위해서는 해당 대상자가 직접 주민등록상 거주지 내 읍·면·동 행복복지센터에 방문해야만 한다.

③ 에너지 바우처 신청을 위해서는 기본적으로 「국민기초생활 보장법」상 생계·의료·주거·교육급여 수급 세대라는 조건을 만족해야 한다.

④ 전기, 도시가스, 지역난방 요금 중 한 가지를 골라 바우처를 사용할 수 있는 동절기와 달리 하절기에는 바우처를 통해 전기 요금에 대해서만 차감받을 수 있다.

60. 기초생활수급자에 해당하는 A 씨는 80대 부모와 임산부인 부인과 함께 거주하고 있다. 에너지 바우처 최초 신청 시 동절기 바우처의 최대 금액을 당겨쓰는 것으로 신청을 한 뒤 하절기에 바우처 금액으로 12만 원의 전기 요금을 차감했다면, 동절기에 A 씨 세대가 사용 가능한 바우처 금액은 얼마인가?

① 172,500원   ② 259,640원   ③ 284,440원   ④ 304,640원

국민건강보험법

총 20문항 / 20분

01. 다음 사례를 읽고 국민건강보험법상 가입자에 대한 설명으로 옳은 것은?

> 국내에 거주하고 있는 국민인 갑에게는 배우자이자 피부양자인 을이 있다.

① 의료보호 대상자에 해당하는 유공자인 갑이 보건복지부에 건강보험의 적용을 신청했다면, 갑은 가입자가 된다.
② 20X3년 3월 31일에 직장가입자가 된 갑의 피부양자인 을이 20X3년 4월 29일에 그 자격을 잃었다면, 을은 20X3년 4월 30일에 직장가입자 또는 지역가입자의 자격을 얻는다.
③ 직장가입자의 자격을 가지지 못했던 을이 20X3년 6월 2일에 직장가입자의 자격을 얻었다면, 을의 사용자는 을과 관련된 명세를 20X3년 6월 18일까지 보험자에게 신고해야 한다.
④ 직장가입자 갑이 20X3년 11월 9일부터 더 이상 국내에 거주하지 않게 되었다면, 갑은 20X3년 11월 10일에 그 자격을 잃는다.

02. 다음은 국민건강보험법 제109조 제9항 단서의 적용을 받는 국내 체류 외국인인 지역가입자 갑, 을, 병, 정에 대한 자료이다. 다음 중 국민건강보험법상 외국인 등에 대한 특례에 대한 설명으로 옳은 것은? (단, 제시되지 않은 사항은 고려하지 않는다.)

구분	국적	지역가입자 자격 취득 일자	20X3년 3월 보험료	20X3년 4월 보험료
갑	중국	20X3년 4월 26일	-	24,000원
을	미국	20X3년 1월 20일	24,000원	25,000원
병	일본	20X3년 2월 1일	23,500원	25,000원
정	이탈리아	20X2년 8월 22일	26,000원	25,000원

① 갑은 20X3년 4월 보험료 24,000원을 20X3년 3월 25일까지 납부해야 한다.
② 을은 20X3년 3월 보험료 24,000원을 20X3년 4월 10일까지 납부해야 한다.
③ 병은 20X3년 3월 보험료 23,500원을 20X3년 2월 25일까지 납부해야 한다.
④ 정은 20X3년 4월 보험료 25,000원을 20X3년 5월 10일까지 납부해야 한다.

03. 다음 중 건강보험심사평가원이 관장하는 업무에 해당하는 것의 개수는?

> ㉠ 가입자 및 피부양자의 자격 관리
> ㉡ 요양급여의 적정성 평가
> ㉢ 심사기준 및 평가기준의 개발
> ㉣ 보험급여의 관리
> ㉤ 보험급여비용의 지급에 관한 업무
> ㉥ 요양급여비용의 심사
> ㉦ 업무와 관련된 조사연구 및 국제협력

① 1개 ② 2개 ③ 3개 ④ 4개

04. 다음 중 국민건강보험법상 요양비에 대한 설명으로 옳지 않은 것은?

| 국민건강보험공단 | | 요양을 받은 가입자 | | 준요양기관 |

① 준요양기관은 보건복지부 장관이 정하는 요양 명세를 적은 영수증을 요양을 받은 가입자에게 내주어야 한다.
② 국민건강보험공단은 가입자가 부득이한 사정으로 준요양기관에서 출산 등에 대하여 요양을 받은 경우에는 그 요양급여에 상당하는 금액을 보건복지부령으로 정하는 바에 따라 요양을 받은 가입자에게 요양비로 지급한다.
③ 요양을 받은 가입자는 보건복지부 장관이 정하는 요양비 명세서를 국민건강보험공단에 제출하여야 한다.
④ 가입자의 위임을 받은 준요양기관이 국민건강보험공단에 요양비 지급을 청구한 경우에는 국민건강보험공단은 그 내용의 적정성을 심사하여 요양을 받은 가입자에게 요양비를 지급할 수 있다.

05. 다음 중 국민건강보험법상 자격이 변동된 일자가 올바른 가입자는?

① 20X3년 4월 30일에 사용관계가 끝난 직장가입자 교직원 A씨 – 20X3년 4월 30일
② 20X3년 6월 2일에 다른 적용대상사업자의 근로자로 사용된 직장가입자 B씨 – 20X3년 6월 2일
③ 20X3년 7월 22일에 적용대상사업장에 보건복지부령으로 정한 휴업이 발생한 직장가입자 C씨 – 20X3년 7월 22일
④ 20X3년 11월 8일에 다른 세대로 전입한 지역가입자 D씨 – 20X3년 11월 9일

06. 다음은 보험료 납부의무자에 해당하는 근로자 A, B, C, D 4명의 정보이다. 근로자 4명의 보수월액 보험료의 합은? (단, 직장가입자의 보험료율은 7%이며, 제시되지 않은 사항은 고려하지 않는다.)

> A: 나는 국내에서 업무에 종사하고 있는 직장가입자이고, 보수월액은 2,600,000원이야.
> B: 나는 국외에서 업무에 종사하고 있는 직장가입자이고, 보수월액은 3,400,000원이야.
> C: 나는 국외에서 업무에 종사하고 있는 직장가입자이고, 보수월액은 2,800,000원이야.
> D: 나는 국내에서 업무에 종사하고 있는 직장가입자이고, 보수월액은 4,500,000원이야.

① 465,500원　　② 623,000원　　③ 714,000원　　④ 931,000원

07. 다음 중 국민건강보험법상 부당이득의 징수에 대한 설명으로 옳지 않은 것은?
① 요양기관이 가입자를 속여 부당한 방법으로 요양급여비용을 받은 경우 국민건강보험공단은 해당 요양기관으로부터 부당이득을 징수하여 가입자에게 지체 없이 지급하여야 한다.
② 국민건강보험공단은 속임수로 보험급여를 받은 사람과 같은 세대에 속한 피부양자에게 속임수로 보험급여를 받은 사람과 연대하여 징수금을 내게 할 수 있다.
③ 국민건강보험공단은 부당이득에 따른 징수금을 납부할 의무가 있는 요양기관의 인적 사항을 관보에 게재하거나 공단 인터넷 홈페이지에 게시할 수 있다.
④ 국민건강보험공단은 요양기관이 피부양자를 속여 요양급여비용을 받은 경우 이를 징수한 뒤 부당이득에 해당하는 금액을 그 피부양자가 내야 하는 보험료와 상계할 수 있다.

08. 다음 사례를 읽고 A씨가 납부해야 하는 보수 외 소득월액 보험료는? (단, 직장가입자의 보험료율은 7%, 대통령령으로 정한 보수 외 소득은 180,000원이며, 제시되지 않은 사항은 고려하지 않는다.)

> 직장가입자 A씨는 업무에 종사하기 위해 국외 지역에 3개월 동안 체류하고 있다. A씨의 피부양자는 1명으로, 피부양자인 A씨의 아버지는 현재 국내에 거주하고 있다. A씨의 보수월액은 4,000,000원이며, 연간 보수 외 소득은 1,500,000원이다.

① 0원　　② 3,850원　　③ 6,300원　　④ 7,700원

09. 다음 중 국민건강보험법상 국민건강보험공단의 설립등기에 해당하지 않는 것은?
① 명칭
② 등록 임원
③ 이사장의 성명·주소 및 주민등록번호
④ 주된 사무소 및 분사무소의 소재지

10. 다음 중 국민건강보험법상 임원에 대한 설명으로 옳지 않은 것을 모두 고르면?

> ⊙ 이사장: 임원 추천위원회가 복수로 추천한 사람 중에서 보건복지부장관의 제청으로 대통령이 임명한다.
> ⓒ 비상임이사: 노동조합·사용자단체·소비자단체·의약단체·농어업인단체 및 노인단체가 추천하는 각 1명을 보건복지부 장관이 임명한다.
> ⓒ 감사: 임원 추천위원회가 복수로 추천한 사람 중에서 기획재정부 장관의 제청으로 대통령이 임명한다.
> ⓔ 상임이사: 대통령령으로 정하는 추천 절차를 거쳐 이사장이 임명한다.

① ⊙, ⓒ ② ⓒ, ⓒ ③ ⓒ, ⓔ ④ ⓒ, ⓔ

11. 다음 중 국민건강보험법상 임의계속가입자에 대한 설명으로 옳지 않은 것은?

① 2023년 2월 1일에 사용관계가 끝난 사람 중 직장가입자의 자격을 유지한 기간이 보건복지부령으로 정하는 기간 동안 통산 1년 이상인 사람은 2023년 4월 9일에 임의계속가입자 자격을 신청할 수 있다.
② 임의계속가입자의 보수월액은 보수월액보험료가 산정된 최근 12개월간의 보수월액을 평균한 금액이다.
③ 임의계속가입자 자격을 신청한 사람이 신청 후 최초로 내야 할 직장가입자 보험료를 그 납부기한부터 2개월이 지난 날까지 내지 아니한 경우에는 그 자격을 유지할 수 없다.
④ 임의계속가입자의 보수월액보험료는 사업주와 임의계속가입자가 각각 보험료액의 100분의 50씩 부담한다.

12. 다음 중 국민건강보험법상 이의신청에 대한 설명으로 옳지 않은 것은?

① 피부양자의 보험급여 비용에 관한 공단의 처분에 이의가 있는 경우 공단에 이의신청을 할 수 있다.
② 요양기관은 자신이 부담한 비용이 요양급여 대상에서 제외되는 비용인지 여부에 대한 심사평가원의 확인 결과에 이의가 있는 경우 결과를 통보받은 후 45일 이내에 이의신청을 해야 한다.
③ 요양급여비용에 관한 심사평가원의 처분에 이의가 있는 공단은 정당한 사유가 없는 경우 처분이 있음을 안 날부터 90일 이내에 이의신청을 해야 한다.
④ 요양급여의 적정성 평가에 관한 심사평가원의 처분에 이의가 있는 자는 정당한 사유가 없는 경우 처분이 있은 날부터 180일 이내에 이의신청을 해야 한다.

13. 다음 중 국민건강보험법상 요양기관을 대행하여 심사평가원에 요양급여비용의 심사청구를 할 수 있는 단체를 모두 고르면?

> ㉠ 「의료법」에 따라 설립된 의사회
> ㉡ 「의료법」에 따라 설립된 한의사회
> ㉢ 「의료법」에 따라 설립된 조산사회
> ㉣ 「약사법」에 따라 신고한 약사회의 분회

① ㉡, ㉣   ② ㉠, ㉡, ㉢   ③ ㉡, ㉢, ㉣   ④ ㉠, ㉡, ㉢, ㉣

14. 다음 중 국민건강보험법상 요양급여를 실시할 수 있는 요양기관에 해당하는 것을 모두 고르면? (단, 간호와 이송은 제외한다.)

> ㉠ 「의료법」에 따라 개설된 한방병원
> ㉡ 「의료법」에 따라 설립된 한국희귀·필수의약품센터
> ㉢ 「지역보건법」에 따른 보건소
> ㉣ 「약사법」에 따라 등록된 약국
> ㉤ 「의료법」에 따라 설치된 보건진료소

① ㉠, ㉡, ㉤   ② ㉠, ㉢, ㉣   ③ ㉡, ㉢, ㉣   ④ ㉢, ㉣, ㉤

15. 다음 중 국민건강보험법상 벌금 상한액이 가장 높은 것부터 순서대로 바르게 나열한 것은?

> ㉠ 부정한 방법으로 보험급여를 받은 자
> ㉡ 가입자의 개인정보를 정당한 사유 없이 제3자에게 제공한 자
> ㉢ 보건복지부 장관의 보험급여에 관한 서류 제출 명령을 위반하여 서류 제출을 하지 아니한 요양기관
> ㉣ 보건복지부 장관이 정하는 요양비 명세서를 요양 받은 사람에게 내주지 아니한 준요양기관

① ㉠-㉡-㉢-㉣   ② ㉠-㉢-㉡-㉣   ③ ㉡-㉠-㉢-㉣   ④ ㉡-㉢-㉣-㉠

16. 다음은 국민건강보험법상 건강보험분쟁조정위원회에 대한 내용이다. ㉠~㉣에 들어갈 숫자를 모두 더하면?

> 제89조(건강보험분쟁조정위원회)
> ① 제(㉠)조에 따른 심판청구를 심리·의결하기 위하여 보건복지부에 건강보험분쟁조정위원회를 둔다.
> ② 분쟁조정위원회는 위원장을 포함하여 (㉡)명 이내의 위원으로 구성하고, 위원장을 제외한 위원 중 1명은 당연직위원으로 한다. 이 경우 공무원이 아닌 위원이 전체 위원의 과반수가 되도록 하여야 한다.
> ③ 분쟁조정위원회의 회의는 위원장, 당연직위원 및 위원장이 매 회의마다 지정하는 (㉢)명의 위원을 포함하여 총 (㉣)명으로 구성하되, 공무원이 아닌 위원이 과반수가 되도록 하여야 한다.

① 164　　　② 168　　　③ 172　　　④ 176

17. 다음 중 국민건강보험법상 제조업자 등의 금지행위에 대한 설명으로 옳지 않은 것은?

① 제조업자 등에는 「의료법」에 따른 의료기기 수리업자가 포함된다.
② 제조업자 등은 보건복지부, 공단 또는 심사평가원에 거짓 자료를 제출하여 보험자에게 손실을 주어서는 안 된다.
③ 보건복지부 장관은 「약사법」에 따른 의약품 제조업자가 제조업자 등의 금지행위를 위반한 사실이 있는지 여부를 확인하기 위하여 그 제조업자에게 관련 서류의 제출을 명할 수 있다.
④ 공단은 금지행위를 위반한 사실이 있는 제조업자 등에 대하여 손실에 상당하는 금액을 징수한다.

18. 다음 중 국민건강보험법상 업무정지에 대한 설명으로 옳은 것은?

① 업무정지 처분의 절차가 진행 중인 요양기관을 양수한 자가 그 위반사실을 알지 못하였음을 증명한 경우에도 양수인에게 업무정지 처분의 절차를 계속 진행할 수 있다.
② 업무정지 처분을 받은 자는 행정처분을 받은 사실을 대통령령으로 정하는 바에 따라 양수인 또는 합병 후 존속하는 법인이나 합병으로 설립된 법인에 지체 없이 알려야 한다.
③ 업무정지를 부과하는 위반 행위의 종류, 위반 정도 등에 따른 행정기준이나 그 밖에 필요한 사항은 보건복지부령으로 정한다.
④ 보건복지부 장관은 요양기관이 속임수나 그 밖의 부당한 방법으로 가입자에게 요양급여비용을 부담하게 한 경우 그 요양기관에 대하여 최대 1년의 업무정지를 명할 수 있다.

19. 다음은 국민건강보험법상 과태료 대상에 해당하는 갑, 을, 병, 정 4인이 각각 위반한 내용이다. 4명에게 부과될 수 있는 최대 과태료의 합은?

> 갑: 국민건강보험공단이 아님에도 국민건강보험공단의 명칭을 사용하였다.
> 을: 요양기관을 운영하며 요양급여비용의 청구에 관한 서류의 기한을 지키지 않고 폐기하였다.
> 병: 휴업·폐업 등 보건복지부령으로 정하는 사유가 발생한 경우에 대하여 신고를 하지 않았다.
> 정: 건강보험증 자격을 잃은 후 정당한 사유 없이 건강보험증으로 피부양자의 본인 여부 및 그 자격을 확인하지 아니하고 요양급여를 실시하였다.

① 400만 원   ② 800만 원   ③ 1,200만 원   ④ 1,500만 원

20. 다음 중 국민건강보험법상 체납보험료의 분할납부에 대한 설명으로 옳지 않은 것의 개수는?

> ㉠ 보험료를 체납한 가입자가 공단으로부터 분할납부 승인을 받고 그 승인된 보험료를 1회 이상 납부한 경우 그 가입자에 대한 보험급여를 실시할 수 있다.
> ㉡ 보험료를 체납한 가입자가 공단으로부터 10회에 걸쳐 보험료를 분할 납부할 것을 승인받고 정당한 사유 없이 3회 이상 그 승인된 보험료를 내지 않은 경우 그 가입자에 대한 보험급여를 실시하지 않을 수 있다.
> ㉢ 공단은 보험료를 3회 이상 체납한 자가 체납보험료의 분할납부를 신청하는 경우 보건복지부령으로 정하는 바에 따라 분할납부를 승인할 수 있다.

① 0개   ② 1개   ③ 2개   ④ 3개

약점 보완 해설집 p.23

무료 바로 채점 및 성적 분석 서비스 바로 가기
QR코드를 이용해 모바일로 간편하게 채점하고 나의 실력이 어느 정도인지, 취약 부분이 어디인지 바로 파악해 보세요!

취업강의 1위, 해커스잡

ejob.Hackers.com

노인장기요양보험법

총 20문항 / 20분

01. 다음 중 노인장기요양보험법상 등급판정위원회의 위원으로 새로 위촉될 수 없는 사람은?

① 특별자치도 소속 공무원
② 사회복지사로서 관련 전문지식과 기술을 보유한 사람
③ 장기요양에 관한 학식과 경험이 풍부한 사람
④ 등급판정위원회 위원으로 한 차례 연임한 이력이 있는 한의사

02. 국가는 2022년에 14,740억 원의 금액을 국민건강보험공단에 지원하였고, 2023년에는 2022년 지원금에서 80% 증가한 금액을 지원하였다고 할 때, 2023년의 장기요양보험료 예상수입액은? (단, 국가가 지원하는 금액은 매년 예산의 범위 안에 포함되는 금액으로, 지원 가능한 최대 금액을 지원한다고 가정한다.)

① 26,532억 원　　② 58,960억 원　　③ 132,660억 원　　④ 159,192억 원

03. 다음 중 노인장기요양보험법상 장기요양기관에 대한 설명으로 옳은 것의 개수는?

> ㉠ 장기요양기관의 장은 장기요양기관 지정의 유효기간이 끝난 후에도 계속하여 그 지정을 유지하려는 경우에는 보건복지부장관에게 지정 유효 기간이 끝나기 90일 전까지 지정 갱신을 신청하여야 한다.
> ㉡ 장기요양기관의 장은 폐업하거나 휴업하고자 하는 경우에는 폐업이나 휴업 예정일 전 30일까지 특별자치시장·특별자치도지사·시장·군수·구청장에게 신고하여야 한다.
> ㉢ 특별자치시장·특별자치도지사·시장·군수·구청장은 장기요양기관이 지정취소 또는 업무정지되는 경우에는 수급자의 권익을 보호하기 위하여 그 내용을 우편 또는 정보통신망 이용 등의 방법으로 수급자 또는 그 보호자에게 통보하는 조치를 해야 한다.

① 0개　　② 1개　　③ 2개　　④ 3개

04. 다음은 노인장기요양보험법상 장기요양보험에 대한 내용이다. 빈칸에 들어갈 말로 적절한 것은?

제7조(장기요양보험)
① 장기요양보험사업은 보건복지부장관이 관장한다.
② 장기요양보험사업의 보험자는 국민건강보험공단으로 한다.
③ 장기요양보험의 가입자는 「국민건강보험법」 제5조 및 제109조에 따른 가입자로 한다.
④ 국민건강보험공단은 제3항에도 불구하고 「외국인근로자의 고용 등에 관한 법률」에 따른 외국인근로자 등 (㉠)으로 정하는 외국인이 장기요양보험을 신청하는 경우 (㉡)으로 정하는 바에 따라 장기요양보험가입자에서 제외할 수 있다.

	㉠	㉡
①	대통령령	보건복지가족부령
②	대통령령	보건복지부령
③	보건복지부령	대통령령
④	보건복지부령	보건복지가족부령

05. 다음은 노인장기요양보험법상 벌금 대상인 A, B, C, D 4명이 각각 위반한 내용이다. 4명에게 부과될 수 있는 최대 벌금의 합은?

A: 일상생활을 혼자서 수행하기 어렵지 않음에도 부정한 방법을 동원하여 장기요양급여비용을 청구함
B: 수급자에게 10만 원을 제공할 것을 약속하는 방법으로 수급자를 장기요양기관에 유인하는 행위를 함
C: 수급자로부터 장기요양급여신청을 받았으나 정당한 이유 없이 장기요양급여의 제공을 거부함
D: 보건복지부장관으로부터 장기요양급여 관련 자료를 제출할 것을 명령받았으나 이를 따르지 아니함

① 6천만 원   ② 7천만 원   ③ 8천만 원   ④ 9천만 원

06. 다음 ㉠~㉣을 노인장기요양보험법상 장기요양급여의 신청 절차에 따라 순서대로 바르게 나열한 것은?

> ㉠ 국민건강보험공단은 장기요양등급, 장기요양급여의 종류 및 내용 등 장기요양급여에 관한 사항이 포함된 장기요양인정서를 작성하여 수급자에게 송부한다.
> ㉡ 국민건강보험공단은 신청인의 심신상태, 신청인에게 필요한 장기요양급여의 종류 및 내용 등 장기요양에 관하여 필요한 사항을 조사한다.
> ㉢ 신청인은 장기요양인정신청서에 의사소견서를 첨부하여 국민건강보험공단에 제출한다.
> ㉣ 국민건강보험공단은 조사결과서, 신청서, 의사소견서 등의 자료를 등급판정위원회에 제출한다.

① ㉡ - ㉠ - ㉢ - ㉣
② ㉡ - ㉢ - ㉠ - ㉣
③ ㉢ - ㉠ - ㉣ - ㉡
④ ㉢ - ㉡ - ㉣ - ㉠

07. 다음 중 노인장기요양보험법상 장기요양기관의 지정에 대한 설명으로 옳지 않은 것은?

① 재가급여 및 시설급여를 제공하는 장기요양기관을 운영하려는 자는 보건복지부령으로 정하는 장기요양에 필요한 시설 및 인력을 갖춰야 한다.
② 장기요양기관으로 지정받을 수 있는 시설은 노인복지시설 중 대통령령으로 정하는 시설로 한다.
③ 장기요양기관으로 지정하기 위해서는 장기요양기관을 운영하려는 자의 장기요양급여를 제공한 이력을 확인해야 한다.
④ 특별자치시장·특별자치도지사·시장·군수·구청장은 장기요양기관을 지정한 때 지체 없이 지정 명세를 보건복지부장관에게 통보해야 한다.

08. 다음 중 노인장기요양보험법상 장기요양급여 제공의 기본원칙에 대한 설명으로 옳은 것을 모두 고르면?

> ㉠ 노인 등이 가족과 함께 생활하면서 가정에서 장기요양을 받는 시설급여를 우선적으로 제공해야 한다.
> ㉡ 노인 등의 심신상태·생활환경과 노인 등 및 그 가족의 욕구·선택을 종합적으로 고려하여 필요한 범위 안에서 이를 적정하게 제공해야 한다.
> ㉢ 노인 등의 심신상태나 건강 등이 악화되지 아니하도록 의료서비스와 연계하여 이를 제공해야 한다.
> ㉣ 노인 등이 자신의 의사와 능력에 따라 최대한 자립적으로 일상생활을 수행할 수 있도록 제공해야 한다.

① ㉠, ㉢
② ㉡, ㉣
③ ㉠, ㉡, ㉢
④ ㉡, ㉢, ㉣

09. 다음 중 노인장기요양보험법상 장기요양인정에 대해 잘못 설명한 사람은?

> 甲: 수급자로 판정받기 위해서는 신청자격요건을 충족하고 6개월 이상 동안 혼자서 일상생활을 수행하기 어렵다고 인정되어야 합니다.
> 乙: 고의로 사고를 발생하도록 하거나 본인의 위법행위에 기인하여 장기요양인정을 받은 경우에는 장기요양급여의 지급이 제한될 수 있습니다.
> 丙: 장기요양급여를 받고 있는 수급자는 장기요양등급, 장기요양급여의 종류 또는 내용을 변경하여 장기요양급여를 받고자 하는 경우 국민건강보험공단에 갱신 신청을 할 수 있습니다.
> 丁: 장기요양급여를 받고자 하는 자가 신체적인 사유로 장기요양인정의 신청을 직접 수행할 수 없을 때는 이해 관계인이 대리 신청할 수 있습니다.

① 甲   ② 乙   ③ 丙   ④ 丁

10. 다음 사례를 토대로 판단할 때, 甲이 장기요양급여를 제공받기 시작하는 날은? (단, 甲은 장기요양급여를 제공받는 수급자에 해당하며, 제시된 내용 외에 다른 사항은 고려하지 않는다.)

> 62세의 아내와 30대 자녀들과 함께 거주 중인 甲은 2023년 4월 10일 국민건강보험공단에 장기요양신청서를 제출하였다. 이후 국민건강보험공단은 2023년 5월 2일 甲에게 개인별장기요양이용계획서를 첨부한 장기요양인정서를 송부하였으며, 이는 익일 甲에게 도달하였다.

① 2023년 4월 10일
② 2023년 5월 2일
③ 2023년 5월 3일
④ 2023년 5월 4일

11. 다음은 노인장기요양보험법상 장기요양기관의 시설·인력에 관한 변경에 대한 내용이다. 각 빈칸에 들어갈 말로 적절하지 않은 것은?

> 제33조(장기요양기관의 시설·인력에 관한 변경)
> ① 장기요양기관의 장은 시설 및 인력 등 (㉠)으로 정하는 중요한 사항을 변경하려는 경우에는 (㉠)으로 정하는 바에 따라 특별자치시장·특별자치도지사·시장·군수·구청장의 (㉡)을 받아야 한다.
> ② 제1항에 따른 사항 외의 사항을 변경하려는 경우에는 (㉠)으로 정하는 바에 따라 특별자치시장·특별자치도지사·시장·군수·구청장에게 (㉢)를 하여야 한다.
> ③ 제1항 및 제2항에 따라 (㉡)을 하거나 (㉢)를 받은 특별자치시장·특별자치도지사·시장·군수·구청장은 지체 없이 해당 변경 사항을 공단에 (㉣)하여야 한다.

① ㉠: 대통령령　　② ㉡: 변경지정　　③ ㉢: 변경신고　　④ ㉣: 통보

12. 다음 중 노인장기요양보험법상 행정제재처분 효과가 승계되는 대상에 해당하는 것을 모두 고르면?

> ㉠ 법인이 합병된 경우 합병으로 신설된 법인
> ㉡ 장기요양기관을 양도한 경우 양수인
> ㉢ 장기요양기관 폐업 후 같은 장소에서 장기요양기관을 운영하는 자 중 종전에 행정제재처분을 받은 자의 배우자
> ㉣ 장기요양기관 폐업 후 같은 장소에서 장기요양기관을 운영하는 자 중 종전에 행정제재처분을 받은 자의 방계혈족

① ㉠, ㉡　　② ㉡, ㉣　　③ ㉠, ㉡, ㉢　　④ ㉡, ㉢, ㉣

13. 다음은 노인장기요양보험법상 전자문서의 사용에 대한 설명으로 옳지 않은 것의 개수는?

> ㉠ 국민건강보험공단 및 장기요양기관은 장기요양기관의 지정신청, 재가·시설 급여비용의 청구 및 지급, 장기요양기관의 재무·회계정보 처리 등에 대하여 전산매체 또는 전자문서교환방식을 이용할 수 있다.
> ㉡ 정보통신망 및 정보통신서비스 시설이 열악한 지역 등 대통령이 정하는 지역의 경우 전자문서·전산매체 또는 전자문서교환방식을 이용하지 아니할 수 있다.
> ㉢ 장기요양사업에 관련된 각종 서류의 기록, 관리 및 보관은 보건복지부령으로 정하는 바에 따라 전자문서로 한다.

① 0개　　② 1개　　③ 2개　　④ 3개

14. 다음 중 노인장기요양보험법상 청문을 하여야 하는 경우에 해당하지 않는 것은?

① 장기요양기관 지정취소 또는 업무정지명령
② 위반사실 등의 공표
③ 재가장기요양기관 폐쇄명령 또는 업무정지명령
④ 장기요양급여 제공의 제한 처분

15. 다음 중 노인장기요양보험법상 장기요양급여 중 재가급여에 해당하지 않는 것은?

① 수급자 집안의 화분을 대신 옮겨주는 활동
② 수급자의 보행 연습을 돕는 활동
③ 수급자의 의류 세탁 및 관리 활동
④ 수급자 가족을 위한 김장 도움 활동

16. 다음 중 노인장기요양보험법상 장기요양위원회에 대한 설명으로 옳지 않은 것을 모두 고르면?

> ⊙ 장기요양위원회 위원의 임기는 3년으로 하고, 공무원인 위원의 임기는 재임기간으로 한다.
> ⓒ 장기요양위원회 회의는 구성원 과반수의 출석으로 개의하고 출석위원 3분의 1 이상의 찬성으로 의결한다.
> ⓒ 장기요양위원회의 구성·운영에 대한 사항은 대통령령으로 정한다.
> ⓔ 장기요양위원회는 위원장 1인, 부위원장 1인을 포함한 16인 이상 20인 이하의 위원으로 구성한다.

① ⓒ, ⓔ   ② ⓒ, ⓔ   ③ ⊙, ⓒ, ⓒ   ④ ⓒ, ⓒ, ⓔ

17. 다음 중 노인장기요양보험법상 장기요양기관의 결격사유에 해당하지 않는 사람은?

　① 올해 만 18세인 미성년자

　② 1년 전 파산선고를 받고 복권되지 아니한 사람

　③ 금고 이상의 형에 대한 집행유예 3년을 선고받고 그 유예기간 중에 있는 사람

　④ 금고 이상의 실형 2년을 선고받고 집행 종료일로부터 5년이 경과한 사람

18. 다음은 노인장기요양보험법상 특례요양비에 대한 내용이다. 각 빈칸에 들어갈 말로 적절하지 않은 것은?

> 제25조(특례요양비)
> ① (㉠)은 수급자가 (㉡)이 아닌 노인요양시설 등의 기관 또는 시설에서 재가급여 또는 시설급여에 상당한 장기요양급여를 받은 경우 (㉢)으로 정하는 기준에 따라 해당 장기요양급여비용의 일부를 해당 수급자에게 특례요양비로 지급할 수 있다.
> ② 제1항에 따라 장기요양급여가 인정되는 기관 또는 시설의 범위, 특례요양비의 지급절차, 그 밖에 필요한 사항은 (㉣)으로 정한다.

　① ㉠: 국민건강보험공단

　② ㉡: 장기요양기관

　③ ㉢: 대통령령

　④ ㉣: 지방자체단체 장의 직권

19. 다음은 노인장기요양보험법상 장기요양보험가입 자격 등에 관한 준용에 관한 내용이다. 각 빈칸에 들어갈 말로 적절한 것은?

> 「국민건강보험법」 제5조, 제6조, 제8조부터 제11조까지, 제69조 제1항부터 제3항까지, 제76조부터 제86조까지, 제109조 제1항부터 제9항까지 및 제110조는 장기요양보험가입자·피부양자의 자격취득·상실, 장기요양보험료 등의 납부·징수 및 결손처분 등에 관하여 이를 준용한다. 이 경우 "보험료"는 (㉠)로, "건강보험"은 (㉡)으로, "가입자"는 (㉢)로 본다.

	㉠	㉡	㉢
①	건강보험료	국민건강보험	건강보험가입자
②	건강보험료	장기요양보험	장기요양보험가입자
③	장기요양보험료	장기요양보험	건강보험가입자
④	장기요양보험료	장기요양보험	장기요양보험가입자

20. 다음 사례를 토대로 판단할 때, 甲~丁 중 특별현금급여의 종류가 다른 사람은?

> 甲: 나는 가장 가까운 육지 항구까지의 정기여객선 운항 소요 시간이 4시간 이상 걸리는 섬에 거주하고 있는데, 섬에는 방문요양이나 시설급여를 제공하는 장기요양기관이 전무한 상황이라 특별현금급여를 받고 있어.
> 乙: 감염병 환자인 나는 집에서 가족 장기요양을 받고 있기 때문에 이에 따른 특별현금급여를 받고 있어.
> 丙: 나는 요양병원에 입원하여 장기요양을 하고 있는 관계로 특별현금급여를 받고 있지.
> 丁: 나는 폭우로 인한 홍수 지역에 거주하고 있어서 장기요양기관이 제공하는 장기요양급여를 이용하기 어려운 상황이야. 이로 인해 특별현금급여를 받고 있지.

① 甲 ② 乙 ③ 丙 ④ 丁

수험번호	
성명	

실전모의고사
2회
(NCS + 법률)

시작과 종료 시각을 정한 후, 실전처럼 모의고사를 풀어보세요.

- NCS 직업기초능력   시   분 ~   시   분 (총 60문항/60분)
- 직무시험(법률)   시   분 ~   시   분 (총 20문항/20분)

□ 시험 유의사항

[1] 국민건강보험공단 필기시험은 NCS 직업기초능력을 60분 이내에 풀고 난 뒤 직무시험(법률)을 20분 동안 풀어야 하며, 직렬별 시험 구성은 다음과 같습니다.
- 행정직/건강직/기술직: NCS 직업기초능력(의사소통·수리·문제해결능력) 60문항 + 직무시험(국민건강보험법) 20문항
- 요양직: NCS 직업기초능력(의사소통·수리·문제해결능력) 60문항 + 직무시험(노인장기요양보험법) 20문항
- 전산직: NCS 직업기초능력(의사소통·수리·문제해결·전산개발 기초능력) 50문항 + 직무시험(국민건강보험법) 20문항

[2] 본 실전모의고사는 NCS 직업기초능력 60문항과 국민건강보험법 20문항, 노인장기요양보험법 20문항으로 구성되어 있습니다. 따라서 NCS 직업기초능력 60문항을 풀이하고 난 뒤 지원 직렬에 맞는 직무시험 20문항을 풀이하시기 바랍니다.
  ※ 직무시험은 다음 법령을 토대로 구성되었으므로 실제 시험과 출제 기준이 다를 수 있습니다. 따라서 채용공고를 통해 출제 기준을 확인한 후 실제 시험에 대비하시기 바랍니다.
  - 국민건강보험법: 법제처 법률 제19841호, 2023.12.26. (2024.12.27. 시행법령 기준, 시행예정법령 별도 표기)
  - 노인장기요양보험법: 법제처 법률 제20213호, 2024. 2. 6. (2025.2.7. 시행법령 기준, 시행예정법령 별도 표기)

[3] 본 교재 마지막 페이지에 있는 OMR 답안지와 해커스ONE 애플리케이션의 모바일 타이머를 이용하여 실전처럼 모의고사를 풀어보시기 바랍니다.

NCS 직업기초능력

총 60문항 / 60분

[01 – 03] 다음 보도자료를 읽고 각 물음에 답하시오.

(가) 질병관리청은 5월 9일(화)에 서울대학교 치과병원 강당에서 「제17회 아토피·천식 예방관리 심포지엄」을 개최한다. 알레르기는 일반적으로 해롭지 않은 외부 물질에 대해서 우리 몸의 면역 체계가 과민반응을 일으키는 것이다. ⊙ 알레르기를 일으키는 물질로는 진드기, 곰팡이, 꽃가루, 우유, 계란, 견과류 등이 있는데, 환자마다 원인 물질과 나타나는 증상이 다양하다. 그중에서도 천식*, 아토피 피부염**, 알레르기 비염*** 등은 대표적인 알레르기 질환이다. (   ) 2021년 국민건강영양조사 결과에 따르면 만 19세 이상 성인 중 알레르기 비염으로 진단받은 적이 있다고 응답한 환자는 18.8%, 아토피 피부염은 5.6%, 천식은 3.0%이었으며 환자 규모는 증가하는 경향을 보이고 있다.

  * 기관지에 염증이 생기고, 기관지가 예민해져서 작은 자극에도 기관지를 둘러싼 근육이 경련을 일으키며 확 좁아지는 병으로, 가슴이 답답하고, 숨이 차고, 가래가 생기고 기침과 같은 증상이 특징인 만성호흡기 질환
  ** 심한 가려움증을 동반하는 만성 염증성 피부 질환으로, 대개 생후 2~3개월부터 나타나며 증상이 나타나면 그 부위를 긁거나 문지르게 되어 증상이 악화되는 특성을 보임
  *** 코점막에 알레르기로 인한 염증이 생겨 코 막힘, 콧물, 재채기, 코 가려움증 중 하나 이상의 증상이 2일 이상, 하루 1시간 넘게 지속되는 질병

(나) 다만 알레르기 질환은 효과와 안전성이 입증된 치료 방법으로 적절히 관리하면 다양한 신체활동을 포함한 건강한 일상생활을 할 수 있으므로 전문의료기관을 통해 꾸준히 치료받는 것이 중요하다. ⓒ 또한, 알레르기 질환 환자의 유전적 요인에 따라 드러나는 증상이 동일하므로 유전적 요인에 따른 관리 수칙을 실천하여 알레르기 질환의 발병을 예방해야 한다. 환자 본인의 알레르기 질환 발병 원인과 악화 요인을 검사하고, 확인된 위험 요인을 피하고 꾸준히 치료해야 함은 모든 알레르기 질환에 대한 공통 실천 지침이다. (   ) 아토피 피부염에 대해서는 보습 및 피부 관리, 실내 온·습도 유지를 권고하고, 천식이나 알레르기 비염은 실내 청결 유지, 마스크 착용, 감기 예방 등을 실천하도록 권고하고 있다.

(다) 질병관리청은 2007년부터 시·도 및 시·군·구 보건소, 알레르기 질환 관련 전문 학·협회와 협력하여 지역 기반 알레르기 예방관리 체계를 구축하고 알레르기 질환 교육·홍보를 위한 아토피·천식 예방관리사업을 수행하고 있다. 이뿐만 아니라 어린이집, 유치원, 초·중·고등학교를 대상으로 아토피·천식 안심학교도 운영되고 있다. (   ) 알레르기 질환은 어린이 환자가 많은 만성 질환이나 어린이는 스스로 질환을 관리하기 어려운 경우가 많으며, 학습 능력 및 삶의 질 저하 문제가 발생할 수 있기 때문이다. ⓒ 이에 학교 중심의 알레르기 질환 예방관리 체계를 마련하여 소아청소년기 알레르기 질환 증가로 인한 문제를 예방하기 위해 아토피·천식 안심학교가 운영되기 시작하였다. 알레르기 질환 아토피·천식 안심학교는 2022년을 기준으로 3천 3백여 기관이 자원하여 참여하고 있으며, 교내 알레르기 질환 환아 파악, 응급키트 비치, 교내 환경 개선, 알레르기 질환 환자 돌봄 방법 교육 수강 등의 활동에 참여하고 있다.

(라) (   ) 「아토피·천식 예방관리 심포지엄」은 지역사회 알레르기 질환 예방관리 사업 추진에 필요한 정보를 교류하고 사업 관계자 간 연대를 강화하기 위해 매년 개최되고 있으며, 한국천식알레르기협회 주관으로 진행된다. 「제17회 아토피·천식 예방관리 심포지엄」은 아토피·천식 예방관리 사업 유공기관 및 유공자 표창 수여, 알레르기 질환 관리방안, 관련 정책 방향 및 우수사례 등에 대한 발표 등으로 진행될 예정이다.

(마) 김○○ 질병관리청 차장은 "알레르기는 증상도 다양하고 환자마다 다른 원인에 의해 발생하기 때문에 전문기관의 진단하에 피해야 하는 원인 물질을 확인하고 꾸준히 치료받는 것이 무엇보다 중요하다."라고 강조하였다. 아울러 "질병관리청은 지역사회 보건사업 담당자, 교사 등을 대상으로 알레르기 질환 예방관리 교육 기회를 지속적으로 확대하고, 다양한 수단을 활용하여 과학적 근거에 따라 개발한 예방관리 정보를 전달하기 위해 노력하겠다."라고 밝혔다. ㉣ 알레르기 질환 예방관리수칙을 비롯하여 홍보 영상, 교육용 발표 자료, 게임, 퍼즐 등 다양한 형태의 교육·홍보 자료는 질병관리청 국가건강정보포털을 통해 제공하고 있다.

※ 출처: 질병관리청(2023-05-09 보도자료)

01. 위 보도자료의 빈칸에 들어갈 단어로 가장 적절하지 않은 것은?

① 실제로   ② 반면에   ③ 왜냐하면   ④ 한편

02. 위 보도자료의 내용과 일치하지 않는 것은?

① 아토피 피부염을 완화하는 데는 피부에 수분을 충분히 보충하고 실내 온도 및 습도를 적절히 유지하는 습관이 도움 될 수 있다.
② 아토피·천식 안심학교는 학교 안 알레르기 환아의 수를 헤아리거나 이들을 보살피는 방법을 배운다.
③ 외부 물질에 대한 과민반응이 코점막으로 드러나 콧물, 재채기와 같은 증상이 나타나면 알레르기 비염을 의심해 볼 수 있다.
④ 아토피·천식 예방관리 심포지엄은 알레르기 질환 예방 및 관리 사업을 진행하는 데 필요한 정보를 교류하기 위해 격년으로 열린다.

03. 위 보도자료의 논리적 흐름을 고려할 때, ㉠~㉣ 중 삭제되어야 하는 문장은?

① ㉠   ② ㉡   ③ ㉢   ④ ㉣

[04 - 05] 다음 글을 읽고 각 물음에 답하시오.

(가) 알도스테론은 포유류에서 발생하는 무기질 코르티코이드 중 하나로, 앤지오텐신이라는 화합물에 의해 분비가 조절된다. 이 호르몬은 부신 피질에서 분비되어 디옥시코르티코스테론과 같은 호르몬과 함께 작용하는데, 칼륨과 수소의 교환 과정을 조절함으로써 나트륨과 수분의 항상성 유지를 돕는다. 다만, 어떤 호르몬에 해당하더라도 부신 피질에서 분비되는 호르몬은 스테로이드로 총칭하는 시클로펜타노·하이드로페난트렌환을 가진 화합물의 일원이기 때문에 피질 스테로이드라고도 불린다.

(나) 부신은 좌우의 콩팥 위에 있는 내분비샘을 말한다. 부신은 겉질과 속질로 나뉘어 있는데, 겉질에서 만들어져 부신 정맥 속으로 내분비되는 호르몬을 일컬어 부신 피질 호르몬이라 한다. 이 호르몬은 탄수화물 및 무기질 대사에 관여한다는 특징이 있다.

(다) 부신피질 호르몬 과잉 또는 결핍으로 인해 문제 현상이 나타날 때는 인공적으로 호르몬을 주입하여 호르몬 조절이 정상화되도록 하는 치료법을 행한다. 당질코르티코이드의 경우 호르몬 조절을 정상화하기 위해 코르티솔, 무기질 코르티코이드, 염화나트륨을, 무기질 코르티코이드의 경우 글루코코르티코이드인 히드로코르티손이나 데사모르티손을 사용하여 호르몬 조절을 정상화하는 것이 일반적이다.

(라) 부신 피질 호르몬은 코르티졸, 코르티코스테론, 알도스테론 등 다양하다. 그중 코르티졸과 코르티코스테론은 간이나 근육, 지방세포 등에 작용하며, 스트레스와 같은 외부 자극에 맞서 몸 전반에 에너지를 공급할 수 있도록 하는 신호를 전달한다. 예를 들어, 간에서는 글리코겐을 포도당으로 바꾼 뒤 에너지를 필요로 하는 세포로 전달하게 하는 식이다. 이처럼 포도당 대사에 영향을 미친다는 점에서 당질코르티코이드라고도 한다.

(마) 부신피질 호르몬이 과다하거나 결핍되면 어떤 증상이 나타나게 될까? 일단 당질코르티코이드에 해당하는 호르몬이 과잉되거나 결핍될 때는 저혈당증이 나타날 수 있으며, 근육 약화, 빈혈, 체중 감소 등의 현상이 발현될 수 있다. 무기질 코르티코이드가 과잉되거나 결핍될 때는 다뇨증, 저혈압, 탈수증이 나타나는 한편 심한 경우 체내산성화나 칼슘중독과 같은 장애가 생길 수 있다.

04. 윗글을 논리적 순서대로 알맞게 배열한 것은?

① (나) - (라) - (가) - (다) - (마)
② (나) - (라) - (가) - (마) - (다)
③ (나) - (가) - (라) - (마) - (다)
④ (나) - (마) - (다) - (가) - (라)

05. 윗글의 내용과 일치하는 것은?

① 코르티코스테론은 포도당 대사에 영향을 주는 피질 스테로이드이다.
② 내분비샘인 부신은 콩팥 아래에 위치하고 있다.
③ 데사모르티손은 당질코르티코이드의 호르몬 조절을 위해 활용된다.
④ 부신 피질 호르몬 중 알도스테론이 결핍되었을 때 나타나는 대표적인 증상은 저혈당증이다.

[06 - 07] 다음 보도자료를 읽고 각 물음에 답하시오.

> 전국 109개 의료기관이 참여한 수족구병 표본 감시 결과, 수족구병 의사환자 발생이 늘고 있는 것으로 나타났다. 특히 0~6세에 해당하는 영유아의 경우 외래환자 1,000명당 의사환자가 한 달 전인 15주 차 4.0명에서 19주 차 13.8명으로 3배 이상 증가했다. 지난 5월 19일 질병관리청에 따르면, 코로나19 유행 이후 지난해 3년 만의 계절적인 유행이 있었으며 올해도 예년과 유사한 시기에 발생 증가가 확인됨에 따라 코로나19 유행 이전과 유사한 수족구병 유행이 예상된다.
>
> 수족구병은 입안, 손, 발에 수포성 발진이 나타나는 것이 주된 증상이다. 발열, 무력감, 식욕 감소, 설사나 구토 등의 위장관 증상이 나타날 수 있다. 대부분의 경우 증상 발생 후 7~10일 이후 자연적으로 회복하는 질병이나 수막염, 뇌염, 심근염, 마비 증상 등 드물게 합병증이 동반할 수 있어 증상이 나타나면 신속히 의료 기관을 방문해 진료받아야 한다. 6개월 미만의 영아, 수분을 충분히 섭취하지 못하는 경우, 2일 이상의 발열 등 증상이 심한 경우는 합병증 발생 가능성이 높아 반드시 의료기관의 진료를 받아야 한다.
>
> 수족구병은 백신이나 치료제가 없어 예방과 전파 차단이 중요하다. 수족구병이 의심될 경우 다른 사람과의 접촉을 피하고 어린이집, 키즈 카페 등 다중이용시설 이용을 자제하는 한편, 컵이나 식기 등을 따로 사용하고 생활 공간의 분리가 필요하다. 또한, 수족구병의 예방과 전파 방지를 위해서는 철저한 위생 관리가 필요하다. 외출 후, 식사 전·후, 기저귀 뒤처리 후, 화장실 사용 후, 코를 풀거나 기침·재채기를 한 후, 환자를 돌본 후에는 반드시 손을 씻고, 씻지 않은 손으로 눈, 코, 입을 만지지 않도록 해야 한다. 어린이집, 유치원 등에서는 장난감, 문손잡이 등 손이 닿는 집기의 소독 관리가 필요하다.
>
> 지○○ 질병관리청장은 "수족구병은 영유아에서 많이 발생하는 감염병인 만큼 키즈 카페 등 영유아 관련 시설에서는 수족구병 예방관리를 위해 손 씻기 및 물품 소독 등 위생관리를 철저히 하고 특히 어린이집 및 유치원에서는 수족구병에 걸린 경우 완전히 회복한 후 등원할 수 있도록 안내해달라"고 당부했다.

※ 출처: 질병관리청(2023-05-19 보도자료)

06. 위 보도자료의 제목으로 가장 적절한 것은?

① 질병관리청, 영유아 수족구병 창궐 전 미리 대비 필요함을 설파해
② 영유아 수족구병 창궐, 키즈 카페 등 다중이용시설 출입 엄격하게 금지해야 해
③ 영유아 수족구병 한 달 새 3배 이상 증가, 빠른 치료와 더불어 예방 및 전파 차단 필요해
④ 질병관리청, 영유아에 치명적인 수족구병 예방 위한 백신 무료 배포해

07. 위 보도자료를 읽고 나눈 대화가 다음과 같을 때, 빈칸에 들어갈 내용으로 가장 적절하지 않은 것은?

> 원준: 수족구병에 걸리면 고열이나 식욕 감퇴, 설사와 같은 증상이 나타날 수 있지만, 대개는 시간의 흐름에 따라 자연 치유되는 편이지.
> 성준: 그렇지만 간혹 심각한 합병증이 발생할 수도 있으니 수족구병이 의심된다면 바로 병원에 가서 진찰을 받는 것이 현명하지.
> 형준: 맞아. 특히 ( ) 합병증이 나타날 가능성이 높으니 반드시 병원 진료를 받아야 해.

① 발열이 이틀 이상 이어지는 상황이라면
② 증상 악화로 수분 섭취를 잘 하지 못하는 상황의 환자라면
③ 태어난 지 6개월이 채 되지 않은 영아라면
④ 유치원이나 어린이집 등에 다니고 있는 영유아라면

[08 – 09] 다음 보도자료를 읽고 각 물음에 답하시오.

최근 전 세계적인 규제 완화 및 산업화로 인해 의료용 대마 시장에 대한 기대감이 커지는 가운데, 국내 의료용 대마 생산을 위한 기반 기술 연구가 첫 열매를 맺었다. 농촌진흥청은 의료용 대마 식물체 개발을 위한 육종 기술을 개발하여 특허를 출원하고, 이 기술로 만든 국산 의료용 대마 식물체 2자원을 국내 연구기관에 분양한다고 밝혔다. 대마는 활용 용도에 따라 줄기를 활용하는 섬유용, 씨앗을 활용하는 종실용, 꽃과 잎에서 추출한 유용 성분을 의약품이나 화장품 등의 원료로 사용하는 의료용으로 구분한다. 국내에서는 현행법상 의료 성분의 산업 활용은 불가하며 연구 목적으로만 활용 가능하다. 그동안 우리나라는 의료용 대마의 기술 표준화와 산업화를 위한 자원이 없어 북아메리카나 유럽에서 도입한 자원을 연구에 활용해 왔다.

농촌진흥청은 재작년부터 국산 의료용 대마 품종 개발을 목표로 연구 사업을 진행해 왔으며, 올해 대마 육종에 필요한 기술 특허 2건을 출원하고 이 기술을 활용해 의료용 대마 자원을 육성하는 데 성공했다. 연구진은 육종 효율을 높이기 위해 암그루에서 수꽃이 피도록 유도해 자가 수정을 하는 인공교배 기술, 암꽃이 피기 전 어린잎을 조기 분석해 우수 자원을 선발하는 기술, 실내 재배에 알맞은 자원을 선발하는 기술을 개발했다. 또한, 이 기술로 의료 성분인 칸나비디올(CBD)을 9% 이상 함유한 '칸나비디올 고함유 대마'와 중독 성분인 테트라하이드로 칸나비놀(THC)이 0.3% 미만으로 적은 '테트라하이드로 칸나비놀 저함유 대마' 총 2자원을 육성했다. 칸나비디올(CBD)은 대마에서 가장 활용도가 높은 기능 성분으로, 소아 뇌전증 치료제인 에피디올렉스(Epidiolex)의 주성분이며 해외에서는 염증이나 우울증·불면증 완화 효과가 알려져 건강식품 등에 이용되고 있다. 반면 테트라하이드로 칸나비놀(THC)은 진통·진정 효과가 있으나 도취 성분에 의해 중독성이 있어 대마 산업화의 장애 요인이 되고 있다. 이번에 개발한 2자원은 섬유용 대마 청삼과 달리 줄기가 짧고 가지가 많은 특성이 있어 시설 안에서 여러 단으로 재배할 수 있고, 디지털 농업 기술을 활용한다면 연간 3~4회 이상 생산이 가능하다. 농촌진흥청은 이들 의료용 대마를 농업유전자원센터에 기탁해 생명 자원 등록을 마쳤으며, 대마의 재배, 분석, 생리활성 연구에 활용할 수 있도록 국내 연구기관에 분양할 계획이다.

경북 바이오산업 연구원 헴프 규제자유특구 사업 추진단 최○○ 단장은 "이번 연구로 대마 자원의 국산화를 통한 종자 주권 확보가 기대된다."라며 "농촌진흥청에서 육성한 계통을 분양받아 해외 품종과 비교·검증을 하는 등 지속적인 연구, 협력을 통해 대마 산업 활성화에 이바지하겠다."라고 말했다. 농촌진흥청 국립 원예 특작 과학원 약용작물과 윤○○ 과장은 "학술연구 허가를 받은 국내 연구기관을 대상으로 육성 계통을 보급함으로써 의료용 대마 연구의 기술 표준화에 기여하겠다."라며, "의료용 대마 연구는 단기적으로는 규제를 고려해 위험 요소를 최소화하는 기술 개발에 집중하고, 장기적으로는 산업 경쟁력을 높일 수 있는 전략을 세워 추진할 계획이다."라고 밝혔다.

※ 출처: 농촌진흥청(2022-05-19 보도자료)

08. 위 보도자료의 내용과 일치하지 않는 것은?

① 농촌진흥청이 개발한 2자원 모두 가지가 많고 줄기가 짧기 때문에 시설 내에서 여러 단으로 기를 수 있다.
② 국내 연구기관은 이번 사업을 통해 테트라하이드로 칸나비놀 함유량이 높은 대마와 칸나비디올 함유량이 낮은 대마를 분양받을 계획이다.
③ 대마의 종자, 줄기, 꽃과 잎 성분에 따라 활용 용도가 크게 세 가지로 구분된다.
④ 연구진들은 실내 재배에 적합한 자원이나 우수한 어린잎을 구분하는 기술 등을 개발함으로써 육종 효율을 높였다.

09. 위 보도자료를 읽고 나눈 대화가 다음과 같을 때, 빈칸에 들어갈 내용으로 가장 적절한 것은?

> 나은: 보도자료를 살펴보니 국산 의료용 대마 식물체 2자원의 차이가 서로 극명하다는 점이 흥미로웠어.
> 한성: 나도 그렇게 생각해. 각 자원이 보유하고 있는 성분에 따라서 활용도도 크게 달라지는 것 같아.
> 나은: 맞아. 칸나비디올의 경우 (   )

① 국내에서 염증 연고의 주요 성분이기도 하지.
② 중독성이 강하지만 진정 효과가 뛰어나 진통제의 주요 성분이야.
③ 숙면에 도움을 주는 효과가 있어 해외에서는 건강식품에 활용되고 있어.
④ 다량의 에피디올렉스를 함유하여 성인 뇌전증 치료제로 사용되고 있어.

[10-11] 다음은 유학생 국민건강보험 가입 의무화 안내문이다. 각 물음에 답하시오.

[유학생 국민건강보험 가입 의무화 안내]

1. 유학생 국민건강보험 가입 의무화란?
   - 외국인 및 재외국민 유학생을 대상으로 국민건강보험이 당연 가입되는 것을 말함

2. 가입 안내
   1) 체류자격에 따른 가입 시기

체류자격 구분		가입 시기
유학(D-2)	한국에 체류 중인 유학생	2021년 3월 1일로 당연 가입
	국외 체류 재학생이면서 외국인 등록이 된 유학생	입국일부터 당연 가입
	국외 체류 신입생·재학생이면서 외국인 등록이 되지 않은 유학생	외국인 등록한 날 당연 가입
	국내 체류 신입생	D-2 체류자격을 부여받은 날 당연 가입
초중고생(D-4-3)	최초 입국 시	외국인 등록한 날 당연 가입
	외국인 등록 후 재입국 시	재입국일에 당연 가입
초중고생(D-4-3) 외 일반연수		입국일로부터 6개월 후 당연 가입
재외국민·재외동포 유학생		재학증명서를 제출하는 경우에 한해 입국 후 학교 입학일에 가입

   ※ 국민건강보험법 제109조에 따라 외국인 등록을 완료한 외국인에 한해 국민건강보험 가입이 허용됨

   2) 가입 절차
   - 별도의 신고 없이 국민건강보험공단에서 일괄 처리함
      ※ 단, 가입 안내문, 보험료 고지서 등 미수령 시 방문 신고 必

3. 보험료 안내
   1) 보험료 고지서
      - 외국인등록증에 등록된 체류지로 발송
   2) 보험료 및 납부 기한
      - 보험료: 월 39,540원(단, 3월분 보험료는 10회 분할하여 4월분 보험료부터 합산 고지)
         예) 2021년 4월~2022년 1월: 1개월 보험료(39,540원) + 3월분 1회 분할분(3,954원) = 43,490원(원 단위 절사)
      - 납부 기한: 다음 달 보험료를 매월 25일에 미리 납부
         ※ 자동이체, 가상계좌, 은행, 전자수납, 공단지사(신용카드) 징수포털 등으로 납부 가능
   3) 보험료 체납에 따른 불이익
      - 보험급여 제한: 보험료를 체납하는 경우에는 납부 기한 다음 달 1일부터 완납할 때까지 병·의원 이용 시 국민건강보험 혜택 제한
      - 비자 연장 등 제한: 법무부에 비자 연장 등 각종 체류 허가 신청 시 체류 기한 등 불이익 발생
         ※ 건강보험료 50만 원 미만, 기타 징수금 10만 원 미만 체납자의 경우에는 비자 연장 제한 없음
      - 체납처분: 기한을 정하여 독촉을 하고, 그 기한까지 보험료를 납부하지 않을 경우 부동산·자동차·예금 등을 압류하는 강제 징수 절차가 진행될 수 있음

4. 건강보험 자격상실
   – 체류 기간이 종료된 날의 다음 날
   – 국외 출국한 날의 다음 날
     ※ 단, 체류 기간이 종료되지 아니한 외국인이 출국하여 1개월 이상 국외에 체류하는 경우에 한정
   – 세대주의 체류자격이 유학(D-2)인 지역 가입자 세대가 보험료를 체납한 경우 그 납부 기한이 속하는 달의 1일
     ※ 단, 그 체납한 보험료를 납부 기한이 속하는 달의 말일까지 납부한 경우에는 제외

10. 국민건강보험공단의 신입사원으로 입사한 귀하는 상사로부터 유학생 국민건강보험 가입 의무화와 관련된 정보를 숙지하라는 요청을 받았다. 상사로부터 위 안내문을 전달받았다고 할 때, 귀하가 이해한 안내문의 내용으로 가장 적절한 것은?

    ① 국내 체류 기간이 종료되지 않은 외국인이 출국 후 한 달 이상 입국하지 않는다면 출국한 날로부터 유학생 국민건강보험 혜택 대상에서 제외된다.
    ② 유학생의 국민건강보험 가입은 유학생이 직접 신고해야만 이루어지며, 보험료 고지서는 외국인등록증에 등록된 체류지로 발송된다.
    ③ 초중고생 자격으로 입국한 국내 신규 입국자의 유학생 국민건강보험 가입은 국내 입국일로부터 6개월 후 당연 가입된다.
    ④ 체류자격이 유학인 국내 체류 신입생 중 외국인 등록을 완료한 경우에 한해 D-2 체류자격을 부여받은 날 유학생 국민건강보험에 당연 가입된다.

11. 국민건강보험공단에서 근무하는 귀하는 국내에 D-2 자격으로 체류 중인 외국인으로부터 건강보험료 체납에 대한 문의를 받았다. 위 안내문을 토대로 답변할 때, 귀하가 안내한 사항 중 가장 적절하지 않은 것은?

    ① 체납된 건강보험료가 50만 원 이상일 경우에는 비자 연장 신청 시 체류 기한에 불이익이 있을 수 있습니다.
    ② 공지한 납부 기한 내 보험료를 납부하지 않아 보험료가 체납될 경우에는 부동산이나 자동차, 예금 등이 압류될 수 있습니다.
    ③ 당월 보험료를 익월 1일까지 완납하지 않을 경우 완납을 하더라도 병·의원 이용 시에 건강보험 혜택이 제한될 수 있습니다.
    ④ 건강보험 자격을 상실하지 않으려면 보험료는 늦어도 체납에 대한 납부 기한이 속하는 달의 말일까지는 납부해야만 합니다.

[12 - 13] 다음 글을 읽고 각 물음에 답하시오.

　　예방접종이란 전염성 질병에 걸리는 것을 막고자 미생물의 병원성을 죽이거나 약하게 하여 신체에 주사 또는 투입하는 것을 말한다. 예방접종 시 면역원으로 활용되는 접종액을 항원이라고 하는데, 단백질 물질의 한 종류인 항원은 우리 몸에 들어가면 생체 내에 항체를 형성함으로써 우리 몸이 바이러스나 질병에 대항할 수 있도록 만드는 역할을 한다. 다시 말해 질병에 걸리기 전 약간의 병원체를 미리 신체에 주입하여 항체를 만들면, 결과적으로 해당 질병에 대해 면역성을 가질 수 있어 질병의 발생을 막게 된다.
　　항원의 종류는 크게 세균성 항원과 바이러스성 항원 두 가지로 구분된다. 세균성 항원은 세균으로부터 유발된 물질로 만든 항원이다. 사멸된 전체 세균을 활용한 백일해 백신과 디프테리아, 파상풍의 예방을 위해 병원균의 독소를 없애 만든 톡소이드 등이 여기에 포함된다. 바이러스성 항원은 바이러스 감염에 의해 발생하는 항원을 통칭하는 말로, 생약독화한 소아마비 백신이나 사멸된 백신을 활용한 인플루엔자 백신이 대표적이다.
　　예방접종은 말 그대로 질병을 예방하고자 시행하는 것이므로 개인의 자율에 따라 접종 여부를 결정하는 것이 일반적이다. 하지만 우리나라의 경우 예방접종법에 의거하여 백일해, 디프테리아, 두창, 장티푸스, 콜레라, 파상풍, 결핵 7종의 질병에 대해 정기접종을 맞도록 지시한다. 7종의 질병들은 전염성이 매우 높아 타인에게 쉽게 옮길 수 있는 질병이나 일단 몸속에 항체가 한 번 생긴 뒤에는 일생 걸리지 않을 가능성이 커 접종했을 때의 효과가 더 크다.
　　예방접종을 할 때는 몇 가지 지켜야 하는 사항이 있는데, 우선 급성 질환이 있다든가 접종하기 전 발열 등의 증상이 나타날 때는 예방접종을 권고하지 않는다. 매우 드물게 쇼크나 호흡곤란과 같은 부작용도 생길 수 있기 때문에 예방접종 전 반드시 건강상의 문제는 없는지 점검하여야 한다. 또한 접종한 직후에는 주사 부위를 알코올 솜으로 잘 문질러서 청결하게 유지하고 물이 들어가지 않도록 주의해야 한다.
　　한편, 영유아 또는 청소년기에 예방접종을 완료한 경우 예방접종을 더 이상 하지 않아도 된다고 여기는 이들이 많다. 하지만 노화가 진행되며 면역력 감소로 이어질 수 있고, 최근에는 만성질환 환자가 증가하며 면역력이 떨어진 사람들도 많아 안심할 수 없다. 특히 시대에 따라 유행하는 감염성과 바이러스의 변이도 쉽게 이루어져 과거에 한 접종은 효과가 떨어졌을 수도 있다. 따라서 전염병을 예방할 수 있는 가장 효과적인 방법은 예방접종이라는 것을 잊지 말고 주기적으로 확인하며 시의적으로 필요한 예방접종을 진행해야 한다.

12. 윗글의 제목으로 가장 적절한 것은?

① 예방접종의 부작용과 해결 방안
② 예방접종의 효과 및 주의사항
③ 연령별 예방접종 종류 및 특징
④ 전염병에 대한 항체 형성 과정

13. 윗글을 통해 추론한 내용으로 가장 적절하지 않은 것은?

① 과거 콜레라에 감염된 뒤 항체를 갖고 있는 사람은 그 질병에 다시 걸리지 않을 가능성이 높다.
② 백일해 백신은 디프테리아, 파상풍 백신 등과 마찬가지로 세균성 항원에 해당한다.
③ 예방접종은 부작용이 발생할 수도 있으므로 예방접종 전 건강 상태를 미리 확인해야 한다.
④ 인플루엔자 백신을 투약한 적이 있을 경우 인플루엔자 바이러스에 대한 예방접종은 평생 불필요하다.

[14 – 15] 다음 보도자료를 읽고 각 물음에 답하시오.

보건복지부는 31일 청와대 영빈관에서 대통령 주재의 사회보장 전략회의를 열고 '중앙부처 사회보장제도 통합관리 방안'과 '사회서비스 고도화 추진 방향'을 발표했다. 이날 전략회의는 그간의 사회보장 정책 방향을 점검하고, 미래 지속 가능한 복지국가 비전을 달성하기 위한 정부의 복지철학과 기조를 사회보장 정책 전반에 확산하기 위해 마련됐다.

정부는 먼저 곳곳에 흩어져 있어 찾기 어려운 사회보장제도를 통합해 관리할 계획이다. 초등돌봄은 늘봄학교 시범사업을 단계적으로 확대하고, 다함께 돌봄·지역아동센터·청소년 방과 후 활동 지원 등 지역중심 초등돌봄 관리체계 간 연계 강화를 통해 관련 서비스를 패키지로 관리해 접근성과 보장성을 높일 방침이다. 또 고립·은둔 청소년·청년 및 가족돌봄청년에 대해서는 지원사업을 추가 검토할 방침이다. 국민 안내방식도 개선해 정부 민원 안내 콜센터(110)와 지자체 상담 전화(120), '복지로' 홈페이지만 기억하면 상담·안내가 가능하도록 연계를 강화할 계획이다.

또한, 정부는 국민 모두가 사회 서비스를 누릴 수 있도록 서비스의 양과 질을 확충한다. 이를 위해 취약계층 위주 사회서비스를 중산층으로 확대한다. 갑작스러운 질병, 부상이나 보호자의 부재로 인해 긴급하게 돌봄이 필요한 국민을 위해 추진하는 '국민 긴급돌봄 서비스'가 바로 그 일환이다. 즉각적인 돌봄이 필요하지만 기존의 돌봄서비스를 받지 못하는 경우 한시적으로 돌봄 지원을 하겠다는 것이다.

청년과 중장년을 대상으로 한 일상적인 돌봄 서비스 도입도 추진한다. 노인·아동·장애인 등을 중심으로 복지 서비스가 실시되면서 청년과 중장년층이 사각지대에 놓여 있다는 판단에서다. 가족돌봄청년과 돌봄이 필요한 중장년이 재가 돌봄, 가사 지원, 심리·정서 지원, 교류 증진 등의 서비스를 이용하는 제도를 올해 하반기부터 10개 시도에서 우선 실시한 뒤 단계적으로 확대한다.

아동·청소년, 초등학생, 노인 등에 대한 복지 서비스도 고도화를 추진한다. 가정양육 아동도 필요 시 시간 단위로 어린이집을 이용할 수 있는 시간제 보육서비스 이용아동을 대폭 확대하고, 36개월 이상 아동도 시간제 보육서비스를 이용할 수 있도록 시범 운영한다. 청년마음건강지원서비스는 이용 횟수와 지원대상을 확대하고 비대면 서비스 도입을 추진한다. 아동·청소년 심리지원 서비스에는 가격탄력제를 도입해 고품질 서비스 제공을 유도한다.

노인돌봄의 경우 예방-재가-시설 등 노인돌봄 전주기에서 구매력있는 '신노년층'의 눈높이를 충족할 수 있는 고품격 서비스 도입을 모색한다. 이런 사회서비스 고도화 정책의 핵심은 일정 소득 수준 이하를 주대상으로 하던 복지 서비스의 대상을 넓혀 소득이 높은 계층이 더 높은 자기부담을 지불하면서 이용할 수 있도록 서비스 수준을 끌어올리겠다는 것이다.

조○○ 보건복지부 장관은 "국민의 체감도를 높이면서 약자부터 촘촘하게 지원하고 사회서비스 고도화를 통해 지속가능한 복지국가를 만들어 나갈 것"이라고 밝혔다. 정부는 연말까지 범부처 협력과제로 구체화해 '제3차 사회보장기본계획(2024~2028)'을 수립할 예정이다.

※ 출처: 보건복지부(2023-05-31 보도자료)

14. 위 보도자료의 내용과 일치하는 것은?

① 청년마음건강지원서비스는 비대면 서비스가 도입되는 대신 기존 대비 이용 횟수가 줄어들 계획이다.
② 국민 긴급돌봄 서비스를 통해 사회서비스가 취약계층에서 중산층까지 확대될 예정이다.
③ 사회보장제도에 대한 국민안내방식은 복지로 홈페이지 하나로 일원화될 것이다.
④ 청년 및 중장년 대상의 돌봄 서비스가 하반기에 우선 시행될 예정인 시도는 총 5개이다.

15. 위 보도자료의 주제로 가장 적절한 것은?

① 정부의 복지정책 방향은 현재 사회보장제도의 문제점을 점검하고 취약점을 개선할 수 있는 시스템을 구축하여 통합 및 관리하고자 한다.
② 정부와 범부처 협력 과제로 구성된 제3차 사회보장기본계획에 따라 보건복지부에서 대통령 주재의 사회보장 전략회의를 개최하였다.
③ 사회보장 전략회의는 보건복지부의 현행 운영 제도를 점검하고 지속가능한 복지국가 실현을 위한 제도 마련을 위해 진행되었다.
④ 사회보장제도를 통합·관리하고, 전 국민이 사회보장서비스를 누릴 수 있도록 서비스의 양과 질을 확대하는 것을 골자로 한 복지정책 전략이 발표되었다.

[16 – 18] 다음 글을 읽고 각 물음에 답하시오.

(가) 메타버스(Metaverse)는 현실 세계를 뜻하는 Universe와 가상을 뜻하는 Meta의 합성어로, 현실과 가상이 융합된 초월적 세상을 의미한다. ⊙ 메타버스는 닐 스티븐슨의 소설 《스노우 크래쉬》에서 처음으로 사용되었는데, 여기서 메타버스는 아바타를 통해서만 입장 가능한 가상 세계로 정의되었다. 이후 2003년에 린든 랩에서 출시한 3차원 가상 현실 기반의 세컨드 라이프(Second Life)라는 게임이 큰 인기를 얻으면서 널리 알려진 메타버스는 5G 상용화에 따른 정보통신 기술의 발달과 코로나19 팬데믹에 따른 비대면 추세가 빠르게 이루어진다는 점을 고려할 때, 앞으로 현실과 가상의 경계를 무너트리는 차세대 서비스로 자리매김할 것으로 추측된다.

(나) 메타버스는 가상 세계 이용자들이 단순히 게임이나 가상 현실(VR)을 하나의 오락으로 즐기는 것에 그치지 않고 현실 세계와 동일한 사회·경제·문화 활동이 실현되는 공간이라는 점에서 VR보다 한 단계 더 진화한 개념으로 받아들여진다. 미국의 9~12세 어린이의 약 75%가 즐기는 것으로 알려진 게임 로블록스는 대표적인 메타버스 게임으로, 이용자들은 게임 내에서 본인의 아바타를 움직이고 개발 도구를 활용하며 게임을 즐긴다. ⓒ 코로나19의 장기화로 대면 접촉이 어려워지자 이용자들은 로블록스에서 생일파티를 열기도 한다. 이뿐만 아니라 이용자들이 제작하는 제품이 가상 통화를 매개로 판매되기 때문에 수익을 얻는 것도 가능하다.

(다) 메타버스를 현실과 비슷하게 구현하기 위해서는 VR, 클라우드, 그래픽 등 다양한 기술이 요구된다. 그런데 오늘날에는 5G를 비롯한 관련 기술 덕분에 현실과 유사한 가상 세계를 보다 저렴한 가격으로 제공할 수 있게 되었다. 또한, 코로나19가 장기화되면서 비대면 방식의 온라인 강의, 원격 회의 등 언택트 산업이 급성장하고 온라인 공간에 대한 대중들의 욕구가 다변화함에 따라 욕구를 충족시킬 수 있는 도구로 메타버스가 활용될 수 있을 것으로 여겨진다. ⓒ 그러나 언택트 산업의 성장 이면에는 코로나19 장기화로 일상에 큰 변화가 닥치면서 생긴 우울감이나 무기력증을 뜻하는 코로나 블루와 같은 신조어가 탄생하고 있다.

(라) 과거의 메타버스가 현실을 보완하는 두 번째 공간의 개념에 가까웠다면 근래의 메타버스는 현실을 대신할 수 있는 첫 번째 공간의 개념에 가깝다. 국제적으로 인기를 구가하고 있는 국내 아이돌 그룹이 메타버스 게임 안에서 전 세계 최초로 뮤직비디오를 공개하고 라이브 콘서트를 열기도 하였으며, 미국에서는 대선 후보가 메타버스 게임을 통해 선거 운동을 하기도 하였다. ⓔ 게다가 메타버스가 블록체인 기술과 결합하여 부동산 가상 현실 서비스를 제공하기도 하는데, 가상의 부동산은 가상 화폐로 거래되며 토지 소유권은 블록체인에 기록된다. 스마트폰이 일상의 필수품이 된 것과 마찬가지로 미래에는 메타버스가 현실과 다름없는 수준의 서비스로 자리 잡게 될 것으로 예측되고 있다.

16. 윗글을 읽고 각 문단의 내용을 요약한 것으로 옳지 않은 것은?

① (가): 메타버스의 등장 과정과 현 위상
② (나): 메타버스와 VR의 기술적 공통점과 차이점
③ (다): 다양한 기술과 접목해 활용되는 메타버스
④ (라): 현실 세계를 대체할 공간으로서의 메타버스

17. 윗글의 내용과 일치하지 않는 것은?

① VR과 달리 메타버스를 통해서는 현실에서 할 수 있는 사회, 경제, 문화 활동들을 실현할 수 있다.
② 과거의 메타버스는 현실을 대체하는 개념이었으나 최근의 메타버스는 현실을 보완하는 개념에 가깝다.
③ 5G를 포함한 관련 기술이 빠르게 발전함에 따라 메타버스를 한층 낮은 비용으로 제공할 수 있게 되었다.
④ 로블록스 게임은 단순한 오락을 넘어서 이용자들이 경제적인 이득을 취할 수 있는 수단이 될 수 있다.

18. 윗글의 논리적 흐름을 고려할 때, ㉠~㉣ 중 삭제되어야 하는 문장은?

① ㉠   ② ㉡   ③ ㉢   ④ ㉣

[19 – 20] 다음 글을 읽고 각 물음에 답하시오.

진료비 지불제도란 건강보험 가입자나 피부양자를 대상으로 진료 등을 비롯한 각종 의료 서비스를 제공한 의료 공급자에게 대가를 지급하는 보상 방식으로, 행위별수가제, 포괄수가제, 인두제 등이 대표적이다. 행위별수가제는 진찰료, 약값 등을 따로 산정하고 의료 공급자가 제공한 항목별 진료 행위에 가격을 책정해 진료비를 지급하는 방식이다. 위중하거나 진료 시간이 오래 걸리는 질병, 특수 기술이 필요하거나 진료 재료가 많이 소요되는 질병 등에 대해 의료 공급자에게 많은 진료비를 지급하므로 진료의 다양성과 의사의 전문성이 인정된다. 그러나 의사의 과잉 진료나 환자의 진료비 부담 등의 문제가 발생할 수 있다.

이를 보완하기 위해 등장한 제도가 포괄수가제이다. 입원부터 퇴원까지 진행한 검사, 수술 등의 의료 서비스의 종류나 횟수와는 무관하게 미리 정해진 진료비 일정액을 의료기관에 지급하는 제도로, 백내장, 편도, 자궁 수술, 탈장, 맹장, 치질, 제왕절개 분만 총 7개의 질환에 한정되어 있다. 예를 들어 맹장 수술을 한 사람에게 행위별수가제를 적용하면 병원에 방문할 때마다 진료비가 청구되지만, 포괄수가제를 적용하면 일괄적으로 적용된 진료비만 지불하면 된다. 진료비 부담이 감소하고 청구 방법이 간소화될 수 있지만, 의료기관에서 서비스 제공을 최소화하거나 허위 청구 또는 부당 청구가 발생할 가능성이 있다는 단점이 있다.

행위별수가제와 포괄수가제의 장점을 결합한 지불제도인 신포괄수가제는 환자의 질병군에 따라 진료에 필요한 기본적인 의료 서비스에는 사전에 정해진 포괄수가제를 적용하되, 수술, 시술 등 고가의 의료 서비스에는 행위별수가제를 적용하는 제도이다. 의료비에 대한 환자의 경제적 부담을 줄이고 의료 기기 사용의 촉진을 위해 개정된 제도이다. 기존의 포괄수가제와 달리 603개의 질병군에 모두 적용되어 폭넓게 지원될 수 있으나, 기존에 비포괄 항목에 해당하던 치료 재료가 대거 포괄 항목으로 분류되며 의료 기기 기업들의 거센 반발이 일어나 이에 대한 대책이 필요하다는 지적이 나오고 있다.

마지막으로 인두제는 의료의 종류나 질과 무관하게 의사가 자신의 환자가 될 가능성이 있는 특정 지역의 주민 수에 일정 금액을 곱하여 이에 상응하는 보수를 지급받는 제도이다. 비교적 단순한 1차 의료 서비스에 적용되는 제도로, 진료비 지불관리 운영 등의 행정 업무를 간편하게 진행할 수 있고 지출 비용의 사전 예측이 가능하다는 이점이 있다. 또한, 의사는 자신이 맡은 주민에게 집중적으로 예방 의료를 제공하거나 공중 보건에 기여할 수 있다. 그럼에도 불구하고 고급 의료 및 최첨단 진료에 대한 경제적 유인책이 없어 신의료 기술이 적용되기까지 오랜 시간이 걸릴 수 있고, 과소 진료가 이루어질 수 있다는 한계가 존재한다.

19. 윗글의 제목으로 가장 적절한 것은?

① 국내 진료비 지불제도 통합의 필요성
② 의료 서비스 보상 방식별 특징과 장단점
③ 진료비 청구를 간소화하는 진료비 지불제도
④ 질환에 따라 구분되는 진료비 지불제도의 유형

20. 윗글의 내용과 일치하는 것은?

① 의사에게 본인이 담당하는 질환 수에 일정 금액을 곱하여 대가를 지급하는 방식은 인두제이다.
② 의사 입장에서는 고위험 질환 치료 시 포괄수가제를 도입하는 것이 높은 비용을 받을 수 있어 유리하다.
③ 백내장 수술을 받아야 하는 환자에게 행위별수가제를 적용하면 환자의 진료비 부담을 줄일 수 있다.
④ 신포괄수가제는 포괄수가제와 달리 기본 진료 항목과 고비용 진료 항목을 구분하여 의료 공급자에게 비용을 지불한다는 특징이 있다.

[21 – 22] 다음은 시도별 어린이집 미설치 지역 수를 나타낸 자료이다. 각 물음에 답하시오.

[시도별 어린이집 미설치 지역 수]

(단위: 개소)

구분	2018년	2019년	2020년
전국	491	516	542
서울	2	3	3
부산	5	5	5
대구	1	2	2
인천	8	8	9
광주	4	5	6
대전	1	1	1
울산	2	2	2
세종	1	1	1
경기	12	13	14
강원	27	29	28
충북	36	36	39
충남	39	44	51
전북	70	71	76
전남	86	92	95
경북	99	103	104
경남	96	99	104
제주	2	2	2

※ 출처: KOSIS(보건복지부, 어린이집및이용자통계)

21. 다음 중 자료에 대한 설명으로 옳지 않은 것을 모두 고르면?

ㄱ. 2019년 이후 전남의 어린이집 미설치 지역 수의 전년 대비 증가율은 매년 3% 이상이다.
ㄴ. 2020년 어린이집 미설치 지역 수의 전년 대비 증가량은 충남이 경남보다 3개소 더 많다.
ㄷ. 2018년부터 2020년까지 경북의 어린이집 미설치 지역 수의 평균은 102개소이다.
ㄹ. 2019년 이후 전국 어린이집 미설치 지역 수에서 강원이 차지하는 비중은 매년 5% 미만이다.

① ㄴ   ② ㄱ, ㄷ   ③ ㄴ, ㄹ   ④ ㄷ, ㄹ

22. 2019년과 2020년 전국 어린이집 미설치 지역 수에서 경북과 경남의 합이 차지하는 비중의 차이는 약 얼마인가?

① 0.1%p   ② 0.7%p   ③ 1.1%p   ④ 1.7%p

[23 – 25] 다음은 지역별 요양급여 실적에 대한 자료이다. 각 물음에 답하시오.

[지역별 요양급여 실적]

(단위: 십억 원)

구분	2019년		2020년		2021년	
	총진료비	총급여비	총진료비	총급여비	총진료비	총급여비
서울	15,160	11,365	15,317	11,481	16,918	12,624
부산	6,358	4,798	6,405	4,822	6,958	5,225
대구	3,904	2,941	3,916	2,945	4,356	3,264
인천	4,684	3,525	4,715	3,550	5,235	3,925
광주	2,496	1,870	2,502	1,869	2,707	2,019
대전	2,319	1,748	2,316	1,745	2,520	1,892
울산	1,809	1,370	1,804	1,362	1,968	1,476
세종	490	371	506	381	576	432
경기	20,023	15,061	20,386	15,328	22,988	17,199
강원	2,595	1,964	2,623	1,987	2,869	2,160
충북	2,751	2,080	2,735	2,066	2,978	2,245
충남	3,850	2,910	3,820	2,886	4,163	3,134
전북	3,612	2,739	3,649	2,764	3,868	2,920
전남	4,046	3,070	4,065	3,079	4,342	3,279
경북	4,953	3,742	4,872	3,680	5,331	4,016
경남	5,999	4,528	6,014	4,534	6,515	4,880
제주	1,062	807	1,070	813	1,145	867
전국	86,111	64,889	86,715	65,292	95,437	71,557

※ 출처: KOSIS(국민건강보험공단, 건강보험통계)

23. 다음 중 자료에 대한 설명으로 옳지 않은 것은?

① 제시된 기간 동안 세종의 총진료비 대비 총급여비의 비율이 가장 큰 해는 2019년이다.
② 강원 총진료비의 전년 대비 증가율은 2020년이 2021보다 크다.
③ 2021년 전국의 총급여비에서 경남의 총급여비가 차지하는 비중은 10% 미만이다.
④ 울산의 총진료비와 총급여비의 차이는 2019년이 2020년보다 30억 원 더 적다.

24. 제시된 지역 중 2021년 총급여비가 두 번째로 적은 지역의 2021년 총진료비의 2년 전 대비 증가율은 약 얼마인가? (단, 소수점 둘째 자리에서 반올림하여 계산한다.)

① 7.8%　　　　② 8.4%　　　　③ 8.5%　　　　④ 9.5%

25. 다음 중 제시된 자료를 바탕으로 만든 그래프로 옳은 것은?

① [연도별 서울과 경기 총급여비의 합]

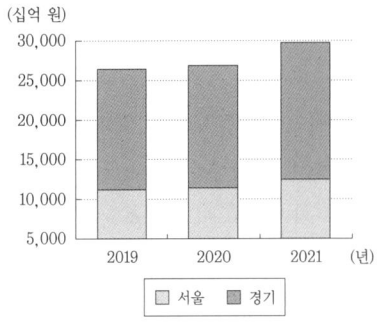

② [연도별 충북의 요양급여 실적]

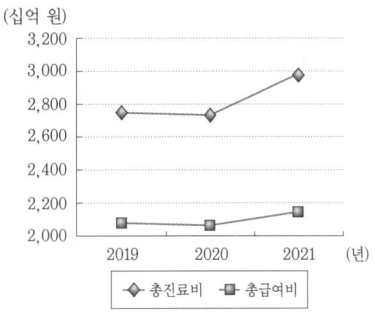

③ [연도별 경기와 인천의 총진료비 차이]

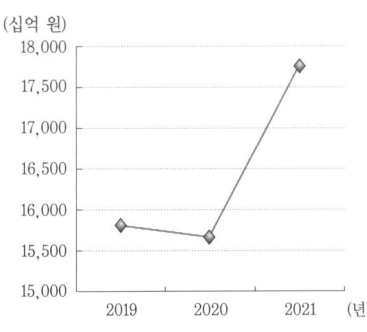

④ [연도별 강원과 제주의 평균 총급여비]

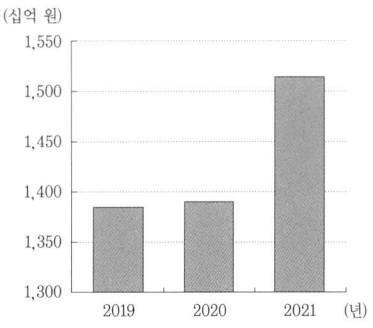

[26 – 28] 다음은 Z 국가의 업종별 바이오산업 수입액에 대한 자료이다. 각 물음에 답하시오.

[업종별 바이오산업 수입액]

(단위: 백만 원)

구분	2018년	2019년	2020년	2021년	2022년
바이오 의약	146,008	154,763	162,097	188,430	201,284
바이오 화학·에너지	77,659	78,031	78,012	80,079	101,447
바이오 식품	45,008	48,127	50,026	64,243	77,611
바이오 환경	201	194	194	200	186
바이오 의료기기	30,128	41,316	54,119	49,034	52,406
바이오 장비 및 기기	50,547	62,424	88,178	100,243	104,885
바이오 자원	6,457	7,712	7,919	8,306	9,301
바이오 서비스	9,444	4,378	3,484	3,598	4,377
전체	365,452	396,945	444,029	494,133	551,497

※ 연도별 수입액의 증감 추이는 전년 대비 증가한 경우 +1, 감소한 경우 −1로 나타내며, 전년과 동일한 경우 0으로 나타낸다.

26. 다음 중 자료에 대한 설명으로 옳은 것은?

① 2019년 이후 바이오 화학·에너지 업종의 수입액은 전년 대비 매년 증가하였다.
② 2022년 전체 업종의 바이오산업 수입액에서 바이오 장비 및 기기 업종이 차지하는 비중은 20% 이상이다.
③ 2020년 바이오 의료기기 업종의 수입액 대비 바이오 자원 업종 수입액의 비율은 0.1 이상이다.
④ 2022년 업종별 바이오산업 수입액의 전년 대비 증가량은 바이오 식품 업종이 바이오 서비스 업종의 15배 미만이다.

27. 2018~2022년 바이오 의약 업종의 평균 수입액은 2018~2022년 바이오 환경 업종 총수입액의 약 몇 배인가? (단, 소수점 첫째 자리에서 반올림하여 계산한다.)

① 162배　　② 170배　　③ 175배　　④ 179배

28. 다음 중 제시된 자료를 바탕으로 만든 그래프로 옳지 않은 것은?

① [바이오 환경 업종 수입액의 전년 대비 증감량]

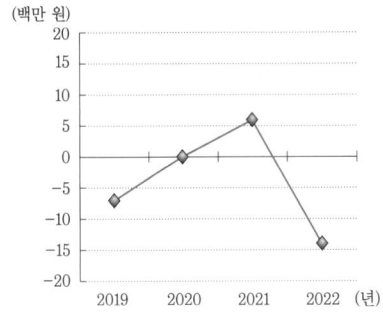

② [연도별 바이오 화학·에너지 업종의 수입액 대비 바이오 식품 업종의 수입액 비율]

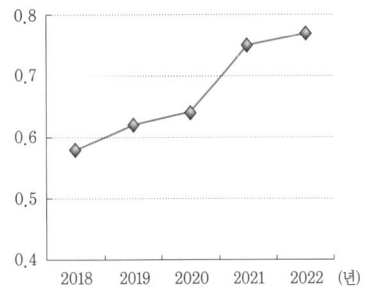

③ [연도별 바이오 자원 및 바이오 서비스 업종의 수입액]

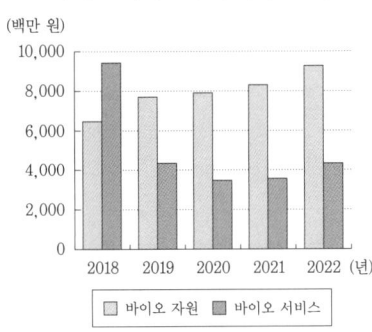

④ [2019~2022년 바이오 장비 및 기기 업종 수입액의 전년 대비 증가량]

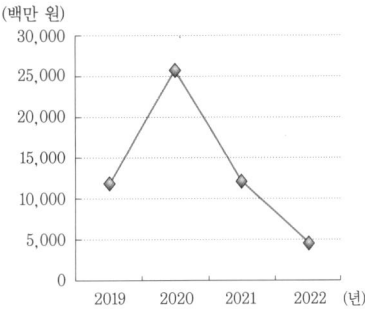

[29 – 31] 다음은 2021년 지역별 응급실 운영기관 수에 대한 자료이다. 각 물음에 답하시오.

[지역별 응급실 운영기관 수]

(단위: 개)

구분	합계	권역응급의료센터	지역응급의료센터	지역응급의료기관	기타
전국	516	38	128	238	112
서울	67	5	26	19	17
부산	35	1	8	19	7
대구	19	2	4	10	3
인천	22	2	8	9	3
광주	25	2	4	14	5
대전	11	2	3	5	1
울산	13	1	1	5	6
세종	2	0	1	1	0
경기	91	7	30	30	24
강원	26	3	4	15	4
충북	21	1	5	9	6
충남	20	1	7	9	3
전북	21	2	8	10	1
전남	49	2	3	32	12
경북	38	3	6	22	7
경남	50	3	6	28	13
제주	6	1	4	1	0

※ 출처: KOSIS(국립중앙의료원, 응급의료현황통계)

29. 다음 중 자료에 대한 설명으로 옳지 않은 것은?

① 전국의 권역응급의료센터 1개당 지역응급의료기관 수는 6개 이상이다.
② 광주의 지역응급의료기관 수는 경북의 전체 응급실 운영기관 수의 40% 이상이다.
③ 전국의 지역응급의료센터 수에서 경기의 지역응급의료센터 수가 차지하는 비중은 20% 이상이다.
④ 서울과 제주의 평균 지역응급의료센터 수는 부산과 충북의 평균 지역응급의료기관 수보다 많다.

30. 전국의 권역응급의료센터 수에서 경기의 권역응급의료센터 수가 차지하는 비중과 전국의 지역응급의료센터 수에서 전북의 지역응급의료센터 수가 차지하는 비중의 차이는? (단, 응급실 운영기관이 차지하는 비중은 소수점 둘째 자리에서 반올림하여 구한다.)

① 9.8%p   ② 10.2%p   ③ 12.1%p   ④ 14.4%p

31. 경남의 전체 응급실 운영기관 수 대비 강원의 전체 응급실 운영기관 수 비율은 충남의 전체 응급실 운영기관 수 대비 세종의 전체 응급실 운영기관 수 비율의 몇 배인가?

① 4.8배   ② 5.0배   ③ 5.2배   ④ 5.5배

[32 – 33] 다음은 여행업 업종 및 매출액 규모별 존속기간에 따른 여행업 사업체 수를 나타낸 자료이다. 각 물음에 답하시오.

[여행업 업종 및 매출액 규모별 여행업 사업체 수]

(단위: 개)

구분		2017년				2018년			
		전체	5년 미만	5~10년 미만	10년 이상	전체	5년 미만	5~10년 미만	10년 이상
업종	일반	5,648	2,307	1,106	2,235	5,738	2,136	1,350	2,252
	국외	5,707	1,963	1,562	2,182	5,543	1,728	1,219	2,596
	국내	2,814	1,399	666	749	2,641	1,097	658	886
	국내외	5,777	2,018	1,325	2,434	5,116	1,750	1,219	2,147
매출액 규모	5천만 원 미만	4,863	2,737	1,158	968	4,676	2,204	907	1,565
	5천만 원 이상 1억 원 미만	2,437	1,106	715	616	2,932	1,160	630	1,142
	1억 원 이상 3억 원 미만	5,641	1,883	1,057	2,701	4,747	1,611	1,082	2,054
	3억 원 이상 10억 원 미만	4,663	1,309	1,148	2,206	4,102	1,311	1,004	1,787
	10억 원 이상	2,342	652	581	1,109	2,581	425	823	1,333

※ 출처: KOSIS(문화체육관광부, 관광사업체조사)

32. 다음 중 자료에 대한 설명으로 옳은 것은?

① 2017년 매출액 규모가 1억 원 이상 3억 원 미만인 전체 여행업 사업체 수에서 존속기간이 5년 미만인 여행업 사업체 수가 차지하는 비중은 30% 이하이다.

② 2017년 매출액 규모가 5천만 원 미만인 전체 여행업 사업체 수는 매출액 규모가 10억 원 이상인 전체 여행업 사업체 수의 2배 이하이다.

③ 2018년 매출액 규모가 5천만 원 미만이면서 존속기간이 10년 이상인 여행업의 사업체 수는 전년 대비 60% 이상 증가하였다.

④ 2018년 존속기간이 5년 미만인 일반 여행업의 사업체 수는 전년 대비 161개 감소하였다.

33. 2018년에 존속기간이 5년 이상이면서 매출액이 3억 원 이상인 여행업 사업체의 총 개수가 2017년에 존속기간이 5년 이상이면서 매출액이 3억 원 이상인 여행업 사업체의 총 개수 대비 감소한 양은?

① 97개 ② 144개 ③ 195개 ④ 563개

[34-36] 다음은 보훈대상자의 공적연금 가입 형태에 대한 자료이다. 각 물음에 답하시오.

[연령대별 공적연금 가입 형태] (단위: %)

구분	비해당	연금수급	연금가입	미가입	기타
40대 이하	4.6	6.2	71.2	14.8	3.2
50대	6.4	25.5	50.5	13.5	4.1
60대	24.8	61.8	7.2	5.9	0.3
70대	35.7	60.2	0.2	3.8	0.1
80대 이상	75.0	18.3	0.0	6.7	0.0

[대상별 공적연금 가입 형태] (단위: %)

구분	비해당	연금수급	연금가입	미가입	기타
A	56.8	28.7	7.2	7.0	0.3
국가유공자(본인)	15.3	36.0	38.5	9.2	1.0
국가유공자(유족)	49.3	29.7	11.9	8.7	0.4
B	23.5	18.1	42.5	15.2	0.7
C	47.6	46.9	0.4	5.0	0.1
고엽제후유증 환자	33.0	57.4	2.7	6.9	0.0
특수임무유공자	23.1	18.8	43.6	14.1	0.4
D	3.7	54.2	32.2	5.7	4.2
보훈보상대상자	22.0	12.1	44.8	19.1	2.0

※ 출처: KOSIS(국가보훈처, 국가보훈대상자생활실태조사)

34. 다음 중 자료에 대한 설명으로 옳지 않은 것을 모두 고르면?

   ㉠ 제시된 연령대에서 '비해당'의 연령대별 비율은 연령대가 낮아질수록 비율이 낮아진다.
   ㉡ 국가유공자(본인)의 가입 형태 중 비중이 가장 높은 가입 형태와 비중이 세 번째로 높은 가입 형태의 비중 차이는 23.2%p이다.
   ㉢ 고엽제후유증 환자의 전체 응답자가 2,000명이라면 고엽제후유증 환자의 전체 응답자 중 '연금수급'으로 응답한 사람은 '비해당'으로 응답한 사람보다 458명 더 많다.
   ㉣ 비중이 높은 순서에 따른 가입 형태별 순위는 60대와 70대가 동일하다.

① ㉢   ② ㉠, ㉣   ③ ㉡, ㉢   ④ ㉢, ㉣

35. 다음 조건을 모두 고려하였을 때, 제시된 자료의 A~D를 바르게 연결한 것은?

㉠ A, B, C, D는 각각 독립유공자, 참전유공자, 5·18민주유공자, 제대군인 중 하나에 해당한다.
㉡ '연금가입'의 비율은 5·18민주유공자가 국가유공자(유족)의 3배 이상이다.
㉢ '비해당'의 비율은 참전유공자가 제대군인보다 높고 '기타'의 비율은 참전유공자가 제대군인보다 낮다.
㉣ 독립유공자의 '연금수급' 비중과 '미가입' 비중의 합은 40% 이하이다.

	A	B	C	D
①	독립유공자	제대군인	참전유공자	5·18민주유공자
②	참전유공자	제대군인	5·18민주유공자	독립유공자
③	독립유공자	5·18민주유공자	참전유공자	제대군인
④	제대군인	참전유공자	독립유공자	5·18민주유공자

36. 다음 중 제시된 자료를 바탕으로 만든 그래프로 옳은 것은?

① [40대 이하 가입 형태별 비중]

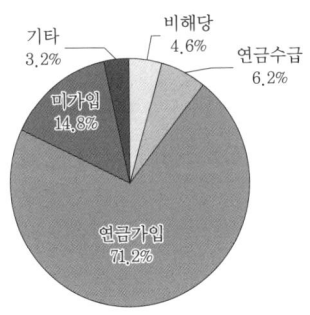

② [연령대별 '연금수급' 비율]

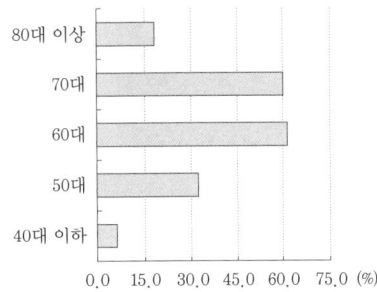

③ [연령대별 '미가입' 비율]

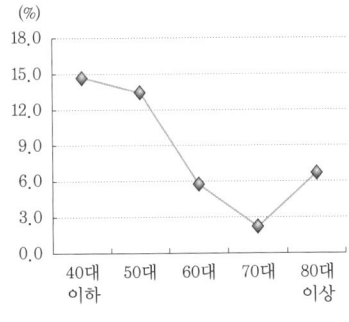

④ [특수임무유공자 가입 형태별 비중]

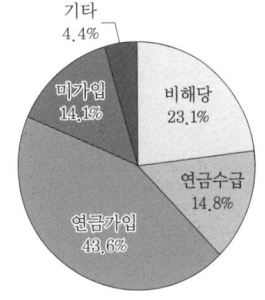

[37-38] 다음은 연도별 암 발생자 수 및 암 사망자 수에 대한 자료이다. 각 물음에 답하시오.

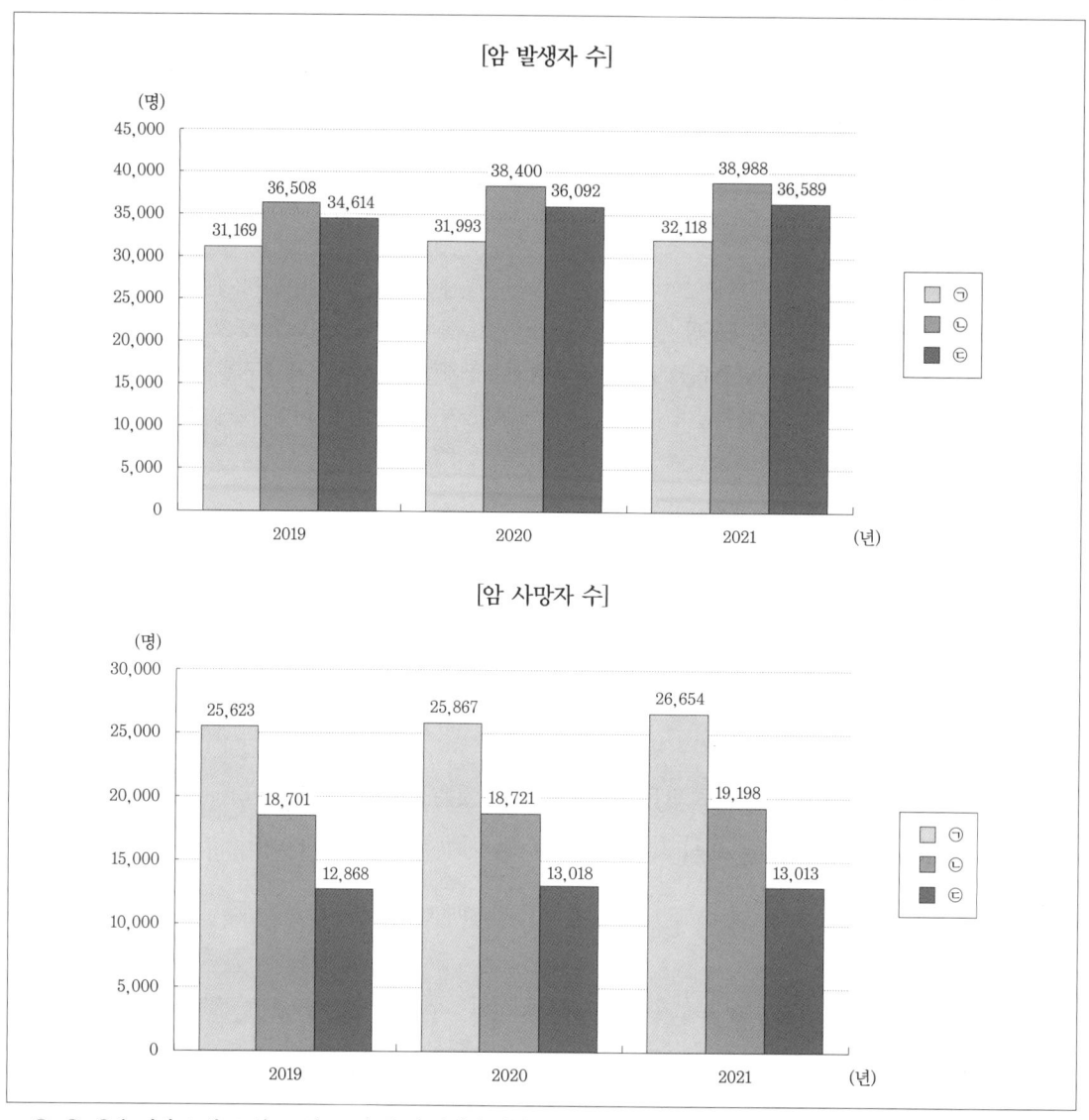

※ ㉠, ㉡, ㉢은 각각 A 암, B 암, C 암, D 암 중 한 가지에 해당함

37. 다음 중 자료에 대한 설명으로 옳지 않은 것은?

① 2021년 암 발생자 수의 전년 대비 증가량이 가장 적은 항목은 ㉠이다.
② 2020년과 2021년 암 사망자 수는 ㉠, ㉡, ㉢ 모두 전년 대비 증가하였다.
③ 2020년 ㉠ 발생자 수는 전년 대비 824명 증가하였다.
④ 2021년 ㉢ 발생자 수는 같은 해 ㉢ 사망자 수의 2.5배 이상이다.

38. 다음 조건을 모두 고려하였을 때, 제시된 자료의 ㉠~㉢을 바르게 연결한 것은?

> a. B 암과 C 암의 사망자 수는 매년 15,000명을 넘지 않는다.
> b. C 암은 다른 해에 비해 2019년 암 발생자 수가 가장 많다.
> c. 2019년부터 2021년까지 발생자 수 대비 사망자 수 비율은 D 암이 A 암보다 높다.

	㉠	㉡	㉢
①	A 암	D 암	B 암
②	A 암	B 암	C 암
③	D 암	A 암	C 암
④	D 암	A 암	B 암

[39-40] 다음은 연도별 정신건강 상담자 수에 대한 자료이다. 각 물음에 답하시오.

[연도별 정신건강 상담자 수]

구분	2019년	2020년	2021년
A 병원	410명	422명	456명
B 병원	22명	39명	34명
C 병원	62명	69명	61명
D 병원	22명	17명	20명
E 병원	11명	10명	10명
F 병원	15명	20명	13명
G 병원	12명	10명	10명
H 병원	22명	14명	15명

39. 다음 중 자료에 대한 설명으로 옳은 것은?

　① 제시된 모든 병원의 2019년 총상담자 수는 600명 이상이다.

　② 2021년에 E 병원 상담자 수와 상담자 수가 같은 병원은 2곳이다.

　③ 제시된 기간 동안 C 병원 상담자 수의 평균은 65명이다.

　④ 제시된 병원 중 2019년 대비 2021년 상담사 수의 증가율이 가장 높은 병원은 B 병원이다.

40. A ~ H 병원 중 2020년에 상담자 수가 세 번째로 많은 병원의 상담자 수의 전년 대비 증가율은? (단, 소수점 둘째 자리에서 반올림하여 계산한다.)

　① 68.2%　　　② 71.4%　　　③ 77.3%　　　④ 79.7%

[41 – 43] 다음 보도자료를 읽고 각 물음에 답하시오.

식품의약품안전처(이하 식약처)는 코로나19 진단 검사 관련 품목의 지속적인 성장세에 힘입어 작년에 처음으로 흑자를 달성한 의료기기 무역수지가 올해 전년도 대비 약 44% 상승한 3조 7,489억 원으로 2년 연속 흑자를 달성했다고 발표했다. 올해 의료기기 생산 실적은 12조 8,831억 원으로 작년 대비 27.1% 증가했고, 수출 실적은 9조 8,746억 원, 수입 실적은 6조 1,257억 원으로 각각 작년 대비 30%, 20.8% 상승했다. 올해 국내 의료기기 시장 규모는 9조 1,341억 원으로 작년 대비 21.3% 증가했으며, 지난 5년 동안 시장 규모는 연평균 10.2%의 성장세를 이어가고 있다. 올해 의료기기 제조·수입업체 종사자 수는 총 13만 6,074명으로 작년 대비 8,049명 증가했으며, 지난 5년간 연평균 증가율이 11.4%를 기록하며 국내 고용시장에서 역할이 늘어나고 있다. 특히 올해 생산 금액 기준 100억 원 이상인 제조업체 172개소의 인력이 5,582명 늘어 크게 증가했다. 이러한 올해 의료기기 생산·수입·수출 실적의 주요 특징은 총 3가지가 있다.

첫째, 체외 진단 의료기기의 지속적인 생산·수출 성장이다. 전체 의료기기 생산 실적 중 올해 체외 진단 의료기기 생산 실적이 33.8%로 작년 대비 29.7% 증가한 약 4조 3,501억 원을 기록하며 의료기기 무역수지 성장을 견인했다. 수출 실적도 작년 대비 26.4% 증가한 약 5조 3,290억 원으로 전체 의료기기 수출 실적 중 53.9%를 차지했다. 코로나19 진단 검사에 사용되는 품목인 고위험성 감염체 면역 검사 시약 수출액은 3조 338억 원으로 전체 의료기기 중 1위였으며, 뒤이어 고위험성 감염체 유전자 검사 시약 수출액은 1조 478억 원으로 2위를 차지했다. 체외 진단 의료기기 주요 수출국은 독일, 베트남, 싱가포르, 이탈리아, 네덜란드 순으로 독일은 작년에 이어 수출 1위 국가를 차지했으며, 수출액은 작년 대비 2배 이상 증가했다.

둘째, 코로나19 사전검사 자가진단 분야의 급성장이다. 코로나19 자가검사 키트는 지난해 국내 첫 허가 이후 올해 전체 의료기기 생산 순위 7위, 수출 순위 4위를 차지하며 진단 시약 분야 성장을 견인했다. 아울러 감염병 검사 시 구강·비강 등에서 체액·분비물 등 검체를 채취에 사용하는 도구의 수요가 크게 늘어 수입액이 전년 대비 176% 증가해 전체 의료기기 수입액의 7.6%를 차지하며 1위에 등극했다.

셋째, 개인 건강 관련 제품의 성장세이다. 개인용 온열기의 생산 실적이 작년 대비 96.4% 증가해 코로나19 유행으로 개인 시간이 늘고 건강관리에 관심이 증대함에 따라 수요가 증가한 것으로 보인다. 치과용 임플란트의 생산 실적은 작년 대비 45.7% 증가했다. 꾸준하게 생산 실적 상위를 차지하고 있으며, 지난 3년간 연평균 성장률도 21.1%로 높은 성장세를 보이고 있다. 임플란트 시술에 대한 건강보험 확대로 치과용 임플란트 시장은 지속적으로 성장하고 있는 것으로 분석되었다. 또한 다초점 인공수정체는 올해 수입 실적이 112.9% 상승한 것으로 나타났으며, 이는 고령 인구가 늘어나면서 백내장 수술환자 수와 요양 급여비용이 지속적으로 증가한 영향으로 보인다.

식약처는 의료기기 생산·수입·수출 실적자료가 의료기기 산업 분야에서 제품 분석·연구 분야 등에 기초자료로 널리 활용될 것으로 기대한다. 앞으로도 의료기기 산업계와 지속적으로 소통·협력해 의료기기법과 체외 진단 의료기기법 등 관련 법령과 규제를 합리적으로 개선·보완하며, 아울러 규제과학 전문성을 바탕으로 신기술·신개념 혁신 의료기기 등의 개발부터 허가까지 전 단계에 걸쳐 전략적으로 제품화를 지원하는 등 의료기기 산업 발전을 위해 노력하겠다고 전했다.

※ 출처: 식품의약품안전처(2022-05-03 보도자료)

41. 위 보도자료를 토대로 판단한 내용으로 옳지 않은 것은?

① 전체 인구 중 노인 인구 비율의 증가가 다초점 인공수정체 수입 실적의 증가 요인으로 여겨지고 있다.
② 전체 의료기기 중 올해 수출액 1위를 달성한 품목은 고위험성 감염체 유전자 검사 시약이다.
③ 올해 의료기기 수입 실적의 증가율과 수출 실적의 증가율은 각각 20% 이상이다.
④ 올해 수출 순위 4위와 생산 순위 7위를 달성한 의료기기는 모두 코로나19 자가검사 키트이다.

42. 다음 중 위 보도자료를 잘못 이해한 사람은?

> 가영: 체외 진단 의료기기 수출액이 작년 대비 2배 이상 증가한 독일은 2년 연속 수출국 1위를 차지했어.
> 민우: 식품의약품처는 앞으로 신개념 혁신 의료기기의 개발 단계에서부터 제품화 지원을 할 예정이야.
> 소라: 건강보험에 임플란트 시술이 포함되면서 치과용 임플란트 시장이 꾸준한 성장세를 보이고 있어.
> 현호: 올해 생산액이 100억 원이 넘는 제조업체에 고용된 사람은 작년보다 8,000명 이상 증가했네.

① 가영　　　　② 민우　　　　③ 소라　　　　④ 현호

43. 위 보도자료를 근거로 판단할 때, 작년 대비 올해 생산 실적의 증가율이 높은 순서대로 바르게 나열한 것은?

> ㉠ 치과용 임플란트　　　㉡ 체외 진단 의료기기　　　㉢ 개인용 온열기

① ㉠ - ㉡ - ㉢
② ㉠ - ㉢ - ㉡
③ ㉢ - ㉠ - ㉡
④ ㉢ - ㉡ - ㉠

[44-46] 다음 보도자료를 읽고 각 물음에 답하시오.

　장애인과 고령자들도 무인정보단말기(이하 키오스크)와 이동통신단말장치에 설치되는 응용소프트웨어(이하 모바일 앱)을 보다 쉽게 이용할 수 있도록 제도 개선이 이뤄진다. 보건복지부는 「장애인차별금지 및 권리구제 등에 관한 법률 시행령」 일부 개정령안이 국무회의에서 의결되었다고 밝혔다. 이번 개정은 키오스크나 모바일 앱 등의 제공자와 제공기관으로 하여금 장애인이 키오스크나 모바일앱에 비장애인과 동등하게 접근하고 이용하는 데 필요한 정당한 편의를 단계적으로 제공토록 하기 위한 것이다. 이번 장애인차별금지법 시행령 개정안의 주요 내용은 다음과 같다.
　키오스크는 무인발권기, 무인주문기, 무인결제기, 종합정보시스템 등 터치스크린 등의 전자적 방식으로 정보를 화면에 표시하여 제공하거나 서류발급, 주문 및 결제 등을 처리하는 기기를 말한다. 개정안이 적용되는 키오스크는 과학기술정보통신부(이하 과기부) 관련 고시에 따른 접근성 검증 기준을 준수한 제품으로, 장애 유형에 따른 불편 사항을 고려한 정당한 편의가 제공되도록 설치·운영되어야 한다. 휠체어 이용 장애인을 위해서 휠체어가 접근 가능하고 휠체어 발판이 들어갈 수 있는 공간 등을 확보하거나, 별도 공간 확보 없이도 키오스크 화면 내의 정보를 인식하고 물리적 조작이 가능할 수 있도록 보조 기기 또는 소프트웨어를 설치해야 한다. 시각장애인을 위해서 전면에 점자 블록이 설치되거나 음성 안내가 제공되어야 한다. 키오스크 사용 중 오류가 발생하거나 문의 사항이 있을 때를 대비해 장애 유형에 따른 의사소통 수단, 즉 수어, 문자, 음성 등을 통해 운영자 등과 의사소통할 수 있는 중계수단도 제공되어야 한다.
　다만, 바닥면적의 합계가 50 제곱미터 미만의 소규모 시설의 경우, 기기의 전면 교체 없이도 모바일 앱 등을 통해 키오스크를 원격 제어할 수 있는 보조적 수단을 두거나, 상시 지원 인력이 있어 장애인의 키오스크 이용을 돕기 위한 조치가 제공되는 경우에는 법률상 정당한 편의를 제공한 것으로 본다. 현재 사용자 휴대폰에 있는 와이파이 및 블루투스 기능을 활용해 개인이 보유한 휴대폰과 이용하고자 하는 키오스크를 연결한 후 음성 읽기 기능이 있는 모바일 앱을 통해 키오스크 화면의 문자를 음성으로 읽어낼 수 있는 기술이 상용화 단계에 있다. 또한, 키오스크 높낮이 조절 기능이 확보되지 않고서도 보조 인터 페이스와 소프트웨어만을 추가함으로써 장애인들이 이용하는 데 필요한 편의를 제공할 수 있고, 이 경우 비용은 단말기를 전면 교체하는 것보다 훨씬 비용을 절감할 수 있다.
　이번 시행령 개정안은 대상 기관의 준비기간 및 현장의 적용 가능성 등을 고려하여 대상 기관의 유형 및 규모 등에 따라 3단계로 구분하여, 공공기관부터 우선 시행하고 민간부문은 규모에 따라 순차적으로 시행한다. 단, 이 법의 시행일 전날까지 설치된 키오스크는 20X6년 1월 28일부터 관련 의무를 적용하고, 법률 시행일 이후부터 각 단계별 적용일 전날까지 이미 설치된 키오스크의 경우에도 20X6년 1월 28일부터 관련 의무를 적용한다.
　다음으로 모바일 앱은 스마트폰, 스마트패드, 스마트워치 등 모바일 기기에 탑재되는 응용 소프트웨어로, 키오스크와 마찬가지로 고시에 따른 접근성 준수 설계지침을 준수해야 한다. 모바일 앱에는 장애인이 구매 또는 설치 전 접근성 지침의 준수 여부, 설치 및 이용에 필요한 설명 정보, 문제 발생 시 수어, 문자, 음성 등을 통해 의사소통할 수 있는 서비스 등이 제공되어야 한다. 적용 시기는 키오스크와 마찬가지로 3단계로 구분하여, 공공기관부터 우선 시행하고 민간부문은 규모에 따라 순차적으로 시행한다. 단, 해당 업계의 준비기간 등을 고려하여, 개정 법률 적용일 전날까지 배포된 모바일 앱에 대해서는 적용일로부터 6개월 이내에 규정을 적용한다.
　보건복지부 염○○ 장애인정책국장은 "최근 빠른 속도로 키오스크 및 무인 점포가 확대되고 있는 만큼 이번 개정으로 장애인 뿐만 아니라 고령자 등 그동안 기기 사용에 어려움을 겪었던 많은 국민들의 일상생활 속 불편이 해소될 수 있기를 기대한다"며, "민간의 경영여건 및 비용부담을 고려하여 적용대상의 범위를 단계적으로 확대하고, 소규모 사업장에 대해서는 예외규정을 마련하는 등의 대안을 마련했다"라고 밝혔다. 아울러 "정부는 안정적 제도 시행 및 관련 법령 적용에 혼선이 없도록 과기부 등 관계부처와 공동으로 설명회 등을 추진할 예정이다"라며, "시행 후 정기적인 모니터링을 통해 제도 이행 상황을 점검하고 민간 부문에 대한 정책지원 방안도 지속 검토할 예정이다"라고 밝혔다.

[참고] 민간부문 대상 기관 유형 및 규모별 장애인차별금지법 시행령 개정안 적용일

키오스크	공공·교육·의료·금융기관, 이동·교통시설 등	20X4. 1. 28.
	문화·예술사업자, 복지시설, 상시 근로자 100인 이상 사업주	20X4. 7. 28.
	관광사업자, 상시 근로자 100인 미만 사업주	20X5. 1. 28.
모바일 앱	공공·교육·의료기관, 이동·교통시설 등	20X3. 7. 28.
	복지시설, 상시 근로자 100인 이상 사업주	20X4. 1. 28.
	문화·예술·관광사업자, 상시 근로자 100인 미만 사업주	20X4. 7. 28.

※ 개정안 시행일: 20X3. 1. 28.

※ 출처: 보건복지부(2023-03-28 보도자료)

44. 위 보도자료를 토대로 판단한 내용으로 옳지 않은 것은?

① 스마트패드에 설치된 모바일 앱에는 해당 응용 소프트웨어 사용할 경우 생기는 문제에 대해 문자와 수화 언어로 소통할 수 있는 서비스가 제공되어야 한다.

② 장애인차별금지법 시행령 개정안이 적용되는 무인정보단말기는 특정 기관에서 고시한 접근성 검증 기준을 충족한 제품이다.

③ 키오스크 화면에 보여지는 글자를 개인 휴대폰의 모바일 앱을 이용하여 음성으로 읽을 수 있는 기술은 현재 개발 단계에 있다.

④ 보조 인터페이스와 소프트웨어 기능을 추가한 키오스크는 별도의 높낮이 조절 기능이 없어도 장애인들이 이용하기 편리하다.

45. 위 보도자료를 근거로 판단할 때, 빈칸에 들어갈 내용으로 가장 적절한 것은? (단, 제시되지 않은 사항은 고려하지 않는다.)

> 수제 햄버거 가게에 키오스크를 두고 있는 가게 주인 김 씨는 이번에 새로 개정된 장애인차별금지법 시행령 개정안을 확인하였다. 김 씨는 자신의 가게가 총 두 개의 층으로 운영되고 있고 각 층 바닥 면적이 20m²인 자신의 가게는 총 바닥 면적이 (㉠)m²로, 소규모 시설 규정보다 (㉡)m²이 작으므로 키오스크를 이용하는 장애인 및 고령자를 도울 수 있는 직원이 상시 배치되어 있다면 법률상 정당한 편의를 제공한 것으로 보아 기기의 전면 교체가 이루어지지 않아도 된다는 점을 알게 되었다.

	㉠	㉡
①	20	10
②	20	30
③	40	10
④	40	30

46. 위 보도자료를 근거로 판단할 때, 민간 기관 A~D 중 기기별 설치 날짜에 따른 키오스크 및 모바일 앱에 개정된 규정안이 적용된 날짜가 올바른 기관은? (단, 개정안 적용일 이후 설치된 기기의 경우 설치된 당일부터 관련 의무를 적용한다.)

구분	기관 유형	키오스크		모바일 앱	
		설치 날짜	적용 날짜	설치 날짜	적용 날짜
A	복지시설	20X3. 1. 26.	20X4. 7. 28.	20X4. 1. 28.	20X4. 1. 28.
B	상시 근로자 80명을 사용하는 사업주	20X5. 1. 28.	20X5. 1. 28.	20X4. 5. 28.	20X5. 2. 28.
C	의료기관	20X3. 2. 26.	20X6. 1. 28.	20X3. 8. 28.	20X4. 2. 28.
D	문화 사업자	20X4. 7. 28.	20X4. 7. 28.	20X4. 6. 26.	20X4. 11. 26.

① A ② B ③ C ④ D

[47-49] 다음은 여가 친화인증 제도 안내문이다. 각 물음에 답하시오.

[여가 친화인증 제도 안내]

1. 여가 친화인증 제도란?
   - 근로자가 일과 여가생활을 조화롭게 병행할 수 있도록 모범적으로 지원·운영하는 기업 및 기관을 선정하여 인증하고 지원하는 제도

2. 신청 기간 및 방법
   1) 신청 기간: 20X3년 5월 2일 화요일~20X3년 6월 30일 금요일
   2) 신청 방법: 여가 친화지원 홈페이지에서 온라인 접수

3. 신청 시 구비 서류

구분	제출 서류	제출 방법
기본 정보	기업 및 기관 기본 정보	홈페이지에서 직접 입력함
	사업자 등록증	홈페이지에서 파일로 업로드함
	기업 및 기관 로고(AI 파일)	
운영체제 개요	여가 친화경영 방침	홈페이지에서 직접 입력함
	여가 친화경영 운영 조직	
	여가 친화경영 운영 프로세스	
운영 실적	여가 시간 확보를 위한 지원 실적	
	여가 비용 지원 실적	
	여가 프로그램 지원 실적	
	여가시설 지원 실적	
기업 실태	각 평가지표에 해당하는 증빙서류	홈페이지에서 파일로 업로드함

4. 인증 신청 및 인증 제외 대상
   1) 인증 신청 대상
      - 모범적으로 여가 친화경영을 하는 기업 및 기관
   2) 인증 제외 대상
      - 주 52시간 근무제를 위반한 기업 및 기관
         ※ 단, 육상운송업(노선여객 자동차운송업 제외), 수상운송업, 항공운송업, 기타 운송 관련 서비스업, 보건업은 제외됨
      - 3년 이내 근로기준법을 위반한 기업 및 기관(부당노동, 해고, 산업재해, 직장 내 괴롭힘 등)
      - 20X4년~20X5년까지 인증 유효기간이 남은 기업 및 기관
         ※ 인증 유효기간이 20X3년에 만료되는 기업 및 기관은 신청 가능함

5. 인증 기관 선정 절차

기업 및 기관 자체 평가	- 여가 친화인증 평가지표를 확인하여 기업 및 기관 자체 평가 - 기업 및 기관 자체 인증 제외 조건 해당 여부 자체 평가 ※ 두 가지 모두 완료한 기업 및 기관만이 다음 절차를 진행할 수 있음

▼

여가 친화인증 신청	- 여가 친화지원 홈페이지에서 온라인으로 신청 - 각 평가지표에 해당하는 구비 서류 제출 ※ 각 평가지표에 해당하는 자료 미비 시 보완 요청 할 수 있음 - 인증자격사실 확인 자가진단 및 동의

▼

설문 조사	- 인증신청 기업 및 기관 임직원을 대상으로 여가 친화지원 홈페이지 내 온라인 설문조사 실시 ※ 목표 조사 인원에 도달하지 않는 기업은 인증 제외 기업으로 봄

임직원 수	목표 조사 인원
1,000명 이상	임직원의 10% 이상
500명 이상 1,000명 미만	임직원의 20% 이상
100명 이상 500명 미만	임직원의 30% 이상
10명 이상 100명 미만	임직원의 40% 이상
10명 미만	임직원 전체

▼

서류 심사	- 인증신청 기업 및 기관 신청서 및 제출 서류에 대한 평가위원 검토

▼

면접 심사	- 제출자료 확인, 최고경영층 인터뷰, 직원 인터뷰, 현장 실사 진행 등

※ 신규인증과 재인증 모두 절차 동일함

6. 인증 유효기간

구분	대상	인증 유효기간
신규인증	최초 인증을 획득한 기업 및 기관	3년
재인증	인증 유효기간이 종료된 기업 및 기관	

※ 1) 인증 유효기간은 인증받은 날을 기준으로 그다음 해 1월 1일부터 3년임
  2) 인증 유효기간 중 인증 제외 조건 확인 시 인증이 취소될 수 있음

47. 위 안내문을 토대로 판단한 내용으로 옳지 않은 것은?

① 여가 친화인증 유효기간이 20X4년 12월 31일까지인 기업이 같은 해 11월 1일에 건물 벽이 무너져 근로자들이 부상을 당한 산업재해가 발생했다면, 해당 기업의 여가 친화인증 효력이 소멸될 수 있다.
② 여가 친화인증 유효기간이 만료된 기업이 재인증을 받기 위해서는 기존 인증 순서와 마찬가지로 다섯 가지 순서를 거쳐야 한다.
③ 여가 친화지원 홈페이지에 여가 경비를 지원한 실적과 관련된 자료를 직접 등록한 기업은 해당 자료의 내용이 불충분할 경우 인증 신청 대상에서 제외된다.
④ 여가 친화인증을 온라인으로 신청하기 전에 기업 내부에서 여가 친화인증 평가지표 및 인증 제외 조건을 확인하는 절차를 거쳐야 한다.

48. 다음은 여가 친화인증을 신청한 기업 4개의 정보이다. 20X3년 5월 31일에 4개의 기업이 함께 여가 친화인증을 신청하였을 때, 서류 심사 대상이 될 수 있는 기업은? (단, 기업 모두 자체 평가 진행 후 신청하였다.)

① A 기업
- 업종: 수상운송업
- 인증 신청 종류: 신규인증 신청
- 전체 직원 수: 120명
- 설문 조사 인원 수: 35명
- 근무시간: 주 60시간

② B 기업
- 업종: 식료품 제조업
- 인증 신청 종류: 재인증 신청
  ※ 신규인증 받은 날짜: 20X0. 1. 1.
- 전체 직원 수: 850명
- 설문 조사 인원 수: 200명
- 근무시간: 주 50시간

③ C 기업
- 업종: 자동차 및 부품 판매업
- 인증 신청 종류: 재인증 신청
  ※ 신규인증 만료 날짜: 20X3. 11. 30.
- 전체 직원 수: 460명
- 설문 조사 인원 수: 140명
- 근무시간: 주 52시간

④ D 기업
- 업종: 노선여객 자동차운송업
- 인증 신청 종류: 신규인증 신청
- 전체 직원 수: 1,200명
- 설문 조사 인원 수: 125명
- 근무시간: 주 53시간

49. 올해부터 여가 친화인증 기관 선정 절차 중 설문 조사 목표 인원 기준을 다음과 같이 변경하였다. 전체 임직원 수가 1,500명으로 작년 대비 600명이 증가한 E 기업에 변경된 규정을 적용하였을 때, E 기업의 작년과 올해의 설문 조사 목표 인원 수의 차이는?

임직원 수	목표 조사 인원
1,500명 이상	임직원의 15% 이상
800명 이상 1,500명 미만	임직원의 30% 이상
250명 이상 800명 미만	임직원의 35% 이상
50명 이상 250명 미만	임직원의 40% 이상
50명 미만	임직원 전체

① 30명 ② 45명 ③ 120명 ④ 135명

[50 – 52] 다음 보도자료를 읽고 각 물음에 답하시오.

　보건복지부는 중증질환 치료 접근성을 향상시키고 필수 약제를 원활히 공급하기 위해 건강보험 정책심의위원회의 심의 등을 거쳐 보험약제 급여범위 확대 등의 조치를 시행한다고 밝혔다. 난임 여부를 판단하는 자궁난관 조영 검사 시 사용하는 방사선 조영제 중 기존 수용성 제제에 비해 지용성 제제의 특성으로 가임에 도움을 줄 수 있다고 검토된 약제인 리피오돌 울트라액을 자궁난관 조영제로 급여 적용하여 사용할 수 있도록 확대한다. 이 약제는 기존에는 주로 간 조영제로 사용되었다. 여성에게 많이 발생하는 중증 손·발바닥 농포증에 사용하는 158만 원 상당의 트렘피어 프리필드 시린지의 경우, 선행 치료제에 반응이 없거나 부작용이 있어야 보험급여를 적용하는데, 가임기 여성에게 주로 사용되는 치료제인 메토트렉세이트와 사이클로스포린을 선행치료제 범위에 포함시켜 가임기 여성에 대한 동 약제의 보험 적용 대상을 넓힌다.
　페드라티닙 성분이 들어 있는 골수섬유증 치료제인 인레빅 캡슐의 건강보험 적용도 시작된다. 건강보험 대상은 이전에 룩소리티닙으로 치료를 받은 성인환자로, 일차성 골수 섬유증, 진성적혈구 증가증 후 골수섬유증, 본태성혈소판증가증 후 골수섬유증과 관련된 비장비대, 증상의 치료에서 급여가 가능하도록 설정되었다. 이번 신약은 중증 질환인 골수섬유증 환자에게 1차 약제 치료 후 사용할 수 있는 약제가 없는 상황에서 치료의 기회를 높여 기대여명을 연장하고 질병의 증상을 완화하며 경제적 부담도 덜어주게 된다. 골수섬유증 환자는 비급여로 연간 투약비용 약 5,800만 원을 부담하였으나 이번 건강보험 적용으로 1인당 연간 투약비용에 본인 부담 5% 적용할 경우 290만 원까지 절감된다.
　노인, 만성질환자의 변비 치료에 주로 처방되는 수산화마그네슘 성분의 조제용 변비치료제의 보험약가를 인상한다. 해당 약제는 원료 공급처 변경에 따른 원가 상승으로 최근 수급이 불안정한 바 있다. 해당 약제가 만성질환자 등 치료에 필수적인 의약품임을 고려하여 이번 약가 인상을 통해 적정한 원가 보상을 통해 공급이 원활하게 이루어질 수 있도록 하였다. 다만, 향후 1년간은 최근 5년간의 연평균 생산량 수준을 고려하여 최소 6억 3백만 정 이상을 생산·공급하는 조건을 부여하였다.
　또한, 환자의 진료에 반드시 필요하지만 채산성이 없어 제조업자·위탁제조판매업자·수입자가 생산 또는 수입을 기피하는 약제로서 생산 또는 수입 원가 보전이 필요한 약제인 퇴장방지 의약품 7개 품목에 대한 생산 원가 보전도 진행된다. 퇴장방지 의약품으로 지정된 약제는 1년에 2회 원가 보전을 신청할 수 있으며, 제약사는 원료비·재료비·노무비 등을 근거로 제출하고, 건강보험심사평가원에서는 회계법인 검토 등을 거쳐 타당성이 인정되면 약가를 인상하고 있다. 이번에 원가 보전을 수용한 약제는 농약 중독 시 해독제, 국소 마취제, 수술 후 구역·구토 예방약 등이 포함되어 있으며, 환자 진료에 필수적인 의약품이 지속적으로 공급될 수 있도록 지원하는 데 의미가 있다. 특히 농약 중독 시 해독제로 사용되는 파무에이주는 이를 대체할 수 있는 해독제가 없어 원가 보전을 통해 해당 약제가 지속적으로 공급될 수 있도록 하였다. 해독제 공급량을 늘려 농사 활동이 많아지는 시기에 발생할 수 있는 불의의 사고에 대비할 것으로 기대된다.
　보건복지부는 "중증질환 치료제의 급여 확대로 환자 접근성을 높이고 경제적 부담이 완화되길 기대하며, 환자 치료에 필수적인 건강보험 약제는 적정한 원가 보상을 통해 원활한 공급에 도움이 되고자 한다"라고 밝혔다.

※ 출처: 보건복지부(2023-05-31 보도자료)

50. 위 보도자료를 토대로 판단한 내용으로 옳은 것은?

① 대체품이 존재하지 않는 파무에이주는 한 해에 세 번의 원가 보전 신청을 할 수 있다.
② 보험약제 급여범위 확대 시행을 통해 골수섬유증 환자는 연간 투약비용을 최대 6,000만 원 이상 줄일 수 있다.
③ 트렘피어 프리필드 시린지는 이전에 손바닥 농포증을 치료하기 위해 사용한 다른 약제로 인해 부작용이 생겼을 경우 보험급여가 적용된다.
④ 자궁난관 조영제로 사용할 수 있도록 보험약제 급여범위가 확대된 리피오돌 울트라액은 본래 뇌 조영제로 주로 사용되었다.

51. 다음 중 위 보도자료를 잘못 이해한 사람은?

A: 수산화마그네슘을 함유하고 있는 변비 치료제의 보험 약가 인상이 이루어지는 이유는 알맞은 원가 보상으로 인해 해당 치료제가 원활하게 공급될 수 있도록 하기 위함이야.
B: 원가 보전을 신청한 퇴장방지 의약품은 건강보험심사평가원의 회계법인 검토를 거쳐야만 의약품 가격을 인상시키는 것이 가능해.
C: 인레빅 캡슐을 사용하는 환자는 이전에 룩소리티닙으로 치료를 받은 적이 있는 성인 환자에 해당해야 건강보험이 새롭게 적용돼.
D: 다양한 방사선 조영제 중 리피오돌 울트라액은 치료 목적에 맞게 가공되는 제제적인 특성이 지용성보다 수용성에서 더 잘 이루어져.

① A   ② B   ③ C   ④ D

52. 위 보도자료를 근거로 판단할 때, 메토트렉세이트는 주로 누구를 대상으로 사용되는 치료제인가?

① 노인   ② 만성질환자   ③ 가임기 여성   ④ 골수 섬유증 환자

[53 – 54] 다음은 무료대여 보조기기 구매에 대한 입찰공고문이다. 각 물음에 답하시오.

[무료대여 보조기기 구매 입찰공고]

1. 입찰 내용
   - 입찰명: 지사 무료대여 보조기기 구매
   - 납품 내역: 휠체어 300대(세부 규격 제안요청서 참조)
   - 납품 장소: 전국 110개 지사(주소 및 수량은 계약체결 후 별도 제공)
   - 납품 기한: 계약체결일로부터 90일 이내
   - 사업예산: 99,000,000원(단, VAT 등 모든 비용을 포함한 예산임)

2. 입찰 방법
   - 제한경쟁(소기업·소상공인)/규격·가격 동시/총액입찰/전자입찰

3. 입찰 일시 및 장소
   - 제안제품(휠체어) 제출

접수 및 마감 일시	20XX. 6. 24.(목) 09:00~20XX. 6. 28.(월) 11:00 ※ 마감 일시는 2층 안내데스크 방문등록시간 기준임
제출 장소	공단 본부 내 경영지원실 ※ 직접 방문 제출(우편접수 불가)

   ※ 제안제품은 업체당 1대만 제출하며, 접수 마감 일시까지 미제출 시 입찰 접수 완료되지 아니한 것으로 간주함
   - 전자입찰 제출

입찰 참가서류 및 제안서 전자입찰 제출 일정	20XX. 6. 24.(목) 09:00~20XX. 6. 28.(월) 11:00 ※ 제출은 나라장터 e-발주시스템을 이용함
가격입찰 전자입찰 제출 일정	20XX. 6. 24.(목) 09:00~20XX. 6. 28.(월) 11:00 ※ 제출은 나라장터의 공고 목록에서 해당 공고의 '투찰' 버튼을 통해 제출함
심사 일정	20XX. 6. 29.(화)~20XX. 6. 30.(수) 기간 중 예정 ※ 심사 일자는 공단(사업부서) 사정에 의해 변경될 수 있음

4. 입찰 참가서류
   - 조달청 경쟁입찰 참가등록증 1부
   - 입찰보증금 지급각서 1부
     ※ 입찰보증금 납부는 입찰금액의 100분의 2.5에 해당하는 금액이며, 입찰보증금 지급각서 제출로 갈음함. 단, 최근 1년 이내에 낙찰 후 계약 미체결·불이행으로 입찰 참가 자격을 제한받은 업체 등 계약체결 기피 우려가 있는 자에 대해서는 지급각서로 대체하지 않으며 입찰보증금을 납부해야 함
   - 사업자등록증, 법인등기부등본, 법인인감증명서 각 1부
   - 청렴계약이행서약서 1부
   - 제안서 1부

53. 위 공고문을 토대로 판단한 내용으로 옳은 것은?

① 가격입찰 전자입찰 제출 일정은 96시간 동안 진행된다.

② 입찰에 참가하기 위해서는 사업자등록증, 법인등기부등본, 법인인감증명서 중 1부를 제출해야 한다.

③ 납품해야 할 지사별 납품 수량은 계약이 체결된 후 별도로 제공한다.

④ 입찰공고에 접수하는 모든 업체는 휠체어 1대를 공단 본부 내 기획팀에 제출해야 한다.

54. 무료대여 보조기기 구매 입찰공고에 입찰한 △△업체는 입찰공고 4개월 전 다른 입찰에서 낙찰을 받은 후 계약미체결로 입찰참가자격 제한을 받은 적이 있다. 위 공고문을 근거로 판단할 때, △△업체가 입찰금액으로 85,000,000원을 제시하였다면 납부해야 할 입찰보증금은?

① 2,125,000원   ② 2,475,000원   ③ 21,250,000원   ④ 24,750,000원

[55 – 56] 다음은 공중보건 장학제도 시범사업에 대한 안내문이다. 각 물음에 답하시오.

[공중보건 장학제도 시범사업 안내]

1. 사업 목적
   - 공공의료에 사명감을 갖춘 학생을 선발하여 양성하고 향후 광역 지자체에 근무하게 함으로써 지역 의료격차 해소에 기여하기 위함

2. 모집 대상
   1) 대상: 전국 의과 대학 및 의학 전문 대학원 재학생 5명
   2) 요건
      - 경기, 강원, 충북, 충남, 경북, 경남, 전북 지자체 중 한 곳에서 근무가 가능한 재학생
      - 졸업 후 최소 2년간 광역 지자체의 지방의료원 등 공공보건의료 수행기관에서 공공보건의료 업무에 종사할 예정인 재학생

3. 지원 내용
   - 인당 최대 1,500만 원의 장학금 지급
     ※ 1등: 1,500만 원, 2등: 1,250만 원, 3등: 1,000만 원, 4등: 750만 원, 5등: 500만 원

4. 신청 방법
   - 신청 기간: 20XX년 9월 1일(수)~20XX년 9월 30일(목)
   - 지급 날짜: 20XX년 10월 중
   - 신청 절차

지원자	장학생 지원서, 포트폴리오, 성적증명서, 고등학교졸업증명서를 소속 의과 대학 또는 의학 전문 대학원 행정실에 직접 제출함

   ▼

의과 대학 및 의학 전문 대학원	지원자가 제출한 서류, 공중보건 장학생 학교용 추천서, 학생별 추천 사유서를 지원자가 근무를 희망하는 광역 지자체에 제출함

   ▼

광역 지자체	지원자가 제출한 서류, 공중보건 장학생 지자체용 추천서, 학생별 추천 사유서를 보건복지부에 제출함

   ▼

보건복지부 선발위원회	제출된 서류를 바탕으로 서류 및 면접 평가를 통하여 지원 대상을 선정함

5. 선정 기준
   - 보건직 공무원, 의과 대학 교수, 지역의료 전문가 등 내·외부 전문가로 구성된 선발위원회에서 서류 평가(70점)와 면접 평가(30점)를 실시하고, 두 점수를 합산한 최종 점수가 가장 높은 5명을 선발함
     ※ 동점자의 경우 면접 점수가 더 높은 순서대로 순위가 매겨짐

6. 참고 사항
   - 법에 따른 장학금 반환 사유 발생 시 지급한 장학금과 법정 이자를 반환해야 하며, 근무 조건 불이행자는 면허 취소가 될 수 있음
   - 지자체별 온라인 설명회는 9월 13일부터 4일간 지역별로 묶어서 하루씩 진행함
     ※ 첫째 날: 경기·강원, 둘째 날: 충북·충남, 셋째 날: 경북·경남, 넷째 날: 전북

55. 위 안내문을 토대로 판단한 내용으로 옳은 것은?
    ① 지원 사업에 신청한 사람은 신청 후 최소 2개월 뒤에 장학금을 받을 수 있을 것이다.
    ② 충북 공중보건 장학생으로 지원하고자 하는 사람은 9월 15일에 진행되는 온라인 설명회를 들을 것이다.
    ③ 신청자는 총 4개의 서류를 자신이 속한 의과 대학 또는 의학 전문 대학원 행정실에 제출해야 한다.
    ④ 최종 선발된 지원자는 공공보건의료 수행기관에서 최소 1년간 의무적으로 근무해야 한다.

56. 다음은 공중보건 장학제도 시범사업에 최종 선발된 지원자 다섯 명의 서류 및 면접 점수이다. 다섯 명 중 강효선과 임선희가 받게 될 장학금을 합산한 금액은?

구분	강효선	김종수	임선희	차윤호	하예슬
서류 점수	50점	70점	62점	48점	63점
면접 점수	20점	13점	21점	28점	19점

① 1,250만 원 ② 1,750만 원 ③ 2,000만 원 ④ 2,250만 원

[57-58] 다음은 국민안전 발명챌린지 공고문이다. 각 물음에 답하시오.

[20XX년 국민안전 발명 챌린지]

1. 공모 목적
   - 지식재산 기반의 우수 안전기술을 육성하기 위해 국민안전을 책임지는 관세·경찰·해양경찰·공무원을 대상으로 재난·치안 분야에서 즉시 현장적용 가능한 발명 아이디어를 공모하기 위함

2. 공모 주제
   - 재난·치안 분야에서 즉시 현장 적용 가능한 국민안전 관련 직무 발명
     ※ 1인당 5건까지 제안 가능하며, 시상은 최상위로 평가된 1건에 대해서만 수여함

3. 참가 대상
   - 관세청, 경찰청, 해양경찰청 소속 공무원 또는 직원
     ※ 개인만 참여 가능

4. 신청기간 및 방법
   1) 신청기간: 20XX년 3월 27일(월)~5월 31일(수) 23:59까지
   2) 신청방법: 특허청 온라인 홈페이지를 통해서 제안서 접수

5. 평가 방법
   - 서류 합격자는 전문가에 의한 심사 진행할 예정이며, 이후 합격자에 한해 2개월간 아이디어 가치제고를 위한 교육 및 컨설팅 진행하여 최종 시상작 선정 예정
     ※ 전문가 심사는 기초심사, 서면심사, 대면심사 각 항목에 대해 100점 만점을 기준으로 심사하되, 항목별로 각 20%, 30%, 50% 가중치를 적용할 예정

6. 시상 내역

구분	시상 주체	시상작 수	상금
대상	국회의장	1작품	2,000,000원
금상	행정안전부장관	3작품	1,000,000원
은상	관세청, 경찰청, 해양경찰청, 특허청	8작품	500,000원
동상		8작품	300,000원

   ※ 상금은 시상자 개인에게 제공되는 금액을 의미함

7. 문의처
   - 관세청, 경찰청, 해양경찰청, 특허청 개별 담당자에게 전화 연락

57. 위 안내문을 토대로 판단한 내용으로 옳지 않은 것은?

① 1인당 최대 5개의 아이디어 제안서를 제출할 수 있다.

② 전문가 심사 이후 2개월 간의 아이디어 가치제고를 위한 교육 및 컨설팅을 거쳐야만 한다.

③ 아이디어 제안서는 특허청 온라인 홈페이지에 접속하여 제출해야 한다.

④ 시상작에 제공되는 총 상금은 840만 원이다.

58. 20XX년 국민안전 발명 챌린지에 참여한 서류 합격자 4인이 받은 전문가 심사 점수가 다음과 같을 때, 전문가 심사 점수가 가장 높은 사람은?

구분	기초심사	서면심사	대면심사
甲	80점	83점	87점
乙	75점	88점	90점
丙	90점	74점	88점
丁	80점	87점	79점

① 甲　　　　② 乙　　　　③ 丙　　　　④ 丁

[59 – 60] 다음은 주민세에 대한 자료이다. 각 물음에 답하시오.

주민세는 그 지역에 거주하는 개인과 그 지역에 사무소나 사업소를 둔 개인사업자나 법인, 또는 그들의 소득에 대하여 부과되는 조세로 균등분, 재산분, 종업원분 3개의 세세목으로 구성되며 조건에 해당하는 자에게는 각 세세목이 중복으로 부과될 수 있다.

1. 납세자
   - 균등분: 7월 1일 현재 시·군내에 주소를 둔 개인 및 사업소를 둔 개인사업자·법인
   - 재산분: 7월 1일 현재 연면적 330m² 이상 사업소를 둔 사업주
     ※ 7월 1일 현재 1년 이상 계속하여 휴업하고 있는 자는 제외함
   - 종업원분: 최근 1년간 해당 사업소 종업원 급여총액의 월평균금액이 1억 5천만 원 이상인 사업주

2. 세율
   - 균등분
     - 개인: 1만 원을 초과하지 않는 범위 내에서 부과함
     - 개인사업자: 5만 원
     - 법인: 법인의 자본 규모 및 종업원 수에 따라 5~50만 원
   - 재산분: 사업소용 건축물의 연면적 1m²당 250원
     ※ 단, 폐수 또는 사업장폐기물 등을 배출하는 오염물질 배출 사업소의 경우 연면적 1m²당 500원
   - 종업원분: 1년간 종업원 급여총액의 0.5%

59. 위 자료를 근거로 판단한 내용으로 옳지 않은 것은?

① 사업자가 아닌 개인은 주민세 중 균등분만 납부하면 된다.
② 동일한 연면적에서 오염물질 배출 사업소의 재산분은 일반 사업소의 재산분의 2배가 적용된다.
③ 7월 1일 기준 연면적이 500m²인 사업소를 6개월 동안 휴업 중인 사업주는 재산분 납부자에서 면제된다.
④ 법인의 균등분 세율은 50만 원을 초과하지 않는다.

60. 3명의 종업원을 거느린 개인사업자 백명현의 사업소 정보가 다음과 같을 때, 백명현이 납부할 주민세의 총액은?

사업소명	명현 아카데미	대표자	백명현
업종	교육업	사업소용 건축물의 연면적	$330m^2$
종업원 수	3명	오염물질 배출 여부	X
소재지	서울시 서초구 서초동	1년간 종업원 급여총액의 월평균금액	7,500,000원
사업장 특징	1. 넓고 쾌적한 최신식 강의 시설 보유 2. 쉬는 시간 학생들의 피로를 회복시켜줄 아늑한 대기실 보유 3. 학원생의 고민 상담을 위한 상담 공간 보유		

① 132,500원　② 215,000원　③ 447,500원　④ 582,500원

국민건강보험법

총 20문항 / 20분

01. 다음 중 국민건강보험공단의 정관에 적어야 하는 사항으로 옳지 않은 것은?

　① 사무소의 소재지
　② 이사장의 성명·주소 및 주민등록번호
　③ 보험료 및 보험급여에 관한 사항
　④ 정관의 변경에 관한 사항

02. 다음 중 국민건강보험법상 직장가입자의 피부양자가 될 수 있는 사람의 수는? (단, 모든 사람은 직장가입자에게 주로 생계를 의존하는 사람으로서 소득 및 재산이 보건복지부령으로 정하는 피부양자 자격요건을 충족하는 것으로 가정한다.)

㉠ 형제·자매	㉡ 직계존속	㉢ 배우자
㉣ 직계비속	㉤ 직계비속의 배우자	㉥ 직계존속의 형제·자매
㉦ 배우자의 직계존속	㉧ 배우자의 직계비속	

① 5명　　　② 6명　　　③ 7명　　　④ 8명

03. 다음 중 국민건강보험공단으로부터 포상금 혹은 장려금을 받을 수 있는 사례를 모두 고른 것은?

　㉠ 속임수나 그 밖의 부당한 방법으로 보험급여를 받은 사람을 신고한 사람
　㉡ 속임수나 그 밖의 부당한 방법으로 다른 사람이 보험급여를 받도록 한 사람
　㉢ 속임수나 그 밖의 부당한 방법으로 보험급여 비용을 받은 요양기관
　㉣ 건강보험 재정을 효율적으로 운영하는 데에 이바지한 요양기관

① ㉠　　　② ㉣　　　③ ㉠, ㉣　　　④ ㉠, ㉡, ㉢

04. 다음 중 국민건강보험법상 건강보험심사평가원의 원장이 진료심사평가위원회의 심사위원을 해임 또는 해촉할 수 있는 경우에 해당하지 않는 것은?

① 심사위원이 직무상 의무를 위반하거나 직무를 게을리한 경우
② 심사위원이 직무 여부와 관계없이 품위를 손상하는 행위를 한 경우
③ 심사위원이 직무를 수행할 능력이 부족하다고 판단되는 경우
④ 심사위원이 고의나 중대한 과실로 건강보험심사평가원에 손실이 생기게 한 경우

05. 다음 중 법률에서 공단이 보험료등을 징수하기 위해 납입의무자에게 납입 고지를 할 때, 포함해야 하는 사항에 해당하지 않는 것은?

① 징수하려는 보험료등의 종류
② 고지 유예 방법
③ 납부기한 및 장소
④ 납부해야 하는 금액

06. 다음 중 국민건강보험법상 자격의 취득 및 변동 시기에 대한 설명으로 옳지 않은 것은?

① 의료보호대상자이었던 사람은 그 대상자에서 제외된 날에 직장가입자 또는 지역가입자의 자격을 얻는다.
② 수급권자이었던 사람은 그 대상자에서 제외된 날에 직장가입자 또는 지역가입자의 자격을 얻는다.
③ 직장가입자가 다른 적용대상사업장의 사용자로 된 날의 다음 날에 직장가입자 또는 지역가입자의 자격이 변경된다.
④ 직장가입자인 근로자는 그 사용관계가 끝난 날의 다음 날에 직장가입자의 자격이 변경된다.

07. 다음 중 국민건강보험법상 임원의 직무에 대한 설명으로 옳지 않은 것은?

① 이사장은 공단을 대표하고 업무를 총괄하며, 임기 중 공단의 경영성과에 대하여 책임을 진다.

② 상임이사는 이사장의 명을 받아 공단의 업무를 집행한다.

③ 이사장이 부득이한 사유로 그 직무를 수행할 수 없을 때에는 정관으로 정하는 바에 따라 상임이사 중 1명이 그 직무를 대행한다.

④ 상임이사가 없거나 그 직무를 대행할 수 없을 때에는 정관으로 정하는 징수이사가 그 직무를 대행한다.

08. 다음 중 국민건강보험법상 보험료 등의 충당과 환급에 대해 바르게 설명한 사람은?

> 甲: 국민건강보험공단은 납부의무자가 보험료 등으로 낸 금액 중 과오납부한 금액이 있으면 대통령령으로 정하는 바에 따라 그 과오납금을 보험료 등에 우선 충당할 수 있습니다.
> 乙: 납부의무자가 체납처분비로 낸 금액 중 과오납부한 금액이 있는 경우도 동일하게 대통령령으로 정하는 바에 따라 그 과오납금을 체납처분비에 우선 충당할 수 있습니다.
> 丙: 보험료 등에 우선 충당하고 남은 금액이 있는 경우 대통령령으로 정하는 바에 따라 납부의무자에게 환급하여야 합니다.
> 丁: 이때 과오납금에 가산하는 이자는 보건복지부령으로 정하는 이자를 가산하여야 합니다.

① 甲　　　　② 乙　　　　③ 丙　　　　④ 丁

09. 다음 중 국민건강보험법상 요양급여에 대한 설명으로 옳지 않은 것은?

① 가입자 또는 피부양자가 질병이나 부상으로 거동이 불편한 경우 방문요양급여를 실시할 수 있다.

② 요양급여의 방법·절차·범위·상한 등의 기준은 대통령령으로 정한다.

③ 요양급여비용 상한금액의 감액 및 요양급여 적용 정지의 기준, 절차, 그 밖에 필요한 사항은 대통령령으로 정한다.

④ 요양급여를 결정함에 있어 경제성 또는 치료효과성 등이 불확실하여 그 검증을 위하여 추가적인 근거가 필요하거나, 경제성이 낮아도 가입자와 피부양자의 건강회복에 잠재적 이득이 있는 경우 선별급여로 지정하여 실시할 수 있다.

10. 다음 중 국민건강보험공단의 '감사'에 대한 설명으로 옳지 않은 것은?

   ① 공단에는 1명의 감사가 있다.
   ② 이사장이 대표권을 제한 받는 상황에서 공단을 대표할 수 있다.
   ③ 감사는 공단의 업무, 회계 및 재산 상황을 감사한다.
   ④ 감사는 이사회에 출석하여 발언할 수 없다.

11. 다음 중 국민건강보험법상 국민건강보험공단의 임원 해임 사유에 해당하지 않는 것은?

   ① 직무상 의무를 위반한 경우
   ② 국민건강보험법에 따른 대통령의 명령을 위반한 경우
   ③ 직무 여부와 관계없이 품위를 손상하는 행위를 한 경우
   ④ 중대한 과실로 공단에 손실이 생기게 한 경우

12. 다음 중 국민건강보험법상 보건복지부 장관이 승인하는 업무에 해당하는 것의 개수는?

   ㉠ 회계연도마다 국민건강보험공단이 편성하여 이사회의 의결을 거친 예산안
   ㉡ 국민건강보험공단이 지출할 현금이 부족할 때의 1년 이상 장기 차입금
   ㉢ 국민건강보험공단 상임임원의 비영리 목적의 업무 겸직
   ㉣ 이사회의 의결을 거친 국민건강보험공단의 조직·인사·보수 및 회계에 관한 규정

   ① 1개   ② 2개   ③ 3개   ④ 4개

13. 다음 중 국민건강보험법상 국민건강보험공단의 다른 회계와 구분하여 각각 회계처리를 하여야 하는 건강보험사업 및 징수위탁근거법의 위탁에 따른 사업에 해당하는 것의 개수는?

   | ㉠ 고용보험사업 | ㉡ 임금채권보장사업 | ㉢ 보험료부과체계사업 |
   | ㉣ 요양급여비용사업 | ㉤ 국민연금사업 | ㉥ 산업재해보상보험사업 |

   ① 2개   ② 3개   ③ 4개   ④ 5개

14. 다음 중 국민건강보험법상 결손처분에 대한 설명으로 옳지 않은 것을 모두 고르면?

   ㉠ 국민건강보험공단은 징수할 가능성이 없다고 인정되는 경우로서 대통령령으로 정하는 경우 재정운영위원회의 의결을 받아 보험료 등을 결손처분해야 한다.
   ㉡ 국민건강보험공단은 체납처분이 끝나고 체납액에 충당될 배분금액이 그 체납액에 미치지 못하는 경우 재정운영위원회의 의결을 받아 보험료 등을 결손처분할 수 있다.
   ㉢ 국민건강보험공단은 결손처분을 한 후 압류할 수 있는 다른 재산이 있는 것을 발견한 때에는 지체 없이 그 처분을 취소하고 체납처분을 할 수 있다.

   ① ㉠   ② ㉡   ③ ㉠, ㉢   ④ ㉠, ㉡, ㉢

15. 다음 중 국민건강보험법상 건강보험정책심의위원회에서 국민건강보험종합계획을 수립할 때 포함하여야 하는 사항에 해당하는 것의 개수는?

   ㉠ 건강증진 사업에 관한 사항
   ㉡ 건강보험에 관한 통계 및 정보의 관리에 관한 사항
   ㉢ 추진실적의 평가 등에 필요한 사항
   ㉣ 연도별 시행계획
   ㉤ 건강보험 보장성 강화의 추진계획 및 추진방법
   ㉥ 취약계층 지원에 관한 사항

   ① 2개   ② 3개   ③ 4개   ④ 5개

16. 다음은 관련 서류를 위조 및 변조하여 요양급여비용을 거짓으로 청구해 행정처분을 받은 기관들의 사례이다. 다음 중 건강보험공표심의위원회의 심의 등의 과정을 거쳐 그 위반 행위, 처분 내용, 다른 요양기관과의 구별에 필요한 사항을 공표하는 공표대상자가 될 수 있는 기관은 모두 몇 개인가? (단, 제시되지 않은 사항은 고려하지 않는다.)

   ㉠ 거짓으로 청구한 요양급여비용 금액이 1천 만 원인 A 기관
   ㉡ 약 1억 원의 요양급여비용 중 거짓으로 청구한 금액이 3천 만 원인 B 기관
   ㉢ 거짓으로 청구한 요양급여비용 금액이 3천 만 원인 C 기관

   ① 0개   ② 1개   ③ 2개   ④ 3개

17. 다음은 국민건강보험법상 소액 처리에 대한 설명이다. 빈칸에 들어갈 내용으로 옳은 것은?

> 국민건강보험공단은 징수하여야 할 금액이나 반환하여야 할 금액이 1건당 (　　) 미만인 경우에는 징수 또는 반환하지 않는다. 이때 각각 상계 처리할 수 있는 본인일부부담금 환급금 및 가입자나 피부양자에게 지급하여야 하는 금액은 제외한다.

① 1천 원　　② 2천 원　　③ 5천 원　　④ 8천 원

18. 다음 중 국민건강보험법상 국민건강보험공단이 요양급여비용을 예탁받을 수 있는 직위에 해당하는 직위의 수는?

㉠ 법무부 장관	㉡ 소방청장	㉢ 보건복지부 장관
㉣ 해양경찰청장	㉤ 국토교통부 장관	㉥ 국방부 장관
㉦ 외교부 장관	㉧ 경찰청장	㉨ 행정안전부 장관

① 3개　　② 4개　　③ 5개　　④ 6개

19. 다음 중 국민건강보험법상 자격을 잃는 날에 해당하지 않는 것은?

① 사망한 날의 다음 날
② 국내에 거주하지 아니하게 된 날의 다음 날
③ 국적을 잃은 날의 다음 날
④ 건강보험을 적용받고 있던 사람이 의료보호대상자가 되어 건강보험의 적용배제신청을 한 날의 다음 날

20. 다음 중 국민건강보험법상 보험급여의 제한에 대한 설명으로 옳지 않은 것은? (단, 제시되지 않은 사항은 고려하지 않는다.)

① 국민건강보험공단으로부터 분할납부 6회를 승인받아 처음 1회를 납부한 뒤 정당한 사유 없이 이후 승인된 보험료를 5회 납부하지 않은 사람은 보험급여를 받을 수 없다.
② 업무상 재해로「산업재해보상보험법」에 따라 근로복지공단으로부터 보험급여를 받은 사람은 국민건강보험공단으로부터 보험급여를 받을 수 없다.
③ 급여 제한 기간인 12월 24일에 보험급여를 받은 사람은 1월 5일에 국민건강보험공단으로부터 보험급여를 받은 사실이 있음을 통지받고 2월 15일에 체납된 보험료를 완납할 경우 12월 24일에 받은 보험급여는 보험급여로 인정된다.
④ 범죄행위의 원인이 가입자의 경미한 과실로 인하여 생긴 경우 국민건강보험공단은 가입자에게 보험급여를 지급하지 않는다.

약점 보완 해설집 p.47

무료 바로 채점 및 성적 분석 서비스 바로 가기
QR코드를 이용해 모바일로 간편하게 채점하고 나의 실력이 어느 정도인지, 취약 부분이 어디인지 바로 파악해 보세요!

노인장기요양보험법

총 20문항 / 20분

01. 다음 중 노인장기요양법상 장기요양기관의 의무에 대한 설명으로 옳지 않은 것은?

① 장기요양기관은 수급자로부터 장기요양급여신청을 받은 때 장기요양급여의 제공을 거부해서는 안 된다.
② 장기요양기관의 장이 아니라면 영리를 목적으로 금전, 물품, 노무, 향응, 그 밖의 이익을 제공하거나 제공할 것을 약속하는 방법으로 수급자를 장기요양기관에 소개, 알선하는 행위를 할 수 있다.
③ 장기요양기관의 장은 장기요양급여를 제공한 수급자에게 장기요양급여비용에 대한 명세서를 꼭 교부해야 한다.
④ 장기요양기관은 법률에 근거하여 면제받거나 감경받는 금액 외에 영리를 목적으로 수급자가 부담하는 재가 및 시설 급여 비용을 면제하거나 감경하는 행위를 해서는 안 된다.

02. 다음 중 노인장기요양보험법상 재심사위원회의 위원을 임명 또는 위촉할 수 있는 직위에 해당하는 사람은?

① 대통령
② 보건복지부 장관
③ 국민건강보험공단 이사장
④ 장기요양기관의 장

03. 다음 중 노인장기요양법상 장기요양급여의 제공에 대한 설명으로 옳지 않은 것은?

① 장기요양급여 인정 범위와 절차, 장기요양급여 제공 계획서 작성 절차에 관한 구체적인 사항 등은 보건복지부령으로 정한다.
② 수급자는 장기요양인정서와 개인별장기요양이용계획서가 도달한 날부터 장기요양급여를 받을 수 있다.
③ 돌볼 가족이 없는 등 대통령령으로 정하는 사유가 있는 수급자에 한하여 신청서를 제출한 날부터 장기요양인정서가 도달되는 날까지의 기간 중에도 장기요양급여를 받을 수 있다.
④ 장기요양기관은 수급자가 제시한 장기요양인정서와 개인별장기요양이용계획서를 바탕으로 장기요양급여 제공 계획서를 작성하고, 수급자의 동의를 받아 그 내용을 공단에 통보하여야 한다.

04. 다음 중 공단 담당자가 취해야 할 행동으로 가장 옳은 것은?

> A 씨는 장기요양신청을 하기 위해 장기요양인정신청서에 의사가 발급한 소견서를 첨부하여 6월 1일, 월요일에 신청서를 대리인을 통해 제출하였다. 이에 따라 공단은 신청인의 심신상태를 비롯한 사항을 조사하여 조사결과서를 작성하고 작성완료한 결과서를 신청서, 의사소견서 등의 자료와 함께 등급판정위원회에 제출하였다. 그런데 등급판정위원회에서 정밀조사가 필요하여 기간 이내에 판정이 어렵겠다며 판정 기간을 최대한 연장하고 싶다는 의견을 전달했다.

① 등급판정위원회에 최대한 연장한다고 하더라도 6월 30일까지는 판정이 완료되어야 한다고 전달한다.
② 신청인과 대리인에게 정밀조사가 필요하여 기간을 연장하고자 하며 최대 7월 30일까지 판정을 완료하겠다고 통보한다.
③ 등급판정위원회에 최대한 연장한다고 하더라도 9월 30일까지는 판정이 완료되어야 한다고 전달한다.
④ 판정 결과가 나올 때까지 기다렸다가 신청인과 대리인에게 통보한다.

05. 다음은 노인장기요양보험법의 일부 내용이다. ㉠~㉣ 중 빈칸에 들어갈 말이 나머지와 다른 것은?

> ㉠ 국민건강보험공단은 장기요양사업에 사용되는 비용에 충당하기 위하여 (　　)를 징수한다.
> ㉡ 장기요양급여를 받고 있는 수급자는 장기요양등급, (　　)의 종류 또는 내용을 변경하여 장기요양급여를 받고자 하는 경우 국민건강보험공단에 변경신청을 하여야 한다.
> ㉢ 「국민건강보험법」제5조, 제6조, 제8조부터 제11조까지, 제69조 제1항부터 제3항까지, 제76조부터 제86조까지, 제109조 제1항부터 제9항까지 및 제110조는 장기요양보험가입자·피부양자의 자격취득·상실, (　　) 등의 납부·징수 및 결손처분 등에 관하여 이를 준용한다.
> ㉣ 국민건강보험공단은 「장애인복지법」에 따른 장애인 또는 이와 유사한 자로서 대통령령으로 정하는 자가 장기요양보험가입자 또는 그 피부양자인 경우 수급자로 결정되지 못한 때 대통령령으로 정하는 바에 따라 (　　)의 전부 또는 일부를 감면할 수 있다.

① ㉠　　　　② ㉡　　　　③ ㉢　　　　④ ㉣

06. 다음 중 노인장기요양보험법상 재가 및 시설 급여비용의 청구 및 지급 등에 대한 설명으로 옳은 것은?

① 보건복지부 장관은 장기요양기관으로부터 재가 또는 시설 급여비용의 청구를 받은 경우 이를 심사하여 그 내용을 장기요양기관에 통보해야 한다.

② 재가 및 시설 급여비용의 심사기준, 장기요양급여비용의 가감지급의 기준, 청구절차, 지급방법 및 지급 보류의 절차·방법 등에 관한 사항은 대통령령으로 정한다.

③ 장기요양기관은 수급사에게 재가급여 또는 시설급여를 제공한 경우 국민건강보험공단에 장기요양급여비용을 청구해야 한다.

④ 국민건강보험공단은 장기요양기관이 정당한 사유 없이 자료제출 명령에 따르지 않거나 질문 또는 검사를 거부·방해 또는 기피하는 경우 해당 장기요양기관에 지급해야 할 장기요양급여비용의 지급을 거부할 수 있다.

07. 다음 중 노인장기요양법상 본인부담금에 대한 설명으로 옳지 않은 것은?

① 소득·재산 등이 보건복지부장관이 정하여 고시하는 일정 금액 이하인 자는 해당 장기요양급여비용의 100분의 20 수준을 부담하면 된다.

② 천재지변 등의 사유로 생계가 곤란한 사람은 본인부담금의 100분의 60의 범위에서 본인부담금을 감경할 수 있다.

③ 장기요양급여의 월 한도액을 초과하는 장기요양급여에 대해서는 수급자가 모두 부담해야 한다.

④ 만약 수급자가 「의료급여법」에 따른 의료급여 수급자라면 본인부담금이 없을 수 있다.

08. 다음 중 노인장기요양보험법상 장기요양보험료의 징수에 대한 설명으로 옳지 않은 것의 개수는?

> ㉠ 장기요양보험료를 징수하는 것의 목적은 국민건강보험공단이 장기요양사업에 사용되는 비용을 충당하기 위함이다.
> ㉡ 국민건강보험공단은 장기요양보험료와 건강보험료를 통합하여 징수해야 하며, 이 경우 장기요양보험료와 건강보험료를 구분하여 고지해야 한다.
> ㉢ 국민건강보험공단은 통합 징수한 장기요양보험료와 건강보험료를 통합 회계로 관리해야 한다.

① 0개　　② 1개　　③ 2개　　④ 3개

09. 다음 중 노인장기요양보험법상 장기요양사업의 관리운영기관인 국민건강보험공단이 관장하는 업무에 해당하는 것의 개수는?

> ㉠ 장기요양보험가입자 및 그 피부양자와 의료급여수급권자의 자격관리
> ㉡ 장기요양인정 신청인에 대한 조사
> ㉢ 장기요양인정서의 작성 및 개인별장기요양이용계획서의 제공
> ㉣ 장기요양사업에 관한 조사·연구 및 홍보
> ㉤ 장기요양급여의 관리 및 평가

① 2개　　② 3개　　③ 4개　　④ 5개

10. 다음 중 노인장기요양보험법상 장기요양요원지원센터의 수행 업무에 해당하는 것의 개수는?

> ㉠ 장기요양요원의 역량강화를 위한 교육지원
> ㉡ 장기요양요원의 업무 등에 필요하여 보건복지부령으로 정하는 사항
> ㉢ 장기요양요원에 대한 건강검진
> ㉣ 장기요양요원의 권리 침해에 관한 상담

① 1개　　② 2개　　③ 3개　　④ 4개

11. 다음 중 노인장기요양법상 가족요양비를 지급받을 수 있는 대상이 아닌 사람은?

① 도서·벽지 등 장기요양기관이 현저히 부족한 지역에 거주하는 자

② 천재지변이나 그 밖에 이와 유사한 사유로 인하여 장기요양기관이 제공하는 장기요양급여를 이용하기가 어렵다고 보건복지부장관이 인정하는 자

③ 신체·정신 또는 성격 등 대통령령으로 정하는 사유로 인해 가족 등으로부터 장기요양을 받기 어려운 자

④ 장기요양기관이 아닌 노인요양시설 등의 기관에서 장기요양급여를 받은 자

12. 다음은 노인장기요양보험법의 목적이다. 각 빈칸에 들어갈 말로 적절하지 않은 것은?

> 이 법은 (㉠)이나 노인성 질병 등의 사유로 일상생활을 혼자서 수행하기 어려운 노인 등에게 제공하는 신체활동 또는 (㉡) 등의 장기요양급여에 관한 사항을 규정하여 노후의 (㉢) 및 생활 안정을 도모하고 그 가족의 부담을 덜어줌으로써 국민의 (㉣)을 향상하도록 함을 목적으로 한다.

① ㉠: 고령　　② ㉡: 가사활동 지원　　③ ㉢: 건강증진　　④ ㉣: 보건 안정

13. 다음 중 노인장기요양보험법상 장기요양인정의 갱신절차에 관하여 준용되는 조항에 대한 설명으로 옳지 않은 것은?

① 장기요양인정 신청의 조사를 의뢰받은 특별자치시·특별자치도·시·군·구는 조사를 완료한 때 조사결과서를 작성하여야 하며, 조사를 의뢰받은 특별자치시·특별자치도·시·군·구는 지체 없이 공단에 조사결과서를 송부하여야 한다.
② 등급판정위원회는 신청인이 신청서를 제출한 날부터 30일 이내에 장기요양등급판정을 완료해야 하지만, 신청인에 대한 정밀조사가 필요한 경우 등 기간 이내에 등급판정을 완료할 수 없는 부득이한 사유가 있는 경우 30일 이내의 범위에서 이를 연장할 수 있다.
③ 장기요양급여를 받고자 하는 자 또는 수급자가 장기요양인정신청 등을 할 수 없는 경우 특별자치시장·특별자치도지사·시장·군수·구청장이 지정하는 자는 이를 대리할 수 있다.
④ 국민건강보험공단은 장기요양인정 신청의 조사가 완료된 때 조사결과서, 신청서, 의사소견서, 그 밖에 심의에 필요한 자료를 등급판정위원회에 제출해야 한다.

14. 다음 중 노인장기요양보험법상 장기요양급여의 관리·평가에 대한 설명으로 옳은 것을 모두 고르면?

> ㉠ 장기요양급여 제공내용의 평가 방법 및 평가 결과의 공표 방법, 그 밖에 필요한 사항은 대통령령으로 정한다.
> ㉡ 국민건강보험공단은 장기요양기관이 제공하는 장기요양급여 내용을 지속적으로 관리·평가하여 장기요양급여의 수준이 향상되도록 노력해야 한다.
> ㉢ 국민건강보험공단은 장기요양기관이 장기요양급여의 제공 기준·절차·방법 등에 따라 적정하게 장기요양급여를 제공하였는지 평가를 실시하고 그 결과를 국민건강보험공단의 홈페이지 등에 공표하는 등 필요한 조치를 할 수 있다.

① ㉠　　　② ㉠, ㉡　　　③ ㉡, ㉢　　　④ ㉠, ㉡, ㉢

15. 다음은 노인장기요양보험법상 장기요양기관 재무·회계기준에 대한 내용이다. 빈칸에 들어갈 말로 적절하지 않은 것은?

> 제35조의2(장기요양기관 재무·회계기준)
> ① 장기요양기관의 장은 (㉠)으로 정하는 재무·회계에 관한 기준(이하 "장기요양기관 재무·회계기준"이라 한다)에 따라 장기요양기관을 투명하게 운영하여야 한다. 다만, 장기요양기관 중 「(㉡)」 제34조에 따라 설치한 사회복지시설은 같은 조 제4항에 따른 재무·회계에 관한 기준에 따른다.
> ② (㉢)은 장기요양기관의 재무·회계기준을 정할 때에는 (㉣) 등을 고려하여야 한다.

① ㉠: 보건복지부령
② ㉡: 사회복지사업법
③ ㉢: 대통령
④ ㉣: 장기요양기관의 특성 및 그 시행시기

16. 다음 중 노인장기요양보험법상 장기요양인정 대리 신청에 대한 설명으로 옳지 않은 것은?

① 수급자가 신체적인 사유로 장기요양등급의 변경신청을 직접 할 수 없을 때 수급자의 친족이 대리 수행하는 것이 가능하다.
② 치매안심센터와 같은 관할 지역 안에 거주하는 치매환자가 장기요양인정의 신청이 어려울 경우 가족의 동의가 있으면 치매안심센터의 장이 대리할 수 있다.
③ 장기요양인정신청 등의 방법 및 절차 등에 관하여 필요한 사항은 대통령령으로 정한다.
④ 수급자가 신체적인 사유뿐만 아니라 정신적인 사유로 장기요양인정의 갱신 신청을 직접 수행할 수 없는 경우에도 본인의 가족이 대리할 수 있다.

17. 다음 중 노인장기요양보험법상 장기요양요원의 보호에 대한 설명으로 옳은 것을 모두 고르면?

> ㉠ 장기요양기관의 장은 장기요양요원이 수급자로부터의 폭언·폭행으로 인한 고충 해소를 요청할 경우 대통령령으로 정하는 바에 따라 적절한 조치를 취해야 한다.
> ㉡ 장기요양기관의 장은 장기요양요원에게 수급자가 부담할 본인부담금의 일부를 부담하도록 요구해서는 안 된다.
> ㉢ 장기요양기관의 장은 장기요양요원에게 수급자의 가족만을 위한 행위를 요구할 수 있다.

① ㉠　　② ㉠, ㉡　　③ ㉠, ㉢　　④ ㉡, ㉢

18. 다음 중 노인장기요양보험법상 장기요양위원회에서 심의하는 사항에 해당하지 않는 것은?

   ① 가족요양비 지급기준
   ② 재가 및 시설 급여비용
   ③ 개인별장기요양이용계획서
   ④ 장기요양보험료율

19. 다음은 노인장기요양보험법상 가족 등의 장기요양에 대한 보상에 관한 내용이다. 각 빈칸에 들어갈 말로 적절한 것은?

   국민건강보험공단은 장기요양급여를 받은 금액의 총액이 보건복지부 장관이 정하여 고시하는 금액 이하에 해당하는 수급자가 가족 등으로부터 장기요양요원이 수급자의 가정 등을 방문하여 신체활동 및 가사활동 등을 지원하는 (㉠)에 상당한 장기요양을 받은 경우 보건복지부령으로 정하는 바에 따라 본인부담금의 일부를 (㉡)하거나 이에 갈음하는 조치를 할 수 있다.

	㉠	㉡
①	방문요양	감면
②	방문요양	반환
③	방문간호	감면
④	방문간호	반환

20. 다음 중 노인장기요양법상 장기요양인정을 신청할 수 있는 노인 등이 갖추어야 하는 자격으로 옳지 않은 것은?

   ① 장기요양보험가입자의 피부양자
   ② 의료급여 수급권자
   ③ 노인성 질병 환자
   ④ 장기요양보험가입자

약점 보완 해설집 p.51

무료 바로 채점 및 성적 분석 서비스 바로 가기
QR코드를 이용해 모바일로 간편하게 채점하고 나의 실력이 어느 정도인지, 취약 부분이 어디인지 바로 파악해 보세요!

수험번호	
성명	

실전모의고사
3회
(NCS + 법률)

시작과 종료 시각을 정한 후, 실전처럼 모의고사를 풀어보세요.

- NCS 직업기초능력   시   분 ~   시   분 (총 60문항/60분)
- 직무시험(법률)   시   분 ~   시   분 (총 20문항/20분)

□ 시험 유의사항

[1] 국민건강보험공단 필기시험은 NCS 직업기초능력을 60분 이내에 풀고 난 뒤 직무시험(법률)을 20분 동안 풀어야 하며, 직렬별 시험 구성은 다음과 같습니다.
- 행정직/건강직/기술직: NCS 직업기초능력(의사소통·수리·문제해결능력) 60문항 + 직무시험(국민건강보험법) 20문항
- 요양직: NCS 직업기초능력(의사소통·수리·문제해결능력) 60문항 + 직무시험(노인장기요양보험법) 20문항
- 전산직: NCS 직업기초능력(의사소통·수리·문제해결·전산개발 기초능력) 50문항 + 직무시험(국민건강보험법) 20문항

[2] 본 실전모의고사는 NCS 직업기초능력 60문항과 국민건강보험법 20문항, 노인장기요양보험법 20문항으로 구성되어 있습니다. 따라서 NCS 직업기초능력 60문항을 풀이하고 난 뒤 지원 직렬에 맞는 직무시험 20문항을 풀이하시기 바랍니다.
  ※ 직무시험은 다음 법령을 토대로 구성되었으므로 실제 시험과 출제 기준이 다를 수 있습니다. 따라서 채용공고를 통해 출제 기준을 확인한 후 실제 시험에 대비하시기 바랍니다.
  - 국민건강보험법: 법제처 법률 제19841호, 2023.12.26. (2024.12.27. 시행법령 기준, 시행예정법령 별도 표기)
  - 노인장기요양보험법: 법제처 법률 제20213호, 2024. 2. 6. (2025.2.7. 시행법령 기준, 시행예정법령 별도 표기)

[3] 본 교재 마지막 페이지에 있는 OMR 답안지와 해커스ONE 애플리케이션의 모바일 타이머를 이용하여 실전처럼 모의고사를 풀어보시기 바랍니다.

NCS 직업기초능력

총 60문항 / 60분

[01 – 02] 다음 보도자료를 읽고 각 물음에 답하시오.

(가) 질병관리청은 희귀질환을 체계적으로 관리하고, 진단·치료 지원 및 의료비 부담 경감 등 희귀질환자에 대한 지원을 강화하기 위하여 국가관리대상 희귀질환으로 39개 질환을 추가 지정한다고 밝혔으며, 4개 질환의 진단명은 2개로 통합한다. 질병관리청은 「희귀질환관리법」에 따라 국가관리 대상 희귀질환을 지정·공고하고 있으며, 이번 추가 지정에 따라 희귀질환은 1,086개에서 1,123개로 확대된다. 2016년 12월 법이 시행된 이후 2018년 9월 926개 희귀질환을 지정하고 매년 신규 희귀질환을 추가 지정하는 등 희귀질환 지정 절차가 정례화되었다. 절차에 따라 질병관리청은 환자와 가족, 환우회, 관련 학회 등의 의견을 다양한 경로를 통해 지속적으로 수렴해 왔으며, 희귀질환전문위원회 검토 및 희귀질환관리위원회 심의를 거쳐 결정·공고하게 되었다.

(나) 이번 희귀질환의 확대 지정으로 해당 질환을 앓고 있는 희귀질환자들은 건강보험 산정특례 적용에 따른 의료비 본인부담 경감과 희귀질환자 의료비 지원 사업에 의한 본인부담금 의료비 지원 혜택을 받을 수 있어 과중한 의료비 부담을 완화할 수 있을 것으로 기대된다. 신규 지정된 희귀질환에 대한 산정특례는 건강보험정책심의위원회 보고를 거쳐 2022년 1월부터 적용된다. 아울러, 희귀질환자에 대한 의료비 지원 사업의 대상 질환도 기존 1,086개에서 1,123개로 확대된다.

(다) 「제1차 희귀질환종합관리계획」, 「희귀질환 지원대책」에 따라 질병관리청은 희귀질환자가 조기진단을 통해 적절한 치료를 받을 수 있도록 희귀질환 진단지원사업과 권역별 거점센터를 운영하고 있으며, 희귀질환자가 조기진단을 통해 적절한 치료를 받을 수 있도록 진단이 어려운 극희귀질환은 72개 진단의뢰기관을 통해 유전자진단지원을 받을 수 있다. 희귀질환자의 의료 접근성과 진단 및 관리의 연계 강화를 위해 권역별 희귀질환 거점센터를 운영(중앙지원센터 1개소, 권역별 거점센터 11개소) 중이다.

(라) 질병관리청 정○○ 청장은 "이번 희귀질환 추가 지정을 통해 의료비 부담이 경감되고 진단·치료 범위가 늘어나는 등 희귀질환자에 대한 지원이 확대될 수 있게 되었고, 국가등록체계를 마련하여 등록통계사업을 수행하고 있으며 향후 실태조사 등도 충실히 수행해 나갈 예정이다."라고 밝혔다. 희귀질환 목록과 희귀질환자 지원 사업에 대한 상세한 내용은 질병관리청 희귀질환 헬프라인 누리집에서 확인할 수 있다.

※ 출처: 질병관리청(2021-11-09 보도자료)

01. 위 보도자료를 읽고 각 문단의 내용을 요약한 것으로 옳지 않은 것은?

① (가): 국가관리대상 희귀질환 39개 추가 지정
② (나): 희귀질환자의 의료비 부담 완화 기대
③ (다): 조기진단을 위해 희귀질환 진단지원사업과 권역별 거점센터 운영
④ (라): 국가등록체계를 마련하여 등록통계사업 수행 예정

02. 위 보도자료의 내용과 일치하지 않는 것은?

① 희귀질환의 산정특례가 적용되기 전 건강보험정책심의위원회 보고가 진행될 것이다.
② 권역별 희귀질환 거점센터는 중앙지원센터를 포함하여 총 12개소가 운영되고 있다.
③ 희귀질환관리법이 시행된 시기는 2018년이다.
④ 희귀질환자 의료비 지원 사업의 대상 질환과 국가관리대상 희귀질환의 개수는 같다.

[03 - 04] 다음 글을 읽고 각 물음에 답하시오.

　성탑(聖塔), 단탑(段塔)이라고도 불리는 지구라트는 종교적인 목적으로 고대 메소포타미아에서 하늘의 신(神)과 지상의 인간을 연결하기 위해 세운 일종의 신전을 말한다. 지구라트는 수메르 왕조 시대 초기 신전의 기단에서 발달하였는데, 점차 작아지는 사각형의 테라스를 겹쳐서 기단으로 만들고 맨 꼭대기에 신상을 모시는 직사각형의 신전을 안치하여 성소의 역할을 하도록 한 것이 전형적인 형태이다. 벽돌을 쌓아 올린 계단 형태의 탑이라는 점에서 피라미드와 비슷하게 여겨지기도 하지만, 직선상의 통로가 있는 피라미드와 달리 지구라트는 지그재그로 된 곡선상의 통로가 있다는 점에서 차이가 있다. 지구라트는 메소포타미아 문명상 세월의 흐름에 따라 더 커지는 경향을 보이는데, 이는 후세의 왕들이 기존의 지구라트 규모가 워낙 커서 파괴하지는 못하고 기존 지구라트의 외부에 벽을 추가하여 기존보다 더 크고 높은 지구라트를 만들고자 했기 때문인 것으로 분석된다.
　지구라트는 당대 왕의 절대적인 권력을 나타내는 지표였으며, 통치자이며 성직자인 왕이 신과 대화하기 위해 오르는 산이었다. 본디 지구라트는 메소포타미아 각지에 건설되었을 것으로 추측되나 현재는 거의 무너져 원형을 확인하기 어려우며, 현재까지 가장 잘 보존되어 있는 지구라트는 우르의 지구라트이다. 백색신전이라는 별칭을 가지고 있는 우르의 지구라트는 기원전 2630년경에 건설된 이집트 최고(最古)의 피라미드보다 더 오래된 것으로 알려졌다. 우르의 지구라트는 수메르 신화에 등장하는 달의 신 난나를 모시기 위해 세워진 신전으로, 중앙부는 진흙과 갈대를 반죽하여 형틀에 넣고 빚어낸 후에 햇볕에 말린 벽돌 약 7백만 개로 지어졌다. 여기에 벽돌 여섯 겹마다 갈대와 모래흙을 집어넣어 보다 단단하게 만들었다. 이 지구라트의 겉은 잿물을 발라 구운 벽돌에 역청으로 회반죽하여 표면이 방수되도록 처리하였고, 사이사이에 배수로를 뚫어 내부의 습기가 외부로 배출되도록 했다. 이뿐만 아니라 여러 개의 벽돌에 기원전 2112년부터 2095년까지 재위한 우르-남무 왕의 이름이 새겨져 있는 것을 확인할 수 있다.
　한편, 신바빌로니아 시대의 바빌론에 건설된 지구라트는 구약성서에 나오는 바벨탑이라는 학설이 주류로 인정된다. 하늘에 도달하고자 하는 인간의 오만함을 상징하는 바벨탑은 기원전 7~6세기경에 신바빌로니아의 네부카드네자르 왕의 명으로 지어진 것으로 기록되어 있다. 고대 그리스의 역사가 헤로도토스의 저술에 따르면 바벨탑은 높이가 약 82m에 이르는 거대한 탑으로, 층마다 다른 색으로 칠해져 있으며 26톤의 금으로 된 가구와 조각으로 채워져 있었다고 전해진다. 이는 기원전 600년 무렵에 파괴되었기 때문에 오늘날 남아 있는 몇 개의 층으로 그 원형을 짐작할 수 있다.

03. 윗글의 중심 내용으로 가장 적절한 것은?

① 고대 메소포타미아의 건축물을 통해 당대 중요하게 여겼던 관습을 확인하여 오늘날 이를 이어가고자 하는 노력을 기울여야 한다.
② 고대 메소포타미아 문명에서 신과 인간을 잇고자 건설한 지구라트의 온전한 모습은 확인할 수 없지만 일부를 통해 원형과 건립 목적을 추측할 수 있다.
③ 지구라트를 통해 건축 당시의 문명을 확인하기 위해서는 지구라트 건축 시 사용된 건축 양식과 건축에 활용된 자재를 면밀히 살필 필요가 있다.
④ 배수로를 통해 내부의 습기가 밖으로 배출되도록 한 우르의 지구라트는 오늘날 건축의 발전에 크게 기여하였다.

04. 윗글의 내용과 일치하는 것은?

① 피라미드에는 지그재그 모양의 곡선 통로가 존재하지만, 지구라트에는 직선 통로가 존재한다.
② 인간의 오만함을 상징하는 바벨탑은 층마다 동일한 색으로 칠해져 있어 오늘날에도 그 원형을 쉽게 추측할 수 있다.
③ 수메르 왕조 시대 초기 신전의 기단에서 출발한 지구라트는 주로 지하에 신전을 안치하는 형태로 지어졌다.
④ 달의 신 난나를 모시기 위해 지어진 우르의 지구라트는 중앙부가 햇볕에 말린 벽돌 약 7백만 개로 지어졌다.

[05 – 07] 다음 보도자료를 읽고 각 물음에 답하시오.

올해로 50주년이 되는 '세계 환경의 날'은 1972년 6월 5일 스웨덴 스톡홀름에서 열린 '유엔 인간 환경 회의'를 계기로 전 세계가 지구의 환경보호를 위한 공동 노력을 시작한 날을 기념하기 위해 지정되었다. 우리나라도 1996년부터 법정기념일로 제정하여 매년 정부 차원의 기념행사를 개최하고 있다. 올해 '세계 환경의 날' 주제는 1972년 유엔 인간 환경 회의 당시의 주제인 '하나뿐인 지구'와 동일한 주제로 진행되며, 50년 전의 깨달음을 되살리자는 의미를 담았다.

환경부는 한강 노들섬에서 '제27회 환경의 날' 기념식을 개최하고, 환경부 장관을 비롯해 국회의원, 구청장 등이 참석할 예정이다. 이날 기념식에는 자연과 조화롭고 지속 가능한 미래와 건강한 지구를 위해 국민 모두가 환경보전 실천을 함께 하자는 핵심 주제를 전한다. 그간 환경보전에 공로가 큰 시민단체, 기업, 학교 등 사회 각 분야의 유공자 38명에게 정부 포상을 하는 수여식도 진행된다. 환경부 산하 기관에서는 미세먼지 줄이기, 증강현실 및 가상현실 체험, 손부채와 커피 찌꺼기 화분 만들기 등 다양한 체험 전시를 운영하고 극지방 전문 여행가의 지구온난화 환경 사진전을 선보인다.

나아가, 환경부는 국민의 접점에서 환경의 날을 기념하는 다양한 환경보전 실천 홍보활동을 펼친다. 먼저 국민들의 생활 속 친환경 실천 활동을 이끌기 위한 '지구 지킴 실천 참여' 행사를 진행한다. 지구를 위한 실천 다짐과 방법을 공유하는 사진을 소셜 네트워크 서비스(SNS)에 올리면 참가자를 대상으로 추첨을 통해 소정의 경품을 제공한다. 친환경 소비문화를 정착시키기 위한 특별 행사도 진행하고 있는데, 이번 특별 행사에서는 백화점, 편의점, 대형마트 등 그린카드 제휴 유통매장에서 그린카드로 녹색 제품 등을 구매하면 에코 머니 포인트를 평소보다 14~18% 더 높은 20%로 특별 적립해 준다. 한 달 동안 사용한 그린카드 누적 금액이 10만 원 이상일 경우 에코 머니 포인트 1만 점을 추가로 제공한다. 온라인 녹색 매장에서는 녹색 제품 구매 시 할인 또는 경품을 제공하는 환경의 날 특별 기획전도 마련되어 있다.

전국 각지에서는 지자체 및 기관별 특색에 따라 자체 기념식, 환경 체험 및 교육, 환경 그림 그리기 대회, 환경 정화 활동 등을 다채롭게 선보인다. 환경부 소속 전북 지방환경청은 이번 환경의 날부터 새만금 환경 생태 단지를 전면 개장한다. 전북 부안군 장신리 일원에 조성된 새만금 환경 생태 단지는 작년에 새만금 내 생태 녹지 공간으로 준공되었으며, 생태습지, 탐조대, 습지 관찰대, 생태교육·체험지구 등으로 구성되어 있다. 경상남도는 자전거에 간이 환경 전시관을 탑재하여 찾아가는 '자전거 퍼레이드'를 진행하고, 재활용 생활용품 만들기 체험, 분리수거 홍보관 등 약 20개의 환경 전시관을 운영할 예정이다.

한○○ 환경부 장관은 "올해 환경의 날 기념식은 세계 환경의 날 제정 이후 지난 50년간 인간의 행동으로 인한 지구의 위기를 반추하고, 자연과 인류의 지속 가능한 미래에 대해 고민하는 시간이 될 것"이라며, "우리 국민 모두가 에너지 절약, 일회용품 줄이기 등 건강한 지구를 위한 친환경 생활 실천에 동참해 주기를 바란다."라고 전했다.

※ 출처: 환경부(2022-06-02 보도자료)

05. 위 보도자료의 제목으로 가장 적절한 것은?

① 지구 보호를 위한 친환경 생활 실천 방법
② 환경보전의 필요성을 알리는 환경의 날 기념식 개최
③ 에코 머니 포인트로 경제적 혜택을 더하는 그린카드
④ 친환경 생활을 위한 지구 지킴 참여 행사 진행

06. 위 보도자료의 내용과 일치하는 것은?

① 전라북도 장신리에는 습지 관찰대, 생태습지 등으로 구성된 생태 녹지공간이 내년에 완공될 예정이다.
② 환경부가 27번째로 개최하는 환경의 날 기념식의 주제는 건강한 지구를 위한 국제기관 간 환경보전 협업의 필요성이다.
③ 참여 행사에서는 SNS에 친환경 실천 방안에 대한 내용을 업로드한 사람 중 가장 많은 득표수를 받은 사람이 상품을 받는다.
④ 온라인 녹색 매장에 방문하면 녹색 제품 구매 시 경품이나 할인 혜택을 받을 수 있는 특별 기획전에 참여할 수 있다.

07. 위 보도자료를 통해 추론한 내용으로 가장 적절하지 않은 것은?

① 환경부 산하 단체에서는 기념식 참석자들을 위해 VR 및 AR 체험 행사를 진행한다.
② 1개월 동안 그린카드로 10만 원을 사용했다면 총 1만 점의 에코 머니 포인트가 적립된다.
③ 세계 환경의 날은 유엔 인간 환경 회의가 스웨덴에서 열린 지 약 24년 만에 우리나라에서 법정기념일로 지정되었다.
④ 공로 대상자로 선정된 수상자에는 학교, 시민단체뿐만 아니라 일반 기업도 포함된다.

[08 – 10] 다음 글을 읽고 각 물음에 답하시오.

(가) 라식 수술이 완료되면 일반적으로 수술 다음 날부터 나안시력(裸眼視力)이 약 0.5에서 0.9까지 회복되고, 대략 2~3개월이 지나면 큰 변화 없이 시력이 안정된다. 각막 절편을 만드는 과정에서 1% 미만의 부작용이 발생한다는 보고가 있으나, 최근 미세 각막 절삭기의 기술이 발전하면서 부작용은 거의 없는 것으로 알려졌다. 다만, 수술 중에 절단된 각막 표면으로 가는 말초 신경이 재생되기 전에는 눈물 분비가 줄어서 안구건조증이 잦게 발생한다. 안구건조증은 대부분 수술 후 6개월이면 회복되지만, 일부는 만성으로 지속되기도 한다.

(나) 1968년에는 인도의 물리학자 마니 랄 보믹과 동료들이 크세논, 아르곤, 크립톤 가스가 들뜬상태에 놓일 때 새로운 분자를 만드는 엑시머 레이저를 발명하였다. 1973년에 이르러 보믹은 이 레이저를 미국안과협회의 회의에서 공개하면서 특허를 얻었다. 그리고 1980년에는 인도의 화학자 랭가스워미 스리니바산이 자외선 엑시머 레이저가 조직 주변을 훼손하지 않으면서도 살아 있는 조직을 확실하게 절삭할 수 있다는 점을 발견하였다. 이후 1990년 이탈리아의 루치오 부라토와 그리스의 펠리카리스가 이 모든 기술을 종합하면서 이전보다 정확하고 빠르며 합병증 발병이 적은 라식을 완성시켰다.

(다) 라식은 각막의 표면을 얇게 벗겨 낸 후 엑시머 레이저로 각막의 일부를 깎아 내어 시력 교정을 한 다음 벗겨 냈던 각막을 원래의 상태로 덮어서 복원하는 수술을 말한다. PRK나 라섹에 비해 수술 후의 통증과 각막 혼탁 현상이 적고, 시력 회복기간을 줄일 수 있다. 대개 근시를 교정하기 위해 각막 중심부를 절삭하는 방식으로 수행되지만, 주변부를 절삭하여 원시나 노안을 교정하는 데 사용하는 비중도 증가하고 있다. 난시축을 따라 각막의 표면을 선택적으로 깎아서 난시를 교정하는 것도 가능하다.

(라) 수많은 사람의 노력으로 완성된 라식은 눈의 성장이 완료된 것으로 여겨지는 만 18세 이상이면 수술이 가능하다. 라식은 미리 정한 양만큼 정확하게 각막을 깎아 내는 작업이 시력의 회복에 상당한 영향을 미친다는 점에서 매우 중요하다. 그러므로 수술 중에는 의료진의 지시에 따라 정면에 보이는 기준점을 주시하여 각막의 위치를 고정하여야 한다. 그리고 갑자기 기침 또는 재채기가 나거나 눈에 통증이 느껴진다면 각막이 손상될 가능성이 있으므로 임의로 움직이지 말고 의료진에게 상황을 설명해야 한다.

(마) 다양한 시력 문제를 해결할 수 있어 많은 사람에게 각광받고 있는 라식의 역사는 약 70년 전으로 거슬러 올라간다. 1950년대에 스페인의 안과 의사 호세 바라커가 각막의 형태를 수술로 바꾸는 방안을 개발하였고, 이를 러시아의 안과 의사 스뱌토슬라프 표도로프가 개선하여 방사성 각막 절개술을 고안하였다. 표도로프는 눈에 깨진 안경 조각이 박힌 아이를 치료하는 과정에서 각막의 가장자리에 꽂힌 유리를 제거하고자 아이의 눈에 여러 방사성 절개를 만들었는데, 수술 이후 각막이 회복된 아이의 시력이 이전보다 좋아지면서 시력 교정 수술에 대한 세간의 관심을 일으키는 계기가 되었다.

08. 윗글의 내용과 일치하지 않는 것은?

① 라식은 PRK나 라섹보다 수술 후 통증과 각막 혼탁 현상이 적으며 시력 회복기간이 짧다.
② 표도로프는 각막의 형태를 수술로 바꾸는 방안을 개선하여 방사성 각막 절개술을 개발하였다.
③ 라식 수술 중에 절단된 각막 표면으로 기는 말초 신경은 큰 이변이 없는 한 재생되지 않는다.
④ 자외선 엑시머 레이저는 조직 주변을 훼손하지 않고 살아 있는 조직을 확실히 절삭할 수 있다.

09. 윗글을 논리적 순서대로 알맞게 배열한 것은?

① (다) – (마) – (나) – (라) – (가)
② (다) – (마) – (라) – (가) – (나)
③ (마) – (나) – (가) – (다) – (라)
④ (마) – (나) – (라) – (가) – (다)

10. 윗글을 읽고 답변할 수 있는 질문으로 가장 적절하지 않은 것은?

① 라식 수술을 받는 중에 각막을 손상시키지 않으려면 어떤 행동을 주의해야 하는가?
② 시력 교정 수술에 대하여 사람들의 관심을 일으킨 계기는 무엇인가?
③ 라식 수술을 진행하기 앞서 반드시 받아야 하는 검사에는 무엇이 있는가?
④ 라식으로 근시를 교정하는 방법과 난시를 교정하는 방법에는 무슨 차이가 있는가?

[11 - 13] 다음 보도자료를 읽고 각 물음에 답하시오.

보건복지부와 한국 보건의료 정보원은 수요자 중심의 보건 의료데이터 품질관리를 주제로 제2차 보건 의료데이터 혁신 토론회를 온라인으로 개최한다고 밝혔다. 보건 의료데이터 혁신 토론회는 보건 의료데이터에 대한 현장 의견을 지속적으로 청취하고 정책에 반영하기 위한 논의의 장으로서 작년에 출범하였다. ㉠ 그간 디지털 헬스케어 활성화를 위한 데이터 정책 추진 방향 등 주제별 토론회를 통해 각계 전문가들이 다양하고 심도 있는 논의를 진행한 바 있다.

우리나라는 전 국민 건강보험, 병원 전자 의무기록 등 잠재 가치가 높은 데이터를 다량으로 보유하고 있으며, 개인정보 보호법 개정으로 가명 정보 처리 근거를 마련하는 등 제도적으로 보건 의료데이터 활용 여건이 성숙하다. 그러나 영상 정보, 생체 신호 등 다양한 형태로 생성되는 보건 의료데이터의 특성을 반영한 표준화 및 품질관리 기준이 미흡한 상황으로 인해 데이터 기반 성과 창출에 제약이 존재하였다. (   ) 보건 의료데이터 활용 활성화의 관건인 고품질 데이터 생산을 위해 품질관리 방안 마련이 필요한 상황이다.

㉡ 토론회는 수요자 중심의 보건 의료데이터 품질관리를 주제로 5개의 발표 및 패널토론을 진행한다. 기조 발표로, 대한 의료정보학회 김 교수가 보건 의료데이터 품질의 정의와 필요성 및 제언에 대해 발표한다. 이번 발표에서는 비정형 데이터를 포함한 연구 목적 데이터의 품질 기준을 선도적으로 마련해야 함을 제언하고, 고품질 데이터 구축을 위한 방안으로 의료기관의 고품질 데이터 생산에 대한 유인체계 마련, 의료데이터 특화 품질검증 지표 개발, 의료데이터 품질검증 및 인증기관 설립을 제시한다.

첫 번째 발제로, 한국 데이터 산업 진흥원의 박 팀장이 K-데이터의 데이터 인증 소개 및 현황에 대해 발표한다. 한국 데이터 산업 진흥원이 운영하는 데이터 인증 제도를 소개하고, 세부적으로 데이터 품질, 관리 및 보안 측면에서 인증 절차를 시행하고 있음을 설명한다. ㉢ 현재 내부적으로 현저히 낮은 수준을 보이는 데이터 자체 품질과 보안 절차의 필요성을 함께 지적한다. 한국 전자통신 연구원인 전 책임이 두 번째 발제를 맡았으며, 인공지능 분야 성능 평가를 위한 표준과 데이터 품질에 대해 발표한다. 구체적으로, 인공지능 분야 의료기기의 데이터 평가 프로세스와 표준화 진행 추진 현황을 소개하고, 보건 의료데이터 표준화 및 품질관리 이슈와 향후 방향에 대하여 제언한다.

세 번째 발제는 K 대학교의 신 교수가 발표하는 보건 의료데이터 품질 검증센터 운영과 품질관리 사례이다. 해당 토론에서는 K 대학교 의료원 헬스케어 데이터 검증센터 운영 사례를 다룰 예정이다. ㉣ 또한, 데이터 구축 시작 단계부터 품질 검증 전문가가 함께 참여함으로써 고품질 데이터 확보가 가능함을 제시한다. 마지막 발제인 보건 의료데이터 품질관리를 위한 스마트 큐레이션 기술개발은 Y 대학교 윤 교수가 발표한다. 보건 의료데이터의 정성적 특징으로 대규모 품질 평가가 어려움을 설명하며, 의료데이터에 맞는 새로운 품질 지표 및 가이드라인, 유용한 정보를 자동으로 추출하는 기술개발 계획을 발표한다. 이어지는 패널토론에서는 대한 의료정보학회의 이 교수를 좌장으로 하여 의료계·학계, 산업계 등과 함께 품질관리 정책 추진 방향에 대해 논의할 계획이다.

※ 출처: 보건복지부(2022-04-27 보도자료)

11. 윗글의 빈칸에 들어갈 단어로 가장 적절한 것은?

   ① 가령　　　　② 그리고　　　　③ 따라서　　　　④ 그렇지만

12. 위 보도자료를 읽고 이해한 내용으로 가장 적절한 것은?

   ① 의료계는 한국 전자통신 연구원을 중심으로 구성된 패널들과 함께 품질관리 정책 추진에 대한 토론을 진행할 예정이다.
   ② 보건복지부에서 오프라인으로 개최하는 토론회의 논제는 보건 의료데이터 품질관리에 대한 대책 마련의 필요성이다.
   ③ 우리나라는 잠재 가치가 높은 건강보험 관련 데이터를 보유하고 있는 반면 보건 의료데이터를 활용할 수 있는 제도적인 기반은 미흡한 상황이다.
   ④ 대한 의료정보학회에서 담당하는 기조 발표에서는 의료데이터 품질과 관련한 인증기관 설립 및 검증 척도 개발에 대한 내용을 다룰 것이다.

13. 윗글의 논리적 흐름을 고려할 때, ㉠~㉣ 중 삭제되어야 하는 문장은?

   ① ㉠　　　　② ㉡　　　　③ ㉢　　　　④ ㉣

[14 - 15] 다음은 국민기초생활보장을 위한 수급 신청 접수 안내문의 일부이다. 각 물음에 답하시오.

[국민기초생활보장을 위한 수급 신청 접수 안내]

1. 수급자란?
   - 근로무능력자, 희귀 난치 중증 질환자, 장애 정도가 심한 장애인, 질병·실직·이혼 등으로 생활이 곤란한 이혼(미혼)가정, 한부모가정 등의 생활이 곤란한 취약계층을 의미함

2. 수급 신청 접수
   1) 신청 대상자
      - 수급자 가구의 가구원 및 그 친척, 기타 관계인이 신청
        ※ 수급자의 친족 및 그 밖의 관계인은 위임장 지참
      - 사회복지 담당 공무원이 관할 지역 내 수급자의 동의를 얻어 직권 신청
   2) 접수 장소
      - 주민등록상 주소지 관할 시·군·구 및 읍·면·동에서 연중 접수 가능
        ※ 단, 주거가 일정하지 않은 경우 실제 거주지역을 관할하는 시·군·구(읍·면·동)에서 접수
   3) 제출서류 안내

필수 신청서	• 사회보장급여 신청(변경)서 • 금융정보 등 제공 동의서(부양의무자 포함) ※ 주거급여, 교육급여 수급자는 동일 보장가구가 아닌 부양의무자의 금융정보 등 제공 동의서는 제출하지 않음
구비 서류	• 제적등본 • 임대차계약서 등 임대차계약관계를 증빙할 수 있는 서류 • 사용대차 확인서 • 소득·재산 확인 서류 • 위임장 및 신분 확인 서류 • 외국인등록사실증명서 등

※ 구비 서류는 필요시 관할 공무원의 요청이 있을 때에 한해서 제출

3. 접수 절차

접수 안내	• 상담을 통해 필요한 급여·서비스에 대한 문의 후 접수 방법 및 절차 확인 • 급여 신청은 통합 신청이 기본이나 원할 경우 급여 종류별로도 선택 가능 ※ 급여 종류에는 생계급여, 의료급여, 주거급여, 교육급여, 해산급여 등이 있으며, 통합 신청 시 모든 급여에 대해 자동으로 신청됨
신청서 작성	• 사회보장급여 신청(변경)서 작성 및 관할 공무원의 요청이 있을 시 구비 서류 함께 준비
신청 접수	• 읍·면·동에서 수급 신청 접수를 진행하며, 이후 시·군·구에서 즉시 접수 처리됨 ※ 신청서는 원본 제출이 원칙으로, 사본 제출은 불가능함

처리 기한	• 30일 이내에 처리 후 결과 통보 예정 • 아래와 같은 사유에 해당될 경우 60일 이내에 처리 후 결과 통보 예정 　① 소득·재산 등의 조사에 시일이 걸리는 특별한 사유가 있는 경우 　② 수급자 또는 부양의무자가 '법 제22조 제1항·제2항' 및 관계 법률에 따른 조사나 자료 제출 요구를 거부·방해 또는 기피하는 경우 [법 제22조 제1항·제2항에 따른 조사나 자료 제출을 요구받을 수 있는 사항] • 부양의무자의 유무 및 부양능력 등 부양의무자와 관련된 사항 • 수급자 및 부양의무자의 소득·재산에 관한 사항 • 수급자의 근로능력, 취업상태, 자활욕구 등 자활지원계획 수립에 필요한 사항 • 수급자의 건강상태, 가구 특성 등 생활실태에 관한 사항 등
통보 방법	• 서면 통보가 원칙이나, 어르신·장애인 등의 문자해독능력 등을 고려하여 전화 안내, 전자우편, 문자메시지 서비스 등으로도 통보 가능하므로 신청 시 통보 방법 추가 선택 가능

14. ○○시 주민센터 사회복지 담당 공무원인 귀하는 다음 주부터 국민기초생활보장을 위한 수급 신청 관련 민원 업무를 진행하기 위해 위 안내문을 검토하였다. 이때, 귀하가 이해한 안내문의 내용으로 가장 적절하지 않은 것은?

① 급여 신청은 통합 신청이 기본이나 수급자가 원할 경우에 한해 생계 및 의료, 주거 등의 급여 종류별로도 신청할 수 있다.
② 급여 신청서 접수 시 원본을 제출해야 하지만 거주지 불특정 등 부득이한 경우에 한해 팩스 등을 통한 사본 제출도 가능하다.
③ 결과는 서면으로 받아 볼 수 있으며, 필요시 전화 안내, 전자우편, 문자메시지 등의 방법으로도 결과를 받아 볼 수 있다.
④ 수급자가 동의할 경우 수급자의 거주지를 관할하는 지역 내 사회복지 담당 공무원이 직권으로 수급 신청을 할 수 있다.

15. ○○시 주민센터 주민생활지원과에서 수급 신청 처리 업무를 담당하고 있는 귀하가 일부 수급 신청자에게 급여 신청 접수 처리에 필요한 추가 서류 제출을 요청했다고 할 때, 귀하가 요청할 수 있는 사항으로 가장 적절하지 않은 것은?

① 수급자 및 부양의무자의 소득·재산에 관한 사항
② 부양의무자의 건강상태, 가구 특성 등 생활실태에 관한 사항
③ 부양의무자의 유무 및 부양능력 등 부양의무자와 관련된 사항
④ 수급자의 근로능력, 취업상태, 자활욕구 등 자활지원계획 수립에 필요한 사항

[16 – 18] 다음 글을 읽고 각 물음에 답하시오.

　　뉴스는 새로운 소식이 매스미디어를 통해 대중에게 전달되는 것으로, '언제, 어디서, 누가, 왜, 무엇을, 어떻게'라는 육하원칙에 의해 작성된다. (　　　) 새로 발생한 모든 사건이 뉴스의 소재가 되는 것은 아니다. 뉴스는 사건 그 자체가 아니라 사람들에게 보도되는 이야기나 기록을 의미하는 것으로, 새로운 사건이 발생하면 사건의 전달 목적과 수단에 따라 보도 주체의 첨삭과 편집의 과정을 거친다. ㉠ 즉, 신문사와 방송사에서 보도할 만한 가치가 있다고 판단한 정보만이 뉴스로 전달된다.
　　이때 신문사나 방송사에서 뉴스를 보도하기 전 어떤 자료를 최종적으로 보도할 것인가를 판단하는 가치 척도를 뉴스 가치라고 한다. 시의성(時宜性)은 뉴스의 가치 판단 시 가장 중요한 요소로 활용된다. 사건이 발생한 시점뿐만 아니라 사건 보도 시점 또한 중요한 고려사항이며, 대중에게 전달될 때의 시간적 근접성이 클수록 시기적절한 뉴스라고 할 수 있다. 시의성 외에도 뉴스의 지리적·심리적 근접성 또한 중요한 가치 판단의 기준이 되고, 지리적·심리적 근접성이 클수록 뉴스 가치는 커진다. ㉡ 일례로 미국에서 광우병이 발생할 경우 미국산 소를 수입하는 우리나라의 보도 기관은 이를 매우 중요한 뉴스로 다룬 것을 들 수 있다. 이처럼 지리적으로 먼 지역의 사건이라도 내부적으로 관련이 깊을 경우 뉴스 가치가 있는 중요 정보가 된다. 이 밖에도 인간적 흥미, 영향성, 저명성 등도 뉴스의 가치 판단 기준으로 이용된다.
　　최근에는 미디어의 발달로 대중들이 뉴스를 접할 수 있는 플랫폼이 다양해지면서 범람하는 정보 속에서 자극적인 소재로 대중을 유인하는 뉴스가 성행하고 있다. 이로 인해 발생하는 가장 대표적인 문제는 가짜 뉴스이다. 가짜 뉴스는 사실을 기반으로 교묘하게 조작된 뉴스로, 언론 보도 형태를 띠고 있지만 정치·경제적 이익을 달성하기 위해 핵심 내용을 왜곡하거나 조작하여 의도적으로 유포되는 거짓 정보이다. 가짜 뉴스는 주로 인터넷 커뮤니티, 동영상 사이트 등 공개적인 플랫폼에서 유포되며, SNS를 통해 빠른 속도로 넓은 범위에 확산된다. 문제는 가짜 뉴스가 주로 유포되는 디지털 콘텐츠의 특성상 생산 주체와 원본을 식별하기 어렵다는 것이다. 누구나 콘텐츠를 생산하고 유포할 수 있고 유포 과정에서도 수차례 재가공되어 최초의 생산 주체를 식별하는 것이 어려울뿐더러, 식별하더라도 사실 여부를 파악하기 쉽지 않다. ㉢ 기존 기사를 출처 없이 그대로 게재하는 것은 창작자의 저작권을 해치는 일이기도 하다.
　　가짜 뉴스가 지속적으로 유포될 경우 진짜 뉴스에 대한 신뢰도마저 떨어뜨리는 부작용이 생겨날 가능성이 크다. 그뿐만 아니라 가짜 뉴스가 SNS의 필터버블과 맞물려 확산될 경우, 정보의 편향을 가중하여 전체 여론을 호도하는 결과를 낳을 수도 있다. ㉣ 필터버블은 포털사이트나 SNS에서 개인화된 알고리즘을 통해 이용자 성향에 맞는 정보만을 걸러 제공하는 것으로, 이용자는 내용의 사실 여부보다 개인의 호불호에 따른 정보만을 접하게 된다. 결국 가짜 뉴스는 개인의 편견과 고정관념을 강화하여 한쪽으로 편향된 관점의 극화를 심화시키고, 사실 해석에도 편향적인 결과를 유발하여 개인을 넘어 사회 전반적으로 악영향을 끼칠 수 있다.

16. 윗글에 나타난 필자의 의견으로 가장 적절한 것은?

    ① 미디어 환경 변화에 따라 뉴스 가치의 의미를 이해하고 진짜 뉴스를 판단하는 것이 중요하다.
    ② 뉴스 보도가 활발한 사회에서는 정보 공유가 활발하기 때문에 사회통합도가 높은 경향을 보인다.
    ③ 개인의 성향에 맞는 정보만을 지속해서 접하게 되면 편향된 사고가 심화될 수 있다.
    ④ 변화하는 사회 환경에 대응하여 최신 소식을 빠르게 전달하는 뉴스일수록 뉴스 가치가 높은 것으로 볼 수 있다.

17. 윗글의 빈칸에 들어갈 단어로 가장 적절한 것은?

    ① 결국　　　　　② 그래서　　　　　③ 그러나　　　　　④ 이를테면

18. 윗글의 논리적 흐름을 고려할 때, ㉠~㉣ 중 삭제되어야 하는 문장은?

    ① ㉠　　　　　② ㉡　　　　　③ ㉢　　　　　④ ㉣

[19-20] 다음 보도자료를 읽고 각 물음에 답하시오.

질병관리청은 국내 항생제의 적정 사용관리를 위하여 상급종합·종합병원을 대상으로 「항생제 사용관리 프로그램*(Antimicrobial Stewardship Program, 이하 ASP 통합 운영 가이드라인」을 발간·배포한다고 밝혔다.
* 항생제 사용관리 프로그램: 의료기관의 체계적인 항생제 사용지원·관리 추진체계(위원회 구성, 전단팀 운영, 감시활동 등 포함)

이번 가이드라인은 대한감염학과와 대한항균요법학회의 정책 연구용역 결과를 바탕으로 마련되었으며, ASP 적용에 대한 기본 원칙 및 실행을 위한 6가지 핵심요소로 구성되어 있다. 질병관리청은 국내 최초로 개발된 한국형 ASP 통·화합 운영 가이드라인을 통해 ASP 적용 방법, 시행을 위한 핵심요소, 의료기관 적용을 위한 전략 등의 기본 원칙을 9개의 핵심 질문을 통해 제시하고 있으며, 의료 현장에서의 활용도를 높이기 위해 ASP 핵심요소 6개 항목(리더십의 책무, 운영 체계, 중재의 실행, 보고, 교육)을 각 핵심요소별 체크리스트 및 활용 예시와 함께 수록하였다.

이와 같이 질병관리청이 ASP 통합 운영 가이드라인을 마련하게 된 이유는 국내의 불필요한 항생제 사용량에 있다. 최근 국내 인체 항생제 사용량은 감소하고 있으나, 2020년 국내 항생제 사용량은 21.0 DID*로 경제협력개발기구(OECD) 국가 중 4위**로 여전히 높은 상황임이 드러났다.
* DID(DDD/인구 1,000명/1일): 인구 1,000명당 하루 의약품 소비량
** 2018년 29.8 DID → 2019년 26.1 DID → 2020년 21.0 DID

항생제의 부적절한 사용은 약제 부작용 및 항생제 내성을 유발하는 주요 원인으로, 영국에서 발표된 항생제 내성 보고서에서는 2050년까지 항생제 내성 문제가 지속되었을 때 전 세계적으로 1,000만 명의 사망자가 발생할 수 있다고 예측하였다. 국내의 경우 2019년 전국 의료기관 대상 항생제 처방 질적 평가 결과 전체 항생제 처방 중 26.1%가 부적절한 것으로 확인되었으며, 2020년 의사 대상 항생제 인식도 조사 결과, ASP를 알고 있다고 답한 비율은 감염내과에서 100%를 차지한 것과 달리 전체의 57.6%를 차지해 감염내과를 제외한 진료과목에서의 ASP 인지율은 낮은 것으로 나타났다. 또한, 불필요한 항생제를 처방하지 않는다고 답한 비율은 59.6%에 불과한 것으로 밝혀졌다.

(   ) 질병관리청은 지난 4월 10일 서울스퀘어에서 'ASP 통합 운영 가이드라인 발간 간담회'를 개최하여 지침 활용을 위한 방안, 의료기관의 '항생제 사용관리 프로그램(ASP) 도입-정착-확산'을 위한 인프라 구축, 중소·요양병원 및 1, 2차 의료기관 정책 지원을 위한 기반 마련, 대국민 대상 홍보 강화 등 전문가들의 다양한 의견을 수렴하였다. 간담회에서 논의된 내용은 「제2차 국가 항생제 내성 관리대책(2021년~2025년)」 추진과 연계하여 국내 항생제 내성 감소 및 의료기관의 적정한 항생제 처방 지원을 위한 정책에 반영할 계획이다.

지○○ 질병관리청장은 'ASP 통합 운영 가이드라인 발간'을 통해 "의료현장에서 의사의 항생제 처방을 위한 올바른 정보를 제공하여 불필요한 항생제 사용 및 환자의 의료비용을 감소시키고, 의료의 질과 환자의 안전을 개선시킬 수 있을 것으로 기대한다."라고 밝혔다.

※ 출처: 질병관리청(2023-04-27 보도자료)

19. 위 보도자료의 빈칸에 들어갈 단어로 가장 적절한 것은?

   ① 그래서   ② 그러나   ③ 아울러   ④ 예컨대

20. 위 보도자료의 내용과 일치하는 것은?

   ① 국내 인구 1,000명당 일일 의약품 소비량은 2018년 이래로 매년 가파르게 증가하고 있는 추세이다.
   ② ASP 통합 운영 가이드라인은 대한감염학과와 대한항균요법학회의 정책 연구 시 활발히 활용되었다.
   ③ 항생제가 불필요한 상황에서도 항생제를 처방한 경험이 있다고 답한 의사의 비율은 전체 답변자의 과반수를 넘지 않는다.
   ④ 질병관리청은 ASP 통합 운영 가이드라인을 마련하여 의원부터 상급종합병원까지 모든 의료기관을 대상으로 배포한다.

[21 - 22] 다음은 지역별 수도요금의 연간 부과량 및 유수율에 대한 자료이다. 각 물음에 답하시오.

[지역별 수도요금의 연간 부과량 및 유수율]

구분	2017년		2018년	
	연간 부과량(백만m^3)	유수율(%)	연간 부과량(백만m^3)	유수율(%)
전체	5,528	85	5,650	85
서울특별시	1,101	96	1,112	95
부산광역시	345	93	345	93
대구광역시	268	92	268	93
인천광역시	335	90	347	90
광주광역시	155	85	160	88
대전광역시	193	94	198	94
울산광역시	113	89	113	87
세종특별자치시	24	87	28	89
경기도	1,386	89	1,421	89
강원도	168	74	174	73
충청북도	210	85	221	85
충청남도	214	83	214	80
전라북도	185	71	192	71
전라남도	161	71	168	71
경상북도	287	70	296	71
경상남도	305	75	312	75
제주특별자치도	78	46	81	46

※ 유수율(%) = (연간 부과량 / 연간 생산량) × 100
※ 출처: KOSIS(환경부, 상수도통계)

21. 다음 중 자료에 대한 설명으로 옳은 것은?

    ① 2017년 수도요금의 연간 부과량은 전라북도가 전라남도의 1.5배이다.
    ② 대전광역시의 연간 생산량은 2018년이 2017년보다 크다.
    ③ 제시된 지역 중 2018년 유수율이 전년도와 동일한 지역은 총 10곳이다.
    ④ 연도별로 연간 부과량이 세 번째로 많은 지역은 2017년과 2018년에 서로 동일하다.

22. 2018년 유수율이 가장 큰 지역의 연간 생산량이 전체 연간 생산량에서 차지하는 비중은 약 몇 %인가?

    ① 13.7% ② 15.3% ③ 17.6% ④ 24.0%

[23 - 25] 다음은 의료기관별 입원환자 및 외래환자 수에 대한 자료이다. 각 물음에 답하시오.

[의료기관별 입원환자 및 외래환자 수]

(단위: 천 명)

구분	2018년		2019년		2020년	
	입원환자	외래환자	입원환자	외래환자	입원환자	외래환자
상급종합병원	1,947	39,872	1,946	41,275	1,778	38,956
종합병원	3,147	69,866	3,365	72,005	2,853	66,370
병원	2,838	64,683	2,919	65,060	2,460	54,762
요양병원	483	3,063	493	3,149	407	2,887
치과병원	4	4,344	5	4,613	5	4,432
한방병원	267	5,372	432	6,336	463	6,798
의원	942	561,967	1,014	568,961	859	484,226
기타 병·의원	31	193,090	79	201,572	102	182,277
계	9,659	942,257	10,253	962,971	8,927	840,708

※ 출처: KOSIS(보건복지부, 의료서비스이용현황)

23. 다음 중 자료에 대한 설명으로 옳은 것은?

① 2018년에 다른 의료기관에 비해 환자 수가 가장 많은 의료기관은 입원환자와 외래환자가 서로 동일하다.

② 2019년 이후 종합병원 입원환자 수의 전년 대비 증감 추이와 동일한 의료기관은 총 3개이다.

③ 2020년 외래환자 수가 다른 의료기관에 비해 가장 적은 의료기관의 외래환자 수는 전년 대비 10% 이상 감소하였다.

④ 전체 입원환자 수에서 상급종합병원 입원환자 수가 차지하는 비중은 2019년이 2018년보다 높다.

24. 2020년 입원환자 수가 2년 전 대비 가장 많이 감소한 의료기관의 2020년 입원환자 수의 2년 전 대비 감소율은 약 몇 %인가? (단, 소수점 둘째 자리에서 반올림하여 계산한다.)

① 8.7% ② 9.3% ③ 13.3% ④ 15.7%

25. 다음 중 제시된 자료를 바탕으로 만든 그래프로 옳지 않은 것은?

① [한방병원 입원환자 및 외래환자 수]

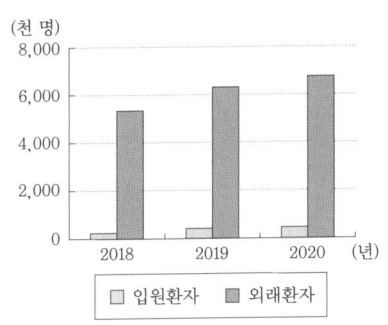

② [2020년 외래환자 수 상위 3개 기관]

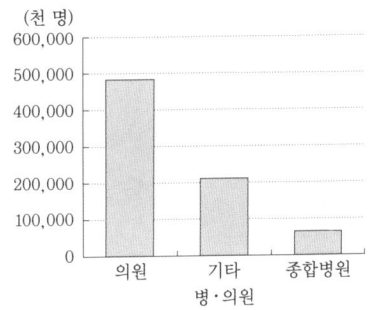

③ [치과병원 외래환자 수의 전년 대비 증감량]

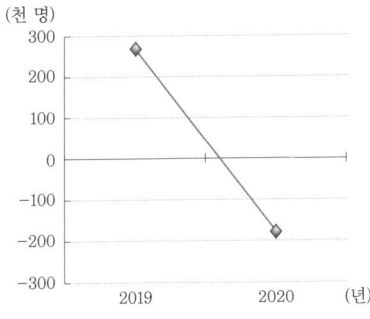

④ [전체 입원환자 수]

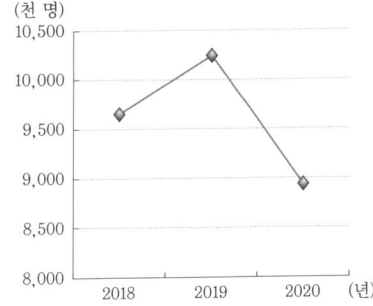

[26 – 28] 다음은 유형별 식품 수거검사 현황에 대한 자료이다. 각 물음에 답하시오.

[유형별 식품 수거검사 현황]
(단위: 건)

구분	2018년 적합	2018년 부적합	2019년 적합	2019년 부적합	2020년 적합	2020년 부적합	2021년 적합	2021년 부적합
면류	3,260	0	2,881	2	3,245	6	3,740	2
음료류	8,561	27	8,965	56	7,456	37	9,702	54
장류	1,913	5	1,897	1	2,303	( )	1,866	10
조미식품	7,067	18	6,871	14	6,942	24	7,316	14
주류	(㉠)	5	2,163	7	2,325	1	2,325	4
농산가공식품류	3,328	32	4,065	29	4,209	42	4,932	19
식육가공품 및 포장육	6,676	21	6,694	21	6,974	25	7,012	16
알가공품류	427	11	429	11	428	4	381	4
유가공품	2,408	10	2,408	10	4,554	19	4,539	21
수산가공식품류	4,858	20	4,538	20	3,651	25	3,926	10
동물성가공식품류	129	1	266	1	110	2	166	(㉡)
즉석식품류	3,916	7	3,935	15	3,283	4	3,219	12
기타식품류	1,636	30	1,638	44	2,636	61	2,499	22

※ 1) 해당 식품 전체 수거 건수 = 적합 건수 + 부적합 건수
   2) 적합률(%) = $\frac{\text{적합 건수}}{\text{해당 식품 전체 수거 건수}} \times 100$
   3) 부적합률(%) = $\frac{\text{부적합 건수}}{\text{해당 식품 전체 수거 건수}} \times 100$

※ 출처: KOSIS(식품의약품안전처, 식품수거검사실적)

26. 다음 중 (가)~(라)의 크기가 큰 순서대로 나열한 것은?

(가) 2021년 면류의 적합률
(나) 2019년 알가공품류의 적합률
(다) 2020년 조미식품의 부적합률
(라) 2018년 수산가공식품류의 부적합률

① (가) – (나) – (다) – (라)
② (가) – (나) – (라) – (다)
③ (나) – (가) – (다) – (라)
④ (나) – (가) – (라) – (다)

27. 다음 조건을 모두 고려하였을 때, 제시된 자료의 ㉠, ㉡을 바르게 연결한 것은?

> a. 2018년 주류의 적합 건수는 2019년과 2020년 농산가공식품류 부적합 건수 합의 30배 이상이다.
> b. 제시된 유형 중 2018년 적합 건수가 5번째로 적은 유형은 주류이다.
> c. 2021년 동물성가공식품류의 적합 건수 대비 부적합 건수의 비율은 0.05 미만이다.

	㉠	㉡
①	2,118	8
②	2,296	8
③	2,302	10
④	2,438	10

28. 2020년 장류의 부적합률이 1.7%일 때, 부적합 건수는 약 얼마인가? (단, 소수점 첫째 자리에서 반올림하여 구한다.)

① 30건　② 35건　③ 40건　④ 45건

[29 – 31] 다음은 A 지역의 연도별 정신건강 관련 설치 기관 수에 대한 자료이다. 각 물음에 답하시오.

[연도별 정신건강 관련 설치 기관 수]

(단위: 개)

구분		2018	2019	2020	2021	2022
자살예방센터		48	51	52	49	50
중독관리센터		22	19	17	17	21
정신재활시설		1,025	988	1,005	1,124	1,100
㉠		434	448	436	472	461
종합병원 정신과		980	893	900	921	916
㉡		325	331	327	332	340
㉢		112	107	109	125	133
정신병원	국립	56	62	59	60	63
	공립	15	18	20	22	23
	사립	244	261	257	239	248

※ 정신병원은 설립 주체에 따라 국립, 공립, 사립 세 가지로 구분됨

29. 다음 중 (가)~(라)의 크기가 큰 순서대로 나열한 것은? (단, 증가율은 소수점 둘째 자리에서 반올림하여 계산한다.)

(가) 2020년 설치한 자살예방센터 수의 2년 전 대비 증가율
(나) 2022년 설치한 공립 정신병원 수의 2018년 대비 증가율
(다) 2019년 설치한 ㉡ 수의 전년 대비 증가율
(라) 2022년 설치한 정신재활시설 수의 3년 전 대비 증가율

① (나) – (가) – (라) – (다)
② (나) – (라) – (가) – (다)
③ (나) – (라) – (다) – (가)
④ (라) – (나) – (가) – (다)

30. 다음 조건을 모두 고려하였을 때, 제시된 자료의 ㉠~㉢을 바르게 연결한 것은?

    a. 제시된 기관 중 2021년 설치 기관 수의 전년 대비 증가량은 정신요양시설이 두 번째로 많다.
    b. 제시된 기간 동안 설치한 평균 기관 수는 정신요양시설이 한방병원 정신과의 2배 이상이다.
    c. 2020년 설치한 한방병원 정신과 수 대비 요양병원 정신과 수 비율은 3이다.

	㉠	㉡	㉢
①	정신요양시설	요양병원 정신과	한방병원 정신과
②	정신요양시설	한방병원 정신과	요양병원 정신과
③	요양병원 정신과	정신요양시설	한방병원 정신과
④	요양병원 정신과	한방병원 정신과	정신요양시설

31. 2022년 설치한 전체 정신병원 수에서 국립 정신병원 수가 차지하는 비중의 2년 전 대비 증가율은 약 얼마인가? (단, 소수점 둘째 자리에서 반올림하여 계산한다.)

    ① 5.8% ② 6.1% ③ 6.7% ④ 7.4%

[32-34] 다음은 A 질병 환자의 유병률 및 상대 생존율에 대한 자료이다. 각 물음에 답하시오.

[2021년 A 질병 환자의 연령대별 유병률]
(단위: 명, %)

구분		환자 수	0~4세	5~9세	10~14세	15~19세	20~24세	25~29세
림프성	남성	2,223	8.9	11.5	7.6	6.0	2.6	1.5
	여성	1,951	6.5	15.6	6.4	3.7	1.4	0.7
골수성	남성	3,717	3.2	4.3	3.4	4.3	7.1	6.7
	여성	3,119	1.6	2.3	2.5	4.0	3.9	4.3
상세 불명	남성	463	0.7	1.0	0.7	0.5	0.5	0.6
	여성	832	0.4	0.7	0.3	0.2	0.5	0.3

※ 유병률은 인구 10만 명당 발병자 수를 의미함

[2020년 A 질병 환자의 기간별 상대 생존율]
(단위: 명, %)

구분	환자 수	1년	2년	3년	4년	5년
남성	33,003	51.7	40.0	43.1	32.3	35.3
여성	30,963	50.7	40.1	45.7	33.2	34.6

※ 상대 생존율은 암 환자의 생존율을 일반 인구의 생존율로 나눈 값을 의미함

32. 다음 중 자료에 대한 설명으로 옳지 않은 것은?

① 2021년 25~29세 유병률은 모든 항목에서 남성이 여성보다 높다.
② 2021년 15~19세 남성 인구가 약 1,400,000명일 때, 15~19세 남성 림프성 환자 수는 약 84명이다.
③ 2021년 A 질병의 림프성 및 골수성 환자 수의 합은 11,010명이다.
④ 2020년 전체 A 질병 환자 중 여성 환자가 차지하는 비중은 45% 미만이다.

33. 2021년 A 질병의 남성 상세 불명 환자 수가 전년 대비 3% 감소하였을 때, 2020년 A 질병의 남성 상세 불명 환자 수는 약 몇 명인가? (단, 소수점 첫째 자리에서 반올림하여 계산한다.)

① 473명　　② 477명　　③ 482명　　④ 488명

34. 다음은 제시된 자료를 바탕으로 만든 그래프이다. 그래프의 ㉠~㉣에 들어갈 항목을 바르게 연결한 것은?

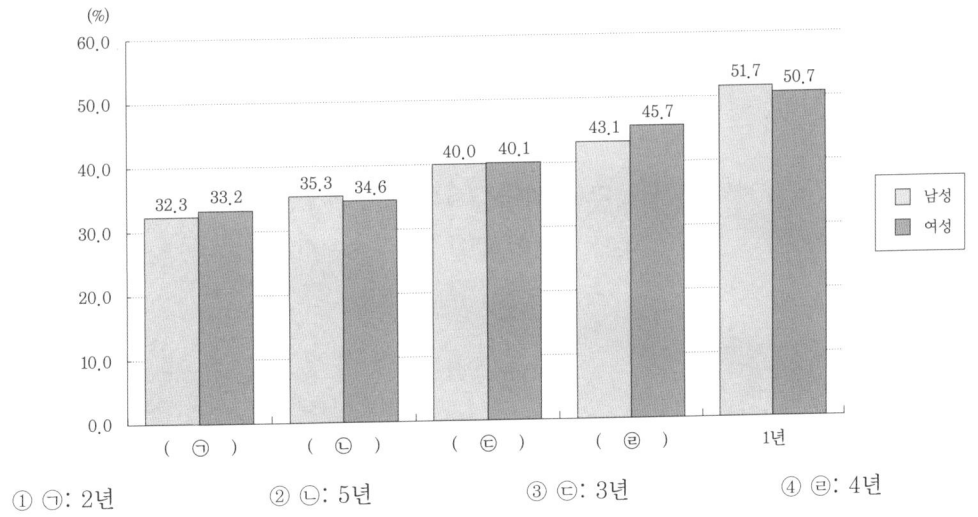

[2020년 A 질병 환자의 기간별 상대 생존율]

① ㉠: 2년　　② ㉡: 5년　　③ ㉢: 3년　　④ ㉣: 4년

[35-36] 다음은 투자 주체별 주식 소유액에 대한 자료이다. 각 물음에 답하시오.

[투자 주체별 주식 소유액]

(단위: 조 원)

구분	2015년	2016년	2017년	2018년	2019년	2020년	2021년
A	40.1	27.0	26.7	50.5	37.4	51.4	52.9
B	220.1	82.7	127.1	176.3	158.4	210.1	219.9
C	230.5	186.2	216.6	356.3	349.3	319.3	324.4
D	275.6	196.3	346.2	307.9	289.3	313.1	318.6
E	335.4	179.4	306.0	395.4	360.3	419.5	439.5

35. 다음 중 자료에 대한 설명으로 옳은 것은?

① 2021년 E의 주식 소유액은 A의 주식 소유액의 9배 이상이다.
② 2017년부터 2020년까지 D의 주식 소유액의 평균은 300조 원 이상이다.
③ A와 C의 주식 소유액의 차이가 처음으로 300조 원 이상인 해는 2017년이다.
④ 2016년 이후 B와 D의 주식 소유액의 전년 대비 증감 추이는 매년 동일하다.

36. 다음은 제시된 자료를 바탕으로 만든 그래프이다. 그래프의 ㉠~㉣에 들어갈 항목을 바르게 연결한 것은?

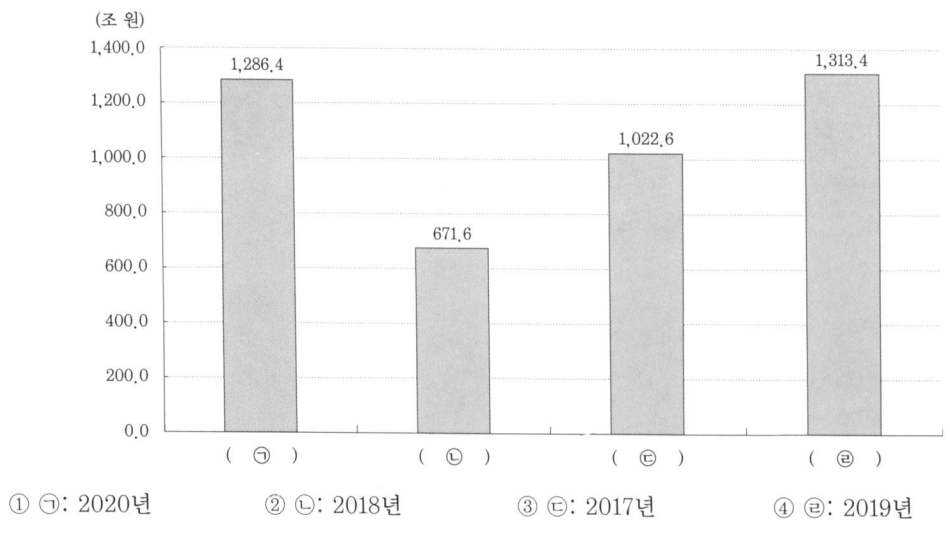

[연도별 A~E 5명의 총주식 소유액]

① ㉠: 2020년   ② ㉡: 2018년   ③ ㉢: 2017년   ④ ㉣: 2019년

[37-38] 다음은 2019년 암종별 5년 유병자 수에 대한 자료이다. 각 물음에 답하시오.

[암종별 5년 유병자 수] (단위: 명)

구분	10대 이하	20대 이상 30대 이하	40대 이상 50대 이하	60대 이상	계
간암	86	508	12,218	26,257	39,069
위암	4	1,862	33,453	81,673	116,992
식도암	0	14	1,221	5,660	6,895
췌장암	65	393	2,767	7,865	11,090
갑상샘암	447	30,903	73,493	31,730	136,573
폐암	17	665	12,763	52,489	65,934
후두암	2	17	884	3,879	4,782
대장암	25	29,547	29,547	77,064	136,183
유방암	8	6,776	65,414	35,365	107,563

※ 출처: KOSIS(보건복지부, 암등록통계)

37. 다음 중 자료에 대한 설명으로 옳은 것은?

① 전체 갑상샘암 유병자 수에서 20대 이상 30대 이하 유병자 수가 차지하는 비중은 25% 이상이다.
② 60대 이상 유병자 수가 다른 암종에 비해 가장 많은 암종과 가장 적은 암종의 유병자 수 차이는 76,013명이다.
③ 40대 이상 50대 이하 유방암 유병자 수는 40대 이상 50대 이하 간암 유병자 수의 5배 이상이다.
④ 10대 이하 유병자 수가 다른 암종에 비해 가장 많은 상위 3개 암종의 유병자 수의 합은 537명이다.

38. 2020년 전체 대장암 5년 유병자 수가 전년 대비 10% 감소하였고, 위암 5년 유병자 수가 전년 대비 10% 증가하였을 때, 2020년 전체 대장암 5년 유병자 수와 위암 5년 유병자 수의 합은? (단, 소수점 첫째 자리에서 반올림하여 계산한다.)

① 227,858명   ② 251,256명   ③ 253,175명   ④ 278,492명

[39 - 40] 다음은 연령별 내원일수 및 1일당 진료비에 대한 자료이다. 각 물음에 답하시오.

[연령별 내원일수 및 1일당 진료비]

(단위: 천 일, 천 원)

연령별	2018년		2019년		2020년	
	내원일수	내원 1일당 진료비	내원일수	내원 1일당 진료비	내원일수	내원 1일당 진료비
20~24세	27,900	58.9	27,718	63.4	25,408	71.0
25~29세	34,208	61.5	35,175	66.1	33,416	74.4
30~34세	38,380	67.2	38,595	72.4	34,806	82.6
35~39세	50,846	67.4	49,493	73.2	41,786	84.4
40~44세	51,238	68.1	51,398	74.3	46,114	84.9
45~49세	66,456	70.9	65,797	76.9	57,981	87.1
50~54세	77,568	74.5	78,443	80.7	71,901	89.9
55~59세	95,680	78.9	94,249	85.5	83,623	95.1
60~64세	95,168	83.6	100,444	90.4	95,045	100.5
65~69세	87,092	86.4	91,490	93.6	89,491	104.6
70~74세	82,155	87.2	86,051	94.3	80,902	105.1
75~79세	82,525	89.6	82,780	96.4	73,797	107.1
80~84세	59,148	92.1	62,969	98.5	58,863	109.0
85세 이상	45,959	93.3	49,979	98.6	50,631	107.1

※ 출처: KOSIS(국민건강보험공단/건강보험심사평가원, 건강보험통계)

39. 다음 중 자료에 대한 설명으로 옳은 것은?

① 2020년 내원일수가 많은 순서대로 상위 3개 연령대와 같은 해 내원 1일당 진료비가 많은 순서대로 상위 3개 연령대는 서로 같다.
② 2018년 내원일수가 50,000천 일 미만인 연령대는 모두 35세 미만이다.
③ 2020년 내원 1일당 진료비가 가장 낮은 연령대의 2020년 총 진료비는 2조 원 미만이다.
④ 제시된 기간 동안 내원 1일당 진료비가 70천 원 이상 80천 원 미만인 연령대의 수는 매년 동일하다.

40. 다음 중 제시된 자료를 바탕으로 만든 그래프로 옳지 않은 것은?

① [70~79세 연도별 내원일수]
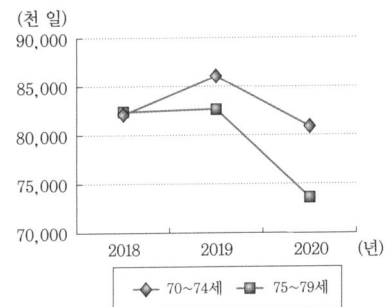

② [2019년 20~39세 내원일수]
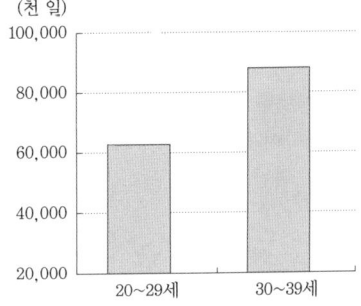

③ [연도별 50~59세 내원 1일당 진료비]
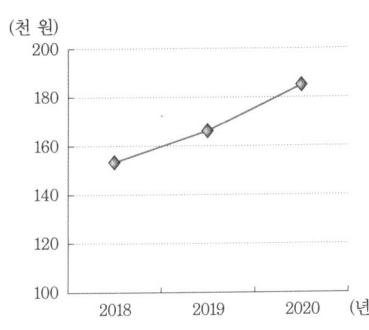

④ [제시된 기간 60~69세 내원일수 연평균]
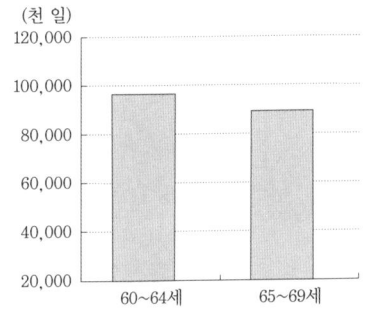

[41 – 43] 다음은 L 기업의 우수 직원 선정 평가 규정 및 금년 전략사업팀 직원별 점수표이다. 각 물음에 답하시오.

[우수 직원 선정 평가 규정]

1. 선정 방법
    - 실적 및 수행능력 평점에 각각 30%, 근무태도 평점에 20%, 성실성 및 발전 가능성 평점에 각각 10%의 가중치를 부여하여 산출된 각 항목의 평점과 나머지 항목의 평점을 합산하여 최종 점수가 가장 높은 사람이 그해의 우수 직원으로 선정됨

2. 평가 항목

구분		평가 기준
업무 항목	실적	자신이 맡은 업무에 대해 얼마큼의 성과를 냈는지 평가함
	지식	자신이 맡은 업무에 대한 지식수준을 평가함
	판단력	규정, 지시, 자료 등을 빠르게 이해할 수 있는지 평가함
	수행능력	자신이 맡은 업무를 빠르게 처리할 수 있는지 평가함
비업무 항목	근무태도	지각, 조퇴, 결근이 없는지 평가함
	협조성	동료와 협력하여 조직의 능률 향상에 공헌하는지 평가함
	성실성	모든 일에 성실하게 임하는지 평가함
	근무의욕	자신이 맡은 일을 능동적으로 처리하는지 평가함
	발전 가능성	회사의 일원으로서 발전 가능성이 높은지 평가함

3. 항목별 배점

A 등급	B 등급	C 등급	D 등급
5점	3점	2점	1점

[전략사업팀 직원별 등급표]

구분	업무 항목				비업무 항목				
	실적	지식	판단력	수행능력	근무태도	협조성	성실성	근무의욕	발전 가능성
갑	C	B	C	D	B	C	C	D	A
을	C	A	D	C	A	B	B	C	B
병	B	B	B	C	C	B	B	B	C
정	C	B	B	A	B	B	D	A	C

41. 위 자료를 근거로 판단한 내용으로 옳은 것은?

① 비업무 항목만을 고려했을 때 가장 낮은 평점을 받는 직원은 정이다.
② 우수 직원 선정 방법은 근무태도 항목보다 성실성 항목을 더 중요시하는 평가 방식이다.
③ 수행능력 항목에서 최고 등급과 최저 등급을 받은 각 직원의 최종 점수 차이는 6.8점이다.
④ 전략사업팀 직원 중 협조성 항목에서 가장 낮은 평점을 받은 직원은 5점 이상을 받은 평가 항목이 없다.

42. 우수 직원 선정 평가 규정과 전략사업팀 직원별 점수표를 모두 고려하였을 때, 우수 직원으로 선정되는 사람은?

① 갑　　　② 을　　　③ 병　　　④ 정

43. L 기업에서는 직원들의 실적 역량 향상을 위해 실적, 수행능력, 근무태도, 성실성 항목만 평가하고, 실적 항목에만 50%의 가중치를 부여하여 최종 점수를 산출하는 것으로 규정을 변경하였다. 변경된 규정을 적용하였을 때, 우수 직원으로 선정되는 사람은?

① 갑　　　② 을　　　③ 병　　　④ 정

[44 - 45] 다음은 전국 산림 생태 복원 기술대전 공고문이다. 각 물음에 답하시오.

[전국 산림 생태 복원 기술대전 공고]

"산림 생태 복원 기술의 발굴·확산을 위해 제10회 전국 산림 생태 복원 기술대전을 개최합니다."

1. 공모 부문
   - 시공지 부문: 우수한 산림 복원 신기술 및 신공법을 적용한 0.2ha 이상의 시공지 사례
   - 연구 부문: 산림 복원 신기술 및 신공법 관련 연구를 진행 중이거나 완료한 사례
   - 아이디어 부문: 산림 복원 신기술 및 신공법 관련 문제점 및 개선방안에 대한 창의적인 아이디어 사례

2. 신청 방법
   - 신청 대상: 산림 생태 복원을 생각하는 개인 및 기관·단체 누구나
   - 신청 기간: 3. 2.(수)~5. 31.(화)
   - 제출 방법: 홈페이지에서 신청 양식을 다운로드하여 작성한 후 대표 이메일로 제출
     ※ 대표 기관의 산림 부서로 우편 접수 가능

3. 심사 절차

1차 심사	- 1차 심사 전문가 위원회에서 진행한 서류 심사 결과에 따라 부문별로 총점이 높은 사례를 선정함(시공지/연구 부문: 10곳, 아이디어 부문: 5개)

   ▼

2차 심사	- 2차 심사 전문가 위원회에서 기술 적용 사례지가 있는 경우 현장 및 PPT 발표 심사를 진행하고, 기술 적용 사례지가 없는 경우 PPT 발표 심사만 진행함 - 2차 심사 전문가 위원회에서 진행한 2차 심사 결과에 따라 최종 순위를 결정함 　※ PPT 발표만 진행한 경우 해당 점수로 최종 순위를 결정함

4. 심사 기준

구분	심사 항목	심사 내용	배점 1차	배점 2차
1차·2차 심사	창의성	유사 기술과 차별성 여부	25점	25점
	실현가능성	현장 적용 시 성과 기대 여부	25점	30점
	기술성	기술력 보유 및 지속가능성 정도	25점	30점
	효과성	예산 절감 및 기간 단축 정도	25점	15점

   ※ 2차 심사의 총점이 동일한 경우 1차 점수가 더 높은 지원자가 더 높은 순위를 차지함

5. 유의 사항
   - 접수된 서류는 일절 반환되지 않으며, 우수한 작품이 없을 경우 당선작을 선정하지 않을 수 있음
   - 타 부처 기술 및 공법으로 참가할 수 있으나, 산림 복원 사업에 적용이 가능한 기술로 한정함

44. 위 공고문을 토대로 판단한 내용으로 옳지 않은 것은?

① 심사 항목 중 기술성과 실현가능성은 서류 심사보다 현장 및 발표 심사에서 항목별 배점이 더 높다.
② 0.1ha 규모의 시공지에서 신공법을 적용한 사업을 진행한 공공기관은 대표 기관의 산림 부서에 우편으로 접수하여 지원할 수 있다.
③ 다른 부처의 산림 복원 공법이라도 산림 복원 사업에 적용할 수 있다면 연구 공모 부문에 참가할 수 있다.
④ 아이디어 공모 부문의 서류 심사에서 높은 점수를 받은 상위 5개의 사례가 2차 심사 대상에 해당한다.

45. 다음은 연구 부문 지원자들의 평가 점수이다. 심사 과정에서 2차 점수가 잘못 산출된 것이 확인되어 일부 지원자의 2차 점수가 변경되었을 때, 변경 전 최종 순위 1위와 변경 후 최종 순위 1위를 순서대로 바르게 나열한 것은? (단, 2차 심사 점수는 현장 심사와 발표 심사를 종합하여 산출된 점수이다.)

[평가 점수]

구분	1차 점수	2차 점수(변경 전)	2차 점수(변경 후)
A 기관	69점	83점	83점
B 단체	73점	87점	88점
C 협회	77점	87점	87점
D 단체	74점	81점	88점
E 기관	80점	84점	84점

① B 단체 – B 단체　　② B 단체 – D 단체　　③ C 협회 – B 단체　　④ C 협회 – D 단체

[46 – 47] 다음 보도자료를 읽고 각 물음에 답하시오.

영구임대주택에서 경증 치매를 앓고 있는 아내와 함께 생활하시는 80대 A 어르신은 외출 시 한결 마음이 가볍다. 긴급 SOS 서비스를 통해 위기 상황 알림을 받을 수 있고, 돌봄 대상자 외출 시 동선이 파악되어 위급 상황이 발생하면 신속한 대처가 가능할 것이기 때문이다. 영구임대주택에 거주하시는 70대 B 어르신도 앞으로 생활패턴 모니터링을 통해 평소와 달리 움직임 없는 미활동 상태로 감지되면, 돌봄 관제 담당자가 허리 통증 등 움직이지 못하시던 상황을 파악하고 보호자와 함께 병원 동행 등 조기 치료를 실시하게 된다.

국토교통부(이하 국토부)와 L 공사는 광주시 서구 쌍촌동 영구임대주택에서 고령자 맞춤형 스마트 돌봄 시범사업을 착수한다고 밝혔다. 입주한 지 30년이 경과하여 노후된 쌍촌동 영구임대주택은 인공지능(AI), 사물인터넷(IoT) 등 첨단기술을 활용하여 고령자, 장애인을 대상으로 24시간 응급관제, 응급 벨 대응, 외출 시 위치 확인, 쌍방향 의사소통, 개인맞춤형 건강관리, 일상생활 패턴 예측·대응의 6가지 24시간 스마트 돌봄 서비스를 제공한다. 이를 통해 긴급 상황 발생 시 신속한 대응이 가능하며 더 나아가 활동, 건강, 수면 등 개인별 생활패턴 데이터를 분석하여 위기 상황에 대한 사전 대응도 가능할 것으로 기대된다.

이번 사업을 위해 국토부는 영구임대주택 시설에 대한 총괄지원, L 공사는 스마트 돌봄 플랫폼 설치 예산을 지원하였고, 광주 서구청은 돌봄 서비스 운영을 담당하였으며 사단법인 복지마을은 스마트 돌봄 기기를 개발·설치하였다. 이 밖에도 국토부와 L 공사는 고령자 주거복지를 위해 지자체 공모를 통하여 임대주택과 돌봄을 함께 제공하는 '고령자복지주택'의 대상지를 선정하여 2,260호를 공급 완료하였고, 2025년까지 1만 호를 공급할 계획이다. 고령자복지주택 내 공공임대주택에는 건설비의 80%가 지원되고, 문턱 제거, 안전 손잡이 등의 무장애 설계가 적용되어 어르신들이 안전하고 편안한 생활을 할 수 있게 된다. 공공임대주택과 함께 조성되는 사회복지시설에는 개소당 27.3억 원의 건설비가 지원되고, 건강·여가시설 등을 갖춘 복지관, 보건소 등이 유치되어 지역 내 고령자복지 거점으로 자리매김하고 있다.

2019년부터 운영 중인 장성 영천 고령자복지주택은 150호의 고령자를 위한 임대주택과 1,080㎡의 사회복지시설이 함께 공급되어 입주자뿐만 아니라 지역 어르신 전체를 대상으로 서비스를 확대하여 노인주거·복지·보건 서비스를 제공 중이며, 평균 하루 200명이 경로 식당, 인지 향상 프로그램, 원예 교실 등 복지프로그램을 이용하고 있다. 또한 임대주택 190호와 1,700㎡의 사회복지시설이 복합 조성된 시흥 은계 고령자복지주택은 2019년부터 입주를 시작하였으며, 단지 내 건강한 노인이 거동이 불편하거나 경증 치매가 있는 노인 등 도움이 필요한 노인의 가정을 방문하여 말벗이 되거나 취미생활을 공유하는 노노케어 사업 등을 실시하여 가족들의 돌봄 부담을 줄이고 어르신들의 생활 편의를 제공하며 사회참여 기회를 높이고 있다. 2016년 개관한 성남 위례 고령자복지주택은 지역 내 유일한 복지관으로 고령자를 위한 급식 지원, 정서 상담 등의 복지서비스를 제공하고 있으며, 노인 인지 건강 강화를 위해 ICT 기반 스마트 보드게임과 물리치료실, 건강상담실 등도 운영 중이다.

국토부 김○○ 주거복지정책관은 "이번 스마트 돌봄 시범사업은 임대주택에 인공지능 등 첨단기술을 덧입혀 맞춤형 주거복지서비스를 제공했다는 측면에서 큰 의미가 있다"라며, "더 나아가서 이번 사업을 통해 축적된 일상생활 패턴 등에 대한 빅데이터를 평면 설계, 단지 배치, 복지서비스, 시설 개선 등에 적용하여 임대주택을 질적으로 개선할 예정이다."라고 밝혔다.

※출처: 국토교통부(2021-11-04 보도자료)

46. 위 보도자료를 근거로 판단한 내용으로 옳지 않은 것은?
   ① 고령자 맞춤형 스마트 돌봄 시범사업에 쓰이는 돌봄 기기 개발을 주관한 곳은 국토교통부이다.
   ② 성남시 고령자복지주택은 고령자를 대상으로 식사 지원 및 심리 상담 등 다양한 복지서비스를 제공하고 있다.
   ③ 국토교통부는 고령자 맞춤형 스마트 돌봄 시범사업으로 수집한 데이터를 건축 설계에 활용할 예정이다.
   ④ 임대주택과 사회복지시설이 함께 조성되어 있는 고령자복지주택에 거주하면 노인 방문 케어 서비스를 받을 수 있다.

47. 다음 중 위 보도자료를 잘못 이해한 사람은?

   - 가은: 국토부와 L 공사는 2025년까지 임대주택과 돌봄 서비스가 함께 제공되는 고령자복지주택 10,000호를 공급할 준비를 하고 있어.
   - 동민: 24시간 스마트 돌봄 서비스로 영구임대주택에 거주하는 노인의 외부 동선 파악이 가능해졌어.
   - 민현: 공공임대주택과 함께 지어지는 사회복지시설에는 한 곳당 20억 원 이상의 건설비가 지급되는구나.
   - 소희: 시흥시 고령자복지주택에 사는 노인들은 인지 향상 프로그램이나 원예 교실과 같은 활동에 참여할 수 있겠네.

   ① 가은   ② 동민   ③ 민현   ④ 소희

[48 – 50] 다음은 긴급치료병상 비용 지원에 대한 안내문이다. 각 물음에 답하시오.

[긴급치료병상 비용 지원 안내]

1. 지원 목적
- 신종 감염병 확산에 대비하고 중증·준중증 등 환자의 치료역량을 갖춘 의료기관에 긴급치료병상 확충 비용을 지원하여 감염병 대응 체계를 구축하고자 함
  ※ 긴급치료병상: 평상시 일반환자 진료시설로 운영이 가능하며, 감염병 위기 등 유사시 음압격리병상으로 전환하여 감염병 환자 진료를 위해 사용하는 병상

2. 지원 내용
1) 지원 항목: 긴급치료병상(중증, 준중증·특수병상)과 병상 설치에 필요한 시설비 및 의료장비비

구분		내용	비고
시설	건축 유형	리모델링 또는 신·증축	-
	시설비 구성	공사비, 설계비, 감리비, 시설부대비	이동 가능 가구 및 전자제품 등의 비품비 미지원
의료장비		감염병 환자 치료 및 진단, 병동 운영에 필요한 필수 의료장비 구입비	필수 장비 목록 내에서 지원

  ※ 시설부대비: 조달청 계약 수수료, 공사와 직접 관련 있는 공공요금, 수용비, 공사감독관 체재비 등
2) 지원금: 총 소요비용의 50%(중증·특수병상 최대 2.1억 원, 준중증병상 최대 1.35억 원)

3. 긴급치료병상별 신청 조건

구분	신청 조건	비고
중증병상	• 500병상 이상의 종합병원	• 지자체에서 별도로 요청할 경우 300병상 이상의 종합병원도 신청 가능함 • 300병상 미만인 종합병원은 지자체 요청과 의료진 운영 계획서를 필수로 제출해야 함
준중증·특수병상	• 300병상 이상의 종합병원 (특수병상은 지자체에서 별도로 요청 시 병원급도 가능함)	• 지자체에서 별도로 요청할 경우 300병상 미만의 종합병원도 신청 가능함(단, 긴급치료병상 20병상 이상 신청할 경우 의료기관은 의료진 운영계획서를 필수로 제출해야 함)

4. 지원 절차

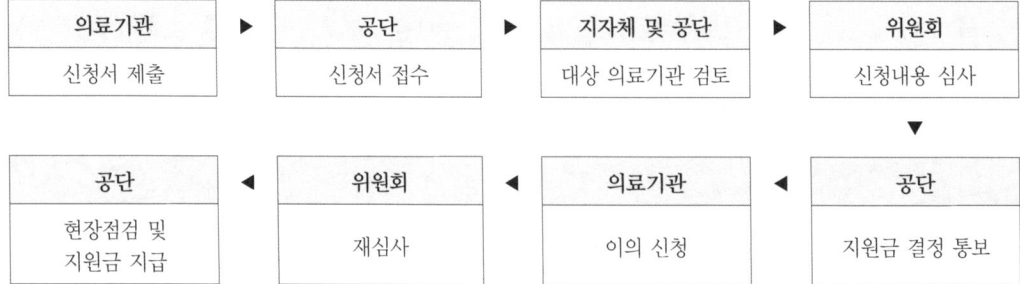

  ※ 1) 공단에 제출된 신청서는 공단이 당일 접수 처리하며, 이후 모든 절차는 각각 7일이 소요됨
     2) 지원자의 선택 사항인 이의 신청에 따라 재심사가 진행되며, 이외의 모든 절차는 반드시 진행됨

48. 위 안내문을 토대로 판단한 내용으로 옳지 않은 것은?

① 긴급치료병상 비용을 지원받게 될 의료기관을 선정하는 업무는 공단과 지자체가 함께 진행한다.
② 긴급치료병상은 감염병 환자 진료를 목적으로 이용되지만 보통 때에는 일반 환자 진료 시에도 사용할 수 있다.
③ 400개의 준중증병상을 가지고 있는 종합병원은 별도로 지자체의 요청이 있는 경우에 한하여 긴급치료병상 비용 지원 사업을 신청할 수 있다.
④ 긴급치료병상 비용 지원을 받게 되는 의료기관은 이동식 의료용 트레이 관련 비용은 지원받을 수 없다.

49. 위 안내문을 근거로 다음 내용을 판단할 때, A가 긴급치료병상 비용 지원 신청서를 접수해야 하는 날짜는? (단, 주말 및 공휴일은 고려하지 않는다.)

> A는 온라인 홈페이지에서 긴급치료병상 확충 비용을 지원한다는 안내문을 확인하였다. 약 600병상 정도를 가지고 있는 종합병원을 운영 중인 A는 긴급치료병상을 지원받기 위해 이를 신청해야겠다고 생각했다. A는 자신이 이의 신청을 하지 않는다는 전제 하에 지원금을 11월 1일에 받고자 한다.

① 9월 13일   ② 9월 20일   ③ 9월 27일   ④ 10월 4일

50. 다음은 긴급치료병상 비용을 지원받기 위해 신청한 A~D 의료기관의 정보이다. 네 개의 기관 중 선정될 수 있는 기관이 최대 지원받을 수 있는 금액의 총합은?

구분	신청 병상	기관 종류	기관 내 병상 개수	신청 병상 개수	총 소요비용	지자체 요청 여부	운영 계획서 제출 여부
A 의료기관	중증	종합병원	700개	100개	3억 원	X	X
B 의료기관	준중증	병원	350개	120개	5억 원	X	X
C 의료기관	특수	병원	350개	30개	4.2억 원	X	X
D 의료기관	준중증	종합병원	230개	50개	3억 원	O	O

① 2.85억 원   ② 3억 원   ③ 4.95억 원   ④ 5.1억 원

[51 – 53] 다음 보도자료를 읽고 각 물음에 답하시오.

보건복지부는 3년여간 실시된 한시적 비대면 진료의 현황과 실적을 발표했다. 비대면 진료는 「감염병의 예방 및 관리에 관한 법률」 제49조의3에 따라 '심각' 단계 이상의 위기 경보 발령 동안 한시적으로 허용되고 있다. 최근 정부는 제2차 의료현안협의체에서 대한의사협회가 제안하는 방안을 수용하여, 대면 진료 원칙하에서 국민 건강 증진이라는 목적 달성을 위해 비대면 진료를 보조적으로 활용하고, 재진환자와 의원급 의료기관 중심으로 실시하되, 비대면 진료 전담 의료기관은 금지한다는 제도화 추진 원칙에 대해 합의하였다. 건강보험에 청구된 비대면 진료 실시 현황을 분석한 주요 결과는 다음과 같다.

비대면 진료가 처음 허용된 이후 25,697개 의료기관에서 총 1,379만 명을 대상으로 3,661만 건의 비대면 진료가 실시되었다. 이는 코로나19 확진자의 코로나19 관련 질환을 대상으로 실시된 재택치료 2,925만 건이 포함된 수치로, 일반적인 현황 파악을 위해 이하에서는 코로나19 재택치료 건수를 제외한 736만 건에 대해 분석하였다. 비대면 진료 건수, 진료비, 이용자 수 및 참여 의료기관은 매년 증가하였다. 총 진료 736만 건 중 재진이 600만 건(81.5%), 초진이 136만 건(18.5%)이었으며, 진료 후 처방을 실시한 건수가 514만 건(69.8%), 처방에 이르지 않은 상담건수가 222만 건(30.2%)으로 나타났다.

전체 의료기관 중 27.8%에 해당하는 20,076개소가 비대면 진료에 참여하였으며, 의원급 의료기관이 참여 의료기관 중 93.6%, 전체 진료 건수의 86.2%를 차지하였다. 한시적 비대면 진료 실시 과정에서 상급병원 쏠림현상이 발생할 것이라는 우려가 제기되었으나, 실제로는 의원급 의료기관이 대부분을 차지했다. 고령층 만성·경증질환 중심으로 높은 이용률을 보였다. 연령 기준으로는 전체 736만 건 중 만 60세 이상이 288만 건(39.2%), 만 20세 미만이 111.2만 건(15.1%)을 차지하였고, 60~69세가 127.54만 건(17.3%)을 차지하였다. 질환 기준으로는 고혈압(15.8%), 급성기관지염(7.5%), 비 합병증 당뇨(4.9%)의 순서로 비중이 컸다.

보건복지부는 한시적 비대면 진료의 성과를 바탕으로 의료법 개정을 통한 비대면 진료의 제도화가 필요하다고 밝혔다. 고혈압, 당뇨병 환자 중 전화처방·상담 이용자군과 비이용자군 각각의 비대면 진료 허용 이전과 허용 이후 처방지속성 변화를 분석한 결과, 비대면 진료를 이용한 만성질환자의 처방지속성, 즉 치료과정에서 약물을 꾸준하게 복용하는 정도가 비대면 진료 허용 이후 증가한 것으로 나타났다. 처방지속성은 처방일수율과 적정 처방지속군 비율을 통해 확인할 수 있다. 연구에서는 고령층일수록 비대면 진료 이용자의 고혈압, 당뇨병에 대한 처방일수율과 적정 처방지속군 비율 증가율이 높아지는 경향을 보였다.

※ 1) 처방일수율: 평가 기간 동안 관련 약제를 투약받은 총 기간으로, 처방일수율이 높을수록 약을 잘 복용하고 있음을 의미함
2) 적정 처방지속군 비율: 처방일수율이 80%~110%에 해당하는 환자의 비율로, 적정 처방지속군의 비율이 높을수록 입원 위험 및 의료비용이 최소화됨

해당 연구를 통해 비대면 진료가 고령층의 처방지속성 향상 등 건강 증진에 일정 부분 기여할 수 있다는 점을 확인할 수 있었다. 또한, 국민건강보험공단에서 전화상담 처방 진료를 받은 환자 또는 가족(환자가 의사소통이 불가능한 경우) 500명을 대상으로 실시한 만족도 조사 결과, 응답자의 약 78%가 '비대면 진료 이용에 만족한다'라고 답변하였으며, 해당 응답자의 약 88%가 '재이용 의향이 있다'라고 응답하였다. 비대면 진료 이용에 만족한다고 응답한 이용자들은 '감염병으로부터의 안전(53.5%)', '진료 대기시간 단축(25.4%)' 등을 이유로 꼽았다. 조사 대상 이용자의 3.8%는 불만족한다고 응답하였으며, '전화 상담으로 인한 제한적인 진단·치료', '병원 방문에 비해 편리성을 느끼지 못해서' 등을 사유로 제시하였다.

동일한 대상에게 보건산업진흥원이 실시한 설문조사에서도 '비대면 진료 이용에 만족한다'라는 응답이 62.3%, '향후 비대면 진료 활용 의향이 있다'라는 응답이 87.9%로, 전반적인 이용 만족도가 지속적으로 높은 수준을 보였다. 다만, 해당 설문조사에서는 디지털 헬스 역량 수준(정보 검색 등 가능 여부)에 따라 만족도와 향후 활용 의향에 차이를 보였다. 이에 따라, 정보 소외 계층의 비대면 진료 접근성 제고를 위한 방안 마련 필요성이 제기된다. 아울러 한시적 비대면 진료를 실시하는 동안 비대면 진료에 따른 심각한 의료사고는 확인되지 않았다. 박○○ 보건복지부 제2차관은 "한시적 비대면 진료를 실시하면서 비대면 진료의 효과성과 안전성

을 확인할 수 있었고, 대형병원 쏠림 등 사전에 제기되었던 우려도 상당 부분 불식된 것으로 판단한다"라면서, "비대면 진료 과정에서 환자의 의료 선택권과 접근성, 의료인의 전문성이 존중되고, 환자와 의료인이 모두 안심하고 안전하게 비대면 진료를 이용할 수 있도록 보완 장치를 마련하며 제도화를 추진해나가겠다"라고 밝혔다.

※ 출처: 보건복지부(2023-03-12 보도자료)

51. 위 보도자료를 토대로 판단한 내용으로 옳지 않은 것은?

① 전체 비대면 진료 건수 중 재진 건수는 초진 건수의 5배 이상을 기록했다.
② 비대면 진료를 진행하는 과정에서 발생할 수 있는 중대한 의료사고는 한시적 비대면 진료 실시 기간 동안에는 확인된 이력이 없다.
③ 일시적인 비대면 진료 실시에 대해 평가하는 기간 동안 만성질환자가 약제를 투약받은 총 기간을 확인하면 해당 환자의 처방지속성도 알 수 있었다.
④ 비대면 진료에 참여한 의원급 의료기관이 전체 진료 건수에서 차지한 비중은 90%를 초과하지 못했다.

52. 다음 중 위 보도자료를 잘못 이해한 사람은?

> 다은: 비대면 진료와 관련된 연구를 통해 당뇨병에 대한 적정 처방지속군 비율의 증가율이 50대보다 60대에게서 더 상승하는 경향이 있다는 것을 알 수 있어.
> 지원: 전화상담 처방 치료를 받은 대상으로 진행한 만족도 조사에서는 500명 중 80% 이상의 사람들이 '재이용 의향이 있다고' 답했어.
> 동욱: 총 3천만 건 이상 시행된 비대면 진료 중에서 코로나19 관련 질환을 위해 시행된 비대면 진료는 배제하고 나머지 진료들로 비대면 진료 실시 현황을 분석했어.
> 혜인: 정부는 대면 진료 원칙 아래에서 비대면 진료를 보조적인 수단으로 사용하며, 비대면 진료를 전임하는 의료기관에 제재를 가하는 것을 원칙으로 삼았어.

① 다은   ② 지원   ③ 동욱   ④ 혜인

53. 위 보도자료를 근거로 판단할 때, 보건산업진흥원에서 실시한 설문조사에서 '비대면 진료 이용에 만족한다'라고 답을 한 사람은 약 몇 명인가? (단, 소수점 첫째 자리에서 반올림하여 계산한다.)

① 127명   ② 312명   ③ 389명   ④ 440명

[54-55] 다음은 환경 일자리 으뜸 기업 선정 공고문이다. 각 물음에 답하시오.

[환경 일자리 으뜸 기업 선정 공고]

1. 추진 목적
   - 일자리 창출에 기여하는 환경 기업을 선정·지원하여 일자리 창출을 유도하고, 근무 여건을 개선하기 위함

2. 신청 자격
   - 환경 기술 및 환경 산업 지원법 제2조에 따른 환경 전문 공사, 친환경 제품 생산 기업 등의 기업 중 고용자가 50인 이상이면서 2022년 말 기준 최근 1년간 고용 증가 인원이 3명 이상인 기업
     ※ 고용자가 50인 미만인 기업은 고용 증가 인원이 1명 이상이면 신청할 수 있음

3. 제한 자격
   - 2022년 말 기준 사업을 개시한 지 10년 이상인 기업
   - 2022년 말 기준 기간제 근로자, 일용직 근로자 등 단기간 근로자를 5명 이상 고용하고 있는 기업
   - 고용 증가율이 3% 미만인 기업
     ※ 고용 증가율(%) = (2022년 말 근로자 수 – 2021년 말 근로자 수) / 2021년 말 근로자 수
   - 최근 3년 이내 환경부 장관 표창을 받은 기업

4. 선정 기준
   - 100점 만점 중 총점이 70점 이상인 기업에서 가장 높은 점수를 얻은 기업이 선정됨
   - 총점이 동일한 기업이 2개 이상일 경우 최근 3년 평균 부채비율 증가율 점수가 더 높은 기업이 선정됨

구분	평가 기준	점수
양적 평가 (60점)	최근 2년간 고용 유지율	20점
	전년 대비 매출액 증가율	20점
	최근 3년 평균 부채비율 증가율	20점
질적 평가 (40점)	휴게실, 안전 매뉴얼 여부, 여가 활동비 지급, 건강검진 지원 등 근로 환경 개선 관련 기여도	25점
	벤처 기업, 사회적 기업, 녹색 기업, 우수 환경 산업체, 환경 표지 인증, 녹색 인증, 환경 신기술 인증 기업	15점

※ 1) 고용 유지율과 매출액 증가율은 높을수록, 평균 부채비율 증가율은 낮을수록 높은 점수를 받음
  2) 최근 2년간 고용 유지율(%): (2년 전 12월 말 기준 근로자 중 당해 12월 말까지 근무하는 근로자 수 / 2년 전 12월 말 기준 근로자 수) × 100
  3) 전년 대비 매출액 증가율(%) = {(당해 매출액 – 전년도 매출액) / 전년도 매출액} × 100
  4) 최근 3년 평균 부채비율 증가율(%): (최근 3년 평균 부채 / 최근 3년 평균 자본) × 100

54. 다음은 국내 친환경 기업인 A~E 기업의 정보이다. 위 공고문을 근거로 판단할 때, 22년 말 기준 위 사업에 신청할 수 있는 기업을 모두 고르면?

구분	사업 개시 경과 연수	근로자 수 22년 말	근로자 수 21년 말	매출액	비고
A 기업	8년	36명	33명	2억 원	22년 초 기간제 근로자 3명 고용
B 기업	5년 2개월	66명	60명	1억 5천만 원	22년 초 일용직 근로자 6명 고용
C 기업	12년	130명	120명	1억 2천만 원	-
D 기업	9년 6개월	49명	48명	1억 7천만 원	-
E 기업	1년 3개월	88명	85명	2억 1천만 원	22년 초 기간제 근로자 3명 고용

※ 22년에 고용한 단기간 근로자의 계약 기간은 2년이며, 중도 퇴사한 사람은 없음

① A 기업, C 기업 ② A 기업, E 기업 ③ B 기업, D 기업 ④ D 기업, E 기업

55. 다음은 환경 일자리 으뜸 기업의 최종 후보로 선정된 갑~정 기업의 정보이다. 위 공고문을 근거로 판단할 때, 최종적으로 선정되는 기업은?

구분	양적 평가 점수	질적 평가 점수	최근 3년 평균 자본	최근 3년 평균 부채
갑 기업	53점	34점	2억 4천만 원	2억
을 기업	60점	29점	1억 5천만 원	1억 2천만 원
병 기업	56점	33점	2억 1천만 원	1억 6천만 원
정 기업	57점	30점	1억	8천만 원

① 갑 기업 ② 을 기업 ③ 병 기업 ④ 정 기업

[56 - 57] 다음은 Q 통신사의 요금제와 할인방법, 부가서비스의 일부이다. 각 물음에 답하시오.

[이동전화 요금제]

요금제	음성	데이터	문자	월정액 요금
Q1	무제한	무제한	기본제공	100,000원
Q2	무제한	150GB	기본제공	79,000원
Q3	무제한	100GB	기본제공	69,000원
Q4	무제한	5GB	기본제공	43,000원
Q5	무제한	2.5GB	기본제공	35,000원
Q6	무제한	1.5GB	기본제공	30,000원

[요금제 할인방법]

구분	내용
공시지원금	일정기간 약정을 통해 통신사로부터 휴대폰 구매 시 단말기 가격을 일시불로 할인받는 방법
약정 할인	일정기간 약정을 통해 통신사로부터 요금 할인을 받는 방법(공시지원금과 중복 적용 불가)
결합 할인	이동전화와 인터넷 요금제를 모두 이용하는 경우 요금 할인 및 안심옵션 즉시 무료 제공

[부가서비스]

구분	내용	월정액 요금
안심옵션	기본 데이터를 모두 소진하여도 낮은 속도로 데이터 무제한 이용	5,000원
파손보험	보험사와 제휴하여 단말기 분실/도난/파손에 대비할 수 있는 보험 제공	5,500원
피싱보호	다양한 경고를 통해 보이스피싱 등 금융사기를 예방하는 서비스	1,000원

[인터넷 요금제]

구분	속도	월정액 요금
인터넷 A	5Gbps	45,000원
인터넷 B	1Gbps	38,500원
인터넷 C	500Mbps	33,000원

56. 유나는 Q 통신사로 통신사 이동을 하려고 한다. 다음 상황을 근거로 유나가 가장 저렴한 요금제를 선택했을 때, 유나가 Q 통신사에 매월 납부할 총금액은? (단, 상황에 제시되지 않은 내용은 고려하지 않는다.)

> 유나는 음성 통화를 많이 사용하지 않지만, 동영상 시청을 많이 하여 월평균 데이터 사용량이 70GB이다. 또한, 부가서비스로 파손보험과 피싱보호를 가입하고자 한다. 유나는 2년 약정을 통해 공시지원금을 받고, 나머지 이동전화 단말기 값은 일시불로 납부하려고 한다.

① 69,000원　　② 75,500원　　③ 79,000원　　④ 85,000원

57. 다음은 Q 통신사의 이동전화와 인터넷을 이용하는 승혁이의 2020년 8월 이동전화 및 인터넷 요금 계산서이다. Q 통신사의 요금제, 할인방법, 부가서비스와 8월 요금 계산서를 근거로 판단한 내용으로 옳지 않은 것은?

[2020년 8월 이동전화 및 인터넷 요금 계산서]

1. 이달의 청구 금액

구분	사용 요금			할인 요금				부가 가치세
	월정액 요금	옵션 요금	계	옵션 할인	결합 할인	약정 할인	계	
이동전화	30,000원	5,000원	35,000원	5,000원	3,000원	–	8,000원	2,700원
인터넷	45,000원	–	45,000원	–	7,000원	15,000원	22,000원	2,300원

※ 이용 요금 = 사용 요금 + 부가가치세 – 할인 요금

2. 이동전화 이용량 안내

구분	요금제 제공량	요금제 이용량
음성	무제한	67분 49초
문자	기본제공	20건
데이터	1.5GB	1.35GB

3. 최근 4개월 이동전화 및 인터넷 이용 금액

구분	2020년 4월	2020년 5월	2020년 6월	2020년 7월
이용 금액	69,000원	35,000원	72,120원	58,730원

4. 약정 및 할부기간

구분	약정 및 할부기간
이동전화 서비스	2019. 09. 26.~2021. 09. 25.
인터넷 서비스	2020. 05. 16.~2023. 05. 15.

① 승혁이는 2020년 8월 이동전화 및 인터넷 이용 요금으로 총 55,000원을 납부했다.
② 승혁이는 2020년 4월부터 7월까지 총 234,850원의 이동전화 및 인터넷 이용 요금을 납부했다.
③ 승혁이는 2020년 8월에 Q6 요금제와 인터넷 B 요금제를 사용했다.
④ 승혁이는 2020년 5월 16일부터 안심옵션을 무료로 제공받았다.

[58 – 60] 다음은 건강보험 해외판로 지원에 대한 안내문이다. 각 물음에 답하시오.

[건강보험 해외판로 지원 안내]

1. 사업 목적
   - 해외판로 개척에 어려움을 겪는 기업의 수출 경쟁력을 향상하고 지속 가능한 성장 발판을 마련하고자 함
2. 모집 대상
   - 신청 기간의 첫날을 기준으로 설립 만 7년 이하의 보건·복지·환경 분야 사회적경제기업 또는 중소기업
3. 지원 내용
   - 기업당 최대 1,400만 원의 글로벌 성장바우처 지원

구분	지원 내용	지원 한도
해외인증·특허	인증 발행비 등 해외 인증·특허에 필요한 비용 지원	7,000천 원
해외바이어 대상 박람회	국내개최 국제 전시회 참가, 해외 전시회 참가 등	
바이어 매칭 서비스	온·오프라인 바이어 매칭 서비스	
글로벌 유통 플랫폼 입점	B2B·B2C 해외 온·오프라인 플랫폼 등록/입점 지원	
기술수출 및 제휴 등록	해외 기술수출 및 제휴 파트너 알선 및 현지 지원 등	
통번역 서비스	계약서 작성, 바이어 미팅 통역 등	3,500천 원
해외 홍보물 제작	카탈로그, 상품페이지 등	

※ 선정된 기업은 한도 내에서 해외판로 세부 사업 중복 선택 가능함

4. 신청 방법
   1) 신청 기간: 20X3년 6월 1일(목)~20X3년 7월 7일(금)
   2) 신청 방법: 온라인 홈페이지(www.Korea.com)에서 사업 신청서 및 필요 서류 제출
   3) 제출 서류

구분	제출 서류	비고
기본	• 참가 신청서 및 참가 신청 내역서 각 1부	• 참가 신청 내역서는 PDF 파일로 변환하여 제출함
	• 기업 정보 수집·이용·제공 동의서 1부	-
	• 신청기업 자체 진단표 1부	-
기업 증빙	• 사업자 등록증 1부	-
	• 중소기업 확인서 또는 사회적경제기업 확인서 1부	• 중소기업 확인서는 중소벤처기업부에서 발급한 서류만 인정함
	• 최근 3개년(20X0. 1. 1. ~ 20X2. 12. 31.) 재무제표 1부	• 신청 기간의 첫날을 기준으로 설립한지 3년 미만인 기업은 설립 날짜부터 20X3. 5. 31.의 재무제표를 제출함
	• 국세 및 지방세 완납 증명서 각 1부	• 발급일자: 20X3. 5. 25. 이후

5. 선정 절차 및 기준
  1) 서류 심사
    - 서류 점수는 서류를 모두 제출한 기업의 평가 항목 점수에 각 가중치를 곱한 값으로 산출됨
      ※ 평가 항목별 가중치: 핵심 기술력(30%), 품목 시장성(40%), 프로젝트 적합성(30%)
    - 서류 점수 고득점 순으로 전체 지원 기업 중 24개 기업을 선정하며, 동점자의 경우 모두 선정함
  2) 발표 심사
    - 서류 심사에서 선정된 기업을 대상으로 업체현황, 사업계획 적정성, 기대효과를 기준으로 종합적으로 평가함
    - 발표 점수는 항목별 점수의 총합을 산술평균한 값으로 산출됨
      ※ 발표 점수는 소수점 첫째 자리에서 반올림 함
  3) 최종 선정 기업 발표
    - 발표 점수가 60점 이상 득점한 기업 중 고득점 순으로 12개 기업을 선정함

58. 위 안내문을 근거로 판단한 내용으로 옳은 것은?
  ① 20X3년 6월 1일에 기업을 설립한 지 만 7년된 중소기업은 지원 대상에 해당하지 않는다.
  ② 사업 신청 시에는 PDF 파일로 변환이 필요한 서류를 포함하여 총 3부의 기본 서류를 제출해야 한다.
  ③ 선정 기업이 바이어 매칭 서비스와 통번역 서비스를 선택하면 더 이상 세부 사업을 선택할 수 없다.
  ④ 서류 심사 과정에서 점수가 높은 순서대로 나열했을 때 점수가 24번째 높은 기업이 두 개라면 총 25개의 기업이 선정된다.

59. 위 안내문과 갑 ~ 정 기업이 심사 결과를 근거로 판단할 때, 서류 점수와 발표 점수가 각각 가장 높은 기업은? (단, 네 기업 모두 서류 심사를 거쳐 발표 심사 과정까지 진행한 기업이다.)

구분	서류 심사 결과			발표 심사 결과		
	핵심 기술력	품목 시장성	프로젝트 적합성	업체현황	사업계획 적정성	기대효과
갑 기업	90점	80점	60점	50점	75점	90점
을 기업	60점	70점	60점	85점	90점	55점
병 기업	100점	50점	80점	60점	90점	75점
정 기업	80점	60점	70점	80점	80점	75점

① 갑 기업 – 을 기업
② 갑 기업 – 정 기업
③ 병 기업 – 을 기업
④ 병 기업 – 정 기업

60. 위 안내문을 근거로 판단할 때, 건강보험 해외판로 지원사업에 지원한 기업 중 기업 증빙 서류를 모두 구비한 기업은? (단, 4개 기업 모두 모집 대상 기준을 충족하며 기본 서류는 전부 구비하였다.)

①

A 기업	
기업 구분	사회적경제기업
기업 설립 날짜	20X0. 12. 31.
구비 서류	• 사업자 등록증 1부 • 사회적경제기업 확인서 1부 • 재무제표 1부(20X0. 12. 31. ~ 20X3. 5. 31.) • 국세 완납 증명서 1부(발급일자: 20X3. 5. 31.)

②

B 기업	
기업 구분	중소기업
기업 설립 날짜	20X2. 11. 16.
구비 서류	• 사업자 등록증 1부 • 중소기업 확인서 1부(중소벤처기업부 발급) • 재무제표 1부(20X2. 11. 16. ~ 20X3. 5. 31.) • 국세 완납 증명서 1부(발급일자: 20X3. 5. 25.) • 지방세 완납 증명서 1부(발급일자: 20X3. 5. 30.)

③

C 기업	
기업 구분	중소기업
기업 설립 날짜	20X3. 2. 1.
구비 서류	• 사업자 등록증 1부 • 중소기업 확인서 1부(중소벤처기업부 발급) • 재무제표 1부(20X3. 2. 1. ~ 20X3. 5. 31.) • 국세 완납 증명서 1부(발급일자: 20X3. 5. 2.) • 지방세 완납 증명서 1부(발급일자: 20X3. 6. 8.)

④

D 기업	
기업 구분	사회적경제기업
기업 설립 날짜	20X0. 1. 25.
구비 서류	• 사업자 등록증 1부 • 사회적경제기업 확인서 1부 • 재무제표 1부(20X0. 1. 25. ~ 20X3. 5. 31.) • 국세 완납 증명서 1부(발급일자: 20X3. 6. 1.) • 지방세 완납 증명서 1부(발급일자: 20X3. 6. 1.)

약점 보완 해설집 p.54

취업강의 1위, 해커스잡

ejob.Hackers.com

국민건강보험법

총 20문항 / 20분

01. 다음 중 국민건강보험법에 대한 설명으로 옳지 않은 것은?
   ① 국민건강보험법으로 정하는 건강보험사업을 수행하는 자가 아닌 자는 보험계약 또는 보험계약의 명칭에 국민건강보험이라는 용어를 사용하지 못한다.
   ② 보험료등과 보험급여에 관한 비용을 계산할 때 「국고금관리법」 제47조에 따라 끝수는 계산하지 아니한다.
   ③ 공단은 징수하여야 할 금액이나 반환하여야 할 금액이 1건당 2천 원 미만인 경우에는 징수 또는 반환하지 아니한다.
   ④ 법에 따른 명령에 규정된 기간의 계산에 관하여 이 법에서 정한 사항 외에는 헌법의 기간에 관한 규정을 준용한다.

02. 다음은 국민건강보험법상 보험료율에 대한 내용이다. 빈칸에 들어갈 숫자로 적절한 것은?

   > 제73조(보험료율 등)
   > ① 직장가입자의 보험료율은 1천분의 (㉠)의 범위에서 심의위원회의 의결을 거쳐 대통령령으로 정한다.
   > ② 국외에서 업무에 종사하고 있는 직장가입자에 대한 보험료율은 제1항에 따라 정해진 보험료율의 100분의 (㉡)으로 한다.
   > ③ 지역가입자의 보험료율과 재산보험료부과점수당 금액은 심의위원회의 의결을 거쳐 대통령령으로 정한다.

	㉠	㉡
①	50	50
②	50	80
③	80	50
④	80	80

03. 다음 중 국민건강보험법상 사용자에 해당하는 것의 개수는?

   > ㉠ 교직원이 소속되어 있는 공립학교를 설립·운영하는 자
   > ㉡ 근로자가 소속되어 있는 사업장의 사업주
   > ㉢ 법인의 이사와 그 밖의 임원
   > ㉣ 공무원이 소속되어 있는 기관의 장으로서 대통령령으로 정하는 사람

   ① 1개   ② 2개   ③ 3개   ④ 4개

04. A 씨는 ○○시의 △△ 사립학교의 교직원으로서 근무하는 교원으로, 건강보험 직장가입자에 해당한다. A 씨의 보수월액보험료가 12만 원이라고 할 때, 국민건강보험법상 A 씨의 보험료 부담 내역으로 옳은 것은?

① A 씨: 6만 원, ○○시: 6만 원
② A 씨: 6만 원, 국가: 6만 원
③ A 씨: 6만 원, △△ 사립학교 운영자: 6만 원
④ A 씨: 6만 원, 국가: 2만 4천 원, △△ 사립학교 운영자: 3만 6천 원

05. 다음 중 국민건강보험법상 소멸시효에 대한 설명으로 옳지 않은 것은?

① 보험급여를 받을 권리는 3년 동안 행사하지 아니하면 소멸시효가 완성된다.
② 보험급여 비용을 받을 권리는 1년 동안 행사하지 아니하면 소멸시효가 완성된다.
③ 휴직자의 보수월액보험료를 징수할 권리의 소멸시효는 고지가 유예된 경우 휴직 사유가 끝날 때까지 진행하지 않는다.
④ 보험료, 연체금 및 가산금을 징수할 권리의 소멸시효는 보험료의 고지 또는 독촉을 받은 경우 중단된다.

06. 다음 중 국민건강보험공단 재정운영위원회를 구성하는 위원에 대한 설명으로 옳지 않은 것은?

① 직장가입자, 지역가입자, 공익을 대표하는 위원으로 구성되며, 그 비율은 2:2:1이다.
② 직장가입자를 대표하는 위원은 노동조합과 사용자단체에서 추천하는 각 5명으로 구성된다.
③ 공무원 및 건강보험에 관한 학식과 경험이 풍부한 사람은 공익을 대표하는 위원으로 임명 또는 위촉될 수 있다.
④ 지역가입자를 대표하는 위원에는 농어업인 단체·도시자영업자단체 및 시민단체에서 추천하는 사람이 임명 또는 위촉될 수 있다.

07. 다음은 국민건강보험법상 건강보험정책심의위원회에 관한 내용의 일부이다. 각 빈칸에 들어갈 내용으로 적절하지 않은 것은?

> 제4조(건강보험정책심의위원회)
> ① 건강보험정책에 관한 다음 각 호의 사항을 심의·의결하기 위하여 (㉠) 소속으로 건강보험정책심의위원회(이하 "심의위원회"라 한다)를 둔다.
> ② 심의위원회는 위원장 1명과 부위원장 1명을 포함하여 (㉡)의 위원으로 구성한다.
> ③ 심의위원회의 위원장은 보건복지부차관이 되고, 부위원장은 제4항 제4호의 위원 중에서 위원장이 지명하는 사람이 된다.
> ④ 심의위원회의 위원은 다음 각 호에 해당하는 사람을 보건복지부 장관이 임명 또는 위촉한다.
> ⑤ 심의위원회 위원(제4항 제4호 가목에 따른 위원은 제외한다)의 임기는 (㉢)으로 한다. 다만, 위원의 사임 등으로 새로 위촉된 위원의 임기는 전임위원 임기의 남은 기간으로 한다.
> ⑥ 보건복지부 장관은 심의위원회가 제1항 제5호의2에 따라 심의한 사항을 국회에 보고하여야 한다.
> ⑦ 심의위원회의 운영 등에 필요한 사항은 (㉣)으로 정한다.

① ㉠: 보건복지부 장관　② ㉡: 25명　③ ㉢: 3년　④ ㉣: 보건복지부령

08. 국민건강보험법을 토대로 판단할 때, 다음 사례의 A씨가 받게 될 벌칙으로 옳은 것은?

> 국민건강보험공단에서 근무하고 있는 A씨가 약 100명에 달하는 건강보험 가입자 및 피부양자의 개인정보를 누설하였다는 점이 발각되었다. A는 흥신소를 운영하는 친구의 부탁을 받고 이와 같은 범행을 저지른 것으로 알려졌다.

① 1년 이하의 징역 또는 1천만 원 이하의 벌금
② 3년 이하의 징역 또는 1천만 원 이하의 벌금
③ 3년 이하의 징역 또는 3천만 원 이하의 벌금
④ 5년 이하의 징역 또는 5천만 원 이하의 벌금

09. 다음 중 국민건강보험법상 제14조 제1항 제11호에 따른 업무에 소요되는 비용을 사용하기 위하여 지급받는 출연금에 해당하지 않는 것은?

① 국민연금기금　② 신용보증기금　③ 고용보험기금　④ 임금채권보장기금

10. 다음 중 국민건강보험법상 신고에 대한 설명으로 옳지 않은 것은?

① 국민건강보험공단은 사용자에게 가입자의 거주지 변경, 그 밖에 건강보험사업을 위하여 필요한 사항을 신고하게 할 수 있다.
② 국민건강보험공단은 직장가입자에게 가입자의 보수·소득의 관계 서류를 제출하게 할 수 있으나, 전자적 방법으로 기록된 서류는 허용되지 않는다.
③ 국민건강보험공단은 직장가입자 및 세대주가 제출한 자료에 대하여 사실 여부를 확인할 필요가 있으면 소속 직원이 해당 사항에 대해 조사하게 할 수 있다.
④ 직장가입자 및 세대주로부터 제출받은 자료의 사실 여부에 대해 조사하는 국민건강보험공단 소속 직원은 그 권한을 표시하는 증표를 지니고 관계인에게 보여주어야 한다.

11. 다음은 국민건강보험법상 차입금에 대한 설명이다. 빈칸에 들어갈 내용으로 옳은 것은?

> 국민건강보험공단은 지출할 현금이 부족한 때에는 차입할 수 있다. 그러나 (　　　) 이상 장기로 차입하는 경우 보건복지부 장관의 승인을 받아야 한다.

① 1년　　　② 2년　　　③ 5년　　　④ 10년

12. 보수월액이 300만 원, 연간 보수 외 소득이 4,000만 원인 직장가입자 A 씨의 소득월액은? (단, 소득월액 산정 시 대통령령으로 정하는 금액은 연 3,400만 원이다.)

① 50만 원　　　② 100만 원　　　③ 150만 원　　　④ 200만 원

13. 다음은 국민건강보험법상 과징금 처분 대상인 甲, 乙 요양기관에 대한 내용이다. 빈칸에 들어갈 내용으로 적절한 것은?

> 보건복지부 장관은 약제를 요양급여에서 적용 정지하는 경우 특정 상황에서는 요양급여의 적용 정지에 갈음하여 대통령령으로 정하는 바에 따라 과징금을 부과·징수할 수 있다. 甲 요양기관에서 적용한 약제는 환자에게 치명적인 부작용이 있는 것으로 확인되었으며, 이는 국민 건강에 심각한 위험을 초래할 것이 예상되는 특별한 사유로 인정되었다. 해당 약제에 대한 요양급여비용 총액은 1,163,000원으로, 甲 요양기관에 최대 (㉠)의 과징금이 부과될 것으로 보인다. 乙 요양기관이 적용한 약제는 리베이트 약제로, 해당 약제가 공공복리에 지장을 줄 것임이 인정되었다. 해당 약제에 대한 요양급여비용 총액은 522,000원이며, 乙 요양기관에 부과될 과징금은 최대 (㉡)일 것으로 예상된다.

	㉠	㉡
①	697,800원	313,200원
②	697,800원	1,044,000원
③	2,326,000원	313,200원
④	2,326,000원	1,044,000원

14. 다음 중 국민건강보험공단에서 실시하는 건강검진에 대한 설명으로 옳지 않은 것은?

① 가입자와 피부양자에 대하여 질병의 조기 발견과 그에 따른 요양급여를 하기 위한 목적으로 건강검진을 실시한다.
② 직장가입자, 세대주인 지역가입자, 20세 이상인 지역가입자 및 20세 이상인 피부양자 등은 일반건강검진을 받아야 한다.
③ 8세 미만의 가입자 및 피부양자는 영유아건강검진 대상자이다.
④ 「암관리법」에 따른 암의 종류별 검진주기와 연령 기준 등에 해당하는 사람은 암검진을 받아야 한다.

15. 다음 중 국민건강보험법상 이의신청 및 심판청구에 대한 설명으로 옳지 않은 것을 모두 고르면?

> ㉠ 이의신청에 대한 결정에 불복하는 자는 건강보험분쟁조정위원회에 심판청구를 할 수 있다.
> ㉡ 이의신청은 처분이 있음을 안 날부터 60일 이내에 문서 또는 전자문서로 하여야 한다.
> ㉢ 이의신청은 처분이 있은 날부터 180일을 지나면 제기하지 못하지만, 정당한 사유로 그 기간에 이의신청을 할 수 없었음을 소명한 경우에는 그러하지 아니하다.
> ㉣ 심판청구를 하려는 자는 보건복지부령으로 정하는 심판청구서를 처분한 국민건강보험공단 및 건강보험심사평가원에 제출하거나 건강보험분쟁조정위원회에 제출하여야 한다.
> ㉤ 심판청구의 절차, 방법, 결정 및 그 결정의 통지 등에 필요한 사항은 보건복지부령으로 정한다.

① ㉠, ㉡   ② ㉡, ㉢   ③ ㉡, ㉣, ㉤   ④ ㉢, ㉣, ㉤

16. 다음 중 국민건강보험법상 구상권 및 수급권 보호에 대한 설명으로 옳은 것을 모두 고르면?

> ㉠ 요양비등수급계좌에 입금된 요양비등을 압류할 수 있다.
> ㉡ 제3자의 행위로 인해 보험급여사유가 생겨 국민건강보험공단으로부터 보험급여를 받은 사람이 이미 제3자로부터 손해배상을 받은 경우 국민건강보험공단은 그 배상액 한도에서 보험급여를 하지 않는다.
> ㉢ 국민건강보험공단은 제3자의 행위로 보험급여사유가 생겨 피부양자에게 보험급여를 한 경우 그 급여에 들어간 비용 한도에서 그 제3자에게 손해배상을 청구할 수 있다.
> ㉣ 보험급여를 받을 권리는 세대원 또는 피부양자에게 양도할 수 있다.

① ㉠, ㉡   ② ㉠, ㉢   ③ ㉡, ㉢   ④ ㉢, ㉣

17. 다음 중 국민건강보험법상 징수이사에 대한 설명으로 옳은 것은?

    ① 징수이사는 경영, 경제 및 사회보험에 관한 학식과 경험이 풍부한 사람으로서 대통령령으로 정하는 자격을 갖춘 사람 중에서 선임한다.
    ② 징수이사추천위원회는 모집한 사람을 보건복지부령으로 정하는 징수이사 후보 심사기준에 따라 심사하여야 하며, 징수이사 후보로 추천될 사람과 계약 조건에 관하여 협의하여야 한다.
    ③ 징수이사추천위원회는 주요 일간신문에 징수이사 후보의 모집 공고를 할 수 있고, 이와 별도로 적임자로 판단되는 징수이사 후보를 조사하거나 전문단체에 조사를 의뢰할 수 있다.
    ④ 이사장은 심사와 협의 결과에 따라 징수이사 후보와 계약을 체결하여야 하며, 징수이사 계약 조건에 관한 협의 및 계약 체결 등에 필요한 사항은 대통령령으로 정한다.

18. 다음 중 국민건강보험법상 보험급여에 대한 설명으로 옳지 않은 것은?

    ① 보험급여를 받을 권리는 양도하거나 압류할 수 없다.
    ② 법률에 의해 요양비등수급계좌에 입금된 요양비등은 압류할 수 없다.
    ③ 보험급여를 받을 수 있는 사람이라면 국외에 체류하고 있어도 보험급여를 받을 수 있다.
    ④ 「병역법」에 따른 현역병이 된 경우에도 요양급여비용을 받을 수 있다.

19. 다음은 국민건강보험법상 보험료 납부의무에 대한 설명이다. 빈칸에 들어갈 내용으로 옳은 것은?

> 지역가입자의 보험료는 그 가입자가 속한 세대의 지역가입자 전원이 연대하여 납부한다. 이때 소득 및 재산이 없는 (   )와/과 소득 및 재산 등을 고려하여 대통령령으로 정하는 기준에 해당하는 (   )는/은 납부의무를 부담하지 아니한다.

① 고령자 ② 미성년자 ③ 피성년후견인 ④ 파산선고를 받은 자

20. 다음은 국민건강보험법상 약제에 대한 요양급여비용 상한금액의 감액 대상이 되는 甲, 乙 요양기관에 대한 내용이다. 두 요양기관이 감액받는 금액의 합은?

> 甲 요양기관은 의약품공급자로부터 특정 약제에 대한 판매촉진 업무를 위탁받았으며, 해당 업무를 통해 의료기관 종사자가 경제적 이익을 취할 수 있도록 도움을 준 정황이 확인되었다. 해당 약제의 요양급여비용 상한금액은 832,000원이고, 상한금액이 감액받을 수 있는 가장 높은 범위에서 감액받았다.
>
> 3년 전 약국의 경제적 이익 형성을 위해 특정 약제를 채택하여 판매촉진을 위탁받은 사안으로 시정 조치를 받아 감액 대상이 된 乙 요양기관은 최근 동일한 사안에 대하여 또다시 감액 대상이 되었다. 요양급여비용 상한금액에서 감액받을 수 있는 최대한도로 감액을 받았으며, 해당 약제의 요양급여비용 상한금액은 1,400,000원이다.

① 446,400원 ② 612,800원 ③ 726,400원 ④ 892,800원

약점 보완 해설집 p.67

노인장기요양보험법

총 20문항 / 20분

01. 다음은 노인장기요양보험법의 일부 내용이다. ㉠~㉣ 중 빈칸에 들어갈 말이 나머지와 다른 것은?

> ㉠ 재가급여 또는 시설급여를 제공하는 장기요양기관을 운영하려는 자는 (　　)으로 정하는 장기요양에 필요한 시설 및 인력을 갖추어 소재지를 관할 구역으로 하는 특별자치시장·특별자치도지사·시장·군수·구청장으로부터 지정을 받아야 한다.
> ㉡ 거동이 현저하게 불편하거나 도서·벽지 지역에 거주하여 의료기관을 방문하기 어려운 자 등 (　　)으로 정하는 자는 의사소견서를 제출하지 아니할 수 있다.
> ㉢ 장기요양심사위원회의 구성·운영, 그 밖에 필요한 사항은 (　　)으로 정한다.
> ㉣ 정당한 사유 없이 장기요양급여비용에 대한 명세서를 교부하지 않은 자에게 부과되는 500만 원 이하의 과태료는 (　　)으로 정하는 바에 따라 관할 특별자치시장·특별자치도지사·시장·군수·구청장이 부과·징수한다.

① ㉠　　② ㉡　　③ ㉢　　④ ㉣

02. 다음은 노인장기요양보험법상 장기요양급여 제공의 제한에 대한 내용이다. 빈칸에 들어갈 말로 적절한 것은?

> 제37조의5(장기요양급여 제공의 제한)
> ① 특별자치시장·특별자치도지사·시장·군수·구청장은 장기요양기관의 종사자가 거짓이나 그 밖의 부정한 방법으로 재가급여비용 또는 시설급여비용을 청구하는 행위에 가담한 경우 해당 종사자가 장기요양급여를 제공하는 것을 (　　)의 범위에서 제한하는 처분을 할 수 있다.

① 1년　　② 2년　　③ 3년　　④ 4년

03. 다음 중 올해 국민건강보험공단의 장기요양보험료 예상수입액이 100억 원일 경우 공단은 얼마를 국가로부터 지원받을 수 있는가? (단, 국가의 예산은 100억 원 이상이다.)

① 1억 원　　② 10억 원　　③ 15억 원　　④ 20억 원

04. 다음 중 노인장기요양보험법상 급여외행위에 해당하지 않는 것은?

① 수급자의 가족만을 위한 행위
② 수급자 또는 그 가족의 생업을 지원하는 행위
③ 수급자의 일상생활에 지장이 없는 행위
④ 수급자의 가사활동을 지원하는 행위

05. 다음 빈칸에 들어갈 숫자를 모두 합한 것으로 적절한 것은?

> 제19조(장기요양인정의 유효기간)
> ① 제15조에 따른 장기요양인정의 유효기간은 최소 (㉠)년 이상으로서 대통령령으로 정한다.
> ② 제1항의 유효기간의 산정방법과 그 밖에 필요한 사항은 보건복지부령으로 정한다.
>
> 제20조(장기요양인정의 갱신)
> ① 수급자는 제19조에 따른 장기요양인정의 유효기간이 만료된 후 장기요양급여를 계속하여 받고자 하는 경우 공단에 장기요양인정의 갱신을 신청하여야 한다.
> ② 제1항에 따른 장기요양인정의 갱신 신청은 유효기간이 만료되기 전 (㉡)일까지 이를 완료하여야 한다.
> ③ 제12조부터 제19조까지의 규정은 장기요양인정의 갱신절차에 관하여 준용한다.

① 31   ② 36   ③ 91   ④ 96

06. 다음 중 노인장기요양보험법상 장기요양급여비용 등의 산정에 대해 잘못 설명한 사람은?

> 甲: 특별현금급여의 지급금액의 구체적인 산정방법 및 항목 등에 관하여 필요한 사항은 보건복지부령으로 정하는 사항입니다.
> 乙: 재가 및 시설 급여비용의 구체적인 산정방법 및 항목 등에 관하여 필요한 사항도 보건복지부령으로 정하는 사항에 포함됩니다.
> 丙: 보건복지부 장관은 매년 급여종류와 장기요양등급 등에 따라 장기요양위원회의 심의를 거쳐 그다음 해의 재가 및 시설 급여비용, 특별현금급여의 지급금액을 정하여 고시해야 합니다.
> 丁: 보건복지부 장관은 재가 및 시설 급여비용을 정할 때 대통령령으로 정하는 바에 따라 국가 및 지방자치단체로부터 장기요양기관의 설립비용을 지원받았는지 여부 등을 고려하여야 합니다.

① 甲   ② 乙   ③ 丙   ④ 丁

07. 다음 중 노인장기요양보험법 제33조의2(폐쇄회로 텔레비전의 설치 등)에 대한 설명으로 옳지 않은 것은?

① 장기요양기관을 운영하는 자는 폐쇄회로 텔레비전에 기록된 영상정보를 60일 이상 보관하여야 한다.
② 폐쇄회로 텔레비전을 설치·관리하는 자는 수급자의 안전과 장기요양기관의 보안을 위해 최대한 많은 영상정보를 수집해야 한다.
③ 국가 또는 지방자치단체는 장기요양기관의 폐쇄회로 텔레비전 설치비의 전부를 지원할 수 있다.
④ 법률에서 정의한 재가급여만을 제공하는 기관의 경우에는 폐쇄회로 텔레비전을 설치·관리하지 않아도 된다.

08. 다음은 노인장기요양보험법상 특례요양비 및 요양병원간병비에 대한 내용이다. 각 빈칸에 들어갈 말로 적절한 것은?

> ㉠ 국민건강보험공단은 수급자가 장기요양기관이 아닌 노인요양시설 등의 기관 또는 시설에서 재가급여 또는 시설급여에 상당한 장기요양급여를 받은 경우 대통령령으로 정하는 기준에 따라 해당 장기요양급여비용의 (　　)를 해당 수급자에게 특례요양비로 지급할 수 있다.
> ㉡ 국민건강보험공단은 수급자가 요양병원에 입원한 때 대통령령으로 정하는 기준에 따라 장기요양에 사용되는 비용의 (　　)를 요양병원간병비로 지급할 수 있다.

	㉠	㉡
①	전부	전부
②	전부	일부
③	일부	전부
④	일부	일부

09. 다음은 노인장기요양보험법의 일부 내용이다. ㉠~㉣ 중 빈칸에 들어갈 말이 나머지와 다른 것은?

제42조(방문간호지시서 발급비용의 산정 등)
제23조 제1항 제1호 다목에 따라 방문간호지시서를 발급하는데 사용되는 비용, 비용부담방법 및 비용 청구·지급절차 등에 관하여 필요한 사항은 (㉠)으로 정한다.

제35조의2(장기요양기관 재무·회계기준)
① 장기요양기관의 장은 (㉡)으로 정하는 재무·회계에 관한 기준(이하 "장기요양기관 재무·회계기준"이라 한다)에 따라 장기요양기관을 투명하게 운영하여야 한다. 다만, 장기요양기관 중 「사회복지사업법」 제34조에 따라 설치한 사회복지시설은 같은 조 제4항에 따른 재무·회계에 관한 기준에 따른다.

제58조(국가의 부담)
② 국가와 지방자치단체는 (㉢)으로 정하는 바에 따라 의료급여수급권자의 장기요양급여비용, 의사소견서 발급비용, 방문간호지시서 발급비용 중 공단이 부담하여야 할 비용(제40조 제2항 및 제4항 제1호에 따라 면제 및 감경됨으로 인하여 공단이 부담하게 되는 비용을 포함한다) 및 관리운영비의 전액을 부담한다.

제61조(보고 및 검사)
① 보건복지부장관, 특별시장·광역시장·도지사 또는 특별자치시장·특별자치도지사·시장·군수·구청장은 다음 각 호의 어느 하나에 해당하는 자에게 보수·소득이나 그 밖에 (㉣)으로 정하는 사항의 보고 또는 자료의 제출을 명하거나 소속 공무원으로 하여금 관계인에게 질문을 하게 하거나 관계 서류를 검사하게 할 수 있다.

① ㉠　　② ㉡　　③ ㉢　　④ ㉣

10. 다음은 장기요양기관 지정의 유효기간에 대한 내용이다. 빈칸에 들어갈 숫자로 적절한 것은?

제32조의3(장기요양기관 지정의 유효기간)
제31조에 따른 장기요양기관 지정의 유효기간은 지정을 받은 날부터 (　)년으로 한다.

① 3　　② 4　　③ 5　　④ 6

11. 다음 중 노인장기요양보험법상 장기요양기본계획 및 장기요양사업의 실태 조사에 대한 설명으로 옳은 것을 모두 고르면?

> ㉠ 보건복지부 장관은 노인 등에 대한 장기요양급여를 원활하게 제공하기 위하여 4년 단위로 장기요양기본계획을 수립·시행해야 한다.
> ㉡ 장기요양사업의 실태조사 방법과 내용 등에 필요한 사항은 보건복지부령으로 정한다.
> ㉢ 보건복지부 장관은 장기요양사업의 실태를 파악하기 위하여 3년마다 조사를 정기적으로 실시하고 그 결과를 공표해야 한다.
> ㉣ 지방자치단체의 장은 장기요양기본계획에 따라 세부시행계획을 수립·시행해야 한다.

① ㉠, ㉡   ② ㉡, ㉢   ③ ㉢, ㉣   ④ ㉡, ㉢, ㉣

12. 다음은 노인장기요양보험법상 장기요양인정의 유효기간에 대한 내용이다. 빈칸에 들어갈 말로 적절한 것은?

> 제19조(장기요양인정의 유효기간)
> ① 제15조에 따른 장기요양인정의 유효기간은 최소 (   ) 이상으로서 대통령령으로 정한다.
> ② 제1항의 유효기간의 산정방법과 그 밖에 필요한 사항은 보건복지부령으로 정한다.

① 6개월   ② 1년   ③ 1년 6개월   ④ 2년

13. 다음은 노인장기요양보험법상 비밀누설금지에 대한 내용이다. 빈칸에 들어갈 말로 적절한 것은?

> 제62조(비밀누설금지)
> 다음 각 호에 해당하는 자는 업무수행 중 알게 된 비밀을 누설하여서는 아니 된다.
>   1. 특별자치시·특별자치도·시·군·구, 국민건강보험공단, 등급판정위원회, 장기요양위원회, 제37조의3 제3항에 따른 공표심의위원회, 심사위원회, 재심사위원회 및 (   )에 종사하고 있거나 종사한 자
>   2. 제24조부터 제26조까지의 규정에 따른 가족요양비·특례요양비 및 요양병원간병비와 관련된 급여를 제공한 자

① 의료기관   ② 장기요양기관   ③ 장기요양지원센터   ④ 노인요양시설

14. 다음 중 노인장기요양보험법에서 규정하고 있는 인권교육에 대한 설명으로 옳지 않은 것은?

① 장기요양기관 중 대통령령으로 정하는 기관을 운영하는 자는 해당 기관을 이용하고 있는 장기요양급여 수급자에게 인권교육을 실시할 수 있다.
② 장기요양기관 중 대통령령으로 정하는 기관을 운영하는 자와 그 종사자는 인권교육을 받아야 한다.
③ 보건복지부장관은 인권교육을 효율적으로 실시하기 위하여 인권교육기관을 지정할 수 있다.
④ 인권교육기관이 거짓이나 그 밖의 부정한 방법으로 지정을 받은 경우 6개월 이내의 기간을 정하여 업무의 정지를 명할 수 있다.

15. 다음 중 노인장기요양보험법상 과태료 부과 대상이 아닌 자는?

① 장기요양기관에 관한 정보를 게시하지 아니하거나 거짓으로 게시한 자
② 본인부담금을 면제 또는 감경하는 행위를 한 자
③ 장기요양보험 사업을 수행하지 않으면서 노인장기요양보험 또는 이와 유사한 용어를 사용한 자
④ 수급자에게 장기요양급여비용에 대한 명세서를 교부하지 아니하거나 거짓으로 교부한 자

16. 다음 중 노인장기요양보험법상 위반사실을 공표하는 경우에 해당하는 것을 모두 고르면? (단, 제시되지 않은 사항은 고려하지 않는다.)

> ㉠ 거짓으로 5천만 원의 시설 급여비용을 청구하여, 그 처분이 확정된 장기요양기관이 폐업한 경우
> ㉡ 장기요양기관이 질문 또는 검사를 거부하거나 거짓으로 답변하여 과징금의 부과 처분이 확정된 경우
> ㉢ 장기요양기관이 재가 및 시설 급여비용을 거짓으로 청구하여 과징금의 부과 처분이 확정된 경우로서 거짓으로 청구한 금액이 장기요양급여비용 총액의 100분의 10 이상인 경우
> ㉣ 장기요양기관이 재가 및 시설 급여비용을 거짓으로 청구하여 과징금의 부과 처분이 확정된 경우로서 장기요양급여비용 총액이 1억 원이고, 거짓으로 청구한 금액이 500만 원인 경우

① ㉠, ㉡   ② ㉠, ㉣   ③ ㉡, ㉢   ④ ㉢, ㉣

17. 다음 중 노인장기요양보험법상 특별현금급여수급계좌에 대한 설명으로 옳지 않은 것은?

① 특별현금급여수급계좌가 개설된 금융기관은 특별현금급여만이 특별현금급여수급계좌에 입금되도록 관리해야 한다.
② 국민건강보험공단은 특별현금급여를 받는 수급자의 신청이 있는 경우 특별현금급여를 특별현금급여수급계좌로 입금해야 한다.
③ 특별현금급여를 받는 수급자의 신청방법과 특별현금급여의 지급 절차 및 특별현금급여수급계좌의 관리에 필요한 사항은 대통령령으로 정한다.
④ 정보통신장애로 인해 국민건강보험공단이 특별현금급여를 특별현금급여수급계좌로 이체할 수 없을 경우에는 수급자에게 사전 승인을 받아 정보통신장애가 복구된 뒤에 특별현금급여를 지급해야만 한다.

18. 다음 중 노인장기요양보험법상 국가 및 지방자치단체의 책무 등에 대한 설명으로 옳은 것을 모두 고르면?

> ㉠ 국가는 노인성질환예방사업을 수행하는 지방자치단체 또는 「노인장기요양보험법」에 따른 장기요양기관에 관련 사업 시행으로 인한 소요 비용을 지원할 수 있다.
> ㉡ 국가 및 지방자치단체는 장기요양급여가 원활히 제공될 수 있도록 보건복지부에 필요한 행정적 또는 재정적 지원을 할 수 있다.
> ㉢ 국가 및 지방자치단체는 장기요양요원의 처우를 개선하고 복지를 증진하며 지위를 향상시키기 위하여 적극적으로 노력해야 한다.
> ㉣ 국가 및 지방자치단체는 노인인구 및 지역특성 등을 고려하여 장기요양급여가 원활하게 제공될 수 있도록 적정한 수의 장기요양기관을 확충하고 장기요양기관의 설립을 지원해야 한다.

① ㉠, ㉡   ② ㉠, ㉢   ③ ㉡, ㉣   ④ ㉢, ㉣

19. 다음 중 노인장기요양보험법상 장기요양기관의 의무에 대한 설명으로 옳지 않은 것을 모두 고르면?

> ㉠ 장기요양기관의 장은 장기요양급여를 제공한 수급자에게 장기요양급여비용에 대한 명세서를 교부해야 한다.
> ㉡ 장기요양기관은 수급자로부터 장기요양급여신청을 받은 때에는 정당한 사유가 있을지라도 장기요양급여의 제공을 거부해서는 안 된다.
> ㉢ 장기요양기관의 종사자는 장기요양급여 제공에 관한 자료를 기록·관리해야 하며, 장기요양급여 제공에 관한 자료를 거짓으로 작성해서는 안 된다.
> ㉣ 장기요양급여비용의 명세서, 기록·관리해야 할 장기요양급여 제공 자료의 내용 및 보존기한은 보건복지부령으로 정한다.

① ㉡
② ㉠, ㉢
③ ㉡, ㉢
④ ㉡, ㉣

20. 다음 중 노인장기요양보험법상 보건복지부 장관이 장기요양사업의 실태 파악을 위하여 3년마다 조사를 정기적으로 실시하고 그 결과를 공표해야 하는 사항에 해당하는 것을 모두 고르면?

> ㉠ 장기요양기관에 관한 사항
> ㉡ 노인 등의 장기요양에 관한 사항으로서 대통령령으로 정하는 사항
> ㉢ 장기요양요원의 근로조건, 처우 및 규모에 관한 사항
> ㉣ 연도별 장기요양기관 및 장기요양전문인력 관리 방안
> ㉤ 장기요양인정에 관한 사항

① ㉠, ㉡, ㉣
② ㉠, ㉢, ㉤
③ ㉠, ㉢, ㉣, ㉤
④ ㉡, ㉢, ㉣, ㉤

약점 보완 해설집 p.70

무료 바로 채점 및 성적 분석 서비스 바로 가기
QR코드를 이용해 모바일로 간편하게 채점하고 나의 실력이 어느 정도인지, 취약 부분이 어디인지 바로 파악해 보세요!

수험번호	
성명	

실전모의고사
4회
(NCS + 법률)

시작과 종료 시각을 정한 후, 실전처럼 모의고사를 풀어보세요.

- NCS 직업기초능력   시   분 ~   시   분 (총 60문항/60분)
- 직무시험(법률)   시   분 ~   시   분 (총 20문항/20분)

□ 시험 유의사항

[1] 국민건강보험공단 필기시험은 NCS 직업기초능력을 60분 이내에 풀고 난 뒤 직무시험(법률)을 20분 동안 풀어야 하며, 직렬별 시험 구성은 다음과 같습니다.
- 행정직/건강직/기술직: NCS 직업기초능력(의사소통·수리·문제해결능력) 60문항 + 직무시험(국민건강보험법) 20문항
- 요양직: NCS 직업기초능력(의사소통·수리·문제해결능력) 60문항 + 직무시험(노인장기요양보험법) 20문항
- 전산직: NCS 직업기초능력(의사소통·수리·문제해결·전산개발 기초능력) 50문항 + 직무시험(국민건강보험법) 20문항

[2] 본 실전모의고사는 NCS 직업기초능력 60문항과 국민건강보험법 20문항, 노인장기요양보험법 20문항으로 구성되어 있습니다. 따라서 NCS 직업기초능력 60문항을 풀이하고 난 뒤 지원 직렬에 맞는 직무시험 20문항을 풀이하시기 바랍니다.
  ※ 직무시험은 다음 법령을 토대로 구성되었으므로 실제 시험과 출제 기준이 다를 수 있습니다. 따라서 채용공고를 통해 출제 기준을 확인한 후 실제 시험에 대비하시기 바랍니다.
    - 국민건강보험법: 법제처 법률 제19841호, 2023.12.26. (2024.12.27. 시행법령 기준, 시행예정법령 별도 표기)
    - 노인장기요양보험법: 법제처 법률 제20213호, 2024. 2. 6. (2025.2.7. 시행법령 기준, 시행예정법령 별도 표기)

[3] 본 교재 마지막 페이지에 있는 OMR 답안지와 해커스ONE 애플리케이션의 모바일 타이머를 이용하여 실전처럼 모의고사를 풀어보시기 바랍니다.

NCS 직업기초능력

총 60문항 / 60분

[01 – 02] 다음 보도자료를 읽고 각 물음에 답하시오.

식품의약품안전처와 한국의약품안전관리원은 마약류 안전사용기준이 마련된 식욕억제제 등 의료용 마약류 32개 성분을 처방한 경험이 있는 모든 의사에게 적정 처방과 안전 사용을 당부하는 '안전사용 도우미 서한'을 5월 25일부터 온라인으로 제공할 예정이다. 이번 안전사용 도우미 서한은 2022년 마약류 통합관리시스템으로 수집된 의료용 마약류 32개 성분에 대한 마약류 처방 통계 빅데이터 자료를 분석해 의사 개인별로 처방 정보를 맞춤형으로 제공할 예정이다. ⊙ 게다가 전체 처방 현황과 비교·분석한 자료도 제공한다.

안전사용 도우미 서한의 주요 내용은 다음과 같다. ▲ 의사별 처방 통계(처방 환자 수, 총처방량 순위, 환자 1인당 평균 처방량, 사용 주요질병 등), ▲ 다른 의사와의 처방량 비교, ▲ 기본통계(성분별 환자 수, 질병분류별 사용현황, 진료과목별 사용현황)이다. 지난해에는 의료용 마약류 28개 성분을 처방한 의사 27만 6,231명에게 제공하였다. ⓒ 그리고 올해는 ADHD 치료제와 진해제를 추가하여 총 32개 성분을 처방한 의사 32만 3,650명에게 본인이 의료용 마약류를 과다·중복 처방하는지를 쉽게 비교·검토할 수 있도록 제공할 예정이다. 올해 안전사용 도우미 서한을 제공할 의료용 마약류 처방 의사 수를 세부적으로 살펴보면 다음과 같다. ▲ 항불안제 8만 2,324명, ▲ 졸피뎀 7만 7,967명, ▲ 진통제 5만 1,607명, ▲ 식욕억제제 3만 7,540명, ▲ 프로포폴 3만 1,657명, ▲ 진해제 2만 9,170명, ▲ ADHD 치료제 1만 3,385명으로 알려졌다.

안전사용 도우미 서한은 의사가 쉽고 편리하게 확인할 수 있도록 의료용 마약류 빅데이터 활용 서비스(data. nims.or.kr)에서 온라인으로 제공한다고 한다. ⓒ 다만 처방량, 처방 환자 수 등이 많은 의사 2,493명은 서면으로도 확인할 수 있도록 우편으로도 안내할 예정이다. 올해에는 최면진정제 ② 및 마취제를, 내년에는 항뇌전증제에 대한 안전사용기준을 마련함으로써 2024년까지 의료용 마약류 전 성분에 대한 안전사용기준을 마련해 안전사용 도우미 서한 대상도 추가해 나갈 방침이다. 식품의약품안전처와 한국의약품안전관리원은 이번 안전사용 도우미 서한이 의료용 마약류 오남용 관리에 도움을 줄 것으로 기대하고 있다.

※ 출처: 식품의약품안전처(2023-05-25 보도자료)

01. 위 보도자료의 내용과 일치하는 것은?

① 2023년에 제공될 안전사용 도우미 서한에서 항뇌전증의 안전사용기준을 확인할 수 있다.
② 올해 안전사용 도우미 서한을 받을 의사 중 식욕억제제를 처방한 의사보다 프로포폴을 처방한 의사가 더 많다.
③ 안전사용 도우미 서한을 받아야 하는 의사는 모두 우편으로 직접 받아볼 수 있다.
④ 안전사용 도우미 서한을 통해서는 의료용 마약류 32개 성분 각각이 처방된 환자 수를 확인할 수 있다.

02. 위 보도자료의 ⊙~② 중 접속어의 기능이 나머지와 다른 것은?

① ⊙   ② ⓒ   ③ ⓒ   ④ ②

[03 – 04] 다음 보도자료를 읽고 각 물음에 답하시오.

새해에 지키지 못한 운동 계획, 여름이 점점 다가오면서 새로 목표를 다져보지만 실천이 쉽지 않다. 마음을 다잡고 찾아보지만 생각보다 비싼 헬스장과 필라테스 가격에 고민만 수개월이다. 이러한 사람들에게 유용한 활동이 있다. 스포츠 활동도 하면서 마일리지도 받을 수 있는 '국민체력100 스포츠활동 인센티브'이다.
㉠ 스포츠활동 인센티브는 문화체육관광부와 국민체육진흥공단이 함께 주최하는 사업으로, 국민들의 체육활동 참여를 유도하고 건강과 체력 증진을 돕기 위해 도입되었다. 국민체력100에서 지정한 공공 스포츠클럽, 민간 체육시설 등의 체육시설을 이용해 체력 관리를 하면 인센티브를 받을 수 있다. 현재까지 체육시설로는 총 46개 시설이 등록되어 있으며, 지정 시설 목록은 홈페이지에서 확인할 수 있다.
인센티브는 연간 5만 포인트 적립이 가능하다. 적립 기준에 따라 인센티브가 지급되며, 인센티브는 리워드 상품인 문화상품권으로 교환할 수 있다. 다만, 오는 6월 중순 이후부터는 제로페이에서 발행하는 '스포츠 상품권'으로 변경될 예정이다. ㉡ 온누리 상품권은 전통 시장과 시장의 활성화를 위해 만들어졌기 때문에 그 취지에 맞게 사용하면 좋다.
참여 대상은 만 11세 이상 전 국민이라면 모두 가능하다. 국민체력100 홈페이지에 회원가입만 하면 준비 완료이다. 인센티브 적립 기간은 2023년 4월 24일부터 2023년 11월 30일까지다. 리워드 상품 신청 기간은 2023년 12월 31일까지 가능하다. 적립된 인센티브는 올해가 지나면 자동 소멸된다.
참여 방법은 간단하다. 먼저, 국민체력100 홈페이지에서 회원가입을 해야 하는데, 회원 가입 시 1천 포인트를 받을 수 있어 이 또한 유용하게 사용 가능하다. 그 다음 체력측정이 필요한데, 국민체력100 체력인증센터를 찾아 체력을 측정해야 한다. ㉢ 주의할 점은 국민체력인증은 예약제로 이루어진다는 점이다. 따라서 미리 본인 거주지 주변의 국민체력인증이 가능한 센터를 찾은 뒤 예약을 해야 한다. 예약 완료 후에는 지정 시설에서 스포츠 활동에 참여하고 인센티브 적립을 받으면 된다.
인센티브 인증 시설에 해당하는 전국 46개 인증 시설 중에서 전라북도가 12개로 가장 많고, 부산 5개, 서울과 경기 각 2개로 접근성이 떨어지는 것은 아쉬운 부분이다. ㉣ 하지만 다가오는 여름, 운동을 시작해보고 싶다면 건강과 인센티브를 동시에 잡을 수 있는 스포츠활동 인센티브에 참여해보면 좋을 것 같다.

※ 출처: 정책브리핑(2023-05-24 보도자료)

03. 위 보도자료의 내용과 일치하지 않는 것은?

① 국민체력100 스포츠활동 인센티브에 등록된 시설 중 전라북도에 있는 시설의 개수는 부산, 서울, 경기 세 지역의 시설 개수를 합친 것보다 많다.
② 리워드 상품 신청을 연말까지 진행하지 않을 경우 인센티브는 다음 해부터 바로 소멸된다.
③ 국민체력100 스포츠활동 인센티브 참여를 위한 체력 측정은 사전에 체력인증센터에 예약을 해야 진행할 수 있다.
④ 스포츠활동에 따라 적립한 인센티브는 추후 문화상품권이나 스포츠 상품권 중 하나로 교환받을 수 있다.

04. 위 보도자료의 논리적 흐름을 고려할 때, ㉠~㉣ 중 삭제되어야 하는 문장은?

① ㉠   ② ㉡   ③ ㉢   ④ ㉣

[05 – 07] 다음 보도자료를 읽고 각 물음에 답하시오.

행정안전부와 한국지역정보개발원은 주민·기업·지방 자치 단체(이하 지자체)의 협력을 통해 디지털 기술로 해결이 필요한 10개의 생활밀착형 과제를 최종 선정하고 본격 추진한다고 밝혔다. 선정된 10개의 과제들은 지난 1월부터 3월까지 진행된 공감e가득 공모를 통해 선정되었다. 4년 전부터 시행된 공감e가득의 주민 참여를 기반으로 하는 지역 문제 해결 사업은 지역 문제의 발굴부터 해결까지 전 과정에 주민이 직접 참여하고 민간기업과 지자체가 협력하여 지역 문제를 해결하는 사업이다. 지금까지 총 50여 개의 지역사회 문제해결을 지원하며, 주민이 체감하는 변화를 창출해왔다.

서울특별시 강서구에서는 가구의 전력 데이터 정보를 활용하여 디지털 기반의 에너지 소비 환경을 구축하였다. 전력 소비 정보 제공 플랫폼 및 취약계층 안전망 관리 플랫폼을 개발하여 커뮤니티 기반의 에너지 절감 활동과 에너지 취약계층의 요금 부담 완화 효과를 볼 수 있었다. 전라남도 신안군의 경우 섬마을 주민의 안전한 이동권을 보장하기 위해 실시간 선박 위치 정보, 운항·결항 정보 등의 선박 운행 정보와 섬 생활 안전 정보, 마을 생활안전 지도 등을 제공받을 수 있는 선박 정보 안내 시스템을 구축하여 주민들의 큰 호응을 얻었다. 특히 올해는 탄소중립, 취약계층 보호, 생활 안전, 소상공인 지원 등 다양한 지역 현안을 주민 맞춤형으로 해결하는 디지털 서비스 개발이 추진될 방침이다.

또한 주민·기업·전문가·지자체 공무원 등이 참여하는 의사소통 체계인 스스로 해결단을 필수적으로 구성하도록 하여 과제 추진 전 과정에 주민의 의견이 충분히 반영될 수 있도록 했다. 예상 탄소 배출량을 기반으로 친환경 축제 기획 플랫폼을 구축한 경상남도 통영시는 여러 지역 축제를 통해 발생하는 환경오염으로 인한 주민의 피해를 줄이고 있다. 경기도 하남시는 아동 비만 예방을 위한 하남시 맞춤형 건강 습관 형성 사업을 통해 맞벌이 가구가 많은 시민들의 체계적이고 건강한 맞춤형 보육을 지원한다. 주민들의 저탄소 생활을 돕기 위해 경기도 고양시는 물품의 나눔·리퍼·교환 등을 쉽게 할 수 있는 탄소중립 푸른 고양 나눔 마켓 디지털 통합 플랫폼을 구축하고, 서울특별시 광진구에서는 저층 주거지의 음식물 쓰레기 문제를 해결하기 위해 음식물 쓰레기 감량 및 탄소중립을 위한 광진구 음쓰 제로 플랫폼을 구축한다. 부산광역시 진구는 중·장년층의 고립감 해소를 도와줄 5070 고립 탈피를 위한 활동 유도 서비스인 진이의 하루 플랫폼을 구축한다.

이와 관련해 행정안전부와 한국지역정보개발원은 착수보고회를 개최하여 선정된 10개의 사업에 대한 성공적인 수행을 지원한다. 이번 행사에는 과제에 참여하는 지역 주민, 기업 및 지자체 담당자 등 60여 명이 참석하여 분야별 발표를 통해 내용을 공유하고 수행기관 간 교류 시간을 가질 예정이다. 또한 주민 의견수렴 방법에 대한 전문가 특강과 우수과제인 안전한 섬살이를 위해 전라남도 신안군에서 구축한 선박 정보 안내 시스템 책임자의 발표 등을 진행하여 주민 맞춤형 서비스 개발을 지원한다. 앞으로 각 과제가 차질 없이 진행될 수 있도록 행정안전부와 한국지역정보개발원은 과제별 맞춤형 현장 자문 등을 적극 지원할 예정이다.

이○○ 한국지역정보개발원 원장은 "주민이 손쉽게 이용할 수 있는 디지털 기술을 통한 지역 문제 해결은 지역 정보화 전문기관으로서 나아갈 방향이다. 우리의 역량을 최대한 활용하여 주민들이 체감하는 지역 문제 해결을 이뤄낼 수 있도록 적극 지원하겠다."라고 말했다. 최○○ 행정안전부 지방 자치 분권 실장은 "이번 사업을 통해 지역의 특성을 반영한 주민 맞춤형 서비스 제공으로 생활 속 문제 해결을 지원하고 지속 가능한 디지털 지역 혁신이 이루어질 수 있도록 최선을 다할 것이다."라고 밝혔다.

※ 출처: 행정안전부 (2022-05-12 보도자료)

05. 위 보도자료의 중심 내용으로 가장 적절한 것은?
   ① 쓰레기 배출량 감축에 효과적인 디지털 통합 플랫폼을 확대시켜야 한다.
   ② 지속적인 지역 혁신이 이루어질 수 있도록 생활 맞춤형 서비스를 제공할 계획이다.
   ③ 디지털 기반의 주민 맞춤형 서비스를 통해 다양한 지역 문제를 해결할 것이다.
   ④ 전력 데이터 정보를 활용하여 디지털 기반의 에너지 소비 환경을 조성해야 한다.

06. 위 보도자료를 통해 추론한 내용으로 가장 적절하지 않은 것은?
   ① 전라남도 신안군에서 구축한 시스템을 통해 선박의 결항 정보나 위치를 실시간으로 확인할 수 있다.
   ② 청년층의 사회적 고립감을 해소하기 위해 부산광역시에서는 진이의 하루 플랫폼을 운영하고 있다.
   ③ 안전한 섬살이를 위한 선박 정보 안내 시스템은 행정안전부와 한국지역정보개발원이 진행한 공감e가득 공모의 우수과제이다.
   ④ 공감e가득 주민 참여 기반 지역 문제 해결 사업은 4년 동안 지역사회에서 발생한 총 50개의 문제를 해결하였다.

07. 한국지역정보개발원에 소속된 귀하는 공감e가득 공모에 대한 고객 문의에 답변하는 업무를 맡았다. 위 보도자료를 토대로 고객 문의에 답변한 내용으로 가장 적절하지 않은 것은?
   ① Q: 혹시 맞벌이 가구를 대상으로 지원하는 사업도 있나요?
     A: 경기도 하남시에서는 맞벌이 가구가 많은 시민들을 위해 아동 비만 예방을 위한 하남시 맞춤형 건강 습관 형성 사업을 진행하고 있습니다.
   ② Q: 서울특별시에서는 어떠한 방식으로 지역 문제를 해결하고 있나요?
     A: 광진구에서는 플랫폼 구축을 통해 취약계층의 에너지 요금 부담을 완화하고, 강서구에서도 플랫폼을 이용하여 음식물 쓰레기 문제를 해결할 예정입니다.
   ③ Q: 고양시에 거주하는 주민들을 위해 제공되는 서비스는 무엇인가요?
     A: 지역 주민 간 쉽게 물건을 교환할 수 있도록 나눔 마켓 디지털 통합 플랫폼을 구축할 예정이며, 이로 인해 탄소중립 효과를 기대하고 있습니다.
   ④ Q: 현재 거주하는 지역에서 지역 축제가 자주 개최되다 보니 이에 대한 환경오염 피해가 극심합니다. 이 부분은 어떠한 방식으로 개선되고 있나요?
     A: 지역 특성상 축제가 많아 환경오염 피해를 받아온 통영시 주민들을 위해 친환경 축제 기획 플랫폼을 운영하여 주민들의 환경오염 피해를 줄일 수 있도록 노력하고 있습니다.

[08 - 09] 다음은 아포스티유 확인 안내문의 일부이다. 각 물음에 답하시오.

[아포스티유 확인 안내문]

1. 아포스티유 확인이란?
   - 문서 발행국가의 권한 있는 당국이 자국 문서를 확인하고 협약 가입국이 이를 인정하는 내용을 골자로 한 외국 공문서에 대한 인증을 요구하는 협약(아포스티유 협약)에 따라 우리나라의 권한 있는 당국으로 지정된 외교통상부가 문서의 관인 또는 서명을 대조하여 진위를 확인하고 발급하는 것을 말함

2. 아포스티유 확인 대상 문서 종류
   1) 문서의 성격에 따른 분류

공문서	• 행정기관(입법·사법·행정 등) 발행문서 • 국가공무원법 제2조 또는 지방공무원법 제2조에 규정한 공무원 신분인 자가 기관장인 기관에서 업무 수행을 위해 발급한 문서가 해당 예 가족관계증명서, 납세사실증명서, 이혼판결문, 의약품 허가 확인서, 국공립학교 발행 성적증명서 등
공증문서	• 통상적으로 공문서가 아닌 (사)문서는 공증을 받음으로써 아포스티유 확인 발급 대상이 됨 • 공증인법 또는 변호사법 규정에 의하여 공증인의 자격을 가진 자가 작성한 공증문서 예 회사 발행문서, 진단서, 사립학교 발행 성적 및 졸업증명서 등 행정기관 발행문서가 아닌 문서(단, 현재 사립 초·중·고 성적 및 졸업증명서는 행정기관 발행문서로 취급), 번역문

   2) 아포스티유 확인 발급기관에 따른 분류

외교부	• 법무부 아포스티유 확인 대상 문서 이외의 행정기관 발행문서
법무부	• 법무부 또는 그 소속기관(검찰청 포함)에서 공무상 작성한 문서 • 검찰 보존 사무 규칙에 따라 보존되는 재판서 또는 재판을 적은 조서의 등본이나 초본 • 공증문서 예 회사 발행문서, 진단서, 사립학교 발행 성적 및 졸업증명서 등 행정기관 발행문서가 아닌 문서(단, 현재 사립 초·중·고 성적 및 졸업증명서는 행정기관 발행문서로 취급), 번역문

   3) 번역문에 대한 아포스티유 확인
   - 아포스티유 확인은 원칙적으로 문서 '원문'을 대상으로 문서 발행기관의 관인 또는 해당 공무원의 서명을 확인하고 부여하는 것임
   - 국가 간 언어의 차이로 인해 부가적으로 필요한 번역문은 우리나라 내에서 번역을 하고 그 번역문에 대해서도 아포스티유 확인이 필요한 경우, 원문 및 번역문에 대하여 각각 별도로 아포스티유 확인을 신청해야 하며 번역문은 공증사무소 '공증'을 먼저 받고 법무부에 아포스티유 확인을 신청해야 함
   - 번역문에 대한 공증은 단지 해당 번역문이 문서 원본 내용과 상이하지 않음을 신청인 진술로 인증하는 것임

   4) 외국에서 발행된 문서의 아포스티유 확인
   - 우리나라 재외공관이나 외교부는 외국 발행문서에 대한 아포스티유 확인 불가능
   - 아포스티유 협약에 가입한 국가들은 자국에서 발행하는 문서의 아포스티유 확인을 위한 자국 내 권한 기관을 각각 지정하고 있음

3. 아포스티유 발급 절차

1단계: 신청	아포스티유 증명 신청(방문 또는 우편)
2단계: 확인	인명 대조 진정 여부 확인
3단계: 발급	증명서 발급
4단계: 교부	증명서 교부(창구 또는 우편 송부)
5단계: 조회	상대 국가에 증명 사실 유무 확인 및 통보

4. 아포스티유 확인 신청 시 제출 서류
   - 아포스티유 확인 신청서(홈페이지에서 다운로드)
   - 아포스티유 확인을 받고자 하는 공문서 또는 공증된 문서
   - 대리인에 의한 신청인 경우 대리인의 신분증 사본
   - 전자수입인지(1건당 1,000원)
     ※ 우리나라 아포스티유 확인은 문서 종류에 관계없이 모두 외교부 별관 영사민원실에서 처리하며, 처리 창구는 상이함

08. 위 안내문을 읽고 이해한 내용으로 가장 적절한 것은?

   ① 외국에서 발급받은 서류를 국내에 제출하고자 할 때는 우리나라 재외공관이나 외교부를 통해 아포스티유 확인을 거쳐야 한다.
   ② 국가 간 언어 차이로 인해 필요한 번역문은 먼저 국내에서 번역 과정을 거친 후 원문과 번역문 각각 별도로 아포스티유 확인이 필요하다.
   ③ 아포스티유 확인은 원칙적으로 문서의 원문을 대상으로 하나 문서 발행기관의 관인이나 공무원의 서명이 있을 경우 사본도 가능하다.
   ④ 사립대학교에서 발급받은 서류는 변호사의 공증을 받은 후 외교부에 아포스티유 확인 신청을 해야 한다.

09. 귀하는 위의 안내문을 읽고 아포스티유 확인 신청을 하려고 한다. 이때, 귀하가 아포스티유 확인 신청 시 제출할 서류로 가장 적절하지 않은 것은?

   ① 아포스티유 확인을 받고자 하는 공증서
   ② 아포스티유 확인 신청서
   ③ 전자수입인지
   ④ 본인 신분증 원본

[10 - 11] 다음 보도자료를 읽고 각 물음에 답하시오.

> N 공단(이하 공단)에서 요양비 전자처방 내역 실시간 연계시스템을 새로 오픈한다고 밝혔다. 코로나19 확산으로 비대면 서비스의 필요성이 증가함에 따라 중증·만성질환자 등 비대면 의료 및 업무 서비스 제공을 위한 의료인 처방부터 요양비 청구·지급까지 온라인 원스톱 프로세스를 구현하고자 전자처방 내역 실시간 연계시스템을 구축하게 되었다.
>
> 기존에 수급자 등이 병·의원에 방문하여 요양비 처방전을 서면으로만 발급받았던 것이 요양비 전자처방 내역 연계를 통해 전자처방전으로 발급할 수 있게 되었다. 병·의원이 공단의 요양기관 정보마당에 요양비 처방 내역을 등록하고, 공단이 처방전 등록번호를 수급자의 휴대전화에 전송하면, 수급자는 처방전 등록번호를 약국 등 준요양기관에 제공하기만 하면 된다. 이때 수급자 등은 요양비 급여품목을 구입하거나 대여할 수 있고, 급여종료일 연장도 가능하다. 아울러 요양비 지급 신청 시 전자처방전을 발급받은 경우에 한하여 필수 구비서류인 처방전 제출을 생략할 수 있다. 수급자 등은 공단 홈페이지 및 모바일 앱에서, 준요양기관은 급여보장포털에서 요양비 처방 내역 조회가 가능하다.
>
> 공단은 요양비 전자처방 내역 연계시스템 오픈에 따라 요양비 비대면 업무서비스가 확대되고 수급자와 준요양기관의 요양비 청구에 따른 번거로움을 개선하여 편의성을 높이는 데 큰 역할을 할 것으로 기대하고 있다. 특히 시스템 오픈 초 사용자의 불편을 최소화하기 위해 신속한 시스템 대응팀과 민원 대응팀을 따로 구성하여 철저히 응대하는 등 시스템 조기 안정화에 총력을 기울일 계획이라고 밝혔다. 나아가 요양기관에서 급여보장포털 및 OCS를 통해 공단에 요양비 처방 내역을 실시간으로 연계하는 시스템도 오픈할 예정이다.
>
> 준요양기관은 급여보장포털에서 요양비 처방 내역 연계시스템의 사용자 매뉴얼을 확인한 후 회원가입 및 인증서를 활용하여 시스템 로그인이 가능하다. 요양기관 및 준요양기관 담당자가 신규 시스템의 프로그램 설치, 인증서 찾기 등 접속에 어려움이 있는 경우 전화 문의를 통해 원격지원을 받을 수 있다.

※ OCS(Ordering Communication System): 의료기관에서 컴퓨터망을 통해 의사의 처방을 진료 지원부서에 전달하고, 컴퓨터에 저장된 진료처방 내역을 활용하는 의료 정보 시스템

10. 위 보도자료의 내용과 일치하지 않는 것은?

① 공단은 요양비 시스템 이용자의 편의를 위해 민원 팀과 시스템 팀을 별도로 구성할 계획이다.
② 전자처방전 발급 시 의료 수급자로부터 처방전 등록번호를 전송받은 공단은 해당 번호를 준요양기관에 제공할 것이다.
③ 준요양기관은 급여보장포털을 통해서, 의료 수급자는 핸드폰 앱이나 공단 홈페이지를 통해서 요양비 처방 내역 조회 서비스를 이용할 수 있다.
④ 아직 OCS를 이용하여 요양비 처방 내역이 실시간으로 연계되는 시스템은 개시되지 않았다.

11. 위 보도자료를 읽고 나눈 대화가 다음과 같을 때, 빈칸에 들어갈 내용으로 가장 적절하지 않은 것은?

> A: N 공단에서 요양비 전자처방 내역 실시간 연계시스템을 운영할 예정입니다.
> B: 맞습니다. 의료 분야에서 비대면 서비스가 점차 확대되고 있으니 이용자의 편의성이 한 층 더 높아질 것 같습니다.
> A: 특히 요양비 전자처방 내역 연계시스템은 (　　　　　　　　　　) 활용도가 높을 것으로 기대됩니다.

① 전자처방전을 발급받은 사람은 처방전 제출을 생략할 수 있어
② 요양비용의 청구 및 지급이 한 번에 이루어질 수 있어
③ 인증서 발급에 어려움을 겪는 의료 수급자는 원격 지원을 받을 수 있어
④ 수급자는 온라인으로 요양비 급여품목을 대여할 수 있어

[12 - 13] 다음 글을 읽고 각 물음에 답하시오.

(가) 심리사회학적 측면에서는 환경의 부정적인 부분에 주목하는 왜곡된 선택, 인입된 정보를 왜곡하여 처리하는 과정, 스스로의 대응 능력을 부정적인 시각에서 평가 등의 관점에서 범불안 장애의 발병 원인을 찾는다. 범불안 환자의 경우 환경 자극에 의한 위험을 인지하는 과정에서 연쇄적인 사고에 주목하기 때문에 인지 왜곡으로 인한 잠재적인 위험의 현실 가능성을 높이 평가하는데, 예측했던 위험이 실제로 발생했을 때 나타나는 결과를 치명적인 상황으로 짐작하고 자신의 대처 능력을 과소평가하여 불안을 크게 느끼는 특성을 가진다.

(나) 범불안 장애는 막연한 불안감이나 통제가 어려운 비합리적인 걱정으로 고통이 지속되는 정신 질환의 일종이다. 범불안 장애를 겪는 사람들은 평소에도 심리적으로나 신체적으로 항상 높은 수준의 긴장 상태를 유지해 주변 사람들과 관계를 맺거나 업무 활동에 집중하는 데 어려움을 느끼는 등 일상생활을 유지하는 데 고충을 겪는다. 또한, 심리적 불안에 그치지 않고 답답함이나 소화불량, 두통 등의 신체적 증상이 동반되기도 한다. 일반적으로 남성에 비해 여성의 발병 확률이 두 배가량 더 높다고 알려졌으며, 대체로 아동기 혹은 청소년기에 발병되는 경향을 보이지만, 나이에 상관없이 어느 연령에서나 발생할 수 있다는 특징이 있다.

(다) 이에 따라 범불안 장애 치료를 위해서는 환자 스스로 자신의 걱정을 기록하게 하여 내면의 사고 회로를 인지할 수 있도록 도와야 한다. 자신이 예상했던 위험 상황이 현실에 어떠한 영향을 미치는지 검토하면서 걱정에 대한 사고 과정을 인식시키거나, 일상 시간에서 걱정하는 시간을 따로 구분하여 걱정을 조절하고 대응하는 능력을 향상시키는 인지행동 치료법이 통용되고 있다. 그러나 이러한 치료로도 도움을 받지 못하는 환자들은 가족 치료나 약물 치료를 병행하는 방법이 시행된다.

(라) 범불안 장애 발병에는 생물학적 요인, 심리사회학적 요인이 단독 또는 상호작용함으로써 영향을 미친다. 먼저 생물학적 요인에 따르면 감정과 기분을 조절하는 신경전달물질의 균형이 깨지거나 편도체의 기능적 연결에 손상이 발생해 불안증세가 나타나며, 감정과 행동을 제어하는 뇌의 부위인 전두엽, 변연계, 기저핵, 후두엽의 과흥성 또는 저활성도 불안증세 유발에 영향을 미칠 수 있다. 범불안 장애를 앓고 있는 환자의 뇌를 살펴보면, 편도체와 자극의 중요한 부분을 제어하는 뇌도, 대상 영역 간의 연결이 부족한 반면, 두정엽과 실행 기능과 관련된 전두엽 간의 연결은 강화되어 있는 것으로 나타난다. 이는 편도체의 기능 이상을 보상하기 위해 인지적인 노력을 통한 보상 기제임을 암시한다.

(마) 범불안 장애의 약물 치료에는 주로 벤조디아제핀 계열의 약물이 사용되는데, 주변 자극에 대해 과하게 반응하는 정도를 신속하게 낮추며 진정 효과가 있어 급성 불안 증세를 완화하는 데 효과적이다. 그러나 만성적인 불안 증세를 치료하는 데는 효과가 미비하다는 견해가 있다. 게다가 벤조디아제핀 계열의 약물을 장기간 복용한 환자는 내성이 생기기 쉬워 복용을 중단할 경우 금단증상이 나타나는 부작용이 존재한다. 따라서 이를 대신하여 선택적 세로토닌 재흡수 억제제로 사용되는 파라옥세틴이나 벤라팍신 등의 약물도 널리 쓰이고 있다.

12. 윗글을 논리적 순서대로 알맞게 배열한 것은?

   ① (나) - (다) - (마) - (라) - (가)
   ② (나) - (라) - (가) - (다) - (마)
   ③ (라) - (가) - (나) - (다) - (마)
   ④ (라) - (다) - (마) - (나) - (가)

13. 윗글의 내용과 일치하지 않는 것은?

   ① 범불안 환자는 극도의 정신적 불안감으로 인해 타인과 정서적으로 교감하는 데 어려움을 겪는다.
   ② 장기간 복용한 벤조디아제핀 계열의 약물 사용을 중단하면 금단증상으로 인한 부작용이 나타날 수 있다.
   ③ 뇌에서 감정과 행동을 관장하는 부위의 활성도를 인위적으로 떨어뜨리면 불안 증세를 완화할 수 있다.
   ④ 범불안 장애 환자에게는 환자가 체감하는 불안을 스스로 자각하게 하는 인지행동 치료법이 유용하다.

[14 – 15] 다음 보도자료를 읽고 각 물음에 답하시오.

　보건복지부에서는 유기농·무농약의 친환경 한약재로 제조한 규격품을 우수 한약으로 공급하기 위하여 우수 한약 사업단 등을 공모한다. 이번 공모는 안전성이 우수한 유기농·무농약 한약재를 우수 한약으로 공급하여 한약에 대한 신뢰성을 제고하고, 새로운 부가가치와 일자리를 창출하기 위한 시범사업으로 추진한다. 우수 한약 육성 사업 공모에 참여하려면 친환경 한약재 재배 농업인, 한약재 규격품 제조업자, 한방 의료기관을 개설한 한의사 등이 사업단을 구성한 다음, 사업단장이 사업계획서를 작성하여 보건복지부를 방문하거나 우편으로 신청하면 된다.
　사업단 구성원의 자격 요건은 다음과 같다. 한약재 재배 농업인은 농림축산식품부 장관으로부터 유기농·무농약 농산물 재배를 인증받은 농업인 또는 농업 관련 법인이어야 하고, 한약재 규격품 제조업자는 식품의약품안전처장으로부터 의약품 제조업 허가와 해당 품목의 제조 판매 품목 허가 또는 신고를 한 자여야 한다. 한의사는 보건복지부 장관으로부터 한의사 면허를 받고 한방의료기관을 개설하거나 의료기관에 소속되어 있는 자여야 하며, 사업의 신뢰성을 보증하거나 사업을 지원 또는 보조하기 위해 지방자치단체, 공공기관, 보건의료인 등도 함께 참여할 수 있다.
　사업단장이 제출해야 하는 사업계획서의 주요 내용은 다음과 같다. 농림축산식품부 장관이 인증한 유기농·무농약 한약재를 원료로 제조한 규격품을 한방의료기관에 공급하는 사업계획을 작성해야 하며, 이때 올해 생산되는 유기농·무농약 한약재로 규격품을 제조하고 한방의료기관에 공급하는 것을 원칙으로 한다. 다만 한약재의 특성에 따라 내년에 규격품이 제조되고 한방의료기관에 공급하는 것도 가능하다. 이 밖에 자세한 내용은 온라인으로 진행하는 우수 한약 육성 시범사업 설명회에 참여하면 확인할 수 있다.
　또한, 우수 한약 육성 시범사업의 품질 모니터링 등을 공정하고 효율적으로 수행할 수 있는 관리기관도 공모한다. 관리기관은 한의약 전문기관으로서 1개 이상의 전담부서와 5명 이상의 사업관리, 품질 모니터링 등을 담당하는 전문인력을 보유한 기관으로 선정하며, 사업 모니터링 예산 등을 보조하게 된다. 보건복지부는 우수 한약 육성 사업 공모에 참여한 사업단과 관리기관에 대해 우수 한약 심의 위원회 심의를 거쳐 국비를 보조할 사업단을 1개 이상 선정하고, 사업계획과 보조금 규모를 확정한다.
　사업단으로 선정되면 사업계획서에 따라 사업을 추진하면서 사업비 일부를 보조받을 수 있고 우수 한약 도안을 표시할 수 있으며, 관리기관은 사업의 실무를 지원하고 품질 모니터링 등을 수행한다. 사업단은 지원받은 보조금을 우수 한약 사업에만 집행할 수 있고 품질관리체계를 가동해야 하며, 사업 종료 후에는 사업성과서를 제출하고 사업계획서의 성과 목표 이행·달성 여부를 평가받아야 한다. 보건복지부는 우수 한약 육성 시범사업 모니터링 결과 등을 토대로 내년에 우수 한약 명칭, 품질 기준, 재배 방법 등 제도 개선 방안을 종합적으로 검토할 예정이다.
　보건복지부 강○○ 한의약 정책관은 "우수 한약 육성 시범사업을 통해 안전성이 우수하고 한의약 원리가 포함된 유기농·무농약 한약재를 국민에게 공급하여 한약에 대한 신뢰성을 제고하고, 새로운 부가가치와 일자리 창출을 통해 한의약 산업이 발전하는 계기가 될 수 있도록 하겠다."라고 밝혔다. 아울러 "우수 한약 시범사업을 통한 한약 신뢰성 제고 등을 위하여 한의약 관련 기관 및 관계자들의 많은 관심과 참여를 바란다."라고 당부했다.

※ 출처: 보건복지부(2022-05-04 보도자료)

14. 위 보도자료의 제목으로 가장 적절한 것은?

① 한약 재배 농업인 및 한방 의료기관의 협업 확대
② 우수 한약 육성 사업 수행 사업단 발굴·지원
③ 친환경 한약재 제품 표준 규격 개선·보완
④ 우수 한약 육성 시범사업 온라인 설명회 개최

15. 위 보도자료를 통해 추론한 내용으로 가장 적절하지 않은 것은?

① 사업 관리기관은 5명 이상의 사업관리 및 품질 모니터링 역량을 갖춘 전문인력을 보유한 기관일 것이다.
② 사업단으로 선정된 기관은 사업 종료 후에 사업성과서를 제출하여 사업 목표의 달성 여부를 평가받게 된다.
③ 보건의료인이 참여하지 않은 법인도 우수 한약 육성 사업에 참여할 수 있다.
④ 올해 생산되는 유기농 한약재로 제조되지 않은 규격품은 한방의료기관에 공급할 수 없다.

[16 - 18] 다음 글을 읽고 각 물음에 답하시오.

(가) 식물 뿌리에 침투하는 모든 미생물을 식물에 악영향을 미치는 병원균으로 인식하는 사람들이 많다. 그러나 미생물 중에는 식물 뿌리와 서로 도움을 주고받으며 공생 관계를 맺고 있는 경우가 있는데, 이를 균근(菌根)이라고 한다. 균근에서 균류는 식물이 토양의 수분과 무기물, 비타민류 등을 효과적으로 흡수할 수 있도록 돕고, 식물로부터 광합성으로 만들어진 유기물을 취함으로써 공생 관계를 유지한다. 이러한 영양분의 교환은 식물의 생장에 중요한 요소이지만, 수분과 필수영양소의 공급이 원활한 장소에 서식하는 식물은 균근을 형성하지 않기 때문에 모든 식물이 균근을 가지는 것은 아니다.

(나) 균근은 균사의 일부가 식물의 뿌리에 연결되어 있고 나머지는 토양에 퍼져 있는데, 균류가 식물의 뿌리와 어떻게 접촉하고 있는지에 따라 외생균근과 내생균근으로 분류된다. 먼저 외생균근은 균사가 식물의 뿌리 세포 안으로 침입하지 않고 뿌리 세포 중간중간에 균사체를 뻗는 구조로 형성되어 있어 겉으로는 균류가 식물의 뿌리를 감싼 것처럼 보인다. 반면 내생균근은 균사가 식물의 세포벽을 뚫고 들어가되 세포막을 통과하지 않고 밀면서 균사 끝부분이 넓게 발달한 구조를 갖는다. 엽록소가 없는 무엽록 식물군 대부분이 내생균근을 형성하는데, 이는 무엽록 식물군은 내생균근의 도움 없이 살아남을 수 없기 때문이다. 또한, 일부 난초류는 내생균근 없이는 종자가 발아하지 않거나 발육하지 않기도 한다.

(다) 균근은 균근을 형성하는 균류의 균사가 식물의 뿌리보다 월등히 가늘고 작아서 식물에 부족한 물과 영양분을 효율적으로 식물에 전달할 수 있다. 그래서 토양 환경이 동일하다고 가정하였을 때 균근을 가진 식물이 균근을 가지지 않은 식물보다 생장에 높은 경쟁력을 보유하고 있다고 볼 수 있다. 이와 더불어 균근을 가진 식물이 토양에서 유래한 질병에 저항성이 크다는 연구 결과도 지속적으로 발표되고 있어 균근이 식물의 생장에 긍정적인 영향을 미친다는 사실을 알 수 있다.

(라) 균근은 균류가 식물과 식물을 연결한다는 점에서도 이점이 있다. 균근의 균사로 연결된 식물은 서로 영양분을 교환하거나, 한 식물이 곤충의 공격을 받으면 다른 식물에 위험 경고 물질을 보내 곤충의 공격을 대비하게 만들기도 한다. 이때, 곤충의 공격을 받은 식물은 균근의 균류에 의해 휘발성 유기화합물을 분비하는데, 이 유기화합물이 곤충의 천적을 유인하여 곤충에 대한 저항성 또한 증가한다. 이와 같이 식물에게 다양한 이익을 주는 균근은 삼림의 보호와 유지를 위해 지속적으로 연구될 필요가 있다.

16. 윗글을 읽고 각 문단의 내용을 요약한 것으로 옳지 않은 것은?

① (가): 식물과 공생관계를 유지하는 균류의 역할
② (나): 내생균근과 외생균근의 특징
③ (다): 균류의 균사가 식물 생장을 저해하는 이유
④ (라): 균사로 연결된 식물 간 상호작용에서 균근의 작용

17. 윗글의 내용과 일치하지 않는 것은?

① 균류의 균사는 식물 뿌리보다 크고 두꺼워 식물에 영양분을 효과적으로 전달할 수 있다.
② 수분과 필수영양소가 활발하게 공급되는 식물에는 균근이 만들어지지 않는다.
③ 내생균근은 균사의 끝부분이 넓게 발달했다는 특징이 있다.
④ 균근이 존재하는 식물일수록 토양으로부터 발병되는 질병에 대한 면역력이 강하다.

18. 윗글을 통해 추론한 내용으로 적절한 것은?

① 식물 주변으로 휘발성 유기화합물이 많이 분비될수록 식물의 곤충 저항력은 점차 약화된다.
② 외생균근은 균사가 식물의 뿌리 세포 내부로 침입한다는 점에서 균류가 식물의 뿌리를 감싼 구조로 본다.
③ 균류는 식물 생장에 도움을 주기 위하여 광합성을 통해 생성된 유기물을 식물에 전달한다.
④ 내생균근은 무엽록 식물군의 생존과 더불어 일부 난초류의 종자 발아 및 발육에 영향을 미친다.

[19 – 20] 다음 보도자료를 읽고 각 물음에 답하시오.

갑자기 실직하게 되면 경제적으로 곤궁한 상황에 빠질 가능성이 높다. 이러한 실직자들을 위해 국가에서는 다양한 제도를 제공하고 있지만, 관련 제도를 모르거나 알더라도 신청을 어려워하는 사람들이 많아 혜택을 제대로 누리지 못하는 경우가 많다. 대표적인 제도는 '실업크레딧'이다. 실업크레딧은 2016년 8월 1일부터 시행된 제도로, 국민연금 보험료 납부가 어려운 실업 기간에 대하여 국민연금 보험료 일부를 지원하고 그 기간을 국민연금 가입 기간으로 추가 포함하는 제도를 의미한다. 실업크레딧을 신청하면 구직급여를 받는 기간 동안 국민연금 보험료의 75%를 지원받을 수 있다. 따라서 본인 부담은 25%가 되며, 1인당 생애 최대 12개월까지 지원받을 수 있다.

신청하기 위해서는 국민연금을 1개월 이상 납부한 이력이 있어야 한다. 또, 18세 이상 60세 미만의 실업급여 수급자여야 한다. (   ) 실직자 모두가 실업크레딧을 신청할 수 있는 것은 아니다. 재산세 과세표준의 합이 6억 원 이하, 사업과 근로소득 제외한 연간 종합소득이 1,680만 원 이하여야 한다. 금융소득, 연금소득과 토지, 건축물, 주택 등 재산이 많은 고소득·고액 재산가는 지원 대상에서 제외된다. 신청은 오프라인과 온라인 두 가지 방법으로 모두 가능하다. 먼저, 오프라인으로 신청할 경우 구직급여 신청 시 함께 신청하거나 국민연금공단 관할 지사에서 신청할 수 있고, 온라인으로 신청할 경우 온라인으로 실업급여를 신청할 때 함께 신청하거나 국민연금공단 홈페이지로 신청하면 된다.

한편, 실업크레딧 외에도 실직자가 알아두면 좋을 또 하나의 유용한 제도가 있다. 바로 건강보험 임의계속 가입제도다. 건강보험 임의계속 가입제도란 실업자의 지역 건강보험료가 퇴사 전보다 높아지더라도 실직 전 납부하던 보험료 수준으로 납부할 수 있게 하는 제도이다. 1년 이상 근무한 직장에서 실직할 때 최대 36개월 동안 직장에 다닐 때 내던 건강보험료 수준의 보험료를 낼 수 있다. 퇴직 이전 18개월 동안 사업장 관계없이 1년 이상 직장가입자 자격을 유지한 사람도 건강보험 임의계속 가입제도를 신청할 수 있다.

실업크레딧이나 건강보험 임의계속 가입제도 등은 국민연금 가입 기간을 늘려 국민연금을 더 많이 받게끔 혜택을 주는 제도다. 시의적절한 때 필요한 국민에게 그 혜택이 쉽게 닿을 수 있는 제도이므로 단순히 관련 혜택을 제공한다는 것에 그치지 않고 혜택의 사각지대에 놓인 사람이 없게끔 점차 진입장벽을 낮춰 더 많은 사람이 사회 안전망 혜택을 누리기를 바란다.

※ 출처: 정책브리핑(2023-05-10 보도자료)

19. 위 보도자료 내용과 일치하지 않는 것은?

① 실업 급여를 받고 있지 않은 실직자는 실업크레딧을 신청할 수 없다.

② 매달 12만 원의 국민연금을 납부하던 사람이 실업크레딧 지원을 받을 경우 본인 부담금은 3만 원이다.

③ 직장가입자 자격을 12개월 이상 유지하고 실직한 사람은 건강보험 임의계속 가입제도의 혜택 대상이다.

④ 실업크레딧은 신청자가 실직할 때마다 신청 가능하며, 최대 1년 동안 지원된다.

20. 위 보도자료의 빈칸에 들어갈 단어로 가장 적절한 것은?

① 그러나 ② 예컨대 ③ 그리고 ④ 말하자면

[21-22] 다음은 건강기능식품 판매 업체 수에 대한 자료이다. 각 물음에 답하시오.

[건강기능식품 판매 업체 수]　　　　　　　　　　　(단위: 개)

구분	2019년		2020년	
	일반 판매 업체	유통 전문 판매 업체	일반 판매 업체	유통 전문 판매 업체
전국	78,312	3,247	87,688	3,801
서울	19,999	1,528	23,010	1,809
부산	5,290	97	5,845	121
대구	3,227	69	3,568	77
인천	3,728	81	4,234	97
광주	1,917	52	2,117	66
대전	2,200	88	2,561	103
울산	1,187	10	1,294	11
세종	307	12	375	16
경기	20,521	759	23,650	897
강원	2,097	63	2,212	77
충북	1,943	107	2,098	111
충남	2,697	105	2,923	113
전북	2,714	63	2,826	76
전남	1,773	49	1,772	49
경북	3,402	74	3,675	88
경남	4,232	56	4,480	64
제주	1,078	34	1,048	26

※ 건강기능식품 판매 업체 = 일반 판매 업체 + 유통 전문 판매 업체
※ 출처: KOSIS(식품의약품안전처, 건강기능식품산업현황)

21. 다음 중 자료에 대한 설명으로 옳지 않은 것은?

① 2020년 전국 유통 전문 판매 업체 중에서 서울과 경기의 업체 수가 차지하는 비중의 합은 70% 이상이다.
② 2020년 경북과 경남의 건강기능식품 판매 업체 수의 합은 8,307개이다.
③ 제시된 기간 동안 인천의 일반 판매 업체 수의 평균은 3,981개이다.
④ 2019년 일반 판매 업체 수가 다른 지역에 비해 가장 적은 지역은 유통 전문 판매 업체 수도 다른 지역에 비해 가장 적다.

22. 2020년 일반 판매 업체 수가 전년 대비 가장 많이 증가한 지역의 2020년 일반 판매 업체 수의 전년 대비 증가율은 약 몇 %인가? (단, 소수점 둘째 자리에서 반올림하여 계산한다.)

① 10.5%   ② 13.6%   ③ 14.9%   ④ 15.2%

[23 – 24] 다음은 성별 및 연령대별 당뇨병 2차 판정 현황에 대한 자료이다. 각 물음에 답하시오.

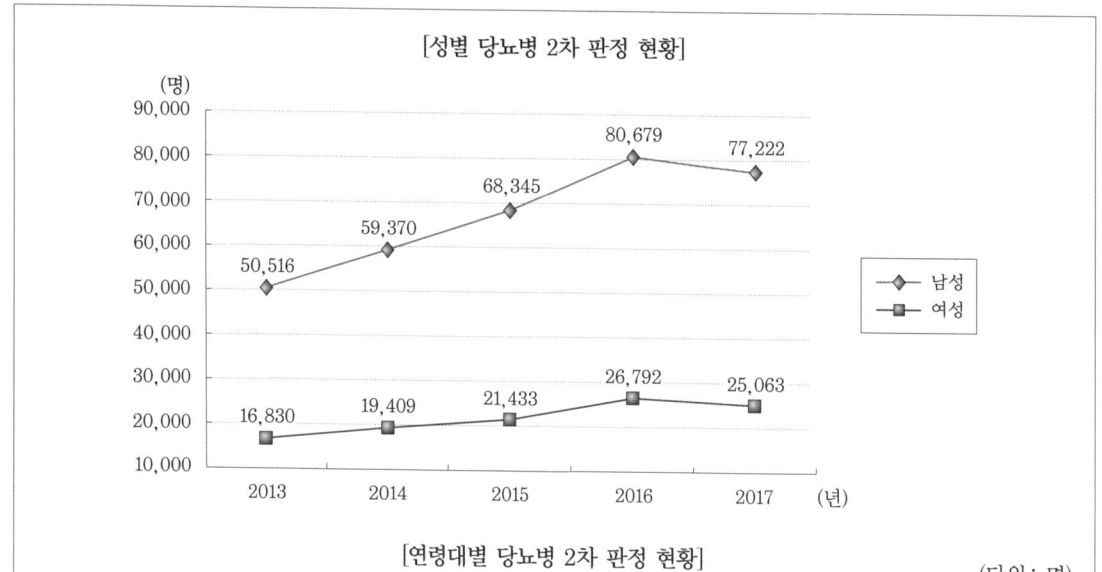

[연령대별 당뇨병 2차 판정 현황]

(단위: 명)

구분	2013년 남성	2013년 여성	2014년 남성	2014년 여성	2015년 남성	2015년 여성	2016년 남성	2016년 여성	2017년 남성	2017년 여성
30~34세	2,670	442	2,869	498	3,104	601	3,350	611	3,206	655
35~39세	4,346	557	4,872	691	5,515	807	6,363	877	6,494	927
40~44세	6,108	1,465	6,786	1,562	7,828	1,679	8,824	1,931	8,143	1,771
45~49세	8,181	2,219	9,717	2,592	11,072	2,756	12,879	3,365	12,143	2,978
50~54세	10,335	3,599	12,226	4,056	13,565	4,358	15,284	5,299	14,229	4,751
55~59세	7,910	2,795	9,668	3,287	11,501	3,728	13,889	4,755	13,425	4,338
60~64세	5,299	2,612	6,702	3,135	7,953	3,443	10,494	4,745	9,960	4,465

※ 출처: KOSIS(국민건강보험공단, 건강검진통계)

23. 다음 중 자료에 대한 설명으로 옳은 것은?

   ① 제시된 기간 중 당뇨병 2차 판정을 받은 남성이 처음으로 6만 명을 넘은 해에 당뇨병 2차 판정을 받은 남성 중에서 50~64세가 차지하는 비중은 약 55%이다.
   ② 2016년 45~49세 당뇨병 2차 판정을 받은 남성은 3년 전 대비 약 48.4% 증가하였다.
   ③ 제시된 기간 동안 60~64세 당뇨병 2차 판정을 받은 여성은 평균 3,500명 이하이다.
   ④ 2013년 당뇨병 2차 판정을 받은 남성은 같은 해 당뇨병 2차 판정을 받은 여성의 약 3배이다.

24. 다음 중 자료에 대한 설명으로 옳지 않은 것을 모두 고르면?

   ㉠ 제시된 기간 동안 당뇨병 2차 판정을 받은 남성과 여성의 차이는 매년 증가하였다.
   ㉡ 2013년 55~59세 당뇨병 2차 판정을 받은 남성은 같은 해 30~34세 당뇨병 2차 판정을 받은 남성의 3배 이상이다.
   ㉢ 제시된 기간 동안 50~54세 당뇨병 2차 판정을 받은 남성은 연령대별 당뇨병 2차 판정을 받은 남성 중 매년 가장 많다.
   ㉣ 2015년 65세 이상 당뇨병 2차 판정을 받은 여성은 4,061명 이하이다.

   ① ㉠, ㉡　　　　② ㉠, ㉣　　　　③ ㉡, ㉢　　　　④ ㉢, ㉣

[25 – 27] 다음은 국민 1인당 의약품 판매액 및 연도별 총인구수에 대한 자료이다. 각 물음에 답하시오.

[국민 1인당 의약품 판매액] (단위: 원)

구분	2018년	2019년	2020년
소화기관 및 신진대사	85,868	91,783	98,540
제산제	1,376	1,426	1,564
위궤양 치료제	20,149	20,674	21,122
당뇨병 치료제	21,065	23,052	25,318
혈압강하제	679	709	761
이뇨제	444	473	561
진통제	8,135	8,888	9,419
최면제 및 진정제	961	1,162	1,325
항우울제	4,157	4,640	5,271

※ 출처: KOSIS(보건복지부, 의약품소비량및판매액통계)

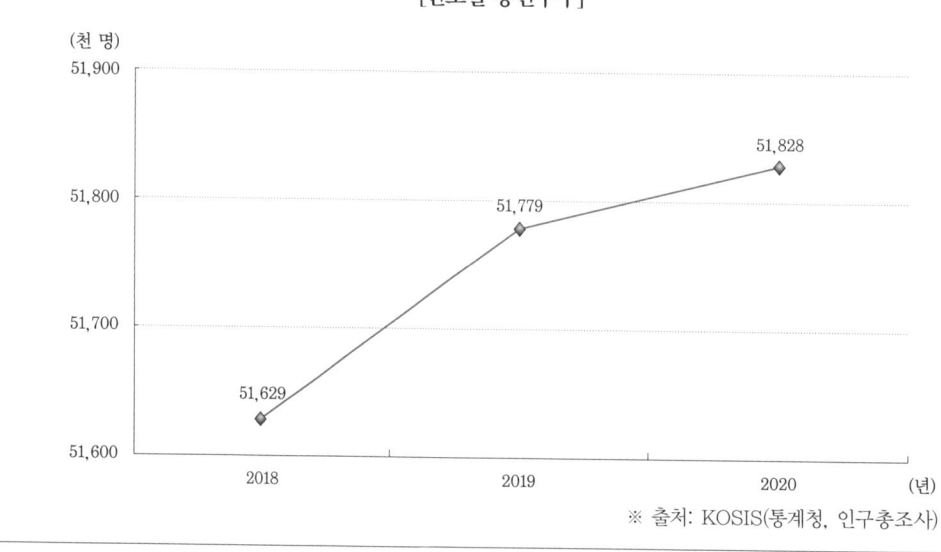

※ 출처: KOSIS(통계청, 인구총조사)

25. 제시된 기간 중 총인구수가 가장 많은 해에 다른 의약품에 비해 국민 1인당 의약품 판매액이 가장 높은 의약품의 국민 1인당 의약품 판매액의 전년 대비 증가율은? (단, 소수점 둘째 자리에서 반올림하여 구한다.)

① 6.1%   ② 7.4%   ③ 8.5%   ④ 10.1%

26. 다음 중 자료에 대한 설명으로 옳은 것은?

① 2019년 이후 소화기관 및 신진대사의 국민 1인당 의약품 판매액의 전년 대비 증감 추이와 다른 의약품은 1개이다.
② 2020년 총인구수는 2년 전 대비 49천 명 증가하였다.
③ 제시된 기간 동안 국민 1인당 의약품 판매액이 많은 순서대로 의약품을 나열하면 4위는 매년 항우울제이다.
④ 2018년 이뇨제의 총판매액은 220억 원 이상이다.

27. 다음은 제시된 자료를 바탕으로 만든 그래프이다. 그래프의 ㉠~㉣에 들어갈 항목을 바르게 연결한 것은?

[국민 1인당 의약품 판매액]

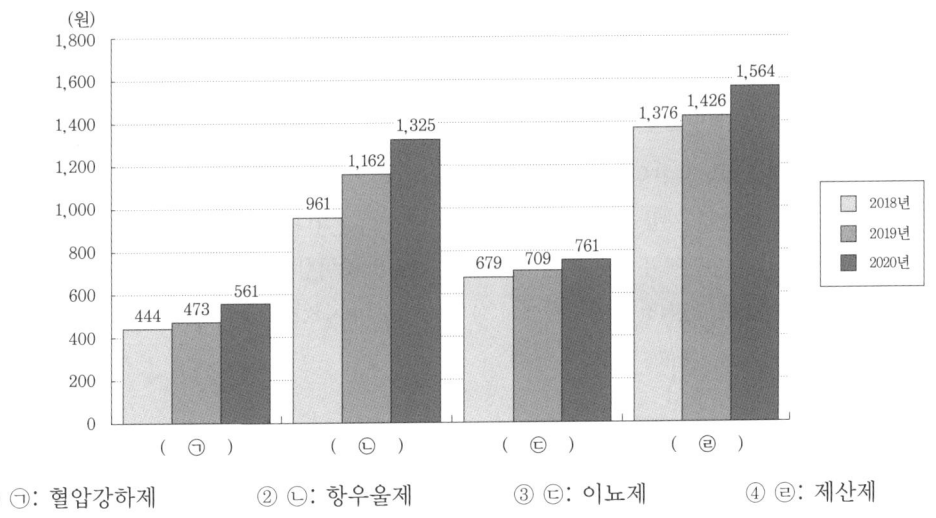

① ㉠: 혈압강하제 ② ㉡: 항우울제 ③ ㉢: 이뇨제 ④ ㉣: 제산제

[28 - 30] 다음은 2021년 하반기 관측지점별 강수량에 대한 자료이다. 각 물음에 답하시오.

[관측지점별 강수량]
(단위: mm)

구분	7월	8월	9월	10월	11월	12월
속초	104.1	247.1	141.6	216.9	16.2	68.7
철원	117.2	219.6	105.9	128.3	57.3	4.9
춘천	169.5	129.6	106.0	60.6	53.0	5.1
강릉	142.2	438.1	111.6	130.9	13.1	43.9
서울	168.3	211.2	131.0	57.0	62.4	7.9
원주	199.8	172.9	183.5	45.6	55.9	4.9
충주	310.7	239.9	240.3	45.5	44.9	5.6
대전	151.8	289.2	161.2	40.8	41.7	4.4
포항	203.7	449.9	196.5	176.7	31.4	0.3
대구	153.3	256.3	84.1	57.8	43.1	0.1
광주	227.6	338.7	131.1	35.3	85.8	7.1
여수	445.3	369.7	144.7	45.4	43.0	2.7
제주	247.1	227.8	493.1	32.1	63.8	31.4

※ 출처: KOSIS(기상청, 지상기상통계)

28. 다음 중 자료에 대한 설명으로 옳은 것은?

① 9월 서울 지점 강수량은 전월 대비 40% 이상 감소하였다.
② 제시된 기간 동안 충주 지점 강수량의 평균은 150mm 이상이다.
③ 12월 원주 지점 강수량 대비 제주 지점 강수량의 비율은 6 이상이다.
④ 2021년 하반기 광주 지점 전체 강수량에서 11월 강수량이 차지하는 비중은 10% 미만이다.

29. 제시된 기간 중 강릉 지점 강수량이 가장 적은 달에 여수 지점 강수량의 2개월 전 대비 감소율은 약 얼마인가? (단, 소수점 둘째 자리에서 반올림하여 계산한다.)

① 58.8%   ② 62.4%   ③ 66.7%   ④ 70.3%

30. 다음 중 제시된 자료를 바탕으로 만든 그래프로 옳지 않은 것은?

① [2021년 하반기 속초 지점 강수량의 전월 대비 증감량]
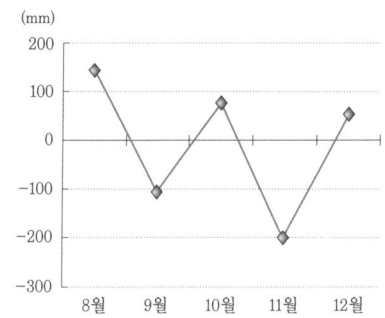

② [2021년 4분기 춘천과 서울 지점의 평균 강수량]
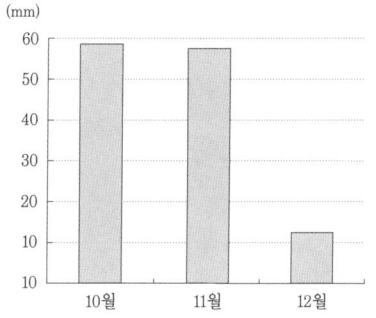

③ [2021년 3분기 철원 및 충주 지점 강수량]
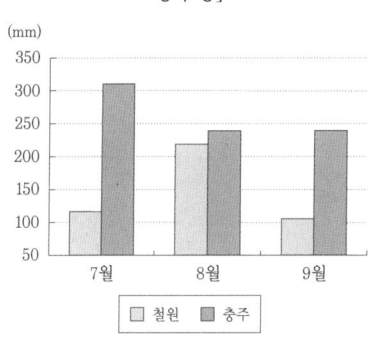

④ [2021년 4분기 제주 지점 전체 강수량의 월별 비중]
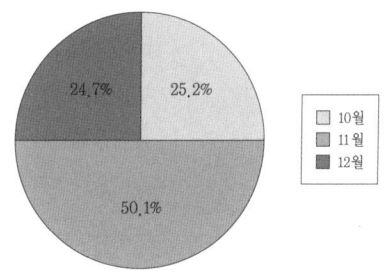

[31 – 32] 다음은 2017년 산모 및 신생아를 위한 건강관리사업 현황을 나타낸 자료이다. 각 물음에 답하시오.

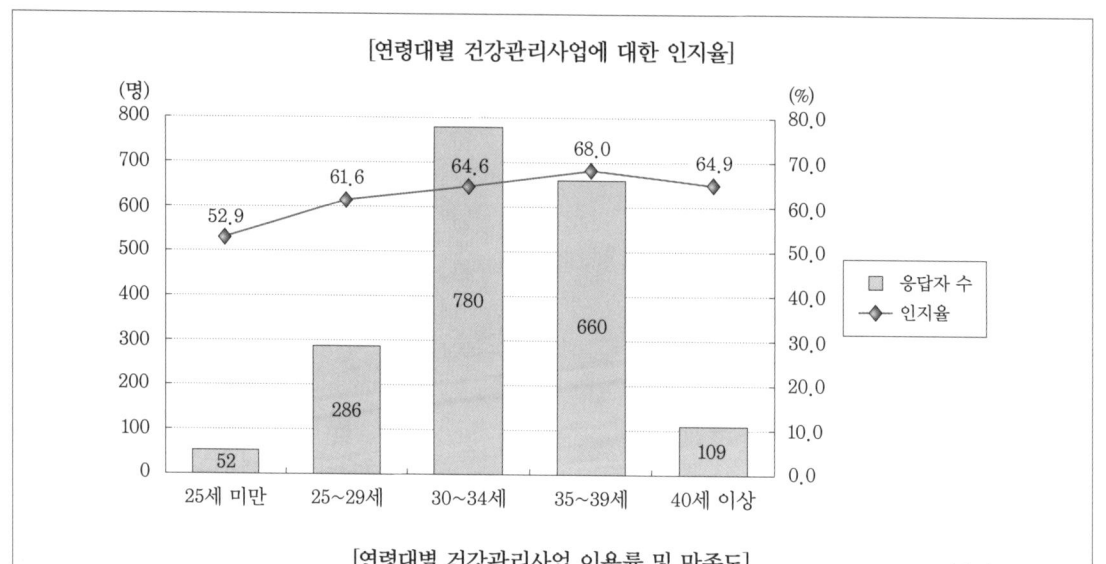

[연령대별 건강관리사업 이용률 및 만족도]

(단위: 명, %)

구분	응답자 수	이용률	만족도			
			매우 불만족	불만족	만족	매우 만족
계	693	22.3	6.0	21.1	14.7	58.2
25세 미만	25	27.4	8.0	25.2	21.4	45.4
25~29세	94	19.2	7.0	20.7	16.9	55.4
30~34세	283	22.4	2.2	19.4	16.4	62.0
35~39세	248	24.5	8.3	22.9	11.5	57.3
40세 이상	43	25.6	15.2	20.3	12.7	51.8

※ 출처: KOSIS(보건복지부, 산후조리실태조사)

31. 다음 중 자료에 대한 설명으로 옳은 것은?

① 25세 미만 응답자 중에서 건강관리사업을 인지하고 있는 사람은 이용하고 있는 사람보다 약 27명 더 많다.
② 건강관리사업에 대해 매우 만족이라고 응답한 사람은 매우 불만족이라고 응답한 사람의 9배 미만이다.
③ 25세 이상 응답자 중에서 연령대가 높을수록 건강관리사업에 대한 인지율과 이용률이 높다.
④ 건강관리사업에 대해 불만족이라고 응답한 사람 중에서 35세 이상은 약 66명이다.

32. 건강관리사업에 대한 인지율이 가장 높은 연령대에서 건강관리사업에 대해 만족 또는 매우 만족이라고 응답한 사람은 약 몇 명인가?

① 171명　　　② 184명　　　③ 211명　　　④ 220명

[33-35] 다음은 A 지역의 연도별 영재교육 현황에 대한 자료이다. 각 물음에 답하시오.

[연도별 영재교육 교사·강사 수] (단위: 명)

구분	2016	2017	2018	2019	2020
영재학교·과학고	295	302	304	295	308
교육청 영재교육원	1,542	1,593	2,630	2,206	2,097
대학 영재교육원	354	394	382	548	617
영재학급	1,724	2,291	2,545	2,278	2,589
합계	3,915	4,580	5,861	5,327	5,211

[연도별 영재교육 학생 수] (단위: 명)

구분	2016	2017	2018	2019	2020
영재학교·과학고	2,024	2,040	2,048	1,718	2,137
교육청 영재교육원	6,186	6,142	6,100	7,688	7,710
대학 영재교육원	2,175	2,187	2,233	2,446	2,696
영재학급	9,180	10,714	11,329	9,397	9,281
합계	19,565	21,053	23,710	21,249	21,824

33. 전체 영재교육 교사·강사 수가 전년 대비 가장 많이 증가한 해의 영재교육 교사·강사 1인당 영재교육 학생 수는 약 몇 명인가? (단, 소수점 첫째 자리에서 반올림하여 계산한다.)

① 2명　　　② 3명　　　③ 4명　　　④ 5명

34. 다음 중 자료에 대한 설명으로 옳은 것은?

① 제시된 기간 동안 2016년을 제외하고 매년 영재학급 교사·강사 수는 대학 영재교육원 교사·강사 수의 5배 이상이다.
② 전체 영재교육 학생 수가 다른 해에 비해 가장 많은 해에 전체 학생 수에서 영재학급 학생 수가 차지하는 비중은 40% 이상이다.
③ 2020년 영재학교·과학고 학생 수의 전년 대비 증가율은 30% 이상이다.
④ 전체 영재교육 교사·강사 수가 전년 대비 감소한 모든 해에 전체 영재교육 학생 수도 전년 대비 감소하였다.

35. 다음 중 제시된 자료를 바탕으로 만든 그래프로 옳지 않은 것은? (단, 소수점 둘째 자리에서 반올림하여 구한다.)

① [교육청 영재교육원 교사·강사 수 및 학생 수]
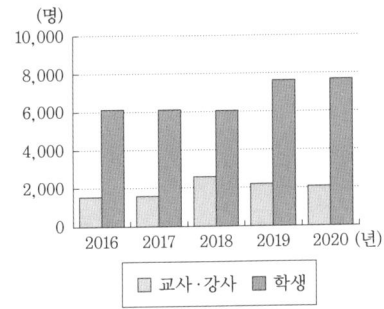

② [대학 영재교육원 및 영재학급 학생 수]
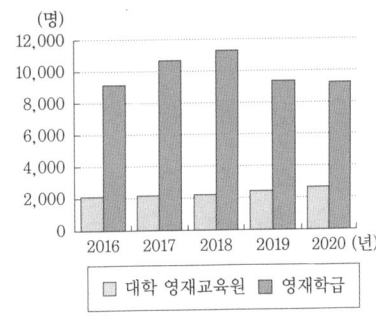

③ [영재학교·과학고 교사·강사 1명당 학생 수]
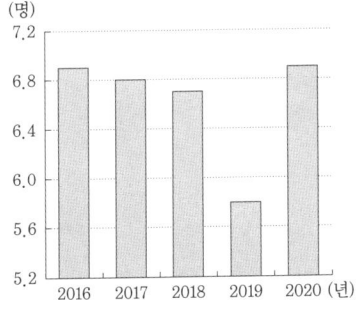

④ [대학 영재교육원 학생 수의 전년 대비 증가량]
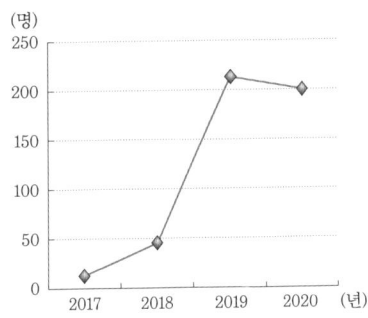

[36 – 37] 다음은 2019년 전국 호텔업 편의 시설별 직영 및 임대 수에 대한 자료이다. 각 물음에 답하시오.

[전국 호텔업 편의 시설별 직영 및 임대 수]

(단위: 개)

구분	직영	임대
식당·레스토랑	774	213
커피숍	303	145
주점·바	96	115
연회장·회의장	1,006	45
사우나탕	211	24
수영장	160	90
볼링장	3	8
헬스장	230	21
골프장	10	2
골프 연습장	41	6
스키장	1	1
기타	19	20
전체	2,854	690

※ 출처: KOSIS(통계청, 서비스업조사)

36. 다음 중 자료에 대한 설명으로 옳지 않은 것은?

① 전국 호텔업 편의 시설 중 직영 수가 가장 많은 편의 시설과 직영 수가 가장 적은 편의 시설의 직영 수 차이는 1,005개이다.
② 전국 호텔업 편의 시설 중 직영 수와 임대 수가 같은 편의 시설은 1곳이다.
③ 수영장의 직영 수와 임대 수의 합은 사우나탕의 직영 수와 임대 수의 합보다 크다.
④ 전국 호텔업 편의 시설의 전체 직영 수는 전체 임대 수의 4배 미만이다.

37. 2019년 전국 호텔업 편의 시설의 전체 직영 수에서 헬스장이 차지하는 비중과 전체 임대 수에서 헬스장이 차지하는 비중의 차이는 약 얼마인가? (단, 소수점 둘째 자리에서 반올림하여 계산한다.)

① 0.1%p   ② 1.1%p   ③ 5.1%p   ④ 7.4%p

[38 – 40] 다음은 2022년 상반기 ○○공사의 시설별 공사비 지수에 대한 자료이다. 각 물음에 답하시오.

[시설별 공사비 지수]

구분	1월	2월	3월	4월	5월	6월
㉠	129.43	129.72	129.55	129.31	128.91	127.23
T 시설	125.05	125.20	125.05	124.86	129.60	120.50
㉡	136.20	136.34	136.40	136.30	136.09	136.57
㉢	141.00	141.14	141.08	140.93	140.70	139.06
전체	531.68	532.40	532.08	531.40	530.30	523.36

※ 1) 공사비 지수는 2022년 공사비 지수가 100일 때 2022년 공사비 지수를 기준으로 ○○공사에 투입되는 직접공사비 구성요소의 가격변동을 측정하여 산정한 물가 지수를 의미함
  2) ㉠, ㉡, ㉢은 각각 A 시설, B 시설, C 시설 중 한 가지에 해당함

38. 다음 중 자료에 대한 설명으로 옳은 것은?

① 제시된 항목을 공사비 지수가 큰 순서대로 나열하면 그 순서는 매월 동일하다.
② 4월 전체 공사비 지수는 전월 대비 0.58 감소하였다.
③ 제시된 기간 동안 T 시설의 증감 추이와 매월 동일한 증감 추이를 보이는 항목은 1개이다.
④ 2분기 전체 공사비 지수의 월평균은 528 이상이다.

39. 제시된 기간 중 다른 월에 비해 전체 공사비 지수가 세 번째로 높은 월에 전체 공사비 지수에서 T 시설이 차지하는 비중은 약 얼마인가? (단, 소수점 둘째 자리에서 반올림하여 계산한다.)

① 23.5%   ② 27.1%   ③ 29.3%   ④ 31.1%

40. 다음 조건을 모두 고려하였을 때, 제시된 자료의 ㉠~㉢을 바르게 연결한 것은?

a. B 시설과 C 시설의 5월 공사비 지수의 차이는 같은 달 B 시설과 A 시설의 공사비 지수 차이보다 크다.
b. 2월 공사비 지수의 전월 대비 증가율은 C 시설이 가장 높다.
c. 매월 A 시설과 C 시설의 공사비 지수는 같은 증감 추이를 보인다.

	㉠	㉡	㉢
①	A 시설	B 시설	C 시설
②	A 시설	C 시설	B 시설
③	C 시설	B 시설	A 시설
④	C 시설	A 시설	B 시설

[41 - 43] 다음은 서울특별시의 버스 번호 규정에 대한 자료이다. 각 물음에 답하시오.

[버스 번호 규정]

1. 운행 종류별 특징

구분	알파벳	색	내용
간선버스	B	파란색	시 외곽과 도심, 부도심 등의 지역을 연계하는 버스
지선버스	G	초록색	간선버스나 지하철로 연계 환승을 위해 단거리만을 운행하는 버스
광역버스	R	빨간색	서울과 서울 외 지역을 연계하는 버스
순환버스	Y	노란색	도심과 부도심 내에서 짧은 거리를 운행하는 버스

2. 운행 종류별 번호 표시 규정

구분	자릿수	규정
간선버스	세 자리	출발권역 + 도착권역 + 일련번호 한 자리
지선버스	네 자리	출발권역 + 도착권역 + 일련번호 두 자리
광역버스	네 자리	9 + 출발권역 + 일련번호 두 자리
순환버스	두 자리	권역번호 + 일련번호 한 자리

※ 일련번호 한 자리는 0~9, 두 자리는 00~99임

3. 운행 권역별 숫자 규정

구분	운행 권역	
	시	구
0	-	종로, 중구, 용산
1	의정부, 양주, 포천	도봉, 강북, 성북, 노원
2	구리, 남양주	동대문, 중랑, 성동, 광진
3	하남, 광주	강동, 송파
4	성남, 용인	서초, 강남
5	안양, 과천, 의왕, 안산, 군포, 수원	동작, 관악, 금천
6	인천, 부천, 김포, 광명, 시흥	강서, 양천, 영등포, 구로
7	파주, 고양	은평, 마포, 서대문

※ 운행 권역별 숫자는 출발권역과 도착권역이 동일함

41. 위 자료를 근거로 판단한 내용으로 옳지 않은 것은?

① 출발권역과 도착권역이 버스 번호에 모두 표시되는 운행 종류는 총 2개이다.
② 도봉구에서 출발하여 금천구까지 운행하는 간선버스의 일련번호가 0이라면 해당 버스의 번호는 150이다.
③ 수원시 영통구에서 출발하여 송파구까지 운행하는 버스의 두 번째 자리 숫자는 '3'이다.
④ 성동구에서 출발하여 종로구까지만 운행하는 초록색 버스의 번호 앞 두 자리는 '20'일 것이다.

42. 강남구에서 출발하여 10개의 정류장을 지난 후 용산구에 위치한 정류장 2개, 중구에 위치한 정류장 3개를 지나 동대문구에 도착하여 마지막 10개의 정류장을 지나는 노선을 운행하는 버스의 번호가 될 수 있는 것은? (단, 버스에는 알파벳 B가 표시되어 있다.)

① 405　　　② 420　　　③ 4000　　　④ 4206

43. 위 자료를 근거로 판단할 때, K 씨가 하루 동안 탑승한 모든 버스 번호의 총합은? (단, 모든 버스의 일련 번호는 0 또는 00이다.)

> 성남시 분당구에 살고 있는 K 씨는 강남역에서 친구를 만나기 위해 자신이 살고 있는 지역에서 서울시 강남구까지 운행하는 버스를 타고 도착지까지 갔다. 친구와의 만남 이후 K 씨는 서대문구에 위치한 학원을 가기 위해 서울시 강남구에서 출발하여 서울시 서대문구까지 운행하는 파란색 버스를 타고 이동한 뒤 학원에서 강의를 수강하였다. 수업이 끝난 뒤 K 씨는 빠르게 지하철을 환승하기 위해서 학원 앞에서 출발하여 서울시 강남구 논현동까지만 운행하는 초록색 버스를 이용하였다. 논현동에 도착한 K 씨는 지하철을 타고 서울시 강남구 신사동에 도착하여 자신이 집에서 출발하여 맨처음에 탔던 버스와 동일한 번호의 버스를 타고 다시 집으로 돌아갔다.

① 16,670　　　② 24,240　　　③ 20,010　　　④ 26,670

[44 – 46] 다음은 장기요양 등급판정에 대한 자료와 신청인 4명의 정보를 나타낸 자료이다. 각 물음에 답하시오.

[장기요양 등급판정]

1. 등급판정 기준

구분	1등급	2등급	3등급	4등급	5등급	인지지원 등급
장기요양 인정 점수	95점 이상	75점 이상 95점 미만	60점 이상 75점 미만	51점 이상 60점 미만	45점 이상 51점 미만	45점 미만

2. 장기요양 인정 점수 환산을 위한 영역별 조사항목 원점수 환산표

   1) 행동 변화

0점	1점	2점	3점	4점	5점	6점	7점
0점	15.58점	25.55점	32.10점	37.29점	41.80점	45.95점	49.94점
8점	9점	10점	11점	12점	13점	14점	
53.93점	58.08점	62.59점	67.80점	74.37점	84.37점	100점	–

   2) 간호 처치

0점	1점	2점	3점	4점
0점	19.84점	36.90점	47.84점	55.81점
5점	6점	7점	8점	9점
62.53점	68.98점	76.11점	85.86점	100점

   3) 인지 기능

0점	1점	2점	3점	4점	5점	6점	7점
0점	19.71점	33.81점	44.61점	54.78점	65.71점	80.06점	100점

   4) 신체 기능

12점	13점	14점	15점	16점	17점	18점	19점	20점
0점	13.19점	22.24점	28.04점	32.38점	35.92점	38.96점	41.68점	44.18점
21점	22점	23점	24점	25점	26점	27점	28점	29점
46.52점	48.76점	50.93점	53.06점	55.17점	57.30점	59.46점	61.76점	64.06점
30점	31점	32점	33점	34점	35점	36점		
66.59점	69.36점	72.50점	76.22점	81.02점	88.40점	100점	–	

5) 재활

10점	11점	12점	13점	14점	15점	16점
0점	11.51점	19.43점	24.72점	28.93점	32.62점	36.06점
17점	18점	19점	20점	21점	22점	23점
39.46점	42.96점	46.69점	50.72점	54.97점	59.20점	63.19점
24점	25점	26점	27점	28점	29점	30점
66.93점	70.53점	74.16점	78.07점	82.75점	89.57점	100점

3. 장기요양 인정 점수 산정 방법
 - 장기요양 인정 점수 = 청결 + 배설 + 식사 + 기능보조 + 행동 변화 대응 + 간접 지원 + 간호 처치 + 재활 훈련
 ※ 장기요양 인정 점수 산정을 위한 각 항목은 영역별 조사항목의 환산 점수를 별도의 수형 분석도에 적용하여 새롭게 산출된 항목이며, 그에 따른 점수를 의미함

[신청인 원점수 정보]

구분	갑	을	병	정
행동 변화	5점	2점	4점	10점
간호 처치	4점	3점	2점	7점
인지 기능	5점	3점	2점	5점
신체 기능	22점	30점	30점	25점
재활	19점	22점	24점	21점

44. 위 자료와 신청인 원점수 정보를 근거로 판단할 때, 4명 중 장기요양 인정 점수 환산을 위한 영역별 조사항목 원점수의 총합이 가장 높은 사람의 재활 항목 환산 점수는?

① 46.69점 ② 54.97점 ③ 59.20점 ④ 66.93점

45. 위 자료와 신청인 정보를 근거로 판단할 때, 병의 장기요양 인정 점수 환산을 위한 영역별 조사항목의 환산 점수는 총 몇 점인가?

① 231.52점 ② 241.52점 ③ 241.58점 ④ 241.62점

46. 신청인 갑~정 4인의 원점수 정보를 토대로 장기요양 인정 점수 환산을 위한 영역별 조사항목 환산 점수를 별도의 수형 분석도에 적용하여 새롭게 산출한 항목별 점수가 다음과 같을 때, 장기요양 등급이 가장 높은 사람의 장기요양 등급은?

구분	갑	을	병	정
청결	6.7점	7.8점	6.9점	8.2점
배설	10.2점	11.1점	9.6점	10.0점
식사	11.5점	15.6점	17.1점	16.8점
기능보조	6.7점	5.9점	6.2점	6.7점
행동 변화 대응	0.8점	1.0점	0.9점	0.7점
간접 지원	14.6점	17.6점	18.0점	15.4점
간호 처치	13.2점	12.8점	13.2점	11.8점
재활 훈련	4.3점	2.7점	3.0점	6.1점

① 1등급　　② 2등급　　③ 3등급　　④ 4등급

[47 – 48] 다음은 국토교통부에서 제공하는 교통 유발 부담금 안내문의 일부이다. 각 물음에 답하시오.

[교통 유발 부담금 안내]

1. 부과 대상
   1) 부과 지역: 지역 인구가 10만 명 이상이거나 국토해양부 장관이 교통 개선의 필요성을 인정하는 지역
      ※ 도·농 복합 형태인 시의 경우 읍·면 지역을 제외한 지역 인구가 10만 명 이상인 지역
   2) 부과 시설: 주택 단지에 위치하고 각 층 바닥 면적 합계가 1,000m² 이상인 시설
      ※ 도로변에 위치하지 않은 시설의 경우 각 층 바닥 면적 합계가 3,000m² 이상인 시설
   3) 면제 대상 시설: 주차장, 종교 시설, 특별법 등에 따라 설립된 각급 학교의 교육용 시설 등

2. 부담금 산정 방법
   1) 산정 공식: 교통 유발 부담금 = 시설의 각 층 바닥 면적 합계(m²) × 단위 부담금 × 교통 유발 계수
   2) 단위 부담금: 면적 구간에 따라 차등 부여

구분	3천m² 이하	3천m² 초과 3만m² 이하	3만m² 초과
단위 부담금(원/m²)	350	700	1,000

   3) 교통 유발 계수: 시설 용도 및 지역 규모에 따라 차등 부여

구분	100만 명 이상	50만 명 이상 100만 명 미만	30만 명 이상 50만 명 미만	10만 명 이상 30만 명 미만
소매점	1.68	1.66	1.64	1.12
일반 음식점	2.56	2.48	1.59	1.48
공공 및 일반 업무 시설	1.20	1.00	0.82	0.82
도매시장	1.81	1.77	1.63	0.94
백화점, 할인점	5.46	4.48	2.67	2.67
기타 판매 시설	1.68	1.66	1.64	1.12
방송국, 촬영소	1.89	1.20	1.18	1.00
전신 전화국	1.00	0.82	0.67	0.67
데이터 센터	0.82	0.68	0.62	0.62

3. 참고 사항
   1) 금년 교통 유발 부담금은 전년 8월 1일부터 금년 7월 31일까지를 기준으로 산출하고, 금년 10월 중으로 납부를 요청할 예정임
   2) 시설 위치·규모·특성 등을 고려하여 단위 부담금과 교통 유발 계수를 조례로 100% 상향 조정을 하거나 50% 하향 조정을 할 수 있음

47. 위 안내문을 근거로 판단할 때, 아래 조건에 따라 3,444,000원의 교통 유발 부담금이 부과된 시설은?
(단, 해당 시설은 교통 유발 부담금 부과 시설에 해당한다.)

- 시설 위치 지역의 거주 인구: 약 90만 명
- 층수: 6층
- 각 층 바닥 면적: 1,000m²

① 데이터 센터   ② 공공 업무 시설   ③ 소매점   ④ 전신 전화국

48. 약 70만 명의 인구가 거주하는 △△시에서 치킨 가게를 운영하는 K 씨는 올해 교통 유발 부담금 부과 대상에 해당한다는 것을 알게 되었다. K 씨의 가게는 2층짜리이고 각 층의 바닥 면적이 500m²일 때, K 씨가 지불해야 하는 부담금은? (단, 해당 K 씨의 가게는 일반 음식점에 해당한다.)

① 434,000원   ② 448,000원   ③ 868,000원   ④ 896,000원

[49 – 51] 다음 보도자료를 읽고 각 물음에 답하시오.

정부는 지난 5월 21일 한·미 정상회담 이후 글로벌 백신 허브를 위한 국내 준비 상황을 점검하고 본격적인 한·미 협상을 개시하는 등 '한·미 파트너십'을 통한 백신 분야 협력 사항을 속도감 있게 구체화하고 있다. 특히 지난 3일에는 글로벌 백신 허브화 추진 TF(이하 백신 허브화 TF)를 출범했는데, 이날 2차 회의에서는 지난주 실무위원회에서 논의된 안건 등을 바탕으로 백신 허브화 TF의 세부 과제 및 국내 원부자재 수급 현황과 한·미 협상 전략 등을 집중적으로 논의했다. 아울러 국내 백신 산업 가치사슬인 개발, 생산, 수출·유통 단계에 따른 지원과 백신 허브화를 위한 한·미 간 협력체계 구축 등 글로벌 백신 허브로 도약하기 위한 10개 부처의 세부 추진 과제를 확정했다. 또한 한·미 글로벌 백신 파트너십 전문가 그룹의 주요 의제인 원부자재 협력과 관련한 국내 현황을 포함한 각 부처의 추진 과제와 향후 대응 전략 등을 세부적으로 논의했다.

먼저 보건복지부는 한·미 글로벌 백신 파트너 전문가 그룹 운영, 백신 허브화 TF 운영, 백신 기업 협의체 구성, 백신 생산 기반 마련을 위한 기업 지원 및 인프라 구축, 인력 양성 등을 추진할 계획이다. 기획재정부, 산업통상자원부, 중소벤처기업부 등은 생산 확대를 위한 재정·세제·금융 지원, 아시아개발은행(ADB) 협력 등 국내 생산역량 강화를 위한 지원을 펼친다. 과학기술정보통신부는 백신 원천기술 개발, 바이러스 기초연구 등 백신 생산의 기초역량 강화를 위한 과제를 추진하고, 식품의약품안전처는 백신 제품화 지원을 위한 각종 지원 방안을 마련하며 질병관리청은 한·미 간 연구개발 협력을 진행한다. 외교부, 문화체육관광부, 특허청 등도 한·미 간 외교채널 지원, 대국민 홍보체계 구축, 기술 보호·특허 분쟁 지원 등을 추진할 예정이다.

2차 회의에서는 한·미 글로벌 백신 파트너십 전문가 그룹의 주요 의제 중 하나인 백신 원부자재와 관련한 논의도 진행했다. 먼저 복지부·산업부·식의처 등은 국내 원부자재에 대한 현황 조사결과를 공유하고 이에 기반한 한·미 협상 방향을 논의했고, 바이오소부장 기술개발 지원을 위한 원부자재 자급화 및 투자 인센티브 확충을 통한 우수 원부자재 기업 유치 등을 위한 방안 등을 다각적으로 검토했다. 이 밖에도 특허청은 맞춤형 특허 전략 지원을 위한 백신 원부자재 특허 분석 추진 방안을, 질병청은 백신 원부자재 관련 연구 추진 계획 등에 대해서 논의했다.

한편 같은 날 출범한 '백신 기업 협의체'에는 국내 백신 산업 생태계를 구성하고 있는 백신 생산·개발 및 원부자재 관련 대·중·소기업 약 30여 개와 관련 협회가 참여하고, 한국보건산업진흥원이 간사기관으로 참여해 전반적인 운영을 지원한다. 이 협의체는 정부가 본격적으로 추진하고 있는 글로벌 백신 허브화 프로젝트에 발맞추어 국내 백신 기업들이 백신·원부자재 개발 및 생산역량을 한데 모으기로 화답한 것이다. 이에 따라 앞으로 백신 기업 협의체는 한·미 글로벌 백신 파트너십을 통한 백신 생산 가속화 및 전 세계 백신 공급 확대라는 막중한 과제의 실현을 위한 정부·기업 또는 기업 간 협력을 촉진하는 파트너로서 활동하게 된다.

구체적으로 정부·기업 간 소통 촉진, 국내 백신 생산역량 제고, 원부자재 수급, 한·미 협상 공동 대응 등 백신 기업 측의 대표로서 국내 백신 산업 생태계 고도화를 통한 글로벌 백신 허브로의 도약을 준비하는 역할을 담당한다. 또한 정부와 기업 또는 기업과 기업의 가교로서 원부자재 수급 원활화, 백신 생산역량 제고, 연구·개발 및 기술 협력 등 협업 과제를 도출하고, 이 과정에서 개별 기업이 제시한 제도 개선 과제 및 협력 사항에 대해 정부와 소통할 예정이다. 아울러 국내 백신 기업의 가용한 역량을 결집해 단기간에 국내 백신 생산이 가속화되도록 기업 간 상호보완적 컨소시엄 구성을 독려·지원하는 역할도 담당한다. 그러면서 전 세계적인 의약품 원부자재 수급 불균형에 대응해 국내 백신 생산 가속화를 위한 원부자재 확보 전략을 마련·추진하고, 중장기적으로 원부자재 국산화를 목표로 과제를 발굴해 추진할 계획이다.

※ 출처: 보건복지부(2021-06-17 보도자료)

49. 위 보도자료를 근거로 판단한 내용으로 옳지 않은 것은?

① 특허청은 백신 허브화 TF의 2차 회의에서 백신 원부자재 특허 분석 추진 방안을 논의하였다.
② 백신 허브화 TF에서는 한·미 파트너십 기반의 백신 분야 협력 사항도 논의되었다.
③ 백신 기업 협의체의 간사기관으로는 한국보건산업진흥원이 참여하게 되었다.
④ 우리나라의 백신 산업은 2단계의 가치사슬로 이루어져 있다.

50. 다음 중 위 보도자료를 잘못 이해한 사람은?

- 지란: 과학기술정보통신부에서는 백신 생산을 위한 기초역량을 높일 수 있는 과제를 시행할 거야.
- 영준: 질병관리청에서는 백신의 제품화 지원을 위해 다양한 지원 방안을 마련할 예정이래.
- 소윤: 백신 허브화 TF의 운영은 보건복지부에서 맡아 진행하겠군.
- 철훈: 대국민 홍보체계 구축 업무는 외교부, 문화체육관광부, 특허청 등에서 진행해.

① 지란   ② 영준   ③ 소윤   ④ 철훈

51. 위 보도자료를 근거로 판단할 때, 백신 기업 협의체의 역할로 옳은 것은?

① 국내 백신 생산 속도를 높일 수 있도록 해외 백신 생산업체를 시찰하는 역할
② 한·미 양국 간 백신 산업 생태계의 현황을 파악함과 동시에 비교 분석하는 역할
③ 국내 백신 산업 업계의 수준을 높여 글로벌 백신 허브로 나아갈 수 있도록 대비하는 역할
④ 국내 백신 허브화의 문제점을 찾아 백신 산업의 발전을 도모하는 역할

[52 – 53] 다음은 본인 부담 상한제 안내문이다. 각 물음에 답하시오.

[본인 부담 상한제 안내]

1. 개요
   - 과도한 의료비로 인한 경제적 부담을 덜어주기 위해 연간(1. 1.~12. 31.) 본인 일부 부담금의 총액이 건강 보험료 정산에 따라 정해진 개인별 상한액을 초과하는 경우 그 초과금을 국민건강보험공단이 부담하여 가입자·피부양자에게 직·간접적으로 지급하는 제도
     ※ 가입자는 건강보험에 가입한 자이고, 피부양자는 보험금을 수령할 권리가 있는 자가 부양하는 가족임

2. 신청 대상
   - 연간 본인 일부 부담금이 개인별 본인 부담 상한액을 초과하는 가입자 및 피부양자

3. 신청 방법
   - 국민건강보험공단으로부터 본인 부담 상한액 초과금 지급신청 안내문을 전달받은 지급 대상자는 전화·팩스·우편·인터넷 등을 통해 국민건강보험공단에 신청

4. 상한액 초과금 지급 방법
   1) 사후환급: 개인별 본인 부담 상한액을 초과한 금액에 대해 가입자·피부양자가 국민건강보험공단에 직접 청구하여 수령하는 방법
   2) 사전급여: 연간(1. 1.~12. 31.) 가입자가 해당 요양기관에 지불해야 할 본인 부담액이 본인 부담 상한액을 초과할 경우 본인 부담 상한액을 초과한 금액을 요양기관이 국민건강보험공단에 직접 청구하여 수령하는 방법

5. 소득분위별 본인 부담 상한액 및 본인 부담 상한액 월별 기준 보험료

소득분위별 본인 부담 상한액		본인 부담 상한액 월별 기준 보험료	
소득분위	본인 부담 상한액	직장가입자	지역가입자
소득 1분위	81만 원 (125만 원)	4만 7,810원 이하	1만 원 이하
소득 2~3분위	101만 원 (157만 원)	4만 7,810원 초과 6만 6,450원 이하	1만 원 초과 1만 8,980원 이하
소득 4~5분위	152만 원 (211만 원)	6만 6,450원 초과 8만 9,360원 이하	1만 8,980원 초과 5만 7,720원 이하
소득 6~7분위	281만 원	8만 9,360원 초과 13만 120원 이하	5만 7,720원 초과 11만 4,870원 이하
소득 8분위	351만 원	13만 120원 초과 16만 5,410원 이하	11만 4,870원 초과 15만 9,430원 이하
소득 9분위	431만 원	16만 5,410원 초과 22만 6,270원 이하	15만 9,430원 초과 23만 2,800원 이하
소득 10분위	582만 원	22만 6,270원 초과	23만 2,800원 초과

※ ( )는 요양병원에서 120일 초과 입원한 경우의 본인 부담 상한액임

52. 위 안내문을 토대로 판단한 내용으로 옳은 것은?

① 요양병원에서 150일을 입원한 소득 5분위 환자의 본인 부담 상한액은 152만 원이다.
② 본인 부담 상한액을 초과한 금액은 국민건강보험공단에서 가입자 또는 피부양자에게만 직접 지급한다.
③ 본인 부담 상한액 초과금 지급 신청 안내문을 전달받은 지급 대상자는 인터넷을 이용하여 국민건강보험공단에 본인 부담 상한액을 신청할 수 있다.
④ 본인 부담 상한액 초과금 지급 신청일로부터 지난 1년간 본인 일부 부담금의 총액이 본인 부담 상한액을 초과한 가입자 또는 피부양자에게 초과금이 지급된다.

53. 다음 사례에서 A가 국민건강보험공단으로부터 지급받은 금액은?

A는 요양병원에 1월 1일부터 12월 31일까지 총 120일을 입원하였고 의료비 본인 일부 부담금으로 총 483만 3,775원을 납부하였다. A는 직장가입자로 매월 5만 3,220원의 보험료를 납부하고 있으며, 사후환급 방법으로 본인 부담 상한액을 초과한 금액을 국민건강보험공단으로부터 직접 지급받았다.

① 3,263,775원   ② 3,352,555원   ③ 3,742,275원   ④ 3,823,775원

[54-55] 다음은 영유아 발달장애 정밀 검진비 지원 사업 안내문이다. 각 물음에 답하시오.

[영유아 발달장애 정밀 검진비 지원 사업 안내]

1. 영유아 발달장애 정밀 검진이란?
   - 2차~7차에 해당하는 영유아를 대상으로 영유아 발달 선별 검진 도구를 이용하여 실시하는 검진
     ※ 1차(생후 4~6개월), 2차(9~12개월), 3차(18~24개월), 4차(30~36개월), 5차(42~48개월), 6차(54~60개월), 7차(66~71개월)
   - 검진 시 대근육 운동, 소근육 운동, 인지, 언어, 사회성, 자조 총 6개의 핵심 발달 영역으로 구분하여 검진하고, 양호, 추적 검진 요망, 심화평가 권고, 지속 관리 필요 중 한 가지로 영유아 상태를 진단함

2. 지원 대상
   - 영유아 건강검진 대상자 중 의료급여 수급권자, 차상위계층 및 건강 보험료 부과 금액 하위 50% 이하인 자로서 영유아 발달 선별 검진에서 '심화평가 권고'로 평가된 자
     ※ 심화평가 권고 판정자 중 같은 유형의 발달장애인 등록자와 발달장애 확진 판정자는 제외함

3. 지원 내용
   - 발달장애 정밀 검진에 소요되는 검진 및 진찰료를 지원함(법정 본인 부담금 및 비급여 포함)
     ※ 장애인 진단서 발급 비용 및 상급 병실료 차액은 제외함

4. 지원 기간
   - 당해 연도 영유아 검진 대상자는 그해에 지원하는 것을 원칙으로 하되, 3, 4분기(7~12월) 검진 수검자를 대상으로 다음 연도 상반기(1~6월)까지 지원 기간을 연장함

5. 지원 방법
   - 검진 시 발달장애 정밀 검진 대상자 확인서를 발급하여 지정 의료기관에 제출해야 함
   - 지정 의료기관 외의 의료기관에서 검진을 희망하는 경우 정밀 검진비를 선지급한 후 보건소에 진료비를 청구할 수 있음

6. 지원 금액
   - 의료급여 수급권자: 400,000원
   - 차상위 계층: 300,000원
   - 건강 보험료 부과 금액 하위 50%인 자: 200,000원
     ※ 건강 보험료 부과 금액 하위 50% 이하: 직장 가입자 기준 115,000원 이하, 지역 가입자 기준 78,500원 이하

54. 위 안내문을 토대로 판단한 내용으로 옳은 것은?

① 올해 9월에 검진 대상자로 선정된 자는 올해 12월까지만 정밀 검진비를 지원받을 수 있다.

② 생후 1년이 지난 아이부터 정밀 검진 시 선별 검진 도구를 이용하여 진단한다.

③ 지정 병원 외의 곳에서 정밀 검진을 받는 경우 검진 비용이 사전에 지급되지 않는다.

④ 지원 대상자는 장애인 진단서 발급 비용과 비급여를 제외한 법정 본인 부담금을 지원받을 수 있다.

55. 매월 95,000원의 건강 보험료를 납부하는 직장 가입자 A는 발달장애 정밀 검진비 지원 사업에 신청하여 대상자로 선정되었다. 검진 후 총 580,000원의 정밀 검진 비용이 청구되었을 때, A가 지불하는 금액은?

① 180,000원   ② 280,000원   ③ 380,000원   ④ 485,000원

[56 – 57] 다음 보도자료를 읽고 각 물음에 답하시오.

- 보건복지부와 질병관리청, 국민건강보험공단은 2021년 7월 1일부터 잠복결핵감염에 산정특례가 적용되어 비급여, 100분의 100 본인부담금, 선별 급여, 상급 병실료 등을 제외하고 잠복결핵감염을 본인부담금 없이 치료할 수 있다고 밝혔다. 여기서 잠복결핵감염이란 결핵균에 감염되어 있지만, 몸속에 들어온 결핵균이 활동하지 않아 결핵으로 발병하지 않은 상태로 주로 잠복결핵감염의 약 10%가 활동성 결핵으로 발병된다.
- 정부는 그간 예산을 기반으로 잠복결핵감염 치료비를 지원해왔으나, 이번 제도 개선을 통해서는 잠복결핵감염을 건강보험에서 안정적으로 지원하고, 지원 대상도 HIV 감염인, 장기 이식으로 면역억제제를 복용 중 또는 예정자, TNF 길항제 사용자 혹은 예정자 중 결핵 환자 접촉력이 있거나 자연 치유된 결핵 병변이 있는 경우와 같이 결핵 발병 고위험군 등으로 확대하게 된다. 특히 전염성 결핵 환자와 접촉한 생후 24개월 미만 소아는 확진 검사 전 치료도 가능하다는 점에서 주요하다.
- 건강보험 산정특례에 따른 의료비 혜택은 등록 후 적용되므로 7월 1일 이전부터 현재까지 치료받고 있는 대상자도 새로 신청해야 하며, 동일 의료기관에서 치료 시 추가 검사나 비용 부담 없이 등록할 수 있다. 의료기관 또는 본인이 의료기관에서 발급받은 '건강보험 산정특례 등록신청서'를 공단에 제출하기만 하면 신청할 수 있고, 만일 의료기관에서 신청을 대행한다면 전산으로도 신청 가능하다. 다만, 7월 1일 이후 치료 의료기관을 변경할 경우 신청일 기준 1달 이내에 촬영한 흉부 방사선 검사가 없으면 추가 촬영이 필요하며, 이때는 본인부담금이 발생한다.
- 또한, 신규 등록자는 잠복결핵감염 검사 양성 판정 후 활동성 결핵 배제 검사를 거쳐 산정특례 대상자로 등록되는데, 등록 이전에 실시한 검사비는 본인부담이지만 결핵 배제 검사일에 잠복결핵감염을 진단받아 산정특례를 등록하였다면 검사비도 지원받을 수 있다. 그렇지만 의료급여 수급자는 기존 치료자와 신규 등록자에 관계없이 산정특례 등록이 필요하지 않으며, 현행처럼 관할 보건소에서 지속 지원한다.
- 잠복결핵감염 검사는 가까운 의료기관 또는 전국 보건소에서 받을 수 있고, 검사 대상은 집단시설 종사자 및 전염성 결핵 환자의 접촉자, 결핵 발병 고위험군 등이다. (붙임 1 참고)
- 질병관리청은 잠복결핵감염 검사 및 치료의 질 향상을 위하여 전국 잠복결핵감염 치료 의료기관(560개)을 지정 운영하며, 기관 명단은 결핵제로 누리집 사이트에서 확인할 수 있다.
- 질병관리청 청장은 "잠복결핵감염 관리는 결핵 퇴치를 위해 반드시 필요하며, 이번 건강 보장성 강화를 통해 잠복결핵감염 치료가 활성화되길 기대한다"고 강조하면서, "잠복결핵은 감염 후 2년 이내 결핵 발병률이 50%로 높으나 치료 시 결핵 예방 효과가 83% 이상으로 높다는 것이 입증된 만큼, 잠복결핵감염을 진단받은 사람은 빠른 시일 내 잠복결핵감염 치료 의료기관 등의 의료기관을 방문하여 산정특례 등록 및 치료받을 것"을 당부하였다.

[붙임 1] 잠복결핵감염 검진 대상자 및 비용 부담
1) 검진 대상자
- 집단시설 종사자(의무검진 대상): 「결핵예방법」 제11조의 의료기관, 산후조리원, 학교, 유치원, 어린이집, 아동복지시설 종사자 등
- 결핵 발병 고위험군: 전염성 결핵 환자(가족, 집단시설) 접촉자, 인체면역결핍 바이러스(HIV) 감염인, 장기 이식으로 면역억제제를 복용 중이거나 복용 예정자, 장기간 스테로이드를 사용 중이거나 사용 예정자, 투석 중인 환자, 규폐증 환자 등

2) 비용 부담
- 전염성 결핵 환자 접촉자 검사비: 무료
- HIV 등 결핵 발병 고위험군 검사: 본인부담률 30~60%
- 그 외 집단시설 종사자 의무검진: 비급여

※ 출처: 질병관리청(2021-06-21 보도자료)

56. 위 보도자료를 근거로 판단한 내용으로 옳지 않은 것은?

① 의료급여 수급자의 경우 잠복결핵감염에 대한 산정특례 등록을 하지 않더라도 해당 수급자의 관할 보건소에서 관련 비용을 지원받을 수 있다.
② 잠복결핵을 치료할 경우 80% 이상의 확률로 결핵을 예방할 수 있다.
③ 7월 1일 이전부터 계속 잠복결핵감염 치료를 받고 있었다면 별도의 신청 없이 건강보험 산정특례에 따른 의료비 혜택이 적용된다.
④ 일반적으로 잠복결핵감염 상태인 사람 10명 중 1명 정도에서 활성 결핵 증상이 발현된다.

57. 위 보도자료를 근거로 판단할 때, 본인부담금 없이 잠복결핵감염 검사를 할 수 있는 사람은?

① 최근 장기 이식을 받아 면역억제제를 복용 중인 甲
② 아동복지시설에서 근무하는 乙
③ 전염성 결핵을 진단받은 동거인의 밀접 접촉자로 분류된 丙
④ 인체면역결핍 바이러스인 HIV에 감염된 丁

[58 - 60] 다음은 N 공단의 건강보험 사업 계획에 대한 자료이다. 각 물음에 답하시오.

[건강보험 사업 계획]

1. 건강 증진 사업
   1) 사업 내용
      - 의료급여 수급권자 중 일반 및 영유아 건강검진 대상자 선정 및 통보
      - 의료급여 수급권자 생애전환기 건강검진 대상자 선정 및 통보(미수검자 안내 포함)
      - 암 검진 사업 대상자 선정 및 통보(미수검자 안내 포함)
   2) 추진 근거
      - 암 관리법 시행령 제24조 제3항
      - 의료급여 수급권자(일반, 생애전환기, 영유아) 건강검진 사업 위탁 협약
   3) 예·결산액
      - 20X1년 결산액: 41,424백만 원
      - 20X2년 예산액: 57,316백만 원
   4) 위탁기관
      - 보건복지부(건강증진과)

2. 재난적 의료비 지원 사업
   1) 사업 내용
      - 4대 중증질환(암, 뇌혈관, 심장질환, 희소난치질환) 및 중증화상 질환자 중 저소득층 및 의료비 과부담 가구의 본인 부담 의료비 지원
      - 2,000만 원 한도에서 비급여를 포함한 본인 부담금에 대한 의료비 지원
   2) 추진 근거
      - 중증질환 재난적 의료비 한시적 지원 사업 업무 위·수탁 협약
   3) 예·결산액
      - 20X1년 결산액: 561,900백만 원
      - 20X2년 예산액: 735,088백만 원
   4) 위탁기관
      - 보건복지부(보건의료정책과)

3. 희소난치성 질환·결핵·치매 환자 의료비 지원 사업
   1) 사업 내용
      - 희소난치성 질환자 중 지원 대상자의 자격 관리 및 의료비 예탁금 관리
      - 의료비 지원 대상자에 대한 진료비 지급
        ※ 결핵 환자의 요양급여 중 본인 부담금의 50% 지원
   2) 추진 근거
      - 희소난치성 질환자·결핵 환자·치매 환자 의료비 지원 사업 위·수탁 협약
   3) 예·결산액
      - 20X1년 결산액: 28,204백만 원
      - 20X2년 예산액: 51,408백만 원
   4) 위탁기관
      - 보건복지부

4. 공·직무상 요양비 지급 관리 사업
  1) 사업 내용
    - 요양비의 심사·결정 및 지급, 정산 업무
  2) 추진 근거
    - 공무원연금법 제35조 내지 제38조, 사학연금법 제42조, 군인연금법 제30조의7
    - 공·직무상 요양비 지급 업무 위·수탁 계약
  3) 예·결산액
    - 20X1년 결산액: 6,762,727백만 원
    - 20X2년 예산액: 7,173,257백만 원
  4) 위탁기관
    - 공무원 연금공단

58. 위 자료를 토대로 판단한 내용으로 옳지 않은 것은?

① 재난적 의료비 지원 사업과 건강 증진 사업의 위탁기관은 보건복지부이다.
② 공단은 의료급여 수급권자 생애전환기 건강진단 대상자와 미수검자 안내를 함께 진행한다.
③ 의료비 지원 사업 기준에 부합하는 결핵 환자의 본인 부담 요양급여가 500,000원이라면 250,000원을 지원받을 수 있다.
④ 재난적 의료비 지원 사업에서는 비급여를 제외한 본인 부담 의료비를 최대 2,000만 원까지 지원한다.

59. 다음 중 공·직무상 요양비 지급 관리 사업의 추진 근거로 적절하지 않은 것은?

① 공·직무상 요양비 지급 업무 수탁 계약   ② 사학연금법 제42조
③ 군인연금법 제35조의7   ④ 공무원연금법 제38조

60. 위 자료를 근거로 판단할 때, 빈칸에 들어갈 내용으로 가장 적절한 것은?

> N 공단에 재직 중인 윤하늘 씨는 총결산액 및 관련 세부 내용을 정리하는 업무를 맡게 되었다. 윤하늘 씨가 담당하는 사업에는 희소난치성 질환자의 의료비 예탁금을 관리하는 업무와 의료급여 수급권자 중 건강검진 대상자를 선정하고 통보하는 업무가 포함되어 있다. 이에 따라 윤하늘 씨는 20X2년 총예산액 (   )으로 사업을 진행할 수 있음을 알게 되었다.

① 69,628백만 원   ② 85,520백만 원   ③ 92,832백만 원   ④ 108,724백만 원

국민건강보험법

총 20문항 / 20분

01. 다음 사례의 A 요양기관에 내려질 처분으로 가장 옳은 것은?

> A 요양기관은 부당한 방법으로 보험자, 가입자 및 피부양자에게 요양급여비용을 부담하게 하였다는 의심을 받아 요양 및 약제의 지급 등 보험 급여에 관한 서류를 제출하라는 보건복지부장관 명령을 전달받았다. 이에 대해 A 요양기관은 관련 서류를 제출하였지만, 서류 내용이 거짓이라는 점이 조사 과정에서 바로 적발되었다.

① 1년 이하의 업무정지
② 부당한 방법으로 부담하게 한 금액의 5배 이하의 과징금
③ 부당한 방법으로 부담하게 한 금액의 100분의 200을 넘지 아니하는 범위의 과징금
④ 부당한 방법으로 부담하게 한 금액의 100분의 60을 넘지 아니하는 범위의 과징금

02. 다음 중 국민건강보험법상 연체금에 대한 설명으로 옳지 않은 것의 개수는?

> ㉠ 보건복지부 장관은 보험료 납부의무자가 납부기한까지 보험료를 내지 아니하면 그 납부기한이 지난 날부터 매 1일이 경과할 때마다 연체금을 징수한다.
> ㉡ 보험급여 제한 기간 중 받은 보험급여에 대한 징수금 200만 원을 체납한 경우 연체금은 최대 6만 원까지 징수된다.
> ㉢ 천재지변이나 그 밖에 보건복지부령으로 정하는 부득이한 사유가 있으면 연체금을 징수하지 않는다.

① 없음   ② 1개   ③ 2개   ④ 3개

03. 다음 중 국민건강보험상 보험급여를 받을 수 있는 사례를 모두 고르면?

> ㉠ 고의 또는 중대한 과실로 공단이나 요양기관의 요양에 관한 지시에 따르지 아니한 경우
> ㉡ 소득·재산 등이 일정 기준 미만인 가입자 및 피부양자가 대통령령으로 정하는 기간 이상 보수 외 소득월액보험료, 세대단위의 보험료를 체납한 경우
> ㉢ 업무 또는 공무로 생긴 질병·부상·재해로 다른 법령에 따른 보험급여나 보상(報償) 또는 보상(補償)을 받게 되는 경우
> ㉣ 3회 이상 보험료를 체납하였지만, 공단으로부터 분할납부 승인을 받고 그 승인된 보험료를 1회 이상 낸 경우

① ㉠, ㉢   ② ㉡, ㉢   ③ ㉡, ㉣   ④ ㉢, ㉣

04. 국민건강보험법상 요양급여 대상 여부의 확인에 대한 설명으로 옳지 않은 것은?

① 가입자 또는 피부양자는 본인일부부담금 외에 자신이 부담한 비용이 요양급여 대상에서 제외되는 비용인지 여부를 건강보험심사평가원에 확인 요청할 수 있다.
② 건강보험심사평가원은 확인 요청받은 비용이 요양급여 대상에 해당되는 경우, 그 내용을 국민건강보험공단 및 관련 요양기관에 알려야 한다.
③ 요양기관이 과다본인부담금을 지급하지 않으면 국민건강보험공단은 해당 요양기관에 지급할 요양급여비용에서 과다본인부담금을 공제하여 지급할 수 있다.
④ 확인 요청의 범위, 방법, 절차, 처리기간 등에 대해서는 대통령령으로 정한다.

05. 다음은 국민건강보험법의 일부 내용이다. ㉠~㉣ 중 빈칸에 들어갈 말이 나머지와 다른 것은?

> 제7조(사업장의 신고)
> 사업장의 사용자는 다음 각 호의 어느 하나에 해당하게 되면 그 때부터 14일 이내에 (㉠)으로 정하는 바에 따라 보험자에게 신고하여야 한다. 제1호에 해당되어 보험자에게 신고한 내용이 변경된 경우에도 또한 같다.
> 제44조(비용의 일부부담)
> ① 요양급여를 받는 자는 (㉡)으로 정하는 바에 따라 비용의 일부(이하 "본인일부부담금"이라 한다)를 본인이 부담한다. 이 경우 선별급여에 대해서는 다른 요양급여에 비하여 본인일부부담금을 상향 조정할 수 있다.
> 제65조(임원)
> ③ 상임이사는 (㉢)으로 정하는 추천 절차를 거쳐 원장이 임명한다.
> 제82조(체납보험료의 분할납부)
> ① 공단은 보험료를 3회 이상 체납한 자가 신청하는 경우 (㉣)으로 정하는 바에 따라 분할납부를 승인할 수 있다.

① ㉠   ② ㉡   ③ ㉢   ④ ㉣

06. 다음은 국민건강보험법상 요양기관 현황의 신고에 대한 설명으로 옳은 것의 개수는?

> ㉠ 요양기관은 요양급여비용을 최초로 청구하는 때에 요양기관의 시설·장비 및 인력 등에 대한 현황을 국민건강보험공단에 신고하여야 한다.
> ㉡ 요양기관은 요양급여비용의 증감에 관련된 사항이 변경된 경우 그 변경된 날부터 15일 이내에 대통령령으로 정하는 바에 따라 건강보험심사평가원에 신고해야 한다.
> ㉢ 신고의 범위, 대상, 방법 및 절차 등에 필요한 사항은 보건복지부령으로 정한다.

① 0개   ② 1개   ③ 2개   ④ 3개

07. 다음 중 국민건강보험법상 보험료보다 우선하여 징수하는 채권에 해당하는 것의 개수는?

> ㉠ 국세
> ㉡ 지방세
> ㉢ 보험료 납부기한 전에 설정된 질권
> ㉣ 보험료 납부기한 전에 설정된 전세권
> ㉤ 보험료 납부기한 후에 설정된 저당권

① 2개   ② 3개   ③ 4개   ④ 5개

08. 다음 중 국민건강보험법상 장애인에 대한 특례에 대한 설명으로 옳지 않은 것은?

① 장애인인 가입자에게 보조기기를 판매한 자는 가입자의 위임이 없더라도 국민건강보험공단에 보험급여를 직접 청구할 수 있다.
② 보조기기에 대한 보험급여의 범위와 절차에 대한 사항은 보건복지부령으로 정한다.
③ 국민건강보험공단은 지급이 청구된 내용의 적정성을 심사하여 보조기기를 판매한 자에게 보조기기에 대한 보험급여를 지급할 수 있다.
④ 보조기기 판매업자의 보험급여 청구, 국민건강보험공단의 적정성 심사에 필요한 사항은 보건복지부령으로 정한다.

09. 오늘이 2023년 2월 22일이라고 하였을 때, 다음 중 소멸시효가 완성된 것은 모두 몇 개인가? (단, 제시되지 않은 사항은 고려하지 않는다.)

> ㉠ 국민건강보험공단은 2020년 2월 22일에 A 씨의 보험료가 납부되지 않았다는 것을 인지하였지만, A씨에게 이를 별도로 고지하거나 독촉하지 않았다.
> ㉡ B 씨는 자신이 본인일부부담금을 과다납부하였다는 사실을 2021년 2월 22일에 알게 되었다.
> ㉢ C 씨는 자신이 보험급여를 받을 수 있는 대상자라는 것을 2022년 2월 22일에 알게 되어 공단에 보험급여를 청구하였지만, 아직 급여를 받지 못하고 있다.

① 0개　　　　② 1개　　　　③ 2개　　　　④ 3개

10. 다음 중 국민건강보험법상 소득 및 보수의 신고 사항에 대한 설명으로 옳은 것은?

① 가입자가 제출한 보수 관련 자료에 대하여 사실 여부 확인이 필요한 경우 그 조사를 하는 소속 직원은 권한을 표시하는 증표를 지니고 관계인에게 보여줄 수 있다.
② 국세청장은 가입자의 보수 중 탈루가 있음을 송부받은 사항에 대하여 법률에 따른 세무조사를 한 조사 결과 중 보수에 관한 사항을 국민건강보험공단에 송부할 수 있다.
③ 국민건강보험공단은 가입자가 신고한 보수에 탈루가 있다고 인정하는 경우 보건복지부 장관을 거쳐 소득의 탈루에 관한 사항을 문서로 국세청장에게 송부할 수 있다.
④ 가입자가 신고한 보수 및 소득 사항에 대하여 사실 여부를 확인할 필요가 있는 경우 국민건강보험공단 소속 직원은 해당 사항에 관하여 조사하여야 한다.

11. 다음 중 국민건강보험법상 보험료를 경감 혹은 감액 받을 수 있는 조건에 해당하지 않는 사람은?

① 현재 휴직 중인 34세의 A 씨
②「국가유공자 등 예우 및 지원에 관한 법률」에 근거하여 국가유공자 자격을 받은 B 씨
③ 건강 보험료를 계좌 또는 신용카드 자동이체의 방법으로 내는 C 씨
④ 현재 직장 생활을 하고 있는 64세 직장인 D 씨

12. 다음 사례를 읽고 빈칸에 들어갈 내용으로 옳은 것은?

> 갑은 자신이 근무하는 사업장의 사용자가 대통령령으로 정하는 사유에 해당되어 직장가입자가 될 수 없는 자이다. 그러나 갑의 사용자는 거짓으로 보험자에게 직장가입자로 갑을 신고하였고, 이 사실이 국민건강보험공단에 의해 발각되었다. 국민건강보험법에 따라 갑이 직장가입자로 처리된 기간 동안 가입자가 부담하여야 하는 보험료의 총액은 375,000원이고, 그 기간 동안 국민건강보험공단이 해당 가입자에 대해 산정하여 부과한 보험료의 총액은 288,500원이다. 이에 따라 국민건강보험공단은 갑의 사용자에게 (   )에 상당하는 가산금을 부과하여 징수하였다.

① 2,880원　　② 3,750원　　③ 6,630원　　④ 8,650원

13. 다음은 국민건강보험법상 실업자 특례에 대한 내용의 일부이다. 각 빈칸에 들어갈 내용으로 적절하지 않은 것은?

> 제110조(실업자에 대한 특례)
> ① 사용관계가 끝난 사람 중 직장가입자로서의 자격을 유지한 기간이 보건복지부령으로 정하는 기간 동안 통산 (㉠) 이상인 사람은 지역가입자가 된 이후 최초로 제79조에 따라 지역가입자 보험료를 고지받은 날부터 그 납부기한에서 (㉡)이 지나기 이전까지 국민건강보험공단에 직장가입자로서의 자격을 유지할 것을 신청할 수 있다.
> ② 제1항에 따라 국민건강보험공단에 신청한 가입자(이하 "임의계속가입자"라 한다)는 제9조에도 불구하고 대통령령으로 정하는 기간 동안 직장가입자의 자격을 유지한다. 다만, 제1항에 따른 신청 후 최초로 내야 할 직장가입자 보험료를 그 납부기한부터 (㉢)이 지난 날까지 내지 아니한 경우에는 그 자격을 유지할 수 없다.
> ③ 임의계속가입자의 보수월액은 보수월액보험료가 산정된 최근 (㉣)간의 보수월액을 평균한 금액으로 한다.
> ④ 임의계속가입자의 보험료는 보건복지부 장관이 정하여 고시하는 바에 따라 그 일부를 경감할 수 있다.

① ㉠: 2년　　② ㉡: 2개월　　③ ㉢: 2개월　　④ ㉣: 12개월

14. 다음 중 빈칸에 들어갈 날짜로 적절한 것은?

> 제45조(요양급여비용의 산정 등)
> ① 요양급여비용은 공단의 이사장과 대통령령으로 정하는 의약계를 대표하는 사람들의 계약으로 정한다. 이 경우 계약기간은 1년으로 한다.
> ② 제1항에 따라 계약이 체결되면 그 계약은 공단과 각 요양기관 사이에 체결된 것으로 본다.
> ③ 제1항에 따른 계약은 그 직전 계약기간 만료일이 속하는 연도의 (㉠)까지 체결하여야 하며, 그 기한까지 계약이 체결되지 아니하는 경우 보건복지부장관이 그 직전 계약기간 만료일이 속하는 연도의 (㉡)까지 심의위원회의 의결을 거쳐 요양급여비용을 정한다. 이 경우 보건복지부장관이 정하는 요양급여비용은 제1항 및 제2항에 따라 계약으로 정한 요양급여비용으로 본다.
> ④ 제1항 또는 제3항에 따라 요양급여비용이 정해지면 보건복지부장관은 그 요양급여비용의 명세를 지체 없이 고시하여야 한다.
> ⑤ 공단의 이사장은 제33조에 따른 재정운영위원회의 심의·의결을 거쳐 제1항에 따른 계약을 체결하여야 한다.
> ⑥ 심사평가원은 공단의 이사장이 제1항에 따른 계약을 체결하기 위하여 필요한 자료를 요청하면 그 요청에 성실히 따라야 한다.
> ⑦ 제1항에 따른 계약의 내용과 그 밖에 필요한 사항은 대통령령으로 정한다.

	㉠	㉡
①	5월 31일	6월 30일
②	5월 31일	7월 31일
③	6월 30일	9월 30일
④	6월 30일	12월 31일

15. 다음 중 국민건강보험법상 직장가입자에 해당하는 사람은?

① 6개월 전 임용에 합격하여 근무하고 있는 교직원 A 씨
② 1년 전 하사로 임용되어 근무하고 있는 현역병 B 씨
③ 일주일 전 일용근로자로 고용되어 근무하고 있는 C 씨
④ 3개월 전 선거에 당선되어 취임하는 공무원으로 매월 보수를 받지 않는 D 씨

16. 다음 중 국민건강보험법상 보험료의 납부기한에 대해 바르게 설명한 사람은?

> 동현: 납입 고지의 송달 지연이 있는 경우 8월의 보험료는 최대 같은 해 10월 10일까지 납부할 수 있어.
> 지민: 직장가입자의 보수 외 소득월액 보험료는 분기별로 납부해야만 해.
> 현수: 보험료의 납부기한은 연장이 가능한데, 납부기한의 연장을 신청하는 방법은 대통령령으로 정해.
> 호령: 보건복지부령으로 정하는 특별한 사유가 있는 경우 보험료의 납부기한을 2개월의 범위에서 연장할 수 있어.

① 동현　　　　② 지민　　　　③ 현수　　　　④ 호령

17. 다음 중 국민건강보험법상 보험료등의 독촉 및 체납처분에 대한 설명으로 옳지 않은 것은?

① 보험료등을 내야 하는데 내지 않는 자에게 독촉할 때는 납부기한을 정하여 독촉장을 발부하고, 기한은 10일 이상 15일 이내로 한다.
② 직장가입자의 사용자가 두 명 이상인 경우 그 중 한 명에게만 보험료등을 낼 것을 독촉하여도 해당 사업장의 다른 사용자에게도 효력이 있는 것으로 본다.
③ 국민건강보험공단은 독촉을 받은 자가 보험료등을 내지 아니하면 보건복지부 장관의 승인을 받아 국세 체납처분의 예에 따라 이를 징수할 수 있다.
④ 국세 체납처분의 예에 따라 압류한 재산은 반드시 국민건강보험공단이 직접 공매해야 하므로 예외를 인정하지 않는다.

18. 다음 중 국민건강보험법상 고액·상습체납자의 인적사항 공개에 대해 잘못 말한 사람은?

① 갑: 국민건강보험공단은 체납자가 납부능력이 있음에도 납부기한의 마지막 날부터 1년이 경과한 보험료, 연체금과 체납처분비의 총액이 1천만 원 이상을 체납한 경우 인적사항·체납액 등을 공개할 수 있어.
② 을: 맞아. 하지만 체납된 보험료, 연체금과 체납처분비와 관련하여 이의신청, 심판청구가 제기되거나 행정소송이 계류 중인 경우 또는 그 밖에 대통령령으로 정하는 사유가 있는 경우에는 공개할 수 없어.
③ 병: 이때 체납자의 인적사항·체납액 등을 공개한다면 관보에 게재하거나 국민건강보험공단 인터넷 홈페이지에 게시하는 방법에 따라야 해.
④ 정: 국민건강보험공단은 보험료정보공개심의위원회의 심의를 거친 인적사항·체납액 등의 공개대상자에게 공개대상자임을 서면으로 통지하여 소명의 기회를 부여해야 돼.

19. 다음은 국민건강보험법상 임직원의 겸직 금지에 관한 내용이다. 각 빈칸에 들어갈 내용으로 적절하지 않은 것은?

> 제25조(임원의 겸직 금지 등)
> ① 국민건강보험공단의 상임임원과 직원은 그 직무 외에 (㉠)를 목적으로 하는 사업에 종사하지 못한다.
> ② 국민건강보험공단의 상임임원이 (㉡) 또는 (㉢)의 허가를 받거나 국민건강보험공단 직원이 (㉣)의 허가를 받은 경우에는 비영리 목적의 업무를 겸할 수 있다.

① ㉠: 영리   ② ㉡: 임명권자   ③ ㉢: 제청권자   ④ ㉣: 상임이사

20. 다음 중 국민건강보험법상 서류 보존 기간에 대한 설명으로 옳지 않은 것은?

① 약국 등 보건복지부령으로 정하는 요양기관은 요양급여비용을 청구한 날부터 3년간 처방전을 보존하여야 한다.
② 보조기기에 대한 보험급여를 청구한 자는 보험급여를 지급받은 날부터 3년간 보건복지부령으로 정하는 바에 따라 보험급여 청구에 관한 서류를 보존하여야 한다.
③ 요양비를 청구한 준요양기관은 요양비를 지급받은 날부터 3년간 보건복지부령으로 정하는 바에 따라 요양비 청구에 관한 서류를 보존하여야 한다.
④ 요양기관은 요양급여가 끝난 날부터 3년간 보건복지부령으로 정하는 바에 따라 요양급여비용의 청구에 관한 서류를 보존하여야 한다.

약점 보완 해설집 p.86

무료 바로 채점 및 성적 분석 서비스 바로 가기
QR코드를 이용해 모바일로 간편하게 채점하고 나의 실력이 어느 정도인지, 취약 부분이 어디인지 바로 파악해 보세요!

노인장기요양보험법

총 20문항 / 20분

01. 다음 중 노인장기요양보험법상 등급판정위원회에 대한 설명으로 옳지 않은 것은?

　① 등급판정위원회의 위원에는 의료인이 꼭 포함되어야 한다.
　② 등급판정위원회는 위원장 1인을 포함하여 15인의 위원으로 구성한다.
　③ 일반적으로 등급판정위원회 위원의 임기는 3년으로 하되, 한 차례만 연임할 수 있다.
　④ 등급판정위원회 회의는 구성원 3분의 1의 출석으로 개의하고 출석위원 과반수의 찬성으로 의결한다.

02. 다음 중 노인장기요양보험법상 장기요양기관 지정에 대한 설명으로 옳지 않은 것은?

　① 장기요양기관 지정의 유효기간은 지정을 받은 날부터 6년으로 한다.
　② 재가급여를 제공하는 장기요양기관 중 의료기관이 아닌 자가 설치·운영하는 장기요양기관이 방문간호를 제공하는 경우에는 방문간호의 관리책임자로서 간호사를 두어야 한다.
　③ 재가급여 또는 시설급여를 제공하는 장기요양기관을 운영하려는 자는 보건복지부령으로 정하는 장기요양에 필요한 시설 및 인력을 갖추어야 한다.
　④ 지정의 유효기간이 끝난 후에도 계속하여 그 지정을 유지하려는 경우에는 유효기간이 끝나기 180일 전까지 지정 갱신을 신청하여야 한다.

03. 다음은 노인장기요양보험법상 정의에 대한 내용이다. 각 빈칸에 들어갈 말로 적절하지 않은 것은?

> 제2조(정의)
> 이 법에서 사용하는 용어의 정의는 다음과 같다.
> 1. "노인 등"이란 (㉠) 이상의 노인 또는 (㉠) 미만의 자로서 치매·뇌혈관성질환 등 (㉡)으로 정하는 노인성 질병을 가진 자를 말한다.
> 2. "장기요양급여"란 제15조 제2항에 따라 (㉢) 이상 동안 혼자서 일상생활을 수행하기 어렵다고 인정되는 자에게 신체활동·가사활동의 지원 또는 간병 등의 서비스나 이에 갈음하여 지급하는 현금 등을 말한다.
> 3. "장기요양사업"이란 장기요양보험료, 국가 및 (㉣)의 부담금 등을 재원으로 하여 노인 등에게 장기요양급여를 제공하는 사업을 말한다.
> 4. "장기요양기관"이란 제31조에 따른 지정을 받은 기관으로서 장기요양급여를 제공하는 기관을 말한다.
> 5. "장기요양요원"이란 장기요양기관에 소속되어 노인 등의 신체활동 또는 가사활동 지원 등의 업무를 수행하는 자를 말한다.

① ㉠: 65세   ② ㉡: 대통령령   ③ ㉢: 3개월   ④ ㉣: 지방자치단체

04. 다음 중 노인장기요양보험법상 장기요양기관 지정 취소 또는 업무정지 사유에 해당하는 것을 모두 고르면?

> ㉠ 업무정지기간 중에 장기요양급여를 제공한 경우
> ㉡ 거짓으로 재가 및 시설 급여비용을 청구한 경우
> ㉢ 휴업 신고를 하지 않고 1년 이상 장기요양급여를 제공하지 않은 경우
> ㉣ 장기요양기관의 장이 주의와 감독을 했음에도 종사자가 수급자에게 상해를 입힌 경우

① ㉠, ㉡   ② ㉡, ㉣   ③ ㉢, ㉣   ④ ㉠, ㉡, ㉢

05. 다음 중 노인장기요양보험법상 1,000원 미만의 금액을 소액 처리하는 경우에 해당하는 것의 개수는?

> ㉠ 국민건강보험공단이 수급자에게 지급해야 하는 금액과 상계할 수 있는 수급자가 납부해야 하는 장기요양보험료
> ㉡ 장기요양기관이 수급자로부터 거짓이나 그 밖의 부정한 방법으로 받은 장기요양급여비용과 상계할 수 있는 수급자가 납부해야 하는 장기요양보험료
> ㉢ 국민건강보험법에 따른 소액 처리 대상에서 제외되는 건강보험료와 통합하여 징수 또는 반환되는 장기요양보험료

① 0개   ② 1개   ③ 2개   ④ 3개

06. 다음 중 노인장기요양보험법상 과징금의 부과에 대한 설명으로 옳지 않은 것은?

① 과징금을 부과하는 위반행위의 종류 및 위반의 정도 등에 따른 과징금의 금액과 과징금의 부과절차 등에 필요한 사항은 대통령령으로 정한다.
② 구청장은 업무정지명령을 하여야 하는 경우로서 그 업무정지가 보건복지부 장관이 정하는 특별한 사유가 있다고 인정되는 경우에 업무정지명령을 갈음해 거짓으로 청구한 금액의 5배 이하의 금액을 과징금으로 부과할 수 있다.
③ 특별자치시장·특별자치도지사·시장·군수·구청장은 과징금의 부과와 징수에 관한 사항을 대통령령으로 정하는 바에 따라 기록·관리하여야 한다.
④ 특별자치시장은 업무정지명령을 하여야 하는 경우로서 그 업무정지가 보건복지부 장관이 정하는 특별한 사안이 있다고 인정되는 경우에 업무정지명령을 갈음해 2억 원 이하의 과징금을 부여할 수 있다.

07. 다음 중 노인장기요양보험에 대한 심사청구 및 재심사청구에 대한 설명으로 옳지 않은 것은?

노인장기요양보험법 제55조에 따라 장기요양인정·장기요양등급·장기요양급여·부당이득·장기요양급여비용 또는 장기요양보험료 등에 관한 공단의 처분에 이의가 있는 자는 공단에 심사청구를 할 수 있고, 공단은 장기요양심사위원회를 두어 심사청구 사항을 심사한다. 다만, ㉠ 심사청구를 하고자 할 경우 그 처분이 있음을 안 날부터 90일 이내에 문서로 해야 한다. ㉡ 만약 처분이 있는 날부터 180일을 경과하면 어떠한 경우에도 심사청구를 제기하지 못한다. 한편 이렇게 진행된 심사청구에 대한 결과에 불복할 경우에는 ㉢ 결정통지를 받은 날부터 90일 이내에 장기요양재심사위원회에 재심사를 청구할 수 있고, ㉣ 재심사청구 사항에 대한 재심사위원회의 재심사를 거친 경우에는 「행정심판법」에 따른 행정심판을 청구할 수 없다.

① ㉠   ② ㉡   ③ ㉢   ④ ㉣

08. 다음 정보를 토대로 노인장기요양보험법상 A 씨가 지불해야 하는 장기요양보험료는? (단, 아래 내용은 국민건강보험법에 따라 적절하게 산출된 금액이다.)

- 보험료액: 353,000원
- 경감·면제 비용: 103,000원
- 건강보험료율: 6.99%
- 장기요양보험료율: 12.27%
- 건강보험료율 대비 장기요양보험료율: 8.6%

① 17,500원   ② 21,500원   ③ 30,700원   ④ 43,300원

09. 다음 중 노인장기요양보험법에서 장기요양기관을 지정하거나 지정을 취소할 수 있는 권한을 가진 자를 모두 고르면?

| ㉠ 특별자치시장　　㉡ 보건복지부장관　　㉢ 군수　　㉣ 대통령　　㉤ 구청장 |

① ㉠, ㉡　　② ㉡, ㉣　　③ ㉠, ㉡, ㉣　　④ ㉠, ㉢, ㉤

10. 다음은 노인장기요양보험법상 국민건강보험공단의 장기요양사업 조직에 대한 내용이다. (가)에 들어갈 업무에 해당하지 않는 것은?

> 국민건강보험공단은 「국민건강보험법」에 따라 국민건강보험공단의 조직 등에 관한 규정을 정할 때 장기요양사업을 수행하기 위하여 두는 조직 등을 건강보험사업을 수행하는 조직 등과 구분하여 따로 두어야 한다. 다만, (가) 업무는 그러하지 아니하다.

① 특별현금급여의 지급
② 장기요양보험 가입자의 자격관리
③ 장기요양보험료의 부과·징수
④ 의료급여수급권자의 자격관리

11. 다음 중 노인장기요양보험법상 장기요양인정서에 대한 설명으로 옳지 않은 것의 개수는?

> ㉠ 장기요양인정서 및 개인별장기요양이용계획서의 작성방법에 관하여 필요한 사항은 보건복지부령으로 정한다.
> ㉡ 국민건강보험공단은 장기요양인정서 작성 시 장기요양급여의 종류 및 내용을 정하는 때 수급자의 장기요양등급 및 생활환경, 수급자와 그 가족의 욕구 및 선택, 시설급여를 제공하는 경우 장기요양기관을 관리하는 지방자치단체의 현황을 고려해야 한다.
> ㉢ 국민건강보험공단은 장기요양인정서를 송부할 때 장기요양급여를 원활하게 이용할 수 있도록 월 한도액 범위 안에서 개인별장기요양이용계획서를 작성하여 함께 송부해야 한다.

① 0개　　② 1개　　③ 2개　　④ 3개

12. 다음 중 장기요양급여 중 재가급여에 해당하는 것을 모두 고르면?

㉠ 방문요양	㉡ 요양병원간병비	㉢ 방문간호
㉣ 방문목욕	㉤ 가족요양비	㉥ 시설급여

   ① ㉠, ㉡, ㉢   ② ㉠, ㉢, ㉣   ③ ㉡, ㉢, ㉤   ④ ㉡, ㉤, ㉥

13. 다음 사례를 토대로 판단할 때, 을은 자신이 부담하는 장기요양급여의 본인부담금 중 최대 얼마를 감경받을 수 있는가?

   장기요양급여 대상인 을은 대통령령으로 정하는 바에 따라 비용의 일부를 직접 부담하고 있으며, 현재 을이 부담하는 본인부담금은 2,500,000원이다. 을의 소득 및 재산은 모두 보건복지부 장관이 정하여 고시하는 일정 금액 이하이고, 도서·벽지·농어촌 등의 지역에 거주하는 자에는 해당하지 않는다.

   ① 250,000원   ② 500,000원   ③ 1,000,000원   ④ 1,500,000원

14. 다음 중 노인장기요양보험법상 가족요양비 지급 대상에 해당하지 않는 사람은? (단, 각 사람은 가족 등으로부터 방문요양에 상당한 장기요양급여를 받았다.)

   ① 대통령령으로 정하는 성격적 사유로 인해 가족 등으로부터 장기요양을 받아야 하는 자
   ② 장기요양기관이 제공하는 장기요양급여를 천재지변으로 인해 이용하기 어렵다고 보건복지부 장관이 인정하는 자
   ③ 장기요양기관이 현저히 부족한 지역으로서 보건복지부 장관이 정하여 고시하는 지역에 거주하는 자
   ④ 건강보험 가입자로서 보건복지부령으로 정하는 사유로 인해 가족 등으로부터 장기요양을 받아야 하는 자

15. 다음은 노인장기요양보험법의 일부 내용이다. ㉠~㉣ 중 빈칸에 들어갈 말이 나머지와 다른 것은?

> 제44조(구상권)
> ① (㉠)은 제3자의 행위로 인한 장기요양급여의 제공사유가 발생하여 수급자에게 장기요양급여를 행한 때 그 급여에 사용된 비용의 한도 내에서 그 제3자에 대한 손해배상의 권리를 얻는다.
>
> 제48조(관리운영기관 등)
> ① 장기요양사업의 관리운영기관은 (㉡)으로 한다.
>
> 제50조(장기요양사업의 회계)
> ② (㉢)은 장기요양사업 중 장기요양보험료를 재원으로 하는 사업과 국가·지방자치단체의 부담금을 재원으로 하는 사업의 재정을 구분하여 운영해야 한다.
>
> 제56조(재심사청구)
> ① 제55조에 따른 심사청구에 대한 결정에 불복하는 사람은 그 결정통지를 받은 날부터 90일 이내에 (㉣)에 재심사를 청구할 수 있다.

① ㉠   ② ㉡   ③ ㉢   ④ ㉣

16. 다음 중 노인장기요양보험법상 저지를 범죄와 그에 대한 벌칙이 적절하게 연결되지 않는 것은?

① 거짓이나 그 밖의 부정한 방법으로 장기요양급여비용을 청구한 자 – 3년 이하의 징역 또는 3천만 원 이하의 벌금
② 지정받지 아니하고 장기요양기관을 운영하거나 거짓이나 그 밖의 부정한 방법으로 지정받은 자 – 2년 이하의 징역 또는 2천만 원 이하의 벌금
③ 업무수행 중 알게 된 비밀을 누설한 자 – 1년 이하의 징역 또는 1천만 원 이하의 벌금
④ 정당한 사유 없이 장기요양급여의 제공을 거부한 자 – 1년 이하의 징역 또는 1천만 원 이하의 벌금

17. 다음은 노인장기요양보험법상 보고 및 검사에 대한 내용이다. 빈칸에 들어갈 내용으로 옳지 않은 것은?

> 보건복지부 장관 등은 (　　)에 해당하는 자에게 보수·소득이나 그 밖에 보건복지부령으로 정하는 사항에 대해 보고를 명하거나 자료의 제출을 명할 수 있다. 이때 소속 공무원으로 하여금 관계인에게 질문을 하게 하거나 관계 서류를 검사하게 하는 것도 가능하다.

① 피부양자
② 의료급여 수급권자
③ 장기요양보험가입자
④ 장기요양기관 및 의료기관

18. 다음 중 노인장기요양보험법상 장기요양급여 선택의 용이성과 급여의 질을 보장하기 위해 국민건강보험공단이 운영하는 홈페이지에 게시되어야 하는 장기요양기관의 정보에 해당하는 것을 모두 고르면?

> ㉠ 장기요양기관별 급여의 내용
> ㉡ 장기요양기관별 시설 현황자료
> ㉢ 장기요양기관별 인력 현황자료

① ㉠, ㉡　　② ㉠, ㉢　　③ ㉡, ㉢　　④ ㉠, ㉡, ㉢

19. 다음 중 노인장기요양보험법상 심사청구에 대해 바르게 설명한 사람을 모두 고르면?

> 갑: 심사청구 사항을 심사하기 위한 장기요양심사위원회의 위원의 임기와 구성 및 운영, 그 밖에 필요한 사항은 대통령령으로 정하고 있어.
> 을: 장기요양보험료 등에 관한 국민건강보험공단의 처분에 이의가 있는 사람은 그 처분이 있음을 안 날부터 90일 이내에 문서 또는 전자문서로 심사청구를 하는 것이 원칙이야.
> 병: 심사청구에 관한 사항은 강행규정이기 때문에 정당한 사유로 심사청구 기간에 심사청구를 할 수 없었음을 증명하더라도 그 기간이 지나면 제기할 수 없겠군.

① 갑, 을   ② 갑, 병   ③ 을, 병   ④ 갑, 을, 병

20. 다음 사례를 토대로 판단할 때, 빈칸에 들어갈 내용으로 옳은 것은?

> 장기요양기관의 장인 甲은 자신이 운영하고 있던 장기요양기관을 폐업하고자 한다. 11월 28일부로 폐업을 하기로 한 甲은 폐업 예정일 전 (   )까지 구청장에게 신고하여야 적법한 절차대로 폐업을 할 수 있음을 알게 되었다.

① 7일   ② 14일   ③ 30일   ④ 90일

취업강의 1위, 해커스잡
ejob.Hackers.com

해커스 **국민건강보험공단** NCS + 법률 실전모의고사

부록

법률 빈칸노트

국민건강보험법 빈칸노트

노인장기요양보험법 빈칸노트

국민건강보험법 빈칸노트

📝 빈칸에 주요 키워드를 직접 쓰면서 국민건강보험법을 학습해 보세요.
* 국민건강보험법 수록 기준: 법제처 법률 제19841호, 2023.12.26. (2024.12.27. 시행법령 기준, 시행예정법령 별도 표기)

제1장 | 총칙

제1조(목적)
이 법은 국민의 질병·부상에 대한 예방·진단·치료·재활과 출산·사망 및 A)_____ 에 대하여 보험급여를 실시함으로써 국민보건 향상과 사회보장 증진에 이바지함을 목적으로 한다.

제2조(관장)
이 법에 따른 B)_____ 은 보건복지부 장관이 맡아 주관한다.

제3조(정의)
이 법에서 사용하는 용어의 뜻은 다음과 같다.
1. "근로자"란 직업의 종류와 관계없이 근로의 대가로 보수를 받아 생활하는 사람(법인의 이사와 그 밖의 임원을 포함한다)으로서 공무원 및 C)_____ 을 제외한 사람을 말한다.
2. "사용자" 란 다음 각 목의 어느 하나에 해당하는 자를 말한다.
   가. 근로자가 소속되어 있는 사업장의 사업주
   나. 공무원이 소속되어 있는 기관의 장으로서 D)_____ 으로 정하는 사람
   다. 교직원이 소속되어 있는 사립학교(「사립학교교직원 연금법」 제3조에 규정된 사립학교를 말한다. 이하 이 조에서 같다)를 설립·운영하는 자
3. "사업장"이란 사업소나 사무소를 말한다.
4. "공무원"이란 국가나 지방자치단체에서 E)_____ 에 종사하는 사람을 말한다.
5. "교직원"이란 사립학교나 사립학교의 경영기관에서 근무하는 교원과 직원을 말한다.

제3조의2(국민건강보험종합계획의 수립 등)
① 보건복지부 장관은 이 법에 따른 건강보험(이하 "건강보험"이라 한다)의 건전한 운영을 위하여 제4조에 따른 F)_____ (이하 이 조에서 "F)_____"라 한다)의 심의를 거쳐 5년마다 국민건강보험종합계획(이하 "종합계획"이라 한다)을 수립하여야 한다. 수립된 종합계획을 변경할 때도 또한 같다.
② 종합계획에는 다음 각 호의 사항이 포함되어야 한다.
   1. 건강보험정책의 기본목표 및 G)_____
   2. 건강보험 보장성 강화의 추진계획 및 추진방법
   3. 건강보험의 H)_____ 재정 전망 및 운영
   4. 보험료 부과체계에 관한 사항
   5. I)_____ 에 관한 사항
   6. 건강증진 사업에 관한 사항
   7. J)_____ 지원에 관한 사항

정답 A) 건강증진 B) 건강보험사업 C) 교직원 D) 대통령령 E) 상시 공무 F) 건강보험정책심의위원회 G) 추진방향 H) 중장기
I) 요양급여비용 J) 취약계층

8. A)〇〇〇〇〇〇에 관한 통계 및 정보의 관리에 관한 사항
9. 그 밖에 건강보험의 개선을 위하여 필요한 사항으로 대통령령으로 정하는 사항

③ B)〇〇〇〇〇〇은 종합계획에 따라 매년 연도별 시행계획(이하 "시행계획"이라 한다)을 C)〇〇〇〇〇〇의 심의를 거쳐 수립·시행하여야 한다.
④ 보건복지부 장관은 매년 시행계획에 따른 추진실적을 평가하여야 한다.
⑤ 보건복지부 장관은 다음 각 호의 사유가 발생한 경우 관련 사항에 대한 보고서를 작성하여 지체 없이 국회 소관 상임위원회에 보고하여야 한다.
   1. 제1항에 따른 종합계획의 수립 및 변경
   2. 제3항에 따른 시행계획의 수립
   3. 제4항에 따른 시행계획에 따른 추진실적의 평가
⑥ 보건복지부 장관은 종합계획의 수립, 시행계획의 수립·시행 및 시행계획에 따른 추진실적의 평가를 위하여 필요하다고 인정하는 경우 관계 기관의 장에게 자료의 제출을 요구할 수 있다. 이 경우 자료의 제출을 요구받은 자는 특별한 사유가 없으면 이에 따라야 한다.
⑦ 그 밖에 제1항에 따른 종합계획의 수립 및 변경, 제3항에 따른 시행계획의 수립·시행 및 제4항에 따른 시행계획에 따른 추진실적의 평가 등에 필요한 사항은 D)〇〇〇〇〇〇으로 정한다.

제4조(건강보험정책심의위원회)

① 건강보험정책에 관한 다음 각 호의 사항을 심의·의결하기 위하여 E)〇〇〇〇〇〇 소속으로 건강보험정책심의위원회(이하 "심의위원회"라 한다)를 둔다.
   1. 제3조의2 제1항 및 제3항에 따른 종합계획 및 시행계획에 관한 사항(의결은 제외한다)
   2. 제41조 제3항에 따른 F)〇〇〇〇〇〇의 기준
   3. 제45조 제3항 및 제46조에 따른 요양급여비용에 관한 사항
   4. 제73조 제1항에 따른 직장가입자의 G)〇〇〇〇〇〇
   5. 제73조 제3항에 따른 지역가입자의 보험료율과 재산보험료부과점수당 금액
   5의2. 보험료 부과 관련 제도 개선에 관한 다음 각 목의 사항(의결은 제외한다)
      가. 건강보험 가입자(이하 "가입자"라 한다)의 소득 파악 실태에 관한 조사 및 연구에 관한 사항
      나. 가입자의 소득 파악 및 소득에 대한 보험료 부과 강화를 위한 개선 방안에 관한 사항
      다. 그 밖에 보험료 부과와 관련된 제도 개선 사항으로서 심의위원회 위원장이 회의에 부치는 사항
   6. 그 밖에 건강보험에 관한 주요 사항으로서 대통령령으로 정하는 사항
② 심의위원회는 위원장 1명과 부위원장 1명을 포함하여 H)〇〇〇〇〇〇으로 구성한다.
③ 심의위원회의 위원장은 보건복지부 차관이 되고, 부위원장은 제4항 제4호의 위원 중에서 위원장이 지명하는 사람이 된다.
④ 심의위원회의 위원은 다음 각 호에 해당하는 사람을 보건복지부 장관이 임명 또는 위촉한다.
   1. 근로자단체 및 사용자단체가 추천하는 각 2명
   2. 시민단체(「비영리민간단체지원법」 제2조에 따른 비영리민간단체를 말한다. 이하 같다), 소비자단체, 농어업인단체 및 자영업자단체가 추천하는 각 1명
   3. 의료계를 대표하는 단체 및 약업계를 대표하는 단체가 추천하는 8명
   4. 다음 각 목에 해당하는 8명
      가. 대통령령으로 정하는 I)〇〇〇〇〇〇 소속 공무원 2명
      나. 국민건강보험공단의 이사장 및 건강보험심사평가원의 원장이 추천하는 각 1명
      다. 건강보험에 관한 학식과 경험이 풍부한 4명
⑤ 심의위원회 위원(제4항 제4호 가목에 따른 위원은 제외한다)의 임기는 3년으로 한다. 다만, 위원의 사임 등으로 새로 위촉된 위원의 임기는 전임위원 임기의 남은 기간으로 한다.

정답 A) 건강보험   B) 보건복지부 장관   C) 건강보험정책심의위원회   D) 대통령령   E) 보건복지부 장관   F) 요양급여   G) 보험료율
H) 25명의 위원   I) 중앙행정기관

⑥ 보건복지부 장관은 심의위원회가 제1항 제5호의2에 따라 심의한 사항을 국회에 보고하여야 한다.
⑦ 심의위원회의 운영 등에 필요한 사항은 대통령령으로 정한다.

제2장 | 가입자

제5조(적용 대상 등)

① 국내에 거주하는 국민은 건강보험의 가입자 또는 피부양자가 된다. 다만, 다음 각 호의 어느 하나에 해당하는 사람은 제외한다.
　1. 「의료급여법」에 따라 A)   를 받는 사람(이하 "수급권자"라 한다)
　2. 「독립유공자예우에 관한 법률」 및 「국가유공자 등 예우 및 지원에 관한 법률」에 따라 의료보호를 받는 사람(이하 "유공자등 의료보호대상자"라 한다). 다만, 다음 각 목의 어느 하나에 해당하는 사람은 가입자 또는 피부양자가 된다.
　　가. 유공자등 의료보호대상자 중 건강보험의 적용을 B)   에게 신청한 사람
　　나. 건강보험을 적용받고 있던 사람이 유공자등 의료보호대상자로 되었으나 건강보험의 적용배제신청을 보험자에게 하지 아니한 사람

② 제1항의 피부양자는 다음 각 호의 어느 하나에 해당하는 사람 중 직장가입자에게 주로 생계를 의존하는 사람으로서 소득 및 재산이 보건복지부령으로 정하는 기준 이하에 해당하는 사람을 말한다.
　1. 직장가입자의 배우자
　2. 직장가입자의 직계존속(C)   을 포함한다)
　3. 직장가입자의 직계비속(D)   을 포함한다)과 그 배우자
　4. 직장가입자의 형제·자매

③ 제2항에 따른 피부양자 자격의 인정 기준, 취득·상실시기 및 그 밖에 필요한 사항은 보건복지부령으로 정한다.

제6조(가입자의 종류)

① 가입자는 직장가입자와 E)   로 구분한다.
② 모든 사업장의 근로자 및 사용자와 공무원 및 교직원은 직장가입자가 된다. 다만, 다음 각 호의 어느 하나에 해당하는 사람은 제외한다.
　1. 고용 기간이 1개월 미만인 일용근로자
　2. 「병역법」에 따른 현역병(지원에 의하지 아니하고 임용된 하사를 포함한다), 전환복무된 사람 및 군간부후보생
　3. 선거에 당선되어 취임하는 공무원으로서 매월 보수 또는 보수에 준하는 급료를 받지 아니하는 사람
　4. 그 밖에 사업장의 특성, 고용 형태 및 사업의 종류 등을 고려하여 대통령령으로 정하는 사업장의 근로자 및 사용자와 F)
③ 지역가입자는 직장가입자와 그 피부양자를 제외한 가입자를 말한다.

제7조(사업장의 신고)

사업장의 사용자는 다음 각 호의 어느 하나에 해당하게 되면 그 때부터 G)   이내에 보건복지부령으로 정하는 바에 따라 보험자에게 신고하여야 한다. 제1호에 해당되어 보험자에게 신고한 내용이 변경된 경우에도 또한 같다.
　1. 제6조 제2항에 따라 직장가입자가 되는 근로자·공무원 및 교직원을 사용하는 사업장(이하 "적용대상사업장"이라 한다)이 된 경우
　2. 휴업·폐업 등 보건복지부령으로 정하는 사유가 발생한 경우

제8조(자격의 취득 시기 등)

① 가입자는 국내에 거주하게 된 날에 직장가입자 또는 지역가입자의 자격을 얻는다. 다만, 다음 각 호의 어느 하나에 해당하는 사람은 그 해당되는 날에 각각 자격을 얻는다.
　1. H)   이었던 사람은 그 대상자에서 제외된 날

정답 A) 의료급여　B) 보험자　C) 배우자의 직계존속　D) 배우자의 직계비속　E) 지역가입자　F) 공무원 및 교직원　G) 14일
　　　H) 수급권자

2. 직장가입자의 피부양자이었던 사람은 그 자격을 잃은 날
3. 유공자등 의료보호대상자이었던 사람은 그 대상자에서 제외된 날
4. 제5조 제1항 제2호 가목에 따라 보험자에게 건강보험의 적용을 신청한 유공자등 의료보호대상자는 그 신청한 날

② 제1항에 따라 자격을 얻은 경우 그 직장가입자의 사용자 및 지역가입자의 세대주는 그 명세를 보건복지부령으로 정하는 바에 따라 자격을 취득한 날부터 14일 이내에 보험자에게 A)   하여야 한다.

제9조(자격의 변동 시기 등)

① 가입자는 다음 각 호의 어느 하나에 해당하게 된 날에 그 자격이 변동된다.
1. 지역가입자가 적용대상사업장의 B)   로 되거나, 근로자·공무원 또는 교직원(이하 "근로자등"이라 한다)으로 사용된 날
2. 직장가입자가 다른 적용대상사업장의 사용자로 되거나 근로자등으로 사용된 날
3. 직장가입자인 근로자등이 그 사용관계가 끝난 날의 다음 날
4. C)   에 제7조 제2호에 따른 사유가 발생한 날의 다음 날
5. 지역가입자가 다른 세대로 전입한 날

② 제1항에 따라 자격이 변동된 경우 직장가입자의 사용자와 지역가입자의 세대주는 다음 각 호의 구분에 따라 그 명세를 D)   으로 정하는 바에 따라 자격이 변동된 날부터 E)   이내에 보험자에게 신고하여야 한다.
1. 제1항 제1호 및 제2호에 따라 자격이 변동된 경우: 직장가입자의 사용자
2. 제1항 제3호부터 제5호까지의 규정에 따라 자격이 변동된 경우: 지역가입자의 세대주

③ 법무부 장관 및 국방부 장관은 직장가입자나 지역가입자가 제54조 제3호 또는 제4호에 해당하면 보건복지부령으로 정하는 바에 따라 그 사유에 해당된 날부터 F)   이내에 보험자에게 알려야 한다.

제9조의2(자격 취득·변동 사항의 고지)

공단은 제96조 제1항에 따라 제공받은 자료를 통하여 가입자 자격의 취득 또는 변동 여부를 확인하는 경우에는 자격 취득 또는 변동 후 최초로 제79조에 따른 납부의무자에게 보험료 납입 고지를 할 때 보건복지부령으로 정하는 바에 따라 자격 취득 또는 변동에 관한 사항을 알려야 한다.

제10조(자격의 상실 시기 등)

① 가입자는 다음 각 호의 어느 하나에 해당하게 된 날에 그 자격을 잃는다.
1. G)   한 날의 다음 날
2. 국적을 잃은 날의 다음 날
3. H)   의 다음 날
4. 직장가입자의 피부양자가 된 날
5. I)   가 된 날
6. 건강보험을 적용받고 있던 사람이 유공자등 의료보호대상자가 되어 건강보험의 적용배제신청을 한 날

② 제1항에 따라 자격을 잃은 경우 직장가입자의 사용자와 지역가입자의 세대주는 그 명세를 보건복지부령으로 정하는 바에 따라 자격을 잃은 날부터 14일 이내에 보험자에게 신고하여야 한다.

제11조(자격취득 등의 확인)

① 가입자 자격의 취득·변동 및 상실은 제8조부터 제10조까지의 규정에 따른 자격의 취득·변동 및 상실의 시기로 J)   하여 효력을 발생한다. 이 경우 보험자는 그 사실을 확인할 수 있다.

② 가입자나 가입자이었던 사람 또는 피부양자나 피부양자이었던 사람은 제1항에 따른 확인을 청구할 수 있다.

정답 A) 신고 B) 사용자 C) 적용대상사업장 D) 보건복지부령 E) 14일 F) 1개월 G) 사망 H) 국내에 거주하지 아니하게 된 날
I) 수급권자 J) 소급

제12조(건강보험증)

① 국민건강보험공단은 가입자 또는 피부양자가 신청하는 경우 건강보험증을 발급하여야 한다.
② 가입자 또는 피부양자가 A) _____ 를 받을 때에는 제1항의 건강보험증을 제42조 제1항에 따른 요양기관(이하 "요양기관"이라 한다)에 제출하여야 한다. 다만, 천재지변이나 그 밖의 부득이한 사유가 있으면 그러하지 아니하다.
③ 가입자 또는 피부양자는 제2항 본문에도 불구하고 주민등록증(모바일 주민등록증을 포함한다), 운전면허증, 여권, 그 밖에 보건복지부령으로 정하는 본인 여부를 확인할 수 있는 신분증명서(이하 "신분증명서"라 한다)로 요양기관이 그 자격을 확인할 수 있으면 건강보험증을 제출하지 아니할 수 있다.
④ 요양기관은 가입자 또는 피부양자에게 요양급여를 실시하는 경우 보건복지부령으로 정하는 바에 따라 건강보험증이나 신분증명서로 본인 여부 및 그 자격을 확인하여야 한다. 다만, 요양기관이 가입자 또는 피부양자의 본인 여부 및 그 자격을 확인하기 곤란한 경우로서 보건복지부령으로 정하는 정당한 사유가 있을 때에는 그러하지 아니하다.
⑤ 가입자·피부양자는 제10조 제1항에 따라 자격을 잃은 후 자격을 증명하던 서류를 사용하여 보험급여를 받아서는 아니 된다.
⑥ 누구든지 건강보험증이나 신분증명서를 다른 사람에게 양도(讓渡)하거나 대여하여 보험급여를 받게 하여서는 아니 된다.
⑦ 누구든지 건강보험증이나 신분증명서를 양도 또는 대여를 받거나 그 밖에 이를 부정하게 사용하여 보험급여를 받아서는 아니 된다.
⑧ 제1항에 따른 건강보험증의 신청 절차와 방법, 서식과 그 교부 및 사용 등에 필요한 사항은 보건복지부령으로 정한다.

제3장 | 국민건강보험공단

제13조(보험자)

건강보험의 보험자는 국민건강보험공단(이하 "공단"이라 한다)으로 한다.

제14조(업무 등)

① 공단은 다음 각 호의 업무를 관장한다.
  1. 가입자 및 B) _____ 의 자격 관리
  2. 보험료와 그 밖에 이 법에 따른 징수금의 부과·징수
  3. C) _____ 의 관리
  4. 가입자 및 피부양자의 질병의 조기발견·예방 및 건강관리를 위하여 요양급여 실시 현황과 건강검진 결과 등을 활용하여 실시하는 예방사업으로서 대통령령으로 정하는 사업
  5. D) _____ 의 지급
  6. 자산의 관리·운영 및 증식사업
  7. 의료시설의 운영
  8. 건강보험에 관한 E) _____ 및 홍보
  9. 건강보험에 관한 조사연구 및 국제협력
  10. 이 법에서 공단의 업무로 정하고 있는 사항
  11. 「국민연금법」, 「고용보험 및 산업재해보상보험의 보험료징수 등에 관한 법률」, 「임금채권보장법」 및 「석면피해구제법」(이하 " F) _____ "이라 한다)에 따라 위탁받은 업무
  12. 그 밖에 이 법 또는 다른 법령에 따라 위탁받은 업무
  13. 그 밖에 건강보험과 관련하여 보건복지부 장관이 필요하다고 인정한 업무
② 제1항 제6호에 따른 자산의 관리·운영 및 증식사업은 안정성과 수익성을 고려하여 다음 각 호의 방법에 따라야 한다.
  1. G) _____ 또는 「은행법」에 따른 은행에의 예입 또는 신탁
  2. 국가·지방자치단체 또는 「은행법」에 따른 은행이 직접 발행하거나 채무이행을 보증하는 유가증권의 매입

정답 A) 요양급여 B) 피부양자 C) 보험급여 D) 보험급여 비용 E) 교육훈련 F) 징수위탁근거법 G) 체신관서

3. 특별법에 따라 설립된 법인이 발행하는 유가증권의 매입
4. 「자본시장과 금융투자업에 관한 법률」에 따른 신탁업자가 발행하거나 같은 법에 따른 집합투자업자가 발행하는 수익증권의 매입
5. 공단의 업무에 사용되는 부동산의 취득 및 일부 임대
6. 그 밖에 공단 자산의 증식을 위하여 대통령령으로 정하는 사업

③ 공단은 특정인을 위하여 업무를 제공하거나 공단 시설을 이용하게 할 경우 공단의 정관으로 정하는 바에 따라 그 업무의 제공 또는 시설의 이용에 대한 A) _____ 와 사용료를 징수할 수 있다.

④ 공단은 「공공기관의 정보공개에 관한 법률」에 따라 건강보험과 관련하여 보유·관리하고 있는 정보를 공개한다.

제15조(법인격 등)

① 공단은 법인으로 한다.

② 공단은 주된 사무소의 소재지에서 설립등기를 함으로써 성립한다.

제16조(사무소)

① 공단의 주된 사무소의 소재지는 정관으로 정한다.

② 공단은 필요하면 정관으로 정하는 바에 따라 분사무소를 둘 수 있다.

제17조(정관)

① 공단의 정관에는 다음 각 호의 사항을 적어야 한다.
  1. 목적
  2. 명칭
  3. 사무소의 소재지
  4. 임직원에 관한 사항
  5. 이사회의 운영
  6. B) _____ 에 관한 사항
  7. C) _____ 에 관한 사항
  8. 예산 및 결산에 관한 사항
  9. 자산 및 회계에 관한 사항
  10. 업무와 그 집행
  11. 정관의 변경에 관한 사항
  12. 공고에 관한 사항

② 공단은 정관을 변경하려면 D) _____ 의 인가를 받아야 한다.

제18조(등기)

공단의 설립등기에는 다음 각 호의 사항을 포함하여야 한다.
  1. 목적
  2. 명칭
  3. 주된 사무소 및 분사무소의 소재지
  4. 이사장의 성명·주소 및 주민등록번호

제19조(해산)

공단의 해산에 관하여는 E) _____ 로 정한다.

정답 A) 수수료   B) 재정운영위원회   C) 보험료 및 보험급여   D) 보건복지부 장관   E) 법률

제20조(임원)

① 공단은 임원으로서 이사장 1명, 이사 A) 및 감사 1명을 둔다. 이 경우 이사장, 이사 중 5명 및 감사는 B) 으로 한다.

② 이사장은 「공공기관의 운영에 관한 법률」 제29조에 따른 임원추천위원회(이하 "임원추천위원회"라 한다)가 복수로 추천한 사람 중에서 보건복지부 장관의 제청으로 대통령이 임명한다.

③ 상임이사는 C) 으로 정하는 추천 절차를 거쳐 이사장이 임명한다.

④ 비상임이사는 다음 각 호의 사람을 보건복지부 장관이 임명한다.
  1. 노동조합·사용자단체·시민단체·소비자단체·농어업인단체 및 D) 가 추천하는 각 1명
  2. 대통령령으로 정하는 바에 따라 추천하는 관계 공무원 E)

⑤ 감사는 임원추천위원회가 복수로 추천한 사람 중에서 기획재정부 장관의 F) 으로 대통령이 임명한다.

⑥ 제4항에 따른 비상임이사는 정관으로 정하는 바에 따라 G) 을 받을 수 있다.

⑦ 이사장의 임기는 3년, 이사(공무원인 이사는 제외한다)와 감사의 임기는 각각 2년으로 한다.

제21조(징수이사)

① 상임이사 중 제14조 제1항 제2호 및 제11호의 업무를 담당하는 이사(이하 "징수이사"라 한다)는 경영, 경제 및 사회보험에 관한 학식과 경험이 풍부한 사람으로서 보건복지부령으로 정하는 자격을 갖춘 사람 중에서 선임한다.

② 징수이사 후보를 추천하기 위하여 공단에 이사를 위원으로 하는 징수이사추천위원회(이하 "추천위원회"라 한다)를 둔다. 이 경우 추천위원회의 위원장은 이사장이 지명하는 이사로 한다.

③ 추천위원회는 주요 일간신문에 징수이사 후보의 모집 공고를 하여야 하며, 이와 별도로 적임자로 판단되는 징수이사 후보를 조사하거나 전문단체에 조사를 의뢰할 수 있다.

④ 추천위원회는 제3항에 따라 모집한 사람을 보건복지부령으로 정하는 징수이사 후보 심사기준에 따라 심사하여야 하며, 징수이사 후보로 추천될 사람과 계약 조건에 관하여 협의하여야 한다.

⑤ H) 은 제4항에 따른 심사와 협의 결과에 따라 징수이사 후보와 계약을 체결하여야 하며, 이 경우 제20조 제3항에 따른 상임이사의 임명으로 본다.

⑥ 제4항에 따른 계약 조건에 관한 협의, 제5항에 따른 계약 체결 등에 필요한 사항은 보건복지부령으로 정한다.

제22조(임원의 직무)

① 이사장은 공단을 대표하고 업무를 총괄하며, 임기 중 공단의 경영성과에 대하여 책임을 진다.

② 상임이사는 이사장의 명을 받아 공단의 업무를 집행한다.

③ 이사장이 부득이한 사유로 그 직무를 수행할 수 없을 때에는 정관으로 정하는 바에 따라 I) 중 1명이 그 직무를 대행하고, 상임이사가 없거나 그 직무를 대행할 수 없을 때에는 J) 으로 정하는 임원이 그 직무를 대행한다.

④ 감사는 공단의 업무, 회계 및 재산 상황을 감사한다.

제23조(임원 결격사유)

다음 각 호의 어느 하나에 해당하는 사람은 공단의 임원이 될 수 없다.
  1. 대한민국 국민이 아닌 사람
  2. 「공공기관의 운영에 관한 법률」 제34조 제1항 각 호의 어느 하나에 해당하는 사람

제24조(임원의 당연퇴임 및 해임)

① 임원이 제23조 각 호의 어느 하나에 해당하게 되거나 임명 당시 그에 해당하는 사람으로 확인되면 그 임원은 K) 한다.

정답 A) 14명 B) 상임 C) 보건복지부령 D) 노인단체 E) 3명 F) 제청 G) 실비변상(實費辨償) H) 이사장 I) 상임이사 J) 정관 K) 당연퇴임

② A) _____ 는 임원이 다음 각 호의 어느 하나에 해당하면 그 임원을 해임할 수 있다.
1. 신체장애나 정신장애로 직무를 수행할 수 없다고 인정되는 경우
2. 직무상 의무를 위반한 경우
3. 고의나 중대한 과실로 공단에 손실이 생기게 한 경우
4. 직무 여부와 관계없이 B) _____ 를 손상하는 행위를 한 경우
5. 이 법에 따른 C) _____ 의 명령을 위반한 경우

제25조(임원의 겸직 금지 등)

① 공단의 상임임원과 D) _____ 은 그 직무 외에 영리를 목적으로 하는 사업에 종사하지 못한다.

② 공단의 상임임원이 임명권자 또는 E) _____ 의 허가를 받거나 공단의 직원이 이사장의 허가를 받은 경우에는 비영리 목적의 업무를 겸할 수 있다.

제26조(이사회)

① 공단의 주요 사항(「공공기관의 운영에 관한 법률」 제17조 제1항 각 호의 사항을 말한다)을 심의·의결하기 위하여 공단에 이사회를 둔다.

② 이사회는 이사장과 F) _____ 로 구성한다.

③ 감사는 이사회에 출석하여 발언할 수 있다.

④ 이사회의 의결 사항 및 운영 등에 필요한 사항은 G) _____ 으로 정한다.

제27조(직원의 임면)

이사장은 정관으로 정하는 바에 따라 직원을 임면(任免)한다.

제28조(벌칙 적용 시 공무원 의제)

공단의 임직원은 「형법」 제129조부터 제132조까지의 규정을 적용할 때 H) _____ 으로 본다.

제29조(규정 등)

공단의 조직·인사·보수 및 회계에 관한 규정은 이사회의 의결을 거쳐 I) _____ 의 승인을 받아 정한다.

제30조(대리인의 선임)

이사장은 공단 업무에 관한 모든 재판상의 행위 또는 재판 외의 행위를 대행하게 하기 위하여 공단의 이사 또는 직원 중에서 대리인을 선임할 수 있다.

제31조(대표권의 제한)

① 이사장은 공단의 이익과 자기의 이익이 상반되는 사항에 대하여는 공단을 대표하지 못한다. 이 경우 J) _____ 가 공단을 대표한다.

② 공단과 이사장 사이의 소송은 제1항을 준용한다.

제32조(이사장 권한의 위임)

이 법에 규정된 이사장의 권한 중 급여의 제한, 보험료의 납입고지 등 대통령령으로 정하는 사항은 정관으로 정하는 바에 따라 분사무소의 장에게 위임할 수 있다.

정답 A) 임명권자 B) 품위 C) 보건복지부 장관 D) 직원 E) 제청권자 F) 이사 G) 대통령령 H) 공무원 I) 보건복지부 장관 J) 감사

제33조(재정운영위원회)

① 제45조 제1항에 따른 요양급여비용의 계약 및 제84조에 따른 A) 결손처분 등 보험재정에 관련된 사항을 심의·의결하기 위하여 공단에 재정운영위원회를 둔다.

② 재정운영위원회의 위원장은 제34조 제1항 제3호에 따른 위원 중에서 호선(互選)한다.

제34조(재정운영위원회의 구성 등)

① 재정운영위원회는 다음 각 호의 위원으로 구성한다.
  1. 직장가입자를 대표하는 위원 B) 10명
  2. 지역가입자를 대표하는 위원 10명
  3. 공익을 대표하는 위원 10명

② 제1항에 따른 위원은 다음 각 호의 사람을 C) 보건복지부 장관 이 임명하거나 위촉한다.
  1. 제1항 제1호의 위원은 노동조합과 사용자단체에서 추천하는 각 D) 5명
  2. 제1항 제2호의 위원은 대통령령으로 정하는 바에 따라 농어업인단체·도시자영업자단체 및 시민단체에서 추천하는 사람
  3. 제1항 제3호의 위원은 대통령령으로 정하는 관계 공무원 및 건강보험에 관한 학식과 경험이 풍부한 사람

③ 재정운영위원회 위원(E) 공무원 인 위원은 제외한다)의 임기는 2년으로 한다. 다만, 위원의 사임 등으로 새로 위촉된 위원의 임기는 전임위원 임기의 남은 기간으로 한다.

④ 재정운영위원회의 운영 등에 필요한 사항은 F) 대통령령 으로 정한다.

제35조(회계)

① 공단의 회계연도는 정부의 회계연도에 따른다.

② 공단은 직장가입자와 G) 지역가입자 의 재정을 통합하여 운영한다.

③ 공단은 건강보험사업 및 징수위탁근거법의 위탁에 따른 국민연금사업·고용보험사업·산업재해보상보험사업·임금채권보장사업에 관한 회계를 공단의 다른 회계와 구분하여 각각 회계처리하여야 한다.

제36조(예산)

공단은 회계연도마다 예산안을 편성하여 H) 이사회 의 의결을 거친 후 보건복지부 장관의 승인을 받아야 한다. 예산을 변경할 때에도 또한 같다.

제37조(차입금)

공단은 지출할 현금이 부족한 경우에는 차입할 수 있다. 다만, 1년 이상 장기로 차입하려면 보건복지부 장관의 승인을 받아야 한다.

제38조(준비금)

① 공단은 회계연도마다 결산상 I) 잉여금 중에서 그 연도의 보험급여에 든 비용의 100분의 5 이상에 상당하는 금액을 그 연도에 든 비용의 100분의 50에 이를 때까지 J) 준비금 으로 적립하여야 한다.

② 제1항에 따른 준비금은 부족한 보험급여비용에 충당하거나 지출할 현금이 부족할 때 외에는 사용할 수 없으며, 현금 지출에 준비금을 사용한 경우에는 해당 회계연도 중에 이를 보전(補塡)하여야 한다.

③ 제1항에 따른 준비금의 관리 및 운영 방법 등에 필요한 사항은 K) 보건복지부 장관 이 정한다.

제39조(결산)

① 공단은 회계연도마다 결산보고서와 L) 사업보고서 를 작성하여 다음 해 2월 말일까지 보건복지부 장관에게 보고하여야 한다.

정답 A) 결손처분 B) 10명 C) 보건복지부 장관 D) 5명 E) 공무원 F) 대통령령 G) 지역가입자 H) 이사회 I) 잉여금 J) 준비금 K) 보건복지부 장관 L) 사업보고서

② 공단은 제1항에 따라 결산보고서와 사업보고서를 보건복지부 장관에게 보고하였을 때에는 보건복지부령으로 정하는 바에 따라 그 내용을 공고하여야 한다.

제39조의2(재난적의료비 지원사업에 대한 출연)

공단은 「재난적의료비 지원에 관한 법률」에 따른 재난적의료비 지원사업에 사용되는 비용에 충당하기 위하여 매년 A) _____의 범위에서 출연할 수 있다. 이 경우 출연 금액의 상한 등에 필요한 사항은 대통령령으로 정한다.

제40조(「민법」의 준용)

공단에 관하여 이 법과 「공공기관의 운영에 관한 법률」에서 정한 사항 외에는 「민법」 중 B) _____에 관한 규정을 준용한다.

제4장 | 보험급여

제41조(요양급여)

① 가입자와 피부양자의 질병, 부상, C) _____ 등에 대하여 다음 각 호의 요양급여를 실시한다.
  1. 진찰·검사
  2. D) _____·치료재료의 지급
  3. E) _____ 및 그 밖의 치료
  4. 예방·재활
  5. 입원
  6. 간호
  7. F) _____

② 제1항에 따른 요양급여(이하 "요양급여"라 한다)의 범위(이하 "G) _____"이라 한다)는 다음 각 호와 같다.
  1. 제1항 각 호의 요양급여(제1항 제2호의 약제는 제외한다): 제4항에 따라 보건복지부 장관이 비급여대상으로 정한 것을 제외한 일체의 것
  2. 제1항 제2호의 약제: 제41조의3에 따라 요양급여대상으로 보건복지부 장관이 결정하여 고시한 것

③ 요양급여의 방법·절차·범위·상한 등의 기준은 H) _____으로 정한다.

④ 보건복지부 장관은 제3항에 따라 요양급여의 기준을 정할 때 업무나 일상생활에 지장이 없는 질환에 대한 치료 등 보건복지부령으로 정하는 사항은 요양급여대상에서 제외되는 사항(이하 "I) _____"이라 한다)으로 정할 수 있다.

제41조의2(약제에 대한 요양급여비용 상한금액의 감액 등)

① 보건복지부 장관은 「약사법」 제47조 제2항의 위반과 관련된 제41조 제1항 제2호의 약제에 대하여는 요양급여비용 상한금액(제41조 제3항에 따라 약제별 요양급여비용의 상한으로 정한 금액을 말한다. 이하 같다)의 100분의 20을 넘지 아니하는 범위에서 그 금액의 일부를 감액할 수 있다.

② 보건복지부 장관은 제1항에 따라 요양급여비용의 상한금액이 감액된 약제가 감액된 날부터 5년의 범위에서 대통령령으로 정하는 기간 내에 다시 제1항에 따른 감액의 대상이 된 경우에는 요양급여비용 상한금액의 J) _____을 넘지 아니하는 범위에서 요양급여비용 상한금액의 일부를 감액할 수 있다.

③ 보건복지부 장관은 제2항에 따라 요양급여비용의 상한금액이 감액된 약제가 감액된 날부터 K) _____의 범위에서 대통령령으로 정하는 기간 내에 다시 「약사법」 제47조 제2항의 위반과 관련된 경우에는 해당 약제에 대하여 1년의 범위에서 기간을 정하여 요양급여의 적용을 정지할 수 있다.

정답 A) 예산 B) 재단법인 C) 출산 D) 약제(藥劑) E) 처치·수술 F) 이송(移送) G) 요양급여대상 H) 보건복지부령 I) 비급여대상
J) 100분의 40 K) 5년

④ 제1항부터 제3항까지의 규정에 따른 요양급여비용 상한금액의 감액 및 요양급여 적용 정지의 기준, 절차, 그 밖에 필요한 사항은 대통령령으로 정한다.

제41조의3(행위·치료재료 및 약제에 대한 요양급여대상 여부의 결정 및 조정)
① 제42조에 따른 요양기관, 치료재료의 제조업자·수입업자 등 보건복지부령으로 정하는 자는 요양급여대상 또는 비급여대상으로 결정되지 아니한 제41조 제1항 제1호·제3호·제4호의 요양급여에 관한 행위 및 제41조 제1항 제2호의 치료재료(이하 "행위·치료재료"라 한다)에 대하여 요양급여대상 여부의 결정을 보건복지부 장관에게 신청하여야 한다.
② 「약사법」에 따른 약제의 제조업자·수입업자 등 보건복지부령으로 정하는 자(이하 "약제의 제조업자등"이라 한다)는 요양급여대상에 포함되지 아니한 제41조 제1항 제2호의 약제(이하 이 조에서 "약제"라 한다)에 대하여 A) _____ 에게 요양급여대상 여부의 결정을 신청할 수 있다.
③ 제1항 및 제2항에 따른 신청을 받은 보건복지부 장관은 정당한 사유가 없으면 보건복지부령으로 정하는 기간 이내에 요양급여대상 또는 비급여대상의 여부를 결정하여 신청인에게 B) _____ 하여야 한다.
④ 보건복지부 장관은 제1항 및 제2항에 따른 신청이 없는 경우에도 환자의 진료상 반드시 필요하다고 보건복지부령으로 정하는 경우에는 직권으로 행위·치료재료 및 약제의 C) _____ 의 여부를 결정할 수 있다.
⑤ 보건복지부장관은 제41조 제2항 제2호에 따라 요양급여대상으로 결정하여 고시한 약제에 대하여 보건복지부령으로 정하는 바에 따라 요양급여대상 여부, 범위, 요양급여비용 상한금액 등을 직권으로 조정할 수 있다.
⑥ 제1항 및 제2항에 따른 요양급여대상 여부의 결정 신청의 시기, 절차, 방법 및 업무의 위탁 등에 필요한 사항, 제3항과 제4항에 따른 요양급여대상 여부의 결정 절차 및 방법, 제5항에 따른 직권 조정 사유·절차 및 방법 등에 관한 사항은 보건복지부령으로 정한다.

제41조의4(선별급여)
① 요양급여를 결정함에 있어 경제성 또는 치료효과성 등이 불확실하여 그 검증을 위하여 추가적인 근거가 필요하거나, 경제성이 낮아도 가입자와 피부양자의 건강회복에 잠재적 이득이 있는 등 대통령령으로 정하는 경우에는 예비적인 요양급여인 D) _____ 로 지정하여 실시할 수 있다.
② 보건복지부 장관은 대통령령으로 정하는 절차와 방법에 따라 제1항에 따른 선별급여(이하 "선별급여"라 한다)에 대하여 주기적으로 요양급여의 적합성을 평가하여 요양급여 여부를 다시 결정하고, 제41조 제3항에 따른 요양급여의 기준을 조정하여야 한다.

제41조의5(방문요양급여)
가입자 또는 피부양자가 질병이나 부상으로 거동이 불편한 경우 등 보건복지부령으로 정하는 사유에 해당하는 경우에는 가입자 또는 피부양자를 직접 방문하여 제41조에 따른 요양급여를 실시할 수 있다.

제42조(요양기관)
① 요양급여(간호와 이송은 제외한다)는 다음 각 호의 요양기관에서 실시한다. 이 경우 보건복지부 장관은 공익이나 국가정책에 비추어 요양기관으로 적합하지 아니한 대통령령으로 정하는 의료기관 등은 요양기관에서 제외할 수 있다.
　1. 「의료법」에 따라 개설된 E) _____
　2. 「약사법」에 따라 등록된 약국
　3. 「약사법」 제91조에 따라 설립된 한국희귀·F) _____
　4. 「지역보건법」에 따른 보건소·보건의료원 및 보건지소
　5. 「농어촌 등 보건의료를 위한 특별조치법」에 따라 설치된 G) _____
② 보건복지부 장관은 효율적인 요양급여를 위하여 필요하면 보건복지부령으로 정하는 바에 따라 시설·장비·인력 및 진료과목 등 보건복지부령으로 정하는 기준에 해당하는 요양기관을 H) _____ 으로 인정할 수 있다. 이 경우 해당 전문요양기관에 인정서를 발급하여야 한다.
③ 보건복지부 장관은 제2항에 따라 인정받은 요양기관이 다음 각 호의 어느 하나에 해당하는 경우에는 그 인정을 취소한다.

정답 A) 보건복지부 장관　B) 통보　C) 요양급여대상　D) 선별급여　E) 의료기관　F) 필수의약품센터　G) 보건진료소　H) 전문요양기관

1. 제2항 전단에 따른 인정기준에 미달하게 된 경우
2. 제2항 후단에 따라 발급받은 인정서를 반납한 경우

④ 제2항에 따라 전문요양기관으로 인정된 요양기관 또는 「의료법」 제3조의4에 따른 A) _____ 에 대하여는 제41조 제3항에 따른 요양급여의 절차 및 제45조에 따른 요양급여비용을 다른 요양기관과 달리할 수 있다.
⑤ 제1항·제2항 및 제4항에 따른 요양기관은 정당한 이유 없이 요양급여를 거부하지 못한다.

제42조의2(요양기관의 선별급여 실시에 대한 관리)
① 제42조 제1항에도 불구하고, 선별급여 중 자료의 축적 또는 의료 이용의 관리가 필요한 경우에는 보건복지부 장관이 해당 선별급여의 실시 조건을 사전에 정하여 이를 충족하는 요양기관만이 해당 선별급여를 실시할 수 있다.
② 제1항에 따라 선별급여를 실시하는 요양기관은 제41조의4 제2항에 따른 해당 선별급여의 평가를 위하여 필요한 자료를 제출하여야 한다.
③ 보건복지부 장관은 요양기관이 제1항에 따른 선별급여의 실시 조건을 충족하지 못하거나 제2항에 따른 자료를 제출하지 아니할 경우에는 해당 선별급여의 실시를 B) _____ 할 수 있다.
④ 제1항에 따른 선별급여의 실시 조건, 제2항에 따른 자료의 제출, 제3항에 따른 선별급여의 실시 제한 등에 필요한 사항은 보건복지부령으로 정한다.

제43조(요양기관 현황에 대한 신고)
① 요양기관은 제47조에 따라 요양급여비용을 최초로 청구하는 때에 요양기관의 시설·장비 및 인력 등에 대한 현황을 제62조에 따른 C) _____ (이하 "심사평가원"이라 한다)에 신고하여야 한다.
② 요양기관은 제1항에 따라 신고한 내용(제45조에 따른 요양급여비용의 증감에 관련된 사항만 해당한다)이 변경된 경우에는 그 변경된 날부터 15일 이내에 보건복지부령으로 정하는 바에 따라 심사평가원에 신고하여야 한다.
③ 제1항 및 제2항에 따른 신고의 범위, 대상, 방법 및 절차 등에 필요한 사항은 보건복지부령으로 정한다.

제44조(비용의 일부부담)
① 요양급여를 받는 자는 대통령령으로 정하는 바에 따라 비용의 일부(이하 " D) _____ "이라 한다)를 본인이 부담한다. 이 경우 선별급여에 대해서는 다른 요양급여에 비하여 본인일부부담금을 상향 조정할 수 있다.
② 본인이 연간 부담하는 다음 각 호의 금액의 합계액이 대통령령으로 정하는 금액(이하 이 조에서 "본인부담상한액"이라 한다)을 초과한 경우에는 공단이 그 초과 금액을 부담하여야 한다. 이 경우 공단은 당사자에게 그 초과 금액을 통보하고, 이를 지급하여야 한다.
  1. 본인일부부담금의 총액
  2. 제49조 제1항에 따른 요양이나 출산의 비용으로 부담한 금액(요양이나 출산의 비용으로 부담한 금액이 보건복지부 장관이 정하여 고시한 금액보다 큰 경우에는 그 고시한 금액으로 한다)에서 같은 항에 따라 요양비로 지급받은 금액을 제외한 금액
③ 제2항에 따른 E) _____ 은 가입자의 소득수준 등에 따라 정한다.
④ 제2항 각 호에 따른 금액 및 합계액의 산정 방법, 본인부담상한액을 넘는 금액의 지급 방법 및 제3항에 따른 가입자의 소득수준 등에 따른 본인부담상한액 설정 등에 필요한 사항은 F) _____ 으로 정한다.

제45조(요양급여비용의 산정 등)
① 요양급여비용은 공단의 이사장과 대통령령으로 정하는 의약계를 대표하는 사람들의 계약으로 정한다. 이 경우 계약기간은 1년으로 한다.
② 제1항에 따라 계약이 체결되면 그 계약은 공단과 각 G) _____ 사이에 체결된 것으로 본다.
③ 제1항에 따른 계약은 그 직전 계약기간 만료일이 속하는 연도의 5월 31일까지 체결하여야 하며, 그 기한까지 계약이 체결되지 아니하는 경우 보건복지부 장관이 그 직전 계약기간 만료일이 속하는 연도의 6월 30일까지 심의위원회의 의결을 거쳐 H) _____ 을 정한다. 이 경우 보건복지부 장관이 정하는 요양급여비용은 제1항 및 제2항에 따라 계약으로 정한 요양급여비용으로 본다.
④ 제1항 또는 제3항에 따라 요양급여비용이 정해지면 보건복지부 장관은 그 요양급여비용의 명세를 I) _____ 고시하여야 한다.

정답 A) 상급종합병원 B) 제한 C) 건강보험심사평가원 D) 본인일부부담금 E) 본인부담상한액 F) 대통령령 G) 요양기관
     H) 요양급여비용 I) 지체 없이

⑤ 공단의 이사장은 제33조에 따른 재정운영위원회의 심의·의결을 거쳐 제1항에 따른 계약을 체결하여야 한다.
⑥ 심사평가원은 공단의 이사장이 제1항에 따른 계약을 체결하기 위하여 필요한 자료를 요청하면 그 요청에 A) 따라야 한다.
⑦ 제1항에 따른 계약의 내용과 그 밖에 필요한 사항은 대통령령으로 정한다.

제46조(약제·치료재료에 대한 요양급여비용의 산정)

제41조 제1항 제2호의 약제·치료재료(이하 "약제·치료재료"라 한다)에 대한 요양급여비용은 제45조에도 불구하고 요양기관의 약제·치료재료 구입금액 등을 고려하여 대통령령으로 정하는 바에 따라 B) 달리 산정할 수 있다.

제47조(요양급여비용의 청구와 지급 등)

① 요양기관은 공단에 요양급여비용의 지급을 C) 청구 할 수 있다. 이 경우 제2항에 따른 요양급여비용에 대한 심사청구는 공단에 대한 요양급여비용의 청구로 본다.
② 제1항에 따라 요양급여비용을 청구하려는 요양기관은 심사평가원에 요양급여비용의 심사청구를 하여야 하며, 심사청구를 받은 심사평가원은 이를 심사한 후 지체 없이 그 내용을 공단과 요양기관에 알려야 한다.
③ 제2항에 따라 심사 내용을 통보받은 공단은 지체 없이 그 내용에 따라 요양급여비용을 요양기관에 지급한다. 이 경우 이미 낸 본인일부부담금이 제2항에 따라 통보된 금액보다 더 많으면 요양기관에 지급할 금액에서 더 많이 낸 금액을 공제하여 해당 가입자에게 지급하여야 한다.
④ 공단은 제3항 전단에 따라 요양급여비용을 요양기관에 지급하는 경우 해당 요양기관이 제77조 제1항 제1호에 따라 공단에 납부하여야 하는 보험료 또는 그 밖에 이 법에 따른 징수금을 체납한 때에는 요양급여비용에서 이를 공제하고 지급할 수 있다.
⑤ 공단은 제3항 후단에 따라 가입자에게 지급하여야 하는 금액을 그 가입자가 내야 하는 보험료와 그 밖에 이 법에 따른 D) 징수금 (이하 "보험료등"이라 한다)과 상계(相計)할 수 있다.
⑥ 공단은 심사평가원이 제47조의4에 따라 요양급여의 적정성을 평가하여 공단에 통보하면 그 평가 결과에 따라 요양급여비용을 가산하거나 감액 조정하여 지급한다. 이 경우 평가 결과에 따라 요양급여비용을 가산하거나 감액하여 지급하는 기준은 보건복지부령으로 정한다.
⑦ 요양기관은 제2항에 따른 심사청구를 다음 각 호의 단체가 대행하게 할 수 있다.
  1. 「의료법」 제28조 제1항에 따른 의사회·치과의사회·한의사회·조산사회 또는 같은 조 제6항에 따라 신고한 각각의 지부 및 분회
  2. 「의료법」 제52조에 따른 의료기관 단체
  3. 「약사법」 제11조에 따른 약사회 또는 같은 법 제14조에 따라 신고한 지부 및 분회
⑧ 제1항부터 제7항까지의 규정에 따른 요양급여비용의 청구·심사·지급 등의 방법과 절차에 필요한 사항은 보건복지부령으로 정한다.

제47조의2(요양급여비용의 지급 보류)

① 제47조 제3항에도 불구하고 공단은 요양급여비용의 지급을 청구한 요양기관이 「의료법」 제4조 제2항, 제33조 제2항·제8항 또는 「약사법」 제20조 제1항, 제21조 제1항을 위반하였거나, 「의료법」 제33조 제10항 또는 「약사법」 제6조 제3항·제4항을 위반하여 개설·운영되었다는 사실을 수사기관의 수사 결과로 확인한 경우에는 해당 요양기관이 청구한 요양급여비용의 지급을 보류할 수 있다. 이 경우 요양급여비용 지급 보류 처분의 효력은 해당 요양기관이 그 처분 이후 청구하는 요양급여비용에 대해서도 미친다.
② 공단은 제1항에 따라 요양급여비용의 지급을 보류하기 전에 해당 요양기관에 E) 의견 제출 의 기회를 주어야 한다.
③ 공단은 요양기관이 「의료법」 제4조 제2항, 제33조 제2항·제8항 또는 「약사법」 제20조 제1항, 제21조 제1항을 위반한 혐의나 「의료법」 제33조 제10항 또는 「약사법」 제6조 제3항·제4항을 위반하여 개설·운영된 혐의에 대하여 법원에서 무죄 판결이 선고된 경우 그 선고 이후 실시한 요양급여에 한정하여 해당 요양기관이 청구하는 요양급여비용을 지급할 수 있다.
④ 법원의 무죄 판결이 확정되는 등 대통령령으로 정하는 사유로 제1항에 따른 요양기관이 「의료법」 제4조 제2항, 제33조 제2항·제8항 또는 「약사법」 제20조 제1항, 제21조 제1항을 위반한 혐의나 「의료법」 제33조 제10항 또는 「약사법」 제6조 제3항·제4항을 위반하여 개설·운영된 혐의가 입증되지 아니한 경우에는 공단은 지급보류 처분을 취소하고, 지급 보류된 요양급여비용에 지급 보류된 기간 동안의 이자를 가산하여 해당 요양기관에 지급하여야 한다. 이 경우 이자는 「민법」 제379조에 따른 법정이율을 적용하여 계산한다.
⑤ 제1항 및 제2항에 따른 지급 보류 절차 및 의견 제출의 절차 등에 필요한 사항, 제3항에 따른 지급 보류된 요양급여비용 및 이자의 지급 절차 등에 필요한 사항은 대통령령으로 정한다.

정답 A) 성실히 B) 달리 C) 청구 D) 징수금 E) 의견 제출

제47조의3(요양급여비용의 차등 지급)

지역별 의료자원의 불균형 및 A) _의료서비스_ 격차의 해소 등을 위하여 지역별로 요양급여비용을 달리 정하여 지급할 수 있다.

제47조의4(요양급여의 적정성 평가)

① 심사평가원은 요양급여에 대한 의료의 질을 향상시키기 위하여 요양급여의 B) _적정성 평가_ (이하 이 조에서 "평가"라 한다)를 실시할 수 있다.
② 심사평가원은 요양기관의 인력·시설·장비·환자안전 등 요양급여와 관련된 사항을 포함하여 평가할 수 있다.
③ 심사평가원은 평가 결과를 평가대상 요양기관에 통보하여야 하며, 평가 결과에 따라 요양급여비용을 가산 또는 감산할 경우에는 그 결정사항이 포함된 평가 결과를 가감대상 요양기관 및 공단에 통보하여야 한다.
④ 제1항부터 제3항까지에 따른 평가의 기준·범위·절차·방법 등에 필요한 사항은 C) _보건복지부령_ 으로 정한다.

제48조(요양급여대상 여부의 확인 등)

① 가입자나 피부양자는 본인일부부담금 외에 자신이 부담한 비용이 제41조 제4항에 따라 요양급여대상에서 제외되는 비용인지 여부에 대하여 D) _심사평가원_ 에 확인을 요청할 수 있다.
② 제1항에 따른 확인 요청을 받은 D) _심사평가원_ 은 그 결과를 요청한 사람에게 알려야 한다. 이 경우 확인을 요청한 비용이 요양급여대상에 해당되는 비용으로 확인되면 그 내용을 공단 및 관련 요양기관에 알려야 한다.
③ 제2항 후단에 따라 통보받은 요양기관은 받아야 할 금액보다 더 많이 징수한 금액(이하 "과다본인부담금"이라 한다)을 지체 없이 확인을 요청한 사람에게 지급하여야 한다. 다만, 공단은 해당 요양기관이 과다본인부담금을 지급하지 아니하면 해당 요양기관에 지급할 요양급여비용에서 과다본인부담금을 공제하여 확인을 요청한 사람에게 지급할 수 있다.
④ 제1항부터 제3항까지에 따른 확인 요청의 범위, 방법, 절차, 처리기간 등 필요한 사항은 보건복지부령으로 정한다.

제49조(요양비)

① 공단은 가입자나 피부양자가 보건복지부령으로 정하는 긴급하거나 그 밖의 부득이한 사유로 요양기관과 비슷한 기능을 하는 기관으로서 보건복지부령으로 정하는 기관(제98조 제1항에 따라 업무정지기간 중인 요양기관을 포함한다. 이하 "E) _준요양기관_ "이라 한다)에서 질병·부상·출산 등에 대하여 요양을 받거나 요양기관이 아닌 장소에서 출산한 경우에는 그 요양급여에 상당하는 금액을 보건복지부령으로 정하는 바에 따라 가입자나 피부양자에게 요양비로 지급한다.
② 준요양기관은 보건복지부 장관이 정하는 요양비 명세서나 요양 명세를 적은 영수증을 요양을 받은 사람에게 내주어야 하며, 요양을 받은 사람은 그 명세서나 영수증을 공단에 제출하여야 한다.
③ 제1항 및 제2항에도 불구하고 준요양기관은 요양을 받은 가입자나 피부양자의 위임이 있는 경우 공단에 요양비의 지급을 직접 청구할 수 있다. 이 경우 공단은 지급이 청구된 내용의 적정성을 심사하여 준요양기관에 요양비를 지급할 수 있다
④ 제3항에 따른 준요양기관의 요양비 지급 청구, 공단의 적정성 심사 등에 필요한 사항은 보건복지부령으로 정한다.

제50조(부가급여)

공단은 이 법에서 정한 요양급여 외에 대통령령으로 정하는 바에 따라 임신·출산 진료비, 장제비, F) _상병수당_ , 그 밖의 급여를 실시할 수 있다.

제51조(장애인에 대한 특례)

① 공단은 「장애인복지법」에 따라 등록한 장애인인 가입자 및 피부양자에게는 「장애인·노인 등을 위한 보조기기 지원 및 활용촉진에 관한 법률」 제3조 제2호에 따른 보조기기(이하 이 조에서 "보조기기"라 한다)에 대하여 보험급여를 할 수 있다.
② 장애인인 가입자 또는 피부양자에게 보조기기를 판매한 자는 가입자나 G) _피부양자의 위임_ 이 있는 경우 공단에 보험급여를 직접 청구할 수 있다. 이 경우 공단은 지급이 청구된 내용의 적정성을 심사하여 보조기기를 판매한 자에게 보조기기에 대한 보험급여를 지급할 수 있다.

정답 A) 의료서비스 B) 적정성 평가 C) 보건복지부령 D) 심사평가원 E) 준요양기관 F) 상병수당 G) 피부양자의 위임

③ 제1항에 따른 보조기기에 대한 보험급여의 범위·방법·절차, 제2항에 따른 보조기기 판매업자의 보험급여 청구, 공단의 적정성 심사 및 그 밖에 필요한 사항은 A) _____ 으로 정한다.

제52조(건강검진)
① 공단은 가입자와 피부양자에 대하여 질병의 조기 발견과 그에 따른 B) _____ 를 하기 위하여 건강검진을 실시한다.
② 제1항에 따른 건강검진의 종류 및 대상은 다음 각 호와 같다.
　1. 일반건강검진: 직장가입자, 세대주인 지역가입자, 20세 이상인 지역가입자 및 20세 이상인 C) _____
　2. 암검진: 「암관리법」 제11조 제2항에 따른 암의 종류별 검진주기와 연령 기준 등에 해당하는 사람
　3. 영유아건강검진: 6세 미만의 가입자 및 피부양자
③ 제1항에 따른 건강검진의 검진항목은 성별, 연령 등의 특성 및 생애 주기에 맞게 설계되어야 한다.
④ 제1항에 따른 건강검진의 횟수·절차와 그 밖에 필요한 사항은 대통령령으로 정한다.

제53조(급여의 제한)
① 공단은 보험급여를 받을 수 있는 사람이 다음 각 호의 어느 하나에 해당하면 D) _____ 를 하지 아니한다.
　1. 고의 또는 중대한 과실로 인한 범죄행위에 그 원인이 있거나 E) _____ 로 사고를 일으킨 경우
　2. 고의 또는 중대한 과실로 공단이나 요양기관의 요양에 관한 지시에 따르지 아니한 경우
　3. 고의 또는 중대한 과실로 제55조에 따른 문서와 그 밖의 물건의 제출을 거부하거나 질문 또는 진단을 기피한 경우
　4. 업무 또는 공무로 생긴 질병·부상·재해로 다른 법령에 따른 보험급여나 보상(報償) 또는 보상(補償)을 받게 되는 경우
② 공단은 보험급여를 받을 수 있는 사람이 다른 법령에 따라 국가나 F) _____ 로부터 보험급여에 상당하는 급여를 받거나 보험급여에 상당하는 비용을 지급받게 되는 경우에는 그 한도에서 보험급여를 하지 아니한다.
③ 공단은 가입자가 대통령령으로 정하는 기간 이상 다음 각 호의 보험료를 체납한 경우 그 체납한 보험료를 완납할 때까지 그 가입자 및 피부양자에 대하여 보험급여를 실시하지 아니할 수 있다. 다만, 월별 보험료의 총체납횟수(이미 납부된 체납보험료는 총체납횟수에서 제외하며, 보험료의 G) _____ 은 고려하지 아니한다)가 대통령령으로 정하는 횟수 미만이거나 가입자 및 피부양자의 소득·재산 등이 대통령령으로 정하는 기준 미만인 경우에는 그러하지 아니하다.
　1. 제69조 제4항 제2호에 따른 보수 외 소득월액보험료
　2. 제69조 제5항에 따른 H) _____
④ 공단은 제77조 제1항 제1호에 따라 납부의무를 부담하는 사용자가 제69조 제4항 제1호에 따른 보수월액보험료를 체납한 경우에는 그 체납에 대하여 직장가입자 본인에게 귀책사유가 있는 경우에 한하여 제3항의 규정을 적용한다. 이 경우 해당 직장가입자의 피부양자에게도 제3항의 규정을 적용한다.
⑤ 제3항 및 제4항에도 불구하고 제82조에 따라 공단으로부터 분할납부 승인을 받고 그 승인된 보험료를 I) _____ 회 이상 낸 경우에는 보험급여를 할 수 있다. 다만, 제82조에 따른 분할납부 승인을 받은 사람이 정당한 사유 없이 5회(같은 조 제1항에 따라 승인받은 분할납부 횟수가 5회 미만인 경우에는 해당 분할납부 횟수를 말한다. 이하 이 조에서 같다) 이상 그 승인된 보험료를 내지 아니한 경우에는 그러하지 아니하다.
⑥ 제3항 및 제4항에 따라 보험급여를 하지 아니하는 기간(이하 이 항에서 "J) _____"이라 한다)에 받은 보험급여는 다음 각 호의 어느 하나에 해당하는 경우에만 보험급여로 인정한다.
　1. 공단이 급여제한기간에 보험급여를 받은 사실이 있음을 가입자에게 통지한 날부터 2개월이 지난 날이 속한 달의 납부기한 이내에 체납된 보험료를 완납한 경우
　2. 공단이 급여제한기간에 보험급여를 받은 사실이 있음을 가입자에게 통지한 날부터 2개월이 지난 날이 속한 달의 납부기한 이내에 제82조에 따라 분할납부 승인을 받은 체납보험료를 1회 이상 낸 경우. 다만, 제82조에 따른 분할납부 승인을 받은 사람이 정당한 사유 없이 5회 이상 그 승인된 보험료를 내지 아니한 경우에는 그러하지 아니하다.

정답 A) 보건복지부령　B) 요양급여　C) 피부양자　D) 보험급여　E) 고의　F) 지방자치단체　G) 체납기간　H) 세대단위의 보험료　I) 1
　　　 J) 급여제한기간

제54조(급여의 정지)

보험급여를 받을 수 있는 사람이 다음 각 호의 어느 하나에 해당하면 그 기간에는 보험급여를 하지 아니한다. 다만, 제3호 및 제4호의 경우에는 제60조에 따른 요양급여를 실시한다.

    2. 국외에 체류하는 경우
    3. 제6조 제2항 제2호에 해당하게 된 경우
    4. 교도소, 그 밖에 이에 준하는 시설에 수용되어 있는 경우

제55조(급여의 확인)

공단은 보험급여를 할 때 필요하다고 인정되면 보험급여를 받는 사람에게 문서와 그 밖의 물건을 제출하도록 요구하거나 A) 관계인 을 시켜 질문 또는 진단하게 할 수 있다.

제56조(요양비 등의 지급)

공단은 이 법에 따라 지급의무가 있는 요양비 또는 B) 부가급여 의 청구를 받으면 지체 없이 이를 지급하여야 한다.

제56조의2(요양비등수급계좌)

① 공단은 이 법에 따른 보험급여로 지급되는 현금(이하 "C) 요양비등"이라 한다)을 받는 수급자의 신청이 있는 경우에는 요양비 등을 수급자 명의의 지정된 계좌(이하 "요양비등수급계좌"라 한다)로 입금하여야 한다. 다만, 정보통신장애나 그 밖에 대통령령으로 정하는 불가피한 사유로 요양비등수급계좌로 이체할 수 없을 때에는 직접 현금으로 지급하는 등 대통령령으로 정하는 바에 따라 요양비등을 지급할 수 있다.

② 요양비등수급계좌가 개설된 금융기관은 요양비등수급계좌에 요양비등만이 입금되도록 하고, 이를 관리하여야 한다.

③ 제1항 및 제2항에 따른 요양비등수급계좌의 신청 방법·절차와 관리에 필요한 사항은 D) 대통령령 으로 정한다.

제57조(부당이득의 징수)

① 공단은 속임수나 그 밖의 부당한 방법으로 보험급여를 받은 사람·준요양기관 및 E) 보조기기 판매업자 나 보험급여 비용을 받은 요양기관에 대하여 그 보험급여나 보험급여 비용에 상당하는 금액을 징수한다.

② 공단은 제1항에 따라 속임수나 그 밖의 부당한 방법으로 F) 보험급여 비용 을 받은 요양기관이 다음 각 호의 어느 하나에 해당하는 경우에는 해당 요양기관을 개설한 자에게 그 요양기관과 연대하여 같은 항에 따른 징수금을 납부하게 할 수 있다.

    1. 「의료법」 제33조 제2항을 위반하여 의료기관을 개설할 수 없는 자가 의료인의 면허나 의료법인 등의 명의를 대여받아 개설·운영하는 의료기관
    2. 「약사법」 제20조 제1항을 위반하여 약국을 개설할 수 없는 자가 약사 등의 면허를 대여받아 개설·운영하는 약국
    3. 「의료법」 제4조 제2항 또는 제33조 제8항·제10항을 위반하여 개설·운영하는 G) 의료기관
    4. 「약사법」 제21조 제1항을 위반하여 개설·운영하는 약국
    5. 「약사법」 제6조 제3항·제4항을 위반하여 면허를 대여받아 개설·운영하는 약국

③ 사용자나 가입자의 거짓 보고나 거짓 증명(제12조 제5항을 위반하여 건강보험증이나 신분증명서를 양도·대여하여 다른 사람이 보험급여를 받게 하는 것을 포함한다), 요양기관의 거짓 진단 또는 준요양기관이나 보조기기를 판매한 자의 속임수 및 그 밖의 부당한 방법으로 보험급여가 실시된 경우 공단은 이들에게 보험급여를 받은 사람과 연대하여 제1항에 따른 H) 징수금 을 내게 할 수 있다.

④ 공단은 속임수나 그 밖의 부당한 방법으로 보험급여를 받은 사람과 같은 세대에 속한 가입자(속임수나 그 밖의 부당한 방법으로 보험급여를 받은 사람이 피부양자인 경우에는 그 직장가입자를 말한다)에게 속임수나 그 밖의 부당한 방법으로 보험급여를 받은 사람과 연대하여 제1항에 따른 징수금을 내게 할 수 있다.

⑤ 요양기관이 가입자나 피부양자로부터 속임수나 그 밖의 부당한 방법으로 요양급여 비용을 받은 경우 공단은 해당 요양기관으로부터 이를 징수하여 가입자나 피부양자에게 지체 없이 지급하여야 한다. 이 경우 공단은 가입자나 피부양자에게 지급하여야 하는 금액을 그 가입자 및 피부양자가 내야 하는 보험료등과 I) 상계 할 수 있다.

정답   A) 관계인   B) 부가급여   C) 요양비등   D) 대통령령   E) 보조기기 판매업자   F) 보험급여 비용   G) 의료기관   H) 징수금   I) 상계

제57조의2(부당이득 징수금 체납자의 인적사항등 공개)

① 공단은 제57조 제2항 각 호의 어느 하나에 해당하여 같은 조 제1항 및 제2항에 따라 징수금을 납부할 의무가 있는 요양기관 또는 요양기관을 개설한 자가 제79조 제1항에 따라 납입 고지 문서에 기재된 납부기한의 다음 날부터 1년이 경과한 징수금을 1억 원 이상 체납한 경우 징수금 발생의 원인이 되는 위반행위, 체납자의 인적사항 및 체납액 등 대통령령으로 정하는 사항(이하 이 조에서 "인적사항등"이라 한다)을 공개할 수 있다. 다만, 체납된 징수금과 관련하여 제87조에 따른 이의신청, 제88조에 따른 심판청구가 제기되거나 행정소송이 계류 중인 경우 또는 그 밖에 체납된 금액의 일부 납부 등 대통령령으로 정하는 사유가 있는 경우에는 그러하지 아니하다.

② 제1항에 따른 인적사항등의 공개 여부를 심의하기 위하여 공단에 부당이득 징수금 체납정보공개심의위원회를 둔다.

③ 공단은 부당이득 징수금 체납정보공개심의위원회의 심의를 거친 인적사항등의 공개대상자에게 공개대상자임을 서면으로 통지하여 소명의 기회를 부여하여야 하며, 통지일부터 6개월이 경과한 후 체납자의 납부이행 등을 고려하여 A) _____ 를 선정한다.

④ 제1항에 따른 인적사항등의 공개는 관보에 게재하거나 공단 인터넷 홈페이지에 게시하는 방법으로 한다.

⑤ 제1항부터 제4항까지에서 규정한 사항 외에 B) _____ 등의 공개 절차 및 부당이득 징수금 체납정보공개심의위원회의 구성·운영 등에 필요한 사항은 대통령령으로 정한다.

제58조(구상권)

① 공단은 제3자의 행위로 보험급여사유가 생겨 가입자 또는 피부양자에게 C) _____ 를 한 경우에는 그 급여에 들어간 비용 한도에서 그 제3자에게 손해배상을 청구할 권리를 얻는다.

② 제1항에 따라 보험급여를 받은 사람이 제3자로부터 이미 손해배상을 받은 경우에는 공단은 그 D) _____ 에서 보험급여를 하지 아니한다.

제59조(수급권 보호)

① 보험급여를 받을 권리는 양도하거나 E) _____ 할 수 없다.

② 제56조의2 제1항에 따라 요양비등수급계좌에 입금된 요양비등은 압류할 수 없다.

제60조(F) _____ 등에 대한 요양급여비용 등의 지급)

① 공단은 제54조 제3호 및 제4호에 해당하는 사람이 요양기관에서 대통령령으로 정하는 치료 등(이하 이 조에서 "요양급여"라 한다)을 받은 경우 그에 따라 공단이 부담하는 비용(이하 이 조에서 "요양급여비용"이라 한다)과 제49조에 따른 요양비를 법무부 장관·국방부 장관·경찰청장·소방청장 또는 해양경찰청장으로부터 예탁받아 지급할 수 있다. 이 경우 법무부 장관·국방부 장관·경찰청장·소방청장 또는 해양경찰청장은 예산상 불가피한 경우 외에는 연간(年間) 들어갈 것으로 예상되는 요양급여비용과 요양비를 대통령령으로 정하는 바에 따라 미리 공단에 G) _____ 하여야 한다.

② 요양급여, 요양급여비용 및 요양비 등에 관한 사항은 제41조, 제41조의4, 제42조, 제42조의2, 제44조부터 제47조까지, 제47조의2, 제48조, 제49조, 제55조, 제56조, 제56조의2 및 제59조 제2항을 준용한다.

제61조(요양급여비용의 정산)

공단은 「산업재해보상보험법」 제10조에 따른 H) _____ 이 이 법에 따라 요양급여를 받을 수 있는 사람에게 「산업재해보상보험법」 제40조에 따른 요양급여를 지급한 후 그 지급결정이 취소되어 해당 요양급여의 비용을 청구하는 경우에는 그 요양급여가 이 법에 따라 실시할 수 있는 요양급여에 상당한 것으로 인정되면 그 요양급여에 해당하는 금액을 지급할 수 있다.

정답 A) 공개대상자 B) 인적사항 C) 보험급여 D) 배상액 한도 E) 압류 F) 현역병 G) 예탁 H) 근로복지공단

제5장 | 건강보험심사평가원

제62조(설립)
요양급여비용을 심사하고 요양급여의 적정성을 평가하기 위하여 A) _____을 설립한다.

제63조(업무 등)
① 심사평가원은 다음 각 호의 업무를 관장한다.
  1. 요양급여비용의 심사
  2. 요양급여의 적정성 평가
  3. 심사기준 및 평가기준의 개발
  4. 제1호부터 제3호까지의 규정에 따른 업무와 관련된 조사연구 및 국제협력
  5. 다른 법률에 따라 지급되는 급여비용의 심사 또는 의료의 적정성 평가에 관하여 위탁받은 업무
  6. 그 밖에 이 법 또는 다른 법령에 따라 위탁받은 업무
  7. 건강보험과 관련하여 보건복지부 장관이 필요하다고 인정한 업무
  8. 그 밖에 보험급여 비용의 심사와 보험급여의 적정성 평가와 관련하여 대통령령으로 정하는 업무
② 제1항 제8호에 따른 보험급여의 적정성 평가의 기준·절차·방법 등에 필요한 사항은 보건복지부 장관이 정하여 고시한다.

제64조(B) _____ 등)
① 심사평가원은 법인으로 한다.
② 심사평가원은 주된 사무소의 소재지에서 C) _____를 함으로써 성립한다.

제65조(임원)
① 심사평가원에 임원으로서 원장, 이사 15명 및 감사 1명을 둔다. 이 경우 원장, 이사 중 4명 및 감사는 상임으로 한다.
② 원장은 임원추천위원회가 복수로 추천한 사람 중에서 보건복지부 장관의 제청으로 대통령이 임명한다.
③ 상임이사는 보건복지부령으로 정하는 추천 절차를 거쳐 원장이 임명한다.
④ 비상임이사는 다음 각 호의 사람 중에서 10명과 대통령령으로 정하는 바에 따라 추천한 관계 공무원 D) _____을 보건복지부 장관이 임명한다.
  1. 공단이 추천하는 1명
  2. 의약관계단체가 추천하는 5명
  3. 노동조합·사용자단체·소비자단체 및 E) _____가 추천하는 각 1명
⑤ 감사는 임원추천위원회가 복수로 추천한 사람 중에서 F) _____의 제청으로 대통령이 임명한다.
⑥ 제4항에 따른 비상임이사는 정관으로 정하는 바에 따라 실비변상을 받을 수 있다.
⑦ 원장의 임기는 3년, 이사(공무원인 이사는 제외한다)와 감사의 임기는 각각 G) _____으로 한다.

제66조(진료심사평가위원회)
① 심사평가원의 업무를 효율적으로 수행하기 위하여 심사평가원에 진료심사평가위원회(이하 "심사위원회"라 한다)를 둔다.
② 심사위원회는 위원장을 포함하여 H) _____ 이내의 상근 심사위원과 1천 명 이내의 비상근 심사위원으로 구성하며, 진료과목별 분과위원회를 둘 수 있다.
③ 제2항에 따른 상근 심사위원은 심사평가원의 원장이 보건복지부령으로 정하는 사람 중에서 임명한다.
④ 제2항에 따른 비상근 심사위원은 심사평가원의 원장이 보건복지부령으로 정하는 사람 중에서 위촉한다.

정답 A) 건강보험심사평가원 B) 법인격 C) 설립등기 D) 1명 E) 농어업인단체 F) 기획재정부 장관 G) 2년 H) 90명

⑤ 심사평가원의 원장은 심사위원이 다음 각 호의 어느 하나에 해당하면 그 심사위원을 해임 또는 해촉할 수 있다.
  1. 신체장애나 정신장애로 직무를 수행할 수 없다고 인정되는 경우
  2. 직무상 의무를 위반하거나 직무를 게을리한 경우
  3. 고의나 중대한 과실로 심사평가원에 손실이 생기게 한 경우
  4. 직무 여부와 관계없이 품위를 손상하는 행위를 한 경우
⑥ 제1항부터 제5항까지에서 규정한 사항 외에 심사위원회 위원의 자격·임기 및 심사위원회의 구성·운영 등에 필요한 사항은 A) _____ 으로 정한다.

제66조의2(진료심사평가위원회 위원의 겸직)
① 「고등교육법」 제14조 제2항에 따른 교원 중 교수·부교수 및 조교수는 「국가공무원법」 제64조 및 「사립학교법」 제55조 제1항에도 불구하고 소속대학 총장의 허가를 받아 진료심사평가위원회 위원의 직무를 겸할 수 있다.
② 제1항에 따라 대학의 교원이 진료심사평가위원회 위원을 겸하는 경우 필요한 사항은 대통령령으로 정한다.

제67조(자금의 조달 등)
① 심사평가원은 제63조 제1항에 따른 업무(같은 항 제5호에 따른 업무는 제외한다)를 하기 위하여 공단으로부터 부담금을 징수할 수 있다.
② 심사평가원은 제63조 제1항 제5호에 따라 급여비용의 심사 또는 의료의 적정성 평가에 관한 업무를 위탁받은 경우에는 위탁자로부터 수수료를 받을 수 있다.
③ 제1항과 제2항에 따른 부담금 및 수수료의 금액·징수 방법 등에 필요한 사항은 B) _____ 으로 정한다.

제68조(C) _____)
심사평가원에 관하여 제14조 제3항·제4항, 제16조, 제17조(같은 조 제1항 제6호 및 제7호는 제외한다), 제18조, 제19조, 제22조부터 제32조까지, 제35조 제1항, 제36조, 제37조, 제39조 및 제40조를 준용한다. 이 경우 "공단"은 "심사평가원"으로, "이사장"은 "원장"으로 본다.

제6장 | 보험료

제69조(보험료)
① 공단은 D) _____ 에 드는 비용에 충당하기 위하여 제77조에 따른 보험료의 납부의무자로부터 보험료를 징수한다.
② 제1항에 따른 보험료는 가입자의 자격을 취득한 날이 속하는 달의 다음 달부터 가입자의 자격을 잃은 날의 전날이 속하는 달까지 징수한다. 다만, 가입자의 자격을 매월 1일에 취득한 경우 또는 제5조 제1항 제2호 가목에 따른 건강보험 적용 신청으로 가입자의 자격을 취득하는 경우에는 E) _____ 부터 징수한다.
③ 제1항 및 제2항에 따라 보험료를 징수할 때 가입자의 자격이 변동된 경우에는 변동된 날이 속하는 달의 보험료는 변동되기 전 자격을 기준으로 징수한다. 다만, 가입자의 자격이 매월 1일에 변동된 경우에는 변동된 자격을 기준으로 징수한다.
④ 직장가입자의 월별 보험료액은 다음 각 호에 따라 산정한 금액으로 한다.
  1. F) _____ : 제70조에 따라 산정한 보수월액에 제73조 제1항 또는 제2항에 따른 보험료율을 곱하여 얻은 금액
  2. G) _____ : 제71조 제1항에 따라 산정한 보수 외 소득월액에 제73조 제1항 또는 제2항에 따른 보험료율을 곱하여 얻은 금액
⑤ 지역가입자의 월별 보험료액은 다음 각 호의 구분에 따라 산정한 금액을 합산한 금액으로 한다. 이 경우 보험료액은 세대 단위로 산정한다.
  1. 소득: 제71조 제2항에 따라 산정한 지역가입자의 소득월액에 제73조 제3항에 따른 보험료율을 곱하여 얻은 금액

정답 A) 보건복지부령 B) 보건복지부령 C) 준용 규정 D) 건강보험사업 E) 그 달 F) 보수월액보험료 G) 보수 외 소득월액보험료

2. 재산: 제72조에 따라 산정한 재산보험료부과점수에 제73조 제3항에 따른 재산보험료부과점수당 금액을 곱하여 얻은 금액

⑥ 제4항 및 제5항에 따른 월별 보험료액은 가입자의 보험료 평균액의 일정비율에 해당하는 금액을 고려하여 대통령령으로 정하는 기준에 따라 상한 및 하한을 정한다.

제70조(A   )

① 제69조 제4항 제1호에 따른 직장가입자의 보수월액은 직장가입자가 지급받는 보수를 기준으로 하여 산정한다.
② 휴직이나 그 밖의 사유로 보수의 전부 또는 일부가 지급되지 아니하는 가입자(이하 "휴직자등"이라 한다)의 보수월액보험료는 해당 사유가 생기기 전달의 보수월액을 기준으로 산정한다.
③ 제1항에 따른 보수는 근로자등이 근로를 제공하고 사용자·국가 또는 지방자치단체로부터 지급받는 금품(실비변상적인 성격을 갖는 금품은 제외한다)으로서 대통령령으로 정하는 것을 말한다. 이 경우 보수 관련 자료가 없거나 불명확한 경우 등 대통령령으로 정하는 사유에 해당하면 보건복지부 장관이 정하여 고시하는 금액을 보수로 본다.
④ 제1항에 따른 보수월액의 산정 및 보수가 지급되지 아니하는 사용자의 보수월액의 산정 등에 필요한 사항은 대통령령으로 정한다.

제71조(소득월액)

① 직장가입자의 보수 외 소득월액은 제70조에 따른 보수월액의 산정에 포함된 보수를 제외한 직장가입자의 소득(이하 " B   "이라 한다)이 대통령령으로 정하는 금액을 초과하는 경우 다음의 계산식에 따른 값을 보건복지부령으로 정하는 바에 따라 평가하여 산정한다.

(연간 보수 외 소득 – 대통령령으로 정하는 금액) × 1/12

② 지역가입자의 소득월액은 지역가입자의 연간 소득을 12개월로 나눈 값을 보건복지부령으로 정하는 바에 따라 평가하여 산정한다.
③ 제1항 및 제2항에 따른 소득의 구체적인 범위, 소득월액을 산정하는 기준, 방법 등 소득월액의 산정에 필요한 사항은 대통령령으로 정한다.

제72조(재산보험료부과점수)

① 제69조 제5항 제2호에 따른 재산보험료부과점수는 지역가입자의 C   을 기준으로 산정한다. 다만, 대통령령으로 정하는 지역가입자가 실제 거주를 목적으로 대통령령으로 정하는 기준 이하의 주택을 구입 또는 임차하기 위하여 다음 각 호의 어느 하나에 해당하는 대출을 받고 그 사실을 공단에 통보하는 경우에는 해당 대출금액을 대통령령으로 정하는 바에 따라 평가하여 재산보험료부과점수 산정 시 제외한다.
    1. 「금융실명거래 및 비밀보장에 관한 법률」 제2조 제1호에 따른 금융회사등(이하 "금융회사등"이라 한다)으로부터 받은 대출
    2. 「주택도시기금법」에 따른 주택도시기금을 재원으로 하는 대출 등 보건복지부 장관이 정하여 고시하는 대출
② 제1항에 따라 재산보험료부과점수의 산정방법과 산정기준을 정할 때 법령에 따라 재산권의 행사가 제한되는 재산에 대하여는 다른 재산과 달리 정할 수 있다.
③ 지역가입자는 제1항 단서에 따라 공단에 통보할 때 「신용정보의 이용 및 보호에 관한 법률」 제2조 제1호에 따른 신용정보, 「금융실명거래 및 비밀보장에 관한 법률」 제2조 제2호에 따른 금융자산, 같은 조 제3호에 따른 금융거래의 내용에 대한 자료·정보 중 대출금액 등 대통령령으로 정하는 자료·정보(이하 "금융정보등"이라 한다)를 공단에 제출하여야 하며, 제1항 단서에 따른 재산보험료부과점수 산정을 위하여 필요한 금융정보등을 공단에 제공하는 것에 대하여 동의한다는 서면을 함께 제출하여야 한다.
④ 제1항 및 제2항에 따른 재산보험료부과점수의 산정방법·산정기준 등에 필요한 사항은 D   으로 정한다.

제72조의3(보험료부과제도에 대한 적정성 평가)

① 보건복지부 장관은 제5조에 따른 피부양자 인정기준(이하 이 조에서 "인정기준"이라 한다)과 제69조부터 제72조까지의 규정에 따른 보험료, 보수월액, 소득월액 및 보험료부과점수의 산정기준 및 방법 등(이하 이 조에서 "산정기준"이라 한다)에 대하여 적정성을 평가하고, 이 법 시행일로부터 E   이 경과한 때 이를 조정하여야 한다.

정답 A) 보수월액   B) 보수 외 소득   C) 재산   D) 대통령령   E) 4년

② 보건복지부 장관은 제1항에 따른 적정성 평가를 하는 경우에는 다음 각 호를 종합적으로 고려하여야 한다.
  1. 제4조 제1항 제5호의2 나목에 따라 심의위원회가 심의한 가입자의 소득 파악 현황 및 개선 방안
  2. 공단의 소득 관련 자료 보유 현황
  3. 「소득세법」 제4조에 따른 종합소득(종합과세되는 종합소득과 분리과세되는 종합소득을 포함한다) 과세 현황
  4. 직장가입자에게 부과되는 보험료와 지역가입자에게 부과되는 보험료 간 형평성
  5. 제1항에 따른 인정기준 및 산정기준의 조정으로 인한 A)
  6. 그 밖에 적정성 평가 대상이 될 수 있는 사항으로서 보건복지부 장관이 정하는 사항
③ 제1항에 따른 적정성 평가의 절차, 방법 및 그 밖에 적정성 평가를 위하여 필요한 사항은 대통령령으로 정한다.

제73조(보험료율 등)
① 직장가입자의 보험료율은 1천분의 80의 범위에서 심의위원회의 의결을 거쳐 대통령령으로 정한다.
② 국외에서 업무에 종사하고 있는 직장가입자에 대한 보험료율은 제1항에 따라 정해진 보험료율의 B) 으로 한다.
③ 지역가입자의 보험료율과 재산보험료부과점수당 금액은 심의위원회의 의결을 거쳐 대통령령으로 정한다.

제74조(보험료의 면제)
① 공단은 직장가입자가 제54조 제2호부터 제4호까지의 어느 하나에 해당하는 경우(같은 조 제2호에 해당하는 경우에는 1개월 이상의 기간으로서 대통령령으로 정하는 기간 이상 C) 하는 경우에 한정한다. 이하 이 조에서 같다) 그 가입자의 보험료를 면제한다. 다만, 제54조 제2호에 해당하는 직장가입자의 경우에는 국내에 거주하는 피부양자가 없을 때에만 보험료를 면제한다.
② 지역가입자가 제54조 제2호부터 제4호까지의 어느 하나에 해당하면 그 가입자가 속한 세대의 보험료를 산정할 때 그 가입자의 제72조에 따른 소득월액 및 제72조에 따른 재산보험료부과점수를 제외한다.
③ 제1항에 따른 보험료의 면제나 제2항에 따라 보험료의 산정에서 제외되는 소득월액 및 재산보험료부과점수에 대하여는 제54조 제2호부터 제4호까지의 어느 하나에 해당하는 급여정지 사유가 생긴 날이 속하는 달의 다음 달부터 사유가 없어진 날이 속하는 달까지 적용한다. 다만, 다음 각 호의 어느 하나에 해당하는 경우에는 그 달의 보험료를 면제하지 아니하거나 보험료의 산정에서 소득월액 및 재산보험료부과점수를 제외하지 아니한다.
  1. 급여정지 사유가 매월 1일에 없어진 경우
  2. 제54조 제2호에 해당하는 가입자 또는 그 피부양자가 국내에 입국하여 D) 에 보험급여를 받고 그 달에 출국하는 경우

제75조(보험료의 경감 등)
① 다음 각 호의 어느 하나에 해당하는 가입자 중 보건복지부령으로 정하는 가입자에 대하여는 그 가입자 또는 그 가입자가 속한 세대의 보험료의 일부를 경감할 수 있다.
  1. 섬·벽지(僻地)·농어촌 등 대통령령으로 정하는 지역에 거주하는 사람
  2. 65세 이상인 사람
  3. 「장애인복지법」에 따라 등록한 장애인
  4. 「국가유공자 등 예우 및 지원에 관한 법률」 제4조 제1항 제4호, 제6호, 제12호, 제15호 및 제17호에 따른 국가유공자
  5. 휴직자
  6. 그 밖에 생활이 어렵거나 E) 등의 사유로 보험료를 경감할 필요가 있다고 보건복지부 장관이 정하여 고시하는 사람
② 제77조에 따른 보험료 납부의무자가 다음 각 호의 어느 하나에 해당하는 경우에는 대통령령으로 정하는 바에 따라 보험료를 감액하는 등 재산상의 이익을 제공할 수 있다.
  1. 제81조의6 제1항에 따라 보험료의 납입 고지 또는 독촉을 F) 로 받는 경우
  2. 보험료를 계좌 또는 신용카드 자동이체의 방법으로 내는 경우
③ 제1항에 따른 보험료 경감의 방법·절차 등에 필요한 사항은 보건복지부 장관이 정하여 고시한다.

정답 A) 보험료 변동 B) 100분의 50 C) 국외에 체류 D) 입국일이 속하는 달 E) 천재지변 F) 전자문서

제76조(보험료의 부담)

① 직장가입자의 보수월액보험료는 직장가입자와 다음 각 호의 구분에 따른 자가 각각 보험료액의 A) 100분의 50 씩 부담한다. 다만, 직장가입자가 교직원으로서 사립학교에 근무하는 교원이면 보험료액은 그 직장가입자가 100분의 50을, 제3조 제2호 다목에 해당하는 사용자가 100분의 30을, 국가가 100분의 20을 각각 부담한다.
  1. 직장가입자가 근로자인 경우에는 제3조 제2호 가목에 해당하는 사업주
  2. 직장가입자가 공무원인 경우에는 그 공무원이 소속되어 있는 국가 또는 지방자치단체
  3. 직장가입자가 교직원(B) 사립학교에 근무하는 교원 은 제외한다)인 경우에는 제3조 제2호 다목에 해당하는 사용자

② 직장가입자의 보수 외 소득월액보험료는 C) 직장가입자 가 부담한다.

③ 지역가입자의 보험료는 그 가입자가 속한 세대의 지역가입자 전원이 연대하여 부담한다.

④ 직장가입자가 교직원인 경우 제3조 제2호 다목에 해당하는 사용자가 부담액 전부를 부담할 수 없으면 그 부족액을 학교에 속하는 회계에서 부담하게 할 수 있다.

제77조(보험료 납부의무)

① 직장가입자의 보험료는 다음 각 호의 구분에 따라 그 각 호에서 정한 자가 납부한다.
  1. D) 보수월액보험료 : 사용자. 이 경우 사업장의 사용자가 2명 이상인 때에는 그 사업장의 사용자는 해당 직장가입자의 보험료를 연대하여 납부한다.
  2. E) 보수 외 소득월액보험료 : 직장가입자

② 지역가입자의 보험료는 그 가입자가 속한 세대의 지역가입자 전원이 연대하여 납부한다. 다만, 소득 및 재산이 없는 미성년자와 소득 및 재산 등을 고려하여 대통령령으로 정하는 기준에 해당하는 미성년자는 납부의무를 부담하지 아니한다.

③ 사용자는 보수월액보험료 중 직장가입자가 부담하여야 하는 그 달의 보험료액을 그 보수에서 공제하여 납부하여야 한다. 이 경우 직장가입자에게 F) 공제액 을 알려야 한다.

제77조의2(제2차 납부의무)

① 법인의 재산으로 그 법인이 납부하여야 하는 보험료, 연체금 및 체납처분비를 충당하여도 부족한 경우에는 해당 법인에게 보험료의 납부의무가 부과된 날 현재의 무한책임사원 또는 과점주주(「국세기본법」 제39조 각 호의 어느 하나에 해당하는 자를 말한다)가 그 부족한 금액에 대하여 제2차 납부의무를 진다. 다만, 과점주주의 경우에는 그 부족한 금액을 그 법인의 발행주식 총수(G) 의결권이 없는 주식 은 제외한다) 또는 출자총액으로 나눈 금액에 해당 과점주주가 실질적으로 권리를 행사하는 주식 수(의결권이 없는 주식은 제외한다) 또는 출자액을 곱하여 산출한 금액을 한도로 한다.

② 사업이 양도·양수된 경우에 양도일 이전에 양도인에게 납부의무가 부과된 보험료, 연체금 및 체납처분비를 양도인의 재산으로 충당하여도 부족한 경우에는 사업의 양수인이 그 부족한 금액에 대하여 양수한 재산의 가액을 한도로 제2차 납부의무를 진다. 이 경우 양수인의 범위 및 양수한 재산의 가액은 대통령령으로 정한다.

제78조(보험료의 납부기한)

① 제77조 제1항 및 제2항에 따라 보험료 납부의무가 있는 자는 가입자에 대한 그 달의 보험료를 그 다음 달 10일까지 납부하여야 한다. 다만, 직장가입자의 보수 외 소득월액보험료 및 지역가입자의 보험료는 보건복지부령으로 정하는 바에 따라 H) 분기별 로 납부할 수 있다.

② 공단은 제1항에도 불구하고 납입 고지의 송달 지연 등 보건복지부령으로 정하는 사유가 있는 경우 납부의무자의 신청에 따라 제1항에 따른 납부기한부터 1개월의 범위에서 납부기한을 연장할 수 있다. 이 경우 납부기한 연장을 신청하는 방법, 절차 등에 필요한 사항은 보건복지부령으로 정한다.

정답 A) 100분의 50   B) 사립학교에 근무하는 교원   C) 직장가입자   D) 보수월액보험료   E) 보수 외 소득월액보험료   F) 공제액
G) 의결권이 없는 주식   H) 분기별

제78조의2(A   가산금   )
① 사업장의 사용자가 대통령령으로 정하는 사유에 해당되어 직장가입자가 될 수 없는 자를 제8조 제2항 또는 제9조 제2항을 위반하여 거짓으로 보험자에게 직장가입자로 신고한 경우 공단은 제1호의 금액에서 제2호의 금액을 뺀 금액의 100분의 10에 상당하는 가산금을 그 사용자에게 부과하여 징수한다.
   1. 사용자가 직장가입자로 신고한 사람이 직장가입자로 처리된 기간 동안 그 가입자가 제69조 제5항에 따라 부담하여야 하는 보험료의 총액
   2. 제1호의 기간 동안 공단이 해당 가입자에 대하여 제69조 제4항에 따라 산정하여 부과한 보험료의 총액
② 제1항에도 불구하고, 공단은 가산금이 B)   소액   이거나 그 밖에 가산금을 징수하는 것이 적절하지 아니하다고 인정되는 등 대통령령으로 정하는 경우에는 징수하지 아니할 수 있다.

제79조(보험료등의 납입 고지)
① 공단은 보험료등을 징수하려면 그 금액을 결정하여 C)   납부의무자   에게 다음 각 호의 사항을 적은 문서로 납입 고지를 하여야 한다.
   1. 징수하려는 보험료등의 종류
   2. 납부해야 하는 금액
   3. 납부기한 및 장소
④ 직장가입자의 사용자가 D)   2명   이상인 경우 또는 지역가입자의 세대가 D)   2명   이상으로 구성된 경우 그중 1명에게 한 고지는 해당 사업장의 다른 사용자 또는 세대 구성원인 다른 지역가입자 모두에게 효력이 있는 것으로 본다.
⑤ 휴직자등의 보험료는 휴직 등의 사유가 끝날 때까지 보건복지부령으로 정하는 바에 따라 납입 고지를 E)   유예   할 수 있다.
⑥ 공단은 제77조의2에 따른 제2차 납부의무자에게 납입의 고지를 한 경우에는 해당 법인인 사용자 및 사업 양도인에게 그 사실을 통지하여야 한다.

제79조의2(신용카드등으로 하는 보험료등의 납부)
① 공단이 납입 고지한 보험료등을 납부하는 자는 보험료등의 납부를 대행할 수 있도록 대통령령으로 정하는 기관 등(이하 이 조에서 "보험료등납부대행기관"이라 한다)을 통하여 신용카드, 직불카드 등(이하 이 조에서 "신용카드등"이라 한다)으로 납부할 수 있다.
② 제1항에 따라 신용카드등으로 보험료등을 납부하는 경우에는 보험료등납부대행기관의 F)   승인일   을 납부일로 본다.
③ 보험료등납부대행기관은 보험료등의 납부자로부터 보험료등의 납부를 대행하는 대가로 수수료를 받을 수 있다.
④ 보험료등납부대행기관의 지정 및 운영, 수수료 등에 필요한 사항은 대통령령으로 정한다.

제80조(연체금)
① 공단은 보험료등의 납부의무자가 납부기한까지 보험료등을 내지 아니하면 그 납부기한이 지난 날부터 매 1일이 경과할 때마다 다음 각 호에 해당하는 연체금을 징수한다.
   1. 제69조에 따른 보험료 또는 제53조 제3항에 따른 보험급여 제한 기간 중 받은 보험급여에 대한 징수금을 체납한 경우: 해당 체납금액의 G)   1천 500분의 1   에 해당하는 금액. 이 경우 연체금은 해당 체납금액의 1천분의 20을 넘지 못한다.
   2. 제1호 외에 이 법에 따른 징수금을 체납한 경우: 해당 체납금액의 1천분의 1에 해당하는 금액. 이 경우 연체금은 해당 체납금액의 1천분의 30을 넘지 못한다.
② 공단은 보험료등의 납부의무자가 체납된 보험료등을 내지 아니하면 납부기한 후 30일이 지난 날부터 매 1일이 경과할 때마다 다음 각 호에 해당하는 연체금을 제1항에 따른 연체금에 더하여 징수한다.
   1. 제69조에 따른 보험료 또는 제53조 제3항에 따른 보험급여 제한 기간 중 받은 보험급여에 대한 징수금을 체납한 경우: 해당 체납금액의 6천분의 1에 해당하는 금액. 이 경우 연체금(제1항 제1호의 연체금을 포함한 금액을 말한다)은 해당 체납금액의 1천분의 50을 넘지 못한다.

정답 A) 가산금   B) 소액   C) 납부의무자   D) 2명   E) 유예   F) 승인일   G) 1천 500분의 1

2. 제1호 외에 이 법에 따른 징수금을 체납한 경우: 해당 체납금액의 A) 에 해당하는 금액. 이 경우 연체금(제1항 제2호의 연체금을 포함한 금액을 말한다)은 해당 체납금액의 1천분의 90을 넘지 못한다.

③ 공단은 제1항 및 제2항에도 불구하고 천재지변이나 그 밖에 보건복지부령으로 정하는 부득이한 사유가 있으면 제1항 및 제2항에 따른 연체금을 징수하지 아니할 수 있다.

제81조(보험료등의 독촉 및 체납처분)

① 공단은 제57조, 제77조, 제77조의2, 제78조의2 제78조의2, 제101조 및 제101조의2에 따라 보험료등을 내야 하는 자가 보험료등을 내지 아니하면 기한을 정하여 독촉할 수 있다. 이 경우 직장가입자의 사용자가 2명 이상인 경우 또는 지역가입자의 세대가 2명 이상으로 구성된 경우에는 그중 1명에게 한 독촉은 해당 사업장의 다른 사용자 또는 세대 구성원인 다른 지역가입자 모두에게 B) 이 있는 것으로 본다.

② 제1항에 따라 독촉할 때에는 10일 이상 15일 이내의 납부기한을 정하여 독촉장을 발부하여야 한다.

③ 공단은 제1항에 따른 독촉을 받은 자가 그 납부기한까지 보험료등을 내지 아니하면 보건복지부 장관의 승인을 받아 국세 체납처분의 예에 따라 이를 징수할 수 있다.

④ 공단은 제3항에 따라 체납처분을 하기 전에 보험료등의 체납 내역, 압류 가능한 재산의 종류, 압류 예정 사실 및 「국세징수법」 제41조 제18호에 따른 소액금융재산에 대한 압류금지 사실 등이 포함된 C) 를 발송하여야 한다. 다만, 법인 해산 등 긴급히 체납처분을 할 필요가 있는 경우로서 대통령령으로 정하는 경우에는 그러하지 아니하다.

⑤ 공단은 제3항에 따른 국세 체납처분의 예에 따라 압류하거나 제81조의2 제1항에 따라 압류한 재산의 공매에 대하여 전문지식이 필요하거나 그 밖에 특수한 사정으로 직접 공매하는 것이 적당하지 아니하다고 인정하는 경우에는 「한국자산관리공사 설립 등에 관한 법률」에 따라 설립된 한국자산관리공사(이하 "한국자산관리공사"라 한다)에 공매를 대행하게 할 수 있다. 이 경우 공매는 공단이 한 것으로 본다.

⑥ 공단은 제5항에 따라 D) 가 공매를 대행하면 보건복지부령으로 정하는 바에 따라 수수료를 지급할 수 있다.

제81조의2(부당이득 징수금의 압류)

① 제81조에도 불구하고 공단은 보험급여 비용을 받은 요양기관이 다음 각 호의 요건을 모두 갖춘 경우에는 제57조 제1항에 따른 징수금의 한도에서 해당 요양기관 또는 그 요양기관을 개설한 자(같은 조 제2항에 따라 해당 요양기관과 연대하여 징수금을 납부하여야 하는 자를 말한다. 이하 이 조에서 같다)의 재산을 보건복지부장관의 승인을 받아 압류할 수 있다.
   1. 「의료법」 제33조 제2항 또는 「약사법」 제20조 제1항을 위반하였다는 사실로 기소된 경우
   2. E) 에게 강제집행, 국세 강제징수 등 대통령령으로 정하는 사유가 있어 그 재산을 압류할 필요가 있는 경우

② 공단은 제1항에 따라 재산을 압류하였을 때에는 해당 요양기관 또는 그 요양기관을 개설한 자에게 문서로 그 압류 사실을 통지하여야 한다.

③ 공단은 다음 각 호의 어느 하나에 해당할 때에는 제1항에 따른 압류를 즉시 해제하여야 한다.
   1. 제2항에 따른 통지를 받은 자가 제57조 제1항에 따른 징수금에 상당하는 다른 재산을 담보로 제공하고 압류 해제를 요구하는 경우
   2. 법원의 무죄 판결이 확정되는 등 대통령령으로 정하는 사유로 해당 요양기관이 「의료법」 제33조 제2항 또는 「약사법」 제20조 제1항을 위반한 혐의가 입증되지 아니한 경우

④ 제1항에 따른 압류 및 제3항에 따른 압류 해제에 관하여 이 법에서 규정한 것 외에는 F) 을 준용한다.

정답 A) 3천분의 1 B) 효력 C) 통보서 D) 한국자산관리공사 E) 요양기관 또는 요양기관을 개설한 자 F) 「국세징수법」

제81조의3(체납 또는 결손처분 자료의 제공)

① 공단은 보험료 징수 및 제57조에 따른 징수금(같은 조 제2항 각 호의 어느 하나에 해당하여 같은 조 제1항 및 제2항에 따라 징수하는 금액에 한정한다. 이하 이 조에서 "부당이득금"이라 한다)의 징수 또는 공익목적을 위하여 필요한 경우에「신용정보의 이용 및 보호에 관한 법률」제25조 제2항 제1호의 종합신용정보집중기관에 다음 각 호의 어느 하나에 해당하는 A) 의 인적사항·체납액 또는 결손처분액에 관한 자료(이하 이 조에서 "체납등 자료"라 한다)를 제공할 수 있다. 다만, 체납된 보험료나 부당이득금과 관련하여 행정심판 또는 행정소송이 계류 중인 경우, 제82조 제1항에 따라 분할납부를 승인받은 경우 중 대통령령으로 정하는 경우, 그 밖에 대통령령으로 정하는 사유가 있을 때에는 그러하지 아니하다.

  1. 이 법에 따른 납부기한의 다음 날부터 1년이 지난 보험료 및 그에 따른 연체금과 체납처분비의 총액이 B) 이상인 자
  2. 이 법에 따른 납부기한의 다음 날부터 1년이 지난 부당이득금 및 그에 따른 연체금과 체납처분비의 총액이 1억 원 이상인 자
  3. 제84조에 따라 결손처분한 금액의 총액이 500만 원 이상인 자

② 공단은 제1항에 따라 종합신용정보집중기관에 체납등 자료를 제공하기 전에 해당 체납자 또는 결손처분자에게 그 사실을 서면으로 통지하여야 한다. 이 경우 통지를 받은 체납자가 체납액을 납부하거나 체납액 납부계획서를 제출하는 경우 공단은 종합신용정보집중기관에 체납등 자료를 제공하지 아니하거나 체납등 자료의 제공을 유예할 수 있다.

③ 체납등 자료의 제공절차에 필요한 사항은 C) 으로 정한다.

④ 제1항에 따라 체납등 자료를 제공받은 자는 이를 업무 외의 목적으로 누설하거나 이용하여서는 아니 된다.

제81조의4(보험료의 납부증명)

① 제77조에 따른 보험료의 납부의무자(이하 이 조에서 "납부의무자"라 한다)는 국가, 지방자치단체 또는「공공기관의 운영에 관한 법률」제4조에 따른 공공기관(이하 이 조에서 "공공기관"이라 한다)으로부터 공사·제조·구매·용역 등 대통령령으로 정하는 계약의 대가를 지급받는 경우에는 보험료와 그에 따른 연체금 및 체납처분비의 납부사실을 증명하여야 한다. 다만, 납부의무자가 계약대금의 전부 또는 일부를 체납한 보험료로 납부하려는 경우 등 대통령령으로 정하는 경우에는 그러하지 아니하다.

② 납부의무자가 제1항에 따라 납부사실을 증명하여야 할 경우 제1항의 계약을 담당하는 주무관서 또는 공공기관은 납부의무자의 동의를 받아 공단에 조회하여 보험료와 그에 따른 연체금 및 체납처분비의 납부여부를 확인하는 것으로 제1항에 따른 납부증명을 D) 할 수 있다.

제81조의5(서류의 송달)

제79조 및 제81조에 관한 서류의 송달에 관한 사항과 전자문서에 의한 납입 고지 등에 관하여 제81조의6에서 정하지 아니한 사항에 관하여는「국세기본법」제8조(같은 조 제2항 단서는 제외한다)부터 제12조까지의 규정을 준용한다. 다만, 우편송달에 의하는 경우 그 방법은 E) 으로 정하는 바에 따른다.

제81조의6(전자문서에 의한 납입 고지 등)

① 납부의무자가 제79조 제1항에 따른 납입 고지 또는 제81조 제1항에 따른 독촉을 전자문서교환방식 등에 의한 전자문서로 해줄 것을 신청하는 경우에는 공단은 전자문서로 고지 또는 독촉할 수 있다. 이 경우 전자문서 고지 및 독촉에 대한 신청 방법·절차 등에 필요한 사항은 보건복지부령으로 정한다.

② 공단이 제1항에 따라 전자문서로 고지 또는 독촉하는 경우에는 전자문서가 보건복지부령으로 정하는 정보통신망에 저장되거나 납부의무자가 지정한 전자우편주소에 입력된 때에 납입 고지 또는 독촉이 그 납부의무자에게 도달된 것으로 본다.

정답 A) 체납자 또는 결손처분자 B) 500만 원 C) 대통령령 D) 갈음 E) 대통령령

제82조(체납보험료의 분할납부)

① 공단은 보험료를 A) 3회 이상 체납한 자가 신청하는 경우 보건복지부령으로 정하는 바에 따라 분할납부를 승인할 수 있다.
② 공단은 보험료를 A) 3회 이상 체납한 자에 대하여 제81조 제3항에 따른 체납처분을 하기 전에 제1항에 따른 분할납부를 신청할 수 있음을 알리고, 보건복지부령으로 정하는 바에 따라 분할납부 신청의 절차·방법 등에 관한 사항을 안내하여야 한다.
③ 공단은 제1항에 따라 분할납부 승인을 받은 자가 정당한 사유 없이 5회(제1항에 따라 승인받은 분할납부 횟수가 5회 미만인 경우에는 해당 분할납부 횟수를 말한다) 이상 그 승인된 보험료를 납부하지 아니하면 그 분할납부의 승인을 B) 취소 한다.
④ 분할납부의 승인과 취소에 관한 절차·방법·기준 등에 필요한 사항은 보건복지부령으로 정한다.

제83조(고액·상습체납자의 인적사항 공개)

① 공단은 이 법에 따른 납부기한의 다음 날부터 1년이 경과한 보험료, 연체금과 체납처분비(제84조에 따라 결손처분한 보험료, 연체금과 체납처분비로서 징수권 소멸시효가 완성되지 아니한 것을 포함한다)의 총액이 1천만 원 이상인 체납자가 납부능력이 있음에도 불구하고 체납한 경우 그 인적사항·체납액 등(이하 이 조에서 "인적사항등"이라 한다)을 공개할 수 있다. 다만, 체납된 보험료, 연체금과 체납처분비와 관련하여 제87조에 따른 이의신청, 제88조에 따른 심판청구가 제기되거나 C) 행정소송 이 계류 중인 경우 또는 그 밖에 체납된 금액의 일부 납부 등 대통령령으로 정하는 사유가 있는 경우에는 그러하지 아니하다.
② 제1항에 따른 체납자의 인적사항등에 대한 공개 여부를 심의하기 위하여 공단에 보험료정보공개심의위원회를 둔다.
③ 공단은 보험료정보공개심의위원회의 심의를 거친 인적사항등의 공개대상자에게 공개대상자임을 서면으로 통지하여 소명의 기회를 부여하여야 하며, 통지일부터 6개월이 경과한 후 체납액의 납부이행 등을 감안하여 공개대상자를 선정한다.
④ 제1항에 따른 체납자 인적사항등의 공개는 D) 관보 에 게재하거나 E) 공단 인터넷 홈페이지 에 게시하는 방법에 따른다.
⑤ 제1항부터 제4항까지의 규정에 따른 체납자 인적사항등의 공개와 관련한 납부능력의 기준, 공개절차 및 위원회의 구성·운영 등에 필요한 사항은 대통령령으로 정한다.

제84조(결손처분)

① 공단은 다음 각 호의 어느 하나에 해당하는 사유가 있으면 재정운영위원회의 의결을 받아 보험료등을 결손처분할 수 있다.
  1. 체납처분이 끝나고 체납액에 충당될 F) 배분금액 이 그 체납액에 미치지 못하는 경우
  2. 해당 권리에 대한 G) 소멸시효 가 완성된 경우
  3. 그 밖에 징수할 가능성이 없다고 인정되는 경우로서 대통령령으로 정하는 경우
② 공단은 제1항 제3호에 따라 결손처분을 한 후 압류할 수 있는 다른 재산이 있는 것을 발견한 때에는 지체 없이 그 처분을 취소하고 체납처분을 하여야 한다.

제85조(보험료등의 징수 순위)

보험료등은 국세와 지방세를 제외한 다른 채권에 우선하여 징수한다. 다만, 보험료등의 납부기한 전에 전세권·질권·저당권 또는 「동산·채권 등의 담보에 관한 법률」에 따른 담보권의 설정을 등기 또는 등록한 사실이 증명되는 재산을 매각할 때에 그 매각대금 중에서 보험료등을 징수하는 경우 그 전세권·질권·저당권 또는 「동산·채권 등의 담보에 관한 법률」에 따른 H) 담보권 으로 담보된 채권에 대하여는 그러하지 아니하다.

제86조(보험료등의 충당과 환급)

① 공단은 납부의무자가 보험료등·연체금 또는 체납처분비로 낸 금액 중 I) 과오납부 한 금액이 있으면 대통령령으로 정하는 바에 따라 그 과오납금을 보험료등·연체금 또는 체납처분비에 우선 충당하여야 한다.
② 공단은 제1항에 따라 충당하고 남은 금액이 있는 경우 대통령령으로 정하는 바에 따라 납부의무자에게 환급하여야 한다.
③ 제1항 및 제2항의 경우 과오납금에 대통령령으로 정하는 이자를 가산하여야 한다.

정답 A) 3회 B) 취소 C) 행정소송 D) 관보 E) 공단 인터넷 홈페이지 F) 배분금액 G) 소멸시효 H) 담보권 I) 과오납부

제7장 | 이의신청 및 심판청구 등

제87조(이의신청)

① 가입자 및 피부양자의 자격, 보험료등, 보험급여, A)_____ 에 관한 공단의 처분에 이의가 있는 자는 공단에 이의신청을 할 수 있다.

② 요양급여비용 및 요양급여의 적정성 평가 등에 관한 심사평가원의 처분에 이의가 있는 공단, 요양기관 또는 그 밖의 자는 B)_____ 에 이의신청을 할 수 있다.

③ 제1항 및 제2항에 따른 이의신청(이하 "이의신청"이라 한다)은 처분이 있음을 안 날부터 C)_____ 이내에 문서(전자문서를 포함한다)로 하여야 하며 처분이 있은 날부터 180일을 지나면 제기하지 못한다. 다만, 정당한 사유로 그 기간에 이의신청을 할 수 없었음을 소명한 경우에는 그러하지 아니하다.

④ 제3항 본문에도 불구하고 요양기관이 제48조에 따른 심사평가원의 확인에 대하여 이의신청을 하려면 같은 조 제2항에 따라 통보받은 날부터 D)_____ 이내에 하여야 한다.

⑤ 제1항부터 제4항까지에서 규정한 사항 외에 이의신청의 방법·결정 및 그 결정의 통지 등에 필요한 사항은 대통령령으로 정한다.

제88조(심판청구)

① 이의신청에 대한 결정에 불복하는 자는 제89조에 따른 E)_____ 에 심판청구를 할 수 있다. 이 경우 심판청구의 제기기간 및 제기방법에 관하여는 제87조 제3항을 준용한다.

② 제1항에 따라 심판청구를 하려는 자는 대통령령으로 정하는 심판청구서를 제87조 제1항 또는 제2항에 따른 처분을 한 공단 또는 심사평가원에 제출하거나 제89조에 따른 건강보험분쟁조정위원회에 제출하여야 한다.

③ 제1항 및 제2항에서 규정한 사항 외에 심판청구의 절차·방법·결정 및 그 결정의 통지 등에 필요한 사항은 대통령령으로 정한다.

제89조(건강보험분쟁조정위원회)

① 제88조에 따른 심판청구를 심리·의결하기 위하여 보건복지부에 건강보험분쟁조정위원회(이하 "F)_____"라 한다)를 둔다.

② 분쟁조정위원회는 위원장을 포함하여 60명 이내의 위원으로 구성하고, 위원장을 제외한 위원 중 1명은 당연직위원으로 한다. 이 경우 공무원이 아닌 위원이 전체 위원의 G)_____ 가 되도록 하여야 한다.

③ 분쟁조정위원회의 회의는 위원장, 당연직위원 및 위원장이 매 회의마다 지정하는 7명의 위원을 포함하여 총 9명으로 구성하되, 공무원이 아닌 위원이 과반수가 되도록 하여야 한다.

④ 분쟁조정위원회는 제3항에 따른 구성원 과반수의 출석과 출석위원 과반수의 찬성으로 의결한다.

⑤ 분쟁조정위원회를 실무적으로 지원하기 위하여 분쟁조정위원회에 사무국을 둔다.

⑥ 제1항부터 제5항까지에서 규정한 사항 외에 분쟁조정위원회 및 사무국의 구성 및 운영 등에 필요한 사항은 대통령령으로 정한다.

⑦ 분쟁조정위원회의 위원 중 공무원이 아닌 사람은 「형법」 제129조부터 제132조까지의 규정을 적용할 때 공무원으로 본다.

제90조(행정소송)

공단 또는 H)_____ 의 처분에 이의가 있는 자와 제87조에 따른 이의신청 또는 제88조에 따른 심판청구에 대한 결정에 불복하는 자는 「행정소송법」에서 정하는 바에 따라 행정소송을 제기할 수 있다.

정답 A) 보험급여비용 B) 심사평가원 C) 90일 D) 30일 E) 건강보험분쟁조정위원회 F) 분쟁조정위원회 G) 과반수 H) 심사평가원

제8장 | 보칙

제91조(시효)

① 다음 각 호의 권리는 A) _____ 동안 행사하지 아니하면 소멸시효가 완성된다.
  1. 보험료, 연체금 및 가산금을 징수할 권리
  2. 보험료, 연체금 및 가산금으로 과오납부한 금액을 환급받을 권리
  3. 보험급여를 받을 권리
  4. 보험급여 비용을 받을 권리
  5. 제47조 제3항 후단에 따라 과다납부된 본인일부부담금을 돌려받을 권리
  6. 제61조에 따른 근로복지공단의 권리

② 제1항에 따른 시효는 다음 각 호의 어느 하나의 사유로 B) _____ 된다.
  1. 보험료의 고지 또는 독촉
  2. 보험급여 또는 보험급여비용의 청구

③ 휴직자등의 보수월액보험료를 징수할 권리의 소멸시효는 제79조 제5항에 따라 고지가 유예된 경우 휴직 등의 사유가 끝날 때까지 진행하지 아니한다.

④ 제1항에 따른 소멸시효기간, 제2항에 따른 시효 중단 및 제3항에 따른 시효 정지에 관하여 이 법에서 정한 사항 외에는 「민법」에 따른다.

제92조(기간 계산)

이 법이나 이 법에 따른 명령에 규정된 기간의 계산에 관하여 이 법에서 정한 사항 외에는 C) _____ 의 기간에 관한 규정을 준용한다.

제93조(근로자의 권익 보호)

제6조 제2항 각 호의 어느 하나에 해당하지 아니하는 모든 사업장의 근로자를 고용하는 사용자는 그가 고용한 근로자가 이 법에 따른 D) _____ 가 되는 것을 방해하거나 자신이 부담하는 부담금이 증가되는 것을 피할 목적으로 정당한 사유 없이 근로자의 승급 또는 임금 인상을 하지 아니하거나 해고나 그 밖의 불리한 조치를 할 수 없다.

제94조(신고 등)

① 공단은 사용자, 직장가입자 및 세대주에게 다음 각 호의 사항을 신고하게 하거나 관계 서류(E) _____ 으로 기록된 것을 포함한다. 이하 같다)를 제출하게 할 수 있다.
  1. 가입자의 거주지 변경
  2. 가입자의 보수·소득
  3. 그 밖에 F) _____ 을 위하여 필요한 사항

② 공단은 제1항에 따라 신고한 사항이나 제출받은 자료에 대하여 사실 여부를 확인할 필요가 있으면 소속 직원이 해당 사항에 관하여 조사하게 할 수 있다.

③ 제2항에 따라 조사를 하는 소속 직원은 그 권한을 표시하는 증표를 지니고 관계인에게 보여주어야 한다.

제95조(소득 축소·탈루 자료의 송부 등)

① 공단은 제94조 제1항에 따라 신고한 보수 또는 소득 등에 축소 또는 탈루(脫漏)가 있다고 인정하는 경우에는 보건복지부 장관을 거쳐 소득의 축소 또는 탈루에 관한 사항을 문서로 G) _____ 에게 송부할 수 있다.

정답 A) 3년 B) 중단 C) 「민법」 D) 직장가입자 E) 전자적 방법 F) 건강보험사업 G) 국세청장

② 국세청장은 제1항에 따라 송부받은 사항에 대하여 「국세기본법」 등 관련 법률에 따른 세무조사를 하면 그 조사 결과 중 보수·소득에 관한 사항을 공단에 송부하여야 한다.

③ 제1항 및 제2항에 따른 송부 절차 등에 필요한 사항은 A) _____ 으로 정한다.

제96조(자료의 제공)

① 공단은 국가, 지방자치단체, 요양기관, 「보험업법」에 따른 보험회사 및 보험료율 산출기관, 「공공기관의 운영에 관한 법률」에 따른 공공기관, 그 밖의 공공단체 등에 대하여 다음 각 호의 업무를 수행하기 위하여 주민등록·가족관계등록·국세·지방세·토지·건물·출입국관리 등의 자료로서 대통령령으로 정하는 자료를 제공하도록 요청할 수 있다.
   1. 가입자 및 피부양자의 자격 관리, 보험료의 부과·징수, B) _____ 의 관리 등 건강보험사업의 수행
   2. 제14조 제1항 제11호에 따른 업무의 수행

② 심사평가원은 국가, 지방자치단체, 요양기관, 「보험업법」에 따른 보험회사 및 보험료율 산출기관, 「공공기관의 운영에 관한 법률」에 따른 공공기관, 그 밖의 공공단체 등에 대하여 요양급여비용을 심사하고 요양급여의 적정성을 평가하기 위하여 주민등록·출입국관리·진료기록·의약품공급 등의 자료로서 대통령령으로 정하는 자료를 제공하도록 요청할 수 있다.

③ 보건복지부 장관은 관계 행정기관의 장에게 제41조의2에 따른 C) _____ 에 대한 요양급여비용 상한금액의 감액 및 요양급여의 적용 정지를 위하여 필요한 자료를 제공하도록 요청할 수 있다.

④ 제1항부터 제3항까지의 규정에 따라 자료 제공을 요청받은 자는 성실히 이에 따라야 한다.

⑤ 공단 또는 심사평가원은 요양기관, 「보험업법」에 따른 보험회사 및 보험료율 산출기관에 제1항 또는 제2항에 따른 자료의 제공을 요청하는 경우 자료 제공 요청 근거 및 사유, 자료 제공 대상자, 대상기간, 자료 제공 기한, 제출 자료 등이 기재된 D) _____ 를 발송하여야 한다.

⑥ 제1항 및 제2항에 따른 국가, 지방자치단체, 요양기관, 「보험업법」에 따른 보험료율 산출기관, 그 밖의 공공기관 및 공공단체가 공단 또는 심사평가원에 제공하는 자료에 대하여는 사용료와 수수료 등을 E) _____ 한다.

제96조의2(금융정보등의 제공 등)

① 공단은 제72조 제1항 단서에 따른 지역가입자의 재산보험료부과점수 산정을 위하여 필요한 경우 「신용정보의 이용 및 보호에 관한 법률」 제32조 및 「금융실명거래 및 비밀보장에 관한 법률」 제4조 제1항에도 불구하고 지역가입자가 제72조 제3항에 따라 제출한 동의 서면을 전자적 형태로 바꾼 문서에 의하여 「신용정보의 이용 및 보호에 관한 법률」 제2조 제6호에 따른 신용정보집중기관 또는 금융회사등(이하 이 조에서 "금융기관등"이라 한다)의 장에게 금융정보등을 제공하도록 요청할 수 있다.

② 제1항에 따라 금융정보등의 제공을 요청받은 금융기관등의 장은 「신용정보의 이용 및 보호에 관한 법률」 제32조 및 「금융실명거래 및 비밀보장에 관한 법률」 제4조에도 불구하고 명의인의 금융정보등을 제공하여야 한다.

③ 제2항에 따라 금융정보등을 제공한 금융기관등의 장은 금융정보등의 제공 사실을 명의인에게 통보하여야 한다. 다만, 명의인이 동의한 경우에는 「신용정보의 이용 및 보호에 관한 법률」 제32조 제7항, 제35조 제2항 및 「금융실명거래 및 비밀보장에 관한 법률」 제4조의2 제1항에도 불구하고 통보하지 아니할 수 있다.

④ 제1항부터 제3항까지에서 규정한 사항 외에 금융정보등의 제공 요청 및 제공 절차 등에 필요한 사항은 F) _____ 으로 정한다.

제96조의3(가족관계등록 전산정보의 공동이용)

① 공단은 제96조 제1항 각 호의 업무를 수행하기 위하여 「전자정부법」에 따라 「가족관계의 등록 등에 관한 법률」 제9조에 따른 전산정보자료를 공동이용(「개인정보 보호법」 제2조 제2호에 따른 처리를 포함한다)할 수 있다.

② G) _____ 은 제1항에 따라 공단이 전산정보자료의 공동이용을 요청하는 경우 그 공동이용을 위하여 필요한 조치를 취하여야 한다.

③ 누구든지 제1항에 따라 공동이용하는 전산정보자료를 그 목적 외의 용도로 이용하거나 활용하여서는 아니 된다.

정답 A) 대통령령 B) 보험급여 C) 약제 D) 자료제공요청서 E) 면제 F) 대통령령 G) 법원행정처장

제96조의4(서류의 보존)

① 요양기관은 요양급여가 끝난 날부터 5년간 보건복지부령으로 정하는 바에 따라 제47조에 따른 요양급여비용의 청구에 관한 서류를 보존하여야 한다. 다만, 약국 등 보건복지부령으로 정하는 요양기관은 처방전을 요양급여비용을 청구한 날부터 A) _____ 간 보존하여야 한다.

② 사용자는 3년간 보건복지부령으로 정하는 바에 따라 자격 관리 및 보험료 산정 등 건강보험에 관한 서류를 보존하여야 한다.

③ 제49조 제3항에 따라 요양비를 청구한 준요양기관은 요양비를 지급받은 날부터 3년간 B) _____ 으로 정하는 바에 따라 요양비 청구에 관한 서류를 보존하여야 한다.

④ 제51조 제2항에 따라 보조기기에 대한 보험급여를 청구한 자는 보험급여를 지급받은 날부터 C) _____ 간 보건복지부령으로 정하는 바에 따라 보험급여 청구에 관한 서류를 보존하여야 한다.

제97조(보고와 검사)

① 보건복지부 장관은 사용자, 직장가입자 또는 D) _____ 에게 가입자의 이동·보수·소득이나 그 밖에 필요한 사항에 관한 보고 또는 서류 제출을 명하거나, 소속 공무원이 관계인에게 질문하게 하거나 관계 서류를 검사하게 할 수 있다.

② 보건복지부 장관은 요양기관(제49조에 따라 요양을 실시한 기관을 포함한다)에 대하여 요양·약제의 지급 등 보험급여에 관한 보고 또는 서류 제출을 명하거나, 소속 공무원이 관계인에게 질문하게 하거나 관계 서류를 검사하게 할 수 있다.

③ 보건복지부 장관은 보험급여를 받은 자에게 해당 보험급여의 내용에 관하여 보고하게 하거나, E) _____ 이 질문하게 할 수 있다.

④ 보건복지부 장관은 제47조 제7항에 따라 요양급여비용의 심사청구를 대행하는 단체(이하 "대행청구단체"라 한다)에 필요한 자료의 제출을 명하거나, 소속 공무원이 대행청구에 관한 자료 등을 조사·확인하게 할 수 있다.

⑤ 보건복지부 장관은 제41조의2에 따른 약제에 대한 요양급여비용 상한금액의 감액 및 요양급여의 적용 정지를 위하여 필요한 경우에는 「약사법」 제47조 제2항에 따른 의약품공급자에 대하여 금전, 물품, 편익, 노무, 향응, 그 밖의 경제적 이익 등 제공으로 인한 의약품 판매 질서 위반 행위에 관한 보고 또는 서류 제출을 명하거나, 소속 공무원이 관계인에게 질문하게 하거나 관계 서류를 검사하게 할 수 있다.

⑥ 제1항부터 제5항까지의 규정에 따라 질문·검사·조사 또는 확인을 하는 소속 공무원은 그 권한을 표시하는 증표를 지니고 관계인에게 보여주어야 한다.

⑦ 보건복지부 장관은 제1항부터 제5항까지에 따른 질문·검사·조사 또는 확인 업무를 효율적으로 수행하기 위하여 대통령령으로 정하는 바에 따라 공단 또는 심사평가원으로 하여금 그 업무를 지원하게 할 수 있다.

⑧ 제1항부터 제6항까지에 따른 질문·검사·조사 또는 확인의 내용·절차·방법 등에 관하여 이 법에서 정하는 사항을 제외하고는 「행정조사기본법」에서 정하는 바에 따른다.

제98조(업무정지)

① F) _____ 은 요양기관이 다음 각 호의 어느 하나에 해당하면 그 요양기관에 대하여 1년의 범위에서 기간을 정하여 업무정지를 명할 수 있다. 이 경우 보건복지부 장관은 그 사실을 공단 및 심사평가원에 알려야 한다.
  1. 속임수나 그 밖의 부당한 방법으로 보험자·가입자 및 피부양자에게 요양급여비용을 부담하게 한 경우
  2. 제97조 제2항에 따른 명령에 위반하거나 거짓 보고를 하거나 거짓 서류를 제출하거나, 소속 공무원의 검사 또는 질문을 거부·방해 또는 기피한 경우
  3. 정당한 사유 없이 요양기관이 제41조의3 제1항에 따른 결정을 신청하지 아니하고 속임수나 그 밖의 부당한 방법으로 행위·치료재료를 G) _____ 에게 실시 또는 사용하고 비용을 부담시킨 경우

② 제1항에 따라 업무정지 처분을 받은 자는 해당 업무정지기간 중에는 요양급여를 하지 못한다.

③ 제1항에 따른 업무정지 처분의 효과는 그 처분이 확정된 요양기관을 양수한 자 또는 합병 후 존속하는 법인이나 합병으로 설립되는 법인에 H) _____ 되고, 업무정지 처분의 절차가 진행 중인 때에는 양수인 또는 합병 후 존속하는 법인이나 합병으로 설립되는 법인에 대하여 그 절차를 계속 진행할 수 있다. 다만, 양수인 또는 합병 후 존속하는 법인이나 합병으로 설립되는 법인이 그 처분 또는 위반사실을 알지 못하였음을 증명하는 경우에는 그러하지 아니하다.

정답 A) 3년 B) 보건복지부령 C) 3년 D) 세대주 E) 소속 공무원 F) 보건복지부 장관 G) 가입자 또는 피부양자 H) 승계

④ 제1항에 따른 업무정지 처분을 받았거나 업무정지 처분의 절차가 진행 중인 자는 행정처분을 받은 사실 또는 행정처분절차가 진행 중인 사실을 보건복지부령으로 정하는 바에 따라 양수인 또는 합병 후 존속하는 법인이나 합병으로 설립되는 법인에 지체 없이 알려야 한다.

⑤ 제1항에 따른 업무정지를 부과하는 위반행위의 종류, 위반 정도 등에 따른 행정처분기준이나 그 밖에 필요한 사항은 대통령령으로 정한다.

제99조(과징금)

① 보건복지부 장관은 요양기관이 제98조 제1항 제1호 또는 제3호에 해당하여 업무정지 처분을 하여야 하는 경우로서 그 업무정지 처분이 해당 요양기관을 이용하는 사람에게 심한 불편을 주거나 보건복지부 장관이 정하는 특별한 사유가 있다고 인정되면 업무정지 처분을 갈음하여 속임수나 그 밖의 부당한 방법으로 부담하게 한 금액의 A) ──────── 이하의 금액을 과징금으로 부과·징수할 수 있다. 이 경우 보건복지부 장관은 12개월의 범위에서 분할납부를 하게 할 수 있다.

② 보건복지부 장관은 제41조의2 제3항에 따라 약제를 요양급여에서 적용 정지하는 경우 다음 각 호의 어느 하나에 해당하는 때에는 요양급여의 적용 정지에 갈음하여 대통령령으로 정하는 바에 따라 다음 각 호의 구분에 따른 범위에서 과징금을 부과·징수할 수 있다. 이 경우 보건복지부 장관은 B) ──────── 의 범위에서 분할납부를 하게 할 수 있다.
   1. 환자 진료에 불편을 초래하는 등 공공복리에 지장을 줄 것으로 예상되는 때: 해당 약제에 대한 요양급여비용 총액의 100분의 200을 넘지 아니하는 범위
   2. 국민 건강에 심각한 위험을 초래할 것이 예상되는 등 특별한 사유가 있다고 인정되는 때: 해당 약제에 대한 요양급여비용 총액의 100분의 60을 넘지 아니하는 범위

③ 보건복지부 장관은 제2항 전단에 따라 과징금 부과 대상이 된 약제가 과징금이 부과된 날부터 5년의 범위에서 대통령령으로 정하는 기간 내에 다시 제2항 전단에 따른 과징금 부과 대상이 되는 경우에는 대통령령으로 정하는 바에 따라 다음 각 호의 구분에 따른 범위에서 과징금을 부과·징수할 수 있다.
   1. 제2항 제1호에서 정하는 사유로 과징금 부과 대상이 되는 경우: 해당 약제에 대한 요양급여비용 총액의 100분의 350을 넘지 아니하는 범위
   2. 제2항 제2호에서 정하는 사유로 과징금 부과 대상이 되는 경우: 해당 약제에 대한 요양급여비용 총액의 C) ──────── 을 넘지 아니하는 범위

④ 제2항 및 제3항에 따라 대통령령으로 해당 약제에 대한 요양급여비용 총액을 정할 때에는 그 약제의 과거 요양급여 실적 등을 고려하여 1년간의 요양급여 총액을 넘지 않는 범위에서 정하여야 한다.

⑤ 보건복지부 장관은 제1항에 따른 과징금을 납부하여야 할 자가 납부기한까지 이를 내지 아니하면 대통령령으로 정하는 절차에 따라 그 과징금 부과 처분을 취소하고 제98조 제1항에 따른 업무정지 처분을 하거나 국세 체납처분의 예에 따라 이를 징수한다. 다만, 요양기관의 폐업 등으로 제98조 제1항에 따른 업무정지 처분을 할 수 없으면 국세 체납처분의 예에 따라 징수한다.

⑥ 보건복지부 장관은 제2항 또는 제3항에 따른 과징금을 납부하여야 할 자가 납부기한까지 이를 내지 아니하면 국세 체납처분의 예에 따라 징수한다.

⑦ 보건복지부 장관은 과징금을 징수하기 위하여 필요하면 다음 각 호의 사항을 적은 문서로 관할 세무관서의 장 또는 지방자치단체의 장에게 과세정보의 제공을 요청할 수 있다.
   1. D) ────────
   2. 사용 목적
   3. 과징금 부과 사유 및 부과 기준

⑧ 제1항부터 제3항까지의 규정에 따라 징수한 과징금은 다음 각 호 외의 용도로는 사용할 수 없다. 이 경우 제2항 제1호 및 제3항 제1호에 따라 징수한 과징금은 제3호의 용도로 사용하여야 한다.
   1. 제47조 제3항에 따라 공단이 E) ──────── 으로 지급하는 자금
   2. 「응급의료에 관한 법률」에 따른 응급의료기금의 지원
   3. 「재난적의료비 지원에 관한 법률」에 따른 재난적의료비 지원사업에 대한 지원

⑨ 제1항부터 제3항까지의 규정에 따른 과징금의 금액과 그 납부에 필요한 사항 및 제8항에 따른 과징금의 용도별 지원 규모, 사용 절차 등에 필요한 사항은 대통령령으로 정한다.

정답 A) 5배   B) 12개월   C) 100분의 100   D) 납세자의 인적사항   E) 요양급여비용

제100조(위반사실의 공표)

① 보건복지부 장관은 관련 서류의 위조·변조로 A) 요양급여비용 을 거짓으로 청구하여 제98조 또는 제99조에 따른 행정처분을 받은 요양기관이 다음 각 호의 어느 하나에 해당하면 그 위반행위, 처분내용, 해당 요양기관의 명칭·주소 및 대표자 성명, 그 밖에 다른 요양기관과의 구별에 필요한 사항으로서 대통령령으로 정하는 사항을 공표할 수 있다. 이 경우 공표 여부를 결정할 때에는 그 위반행위의 동기, 정도, 횟수 및 결과 등을 고려하여야 한다.
  1. 거짓으로 청구한 금액이 B) 1천 500만 원 이상인 경우
  2. 요양급여비용 총액 중 거짓으로 청구한 금액의 비율이 C) 100분의 20 이상인 경우

② 보건복지부 장관은 제1항에 따른 공표 여부 등을 심의하기 위하여 건강보험공표심의위원회(이하 이 조에서 "공표심의위원회"라 한다)를 설치·운영한다.

③ 보건복지부 장관은 공표심의위원회의 심의를 거친 공표대상자에게 공표대상자인 사실을 알려 소명자료를 제출하거나 출석하여 의견을 진술할 기회를 주어야 한다.

④ 보건복지부 장관은 공표심의위원회가 제3항에 따라 제출된 소명자료 또는 진술된 의견을 고려하여 공표대상자를 재심의한 후 공표대상자를 선정한다.

⑤ 제1항부터 제4항까지에서 규정한 사항 외에 공표의 절차·방법, 공표심의위원회의 구성·운영 등에 필요한 사항은 D) 대통령령 으로 정한다.

제101조(제조업자 등의 금지행위 등)

① 「약사법」에 따른 의약품의 제조업자·위탁제조판매업자·수입자·판매업자 및 「의료기기법」에 따른 의료기기 제조업자·수입업자·수리업자·판매업자·임대업자(이하 "제조업자등"이라 한다)는 약제·치료재료와 관련하여 제41조의3에 따라 요양급여대상 여부를 결정하거나 제46조에 따라 요양급여비용을 산정할 때에 다음 각 호의 행위를 하여 보험자·가입자 및 E) 피부양자 에게 손실을 주어서는 아니 된다.
  1. 제98조 제1항 제1호에 해당하는 요양기관의 행위에 개입
  2. 보건복지부, 공단 또는 심사평가원에 거짓 자료의 제출
  3. 그 밖에 속임수나 보건복지부령으로 정하는 부당한 방법으로 요양급여대상 여부의 결정과 요양급여비용의 산정에 영향을 미치는 행위

② 보건복지부 장관은 제조업자등이 제1항에 위반한 사실이 있는지 여부를 확인하기 위하여 그 제조업자등에게 관련 서류의 제출을 명하거나, 소속 공무원이 관계인에게 질문을 하게 하거나 관계 서류를 검사하게 하는 등 필요한 조사를 할 수 있다. 이 경우 소속 공무원은 그 권한을 표시하는 증표를 지니고 이를 관계인에게 보여주어야 한다.

③ 공단은 제1항을 위반하여 보험자·가입자 및 피부양자에게 손실을 주는 행위를 한 제조업자등에 대하여 손실에 상당하는 금액(이하 이 조에서 " F) 손실 상당액 "이라 한다)을 징수한다.

④ 공단은 제3항에 따라 징수한 손실 상당액 중 가입자 및 피부양자의 손실에 해당되는 금액을 그 가입자나 피부양자에게 지급하여야 한다. 이 경우 공단은 가입자나 피부양자에게 지급하여야 하는 금액을 그 가입자 및 피부양자가 내야 하는 보험료등과 상계할 수 있다.

⑤ 제3항에 따른 손실 상당액의 산정, 부과·징수절차 및 납부방법 등에 관하여 필요한 사항은 대통령령으로 정한다.

제101조의2(약제에 대한 쟁송 시 손실상당액의 징수 및 지급)

① 공단은 제41조의2에 따른 요양급여비용 상한금액의 감액 및 요양급여의 적용 정지 또는 제41조의3에 따른 조정(이하 이 조에서 "조정등"이라 한다)에 대하여 약제의 제조업자등이 청구 또는 제기한 「행정심판법」에 따른 행정심판 또는 「행정소송법」에 따른 행정소송에 대하여 행정심판위원회 또는 법원의 결정이나 재결, 판결이 다음 각 호의 요건을 모두 충족하는 경우에는 조정등이 집행정지된 기간 동안 공단에 발생한 손실에 상당하는 금액을 약제의 제조업자등에게서 징수할 수 있다.
  1. 행정심판위원회 또는 법원이 집행정지 결정을 한 경우
  2. 행정심판이나 행정소송에 대한 각하 또는 기각(일부 기각을 포함한다) 재결 또는 판결이 확정되거나 청구취하 또는 소취하로 심판 또는 는 소송이 종결된 경우

정답 A) 요양급여비용 B) 1천 500만 C) 100분의 20 D) 대통령령 E) 피부양자 F) 손실 상당액

② 공단은 제1항의 심판 또는 소송에 대한 결정이나 재결, 판결이 다음 각 호의 요건을 모두 충족하는 경우에는 조정등으로 인하여 약제의 제조업자등에게 발생한 손실에 상당하는 금액을 지급하여야 한다.
    1. 행정심판위원회 또는 법원의 집행정지 결정이 없거나 집행정지 결정이 취소된 경우
    2. 행정심판이나 행정소송에 대한 인용(일부 인용을 포함한다) 재결 또는 판결이 확정된 경우

③ 제1항에 따른 손실에 상당하는 금액은 집행정지 기간 동안 공단이 지급한 요양급여비용과 집행정지가 결정되지 않았다면 공단이 지급하여야 할 요양급여비용의 차액으로 산정한다. 다만, 요양급여대상에서 제외되거나 요양급여의 적용을 정지하는 내용의 조정등의 경우에는 요양급여비용 차액의 100분의 40을 초과할 수 없다.

④ 제2항에 따른 손실에 상당하는 금액은 해당 조정등이 없었다면 공단이 지급하여야 할 요양급여비용과 조정등에 따라 공단이 지급한 요양급여비용의 차액으로 산정한다. 다만, 요양급여대상에서 제외되거나 요양급여의 적용을 정지하는 내용의 조정등의 경우에는 요양급여비용 차액의 100분의 40을 초과할 수 없다.

⑤ 공단은 제1항 또는 제2항에 따라 손실에 상당하는 금액을 징수 또는 지급하는 경우 대통령령으로 정하는 이자를 가산하여야 한다.

⑥ 그 밖에 제1항에 따른 징수절차, 제2항에 따른 지급절차, 제3항 및 제4항에 따른 손실에 상당하는 금액의 산정기준 및 기간, 제5항에 따른 가산금 등 징수 및 지급에 필요한 세부사항은 보건복지부령으로 정한다.

제102조(정보의 유지 등)

공단, A) 및 대행청구단체에 종사하였던 사람 또는 종사하는 사람은 다음 각 호의 행위를 하여서는 아니 된다.
    1. 가입자 및 피부양자의 개인정보(「개인정보 보호법」 제2조 제1호의 개인정보를 말한다. 이하 "개인정보"라 한다)를 누설하거나 직무상 목적 외의 용도로 이용 또는 정당한 사유 없이 제3자에게 제공하는 행위
    2. 업무를 수행하면서 알게 된 정보(제1호의 개인정보는 제외한다)를 누설하거나 직무상 목적 외의 용도로 이용 또는 제3자에게 제공하는 행위

제103조(공단 등에 대한 감독 등)

① 보건복지부 장관은 공단과 심사평가원의 경영목표를 달성하기 위하여 다음 각 호의 사업이나 업무에 대하여 보고를 명하거나 그 사업이나 업무 또는 B) 을 검사하는 등 감독을 할 수 있다.
    1. 제14조 제1항 제1호부터 제13호까지의 규정에 따른 공단의 업무 및 제63조 제1항 제1호부터 제8호까지의 규정에 따른 심사평가원의 업무
    2. 「공공기관의 운영에 관한 법률」 제50조에 따른 경영지침의 이행과 관련된 사업
    3. 이 법 또는 다른 법령에서 공단과 심사평가원이 위탁받은 업무
    4. 그 밖에 관계 법령에서 정하는 사항과 관련된 사업

② 보건복지부 장관은 제1항에 따른 감독상 필요한 경우에는 정관이나 규정의 변경 또는 그 밖에 필요한 처분을 명할 수 있다.

제104조(포상금 등의 지급)

① 공단은 다음 각 호의 어느 하나에 해당하는 자 또는 재산을 신고한 사람에 대하여 포상금을 지급할 수 있다. 다만, 공무원이 그 직무와 관련하여 제4호에 따른 은닉재산을 신고한 경우에는 그러하지 아니한다.
    1. 속임수나 그 밖의 부당한 방법으로 C) 를 받은 사람
    2. 속임수나 그 밖의 부당한 방법으로 다른 사람이 보험급여를 받도록 한 자
    3. 속임수나 그 밖의 부당한 방법으로 보험급여비용을 받은 요양기관 또는 보험급여를 받은 D) 및 보조기기 판매업자
    4. 제57조에 따라 징수금을 납부하여야 하는 자의 은닉재산

② 공단은 건강보험 재정을 효율적으로 운영하는 데에 이바지한 요양기관에 대하여 E) 을 지급할 수 있다.

정답 A) 심사평가원   B) 재산상황   C) 보험급여   D) 준요양기관   E) 장려금

③ 제1항 제4호의 "은닉재산"이란 징수금을 납부하여야 하는 자가 은닉한 현금, 예금, 주식, 그 밖에 재산적 가치가 있는 유형·무형의 재산을 말한다. 다만, 다음 각 호의 어느 하나에 해당하는 재산은 제외한다.
   1. 「민법」 제406조 등 관계 법령에 따라 사해행위(詐害行爲) 취소소송의 대상이 되어 있는 재산
   2. 공단이 은닉사실을 알고 조사 또는 강제징수 절차에 착수한 재산
   3. 그 밖에 은닉재산 신고를 받을 필요가 없다고 인정되어 대통령령으로 정하는 재산
④ 제1항 및 제2항에 따른 포상금 및 장려금의 지급 기준과 범위, 절차 및 방법 등에 필요한 사항은 대통령령으로 정한다.

제105조(유사명칭의 사용금지)
① 공단이나 심사평가원이 아닌 자는 국민건강보험공단, 건강보험심사평가원 또는 이와 유사한 명칭을 사용하지 못한다.
② 이 법으로 정하는 건강보험사업을 수행하는 자가 아닌 자는 보험계약 또는 보험계약의 명칭에 A) _____ 이라는 용어를 사용하지 못한다.

제106조(소액 처리)
공단은 징수하여야 할 금액이나 반환하여야 할 금액이 1건당 B) _____ 미만인 경우(제47조 제5항, 제57조 제5항 후단 및 제101조 제4항 후단에 따라 각각 상계 처리할 수 있는 본인일부부담금 환급금 및 가입자나 피부양자에게 지급하여야 하는 금액은 제외한다)에는 징수 또는 반환하지 아니한다.

제107조(C) _____)
보험료등과 보험급여에 관한 비용을 계산할 때 「국고금관리법」 제47조에 따른 끝수는 계산하지 아니한다.

제108조의2(보험재정에 대한 정부지원)
① 국가는 매년 예산의 범위에서 해당 연도 보험료 예상 수입액의 D) _____ 에 상당하는 금액을 국고에서 공단에 지원한다.
② 공단은 「국민건강증진법」에서 정하는 바에 따라 같은 법에 따른 E) _____ 에서 자금을 지원받을 수 있다.
③ 공단은 제1항에 따라 지원된 재원을 다음 각 호의 사업에 사용한다.
   1. 가입자 및 피부양자에 대한 보험급여
   2. 건강보험사업에 대한 운영비
   3. 제75조 및 제110조 제4항에 따른 보험료 경감에 대한 지원
④ 공단은 제2항에 따라 지원된 재원을 다음 각 호의 사업에 사용한다.
   1. 건강검진 등 건강증진에 관한 사업
   2. 가입자와 피부양자의 흡연으로 인한 질병에 대한 보험급여
   3. 가입자와 피부양자 중 65세 이상 노인에 대한 보험급여

제109조(외국인 등에 대한 특례)
① 정부는 외국 정부가 사용자인 사업장의 근로자의 건강보험에 관하여는 외국 정부와 한 합의에 따라 이를 따로 정할 수 있다.
② 국내에 체류하는 재외국민 또는 외국인(이하 " F) _____ "이라 한다)이 적용대상사업장의 근로자, 공무원 또는 교직원이고 제6조 제2항 각 호의 어느 하나에 해당하지 아니하면서 다음 각 호의 어느 하나에 해당하는 경우에는 제5조에도 불구하고 직장가입자가 된다.
   1. 「주민등록법」 제6조 제1항 제3호에 따라 등록한 사람
   2. 「재외동포의 출입국과 법적 지위에 관한 법률」 제6조에 따라 G) _____ 를 한 사람
   3. 「출입국관리법」 제31조에 따라 H) _____ 을 한 사람

정답 A) 국민건강보험 B) 2천 원 C) 끝수 처리 D) 100분의 14 E) 국민건강증진기금 F) 국내체류 외국인등 G) 국내거소신고
    H) 외국인등록

③ 제2항에 따른 직장가입자에 해당하지 아니하는 국내체류 외국인등이 다음 각 호의 요건을 모두 갖춘 경우에는 제5조에도 불구하고 지역가입자가 된다.
  1. 보건복지부령으로 정하는 기간 동안 국내에 거주하였거나 해당 기간 동안 국내에 지속적으로 거주할 것으로 예상할 수 있는 사유로서 보건복지부령으로 정하는 사유에 해당될 것
  2. 다음 각 목의 어느 하나에 해당할 것
    가. 제2항 제1호 또는 제2호에 해당하는 사람
    나. 「출입국관리법」 제31조에 따라 외국인등록을 한 사람으로서 A) 보건복지부령 으로 정하는 체류자격이 있는 사람

④ 제2항 각 호의 어느 하나에 해당하는 국내체류 외국인등이 다음 각 호의 요건을 모두 갖춘 경우에는 제5조에도 불구하고 공단에 신청하면 피부양자가 될 수 있다.
  1. 직장가입자와의 관계가 제5조 제2항 각 호의 어느 하나에 해당할 것
  2. 제5조 제3항에 따른 피부양자 자격의 인정 기준에 해당할 것
  3. 국내 거주기간 또는 거주사유가 제3항 제1호에 따른 기준에 해당할 것. 다만, 직장가입자의 배우자 및 19세 미만 자녀(배우자의 자녀를 포함한다)에 대해서는 그러하지 아니하다.

⑤ 제2항부터 제4항까지의 규정에도 불구하고 다음 각 호에 해당되는 경우에는 가입자 및 피부양자가 될 수 없다.
  1. 국내체류가 법률에 위반되는 경우로서 B) 대통령령 으로 정하는 사유가 있는 경우
  2. 국내체류 외국인등이 외국의 법령, 외국의 보험 또는 사용자와의 계약 등에 따라 제41조에 따른 요양급여에 상당하는 의료보장을 받을 수 있어 사용자 또는 가입자가 보건복지부령으로 정하는 바에 따라 가입 제외를 신청한 경우

⑥ 제2항부터 제5항까지의 규정에서 정한 사항 외에 국내체류 외국인등의 가입자 또는 피부양자 자격의 취득 및 상실에 관한 시기·절차 등에 필요한 사항은 제5조부터 제11조까지의 규정을 준용한다. 다만, 국내체류 외국인등의 특성을 고려하여 특별히 규정해야 할 사항은 대통령령으로 다르게 정할 수 있다.

⑦ 가입자인 국내체류 외국인등이 매월 2일 이후 지역가입자의 자격을 취득하고 그 자격을 취득한 날이 속하는 달에 보건복지부 장관이 고시하는 사유로 해당 자격을 상실한 경우에는 제69조 제2항 본문에도 불구하고 그 자격을 취득한 날이 C) 속하는 달 의 보험료를 부과하여 징수한다.

⑧ 국내체류 외국인등(제9항 단서의 적용을 받는 사람에 한정한다)에 해당하는 지역가입자의 보험료는 제78조 제1항 본문에도 불구하고 그 직전 월 25일까지 납부하여야 한다. 다만, 다음 각 호에 해당되는 경우에는 공단이 정하는 바에 따라 납부하여야 한다.
  1. 자격을 취득한 날이 속하는 달의 보험료를 징수하는 경우
  2. 매월 D) 26일 이후부터 말일까지의 기간에 자격을 취득한 경우

⑨ 제7항과 제8항에서 정한 사항 외에 가입자인 국내체류 외국인등의 보험료 부과·징수에 관한 사항은 제69조부터 제86조까지의 규정을 준용한다. 다만, 대통령령으로 정하는 국내체류 외국인등의 보험료 부과·징수에 관한 사항은 그 특성을 고려하여 보건복지부 장관이 다르게 정하여 고시할 수 있다.

⑩ 공단은 지역가입자인 국내체류 외국인등(제9항 단서의 적용을 받는 사람에 한정한다)이 보험료를 체납한 경우에는 제53조 제3항에도 불구하고 체납일부터 체납한 보험료를 완납할 때까지 보험급여를 하지 아니한다. 이 경우 제53조 제3항 각 호 외의 부분 단서 및 같은 조 제5항·제6항은 적용하지 아니한다.

제109조(외국인 등에 대한 특례)

① 정부는 외국 정부가 사용자인 사업장의 근로자의 건강보험에 관하여는 외국 정부와 한 합의에 따라 이를 따로 정할 수 있다.
② 국내에 체류하는 재외국민 또는 외국인(이하 "국내체류 외국인등"이라 한다)이 적용대상사업장의 근로자, 공무원 또는 교직원이고 제6조 제2항 각 호의 어느 하나에 해당하지 아니하면서 다음 각 호의 어느 하나에 해당하는 경우에는 제5조에도 불구하고 직장가입자가 된다.
  1. 「주민등록법」 제6조 제1항 제3호에 따라 등록한 사람
  2. 「재외동포의 출입국과 법적 지위에 관한 법률」 제6조에 따라 국내거소신고를 한 사람
  3. 「출입국관리법」 제31조에 따라 외국인등록을 한 사람

정답 A) 보건복지부령 B) 대통령령 C) 속하는 달 D) 26일

③ 제2항에 따른 직장가입자에 해당하지 아니하는 국내체류 외국인등이 다음 각 호의 요건을 모두 갖춘 경우에는 제5조에도 불구하고 지역가입자가 된다.
  1. 보건복지부령으로 정하는 기간 동안 국내에 거주하였거나 해당 기간 동안 국내에 지속적으로 거주할 것으로 예상할 수 있는 사유로서 보건복지부령으로 정하는 사유에 해당될 것
  2. 다음 각 목의 어느 하나에 해당할 것
    가. 제2항 제1호 또는 제2호에 해당하는 사람
    나. 「출입국관리법」 제31조에 따라 외국인등록을 한 사람으로서 보건복지부령으로 정하는 체류자격이 있는 사람
④ 제2항 각 호의 어느 하나에 해당하는 국내체류 외국인등이 다음 각 호의 요건을 모두 갖춘 경우에는 제5조에도 불구하고 공단에 신청하면 피부양자가 될 수 있다.
  1. 직장가입자와의 관계가 제5조 제2항 각 호의 어느 하나에 해당할 것
  2. 제5조 제3항에 따른 피부양자 자격의 인정 기준에 해당할 것
  3. 국내 거주기간 또는 거주사유가 제3항 제1호에 따른 기준에 해당할 것. 다만, 직장가입자의 배우자 및 19세 미만 자녀(배우자의 자녀를 포함한다)에 대해서는 그러하지 아니하다.
⑤ 제2항부터 제4항까지의 규정에도 불구하고 다음 각 호에 해당되는 경우에는 가입자 및 피부양자가 될 수 없다.
  1. 국내체류가 법률에 위반되는 경우로서 대통령령으로 정하는 사유가 있는 경우
  2. 국내체류 외국인등이 외국의 법령, 외국의 보험 또는 사용자와의 계약 등에 따라 제41조에 따른 요양급여에 상당하는 의료보장을 받을 수 있어 사용자 또는 가입자가 보건복지부령으로 정하는 바에 따라 가입 제외를 신청한 경우
⑥ 제2항부터 제5항까지의 규정에서 정한 사항 외에 국내체류 외국인등의 가입자 또는 피부양자 자격의 취득 및 상실에 관한 시기·절차 등에 필요한 사항은 제5조부터 제11조까지의 규정을 준용한다. 다만, 국내체류 외국인등의 특성을 고려하여 특별히 규정해야 할 사항은 대통령령으로 다르게 정할 수 있다.
⑦ 가입자인 국내체류 외국인등이 매월 2일 이후 지역가입자의 자격을 취득하고 그 자격을 취득한 날이 속하는 달에 보건복지부 장관이 고시하는 사유로 해당 자격을 상실한 경우에는 제69조 제2항 본문에도 불구하고 그 자격을 취득한 날이 속하는 달의 보험료를 부과하여 징수한다.
⑧ 국내체류 외국인등(제9항 단서의 적용을 받는 사람에 한정한다)에 해당하는 지역가입자의 보험료는 제78조 제1항 본문에도 불구하고 그 직전 월 25일까지 납부하여야 한다. 다만, 다음 각 호에 해당되는 경우에는 공단이 정하는 바에 따라 납부하여야 한다.
  1. 자격을 취득한 날이 속하는 달의 보험료를 징수하는 경우
  2. 매월 26일 이후부터 말일까지의 기간에 자격을 취득한 경우
⑨ 제7항과 제8항에서 정한 사항 외에 가입자인 국내체류 외국인등의 보험료 부과·징수에 관한 사항은 제69조부터 제86조까지의 규정을 준용한다. 다만, 대통령령으로 정하는 국내체류 외국인등의 보험료 부과·징수에 관한 사항은 그 특성을 고려하여 보건복지부 장관이 다르게 정하여 고시할 수 있다.
⑩ 공단은 지역가입자인 국내체류 외국인등(제9항 단서의 적용을 받는 사람에 한정한다)이 보험료를 대통령령으로 정하는 기간 이상 체납한 경우에는 제53조 제3항에도 불구하고 체납일부터 체납한 보험료를 완납할 때까지 보험급여를 하지 아니한다. 이 경우 제53조 제3항 각 호 외의 부분 단서 및 같은 조 제5항·제6항은 적용하지 아니한다.
⑪ 제10항에도 불구하고 체류자격 및 체류기간 등 국내체류 외국인등의 특성을 고려하여 특별히 규정하여야 할 사항은 대통령령으로 다르게 정할 수 있다.

[시행일: 2025. 4. 23.] 제109조

제110조(실업자에 대한 특례)

① 사용관계가 끝난 사람 중 직장가입자로서의 자격을 유지한 기간이 보건복지부령으로 정하는 기간 동안 통산 1년 이상인 사람은 지역가입자가 된 이후 최초로 제79조에 따라 지역가입자 보험료를 고지받은 날부터 그 납부기한에서 2개월이 지나기 이전까지 공단에 직장가입자로서의 자격을 유지할 것을 신청할 수 있다.

② 제1항에 따라 공단에 신청한 가입자(이하 "임의계속가입자"라 한다)는 제9조에도 불구하고 대통령령으로 정하는 기간 동안 직장가입자의 자격을 유지한다. 다만, 제1항에 따른 신청 후 최초로 내야 할 직장가입자 보험료를 그 납부기한부터 2개월이 지난 날까지 내지 아니한 경우에는 그 자격을 유지할 수 없다.

③ 임의계속가입자의 보수월액은 보수월액보험료가 산정된 최근 A) _____ 간의 보수월액을 평균한 금액으로 한다.

④ 임의계속가입자의 보험료는 보건복지부 장관이 정하여 고시하는 바에 따라 그 일부를 경감할 수 있다.

⑤ 임의계속가입자의 보수월액보험료는 제76조 제1항 및 제77조 제1항 제1호에도 불구하고 그 임의계속가입자가 전액을 부담하고 납부한다.

⑥ 임의계속가입자가 보험료를 납부기한까지 내지 아니하는 경우 그 급여제한에 관하여는 제53조 제3항·제5항 및 제6항을 준용한다. 이 경우 "제69조 제5항에 따른 세대단위의 보험료"는 "제110조 제5항에 따른 보험료"로 본다.

⑦ 임의계속가입자의 신청 방법·절차 등에 필요한 사항은 보건복지부령으로 정한다.

제111조(권한의 위임 및 위탁)

이 법에 따른 보건복지부 장관의 권한은 B) _____ 으로 정하는 바에 따라 그 일부를 특별시장·광역시장·도지사 또는 특별자치도지사에게 위임할 수 있다.

제112조(업무의 위탁)

① 공단은 대통령령으로 정하는 바에 따라 다음 각 호의 업무를 체신관서, 금융기관 또는 그 밖의 자에게 위탁할 수 있다.
 1. 보험료의 수납 또는 보험료납부의 확인에 관한 업무
 2. 보험급여비용의 지급에 관한 업무
 3. 징수위탁근거법의 위탁에 따라 징수하는 연금보험료, 고용보험료, 산업재해보상보험료, 부담금 및 분담금 등 (이하 " C) _____ "이라 한다)의 수납 또는 그 납부의 확인에 관한 업무

② 공단은 그 업무의 일부를 국가기관, 지방자치단체 또는 다른 법령에 따른 사회보험 업무를 수행하는 법인이나 그 밖의 자에게 위탁할 수 있다. 다만, 보험료와 징수위탁보험료등의 징수 업무는 그러하지 아니하다.

③ 제2항에 따라 공단이 위탁할 수 있는 업무 및 위탁받을 수 있는 자의 범위는 보건복지부령으로 정한다.

제113조(징수위탁보험료등의 배분 및 납입 등)

① 공단은 자신이 징수한 보험료와 그에 따른 징수금 또는 징수위탁보험료등의 금액이 징수하여야 할 총액에 부족한 경우에는 대통령령으로 정하는 기준, 방법에 따라 이를 배분하여 납부 처리하여야 한다. 다만, 납부의무자가 다른 의사를 표시한 때에는 그에 따른다.

② 공단은 징수위탁보험료등을 징수한 때에는 이를 지체 없이 해당 D) _____ 에 납입하여야 한다.

제114조(출연금의 용도 등)

① 공단은 「국민연금법」, 「산업재해보상보험법」, 「고용보험법」 및 「임금채권보장법」에 따라 국민연금기금, 산업재해보상보험 및 예방기금, 고용보험기금 및 임금채권보장기금으로부터 각각 지급받은 출연금을 제14조 제1항 제11호에 따른 업무에 소요되는 비용에 사용하여야 한다.

② 제1항에 따라 지급받은 E) _____ 의 관리 및 운용 등에 필요한 사항은 대통령령으로 정한다.

정답 A) 12개월 B) 대통령령 C) 징수위탁보험료등 D) 보험별 기금 E) 출연금

제114조의2(벌칙 적용에서 공무원 의제)

제4조 제1항에 따른 심의위원회 및 제100조 제2항에 따른 건강보험공표심의위원회 위원 중 공무원이 아닌 사람은 「형법」 제127조 및 제129조부터 제132조까지의 규정을 적용할 때에는 A) _____ 으로 본다.

제9장 | 벌칙

제115조(벌칙)

① 제102조 제1호를 위반하여 가입자 및 피부양자의 개인정보를 누설하거나 직무상 목적 외의 용도로 이용 또는 정당한 사유 없이 제3자에게 제공한 자는 5년 이하의 징역 또는 B) _____ 이하의 벌금에 처한다.

② 다음 각 호의 어느 하나에 해당하는 자는 3년 이하의 징역 또는 C) _____ 이하의 벌금에 처한다.
  1. 대행청구단체의 종사자로서 거짓이나 그 밖의 부정한 방법으로 요양급여비용을 청구한 자
  2. 제102조 제2호를 위반하여 업무를 수행하면서 알게 된 정보를 누설하거나 직무상 목적 외의 용도로 이용 또는 제3자에게 제공한 자

③ 제96조의3 제3항을 위반하여 공동이용하는 전산정보자료를 같은 조 제1항에 따른 목적 외의 용도로 이용하거나 활용한 자는 3년 이하의 징역 또는 D) _____ 이하의 벌금에 처한다.

④ 거짓이나 그 밖의 부정한 방법으로 보험급여를 받거나 타인으로 하여금 보험급여를 받게 한 사람은 2년 이하의 징역 또는 E) _____ 이하의 벌금에 처한다.

⑤ 다음 각 호의 어느 하나에 해당하는 자는 1년 이하의 징역 또는 F) _____ 이하의 벌금에 처한다.
  1. 제42조의2 제1항 및 제3항을 위반하여 선별급여를 제공한 요양기관의 개설자
  2. 제47조 제7항을 위반하여 대행청구단체가 아닌 자로 하여금 대행하게 한 자
  3. 제93조를 위반한 사용자
  4. 제98조 제2항을 위반한 요양기관의 개설자

제116조(벌칙)

제97조 제2항을 위반하여 보고 또는 서류 제출을 하지 아니한 자, 거짓으로 보고하거나 거짓 서류를 제출한 자, 검사나 질문을 거부·방해 또는 기피한 자는 G) _____ 이하의 벌금에 처한다.

제117조(벌칙)

제42조 제5항을 위반한 자 또는 제49조 제2항을 위반하여 요양비 명세서나 요양 명세를 적은 영수증을 내주지 아니한 자는 H) _____ 이하의 벌금에 처한다.

제118조(I))

① 법인의 대표자나 법인 또는 개인의 대리인, 사용인, 그 밖의 종사자가 그 법인 또는 개인의 업무에 관하여 제115조부터 제117조까지의 규정 중 어느 하나에 해당하는 위반행위를 하면 그 행위자를 벌하는 외에 그 J) _____ 에게도 해당 조문의 벌금형을 과(科)한다. 다만, 법인 또는 개인이 그 위반행위를 방지하기 위하여 해당 업무에 관하여 상당한 주의와 감독을 게을리하지 아니한 경우에는 그러하지 아니하다.

정답 A) 공무원 B) 5천만 원 C) 3천만 원 D) 1천만 원 E) 2천만 원 F) 1천만 원 G) 1천만 원 H) 500만 원 I) 양벌 규정 J) 법인 또는 개인

제119조(과태료)

③ 다음 각 호의 어느 하나에 해당하는 자에게는 A) _____ 이하의 과태료를 부과한다.
　1. 제7조를 위반하여 신고를 하지 아니하거나 거짓으로 신고한 사용자
　2. 정당한 사유 없이 제94조 B) _____ 을 위반하여 신고·서류제출을 하지 아니하거나 거짓으로 신고·서류제출을 한 자
　3. 정당한 사유 없이 제97조 제1항, 제3항, 제4항, 제5항을 위반하여 보고·서류제출을 하지 아니하거나 거짓으로 보고·서류제출을 한 자
　4. 제98조 제4항을 위반하여 행정처분을 받은 사실 또는 C) _____ 가 진행 중인 사실을 지체 없이 알리지 아니한 자
　5. 정당한 사유 없이 제101조 제2항을 위반하여 서류를 제출하지 아니하거나 거짓으로 제출한 자

④ 다음 각 호의 어느 하나에 해당하는 자에게는 D) _____ 이하의 과태료를 부과한다.
　3. 제12조제4항을 위반하여 정당한 사유 없이 건강보험증이나 신분증명서로 가입자 또는 피부양자의 본인 여부 및 그 자격을 확인하지 아니하고 요양급여를 실시한 자
　4. 제96조의4를 위반하여 서류를 보존하지 아니한 자
　5. 제103조에 따른 명령을 위반한 자
　6. 제105조를 위반한 자

⑤ 제3항 및 제4항에 따른 과태료는 대통령령으로 정하는 바에 따라 E) _____ 이 부과·징수한다.

정답 A) 500만 원　B) 제1항　C) 행정처분절차　D) 100만 원　E) 보건복지부 장관

취업강의 1위, 해커스잡

ejob.Hackers.com

노인장기요양보험법 빈칸노트

📝 빈칸에 주요 키워드를 직접 쓰면서 노인장기요양보험법을 학습해 보세요.
* 노인장기요양보험법 수록 기준: 법제처 법률 제20213호, 2024.2.6. (2025.2.7. 시행법령 기준, 시행예정법령 별도 표기)

제1장 | 총칙

제1조(목적)

이 법은 고령이나 A) _____ 등의 사유로 일상생활을 혼자서 수행하기 어려운 노인등에게 제공하는 신체활동 또는 B) _____ 지원 등의 장기요양급여에 관한 사항을 규정하여 노후의 건강증진 및 생활안정을 도모하고 그 가족의 부담을 덜어줌으로써 국민의 삶의 질을 향상하도록 함을 목적으로 한다.

제2조(정의)

이 법에서 사용하는 용어의 정의는 다음과 같다.
1. "노인등"이란 65세 이상의 노인 또는 65세 미만의 자로서 C) _____ 등 대통령령으로 정하는 노인성 질병을 가진 자를 말한다.
2. "장기요양급여"란 제15조 제2항에 따라 6개월 이상 동안 혼자서 일상생활을 수행하기 어렵다고 인정되는 자에게 신체활동·가사활동의 지원 또는 간병 등의 서비스나 이에 갈음하여 지급하는 현금 등을 말한다.
3. " D) _____ "이란 장기요양보험료, 국가 및 지방자치단체의 부담금 등을 재원으로 하여 노인등에게 장기요양급여를 제공하는 사업을 말한다.
4. "장기요양기관"이란 제31조에 따른 지정을 받은 기관으로서 장기요양급여를 제공하는 기관을 말한다.
5. "장기요양요원"이란 장기요양기관에 소속되어 노인등의 신체활동 또는 가사활동 지원 등의 업무를 수행하는 자를 말한다.

제3조(장기요양급여 제공의 기본원칙)

① 장기요양급여는 노인등이 자신의 의사와 능력에 따라 최대한 자립적으로 일상생활을 수행할 수 있도록 제공하여야 한다.
② 장기요양급여는 노인등의 심신상태·생활환경과 노인등 및 그 가족의 욕구·선택을 종합적으로 고려하여 E) _____ 범위 안에서 이를 적정하게 제공하여야 한다.
③ 장기요양급여는 노인등이 가족과 함께 생활하면서 가정에서 장기요양을 받는 F) _____ 를 우선적으로 제공하여야 한다.
④ 장기요양급여는 노인등의 심신상태나 건강 등이 악화되지 아니하도록 의료서비스와 연계하여 이를 제공하여야 한다.

제4조(국가 및 지방자치단체의 책무 등)

① 국가 및 지방자치단체는 노인이 일상생활을 혼자서 수행할 수 있는 온전한 심신상태를 유지하는 데 필요한 사업(이하 " G) _____ "이라 한다)을 실시하여야 한다.
② 국가는 노인성질환예방사업을 수행하는 지방자치단체 또는 「국민건강보험법」에 따른 국민건강보험공단(이하 "공단"이라 한다)에 대하여 이에 소요되는 비용을 지원할 수 있다.
③ 국가 및 지방자치단체는 노인인구 및 지역특성 등을 고려하여 장기요양급여가 원활하게 제공될 수 있도록 적정한 수의 장기요양기관을 확충하고 장기요양기관의 설립을 지원하여야 한다.
④ 국가 및 지방자치단체는 장기요양급여가 원활히 제공될 수 있도록 공단에 필요한 행정적 또는 재정적 지원을 할 수 있다.

정답 A) 노인성 질병 B) 가사활동 C) 치매·뇌혈관성질환 D) 장기요양사업 E) 필요한 F) 재가급여 G) 노인성질환예방사업

⑤ 국가 및 지방자치단체는 장기요양요원의 처우를 개선하고 복지를 증진하며 지위를 향상시키기 위하여 A) 으로 노력하여야 한다.

⑥ 국가 및 지방자치단체는 지역의 특성에 맞는 장기요양사업의 표준을 개발·보급할 수 있다.

> **제4조(국가 및 지방자치단체의 책무 등)**
> ① 국가 및 지방자치단체는 노인이 일상생활을 혼자서 수행할 수 있는 온전한 심신상태를 유지하는데 필요한 사업(이하 "노인성질환예방사업"이라 한다)을 실시하여야 한다.
> ② 국가는 노인성질환예방사업을 수행하는 지방자치단체 또는 「국민건강보험법」에 따른 국민건강보험공단(이하 "공단"이라 한다)에 대하여 이에 소요되는 비용을 지원할 수 있다.
> ③ 국가 및 지방자치단체는 노인인구 및 지역특성 등을 고려하여 장기요양급여가 원활하게 제공될 수 있도록 적정한 수의 장기요양기관을 확충하고 장기요양기관의 설립을 지원하여야 한다.
> ④ 국가 및 지방자치단체는 국·공립 장기요양기관을 확충하기 위하여 노력하여야 한다.
> ⑤ 국가 및 지방자치단체는 장기요양급여가 원활히 제공될 수 있도록 공단에 필요한 행정적 또는 재정적 지원을 할 수 있다.
> ⑥ 국가 및 지방자치단체는 장기요양요원의 처우를 개선하고 복지를 증진하며 지위를 향상시키기 위하여 적극적으로 노력하여야 한다.
> ⑦ 국가 및 지방자치단체는 지역의 특성에 맞는 장기요양사업의 표준을 개발·보급할 수 있다.
>
> [시행일: 2025. 6. 21.] 제4조

제5조(장기요양급여에 관한 국가정책방향)

국가는 제6조의 장기요양기본계획을 수립·시행함에 있어서 노인뿐만 아니라 B) 등 일상생활을 혼자서 수행하기 어려운 모든 국민이 장기요양급여, 신체활동지원서비스 등을 제공받을 수 있도록 노력하고 나아가 이들의 생활안정과 자립을 지원할 수 있는 시책을 강구하여야 한다.

제6조(장기요양기본계획)

① 보건복지부 장관은 노인등에 대한 장기요양급여를 원활히 제공하기 위하여 5년 단위로 다음 각 호의 사항이 포함된 장기요양기본계획을 수립·시행하여야 한다.
  1. 연도별 장기요양급여 대상인원 및 재원조달 계획
  2. 연도별 장기요양기관 및 장기요양전문인력 관리 방안
  3. C) 에 관한 사항
  4. 그 밖에 노인등의 장기요양에 관한 사항으로서 대통령령으로 정하는 사항

② 지방자치단체의 장은 제1항에 따른 장기요양기본계획에 따라 세부시행계획을 수립·시행하여야 한다.

제6조의2(실태조사)

① 보건복지부 장관은 장기요양사업의 실태를 파악하기 위하여 3년마다 다음 각 호의 사항에 관한 조사를 D) 으로 실시하고 그 결과를 공표하여야 한다.
  1. 장기요양인정에 관한 사항
  2. 제52조에 따른 장기요양등급판정위원회(이하 "등급판정위원회"라 한다)의 판정에 따라 장기요양급여를 받을 사람(이하 "수급자"라 한다)의 규모, 그 E) 및 만족도에 관한 사항
  3. 장기요양기관에 관한 사항
  4. 장기요양요원의 근로조건, 처우 및 규모에 관한 사항
  5. 그 밖에 장기요양사업에 관한 사항으로서 보건복지부령으로 정하는 사항

② 제1항에 따른 실태조사의 방법과 내용 등에 필요한 사항은 보건복지부령으로 정한다.

정답 A) 적극적 B) 장애인 C) 장기요양요원의 처우 D) 정기적 E) 급여의 수준

제2장 | 장기요양보험

제7조(장기요양보험)
① 장기요양보험사업은 보건복지부 장관이 관장한다.
② 장기요양보험사업의 A)   는 공단으로 한다.
③ 장기요양보험의 가입자(이하 "장기요양보험 가입자"라 한다)는 「국민건강보험법」 제5조 및 제109조에 따른 가입자로 한다.
④ 공단은 제3항에도 불구하고 「외국인근로자의 고용 등에 관한 법률」에 따른 외국인근로자 등 B)   으로 정하는 외국인이 신청하는 경우 보건복지부령으로 정하는 바에 따라 장기요양보험 가입자에서 제외할 수 있다.

제8조(장기요양보험료의 징수)
① 공단은 장기요양사업에 사용되는 비용에 충당하기 위하여 장기요양보험료를 징수한다.
② 제1항에 따른 장기요양보험료는 「국민건강보험법」 제69조에 따른 보험료(이하 이 조에서 "건강보험료"라 한다)와 통합하여 징수한다. 이 경우 공단은 장기요양보험료와 건강보험료를 구분하여 고지하여야 한다.
③ 공단은 제2항에 따라 통합 징수한 장기요양보험료와 건강보험료를 각각의 C)   로 관리하여야 한다.

제9조(장기요양보험료의 산정)
① 장기요양보험료는 「국민건강보험법」 제69조 D)   및 제109조 제9항 단서에 따라 산정한 보험료액에서 같은 법 제74조 또는 제75조에 따라 경감 또는 면제되는 비용을 공제한 금액에 같은 법 제73조 제1항에 따른 건강보험료율 대비 장기요양보험료율의 비율을 곱하여 산정한 금액으로 한다.
② 제1항에 따른 장기요양보험료율은 제45조에 따른 장기요양위원회의 심의를 거쳐 대통령령으로 정한다.
③ 제1항에도 불구하고 장기요양보험의 특성을 고려하여 「국민건강보험법」 제74조 또는 제75조에 따라 경감 또는 면제되는 비용을 달리 적용할 필요가 있는 경우에는 대통령령으로 정하는 바에 따라 경감 또는 면제되는 비용의 공제 수준을 달리 정할 수 있다.

제10조(장애인 등에 대한 장기요양보험료의 감면)
공단은 「장애인복지법」에 따른 장애인 또는 이와 유사한 자로서 대통령령으로 정하는 자가 장기요양보험 가입자 또는 그 피부양자인 경우 제15조 제2항에 따른 수급자로 결정되지 못한 때 E)   으로 정하는 바에 따라 장기요양보험료의 전부 또는 일부를 감면할 수 있다.

제11조(장기요양보험가입 자격 등에 관한 준용)
「국민건강보험법」 제5조, 제6조, 제8조부터 제11조까지, 제69조 제1항부터 제3항까지, 제76조부터 제86조까지, 제109조 제1항부터 제9항까지 및 제110조는 장기요양보험 가입자·피부양자의 자격취득·상실, 장기요양보험료 등의 납부·징수 및 결손처분 등에 관하여 이를 준용한다. 이 경우 "보험료"는 "장기요양보험료"로, "건강보험"은 "장기요양보험"으로, "가입자"는 "장기요양보험 가입자"로 본다.

제3장 | 장기요양인정

제12조(장기요양인정의 신청자격)
장기요양인정을 신청할 수 있는 자는 노인등으로서 다음 각 호의 어느 하나에 해당하는 자격을 갖추어야 한다.
  1. 장기요양보험 가입자 또는 그 피부양자
  2. 「의료급여법」 제3조 제1항에 따른 수급권자(이하 " F)   "라 한다)

정답 A) 보험자 B) 대통령령 C) 독립회계 D) 제4항·제5항 E) 대통령령 F) 의료급여수급권자

제13조(장기요양인정의 신청)

① 장기요양인정을 신청하는 자(이하 "신청인"이라 한다)는 공단에 보건복지부령으로 정하는 바에 따라 장기요양인정신청서(이하 "신청서"라 한다)에 의사 또는 한의사가 발급하는 소견서(이하 "의사소견서"라 한다)를 첨부하여 제출하여야 한다. 다만, 의사소견서는 공단이 제15조 제1항에 따라 A) _____ 에 자료를 제출하기 전까지 제출할 수 있다.

② 제1항에도 불구하고 거동이 현저하게 불편하거나 도서·벽지 지역에 거주하여 의료기관을 방문하기 어려운 자 등 대통령령으로 정하는 자는 의사소견서를 제출하지 아니할 수 있다.

③ 의사소견서의 발급비용·비용부담방법·발급자의 범위, 그 밖에 필요한 사항은 B) _____ 으로 정한다.

제14조(장기요양인정 신청의 조사)

① 공단은 제13조 제1항에 따라 신청서를 접수한 때 보건복지부령으로 정하는 바에 따라 소속 직원으로 하여금 다음 각 호의 사항을 조사하게 하여야 한다. 다만, 지리적 사정 등으로 직접 조사하기 어려운 경우 또는 조사에 필요하다고 인정하는 경우 특별자치시·특별자치도·시·군·구(자치구를 말한다. 이하 같다)에 대하여 조사를 의뢰하거나 공동으로 조사할 것을 요청할 수 있다.
  1. 신청인의 C) _____
  2. 신청인에게 필요한 장기요양급여의 종류 및 내용
  3. 그 밖에 장기요양에 관하여 필요한 사항으로서 보건복지부령으로 정하는 사항

② 공단은 제1항 각 호의 사항을 조사하는 경우 2명 이상의 소속 직원이 조사할 수 있도록 노력하여야 한다.

③ 제1항에 따라 조사를 하는 자는 조사일시, 장소 및 조사를 담당하는 자의 인적사항 등을 미리 신청인에게 통보하여야 한다.

④ 공단 또는 제1항 단서에 따른 조사를 의뢰받은 특별자치시·특별자치도·시·군·구는 조사를 완료한 때 조사결과서를 작성하여야 한다. 조사를 의뢰받은 특별자치시·특별자치도·시·군·구는 지체 없이 공단에 D) _____ 를 송부하여야 한다.

제15조(등급판정 등)

① 공단은 제14조에 따른 조사가 완료된 때 조사결과서, 신청서, 의사소견서, 그 밖에 심의에 필요한 자료를 등급판정위원회에 제출하여야 한다.

② 등급판정위원회는 신청인이 제12조의 신청자격요건을 충족하고 6개월 이상 동안 혼자서 일상생활을 수행하기 어렵다고 인정하는 경우 심신상태 및 장기요양이 필요한 정도 등 대통령령으로 정하는 등급판정기준에 따라 수급자로 판정한다.

③ 등급판정위원회는 제2항에 따라 심의·판정을 하는 때 신청인과 그 가족, 의사소견서를 발급한 의사 등 관계인의 의견을 들을 수 있다.

④ E) _____ 은 장기요양급여를 받고 있거나 받을 수 있는 자가 다음 각 호의 어느 하나에 해당하는 것으로 의심되는 경우에는 제14조 제1항 각 호의 사항을 조사하여 그 결과를 등급판정위원회에 제출하여야 한다.
  1. 거짓이나 그 밖의 부정한 방법으로 F) _____ 을 받은 경우
  2. 고의로 사고를 발생하도록 하거나 본인의 위법행위에 기인하여 장기요양인정을 받은 경우

⑤ 등급판정위원회는 제4항에 따라 제출된 조사 결과를 토대로 제2항에 따라 다시 수급자 등급을 조정하고 수급자 여부를 판정할 수 있다.

제16조(장기요양등급판정기간)

① 등급판정위원회는 신청인이 신청서를 제출한 날부터 30일 이내에 제15조에 따른 장기요양등급판정을 완료하여야 한다. 다만, 신청인에 대한 정밀조사가 필요한 경우 등 기간 이내에 등급판정을 완료할 수 없는 부득이한 사유가 있는 경우 30일 이내의 범위에서 이를 연장할 수 있다.

② 공단은 등급판정위원회가 제1항 단서에 따라 장기요양인정심의 및 등급판정기간을 연장하고자 하는 경우 신청인 및 대리인에게 그 G) _____ 을 통보하여야 한다.

제17조(장기요양인정서)

① 공단은 등급판정위원회가 장기요양인정 및 등급판정의 심의를 완료한 경우 H) _____ 다음 각 호의 사항이 포함된 장기요양인정서를 작성하여 수급자에게 송부하여야 한다.

정답 A) 등급판정위원회 B) 보건복지부령 C) 심신상태 D) 조사결과서 E) 공단 F) 장기요양인정 G) 내용·사유 및 기간 H) 지체 없이

1. 장기요양등급
2. 장기요양급여의 종류 및 내용
3. 그 밖에 장기요양급여에 관한 사항으로서 보건복지부령으로 정하는 사항

② 공단은 등급판정위원회가 장기요양인정 및 등급판정의 심의를 완료한 경우 수급자로 판정받지 못한 신청인에게 그 내용 및 사유를 통보하여야 한다. 이 경우 특별자치시장·특별자치도지사·시장·군수·구청장(자치구의 구청장을 말한다. 이하 같다)은 공단에 대하여 이를 통보하도록 요청할 수 있고, 요청을 받은 공단은 이에 응하여야 한다.

③ 공단은 제1항에 따라 장기요양인정서를 송부하는 때 장기요양급여를 원활히 이용할 수 있도록 제28조에 따른 월 한도액 범위 안에서 개인별장기요양이용계획서를 작성하여 이를 함께 송부하여야 한다.

④ 제1항 및 제3항에 따른 장기요양인정서 및 개인별장기요양이용계획서의 작성방법에 관하여 필요한 사항은 A) _____ 으로 정한다.

제18조(장기요양인정서를 작성할 경우 고려사항)

공단은 장기요양인정서를 작성할 경우 제17조 제1항 제2호에 따른 장기요양급여의 종류 및 내용을 정하는 때 다음 각 호의 사항을 고려하여 정하여야 한다.
1. 수급자의 장기요양등급 및 B) _____
2. 수급자와 그 가족의 욕구 및 선택
3. C) _____ 를 제공하는 경우 장기요양기관이 운영하는 시설 현황

제19조(장기요양인정의 유효기간)

① 제15조에 따른 장기요양인정의 유효기간은 최소 D) _____ 이상으로서 대통령령으로 정한다.
② 제1항의 유효기간의 산정방법과 그 밖에 필요한 사항은 보건복지부령으로 정한다.

제20조(장기요양인정의 갱신)

① 수급자는 제19조에 따른 장기요양인정의 유효기간이 만료된 후 장기요양급여를 계속하여 받고자 하는 경우 공단에 장기요양인정의 갱신을 신청하여야 한다.
② 제1항에 따른 장기요양인정의 갱신 신청은 유효기간이 만료되기 전 E) _____ 까지 이를 완료하여야 한다.
③ 제12조부터 제19조까지의 규정은 장기요양인정의 갱신절차에 관하여 준용한다.

제21조(장기요양등급 등의 변경)

① 장기요양급여를 받고 있는 수급자는 F) _____, 장기요양급여의 종류 또는 내용을 변경하여 장기요양급여를 받고자 하는 경우 공단에 변경신청을 하여야 한다.
② 제12조부터 제19조까지의 규정은 장기요양등급의 변경절차에 관하여 준용한다.

제22조(장기요양인정신청 등에 대한 대리)

① 장기요양급여를 받고자 하는 자 또는 수급자가 G) _____ 인 사유로 이 법에 따른 장기요양인정의 신청, 장기요양인정의 갱신신청 또는 장기요양등급의 변경신청 등을 직접 수행할 수 없을 때 본인의 가족이나 친족, 그 밖의 이해관계인은 이를 대리할 수 있다.
② 다음 각 호의 어느 하나에 해당하는 사람은 관할 지역 안에 거주하는 사람 중 장기요양급여를 받고자 하는 사람 또는 수급자가 제1항에 따른 장기요양인정신청 등을 직접 수행할 수 없을 때 본인 또는 가족의 동의를 받아 그 신청을 대리할 수 있다.
1. 「사회보장급여의 이용·제공 및 수급권자 발굴에 관한 법률」 제43조에 따른 H) _____
2. 「치매관리법」 제17조에 따른 치매안심센터의 장(장기요양급여를 받고자 하는 사람 또는 수급자가 같은 법 제2조 제2호에 따른 치매환자인 경우로 한정한다)

정답 A) 보건복지부령 B) 생활환경 C) 시설급여 D) 1년 E) 30일 F) 장기요양등급 G) 신체적·정신적 H) 사회복지전담공무원

③ 제1항 및 제2항에도 불구하고 장기요양급여를 받고자 하는 자 또는 수급자가 제1항에 따른 장기요양인정신청 등을 할 수 없는 경우 특별자치시장·특별자치도지사·시장·군수·구청장이 지정하는 자는 이를 대리할 수 있다.

④ 제1항부터 제3항까지의 규정에 따른 장기요양인정신청 등의 방법 및 절차 등에 관하여 필요한 사항은 A) _____ 으로 정한다.

제4장 | 장기요양급여의 종류

제23조(장기요양급여의 종류)

① 이 법에 따른 장기요양급여의 종류는 다음 각 호와 같다.
  1. 재가급여
    가. 방문요양: 장기요양요원이 수급자의 가정 등을 방문하여 신체활동 및 가사활동 등을 지원하는 장기요양급여
    나. B) _____ : 장기요양요원이 목욕설비를 갖춘 장비를 이용하여 수급자의 가정 등을 방문하여 목욕을 제공하는 장기요양급여
    다. 방문간호: 장기요양요원인 간호사 등이 의사, 한의사 또는 치과의사의 지시서(이하 "방문간호지시서"라 한다)에 따라 수급자의 가정 등을 방문하여 간호, 진료의 보조, 요양에 관한 상담 또는 구강위생 등을 제공하는 장기요양급여
    라. 주·야간보호: 수급자를 하루 중 일정한 시간 동안 장기요양기관에 보호하여 신체활동 지원 및 심신기능의 유지·향상을 위한 교육·훈련 등을 제공하는 장기요양급여
    마. 단기보호: 수급자를 보건복지부령으로 정하는 범위 안에서 일정 기간 동안 장기요양기관에 보호하여 신체활동 지원 및 심신기능의 유지·향상을 위한 교육·훈련 등을 제공하는 장기요양급여
    바. 기타재가급여: 수급자의 일상생활·신체활동 지원 및 인지기능의 유지·향상에 필요한 용구를 제공하거나 가정을 방문하여 재활에 관한 지원 등을 제공하는 장기요양급여로서 대통령령으로 정하는 것
  2. 시설급여: 장기요양기관에 장기간 입소한 수급자에게 신체활동 지원 및 심신기능의 유지·향상을 위한 교육·훈련 등을 제공하는 장기요양급여
  3. 특별현금급여
    가. 가족요양비: 제24조에 따라 지급하는 가족장기요양급여
    나. 특례요양비: 제25조에 따라 지급하는 특례장기요양급여
    다. C) _____ : 제26조에 따라 지급하는 요양병원장기요양급여

② 제1항 제1호 및 제2호에 따라 장기요양급여를 제공할 수 있는 장기요양기관의 종류 및 기준과 장기요양급여 종류별 장기요양요원의 범위·업무·보수교육 등에 관하여 필요한 사항은 대통령령으로 정한다.

③ 장기요양기관은 제1항 제1호 가목에서 마목까지의 재가급여 전부 또는 일부를 통합하여 제공하는 서비스(이하 이 조에서 "통합재가서비스"라 한다)를 제공할 수 있다.

④ 제3항에 따라 통합재가서비스를 제공하는 장기요양기관은 보건복지부령으로 정하는 인력, 시설, 운영 등의 기준을 준수하여야 한다.

⑤ 장기요양급여의 제공 기준·절차·방법·범위, 그 밖에 필요한 사항은 보건복지부령으로 정한다.

제23조(장기요양급여의 종류)

① 이 법에 따른 장기요양급여의 종류는 다음 각 호와 같다.
  1. 재가급여
    가. 방문요양: 장기요양요원이 수급자의 가정 등을 방문하여 신체활동 및 가사활동 등을 지원하는 장기요양급여
    나. 방문목욕: 장기요양요원이 목욕설비를 갖춘 장비를 이용하여 수급자의 가정 등을 방문하여 목욕을 제공하는 장기요양급여
    다. 방문간호: 장기요양요원인 간호사 등이 의사, 한의사 또는 치과의사의 지시서(이하 " D) _____ "라 한다)에 따라 수급자의 가정 등을 방문하여 간호, 진료의 보조, 요양에 관한 상담 또는 구강위생 등을 제공하는 장기요양급여

정답 A) 보건복지부령   B) 방문목욕   C) 요양병원간병비   D) 방문간호지시서

　　　　라. 주·야간보호: 수급자를 하루 중 일정한 시간 동안 장기요양기관에 보호하여 신체활동 지원 및 심신기능의 유지·향상을 위한 교육·훈련 등을 제공하는 장기요양급여
　　　　마. 단기보호: 수급자를 보건복지부령으로 정하는 범위 안에서 일정 기간 동안 장기요양기관에 보호하여 신체활동 지원 및 심신기능의 유지·향상을 위한 교육·훈련 등을 제공하는 장기요양급여
　　　　바. 기타재가급여: 수급자의 일상생활·신체활동 지원 및 인지기능의 유지·향상에 필요한 용구(소프트웨어를 포함한다)를 제공하거나 가정을 방문하여 재활에 관한 지원 등을 제공하는 장기요양급여로서 대통령령으로 정하는 것
　　2. 시설급여: 장기요양기관에 장기간 입소한 수급자에게 신체활동 지원 및 심신기능의 유지·향상을 위한 교육·훈련 등을 제공하는 장기요양급여
　　3. 특별현금급여
　　　　가. 가족요양비: 제24조에 따라 지급하는 가족장기요양급여
　　　　나. 특례요양비: 제25조에 따라 지급하는 특례장기요양급여
　　　　다. 요양병원간병비: 제26조에 따라 지급하는 요양병원장기요양급여
② 제1항 제1호 및 제2호에 따라 장기요양급여를 제공할 수 있는 장기요양기관의 종류 및 기준과 장기요양급여 종류별 장기요양요원의 범위·업무·보수교육 등에 관하여 필요한 사항은 대통령령으로 정한다.
③ 장기요양기관은 제1항 제1호 가목에서 마목까지의 재가급여 전부 또는 일부를 통합하여 제공하는 서비스(이하 이 조에서 "통합재가서비스"라 한다)를 제공할 수 있다.
④ 제3항에 따라 통합재가서비스를 제공하는 장기요양기관은 보건복지부령으로 정하는 인력, 시설, 운영 등의 기준을 준수하여야 한다.
⑤ 장기요양급여의 제공 기준·절차·방법·범위, 그 밖에 필요한 사항은 보건복지부령으로 정한다.
[시행일: 2025. 6. 21.] 제23조

제24조(가족요양비)

① 공단은 다음 각 호의 어느 하나에 해당하는 수급자가 가족 등으로부터 제23조 제1항 제1호 가목에 따른 방문요양에 상당한 장기요양급여를 받을 때 대통령령으로 정하는 기준에 따라 해당 수급자에게 가족요양비를 지급할 수 있다.
　　1. 도서·벽지 등 장기요양기관이 현저히 부족한 지역으로서 보건복지부 장관이 정하여 고시하는 지역에 거주하는 자
　　2. A)_____이나 그 밖에 이와 유사한 사유로 인하여 장기요양기관이 제공하는 장기요양급여를 이용하기가 어렵다고 보건복지부 장관이 인정하는 자
　　3. 신체·정신 또는 성격 등 대통령령으로 정하는 사유로 인하여 가족 등으로부터 장기요양을 받아야 하는 자
② 제1항에 따른 B)_____의 지급절차와 그 밖에 필요한 사항은 보건복지부령으로 정한다.

제25조(특례요양비)

① 공단은 수급자가 장기요양기관이 아닌 노인요양시설 등의 기관 또는 시설에서 재가급여 또는 시설급여에 상당한 장기요양급여를 받은 경우 대통령령으로 정하는 기준에 따라 해당 장기요양급여비용의 일부를 해당 수급자에게 특례요양비로 지급할 수 있다.
② 제1항에 따라 장기요양급여가 인정되는 기관 또는 시설의 범위, 특례요양비의 지급절차, 그 밖에 필요한 사항은 C)_____으로 정한다.

제26조(요양병원간병비)

① 공단은 수급자가 「의료법」 제3조 제2항 제3호 라목에 따른 요양병원에 입원할 때 대통령령으로 정하는 기준에 따라 장기요양에 사용되는 비용의 일부를 D)_____로 지급할 수 있다.
② 제1항에 따른 요양병원간병비의 지급절차와 그 밖에 필요한 사항은 보건복지부령으로 정한다.

정답 A) 천재지변　B) 가족요양비　C) 보건복지부령　D) 요양병원간병비

제5장 | 장기요양급여의 제공

제27조(장기요양급여의 제공)

① 수급자는 제17조 제1항에 따른 장기요양인정서와 같은 조 제3항에 따른 개인별장기요양이용계획서가 A) _____ 부터 장기요양급여를 받을 수 있다.

② 제1항에도 불구하고 수급자는 돌볼 가족이 없는 경우 등 대통령령으로 정하는 사유가 있는 경우 신청서를 제출한 날부터 장기요양인정서가 도달되는 날까지의 기간 중에도 장기요양급여를 받을 수 있다.

③ 수급자는 장기요양급여를 받으려면 장기요양기관에 장기요양인정서와 개인별장기요양이용계획서를 제시하여야 한다. 다만, 수급자가 장기요양인정서 및 개인별장기요양이용계획서를 제시하지 못하는 경우 장기요양기관은 공단에 전화나 인터넷 등을 통하여 그 자격 등을 확인할 수 있다.

④ 장기요양기관은 제3항에 따라 수급자가 제시한 장기요양인정서와 개인별장기요양이용계획서를 바탕으로 장기요양급여 제공 계획서를 작성하고 수급자의 동의를 받아 그 내용을 공단에 통보하여야 한다.

⑤ 제2항에 따른 장기요양급여 인정 범위와 절차, 제4항에 따른 장기요양급여 제공 계획서 작성 절차에 관한 구체적인 사항 등은 B) _____ 으로 정한다.

제27조의2(특별현금급여수급계좌)

① 공단은 C) _____ 를 받는 수급자의 신청이 있는 경우에는 특별현금급여를 수급자 명의의 지정된 계좌(이하 "특별현금급여수급계좌"라 한다)로 입금하여야 한다. 다만, 정보통신장애나 그 밖에 대통령령으로 정하는 불가피한 사유로 특별현금급여수급계좌로 이체할 수 없을 때에는 현금 지급 등 대통령령으로 정하는 바에 따라 특별현금급여를 지급할 수 있다.

② 특별현금급여수급계좌가 개설된 금융기관은 특별현금급여만이 특별현금급여수급계좌에 입금되도록 관리하여야 한다.

③ 제1항에 따른 신청방법·절차와 제2항에 따른 특별현금급여수급계좌의 관리에 필요한 사항은 대통령령으로 정한다.

제28조(장기요양급여의 월 한도액)

① 장기요양급여는 D) _____ 안에서 제공한다. 이 경우 월 한도액은 장기요양등급 및 장기요양급여의 종류 등을 고려하여 산정한다.

② 제1항에 따른 월 한도액의 산정기준 및 방법, 그 밖에 필요한 사항은 보건복지부령으로 정한다.

제28조의2(급여외행위의 제공 금지)

① 수급자 또는 장기요양기관은 장기요양급여를 제공받거나 제공할 경우 다음 각 호의 행위(이하 "급여외행위"라 한다)를 요구하거나 제공하여서는 아니 된다.
  1. 수급자의 가족만을 위한 행위
  2. 수급자 또는 그 가족의 생업을 지원하는 행위
  3. 그 밖에 수급자의 일상생활에 지장이 없는 행위

② 그 밖에 급여외행위의 범위 등에 관한 구체적인 사항은 E) _____ 으로 정한다.

제29조(장기요양급여의 제한)

① 공단은 장기요양급여를 받고 있는 자가 정당한 사유 없이 제15조 제4항에 따른 조사나 제60조 또는 제61조에 따른 요구에 응하지 아니하거나 답변을 거절한 경우 장기요양급여의 전부 또는 일부를 제공하지 아니하게 할 수 있다.

② 공단은 장기요양급여를 받고 있거나 받을 수 있는 자가 장기요양기관이 거짓이나 그 밖의 부정한 방법으로 장기요양급여비용을 받는 데에 가담한 경우 장기요양급여를 중단하거나 1년의 범위에서 장기요양급여의 F) _____ 을 제한할 수 있다.

③ 제2항에 따른 장기요양급여의 중단 및 제한 기준과 그 밖에 필요한 사항은 보건복지부령으로 정한다.

정답 A) 도달한 날 B) 대통령령 C) 특별현금급여 D) 월 한도액 범위 E) 보건복지부령 F) 횟수 또는 제공 기간

제30조(장기요양급여의 제한 등에 관한 준용)

「국민건강보험법」 제53조 제1항 제4호, 같은 조 제2항부터 제6항까지, 제54조 및 제109조 제10항은 이 법에 따른 보험료 체납자 등에 대한 장기요양급여의 제한 및 장기요양급여의 정지에 관하여 준용한다. 이 경우 "가입자"는 "장기요양보험 가입자"로, "보험급여"는 "장기요양급여"로 본다.

제6장 | 장기요양기관

제31조(장기요양기관의 지정)

① 제23조 제1항 제1호에 따른 재가급여 또는 같은 항 제2호에 따른 시설급여를 제공하는 장기요양기관을 운영하려는 자는 보건복지부령으로 정하는 장기요양에 필요한 시설 및 인력을 갖추어 소재지를 관할 구역으로 하는 특별자치시장·특별자치도지사·시장·군수·구청장으로부터 지정을 받아야 한다.

② 제1항에 따라 장기요양기관으로 지정을 받을 수 있는 시설은 「노인복지법」 제31조에 따른 A)   중 대통령령으로 정하는 시설로 한다.

③ 특별자치시장·특별자치도지사·시장·군수·구청장이 제1항에 따른 지정을 하려는 경우에는 다음 각 호의 사항을 검토하여 장기요양기관을 지정하여야 한다. 이 경우 특별자치시장·특별자치도지사·시장·군수·구청장은 공단에 관련 자료의 제출을 요청하거나 그 의견을 들을 수 있다.
  1. 장기요양기관을 운영하려는 자의 장기요양급여 제공 이력
  2. 장기요양기관을 운영하려는 자 및 그 기관에 종사하려는 자가 이 법, 「사회복지사업법」 또는 「노인복지법」 등 장기요양기관의 운영과 관련된 법에 따라 받은 행정처분의 내용
  3. B)   의 운영 계획
  4. 해당 지역의 노인 인구수, 치매 등 노인성질환 환자 수 및 장기요양급여 수요 등 지역 특성
  5. 그 밖에 특별자치시장·특별자치도지사·시장·군수·구청장이 장기요양기관으로 지정하는 데 필요하다고 인정하여 정하는 사항

④ 특별자치시장·특별자치도지사·시장·군수·구청장은 제1항에 따라 장기요양기관을 지정한 때 지체 없이 지정 명세를 공단에 통보하여야 한다.

⑤ 제23조 제1항 제1호에 따른 재가급여를 제공하는 장기요양기관 중 의료기관이 아닌 자가 설치·운영하는 장기요양기관이 방문간호를 제공하는 경우에는 방문간호의 관리책임자로서 간호사를 둔다.

⑥ 장기요양기관의 지정절차와 그 밖에 필요한 사항은 C)   으로 정한다.

제32조의2(결격사유)

다음 각 호의 어느 하나에 해당하는 자는 제31조에 따른 장기요양기관으로 지정받을 수 없다.
  1. D)   , 피성년후견인 또는 피한정후견인
  2. 「정신건강증진 및 정신질환자 복지서비스 지원에 관한 법률」 제3조 제1호의 정신질환자. 다만, 전문의가 장기요양기관 설립·운영 업무에 종사하는 것이 적합하다고 인정하는 사람은 그러하지 아니하다.
  3. 「마약류 관리에 관한 법률」 제2조 제1호의 마약류에 중독된 사람
  4. 파산선고를 받고 복권되지 아니한 사람
  5. E)   이상의 실형을 선고받고 그 집행이 종료(집행이 종료된 것으로 보는 경우를 포함한다)되거나 집행이 면제된 날부터 F)   이 경과되지 아니한 사람
  6. 금고 이상의 형의 집행유예를 선고받고 그 유예기간 중에 있는 사람
  7. 대표자가 제1호부터 제6호까지의 규정 중 어느 하나에 해당하는 법인

정답 A) 노인복지시설 B) 장기요양기관 C) 보건복지부령 D) 미성년자 E) 금고 F) 5년

제32조의3(장기요양기관 지정의 유효기간)

제31조에 따른 장기요양기관 지정의 유효기간은 지정을 받은 날부터 A) _____ 으로 한다.

제32조의4(장기요양기관 지정의 갱신)

① 장기요양기관의 장은 제32조의3에 따른 지정의 유효기간이 끝난 후에도 계속하여 그 지정을 유지하려는 경우에는 소재지를 관할구역으로 하는 특별자치시장·특별자치도지사·시장·군수·구청장에게 지정 유효기간이 끝나기 B) _____ 전까지 지정 갱신을 신청하여야 한다.
② 제1항에 따른 신청을 받은 특별자치시장·특별자치도지사·시장·군수·구청장은 갱신 심사에 필요하다고 판단되는 경우에는 장기요양기관에 추가자료의 제출을 요구하거나 소속 공무원으로 하여금 현장심사를 하게 할 수 있다.
③ 제1항에 따른 지정 갱신이 지정 유효기간 내에 완료되지 못한 경우에는 C) _____ 이 이루어질 때까지 지정이 유효한 것으로 본다.
④ 특별자치시장·특별자치도지사·시장·군수·구청장은 갱신 심사를 완료한 경우 그 결과를 지체 없이 해당 장기요양기관의 장에게 통보하여야 한다.
⑤ 특별자치시장·특별자치도지사·시장·군수·구청장이 지정의 갱신을 거부하는 경우 그 내용의 통보 및 수급자의 권익을 보호하기 위한 조치에 관하여는 제37조 제2항 및 제5항을 준용한다.
⑥ 그 밖에 지역별 장기요양급여의 수요 등 지정 갱신의 기준, 절차 및 방법 등에 필요한 사항은 보건복지부령으로 정한다.

제33조(장기요양기관의 시설·인력에 관한 변경)

① 장기요양기관의 장은 시설 및 인력 등 보건복지부령으로 정하는 중요한 사항을 변경하려는 경우에는 보건복지부령으로 정하는 바에 따라 특별자치시장·특별자치도지사·시장·군수·구청장의 D) _____ 을 받아야 한다.
② 제1항에 따른 사항 외의 사항을 변경하려는 경우에는 보건복지부령으로 정하는 바에 따라 특별자치시장·특별자치도지사·시장·군수·구청장에게 변경신고를 하여야 한다.
③ 제1항 및 제2항에 따라 변경지정을 하거나 변경신고를 받은 특별자치시장·특별자치도지사·시장·군수·구청장은 지체 없이 해당 변경 사항을 공단에 통보하여야 한다.

제33조의2(폐쇄회로 텔레비전의 설치 등)

① 장기요양기관을 운영하는 자는 노인학대 방지 등 수급자의 안전과 장기요양기관의 보안을 위하여 「개인정보 보호법」 및 관련 법령에 따른 폐쇄회로 텔레비전(이하 "폐쇄회로 텔레비전"이라 한다)을 설치·관리하여야 한다. 다만, 다음 각 호의 어느 하나에 해당하는 경우에는 그러하지 아니하다.
  1. 제23조 제1항 제1호에 따른 E) _____ 만을 제공하는 경우
  2. 장기요양기관을 운영하는 자가 수급자 전원 또는 그 보호자 전원의 동의를 받아 특별자치시장·특별자치도지사·시장·군수·구청장에게 신고한 경우
  3. 장기요양기관을 설치·운영하는 자가 수급자, 그 보호자 및 장기요양기관 종사자 전원의 동의를 받아 「개인정보 보호법」 및 관련 법령에 따른 네트워크 카메라를 설치한 경우
② 제1항에 따라 폐쇄회로 텔레비전을 설치·관리하는 자는 수급자 및 장기요양기관 종사자 등 정보주체의 권리가 침해되지 아니하도록 다음 각 호의 사항을 준수하여야 한다.
  1. 노인학대 방지 등 수급자의 안전과 장기요양기관의 보안을 위하여 최소한의 영상정보만을 적법하고 정당하게 수집하고, 목적 외의 용도로 활용하지 아니하도록 할 것
  2. 수급자 및 장기요양기관 종사자 등 정보주체의 권리가 침해받을 가능성과 그 위험 정도를 고려하여 영상정보를 안전하게 관리할 것
  3. 수급자 및 장기요양기관 종사자 등 정보주체의 사생활 침해를 최소화하는 방법으로 영상정보를 처리할 것
③ 장기요양기관을 운영하는 자는 폐쇄회로 텔레비전에 기록된 영상정보를 F) _____ 이상 보관하여야 한다.
④ 국가 또는 지방자치단체는 제1항에 따른 폐쇄회로 텔레비전 설치비의 전부 또는 일부를 지원할 수 있다.

정답 A) 6년 B) 90일 C) 심사 결정 D) 변경지정 E) 재가급여 F) 60일

⑤ 제1항에 따른 폐쇄회로 텔레비전의 설치·관리 기준 및 동의 또는 신고의 방법·절차·요건, 제3항에 따른 영상정보의 보관기준 및 보관기간 등에 필요한 사항은 보건복지부령으로 정한다.

제33조의3(영상정보의 열람금지 등)

① A) 폐쇄회로 텔레비전 을 설치·관리하는 자는 다음 각 호의 어느 하나에 해당하는 경우를 제외하고는 제33조의2 제3항의 영상정보를 열람하게 하여서는 아니 된다.
   1. 수급자가 자신의 생명·신체·재산상의 이익을 위하여 본인과 관련된 사항을 확인할 목적으로 열람시기·절차 및 방법 등 보건복지부령으로 정하는 바에 따라 요청하는 경우
   2. 수급자의 보호자가 수급자의 안전을 확인할 목적으로 열람 시기·절차 및 방법 등 보건복지부령으로 정하는 바에 따라 요청하는 경우
   3. 「개인정보 보호법」제2조 제6호 가목에 따른 공공기관이 「노인복지법」 제39조의11 등 법령에서 정하는 노인의 안전업무 수행을 위하여 요청하는 경우
   4. 범죄의 수사와 공소의 제기 및 유지, 법원의 재판업무 수행을 위하여 필요한 경우
   5. 그 밖에 노인 관련 안전업무를 수행하는 기관으로서 B) 보건복지부령 으로 정하는 자가 업무의 수행을 위하여 열람시기·절차 및 방법 등 보건복지부령으로 정하는 바에 따라 요청하는 경우

② 장기요양기관을 운영하는 자는 다음 각 호의 어느 하나에 해당하는 행위를 하여서는 아니 된다.
   1. 제33조의2 제1항의 설치 목적과 다른 목적으로 폐쇄회로 텔레비전을 임의로 조작하거나 다른 곳을 비추는 행위
   2. 녹음기능을 사용하거나 보건복지부령으로 정하는 저장장치 이외의 장치 또는 기기에 영상정보를 저장하는 행위

③ 장기요양기관을 운영하는 자는 제33조의2 제3항의 영상정보가 분실·도난·유출·변조 또는 훼손되지 아니하도록 내부 관리계획의 수립, 접속기록 보관 등 C) 대통령령 으로 정하는 바에 따라 안정성 확보에 필요한 기술적·관리적·물리적 조치를 하여야 한다.

④ 국가 및 지방자치단체는 장기요양기관에 설치한 폐쇄회로 텔레비전의 설치·관리와 그 영상정보의 열람으로 수급자 및 장기요양기관 종사자 등 정보주체의 권리가 침해되지 아니하도록 설치·관리 및 열람 실태를 보건복지부령으로 정하는 바에 따라 매년 D) 1회 이상 조사·점검하여야 한다.

⑤ 폐쇄회로 텔레비전의 설치·관리와 그 영상정보의 열람에 관하여 이 법에서 규정된 것을 제외하고는 「개인정보 보호법」(제25조는 제외한다)을 적용한다.

제34조(장기요양기관 정보의 안내 등)

① 장기요양기관은 수급자가 장기요양급여를 쉽게 선택하도록 하고 장기요양기관이 제공하는 급여의 질을 보장하기 위하여 장기요양기관별 급여의 내용, 시설·인력 등 현황자료 등을 공단이 운영하는 E) 인터넷 홈페이지 에 게시하여야 한다.

② 제1항에 따른 게시 내용, 방법, 절차, 그 밖에 필요한 사항은 보건복지부령으로 정한다.

제35조(장기요양기관의 의무 등)

① 장기요양기관은 수급자로부터 장기요양급여신청을 받은 때 장기요양급여의 제공을 거부하여서는 아니 된다. 다만, F) 입소정원에 여유가 없는 경우 등 정당한 사유가 있는 경우는 그러하지 아니하다.

② 장기요양기관은 제23조 제5항에 따른 장기요양급여의 제공 기준·절차 및 방법 등에 따라 장기요양급여를 제공하여야 한다.

③ 장기요양기관의 장은 장기요양급여를 제공한 수급자에게 장기요양급여비용에 대한 명세서를 교부하여야 한다.

④ 장기요양기관의 장은 장기요양급여 제공에 관한 자료를 기록·관리하여야 하며, 장기요양기관의 장 및 그 종사자는 장기요양급여 제공에 관한 자료를 거짓으로 작성하여서는 아니 된다.

⑤ 장기요양기관은 제40조 제2항에 따라 면제받거나 같은 조 제4항에 따라 감경받는 금액 외에 영리를 목적으로 수급자가 부담하는 재가 및 시설 급여비용(이하 "본인부담금"이라 한다)을 면제하거나 감경하는 행위를 하여서는 아니 된다.

⑥ 누구든지 영리를 목적으로 금전, 물품, 노무, 향응, 그 밖의 이익을 제공하거나 제공할 것을 약속하는 방법으로 수급자를 장기요양기관에 소개, 알선 또는 유인하는 행위 및 이를 조장하는 행위를 하여서는 아니 된다.

정답 A) 폐쇄회로 텔레비전 B) 보건복지부령 C) 대통령령 D) 1회 E) 인터넷 홈페이지 F) 입소정원에 여유가 없는

⑦ 제3항에 따른 장기요양급여비용의 명세서, 제4항에 따라 기록·관리하여야 할 장기요양급여 제공 자료의 내용 및 보존기한, 그 밖에 필요한 사항은 보건복지부령으로 정한다.

제35조의2(장기요양기관 재무·회계기준)

① 장기요양기관의 장은 보건복지부령으로 정하는 재무·회계에 관한 기준(이하 "장기요양기관 재무·회계기준"이라 한다)에 따라 장기요양기관을 투명하게 운영하여야 한다. 다만, 장기요양기관 중 「사회복지사업법」 제34조에 따라 설치한 A) **사회복지시설** 은 같은 조 제4항에 따른 재무·회계에 관한 기준에 따른다.

② 보건복지부 장관은 장기요양기관 재무·회계기준을 정할 때에는 장기요양기관의 특성 및 그 시행시기 등을 고려하여야 한다.

제35조의3(인권교육)

① 장기요양기관 중 대통령령으로 정하는 기관을 운영하는 자와 B) **그 종사자** 는 인권에 관한 교육(이하 이 조에서 "인권교육"이라 한다)을 받아야 한다.

② 장기요양기관 중 대통령령으로 정하는 기관을 운영하는 자는 해당 기관을 이용하고 있는 C) **장기요양급여 수급자** 에게 인권교육을 실시할 수 있다.

③ 보건복지부 장관은 제1항 및 제2항에 따른 인권교육을 효율적으로 실시하기 위하여 인권교육기관을 지정할 수 있다. 이 경우 예산의 범위에서 인권교육에 소요되는 비용을 지원할 수 있으며, 지정을 받은 인권교육기관은 보건복지부 장관의 승인을 받아 인권교육에 필요한 비용을 교육대상자로부터 징수할 수 있다.

④ 보건복지부 장관은 제3항에 따라 지정을 받은 인권교육기관이 다음 각 호의 어느 하나에 해당하면 그 지정을 취소하거나 6개월 이내의 기간을 정하여 업무의 정지를 명할 수 있다. 다만, D) **제1호** 에 해당하면 그 지정을 취소하여야 한다.
  1. 거짓이나 그 밖의 부정한 방법으로 지정을 받은 경우
  2. 제5항에 따라 보건복지부령으로 정하는 지정요건을 갖추지 못하게 된 경우
  3. 인권교육의 수행능력이 현저히 부족하다고 인정되는 경우

⑤ 제1항 및 제2항에 따른 인권교육의 대상·내용·방법, 제3항에 따른 인권교육기관의 지정 및 제4항에 따른 인권교육기관의 지정취소·업무정지 처분의 기준 등에 필요한 사항은 E) **보건복지부령** 으로 정한다.

제35조의4(장기요양요원의 보호)

① 장기요양기관의 장은 장기요양요원이 다음 각 호의 어느 하나에 해당하는 경우로 인한 고충의 해소를 요청하는 경우 업무의 전환 등 대통령령으로 정하는 바에 따라 적절한 조치를 하여야 한다.
  1. 수급자 및 그 가족이 장기요양요원에게 폭언·폭행·상해 또는 성희롱·성폭력 행위를 하는 경우
  2. 수급자 및 그 가족이 장기요양요원에게 제28조의2 제1항 각 호에 따른 급여외행위의 제공을 요구하는 경우

② 장기요양기관의 장은 장기요양요원에게 다음 각 호의 행위를 하여서는 아니 된다.
  1. 장기요양요원에게 제28조의2 제1항 각 호에 따른 F) **급여외행위** 의 제공을 요구하는 행위
  2. 수급자가 부담하여야 할 본인부담금의 전부 또는 일부를 부담하도록 요구하는 행위

③ 장기요양기관의 장은 보건복지부령으로 정하는 바에 따라 장기요양 수급자와 그 가족에게 장기요양요원의 업무범위, 직무상 권리와 의무 등 권익보호를 위한 사항을 안내할 수 있다.

④ 장기요양요원은 장기요양기관의 장이 제1항에 따른 적절한 조치를 하지 아니한 경우에는 장기요양기관을 지정한 특별자치시장·특별자치도지사·시장·군수·구청장에게 그 시정을 신청할 수 있다.

⑤ 제4항에 따른 신청을 받은 특별자치시장·특별자치도지사·시장·군수·구청장은 제1항에 따른 장기요양요원의 고충에 대한 사실확인을 위한 조사를 실시한 후 필요하다고 인정되는 경우에는 장기요양기관의 장에게 적절한 조치를 하도록 통보하여야 한다. 이 경우 적절한 조치를 하도록 통보받은 장기요양기관의 장은 특별한 사유가 없으면 이에 따라야 한다.

⑥ 제4항 및 제5항에 따른 시정신청의 절차, 사실확인 조사 및 통보 등에 필요한 사항은 대통령령으로 정한다.

정답 A) 사회복지시설 B) 그 종사자 C) 장기요양급여 수급자 D) 제1호 E) 보건복지부령 F) 급여외행위

제35조의5(보험 가입)

① 장기요양기관은 종사자가 장기요양급여를 제공하는 과정에서 발생할 수 있는 수급자의 상해 등 법률상 손해를 배상하는 보험(이하 "전문인 배상책임보험"이라 한다)에 가입할 수 있다.
② 공단은 장기요양기관이 전문인 배상책임보험에 가입하지 않은 경우 그 기간 동안 제38조에 따라 해당 장기요양기관에 지급하는 장기요양급여비용의 일부를 감액할 수 있다.
③ 제2항에 따른 장기요양급여비용의 감액 기준 등에 관하여 필요한 사항은 보건복지부령으로 정한다.

제36조(장기요양기관의 폐업 등의 신고 등)

① 장기요양기관의 장은 폐업하거나 휴업하고자 하는 경우 폐업이나 휴업 예정일 전 A) _____ 까지 특별자치시장·특별자치도지사·시장·군수·구청장에게 신고하여야 한다. 신고를 받은 특별자치시장·특별자치도지사·시장·군수·구청장은 지체 없이 신고 명세를 공단에 통보하여야 한다.
② 특별자치시장·특별자치도지사·시장·군수·구청장은 장기요양기관의 장이 유효기간이 끝나기 30일 전까지 제32조의4에 따른 지정 갱신 신청을 하지 아니하는 경우 그 사실을 공단에 통보하여야 한다.
③ 장기요양기관의 장은 장기요양기관을 폐업하거나 휴업하려는 경우 또는 장기요양기관의 지정 갱신을 하지 아니하려는 경우 보건복지부령으로 정하는 바에 따라 B) _____ 을 보호하기 위하여 다음 각 호의 조치를 취하여야 한다.
   1. 해당 장기요양기관을 이용하는 수급자가 다른 장기요양기관을 선택하여 이용할 수 있도록 계획을 수립하고 이행하는 조치
   2. 해당 장기요양기관에서 수급자가 제40조 제1항 및 제3항에 따라 부담한 비용 중 정산하여야 할 비용이 있는 경우 이를 정산하는 조치
   3. 그 밖에 수급자의 권익 보호를 위하여 필요하다고 인정되는 조치로서 보건복지부령으로 정하는 조치
④ 특별자치시장·특별자치도지사·시장·군수·구청장은 제1항에 따라 폐업·휴업 신고를 접수한 경우 또는 장기요양기관의 장이 유효기간이 끝나기 30일 전까지 제32조의4에 따른 지정 갱신 신청을 하지 아니한 경우 장기요양기관의 장이 제3항 각 호에 따른 수급자의 권익을 보호하기 위한 조치를 취하였는지의 여부를 확인하고, 인근 지역에 대체 장기요양기관이 없는 경우 등 장기요양급여에 중대한 차질이 우려되는 때에는 장기요양기관의 폐업·휴업 철회 또는 지정 갱신 신청을 권고하거나 그 밖의 다른 조치를 강구하여야 한다.
⑤ 특별자치시장·특별자치도지사·시장·군수·구청장은 「노인복지법」 제43조에 따라 노인의료복지시설 등(장기요양기관이 운영하는 시설인 경우에 한한다)에 대하여 사업정지 또는 폐지 명령을 하는 경우 지체 없이 공단에 그 내용을 통보하여야 한다.
⑥ 장기요양기관의 장은 제1항에 따라 폐업·휴업 신고를 할 때 또는 장기요양기관의 지정 갱신을 하지 아니하여 유효기간이 만료될 때 보건복지부령으로 정하는 바에 따라 장기요양급여 제공 자료를 C) _____ 으로 이관하여야 한다. 다만, 휴업 신고를 하는 장기요양기관의 장이 휴업 예정일 전까지 공단의 허가를 받은 경우에는 장기요양급여 제공 자료를 직접 보관할 수 있다.

제36조의2(시정명령)

특별자치시장·특별자치도지사·시장·군수·구청장은 다음 각 호의 어느 하나에 해당하는 장기요양기관에 대하여 6개월 이내의 범위에서 일정한 기간을 정하여 시정을 명할 수 있다.
   1. 제33조의2에 따른 폐쇄회로 텔레비전의 설치·관리 및 영상정보의 보관기준을 위반한 경우
   2. 제35조의2에 따른 장기요양기관 재무·회계기준을 위반한 경우

제37조(장기요양기관 지정의 취소 등)

① 특별자치시장·특별자치도지사·시장·군수·구청장은 장기요양기관이 다음 각 호의 어느 하나에 해당하는 경우 그 지정을 취소하거나 6개월의 범위에서 업무정지를 명할 수 있다. 다만, 제1호, 제2호의2, 제3호의5, 제7호, 또는 제8호에 해당하는 경우에는 지정을 취소하여야 한다.
   1. 거짓이나 그 밖의 부정한 방법으로 지정을 받은 경우
   1의2. 제28조의2를 위반하여 급여외행위를 제공한 경우. 다만, 장기요양기관의 장이 그 위반행위를 방지하기 위하여 해당 업무에 관하여 상당한 주의와 감독을 게을리하지 아니한 경우는 제외한다.
   2. 제31조 제1항에 따른 지정기준에 적합하지 아니한 경우

정답 A) 30일   B) 수급자의 권익   C) 공단

2의2. 제32조의2 각 호의 어느 하나에 해당하게 된 경우. 다만, 제32조의2 제7호에 해당하게 된 법인의 경우 3개월 이내에 그 대표자를 변경하는 때에는 그러하지 아니하다.
3. 제35조 제1항을 위반하여 장기요양급여를 거부한 경우
3의2. 제35조 제5항을 위반하여 A) _____ 을 면제하거나 감경하는 행위를 한 경우
3의3. 제35조 제6항을 위반하여 수급자를 B) _____ 하는 행위 및 이를 조장하는 행위를 한 경우
3의4. 제35조의4 제2항 각 호의 어느 하나를 위반한 경우
3의5. 제36조 제1항에 따른 C) _____ 를 하지 아니하고 1년 이상 장기요양급여를 제공하지 아니한 경우
3의6. 제36조의2에 따른 시정명령을 이행하지 아니하거나 회계부정 행위가 있는 경우
3의7. 정당한 사유 없이 제54조에 따른 평가를 거부·방해 또는 기피하는 경우
4. 거짓이나 그 밖의 부정한 방법으로 재가 및 시설 급여비용을 청구한 경우
5. 제61조 제2항에 따른 자료제출 명령에 따르지 아니하거나 거짓으로 자료제출을 한 경우나 질문 또는 검사를 거부·방해 또는 기피하거나 거짓으로 답변한 경우
6. 장기요양기관의 종사자 등이 다음 각 목의 어느 하나에 해당하는 행위를 한 경우. 다만, D) _____ 이 그 행위를 방지하기 위하여 해당 업무에 관하여 상당한 주의와 감독을 게을리하지 아니한 경우는 제외한다.
　가. 수급자의 신체에 폭행을 가하거나 상해를 입히는 행위
　나. 수급자에게 성적 수치심을 주는 성폭행, 성희롱 등의 행위
　다. 자신의 보호·감독을 받는 수급자를 유기하거나 의식주를 포함한 기본적 보호 및 치료를 소홀히 하는 방임행위
　라. 수급자를 위하여 증여 또는 급여된 금품을 그 목적 외의 용도에 사용하는 행위
　마. 폭언, 협박, 위협 등으로 수급자의 정신건강에 해를 끼치는 정서적 학대행위
7. 업무정지기간 중에 E) _____ 한 경우
8. 「부가가치세법」 제8조에 따른 사업자등록 또는 「소득세법」 제168조에 따른 사업자등록이나 고유번호가 말소된 경우

② 특별자치시장·특별자치도지사·시장·군수·구청장은 제1항에 따라 지정을 취소하거나 업무정지명령을 한 경우에는 지체 없이 그 내용을 공단에 통보하고, 보건복지부령으로 정하는 바에 따라 보건복지부 장관에게 통보한다. 이 경우 시장·군수·구청장은 관할 특별시장·광역시장 또는 도지사를 거쳐 보건복지부 장관에게 통보하여야 한다.
⑤ 특별자치시장·특별자치도지사·시장·군수·구청장은 제1항에 따라 장기요양기관이 지정취소 또는 업무정지되는 경우에는 해당 장기요양기관을 이용하는 수급자의 권익을 보호하기 위하여 적극적으로 노력하여야 한다.
⑥ 특별자치시장·특별자치도지사·시장·군수·구청장은 제5항에 따라 수급자의 권익을 보호하기 위하여 보건복지부령으로 정하는 바에 따라 다음 각 호의 조치를 하여야 한다.
　1. 제1항에 따른 행정처분의 내용을 우편 또는 정보통신망 이용 등의 방법으로 수급자 또는 그 보호자에게 통보하는 조치
　2. 해당 장기요양기관을 이용하는 수급자가 다른 장기요양기관을 선택하여 이용할 수 있도록 하는 조치
⑦ 제1항에 따라 지정취소 또는 업무정지되는 장기요양기관의 장은 해당 기관에서 수급자가 제40조 제1항 및 제3항에 따라 부담한 비용 중 정산하여야 할 비용이 있는 경우 이를 정산하여야 한다.
⑧ 다음 각 호의 어느 하나에 해당하는 자는 제31조에 따른 장기요양기관으로 지정받을 수 없다.
　1. 제1항에 따라 지정취소를 받은 후 F) _____ 이 지나지 아니한 자(법인인 경우 그 대표자를 포함한다)
　2. 제1항에 따라 업무정지명령을 받고 G) _____ 이 지나지 아니한 자(법인인 경우 그 대표자를 포함한다)
⑨ 제1항에 따른 행정처분의 기준은 보건복지부령으로 정한다.

제37조의2(과징금의 부과 등)

① 특별자치시장·특별자치도지사·시장·군수·구청장은 제37조 제1항 각 호의 어느 하나(같은 항 제4호는 제외한다)에 해당하는 행위를 이유로 업무정지명령을 하여야 하는 경우로서 그 업무정지가 해당 장기요양기관을 이용하는 수급자에게 심한 불편을 줄 우려가 있는 등 보건복지부 장관이 정하는 특별한 사유가 있다고 인정되는 경우에는 업무정지명령을 갈음하여 H) _____ 이하의 과징금을 부과할 수 있다. 다만, 제37조 제1항 제6호를 위반한 행위로서 I) _____ 으로 정하는 경우에는 그러하지 아니하다.

정답 A) 본인부담금 B) 소개, 알선 또는 유인 C) 폐업 또는 휴업 신고 D) 장기요양기관의 장 E) 장기요양급여를 제공 F) 3년
G) 업무정지기간 H) 2억 원 I) 보건복지부령

② 특별자치시장·특별자치도지사·시장·군수·구청장은 제37조 제1항 제4호에 해당하는 행위를 이유로 업무정지명령을 하여야 하는 경우로서 그 업무정지가 해당 장기요양기관을 이용하는 수급자에게 심한 불편을 줄 우려가 있는 등 보건복지부 장관이 정하는 특별한 사유가 있다고 인정되는 경우에는 업무정지명령을 갈음하여 거짓이나 그 밖의 부정한 방법으로 청구한 금액의 5배 이하의 금액을 과징금으로 부과할 수 있다.

③ 제1항 및 제2항에 따른 과징금을 부과하는 위반행위의 종류 및 위반의 정도 등에 따른 과징금의 금액과 과징금의 부과절차 등에 필요한 사항은 대통령령으로 정한다.

④ 특별자치시장·특별자치도지사·시장·군수·구청장은 제1항 및 제2항에 따라 과징금을 내야 할 자가 납부기한까지 내지 아니한 경우에는 A) _____ 의 예에 따라 징수한다.

⑤ 특별자치시장·특별자치도지사·시장·군수·구청장은 제1항 및 제2항에 따른 과징금의 부과와 징수에 관한 사항을 보건복지부령으로 정하는 바에 따라 기록·관리하여야 한다.

제37조의3(위반사실 등의 공표)

① 보건복지부 장관 또는 특별자치시장·특별자치도지사·시장·군수·구청장은 장기요양기관이 거짓으로 재가·시설 급여비용을 청구하였다는 이유로 제37조 또는 제37조의2에 따른 처분이 확정된 경우로서 다음 각 호의 어느 하나에 해당하는 경우에는 위반사실, 처분내용, 장기요양기관의 명칭·주소, 장기요양기관의 장의 성명, 그 밖에 다른 장기요양기관과의 구별에 필요한 사항으로서 대통령령으로 정하는 사항을 공표하여야 한다. 다만, 장기요양기관의 폐업 등으로 공표의 실효성이 없는 경우에는 그러하지 아니하다.
  1. 거짓으로 청구한 금액이 B) _____ 이상인 경우
  2. 거짓으로 청구한 금액이 장기요양급여비용 총액의 C) _____ 이상인 경우

② 보건복지부 장관 또는 특별자치시장·특별자치도지사·시장·군수·구청장은 장기요양기관이 제61조 제2항에 따른 자료제출 명령에 따르지 아니하거나 거짓으로 자료제출을 한 경우나 질문 또는 검사를 거부·방해 또는 기피하거나 거짓으로 답변하였다는 이유로 제37조 또는 제37조의2에 따른 처분이 확정된 경우 위반사실, 처분내용, 장기요양기관의 명칭·주소, 장기요양기관의 장의 성명, 그 밖에 다른 장기요양기관과의 구별에 필요한 사항으로서 대통령령으로 정하는 사항을 공표하여야 한다. 다만, 장기요양기관의 폐업 등으로 공표의 실효성이 없는 경우 또는 장기요양기관이 위반사실 등의 공표 전에 제61조 제2항에 따른 자료를 제출하거나 질문 또는 검사에 응하는 경우에는 그러하지 아니하다.

③ 보건복지부 장관 또는 특별자치시장·특별자치도지사·시장·군수·구청장은 제1항 및 제2항에 따른 공표 여부 등을 심의하기 위하여 공표심의위원회를 설치·운영할 수 있다.

④ 제1항 및 제2항에 따른 공표 여부의 결정 방법, 공표 방법·절차 및 제3항에 따른 공표심의위원회의 구성·운영 등에 필요한 사항은 대통령령으로 정한다.

제37조의4(행정제재처분 효과의 승계)

① 제37조 제1항 각 호의 어느 하나에 해당하는 행위를 이유로 한 행정제재처분(이하 "행정제재처분"이라 한다)의 효과는 그 처분을 한 날부터 3년간 다음 각 호의 어느 하나에 해당하는 자에게 승계된다.
  1. 장기요양기관을 양도한 경우 D) _____
  2. 법인이 합병된 경우 합병으로 E) _____ 되거나 합병 후 존속하는 법인
  3. 장기요양기관 폐업 후 같은 장소에서 장기요양기관을 운영하는 자 중 종전에 행정제재처분을 받은 자(법인인 경우 그 대표자를 포함한다)나 그 F) _____ 또는 직계혈족

② 행정제재처분의 절차가 진행 중일 때에는 다음 각 호의 어느 하나에 해당하는 자에 대하여 그 절차를 계속 이어서 할 수 있다.
  1. 장기요양기관을 양도한 경우 G) _____
  2. 법인이 합병된 경우 합병으로 신설되거나 합병 후 존속하는 법인
  3. 장기요양기관 폐업 후 3년 이내에 H) _____ 에서 장기요양기관을 운영하는 자 중 종전에 위반행위를 한 자(법인인 경우 그 대표자를 포함한다)나 그 배우자 또는 I) _____

정답 A) 지방세 체납처분 B) 1천만 원 C) 100분의 10 D) 양수인 E) 신설 F) 배우자 G) 양수인 H) 같은 장소 I) 직계혈족

③ 제1항 및 제2항에도 불구하고 제1항 각 호의 어느 하나 또는 제2항 각 호의 어느 하나에 해당하는 자(이하 "양수인등"이라 한다)가 양수, 합병 또는 운영 시에 행정제재처분 또는 위반사실을 알지 못하였음을 증명하는 경우에는 그러하지 아니하다.

④ 행정제재처분을 받았거나 그 절차가 진행 중인 자는 보건복지부령으로 정하는 바에 따라 지체 없이 그 사실을 양수인등에게 알려야 한다.

제37조의5(장기요양급여 제공의 제한)

① 특별자치시장·특별자치도지사·시장·군수·구청장은 장기요양기관의 종사자가 거짓이나 그 밖의 부정한 방법으로 재가 급여비용 또는 시설 급여비용을 청구하는 행위에 가담한 경우 해당 종사자가 장기요양급여를 제공하는 것을 A) _____ 의 범위에서 제한하는 처분을 할 수 있다.

② 특별자치시장·특별자치도지사·시장·군수·구청장은 제1항에 따른 처분을 한 경우 지체 없이 그 내용을 공단에 통보하여야 한다.

③ 제1항 및 제2항에 따른 장기요양급여 제공 제한 처분의 기준·방법, 통보의 방법·절차, 그 밖에 필요한 사항은 보건복지부령으로 정한다.

제7장 | 재가 및 시설 급여비용 등

제38조(재가 및 시설 급여비용의 청구 및 지급 등)

① 장기요양기관은 수급자에게 제23조에 따른 재가급여 또는 시설급여를 제공한 경우 공단에 장기요양급여비용을 청구하여야 한다.

② 공단은 제1항에 따라 장기요양기관으로부터 재가 또는 시설 급여비용의 청구를 받은 경우 이를 심사하여 그 내용을 장기요양기관에 통보하여야 하며, 장기요양에 사용된 비용 중 공단부담금(재가 및 시설 급여비용 중 B) _____ 을 공제한 금액을 말한다)을 해당 장기요양기관에 지급하여야 한다.

③ 공단은 제54조 제2항에 따른 장기요양기관의 C) _____ 에 따라 장기요양급여비용을 가산 또는 감액 조정하여 지급할 수 있다.

④ 공단은 제2항에도 불구하고 장기요양급여비용을 심사한 결과 수급자가 이미 낸 본인부담금이 제2항에 따라 통보한 본인부담금보다 더 많으면 두 금액 간의 차액을 D) _____ 에서 공제하여 수급자에게 지급하여야 한다.

⑤ 공단은 제4항에 따라 수급자에게 지급하여야 하는 금액을 그 수급자가 납부하여야 하는 장기요양보험료 및 그 밖에 이 법에 따른 징수금(이하 "장기요양보험료등"이라 한다)과 상계(相計)할 수 있다.

⑥ 장기요양기관은 지급받은 장기요양급여비용 중 보건복지부 장관이 정하여 고시하는 비율에 따라 그 일부를 장기요양요원에 대한 인건비로 지출하여야 한다.

⑦ 공단은 장기요양기관이 정당한 사유 없이 제61조 제2항에 따른 E) _____ 명령에 따르지 아니하거나 질문 또는 검사를 거부·방해 또는 기피하는 경우 이에 응할 때까지 해당 장기요양기관에 지급하여야 할 장기요양급여비용의 지급을 보류할 수 있다. 이 경우 공단은 장기요양급여비용의 지급을 보류하기 전에 해당 장기요양기관에 의견 제출의 기회를 주어야 한다.

⑧ 제1항부터 제3항까지 및 제7항의 규정에 따른 재가 및 시설 급여비용의 심사기준, 장기요양급여비용의 가감지급의 기준, 청구절차, 지급방법 및 지급 보류의 절차·방법 등에 관한 사항은 보건복지부령으로 정한다.

제39조(장기요양급여비용 등의 산정)

① 보건복지부 장관은 매년 급여종류 및 장기요양등급 등에 따라 제45조에 따른 장기요양위원회의 심의를 거쳐 다음 연도의 재가 및 시설 급여비용과 특별현금급여의 지급금액을 정하여 고시하여야 한다.

② 보건복지부 장관은 제1항에 따라 재가 및 시설 급여비용을 정할 때 대통령령으로 정하는 바에 따라 국가 및 지방자치단체로부터 장기요양기관의 설립비용을 지원받았는지 여부 등을 고려할 수 있다.

③ 제1항에 따른 재가 및 시설 급여비용과 특별현금급여의 지급금액의 구체적인 산정방법 및 항목 등에 관하여 필요한 사항은 보건복지부령으로 정한다.

정답 A) 1년   B) 본인부담금   C) 장기요양급여평가 결과   D) 장기요양기관에 지급할 금액   E) 자료제출

제40조(본인부담금)

① 제23조에 따른 장기요양급여(특별현금급여는 제외한다. 이하 이 조에서 같다)를 받는 자는 대통령령으로 정하는 바에 따라 비용의 일부를 본인이 부담한다. 이 경우 장기요양급여를 받는 수급자의 장기요양등급, 이용하는 장기요양급여의 종류 및 수준 등에 따라 본인부담의 수준을 달리 정할 수 있다.

② 제1항에도 불구하고 수급자 중 「의료급여법」 제3조 제1항 제1호에 따른 수급자는 본인부담금을 부담하지 아니한다.

③ 다음 각 호의 장기요양급여에 대한 비용은 수급자 본인이 전부 부담한다.
  1. 이 법의 규정에 따른 급여의 범위 및 대상에 포함되지 아니하는 장기요양급여
  2. 수급자가 제17조 제1항 제2호에 따른 A) _____ 에 기재된 장기요양급여의 종류 및 내용과 다르게 선택하여 장기요양급여를 받은 경우 그 차액
  3. 제28조에 따른 장기요양급여의 월 한도액을 초과하는 장기요양급여

④ 다음 각 호의 어느 하나에 해당하는 자에 대해서는 본인부담금의 100분의 60의 범위에서 보건복지부 장관이 정하는 바에 따라 차등하여 감경할 수 있다.
  1. 「의료급여법」 제3조 제1항 제2호부터 제9호까지의 규정에 따른 B) _____
  2. 소득·재산 등이 보건복지부 장관이 정하여 고시하는 일정 금액 이하인 자. 다만, 도서·벽지·농어촌 등의 지역에 거주하는 자에 대하여 따로 금액을 정할 수 있다.
  3. 천재지변 등 보건복지부령으로 정하는 사유로 인하여 생계가 곤란한 자

⑤ 제1항부터 제4항까지의 규정에 따른 본인부담금의 산정방법, 감경절차 및 감경방법 등에 관하여 필요한 사항은 보건복지부령으로 정한다.

제41조(가족 등의 장기요양에 대한 보상)

① 공단은 장기요양급여를 받은 금액의 총액이 보건복지부 장관이 정하여 고시하는 금액 C) _____ 에 해당하는 수급자가 가족 등으로부터 제23조 제1항 제1호 가목에 따른 방문요양에 상당한 장기요양을 받은 경우 보건복지부령으로 정하는 바에 따라 본인부담금의 일부를 감면하거나 이에 갈음하는 조치를 할 수 있다.

② 제1항에 따른 본인부담금의 감면방법 등 필요한 사항은 D) _____ 으로 정한다.

제42조(방문간호지시서 발급비용의 산정 등)

제23조 제1항 제1호 다목에 따라 방문간호지시서를 발급하는 데 사용되는 비용, 비용 부담방법 및 비용 청구·지급절차 등에 관하여 필요한 사항은 보건복지부령으로 정한다.

제43조(부당이득의 징수)

① 공단은 장기요양급여를 받은 자, 장기요양급여비용을 받은 자 또는 의사소견서·방문간호지시서 발급비용(이하 "의사소견서등 발급비용"이라 한다)을 받은 자가 다음 각 호의 어느 하나에 해당하는 경우 그 장기요양급여, 장기요양급여비용 또는 의사소견서등 발급비용에 상당하는 금액을 징수한다. 이 경우 의사소견서등 발급비용에 관하여는 「국민건강보험법」 제57조 제2항을 준용하며, "보험급여비용"은 "의사소견서등 발급비용"으로, "요양기관"은 "의료기관"으로 본다.
  1. 제15조 제5항에 따른 등급판정 결과 같은 조 제4항 각 호의 어느 하나에 해당하는 것으로 확인된 경우
  2. 제28조의 E) _____ 를 초과하여 장기요양급여를 받은 경우
  3. 제29조 또는 제30조에 따라 장기요양급여의 제한 등을 받을 자가 장기요양급여를 받은 경우
  4. 제37조 제1항 제4호에 따른 거짓이나 그 밖의 부정한 방법으로 재가 및 시설 급여비용을 청구하여 이를 지급받은 경우
  4의2. 거짓이나 그 밖의 부정한 방법으로 의사소견서등 발급비용을 청구하여 이를 지급받은 경우
  5. 그 밖에 이 법상의 원인 없이 공단으로부터 장기요양급여를 받거나 장기요양급여비용을 지급받은 경우

② 공단은 제1항의 경우 거짓 보고 또는 증명에 의하거나 거짓 진단에 따라 장기요양급여가 제공된 때 거짓의 행위에 관여한 자에 대하여 장기요양급여를 받은 자와 연대하여 제1항에 따른 징수금을 납부하게 할 수 있다.

정답 A) 장기요양인정서 B) 수급권자 C) 이하 D) 보건복지부령 E) 월 한도액 범위

③ 공단은 제1항의 경우 거짓이나 그 밖의 부정한 방법으로 장기요양급여를 받은 자와 같은 세대에 속한 자(장기요양급여를 받은 자를 부양하고 있거나 다른 법령에 따라 장기요양급여를 받은 자를 부양할 의무가 있는 자를 말한다)에 대하여 거짓이나 그 밖의 부정한 방법으로 장기요양급여를 받은 자와 연대하여 제1항에 따른 징수금을 납부하게 할 수 있다.

④ 공단은 제1항의 경우 장기요양기관이나 의료기관이 수급자 또는 신청인으로부터 거짓이나 그 밖의 부정한 방법으로 장기요양급여비용 또는 의사소견서등 발급비용을 받은 때 해당 장기요양기관 또는 의료기관으로부터 이를 징수하여 수급자 또는 신청인에게 지체 없이 지급하여야 한다. 이 경우 공단은 수급자 또는 신청인에게 지급하여야 하는 금액을 그 수급자 또는 신청인이 납부하여야 하는 장기요양보험료 등과 상계할 수 있다.

제44조(구상권)

① 공단은 A) _____ 로 인한 장기요양급여의 제공사유가 발생하여 수급자에게 장기요양급여를 행한 때 그 급여에 사용된 비용의 한도 안에서 그 제3자에 대한 손해배상의 권리를 얻는다.

② 공단은 제1항의 경우 장기요양급여를 받은 자가 제3자로부터 이미 손해배상을 받은 때 그 손해배상액의 한도 안에서 장기요양급여를 행하지 아니한다.

제8장 | 장기요양위원회

제45조(장기요양위원회의 설치 및 기능)

다음 각 호의 사항을 심의하기 위하여 B) _____ 소속으로 장기요양위원회를 둔다.
1. 제9조 제2항에 따른 장기요양보험료율
2. 제24조부터 제26조까지의 규정에 따른 가족요양비, 특례요양비 및 요양병원간병비의 지급기준
3. 제39조에 따른 C) _____
4. 그 밖에 대통령령으로 정하는 주요 사항

제46조(장기요양위원회의 구성)

① 장기요양위원회는 위원장 1인, 부위원장 1인을 포함한 16인 이상 22인 이하의 위원으로 구성한다.

② 위원장이 아닌 위원은 다음 각 호의 자 중에서 보건복지부 장관이 임명 또는 위촉한 자로 하고, 각 호에 해당하는 자를 각각 동수로 구성하여야 한다.
  1. 근로자단체, 사용자단체, 시민단체(「비영리민간단체 지원법」 제2조에 따른 비영리민간단체를 말한다), 노인단체, 농어업인단체 또는 자영자단체를 대표하는 자
  2. 장기요양기관 또는 의료계를 대표하는 자
  3. D) _____ 으로 정하는 관계 중앙행정기관의 고위공무원단 소속 공무원, 장기요양에 관한 학계 또는 연구계를 대표하는 자, 공단 이사장이 추천하는 자

③ 위원장은 보건복지부 차관이 되고, 부위원장은 위원 중에서 E) _____ 이 지명한다.

④ 장기요양위원회 위원의 임기는 F) _____ 으로 한다. 다만, 공무원인 위원의 임기는 재임기간으로 한다.

제47조(장기요양위원회의 운영)

① 장기요양위원회 회의는 구성원 과반수의 출석으로 개의하고 출석위원 G) _____ 의 찬성으로 의결한다.

② 장기요양위원회의 효율적 운영을 위하여 분야별로 실무위원회를 둘 수 있다.

③ 이 법에서 정한 것 외에 장기요양위원회의 구성·운영, 그 밖에 필요한 사항은 대통령령으로 정한다.

정답 A) 제3자의 행위   B) 보건복지부 장관   C) 재가 및 시설 급여비용   D) 대통령령   E) 위원장   F) 3년   G) 과반수

제8장의2 | 장기요양요원지원센터

제47조의2(장기요양요원지원센터의 설치 등)
① 국가와 지방자치단체는 장기요양요원의 권리를 보호하기 위하여 A)_____를 설치·운영할 수 있다.
② 장기요양요원지원센터는 다음 각 호의 업무를 수행한다.
   1. 장기요양요원의 권리 침해에 관한 상담 및 지원
   2. 장기요양요원의 B)_____를 위한 교육지원
   3. 장기요양요원에 대한 건강검진 등 건강관리를 위한 사업
   4. 그 밖에 장기요양요원의 업무 등에 필요하여 대통령령으로 정하는 사항
③ 장기요양요원지원센터의 설치·운영 등에 필요한 사항은 C)_____으로 정하는 바에 따라 해당 지방자치단체의 조례로 정한다.

제9장 | 관리운영기관

제48조(관리운영기관 등)
① 장기요양사업의 관리운영기관은 공단으로 한다.
② 공단은 다음 각 호의 업무를 관장한다.
   1. 장기요양보험 가입자 및 그 피부양자와 의료급여수급권자의 자격관리
   2. 장기요양보험료의 부과·징수
   3. D)_____에 대한 조사
   4. 등급판정위원회의 운영 및 장기요양등급 판정
   5. 장기요양인정서의 작성 및 개인별장기요양이용계획서의 제공
   6. 장기요양급여의 관리 및 평가
   7. 수급자 및 그 가족에 대한 정보제공·안내·상담 등 장기요양급여 관련 이용지원에 관한 사항
   8. 재가 및 시설 급여비용의 심사 및 지급과 E)_____의 지급
   9. 장기요양급여 제공내용 확인
   10. 장기요양사업에 관한 조사·연구, 국제협력 및 홍보
   11. 노인성질환예방사업
   12. 이 법에 따른 F)_____의 부과·징수 등
   13. 장기요양급여의 제공기준을 개발하고 장기요양급여비용의 적정성을 검토하기 위한 장기요양기관의 설치 및 운영
   14. 그 밖에 장기요양사업과 관련하여 보건복지부 장관이 위탁한 업무
③ 공단은 제2항 제13호의 장기요양기관을 설치할 때 노인인구 및 지역특성 등을 고려한 지역 간 불균형 해소를 고려하여야 하고, 설치 목적에 필요한 최소한의 범위에서 이를 설치·운영하여야 한다.
④ 「국민건강보험법」 제17조에 따른 공단의 정관은 장기요양사업과 관련하여 다음 각 호의 사항을 포함·기재한다.
   1. G)_____
   2. H)_____
   3. 장기요양사업에 관한 예산 및 결산
   4. 그 밖에 I)_____으로 정하는 사항

정답 A) 장기요양요원지원센터 B) 역량강화 C) 보건복지부령 D) 신청인 E) 특별현금급여 F) 부당이득금 G) 장기요양보험료
    H) 장기요양급여 I) 대통령령

제49조(공단의 장기요양사업 조직 등)

공단은 「국민건강보험법」 제29조에 따라 공단의 조직 등에 관한 규정을 정할 때 A) _____ 을 수행하기 위하여 두는 조직 등을 건강보험사업을 수행하는 조직 등과 구분하여 따로 두어야 한다. 다만, 제48조 제2항 제1호 및 제2호의 자격관리와 보험료 부과·징수업무는 그러하지 아니하다.

제50조(장기요양사업의 회계)

① 공단은 장기요양사업에 대하여 B) _____ 를 설치·운영하여야 한다.
② 공단은 장기요양사업 중 장기요양보험료를 재원으로 하는 사업과 C) _____ 을 재원으로 하는 사업의 재정을 구분하여 운영하여야 한다. 다만, 관리운영에 필요한 재정은 구분하여 운영하지 아니할 수 있다.

제51조(권한의 위임 등에 관한 준용)

「국민건강보험법」 제32조 및 제38조는 이 법에 따른 이사장의 권한의 위임 및 준비금에 관하여 준용한다. 이 경우 "보험급여"는 "D) _____"로 본다.

제52조(등급판정위원회의 설치)

① 장기요양인정 및 장기요양등급 판정 등을 심의하기 위하여 공단에 E) _____ 를 둔다.
② 등급판정위원회는 특별자치시·특별자치도·시·군·구 단위로 설치한다. 다만, 인구수 등을 고려하여 하나의 특별자치시·특별자치도·시·군·구에 2 이상의 등급판정위원회를 설치하거나 2 이상의 특별자치시·특별자치도·시·군·구를 통합하여 하나의 등급판정위원회를 설치할 수 있다.
③ 등급판정위원회는 위원장 1인을 포함하여 F) _____ 인의 위원으로 구성한다.
④ 등급판정위원회 위원은 다음 각 호의 자 중에서 공단 이사장이 위촉한다. 이 경우 특별자치시장·특별자치도지사·시장·군수·구청장이 추천한 위원은 7인, 의사 또는 한의사가 1인 이상 각각 포함되어야 한다.
  1. 「의료법」에 따른 의료인
  2. 「사회복지사업법」에 따른 사회복지사
  3. 특별자치시·특별자치도·시·군·구 소속 공무원
  4. 그 밖에 법학 또는 장기요양에 관한 학식과 경험이 풍부한 자
⑤ 등급판정위원회 위원의 임기는 G) _____ 으로 하되, 한 차례만 연임할 수 있다. 다만, 공무원인 위원의 임기는 H) _____ 으로 한다.

제53조(등급판정위원회의 운영)

① 등급판정위원회 위원장은 위원 중에서 특별자치시장·특별자치도지사·시장·군수·구청장이 위촉한다. 이 경우 제52조 제2항 단서에 따라 2 이상의 특별자치시·특별자치도·시·군·구를 통합하여 하나의 등급판정위원회를 설치하는 때 해당 특별자치시장·특별자치도지사·시장·군수·구청장이 공동으로 위촉한다.
② 등급판정위원회 회의는 구성원 과반수의 I) _____ 으로 개의하고 출석위원 과반수의 찬성으로 의결한다.
③ 이 법에 정한 것 외에 등급판정위원회의 구성·운영, 그 밖에 필요한 사항은 대통령령으로 정한다.

제53조의2(장기요양급여심사위원회의 설치)

① 다음 각 호의 사항을 심의하기 위하여 공단에 장기요양급여심사위원회(이하 "급여심사위원회"라 한다)를 둔다.
  1. 장기요양급여 제공 기준의 세부사항 설정 및 보완에 관한 사항
  2. 장기요양급여비용 및 산정방법의 세부사항 설정 및 보완에 관한 사항
  3. 장기요양급여비용 심사기준 개발 및 심사조정에 관한 사항

정답 A) 장기요양사업 B) 독립회계 C) 국가·지방자치단체의 부담금 D) 장기요양급여 E) 장기요양등급판정위원회 F) 15 G) 3년 H) 재임기간 I) 출석

4. 그 밖에 공단 이사장이 필요하다고 인정한 사항

② 급여심사위원회는 위원장 1명을 포함하여 10명 이하의 위원으로 구성한다.

③ 이 법에서 정한 것 외에 급여심사위원회의 구성·운영, 그 밖에 필요한 사항은 대통령령으로 정한다.

제54조(장기요양급여의 관리·평가)

① 공단은 장기요양기관이 제공하는 장기요양급여 내용을 지속적으로 관리·평가하여 장기요양급여의 수준이 향상되도록 노력하여야 한다.

② 공단은 장기요양기관이 제23조 제5항에 따른 장기요양급여의 제공 기준·절차·방법 등에 따라 적정하게 장기요양급여를 제공하였는지 평가를 실시하고 그 결과를 공단의 홈페이지 등에 공표하는 등 필요한 조치를 할 수 있다.

③ 제2항에 따른 장기요양급여 제공내용의 평가 방법 및 평가 결과의 공표 방법, 그 밖에 필요한 사항은 보건복지부령으로 정한다.

제10장 | 심사청구 및 재심사청구

제55조(심사청구)

① 장기요양인정·장기요양등급·장기요양급여·부당이득·장기요양급여비용 또는 장기요양보험료 등에 관한 공단의 처분에 이의가 있는 자는 A) _____ 에 심사청구를 할 수 있다.

② 제1항에 따른 심사청구는 그 처분이 있음을 안 날부터 90일 이내에 문서(「전자정부법」 제2조 제7호에 따른 전자문서를 포함한다)로 하여야 하며, 처분이 있은 날부터 B) _____ 을 경과하면 이를 제기하지 못한다. 다만, 정당한 사유로 그 기간에 심사청구를 할 수 없었음을 증명하면 그 기간이 지난 후에도 심사청구를 할 수 있다.

③ 제1항에 따른 심사청구 사항을 심사하기 위하여 공단에 C) _____ (이하 "심사위원회"라 한다)를 둔다.

④ 심사위원회는 위원장 1명을 포함한 50명 이내의 위원으로 구성한다.

⑤ 이 법에서 정한 것 외에 심사위원회의 구성·운영, 그 밖에 필요한 사항은 대통령령으로 정한다.

제56조(재심사청구)

① 제55조에 따른 심사청구에 대한 결정에 불복하는 사람은 그 결정통지를 받은 날부터 90일 이내에 장기요양재심사위원회(이하 "재심사위원회"라 한다)에 재심사를 청구할 수 있다.

② 재심사위원회는 보건복지부 장관 소속으로 두고, 위원장 1인을 포함한 D) _____ 이내의 위원으로 구성한다.

③ 재심사위원회의 위원은 관계 공무원, 법학, 그 밖에 장기요양사업 분야의 학식과 경험이 풍부한 자 중에서 보건복지부 장관이 임명 또는 위촉한다. 이 경우 공무원이 아닌 위원이 전체 위원의 과반수가 되도록 하여야 한다.

④ 이 법에서 정한 것 외에 재심사위원회의 구성·운영, 그 밖에 필요한 사항은 대통령령으로 정한다.

제56조의2(행정심판과의 관계)

① 재심사위원회의 재심사에 관한 절차에 관하여는 「행정심판법」을 준용한다.

② 제56조에 따른 재심사청구 사항에 대한 재심사위원회의 재심사를 거친 경우에는 「행정심판법」에 따른 행정심판을 청구할 수 없다.

제57조(행정소송)

공단의 처분에 이의가 있는 자와 제55조에 따른 심사청구 또는 제56조에 따른 재심사청구에 대한 결정에 불복하는 자는 「행정소송법」으로 정하는 바에 따라 행정소송을 제기할 수 E) _____ .

정답 A) 공단 B) 180일 C) 장기요양심사위원회 D) 20인 E) 있다

제11장 | 보칙

제58조(국가의 부담)
① 국가는 매년 예산의 범위 안에서 해당 연도 장기요양보험료 예상수입액의 100분의 20에 상당하는 금액을 공단에 지원한다.
② 국가와 지방자치단체는 대통령령으로 정하는 바에 따라 의료급여수급권자의 장기요양급여비용, 의사소견서 발급비용, 방문간호지시서 발급비용 중 공단이 부담하여야 할 비용(제40조 제2항 및 제4항 제1호에 따라 면제 및 감경됨으로 인하여 공단이 부담하게 되는 비용을 포함한다) 및 관리운영비의 A) 전액 을 부담한다.
③ 제2항에 따라 지방자치단체가 부담하는 금액은 보건복지부령으로 정하는 바에 따라 특별시·광역시·특별자치시·도·특별자치도와 시·군·구가 분담한다.
④ 제2항 및 제3항에 따른 지방자치단체의 부담액 부과, 징수 및 재원관리, 그 밖에 필요한 사항은 대통령령으로 정한다.

제59조(전자문서의 사용)
① 장기요양사업에 관련된 각종 서류의 기록, 관리 및 보관은 보건복지부령으로 정하는 바에 따라 전자문서로 한다.
② 공단 및 장기요양기관은 장기요양기관의 B) 지정신청 , 재가·시설 급여비용의 C) 청구 및 지급 , 장기요양기관의 재무·회계정보 처리 등에 대하여 전산매체 또는 전자문서교환방식을 이용하여야 한다.
③ 제1항 및 제2항에도 불구하고 정보통신망 및 정보통신서비스 시설이 열악한 지역 등 보건복지부 장관이 정하는 지역의 경우 전자문서·전산매체 또는 전자문서교환방식을 이용하지 아니할 수 있다.

제60조(자료의 제출 등)
① 공단은 장기요양급여 제공내용 확인, 장기요양급여의 관리·평가 및 장기요양보험료 산정 등 장기요양사업 수행에 필요하다고 인정할 때 다음 각 호의 어느 하나에 해당하는 자에게 자료의 제출을 요구할 수 있다.
  1. 장기요양보험 가입자 또는 그 피부양자 및 의료급여수급권자
  2. 수급자, 장기요양기관 및 의료기관
② 제1항에 따라 자료의 제출을 요구받은 자는 D) 성실히 이에 응하여야 한다.

제61조(보고 및 검사)
① 보건복지부 장관, 특별시장·광역시장·도지사 또는 특별자치시장·특별자치도지사·시장·군수·구청장은 다음 각 호의 어느 하나에 해당하는 자에게 보수·소득이나 그 밖에 보건복지부령으로 정하는 사항의 보고 또는 자료의 제출을 명하거나 소속 공무원으로 하여금 관계인에게 질문을 하게 하거나 관계 서류를 E) 검사 하게 할 수 있다.
  1. 장기요양보험 가입자
  2. 피부양자
  3. 의료급여수급권자
② 보건복지부 장관, 특별시장·광역시장·도지사 또는 특별자치시장·특별자치도지사·시장·군수·구청장은 다음 각 호의 어느 하나에 해당하는 자에게 장기요양급여의 F) 제공 명세 , 재무·회계에 관한 사항 등 장기요양급여에 관련된 자료의 제출을 명하거나 소속 공무원으로 하여금 관계인에게 질문을 하게 하거나 관계 서류를 검사하게 할 수 있다.
  1. 장기요양기관 및 의료기관
  2. G) 장기요양급여를 받은 자
③ 보건복지부 장관, 특별시장·광역시장·도지사 또는 특별자치시장·특별자치도지사·시장·군수·구청장은 제1항 및 제2항에 따른 보고 또는 자료제출 명령이나 질문 또는 검사 업무를 효율적으로 수행하기 위하여 필요한 경우에는 공단에 행정응원(行政應援)을 요청할 수 있다. 이 경우 공단은 특별한 사유가 없으면 이에 따라야 한다.
④ 제1항 및 제2항의 경우에 소속 공무원은 그 권한을 표시하는 증표 및 조사기간, 조사범위, 조사담당자, 관계 법령 등 보건복지부령으로 정하는 사항이 기재된 서류를 지니고 이를 관계인에게 내보여야 한다.

정답 A) 전액 B) 지정신청 C) 청구 및 지급 D) 성실히 E) 검사 F) 제공 명세 G) 장기요양급여를 받은 자

⑤ 제1항 및 제2항에 따른 질문 또는 검사의 절차·방법 등에 관하여는 이 법에서 정하는 사항을 제외하고는 「행정조사기본법」에서 정하는 바에 따른다.
⑥ 제3항에 따른 행정응원의 절차·방법 등에 관하여 필요한 사항은 대통령령으로 정한다.

제62조(비밀누설금지)
다음 각 호에 해당하는 자는 업무수행 중 알게 된 비밀을 누설하여서는 아니 된다.
1. 특별자치시·특별자치도·시·군·구, 공단, 등급판정위원회, 장기요양위원회, 제37조의3 제3항에 따른 공표심의위원회, 심사위원회, 재심사위원회 및 장기요양기관에 종사하고 있거나 종사한 자
2. 제24조부터 제26조까지의 규정에 따른 가족요양비·특례요양비 및 요양병원간병비와 관련된 급여를 제공한 자

제62조의2(A) _____ 의 사용금지)
이 법에 따른 장기요양보험 사업을 수행하는 자가 아닌 자는 보험계약 또는 보험계약의 명칭에 노인장기요양보험 또는 이와 유사한 용어를 사용하지 못한다.

제63조(청문)
특별자치시장·특별자치도지사·시장·군수·구청장은 다음 각 호의 어느 하나에 해당하는 처분 또는 공표를 하려는 경우에는 청문을 하여야 한다.
1. 제37조 제1항에 따른 장기요양기관 지정취소 또는 B) _____
3. 제37조의3에 따른 C) _____ 등의 공표
4. 제37조의5 제1항에 따른 D) _____ 처분

제64조(시효 등에 관한 준용)
「국민건강보험법」 제91조, 제92조, 제96조, 제103조, 제104조, 제107조, 제111조 및 제112조는 시효, 기간의 계산, 자료의 제공, 공단 등에 대한 감독, 권한의 위임 및 위탁, 업무의 위탁, 단수처리 등에 관하여 준용한다. 이 경우 "보험료"를 "장기요양보험료"로, "보험급여"를 "장기요양급여"로, "요양기관"을 "장기요양기관"으로, "건강보험사업"을 "장기요양사업"으로 본다.

제65조(다른 법률에 따른 소득 등의 의제금지)
이 법에 따른 장기요양급여로 지급된 현금 등은 「국민기초생활 보장법」 제2조 제9호의 소득 또는 재산으로 보지 아니한다.

제66조(수급권의 보호)
① 장기요양급여를 받을 권리는 양도 또는 압류하거나 E) _____ 로 제공할 수 없다.
② 제27조의2 제1항에 따른 특별현금급여수급계좌의 예금에 관한 채권은 F) _____ 할 수 없다.

제66조의2(벌칙 적용에서 공무원 의제)
등급판정위원회, 장기요양위원회, 제37조의3 제3항에 따른 공표심의위원회, 심사위원회 및 재심사위원회 위원 중 공무원이 아닌 사람은 「형법」 제129조부터 제132조까지의 규정을 적용할 때에는 G) _____ 으로 본다.

제66조의3(소액 처리)
공단은 징수 또는 반환하여야 할 금액이 1건당 1,000원 미만인 경우(제38조 제5항 및 제43조 제4항 후단에 따라 각각 상계할 수 있는 지급금 및 장기요양보험료등은 제외한다)에는 징수 또는 반환하지 아니한다. 다만, 「국민건강보험법」 제106조에 따른 소액 처리 대상에서 제외되는 H) _____ 와 통합하여 징수 또는 반환되는 장기요양보험료의 경우에는 그러하지 아니하다.

정답 A) 유사명칭 B) 업무정지명령 C) 위반사실 D) 장기요양급여 제공의 제한 E) 담보 F) 압류 G) 공무원 H) 건강보험료

제12장 | 벌칙

제67조(벌칙)
① 다음 각 호의 어느 하나에 해당하는 자는 3년 이하의 징역 또는 3천만 원 이하의 벌금에 처한다.
  1. 거짓이나 그 밖의 부정한 방법으로 장기요양급여비용을 청구한 자
  2. 제33조의3 제2항 제1호를 위반하여 폐쇄회로 텔레비전의 설치 목적과 다른 목적으로 폐쇄회로 텔레비전을 임의로 조작하거나 다른 곳을 비추는 행위를 한 자
  3. 제33조의3 제2항 제2호를 위반하여 녹음기능을 사용하거나 보건복지부령으로 정하는 저장장치 이외의 장치 또는 기기에 영상정보를 저장한 자

② 다음 각 호의 어느 하나에 해당하는 자는 A)   이하의 징역 또는 B)   이하의 벌금에 처한다.
  1. 제31조를 위반하여 지정받지 아니하고 장기요양기관을 운영하거나 거짓이나 그 밖의 부정한 방법으로 지정받은 자
  2. 제33조의3 제3항에 따른 안전성 확보에 필요한 조치를 하지 아니하여 영상정보를 분실·도난·유출·변조 또는 훼손당한 자
  3. 제35조 제5항을 위반하여 본인부담금을 면제 또는 감경하는 행위를 한 자
  4. 제35조 제6항을 위반하여 수급자를 소개, 알선 또는 유인하는 행위를 하거나 이를 조장한 자
  5. 제62조를 위반하여 업무수행 중 알게 된 비밀을 누설한 자

③ 다음 각 호의 어느 하나에 해당하는 자는 1년 이하의 징역 또는 1천만 원 이하의 벌금에 처한다.
  1. 제35조 제1항을 위반하여 정당한 사유 없이 장기요양급여의 제공을 거부한 자
  2. 거짓이나 그 밖의 부정한 방법으로 장기요양급여를 받거나 다른 사람으로 하여금 장기요양급여를 받게 한 자
  3. 정당한 사유 없이 제36조 제3항 각 호에 따른 C)   를 하지 아니한 사람
  4. 제37조 제7항을 위반하여 수급자가 부담한 비용을 정산하지 아니한 자

④ 제61조 제2항에 따른 자료제출 명령에 따르지 아니하거나 거짓으로 자료제출을 한 장기요양기관 또는 의료기관이나 질문 또는 검사를 거부·방해 또는 기피하거나 거짓으로 답변한 장기요양기관 또는 의료기관은 1천만 원 이하의 벌금에 처한다.

제68조(양벌규정)
법인의 대표자, 법인이나 개인의 대리인·사용인 및 그 밖의 종사자가 그 법인 또는 개인의 업무에 관하여 제67조에 해당하는 위반행위를 한 때에는 그 행위자를 벌하는 외에 그 D)   에 대하여도 해당 조의 벌금형을 과한다. 다만, 법인 또는 개인이 그 위반행위를 방지하기 위하여 해당 업무에 관하여 상당한 주의와 감독을 게을리하지 아니한 경우에는 그러하지 아니하다.

제69조(과태료)
① 정당한 사유 없이 다음 각 호의 어느 하나에 해당하는 자에게는 E)   이하의 과태료를 부과한다.
  2. 제33조를 위반하여 변경지정을 받지 아니하거나 변경신고를 하지 아니한 자 또는 거짓이나 그 밖의 부정한 방법으로 변경지정을 받거나 F)   를 한 자
  2의2. 제34조를 위반하여 G)   를 게시하지 아니하거나 거짓으로 게시한 자
  2의3. 제35조 제3항을 위반하여 수급자에게 장기요양급여비용에 대한 H)   를 교부하지 아니하거나 거짓으로 교부한 자
  3. 제35조 제4항을 위반하여 장기요양급여 제공 자료를 기록·관리하지 아니하거나 거짓으로 작성한 사람
  3의2. 제35조의4 제2항 각 호의 어느 하나를 위반한 자
  3의3. 제35조의4 제5항에 따른 적절한 조치를 하지 아니한 자
  4. 제36조 제1항 또는 제6항을 위반하여 I)   신고 또는 자료이관을 하지 아니하거나 거짓이나 그 밖의 부정한 방법으로 신고한 자
  4의2. 제37조의4 제4항을 위반하여 행정제재처분을 받았거나 그 절차가 진행 중인 사실을 J)   에게 지체 없이 알리지 아니한 자

정답 A) 2년 B) 2천만 원 C) 권익보호조치 D) 법인 또는 개인 E) 500만 원 F) 변경신고 G) 장기요양기관에 관한 정보 H) 명세서
I) 폐업·휴업 J) 양수인등

6. 거짓이나 그 밖의 부정한 방법으로 수급자에게 장기요양급여비용을 부담하게 한 자
7. 제60조, 제61조 제1항 또는 제2항(같은 항 제1호에 해당하는 자는 제외한다)에 따른 보고 또는 자료제출 요구·명령에 따르지 아니하거나 거짓으로 보고 또는 자료제출을 한 자나 질문 또는 검사를 거부·방해 또는 기피하거나 거짓으로 답변한 자
8. 거짓이나 그 밖의 부정한 방법으로 A) _____ 청구에 가담한 사람
9. 제62조의2를 위반하여 노인장기요양보험 또는 이와 유사한 용어를 사용한 자

② 다음 각 호의 어느 하나에 해당하는 자에게는 B) _____ 이하의 과태료를 부과한다.
1. 제33조의2에 따른 폐쇄회로 텔레비전을 설치하지 아니하거나 설치·관리의무를 위반한 자
2. 제33조의3 제1항 각 호에 따른 열람 요청에 응하지 아니한 자

③ 제1항 및 제2항에 따른 과태료는 C) _____ 으로 정하는 바에 따라 관할 특별자치시장·특별자치도지사·시장·군수·구청장이 부과·징수한다.

정답 A) 장기요양급여비용 B) 300만 원 C) 대통령령

취업강의 1위, 해커스잡

ejob.Hackers.com

취업강의 1위, 해커스잡

ejob.Hackers.com

해커스잡

실전모의고사 1회

취업강의 1위, 해커스잡
ejob.Hackers.com

해커스잡

실전모의고사 2회

취업강의 1위, 해커스잡
ejob.Hackers.com

실전모의고사 3회

해커스잡

취업강의 1위, 해커스잡
ejob.Hackers.com

2025 최신판

해커스 국민건강보험공단 NCS+법률 실전모의고사

개정 8판 1쇄 발행 2025년 2월 28일

지은이	해커스 NCS 취업교육연구소
펴낸곳	㈜챔프스터디
펴낸이	챔프스터디 출판팀
주소	서울특별시 서초구 강남대로61길 23 ㈜챔프스터디
고객센터	02-537-5000
교재 관련 문의	publishing@hackers.com
	해커스잡 사이트(ejob.Hackers.com) 교재 Q&A 게시판
학원 강의 및 동영상강의	ejob.Hackers.com
ISBN	978-89-6965-568-4 (13320)
Serial Number	08-01-01

저작권자 ⓒ 2025, 챔프스터디

이 책의 모든 내용, 이미지, 디자인, 편집 형태에 대한 저작권은 저자에게 있습니다.
서면에 의한 저자와 출판사의 허락 없이 내용의 일부 혹은 전부를 인용, 발췌하거나 복제, 배포할 수 없습니다.

취업강의 1위,
해커스잡 **ejob.Hackers.com**

해커스잡

- 건보 고득점을 위한 PSAT형 모의고사 및 **법률 빈칸노트**(PDF)
- 공기업 취업 전문가의 **국민건강보험공단 취업성공전략 동영상강의**
- 내 점수와 석차를 확인하는 **무료 바로 채점 및 성적 분석 서비스**
- 인성검사까지 대비할 수 있는 **인성검사 온라인 모의고사**(교재 내 할인쿠폰 수록)
- 공기업 전문 스타강사의 **본 교재 인강** 및 **해커스잡 단과 강의**(교재 내 할인쿠폰 수록)

헤럴드 선정 2018 대학생 선호 브랜드 대상 '취업강의' 부문 1위

20년 연속 베스트셀러 1위*
대한민국 영어강자 해커스!

"1분 레벨테스트"로
바로 확인하는 내 토익 레벨! ▶

토익 교재 시리즈

유형+문제

~450점 왕기초	450~550점 입문	550~650점 기본	650~750점 중급	750~900점 이상 정규

현재 점수에 맞는 교재를 선택하세요! : 교재별 학습 가능 점수대

- 해커스 토익 왕기초 리딩
- 해커스 토익 왕기초 리스닝
- 해커스 첫토익 LC+RC+VOCA
- 해커스 토익 스타트 리딩
- 해커스 토익 스타트 리스닝
- 해커스 토익 700+ [LC+RC+VOCA]
- 해커스 토익 750+ RC
- 해커스 토익 750+ LC
- 해커스 토익 리딩
- 해커스 토익 리스닝
- 해커스 토익 Part 7 집중공략 777

실전모의고사

- 해커스 토익 실전 LC+RC 1
- 해커스 토익 실전 LC+RC 2
- 해커스 토익 실전 LC+RC 3
- 해커스 토익 실전 1200제 리딩
- 해커스 토익 실전 1200제 리스닝
- 해커스 토익 실전 1000제 1 리딩/리스닝 (문제집 + 해설집)
- 해커스 토익 실전 1000제 2 리딩/리스닝 (문제집 + 해설집)
- 해커스 토익 실전 1000제 3 리딩/리스닝 (문제집 + 해설집)

보카

해커스 토익 기출 보카

문법 · 독해

- 그래머 게이트웨이 베이직
- 그래머 게이트웨이 베이직 Light Version
- 그래머 게이트웨이 인터미디엇
- 해커스 그래머 스타트
- 해커스 구문독해 100

토익스피킹 교재 시리즈

- 해커스 토익스피킹 스타트
- 만능 템플릿과 위기탈출 표현으로 해커스 토익스피킹 5일 완성
- 해커스 토익스피킹
- 해커스 토익스피킹 실전모의고사 15회

오픽 교재 시리즈

- 해커스 오픽 스타트 [Intermediate 공략]
- 서베이부터 실전까지 해커스 오픽 매뉴얼
- 해커스 오픽 [Advanced 공략]

* [해커스어학연구소] 교보문고 종합 베스트셀러 토익/토플 분야 1위
(2005~2024 연간 베스트셀러 기준, 해커스 토익 보카 12회/해커스 토익 리딩 8회)

2025 최신판

해커스
국민건강
보험공단
NCS+법률
실전모의고사

약점 보완 해설집

해커스잡

해커스
국민건강
보험공단
NCS+법률
실전모의고사

약점 보완 해설집

기출복원문제

NCS 직업기초능력

p.18

01 의사소통	02 의사소통	03 의사소통	04 의사소통	05 의사소통	06 의사소통	07 수리	08 수리	09 수리	10 수리
③	②	②	②	④	③	③	①	①	③

11 수리	12 수리	13 문제해결	14 문제해결	15 문제해결	16 문제해결	17 문제해결	18 문제해결
③	④	③	③	②	③	①	④

[01-02]

01 의사소통능력   정답 ③

1문단에서 상병수당은 근로자가 업무와 관련 없는 질병이나 부상으로 인해 일시적으로 근무가 불가능할 때 발생하는 소득 상실을 보전해 주는 사회보장제도라고 하였으므로 상병수당이 근로자가 업무 관련 질병이나 부상으로 인해 발생한 소득상실을 보전하는 제도인 것은 아님을 알 수 있다.

오답 체크

① 2문단에서 코로나19 확산을 계기로 '아프면 쉴 권리'의 중요성이 부각되면서 상병수당의 도입 필요성이 제기되었다고 하였으므로 적절한 내용이다.
② 5문단에서 2024년 시행된 3단계 시범사업에서는 지급 금액은 2024년 최저임금의 60%로 기존 시범사업과 동일하고 하였으므로 적절한 내용이다.
④ 2문단에서 우리나라는 1999년 국민건강보험법을 제정하면서 당시 제50조에서 상병수당을 시행할 수 있다는 내용을 포함하였으나, 실제로 시행하지는 않았다고 하였으므로 적절한 내용이다.

02 의사소통능력   정답 ②

이 글은 한국의 상병수당 도입 과정과 현황에 대한 글이며, 3문단은 상병수당이 전면적으로 도입되어 사회보장제도로 자리 잡기 위해서 해결해야 할 문제점을 언급하고 있다.
따라서 해외 사례를 언급하면서 상병수당 제도가 보편적이라는 내용의 ⓒ은 삭제되어야 한다.

[03-04]

03 의사소통능력   정답 ②

이 보도자료는 보건복지부가 종전의 아동치과주치의 시범사업의 사업대상 및 지역을 확대하여 제2차 아동치과주치의 시범사업을 시행한다는 내용이므로 이 보도자료의 제목으로 가장 적절한 것은 ②이다.

오답 체크

① 종전에 시행되었던 1차 시범사업이 있으므로 적절하지 않은 내용이다.
③ 시범사업의 사업대상 및 지역이 확대되어 제2차 시범사업이 시행되는 것이지 본사업으로 전환된 것은 아니므로 적절하지 않은 내용이다.
④ 시범사업이 2개 지역에서 9개 지역으로 확대되었지만 전국으로 확대된 것은 아니므로 적절하지 않은 내용이다.

04 의사소통능력   정답 ②

치과주치의 이용을 원하는 아동(법정대리인)은 국민건강보험공단 누리집 등을 통해 이용할 치과의원을 찾아보고 방문하여 치과의원 주치의에게 등록을 신청하면 방문 당일에도 서비스를 이용할 수 있다고 하였으므로 2차 시범사업 참여 아동이라고 하더라도 미리 신청하지 않으면 방문 당일엔 서비스를 이용하기 어려운 것은 아님을 알 수 있다.

오답 체크

① 1차 시범사업 기간은 2021년 5월~2024년 4월까지 3년이었고, 1차 시범사업 기간은 2024년 7월~2027년 2월까지 2년 8개월이므로 적절한 내용이다.

③ 아동치과주치의로 활동하고자 하는 치과의사는 대한치과의사협회 누리집에서 아동치과주치의 교육을 이수 후, 국민건강보험공단 요양기관정보마당에 아동치과주치의로 직접 등록하면 된다고 하였으므로 적절한 내용이다.

④ 원주시는 제2차 아동치과주치의 시범사업 지역이고, 2026년에는 대상아동이 초등학생 전 학년으로 확대되므로 적절한 내용이다.

[05-06]
05 의사소통능력   정답 ④

A 앞에서는 환경성 질환이 현대인의 건강을 위협하는 심각한 문제로 대두되고 있다는 내용을 말하고 있고, A 뒤에서는 환경성 질환 중에서도 더 구체적인 질환군인 알레르기, 비염, 아토피피부염이 환경오염과 밀접한 연관을 보이며 개인의 삶의 질을 저하시키고 있다는 내용을 말하고 있다.
따라서 A에는 앞의 내용과 관련 있는 중요한 내용을 덧붙일 때 사용하는 부사 '특히'가 들어가야 한다.

06 의사소통능력   정답 ③

제시된 문장은 COPD, 폐암 또한 환경성 질환에 속하며 다른 환경성 질환들처럼 환경적 요인에 의해 발생하거나 악화된다는 공통점을 지녔다는 내용이다.
따라서 알레르기, 비염, 아토피피부염, 천식 등 환경성 질환들에 대한 설명이 끝난 뒤에 이어서 제시되는 것이 자연스러우므로 제시된 문장이 들어가기에 가장 적절한 위치는 ⓒ이다.

[07-09]
07 수리능력   정답 ③

제시된 연령대 중 탄수화물 섭취 비중이 68%로 다른 연령대에 비해 가장 높은 50대 이상의 지방 섭취 비중은 19%로 다른 연령대에 비해 가장 낮으므로 옳은 설명이다.

오답 체크
① 10대 미만의 탄수화물 섭취 비중은 64%로 40대의 지방 섭취 비중인 22%의 64 / 22 ≒ 2.9배이므로 옳지 않은 설명이다.
② 영양소별 섭취량 = (영양소별 섭취 비중 / 100) × 연령대별 3대 영양소 총 섭취량임에 따라 10대의 3대 영양소 총 섭취량을 x라고 하면, 10대의 단백질 섭취량은 0.15x로 10대의 지방 섭취량인 0.25x의 0.15 / 0.25 = 0.6배이므로 옳지 않은 설명이다.
④ 50대 이상의 탄수화물 섭취량은 20대의 탄수화물 섭취량보다 295 − 238 = 57g 적으므로 옳지 않은 설명이다.

08 수리능력   정답 ①

연령대별 3대 영양소 총 섭취량 = (영양소별 섭취량 / 영양소별 섭취 비중) × 100임을 적용하여 구한다.
제시된 연령대 중 탄수화물 섭취량이 가장 많은 20대의 3대 영양소 총 섭취량은 (295 / 59) × 100 = 500g이고, 탄수화물 섭취량이 두 번째로 많은 10대의 3대 영양소 총 섭취량은 (276 / 60) × 100 = 460g이다. 이에 따라 20대의 단백질 섭취량은 0.17 × 500 = 85g이고, 10대의 단백질 섭취량은 0.15 × 460 = 69g이다.
따라서 제시된 연령대 중 탄수화물 섭취량이 가장 많은 연령대와 두 번째로 많은 연령대의 단백질 섭취량 차이는 85 − 69 = 16g이다.

09 수리능력   정답 ①

영양소별 섭취량 = (영양소별 섭취 비중 / 100) × 연령대별 3대 영양소 총 섭취량임에 따라 지방 섭취량 대비 단백질 섭취량의 비율은 {(단백질 섭취 비중 / 100) × 연령대별 3대 영양소 총 섭취량} / {(지방 섭취 비중 / 100) × 연령대별 3대 영양소 총 섭취량} = 단백질 섭취 비중 / 지방 섭취 비중이다. 이에 따라 연령대별 지방 섭취량 대비 단백질 섭취량의 비율을 계산하면 10대 미만은 13 / 23 ≒ 0.57, 10대는 15 / 25 = 0.6, 20대는 17 / 24 ≒ 0.71, 30대는 17 / 23 ≒ 0.74, 40대는 14 / 22 ≒ 0.64, 50대 이상은 13 / 19 ≒ 0.68이다.
따라서 탄수화물 섭취량 대비 단백질 섭취량의 비율이 가장 큰 연령대와 가장 작은 연령대를 차례로 나열한 것은 '30대, 10대 미만'이다.

[10-12]
10 수리능력   정답 ③

2021년 환자 수가 다른 질병군 대비 가장 적은 질병군은 순환계이므로 옳지 않은 설명이다.

오답 체크
① 2022년 이후 질병군별 환자 수의 전년 대비 증감 추이가 '증가, 감소, 감소'로 신경계와 같은 질병군은 순환계, 근골격계로 총 2개이므로 옳은 설명이다.
② 2021년부터 2024년까지 호흡기계 전문의 수는 각각 35명, 34명, 37명, 32명으로 순환계 전문의 수의 4배인 6 × 4 = 24명, 7 × 4 = 28명, 8 × 4 = 32명, 8 × 4 = 32명보다 많거나 같으므로 옳은 설명이다.

④ 2024년 신경계 전문의 1명당 환자 수는 19,980 / 4 = 4,995명으로 2022년 신경계 전문의 1명당 환자 수인 34,960 / 4 = 8,740명 대비 8,740 - 4,995 = 3,745명 감소하였으므로 옳은 설명이다.

11 수리능력   정답 ③

(가) 2021년 비뇨생식기계 전문의 1명당 환자 수: 25,890 / 5 = 5,178명
(나) 2023년 근골격계 환자 수의 전년 대비 감소량: 57,110 - 51,790 = 5,320명
(다) 2024년 신경계 환자 수와 순환계 환자 수의 차이: 23,790 - 19,980 = 3,810명
(라) 2024년 소화기계 환자 수의 3년 전 대비 증가량: 85,420 - 80,680 = 4,740명
따라서 (가)~(라)의 크기가 큰 순서대로 나열한 것은 '(나) - (가) - (라) - (다)'이다.

12 수리능력   정답 ④

2022년 전문의 수가 다른 질병군 대비 세 번째로 적은 질병군은 순환계이고, 2021년부터 2024년까지 순환계 환자 수의 평균은 (23,830 + 32,860 + 31,420 + 23,790) / 4 = 27,975명이다.

[13-15]

'2. 고속도로 통행료 인하'에 따라 20X5년 1월 1일 00:00 이후부터 인하된 통행료가 적용되므로 고속도로 이용 시간이 20X5년 1월 4일~1월 5일까지인 갑~정은 모두 인하 후의 통행료가 적용된다. 먼저, '3. 할인 규정-1)'에 따라 21:00~06:00 시간 내에 고속도로를 이용한 4~5종 차량과 화물차 전용단말기를 이용하는 1~3종 차량만이 화물차 심야 할인을 받을 수 있으므로 병과 정은 화물차 심야 할인을 받을 수 있다. 이때, 병의 고속도로 이용 시간은 1월 4일 20:00~1월 5일 01:00임에 따라 전체 고속도로 이용 시간은 5시간, 할인 적용 시간대 통행 시간은 4시간이므로 할인 시간 이용 비율은 (4 / 5) × 100 = 80%로 50% 할인을 받을 수 있고, 정의 고속도로 이용 시간은 1월 4일 17:00~1월 4일 22:00임에 따라 전체 고속도로 이용 시간은 5시간, 할인 적용 시간대 통행 시간은 1시간이므로 할인 시간 이용 비율은 (1 / 5) × 100 = 20%으로 20% 할인을 받을 수 있다. 또한, '3. 할인 규정-2)'에 따라 경형차량 할인을 받을 수 있는 사람은 을뿐이며, '3. 할인 규정-3)'에 따라 국가유공자 7급에 해당하는 병은 통합복지카드를 제시하고 국가유공자 소유차량으로 등록된 차량을 국가유공자 본인이 직접 운행하여 50% 할인을 받을 수 있고, 장애인 1급에 해당하는 정은 통합복지카드를 미제시하여 할인을 받을 수 없다. 이때, '3. 할인 규정'에 따라 중복 할인 적용은 불가하며, 할인 항목 중 할인율이 가장 큰 하나의 할인만 적용하므로 병은 화물차 심야 할인 50%와 국가유공자 할인 50% 중 하나의 할인만 적용받을 수 있다. 이에 따라 갑~정이 받을 수 있는 할인 및 할인율은 다음과 같다.

구분	할인 적용 항목	할인 후 통행료
갑	없음	4,200원
을	경형차량 할인 50%	(4,000 + 4,500) × 0.5 = 4,250원
병	화물차 심야 할인 50% 또는 국가유공자 할인 50%	8,000원 × 0.5 = 4,000원
정	화물차 심야 할인 20%	5,500원 × 0.8 = 4,400원

13 문제해결능력   정답 ③

네 사람 중 고속도로 통행료가 가장 저렴한 사람은 병이다.

14 문제해결능력   정답 ③

할인 규정은 20X5년 1월 1일 이전에도 동일하게 적용되었으므로 고속도로 통행료 인하로 인한 갑~정의 이익은 갑이 6,500 - 4,200 = 2,300원, 을이 {(10,000 + 5,800) × 0.5} - 4,250 = 3,650원, 병이 (18,000 × 0.5) - 4,000 = 5,000원, 정이 (11,000 × 0.8) - 4,400 = 4,400원이다.
따라서 고속도로 통행료 인하로 인해 이익을 가장 많이 본 사람은 병이다.

15 문제해결능력   정답 ②

'3. 할인 규정-3)'에 따라 정이 통합복지카드를 제시하였다면 장애인 1급에 해당하는 정은 장애인 주민등록표에 등재된 세대원의 소유차량으로 등록된 차량에 장애인 본인이 탑승하였으므로 50% 할인을 받을 수 있다. 이때, '3. 할인 규정'에 따라 중복 할인 적용은 불가하며, 할인 항목 중 할인율이 가장 큰 하나의 할인만 적용하므로 정은 화물차 심야 할인 20%와 장애인 할인 50% 중 장애인 할인 50%만 적용받을 수 있다.
따라서 정이 통합복지카드를 제시하였다면 정의 고속도로 통행료는 5,500 × 0.5 = 2,750원이다.

[16-18]

16 문제해결능력　　　　　　정답 ③

'2. 지원제외대상'에 따라 여러 가구가 하나의 계량기를 사용하는 경우에는 지원대상에서 제외되지만 세입자 모두 지원대상일 경우 사유서를 첨부하면 지원이 가능하므로 옳은 설명이다.

오답 체크

① '4. 신청방법'에 따라 기초자치단체(시·군·구), 주민자치단체(읍·면·동주민센터), 사회복지기관이 지원대상의 신청서류를 도시가스요금 지원사업 홈페이지에 접수해야 하므로 옳지 않은 설명이다.
② '5. 신청서류'에 따라 모든 신청서류는 온라인으로만 접수 가능하므로 옳지 않은 설명이다.
④ '5. 신청서류'에 따라 도시가스요금 고지서는 가장 최근에 받은 고지서를 접수해야 하므로 옳지 않은 설명이다.

17 문제해결능력　　　　　　정답 ①

'1. 지원대상'에 따라 지원대상은 주거용 주택에 거주하는 가구에 한하므로 거주지가 비주거용 오피스텔인 B는 지원을 받을 수 없다. 또한, '5. 신청서류'와 '[참고] 차상위계층 확인서 인정 범위'에 따라 수급자증명서 또는 차상위계층 확인서를 접수해야 하므로 차상위계층 확인서로 인정되지 않는 교육지원대상자 증명서를 접수한 D는 지원을 받을 수 없다. '2. 지원제외대상'에 따라 신청기간 마지막날 기준 2년 이내 도시가스요금 지원을 받은 가구는 지원제외대상이므로 20X3.3.11~20X5.3.10 이내에 지원받은 이력이 있는 C는 지원을 받을 수 없다. 이때, A는 아파트에 거주하더라도 도시가스요금이 단독으로 고지되고, 신청서류를 모두 접수하였으며, 지원받은 이력도 20X3.3.11 이전이다. 따라서 도시가스요금 지원을 받을 수 있는 사람은 'A'이다.

18 문제해결능력　　　　　　정답 ④

- 주희: '3. 지원내용'에 따라 미납된 도시가스요금을 가구당 최대 20만 원 한도 내에서 지원하므로 옳은 설명이다.
- 석진: '2. 지원제외대상'에 따라 청구서 위변조 등이 발견될 경우 지원을 중단하고 지원금액을 환수하므로 옳은 설명이다.
- 성동: '1. 지원대상'에 따라 3개월 이상 도시가스요금을 내지 못한 본인부담경감대상자(차상위계층)가 지원대상이므로 옳은 설명이다.

국민건강보험법

p.32

01	02	03	04	05	06	07	08	09	10
③	③	②	④	③	③	④	④	④	①

01 정답 ③

국민건강보험법 제89조 제2항에 따라 분쟁조정위원회는 공무원이 아닌 위원이 전체 위원의 과반수가 되도록 하여야 하므로 옳지 않은 설명이다.

02 정답 ③

국민건강보험법 제5조 제2항에 따라 직장가입자의 피부양자가 될 수 있는 사람은 C, E이다.

오답 체크
- A, B, D: 국민건강보험법 제6조 제2항에 따라 모든 사업장의 근로자 및 사용자와 공무원 및 교직원은 직장가입자가 되므로 직장가입자의 피부양자가 될 수 없다.

🔍 **더 알아보기**

적용대상 등(국민건강보험법 제5조 제2항)
② 제1항의 피부양자는 다음 각 호의 어느 하나에 해당하는 사람 중 직장가입자에게 주로 생계를 의존하는 사람으로서 소득 및 재산이 보건복지부령으로 정하는 기준 이하에 해당하는 사람을 말한다.
1. 직장가입자의 배우자
2. 직장가입자의 직계존속(배우자의 직계존속을 포함한다)
3. 직장가입자의 직계비속(배우자의 직계비속을 포함한다)과 그 배우자
4. 직장가입자의 형제·자매

03 정답 ②

검진 종류가 잘못 작성된 사람은 갑, 을이다.
- 갑: 국민건강보험법 제52조 제3항에 따라 영유아건강검진은 6세 미만의 가입자 및 피부양자를 대상으로 하므로 적절하지 않다.
- 을: 국민건강보험법 제52조 제3항에 따라 일반건강검진은 20세 이상의 피부양자를 대상으로 하므로 적절하지 않다.

🔍 **더 알아보기**

건강검진(국민건강보험법 제52조 제2항)
② 제1항에 따른 건강검진의 종류 및 대상은 다음 각 호와 같다.
1. 일반건강검진: 직장가입자, 세대주인 지역가입자, 20세 이상인 지역가입자 및 20세 이상인 피부양자
2. 암검진: 「암관리법」 제11조 제2항에 따른 암의 종류별 검진주기와 연령 기준 등에 해당하는 사람
3. 영유아건강검진: 6세 미만의 가입자 및 피부양자

04 정답 ④

국민건강보험법 제48조 제4항에 따라 요양급여 대상 여부에 대한 확인 요청의 범위, 방법, 절차, 처리기간 등 필요한 사항은 보건복지부령으로 정하므로 옳지 않은 설명이다.

05 정답 ③

㉠에는 3, ㉡에는 5, ㉢에는 5가 들어가므로 ㉠~㉢에 들어갈 숫자를 모두 더한 값은 3 + 5 + 5 = 13이다.

06 정답 ③

국민건강보험법 제57조의2 제4항에 따라 인적사항등의 공개는 관보에 게재하거나 공단 인터넷 홈페이지에 게시하는 방법으로 하므로 옳지 않은 설명이다.

오답 체크
① 국민건강보험법 제57조의2 제5항에 따라 인적사항등의 공개 절차 및 부당이득 징수금 체납 정보공개심의위원회의 구성·운영 등에 필요한 사항은 대통령령으로 정하므로 옳은 설명이다.
② 국민건강보험법 제57조의2 제3항에 따라 국민건강보험공단은 부당이득 징수금 체납 정보공개심의위원회의 심의를 거친 인적사항등의 공개대상자에게 공개대상자임을 서면으로 통지하여 소명의 기회를 부여하여야 하므로 옳은 설명이다.
④ 국민건강보험법 제57조의2 제2항에 따라 인적사항등의 공개 여부를 심의하기 위하여 국민건강보험공단에 부당이득 징수금 체납 정보공개심의위원회를 두므로 옳은 설명이다.

07 　　　　　　　　　　　　　　　　정답 ④

국민건강보험법 제115조 제1항에 따라 ㉠에 들어갈 말은 5, ㉡에 들어갈 말은 5천만 원이다.

08 　　　　　　　　　　　　　　　　정답 ④

국민건강보험법 제33조 및 제34조에 따라 ㉠~㉣ 중 재정운영위원회에 대한 설명으로 옳은 것은 ㉡, ㉣이다.
㉡ 국민건강보험법 제34조 제2항에 따라 재정운영위원회의 위원은 보건복지부장관이 임명하거나 위촉하므로 옳은 설명이다.
㉣ 국민건강보험법 제33조 제2항에 재정운영위원회의 위원장은 공익을 대표하는 위원 10명 중에서 호선(互選)하므로 옳은 설명이다.

오답 체크
㉠ 국민건강보험법 제33조 제1항에 따라 국민건강보험공단에 재정운영위원회를 두는 목적은 요양급여비용의 계약 및 결손처분 등 보험재정에 관련된 사항을 심의·의결하기 위함에 있으므로 옳지 않은 설명이다.
㉢ 국민건강보험법 제34조 제4항에 따라 재정운영위원회의 운영 등에 필요한 사항은 대통령령으로 정하므로 옳지 않은 설명이다.

09 　　　　　　　　　　　　　　　　정답 ④

국민건강보험법 제53조 및 제54조에 따라 보험급여를 하지 않는 경우에 해당하는 것은 ㉠, ㉡, ㉢, ㉣로 4개이다.
㉠ 국민건강보험법 제53조 제1항에 따라 고의 또는 중대한 과실로 공단이나 요양기관의 요양에 관한 지시에 따르지 아니한 경우 국민건강보험공단은 보험급여를 하지 아니한다.
㉡ 국민건강보험법 제53조 제4항에 따라 국민건강보험공단은 납부의무를 부담하는 사용자가 보수월액보험료를 체납한 경우에는 그 체납에 대하여 직장가입자 본인에게 귀책사유가 있는 경우에 그 체납한 보험료를 완납할 때까지 그 가입자 및 피부양자에 대하여 보험급여를 실시하지 아니할 수 있다.
㉢, ㉣ 국민건강보험법 제54조에 따라 보험급여를 받을 수 있는 사람이 국외에 체류하는 경우, 교도소, 그 밖에 이에 준하는 시설에 수용되어 있는 경우 그 기간에는 보험급여를 하지 아니한다.

10 　　　　　　　　　　　　　　　　정답 ①

국민건강보험법 제119조 제3항 제2호에 따라 정당한 사유 없이 제94조 제1항을 위반하여 신고·서류제출을 하지 아니하거나 거짓으로 신고·서류제출을 한 경우 500만 원 이하의 과태료가 부과된다.

오답 체크
②, ③, ④ 국민건강보험법 제119조 제4항에 따라 100만 원의 과태료를 부과하는 경우에 해당한다.

🔎 더 알아보기
신고 등(국민건강보험법 제94조 제1항)
① 공단은 사용자, 직장가입자 및 세대주에게 다음 각 호의 사항을 신고하게 하거나 관계 서류(전자적 방법으로 기록된 것을 포함한다. 이하 같다)를 제출하게 할 수 있다.
　1. 가입자의 거주지 변경
　2. 가입자의 보수·소득
　3. 그 밖에 건강보험사업을 위하여 필요한 사항

노인장기요양보험법

01	02	03	04	05	06	07	08	09	10
①	③	②	④	③	③	③	④	②	②

01 정답 ①

노인장기요양보험법 제29조 제1항에 따라 ㉠에 들어갈 내용은 전부 또는 일부이다.

02 정답 ③

노인장기요양보험법 제33조의2에 따라 ㉠~㉣ 중 폐쇄회로 텔레비전을 설치하지 않아도 되는 경우에 해당하는 것은 ㉠, ㉢, ㉣이다.

03 정답 ②

노인장기요양보험법 제15조 제2항에 따라 등급판정위원회는 신청인이 신청자격요건을 충족하고 6개월 이상 동안 혼자서 일상생활을 수행하기 어렵다고 인정하는 경우 심신상태 및 장기요양이 필요한 정도 등 대통령령으로 정하는 등급판정기준에 따라 수급자로 판정하므로 옳지 않은 설명이다.

04 정답 ④

노인장기요양보험법 제36조 제2항에 따라 특별자치시장·특별자치도지사·시장·군수·구청장은 장기요양기관의 장이 유효기간이 끝나기 30일 전까지 장기요양기관 지정 갱신 신청을 하지 아니하는 경우 그 사실을 국민건강보험공단에 통보하여야 하므로 옳지 않은 설명이다.

오답 체크

① 노인장기요양보험법 제36조 제1항에 따라 장기요양기관의 장은 폐업하거나 휴업하고자 하는 경우 폐업이나 휴업 예정일 전 30일까지 특별자치시장·특별자치도지사·시장·군수·구청장에게 신고하여야 하므로 옳은 설명이다.
② 노인장기요양보험법 제36조 제5항에 따라 특별자치시장·특별자치도지사·시장·군수·구청장은 「노인복지법」 제43조에 따라 노인의료복지시설 등(장기요양기관이 운영하는 시설인 경우에 한한다)에 대하여 사업정지 또는 폐지 명령을 하는 경우 지체 없이 공단에 그 내용을 통보하여야 하므로 옳은 설명이다.
③ 노인장기요양보험법 제36조 제3항에 따라 장기요양기관의 장은 장기요양기관을 폐업하거나 휴업하려는 경우 또는 장기요양기관의 지정 갱신을 하지 아니하려는 경우 보건복지부령으로 정하는 바에 따라 수급자의 권익을 보호하기 위하여 조치를 취하여야 하므로 옳은 설명이다.

05 정답 ③

노인장기요양보험법 제22조에 따라 ㉠~㉣ 중 장기요양인정 신청 등에 대한 대리를 할 수 있는 사람에 해당하는 것은 ㉠, ㉡, ㉢으로 3개이다.

🔍 더 알아보기

장기요양인정 신청 등에 대한 대리(노인장기요양보험법 제22조)

① 장기요양급여를 받고자 하는 자 또는 수급자가 신체적·정신적인 사유로 이 법에 따른 장기요양인정의 신청, 장기요양인정의 갱신신청 또는 장기요양등급의 변경신청 등을 직접 수행할 수 없을 때 본인의 가족이나 친족, 그 밖의 이해관계인은 이를 대리할 수 있다.
② 다음 각 호의 어느 하나에 해당하는 사람은 관할 지역 안에 거주하는 사람 중 장기요양급여를 받고자 하는 사람 또는 수급자가 제1항에 따른 장기요양인정신청 등을 직접 수행할 수 없을 때 본인 또는 가족의 동의를 받아 그 신청을 대리할 수 있다.
  1. 「사회보장급여의 이용·제공 및 수급권자 발굴에 관한 법률」 제43조에 따른 사회복지전담공무원
  2. 「치매관리법」 제17조에 따른 치매안심센터의 장(장기요양급여를 받고자 하는 사람 또는 수급자가 같은 법 제2조 제2호에 따른 치매환자인 경우로 한정한다)
③ 제1항 및 제2항에도 불구하고 장기요양급여를 받고자 하는 자 또는 수급자가 제1항에 따른 장기요양인정신청 등을 할 수 없는 경우 특별자치시장·특별자치도지사·시장·군수·구청장이 지정하는 자는 이를 대리할 수 있다.
④ 제1항부터 제3항까지의 규정에 따른 장기요양인정신청 등의 방법 및 절차 등에 관하여 필요한 사항은 보건복지부령으로 정한다.

06 정답 ③

노인장기요양보험법 제47조 제1항에 따라 장기요양위원회 회의는 구성원 과반수의 출석으로 개의하고 출석위원 과반수의 찬성으로 의결하므로 옳지 않은 설명이다.

오답 체크

① 노인장기요양보험법 제46조 제4항에 따라 장기요양위원회 위원의 임기는 3년으로 하지만, 공무원인 위원의 임기는 재임기간으로 하므로 옳은 설명이다.
② 노인장기요양보험법 제46조 제3항에 따라 장기요양위원회 위원장은 보건복지부차관이 되고, 부위원장은 위원 중에서 위원장이 지명하므로 옳은 설명이다.
④ 노인장기요양보험법 제46조 제1항에 따라 장기요양위원회는 위원장 1인, 부위원장 1인을 포함한 16인 이상 22인 이하의 위원으로 구성하므로 옳은 설명이다.

07 정답 ③

㉠에는 90, ㉡에는 180, ㉢에는 50이 들어가므로 ㉠~㉢에 들어갈 숫자를 모두 더한 값은 90 + 180 + 50 = 320이다.

08 정답 ④

노인장기요양보험법 제6조의2 제1항에 따라 보건복지부장관은 장기요양사업의 실태를 파악하기 위하여 3년마다 조사를 정기적으로 실시하고 그 결과를 공표하여야 하므로 옳지 않은 설명이다.

🔍 더 알아보기

실태조사(노인장기요양보험법 제6조의2)
① 보건복지부장관은 장기요양사업의 실태를 파악하기 위하여 3년마다 다음 각 호의 사항에 관한 조사를 정기적으로 실시하고 그 결과를 공표하여야 한다.
  1. 장기요양인정에 관한 사항
  2. 제52조에 따른 장기요양등급판정위원회(이하 "등급판정위원회"라 한다)의 판정에 따라 장기요양급여를 받을 사람(이하 "수급자"라 한다)의 규모, 그 급여의 수준 및 만족도에 관한 사항
  3. 장기요양기관에 관한 사항
  4. 장기요양요원의 근로조건, 처우 및 규모에 관한 사항
  5. 그 밖에 장기요양사업에 관한 사항으로서 보건복지부령으로 정하는 사항
② 제1항에 따른 실태조사의 방법과 내용 등에 필요한 사항은 보건복지부령으로 정한다.

09 정답 ②

노인장기요양보험법 제37조의3 제1항에 따라 ㉡에 들어갈 내용은 폐업이다.

10 정답 ②

노인장기요양보험법 제47조의2 제2항에 따라 장기요양요원지원센터의 수행 업무에 해당하지 않는 것은 ②이다.

🔍 더 알아보기

장기요양요원지원센터의 설치 등(노인장기요양보험법 제47조의2)
① 국가와 지방자치단체는 장기요양요원의 권리를 보호하기 위하여 장기요양요원지원센터를 설치·운영할 수 있다.
② 장기요양요원지원센터는 다음 각 호의 업무를 수행한다.
  1. 장기요양요원의 권리 침해에 관한 상담 및 지원
  2. 장기요양요원의 역량강화를 위한 교육지원
  3. 장기요양요원에 대한 건강검진 등 건강관리를 위한 사업
  4. 그 밖에 장기요양요원의 업무 등에 필요하여 대통령령으로 정하는 사항
③ 장기요양요원지원센터의 설치·운영 등에 필요한 사항은 보건복지부령으로 정하는 바에 따라 해당 지방자치단체의 조례로 정한다.

실전모의고사 1회

NCS 직업기초능력

p.44

01 의사소통 ③	02 의사소통 ④	03 의사소통 ③	04 의사소통 ④	05 의사소통 ③	06 의사소통 ②	07 의사소통 ④	08 의사소통 ①	09 의사소통 ④	10 의사소통 ④
11 의사소통 ②	12 의사소통 ③	13 의사소통 ①	14 의사소통 ②	15 의사소통 ①	16 의사소통 ③	17 의사소통 ③	18 의사소통 ③	19 의사소통 ③	20 의사소통 ③
21 수리 ③	22 수리 ②	23 수리 ④	24 수리 ②	25 수리 ④	26 수리 ④	27 수리 ③	28 수리 ③	29 수리 ③	30 수리 ②
31 수리 ④	32 수리 ①	33 수리 ①	34 수리 ④	35 수리 ②	36 수리 ③	37 수리 ④	38 수리 ③	39 수리 ④	40 수리 ③
41 문제해결 ①	42 문제해결 ④	43 문제해결 ③	44 문제해결 ④	45 문제해결 ②	46 문제해결 ②	47 문제해결 ③	48 문제해결 ②	49 문제해결 ②	50 문제해결 ③
51 문제해결 ②	52 문제해결 ②	53 문제해결 ②	54 문제해결 ②	55 문제해결 ③	56 문제해결 ④	57 문제해결 ④	58 문제해결 ④	59 문제해결 ②	60 문제해결 ②

[01-03]

01 의사소통능력   정답 ③

6문단에서 개인 주도로 자신의 건강정보를 한곳에 모아서 직접 활용하거나 동의 기반하에 원하는 대상에게 제공할 수 있도록 지원하는 건강정보 고속도로 시스템을 구축한다고 하였으므로 건강정보 고속도로 시스템을 통해 당사자가 동의한 상대라면 누구나 정보 제공에 동의한 사람의 건강정보를 열람하는 것이 가능함을 알 수 있다.

오답 체크
① 5문단에서 국립병원 및 지방의료원 등의 병원정보 시스템을 클라우드 기반 차세대 시스템으로 통합해 공공병원 간 개인 건강정보 표준화 및 진료 협력 확대를 추진한다고 하였으므로 적절하지 않은 내용이다.
② 3문단에서 다기관·다유형의 개인 건강정보를 활용한 정밀 의료 AI 개발·실증 R&D를 2023년부터 추진한다고 하였으므로 적절하지 않은 내용이다.
④ 2문단에서 지난 보건산업 대국민 인식조사에 따르면 국민의 76.9%는 개인 건강정보를 본인 건강관리 목적으로 활용하고 싶다고 응답했으나, 실제로 활용한 경우는 30.7%에 불과하다고 하였으므로 적절하지 않은 내용이다.

02 의사소통능력   정답 ④

4문단에서 의료기관이 아닌 유전자검사기관에 대한 규제를 완화해 검사범위를 확대할 것이라고 하였으므로 비의료기관에 대한 규제를 엄격히 하여 국민 개개인이 개인 건강정보 활용에 안심할 수 있는 환경을 만들 예정인 것은 아님을 알 수 있다.

오답 체크
① 6문단에서 정보 주체가 내용을 이해하도록 충분히 설명한 후에 동의를 받고 개인이 동의한 정보만 처리될 수 있도록 동의 체계를 확립해 표준연계형식을 갖출 계획이라고 하였으므로 적절한 내용이다.

② 2문단에서 개인 건강정보는 개개인의 건강과 관련된 모든 정보가 포함된 것이라고 하였으므로 적절한 내용이다.
③ 5문단에서 보건복지부는 서비스 제공 주체가 달라지면서 발생하는 서비스 공백을 보완하기 위해 지역 주민 건강관리 사업을 고도화하기로 하였으며, 읍면동 찾아가는 보건복지팀 공무원이 개인 건강정보를 활용해 건강 상태 점검과 건강 관련 안내 및 교육을 실시한다고 하였으므로 적절한 내용이다.

03 의사소통능력   정답 ③

4문단에서 국민 참여 기반의 헬스케어 산업 활성화 방침에 대해 설명하고 있으므로 디지털 격차로 인해 발생하는 사회 문제를 다루고 있는 내용의 ⓒ은 삭제되어야 한다.

[04-05]
04 의사소통능력   정답 ④

이 글은 기존 건강보험료 제도 내 허점을 보완하여 좀 더 공평하고 서민 부담을 낮출 수 있는 건강보험료 개편안이 도입돼 여러 이점이 발생하였으나, 완벽히 문제를 해결할 수 없어 건강보험 제도가 모든 국민에게 만족스러운 방향으로 점차 나아가야 한다는 내용이므로 이 글의 중심 내용으로 가장 적절한 것은 ④이다.

오답 체크
① 생계형 건강보험료 체납자의 결손처분에 대한 필요성은 서술하고 있지만, 징벌적 제재 감면에 대해서는 다루고 있지 않으므로 적절하지 않은 내용이다.
② 건강보험법 개정 시 자동차 보험료 산출 체계 변경의 필요성에 대해서는 다루고 있지 않으므로 적절하지 않은 내용이다.
③ 고소득층의 건강보험료 증가는 서술하고 있지만, 보험료율 개편 필요성에 대해서는 다루고 있지 않으므로 적절하지 않은 내용이다.

05 의사소통능력   정답 ③

<보기>는 법률이 개정됨에 따라 대부분의 지역가입자는 월평균 건강보험료가 감소했으며, 고소득 지역가입자의 보험료는 증가했다는 내용이다.
따라서 서민 부담이 낮아지도록 국회에서 국민건강보험법 개정안을 통과시킨 데 이어 2단계 개편도 진행할 예정이라는 내용과 고소득 고액재산 피부양자와 직장가입자 형제·자매 피부양자가 지역가입자로 분류되어 보험료를 적절하게 부담하게 되었다는 내용의 중간인 ⓒ이 가장 적절하다.

[06-08]
06 의사소통능력   정답 ②

4문단에서 무증상 고요산혈증은 의사의 판단에 따라 치료 여부를 결정하게 되며 평소 생활습관을 개선하여 비만, 고혈압 등으로 진행되지 않도록 하는 것이 더욱 중요하다고 하였으므로 적절하지 않은 내용이다.
따라서 윗글을 잘못 이해한 사람은 '보경'이다.

오답 체크
① 2문단에서 통풍은 요산염이 침범하기 쉬운 엄지발가락 근저부 관절, 발등, 발목, 발꿈치 힘줄 등에서 발병하는 것이 일반적이지만 간혹 어깨관절, 엉덩이 관절, 척추 등에서도 생길 수 있다고 하였으므로 적절한 내용이다.
③ 1문단에서 본래 요산은 신장을 거쳐 소변으로 배출되어야 하지만 통풍 환자들은 이러한 과정이 원활하지 않기 때문에 요산이 결정형태로 쌓여 요산염이 생기게 된다고 하였으므로 적절한 내용이다.
④ 2문단에서 통풍 발병 후 정상 상태로 회복되면 타인이 보기에 건강해 보이지만 1년쯤 뒤에 돌발적으로 발작이 나타날 수 있다고 하였으므로 적절한 내용이다.

07 의사소통능력   정답 ④

여성보다 남성에게서 통풍이 더 많이 발생하는 이유에 대해서는 다루고 있지 않으므로 적절하지 않다.

오답 체크
① 3문단을 읽고 답변할 수 있는 질문이다.
② 1문단을 읽고 답변할 수 있는 질문이다.
③ 4문단을 읽고 답변할 수 있는 질문이다.

08 의사소통능력   정답 ①

3문단에서 관절의 윤활액 또는 주위 조직을 뽑아낸 다음 현미경을 활용해 백혈구가 탐식하고 있는 요산 결정이 확인되면 통풍으로 확진한다고 하였으므로 통풍 환자의 주위 조직에 요산 결정이 없다면 통풍으로 진단하지 않을 확률이 높음을 알 수 있다.

오답 체크
② 4문단에서 고요산혈증 환자의 경우 생활습관을 개선하여 비만, 고혈압 등으로 진행되지 않도록 하는 것이 중요하다고 함에 따라 고혈압 환자는 통풍에 취약함을 추론할 수 있으므로 적절하지 않은 내용이다.
③ 2문단에서 통풍 증상 발현 후 4~5일이 지나면 통증 및 붓기가 자연적으로 줄어들며 피부가 검붉은 색으로 바뀐다고 하였으므로 적절하지 않은 내용이다.

④ 4문단에서 고요산혈증이 통풍 관련 질환을 일으키는 직접적인 요소라는 명확한 증거가 없다고 하였으므로 적절하지 않은 내용이다.

[09-11]
09 의사소통능력　　　　　　　　　정답 ④

이 글은 적극적인 외국인환자 유치 정책을 펼쳐 아시아의 의료관광 중심국가로 도약하고자 외국인환자 유치 활성화 전략을 수립했다고 하였으므로 이 보도자료의 제목으로 가장 적절한 것은 ④이다.

오답 체크
① 5문단에서 의료해외진출법을 개정함으로써 외국인환자의 비대면진료 제도화를 추진해 나갈 예정이라는 내용에 대해서는 다루고 있지만, 글 전체를 포괄할 수 없으므로 적절하지 않은 내용이다.
② 4문단에서 지역·진료과가 한쪽으로 치우치지 않도록 완화하기 위해 의료와 관광의 연계를 강화하고, 국가별 맞춤형 전략을 수립한다는 내용에 대해서는 다루고 있지만, 한국형 병원 규제 신설에 대해서는 다루고 있지 않으므로 적절하지 않은 내용이다.
③ 2문단에서 2022년 치료를 목적으로 우리나라를 방문한 외국인환자 수는 코로나19가 세계적으로 유행하기 이전인 2019년 대비 50% 수준까지 회복됐다는 내용에 대해서는 다루고 있지만, 이를 통해 의료 사업이 회복할 것이라는 기대감에 대해서는 다루고 있지 않으므로 적절하지 않은 내용이다.

10 의사소통능력　　　　　　　　　정답 ④

ⓒ 빈칸 앞에서는 의료와 관광의 연계를 보강하고 국가별 맞춤형 전략을 마련하여 지역·진료과 편중을 완화하기 위한 계획의 일환으로 국내·외 주요 행사를 적극 활용한다는 내용을 말하고 있고, 빈칸 뒤에서는 수요와 공급을 전체적으로 고려하여 국가별 맞춤 전략을 구축하고, 한국이 경쟁력을 갖는 의료 분야로 외국인환자를 유치할 수 있도록 할 예정이라는 내용을 말하고 있으므로 ⓒ에는 앞의 내용과 관련 있는 내용을 추가할 때 사용하는 접속 부사 '그리고'가 들어가야 한다.
ⓒ 빈칸 앞에서는 한국 의료의 위상을 강화함으로써 국제 인지도를 제고하기 위한 계획의 일환으로 민관협력사업을 활성화하고 국제행사와 온라인 플랫폼을 적극 활용하여 홍보할 계획이라는 내용을 말하고 있고, 빈칸 뒤에서는 나눔 의료 사업과 외국 의료인을 대상으로 하는 의료 연수를 확대 시행함으로써 한국의 우수한 의료기술을 알릴 계획이라는 내용을 말하고 있으므로 ⓒ에는 앞의 내용과 관련 있는 내용을 추가할 때 사용하는 부사 '아울러'가 들어가야 한다.

ⓔ 빈칸 앞에서는 조선대학교병원은 외국인환자 유치 의료기관으로 등록한 이래로 2022년까지 총 9,992명의 외국인환자를 유치했으며, 2015년부터는 외국 의료인 연수 사업에도 함께하고 있다는 내용을 말하고 있고, 빈칸 뒤에서는 조선대학교병원은 보건복지부의 지역특화 유치 기반 강화 사업에도 참여함으로써 지역 균형발전에 기여하고 있는 내용을 말하고 있으므로 ⓔ에는 앞의 내용과 관련 있는 내용을 추가할 때 사용하는 부사 '특히'가 들어가야 한다.
따라서 빈칸에 들어갈 단어 중 기능이 동일한 것끼리 바르게 묶인 것은 'ⓒ, ⓒ, ⓔ'이다.

오답 체크
㉠ 빈칸 앞에서는 외국인 환자가 온라인을 통해서도 비자를 발급받을 수 있도록 비자 발급의 편의성을 높이기 위해 보건복지부 인증 유치기관이나 상급종합병원의 경우에는 우수 유치기관 지정 절차를 간소화할 방침이라는 내용을 말하고 있고, 빈칸 뒤에서는 이때 유치환자의 불법체류율이 높은 기관은 절차 간소화 방침을 적용받을 수 없다는 내용을 말하고 있으므로 ㉠에는 앞의 내용과 뒤의 내용이 상반될 때 사용하는 부사 '다만'이 들어가야 한다.

11 의사소통능력　　　　　　　　　정답 ②

5문단에서 유치기관 평가인증제의 활성화를 통해 외국인환자 유치 의료기관 인증평가를 의료기관 인증평가 시 함께 시행할 수 있도록 절차를 간소화할 방침이라고 하였으므로 유치기관 평가인증제가 활성화되면 외국인환자의 유치 의료기관 인증평가의 절차가 혼잡스러워진다는 것은 아님을 알 수 있다.

오답 체크
① 4문단에서 외국인환자와 그들의 보호자가 진료와 동시에 관광까지 할 수 있도록 웰니스·의료관광 융복합 클러스터를 구축할 예정이라고 하였으므로 적절한 내용이다.
③ 3문단에서 법무부가 지정하는 우수 유치기관을 27개에서 50개 이상으로 확대할 예정이며, 보건복지부가 인증하는 유치기관이 우수 유치기관 지정을 신청할 경우 심사를 별도로 지정하지 않고 우수 유치기관으로 지정할 계획이라고 하였으므로 적절한 내용이다.
④ 7문단에서 조선대학교병원은 전라남도·광주광역시 지역 중 처음으로 외국인환자 유치 의료기관으로 등록했으며, 그때부터 2022년까지 33개국의 8,992명의 외국인환자를 유치했다고 하였으므로 적절한 내용이다.

[12-13]

12 의사소통능력   정답 ③

'4. 필수 확인사항 - 2)'에서 검진기간은 매년 12월 31일로 종료되나 확진 검사는 다음 연도 1월 31일까지 진행된다고 하였으므로 의심 소견에 따른 확진 검사를 건강검진 종료기간 전까지만 받을 수 있다는 것은 가장 적절하지 않은 내용이다.

> 오답 체크

① '2. 검진 항목 - 3)'에서 6대 암 검진 중 대장암과 간암을 제외한 나머지 4가지 암은 2년 주기로 시행된다고 하였으므로 적절한 내용이다.
② '4. 필수 확인사항 - 2)'에서 건강검진의 검진기간은 매년 12월 31일로 종료되나 전년도 미수검자가 공단에 요청할 때는 금년도 검진대상으로 추가 등록이 가능하다고 하였으므로 적절한 내용이다.
④ '2. 검진 항목 - 2)'에서 만 66세의 경우 성·연령별 검진 항목 중 골밀도 검사, 인지기능장애, 노인신체기능 검사가 진행되며, 이 중 골밀도 검사는 만 54세와 만 66세 여성만 받을 수 있다고 하였으므로 적절한 내용이다.

13 의사소통능력   정답 ①

'2. 검진항목 - 3)'에서 대장암 검진의 경우 분변잠혈 검사를 통해 이루어지며, 만 50세 이상이라면 매년 받을 수 있는 항목이므로 올해 건강검진 시 대장암 검진을 받고자 작년에 분변잠혈 검사를 했는지 여부를 확인하는 것은 가장 적절하지 않은 내용이다.

> 오답 체크

② '4. 필수 확인사항 - 1)'에서 검진 전 8시간 이상 공복을 유지해야 한다고 하였으므로 적절한 내용이다.
③ '3. 검진 결과 처리 - 1)'에서 검진 결과를 우편으로 받고자 할 경우 일반건강검진 후 15일 이내 문진표에 작성한 주소지로 결과지가 발송될 것이라고 하였으므로 적절한 내용이다.
④ '1. 건강검진 대상자 선정(국민건강보험공단)'에서 직장가입자 중 사무직의 경우 격년제 실시에 따라 건강검진 대상자로 선정되며, 직장가입자는 사업장으로 건강검진 대상자 명부를 송부할 예정이라고 하였으므로 적절한 내용이다.

[14-16]

14 의사소통능력   정답 ②

6문단에서 중증 치매뿐 아니라 경증 치매도 장기요양급여를 받을 수 있도록 인지지원등급이 신설되었다는 내용을 말하고 있다. 따라서 빈칸에 들어갈 내용으로 인지지원등급이 신설됨에 따라 치매 증상의 정도와 상관없이 장기요양급여를 받을 수 있게 되었다는 것이 가장 적절하다.

> 오답 체크

① 6문단에서 2018년 하반기부터 장기요양 본인부담 경감제도를 확대하기 시작했다고 하였으므로 적절하지 않은 내용이다.
③ 6문단에서 중증 치매 환자의 치매 치료비 부담을 줄여주기 위해 산정 특례 적용 시 건강보험을 90%까지 적용한다고 하였으므로 적절하지 않은 내용이다.
④ 5문단에서 보건복지부는 치매전담형 시설과 안심병원을 더 늘려갈 예정임을 밝혔다고 하였으므로 적절하지 않은 내용이다.

15 의사소통능력   정답 ①

㉠ 빈칸 앞에서는 과거에는 연령이 높아짐에 따라 치매가 필연적으로 발병한다고 알려져 있어 치매를 흔히 노망이라고도 불렸다는 내용을 말하고 있고, 빈칸 뒤에서는 현재는 치매가 노화로 인한 증상이 아니라 뇌 질환임이 잘 알려져 있다는 내용을 말하고 있으므로 ㉠에는 앞의 내용과 뒤의 내용이 상반될 때 사용하는 접속어 '하지만'이 들어가야 한다.
㉡ 빈칸 앞에서는 혈관성 치매의 경우 위험인자가 잘 알려져 있어 위험인자의 교정 및 조절로 예방이 가능할뿐더러 초기에 발견하면 병의 진행 속도를 더디게 할 수 있고 호전될 수도 있다는 내용을 말하고 있고, 빈칸 뒤에서는 알츠하이머병과는 달리 갑작스레 발병하기도 하며, 병의 진행 속도가 빠르게 악화되는 경우가 있다는 내용을 말하고 있으므로 ㉡에는 앞의 내용과 뒤의 내용이 상반될 때 사용하는 접속어 '그러나'가 들어가야 한다.

따라서 ㉠~㉣ 중 접속어의 기능이 같은 것은 '㉠, ㉡'이다.

> 오답 체크

㉢ 빈칸 앞에서는 치매 발병 초기에는 기억력 감퇴 증상이 나타나기 시작하며, 병이 진행됨에 따라 인지기능 저하, 사지 경직, 보행의 어려움에 이어 인격장애, 성격의 변화와 함께 비정상적인 행동들이 나타나기도 하는데, 인격장애와 같은 행동장애 증상이 나타날 때는 이미 치매 말기에 접어들었을 가능성이 높다는 내용을 말하고 있고, 빈칸 뒤에서는 치매 초기 증상인 기억 감퇴 증상이 나타나면 전문기관을 찾아야 한다는 내용을 말하고 있으므로 ㉢에는 앞의 내용과 뒤의 내용이 원인과 결과 관계를 이룰 때 사용하는 접속어 '따라서'가 들어가야 한다.
㉣ 빈칸 앞에서는 치매의 정확한 진단을 위한 치매 검진 단계와 각 단계별 진단 비용에 대한 내용을 말하고 있고, 빈칸 뒤에서는 우리나라는 고령사회에 대비해 치매국가책임제를 시행하고 있다는 내용을 말하고 있으므로 ㉣에는 앞의 내용과 다른 새로운 내용을 전개할 때 사용하는 접속어 '한편'이 들어가야 한다.

16 의사소통능력   정답 ③

2문단에서 현재까지 알츠하이머병 발병의 핵심 원인으로 알려진 인자는 베타 아밀로이드로, 이 단백질이 과도하게 만들어지면 뇌에 침착되면서 뇌세포에 유해한 영향을 미치기 때문에 알츠하이머병이 발병할 수도 있다고 하였으므로 베타 아밀로이드의 생성이 억제되면 뇌세포 활성화 정도가 떨어져 알츠하이머병의 발병률을 높인다는 것은 아님을 알 수 있다.

오답 체크

① 3문단에서 혈관성 치매는 알츠하이머병과 달리 갑자기 발병하며, 병이 빠르게 악화될 수 있다고 하였으므로 적절한 내용이다.
② 5문단에서 치매 검진 시 1단계는 무료 검진으로 진행되지만 2단계 및 3단계는 소정의 진단 비용이 발생하며, 이때 만 60세 이상이 중위소득 120% 이하에 해당한다면 2단계에서 최대 8만 원, 3단계에서 최대 11만 원의 비용을 지원받을 수 있다고 하였으므로 적절한 내용이다.
④ 4문단에서 치매는 일반적으로 기억력 감퇴가 가장 먼저 나타나며 병이 진행될수록 인격장애, 성격의 변화와 같은 정상적이지 않은 행동들이 발견되는데, 이는 말기 증상에 가깝다고 하였으므로 적절한 내용이다.

[17-18]
17 의사소통능력   정답 ③

3문단에서 모의적용 대상은 장기요양서비스를 신청하는 노인 중 신규 인원과 갱신 인원이 모두 포함된다고 하였으므로 장기요양서비스를 이전에 신청한 경험이 있는 노인이 통합판정체계 모의적용 대상에 해당하지 않는 것은 아님을 알 수 있다.

오답 체크

① 4문단에서 이번 모의적용은 통합된 욕구 조사를 통해 서비스를 결정하는 통합판정체계의 타당성을 검증하고 운영 가능성을 점검하는 것이 주요 목적이라고 하였으므로 적절한 내용이다.
② 2문단에서 이번 통합판정체계는 요양병원 환자분류군, 지역사회 노인돌봄서비스 판정·조사 기준을 융합해 개발했다고 하였으므로 적절한 내용이다.
④ 5문단에서 복지부 제1차관은 모의적용 결과를 바탕으로 보다 실효성 있게 체계를 보완하고 관련 제도를 개선할 계획이라고 하였으므로 적절한 내용이다.

18 의사소통능력   정답 ③

빈칸 앞에서는 요양병원, 장기요양서비스, 지역사회 노인돌봄서비스가 각각의 기준에 따라 운영되어 발생하는 문제점에 대해 말하고 있고, 빈칸 뒤에서는 보건복지부가 이번 모의적용을 통해 요양병원-장기요양-지역사회 돌봄서비스를 통합적으로 평가하는 도구를 마련하고 추후 부족한 점을 보완할 계획이라는 내용을 말하고 있다.
따라서 앞의 내용과 뒤의 내용이 원인과 결과로 연결될 때 앞뒤 문장을 연결하는 접속어 '따라서'가 들어가야 한다.

[19-20]
19 의사소통능력   정답 ③

(라)문단에서 가돌리늄은 19℃ 이하에서 외부의 자기장에 의해 강하게 자기화되어 자기장을 제거하더라도 자기화가 고스란히 남는 강자성을 가지며, 19℃보다 높은 온도에서 자기장 속에 놓일 경우 자기장과 같은 방향으로 자력을 띠는 상자성을 강하게 갖는다고 하였으므로 19℃보다 낮은 온도에서 가돌리늄을 자기장 속에 놓았을 때 가돌리늄이 자기장과 동일한 방향으로 자력을 띠는 것은 아님을 알 수 있다.

오답 체크

① (다)문단에서 가돌리늄 화합물을 정맥 주사하면 가돌리늄 화합물이 이상 조직에 쌓여 MRI 영상에 선명하게 나타난다고 하였으므로 적절한 내용이다.
② (마)문단에서 킬레이트 세기에 따라 MRI 조영제를 구성하는 킬레이트 화합물의 독성이 달라질 수 있어 신장 기능이 망가진 환자에게는 부작용을 유발할 가능성이 있다고 하였으므로 적절한 내용이다.
④ (나)문단에서 가돌리늄은 주기율표상 란타넘족 원소에 포함되는 희토류 원소의 일종이며 자연에서는 대체로 여러 광물 내에서 산화물의 형태로 존재한다고 하였으므로 적절한 내용이다.

20 의사소통능력   정답 ③

이 글은 원자번호 64번 원소인 가돌리늄의 발견 과정과 물리적·화학적 특성을 소개하고 그에 따른 활용 용례를 설명하는 글이다.
따라서 '(나) 64번 원소 가돌리늄의 발견 과정 → (라) 가돌리늄의 특성(1): 물리적 특성 → (가) 가돌리늄의 특성(2): 화학적 특성 → (다) 특성을 기반으로 다양한 분야에서 활용되는 가돌리늄 → (마) 가돌리늄의 안전성 논란' 순으로 연결되어야 한다.

[21-23]

21 수리능력   정답 ③

주택 소유 신혼부부 수가 가장 적은 지역은 세종특별자치시이고, 세종특별자치시의 신혼부부 주택 소유율은 (4,467 / 11,249) × 100 ≒ 39.7%로 35% 이상이므로 옳지 않은 설명이다.

> **오답 체크**
> ① 전체 신혼부부 수가 가장 많은 지역은 경기도이고, 맞벌이 신혼부부 수가 가장 많은 지역도 경기도로 동일하므로 옳은 설명이다.
> ② 인천광역시의 신혼부부 맞벌이 비율은 (26,516 / 57,804) × 100 ≒ 45.9%로 40% 이상이므로 옳은 설명이다.
> ④ 전국 총 소유 주택 수 중 충청북도와 충청남도의 총 소유 주택 수 합계의 비중은 {(16,273 + 24,859) / 532,328} × 100 = (41,132 / 532,328) × 100 ≒ 7.7%이므로 옳은 설명이다.

22 수리능력   정답 ②

주택 소유 신혼부부 1쌍당 평균 소유 주택 수 = 총 소유 주택 수 / 주택 소유 신혼부부 수임을 적용하여 구한다.
총 소유 주택 수가 세 번째로 많은 지역은 경상남도이고, 경상남도의 총 소유 주택 수는 36,690호이며, 주택 소유 신혼부부 수는 30,312쌍이다.
따라서 경상남도의 주택 소유 신혼부부 1쌍당 평균 소유 주택 수는 36,690 / 30,312 ≒ 1.2호이다.

23 수리능력   정답 ④

제시된 자료에 따르면 신혼부부 주택 소유율은 서울특별시가 (72,087 / 199,294) × 100 ≒ 36.2%, 부산광역시가 (25,058 / 57,847) × 100 ≒ 43.3%, 대구광역시가 (21,082 / 44,108) × 100 ≒ 47.8%이므로 옳은 그래프는 ④이다.

> **오답 체크**
> ① 전라북도와 전라남도의 맞벌이 신혼부부 합계는 12,509 + 12,217 = 24,726쌍이지만, 그래프에서는 30,000쌍보다 높게 나타나므로 옳지 않은 그래프이다.
> ② 경상북도와 경상남도의 주택 소유 신혼부부 합계의 비중은 {(21,519 + 30,312) / (43,290 + 60,469)} × 100 = (51,831 / 103,759) × 100 ≒ 50.0%이지만, 그래프에서는 53.0%이므로 옳지 않은 그래프이다.
> ③ 광주광역시의 주택 소유 신혼부부 수는 14,390쌍이지만, 그래프에서는 15,000쌍보다 높게 나타나므로 옳지 않은 그래프이다.

[24-25]

24 수리능력   정답 ②

ⓒ 2020년 의사, 치과의사, 한의사 각각의 전체 인력 수에서 일반의 인력 수가 차지하는 비중은 의사가 (6,030 / 107,976) × 100 ≒ 6%, 치과의사가 (19,883 / 26,978) × 100 ≒ 74%, 한의사가 (18,507 / 22,038) × 100 ≒ 84%이므로 옳지 않은 설명이다.
ⓒ 제시된 기간 동안 의사 인턴 인력 수가 가장 적었던 2017년에 치과의사 인턴 인력 수는 404명으로 제시된 기간 중 가장 많으므로 옳지 않은 설명이다.

> **오답 체크**
> ㉠ 2020년 의사 의료인력 중 4년 전 대비 인력 수가 증가한 의료인력은 일반의, 인턴, 전문의이며, 각각의 인력 수 증가량은 일반의가 6,030 - 5,061 = 969명, 인턴이 3,021 - 2,766 = 255명, 전문의가 88,877 - 78,282 = 10,595명이므로 옳은 설명이다.
> ㉣ 제시된 기간 동안 한의사 전문수련의와 일반수련의의 인력 수 차이는 2016년에 341 - 244 = 97명, 2017년에 359 - 233 = 126명, 2018년에 354 - 290 = 64명, 2019년에 399 - 285 = 114명, 2020년에 429 - 287 = 142명임에 따라 인력 수 차이가 가장 큰 해는 2020년, 가장 작은 해는 2018년으로 전체 한의사 인력 수 평균은 (20,759 + 22,038) / 2 = 21,398.5명이므로 옳은 설명이다.

25 수리능력   정답 ④

제시된 자료에 따르면 2018년 의사, 치과의사, 한의사 전문의 인력 수의 합은 83,147 + 3,462 + 2,545 = 89,154명이지만 그래프에서는 90,000명보다 높게 나타나므로 옳지 않은 그래프는 ④이다.

> **오답 체크**
> ① 2019년 의사 의료인력 수 비중은 일반의가 (5,870 / 105,628) × 100 ≒ 5.6%, 인턴이 (2,863 / 105,628) × 100 ≒ 2.7%, 레지던트가 (10,773 / 105,628) × 100 ≒ 10.2%, 전문의가 (86,122 / 105,628) × 100 ≒ 81.5%이므로 옳은 그래프이다.
> ② 2018년 치과의사 의료인력 수는 일반의가 21,136명, 인턴이 372명, 레지던트가 822명, 전문의가 3,462명이므로 옳은 그래프이다.
> ③ 한의사 일반의 인력 수의 전년 대비 증가량은 2017년에 17,333 - 16,850 = 483명, 2018년에 17,570 - 17,333 = 237명, 2019년에 18,219 - 17,570 = 649명, 2020년에 18,507 - 18,219 = 288명이므로 옳은 그래프이다.

[26-28]

26 수리능력   정답 ④

제시된 지역 중 2017년 자전거 수리 실적이 세 번째로 많은 지역은 전라북도이지만, 2018년 자전거 수리 실적이 세 번째로 많은 지역은 부산광역시이므로 옳지 않은 설명이다.

오답 체크
① 제시된 지역 중 2017년부터 2019년까지 3년 동안 자전거 수리 센터 수가 매년 동일한 지역은 울산광역시, 강원도, 전라남도 총 3곳이므로 옳은 설명이다.
② 제시된 지역 중 2018년 자전거 수리 센터 수가 전년 대비 감소한 지역은 서울특별시, 부산광역시, 광주광역시, 전북도이며, 네 지역 모두 2018년 자전거 수리 실적도 전년 대비 감소하였으므로 옳은 설명이다.
③ 제시된 지역 중 2019년 경기도 자전거 수리 센터 수의 전년 대비 변화량은 14 − 9 = 5개로 가장 크므로 옳은 설명이다.

27 수리능력   정답 ③

2017년 자전거 수리 실적 대비 2019년 자전거 수리 실적의 증가량이 가장 많은 지역은 25,391 − 18,972 = 6,419대 증가한 부산광역시이고, 부산광역시의 2018년 자전거 수리 실적 대비 2019년 자전거 수리 실적의 증가율은 {(25,391 − 18,606) / 18,606} × 100 = (6,785 / 18,606) × 100 ≒ 36.5%이다.

28 수리능력   정답 ③

제시된 자료에 따르면 2017년부터 2019년까지 대구광역시 누적 자전거 수리 실적은 19,574 + 17,289 + 19,350 = 56,213대이지만, 그래프에서는 50,000대보다 높게 나타나지 않으므로 옳지 않은 그래프는 ③이다.

[29-31]

29 수리능력   정답 ③

60~69세 노령연금 지급액은 전라남도가 74,953 + 135,480 = 210,433백만 원, 전라북도가 79,036 + 130,201 = 209,237백만 원임에 따라 60~69세 노령연금 지급액은 전라남도가 전라북도보다 210,433 − 209,237 = 1,196백만 원 더 많으므로 옳은 설명이다.

오답 체크
① 연령대별 노령연금 지급액이 네 번째로 많은 지역은 60~64세, 65~69세, 70~74세가 경상남도, 75세 이상이 인천광역시임에 따라 모든 연령대에서 동일하지 않으므로 옳지 않은 설명이다.
② 60세 이상 노령연금 총 지급액은 서울특별시가 429,600 + 641,965 + 370,539 + 83,328 = 1,525,432백만 원, 경기도가 501,757 + 685,447 + 370,070 + 80,004 = 1,637,278백만 원임에 따라 서울특별시가 경기도보다 적으므로 옳지 않은 설명이다.
④ 경상북도의 60~64세 노령연금 지급액은 75세 이상 노령연금 지급액의 108,816 / 13,270 ≒ 8.2배이므로 옳지 않은 설명이다.

30 수리능력   정답 ②

ⓛ A~D 4개 지역 중 65~69세 노령연금 지급액이 60~64세 노령연금 지급액보다 75,450 − 57,756 = 17,694백만 원 더 많은 지역은 C이므로 C가 대전광역시이다.
ⓒ A~D 4개 지역 중 연령대별 노령연금 지급액은 모두 A가 가장 많음에 따라 노령연금 총 지급액도 A가 가장 많으므로 A가 부산광역시이다.
ⓔ B의 70~74세 노령연금 지급액은 75세 이상 노령연금 지급액의 71,378 / 15,240 ≒ 4.7배, D의 70~74세 노령연금 지급액은 75세 이상 노령연금 지급액의 5,117 / 928 ≒ 5.5배임에 따라 70~74세 노령연금 지급액이 75세 이상 노령연금 지급액의 5배 미만인 B가 대구광역시이며, 남은 D가 세종특별자치시이다.

따라서 A는 부산광역시, B는 대구광역시, C는 대전광역시, D는 세종특별자치시이다.

31 수리능력   정답 ④

제시된 자료에 따르면 75세 이상 인천광역시의 노령연금 지급액은 18,614백만 원으로 25,000백만 원 미만이지만, 그래프에서는 25,000백만 원보다 높게 나타나므로 옳지 않은 그래프는 ④이다.

> **빠른 문제 풀이 Tip**
> 그래프로 변환하는 문제를 풀이할 때는 수치 비교가 용이한 선택지를 먼저 확인한다.
> ②는 비중을 구하는 선택지로 가장 복잡한 계산이 필요하여 마지막으로 확인하고, 단순히 한 행의 수치만 비교하여 옳고 그름을 판단할 수 있는 ③, ④를 먼저 확인하여 문제 풀이 시간을 단축한다.

[32-33]

32 수리능력   정답 ①

전국 일반음식점 수의 전년 대비 증가량은 2019년에 6,576 − 6,488 = 88백 개, 2020년에 6,690 − 6,576 = 114백 개임에 따라 2019년 일반음식점 수는 전년 대비 100백 개 미만 증가하였으므로 옳지 않은 설명이다.

오답 체크

② 2020년 서울과 경기를 제외한 총 음식점 수는 휴게음식점이 1,762 − (364 + 396) = 1,002백 개, 일반음식점이 6,690 − (1,230 + 1,391) = 4,069백 개임에 따라 일반음식점 수가 휴게음식점 수의 4,069 / 1,002 ≒ 4.1배이므로 옳은 설명이다.

③ 2019년 대전 음식점 수의 전년 대비 증가량은 일반음식점이 191 − 188 = 3백 개, 휴게음식점이 43 − 39 = 4백 개이므로 옳은 설명이다.

④ 2018년 휴게음식점 수가 40백 개 미만인 광주, 대전, 울산, 세종, 제주는 모두 제시된 기간 동안 일반음식점 수가 매년 200백 개 미만이므로 옳은 설명이다.

33 수리능력   정답 ①

2019년 이후 일반음식점 수가 매년 증가한 지역은 서울, 인천, 광주, 대전, 울산, 경기, 강원, 충북, 충남, 전북, 전남, 경남, 제주이고, 2020년 해당 지역들의 총 일반음식점 수는 1,230 + 309 + 180 + 193 + 154 + 1,391 + 302 + 250 + 319 + 249 + 284 + 492 + 143 = 5,496백 개, 총 휴게음식점 수는 364 + 86 + 44 + 47 + 38 + 396 + 61 + 54 + 71 + 67 + 56 + 125 + 42 = 1,451백 개이다.

따라서 2019년 이후 일반음식점 수가 전년 대비 매년 증가한 지역들의 2020년 총 일반음식점 수와 총 휴게음식점 수 차이는 5,496 − 1,451 = 4,045백 개이다.

⏱ 빠른 문제 풀이 Tip

여사건을 이용하여 계산한다.
2019년 이후 일반음식점 수가 매년 증가하지 않은 지역은 부산, 대구, 세종, 경북이고, 전국 음식점 수에서 해당 4개 지역의 음식점 수를 제외하면 일반음식점 수가 6,690 − (428 + 304 + 35 + 427) = 5,496백 개, 휴게음식점 수가 1,762 − (104 + 86 + 10 + 111) = 1,451백 개이므로 2019년 이후 일반음식점 수가 전년 대비 매년 증가한 지역들의 2020년 총 일반음식점 수와 총 휴게음식점 수의 차이는 5,496 − 1,451 = 4,045백 개임을 알 수 있다.

[34-35]

34 수리능력   정답 ②

2019년 입원일수가 가장 적은 수술인 전립신 절제술의 2019년 수술 인원 1명당 입원일수는 (24 × 1,000) / 2,075 ≒ 11.6일이므로 옳지 않은 설명이다.

오답 체크

① 수술 인원이 많은 순서대로 상위 3개 수술 종류의 순서는 2018년에 충수 절제술, 담낭 절제술, 슬관절 치환술 순이고, 2019년에 담낭 절제술, 충수 절제술, 슬관절 치환술 순이므로 옳은 설명이다.

③ 2018년 수술 건수는 자궁 절제술이 뇌종양 수술의 41,174 / 5,166 ≒ 7.97배로 8배 미만이므로 옳은 설명이다.

④ 편도 절제술과 갑상샘 수술의 수술 건수 차이는 2018년에 39,646 − 30,062 = 9,584건, 2019년에 39,859 − 32,943 = 6,916건임에 따라 2019년 수술 건수 차이는 전년 대비 9,584 − 6,916 = 2,668건 감소하였으므로 옳은 설명이다.

⏱ 빠른 문제 풀이 Tip

③ 2018년 자궁 절제술 수술 건수와 뇌종양 수술 수술 건수의 8배를 비교한다.
2018년 자궁 절제술 수술 건수는 41,174건이고, 같은 해 뇌종양 수술 수술 건수의 8배는 5,166 × 8 = 41,328건으로 자궁 절제술 수술 건수가 뇌종양 수술 수술 건수의 8배보다 적은 것을 알 수 있다.

35 수리능력   정답 ②

ⓒ 2019년 수술 건수가 전년 대비 감소한 수술은 D이므로 D가 위절제술이다.

ⓔ 위절제술인 D를 제외하고 2018년 수술 인원 1명당 입원일수는 A가 (283 × 1,000) / 25,224 ≒ 11일, B가 (501 × 1,000) / 24,613 ≒ 20일, C가 (330 × 1,000) / 59,822 ≒ 6일이므로 C가 스텐트 삽입술이다.

ⓑ 스텐트 삽입술인 C와 위절제술인 D를 제외하고 2019년 수술 인원의 전년 대비 증가량은 A가 26,373 − 25,224 = 1,149명, B가 25,355 − 24,613 = 742명이므로 A가 간색전술, B가 고관절 치환술이다.

따라서 A는 간색전술, B는 고관절 치환술, C는 스텐트 삽입술, D는 위절제술이다.

[36-38]

36 수리능력   정답 ③

2015년 1/4분기 의원 수의 합계에서 강원도 의원 수가 차지하는 비중은 (717 / 17,697) × 100 ≒ 4%이고, 2015년 1/4분기 의원 수의 합계에서 인천광역시 의원 수가 차지하는 비중은 (1,419 / 17,697) × 100 ≒ 8%이다.
따라서 2015년 1/4분기 의원 수의 합계에서 강원도 의원 수가 차지하는 비중과 동일한 기간 의원 수의 합계에서 인천광역시 의원 수가 차지하는 비중의 합은 4 + 8 ≒ 12%이다.

> **빠른 문제 풀이 Tip**
> 두 항목의 비중의 합을 구할 때, 각 비중의 기준이 같을 경우 두 항목을 더한 후 비중을 구한다.
> 각 비중에서의 기준은 2015년 1/4분기 의원 수의 합계로 동일하므로 비중의 합을 구하는 두 항목인 강원도 의원 수와 인천광역시 의원 수를 더하면 717 + 1,419 = 2,136개소로 2015년 1/4분기 의원 수의 합계에서 두 항목의 합이 차지하는 비중은 (2,136 / 17,697) × 100 ≒ 12%이다.

37 수리능력   정답 ④

2010년 1/4분기 서울특별시 의원 수는 동일한 기간 서울특별시 병원 수의 7,205 / 169 ≒ 43배이므로 옳지 않은 설명이다.

오답 체크
① 요양기관 수의 합계가 큰 순서대로 지역별 순위를 정했을 때, 지역별 순위는 제시된 기간 1분기 모두 서울특별시, 경기도, 인천광역시, 충청남도, 충청북도, 강원도 순이므로 옳은 설명이다.
② 2020년 1/4분기 충청북도 요양기관 수의 합계에서 한의원 수가 차지하는 비중은 (397 / 2,774) × 100 ≒ 14.3%임에 따라 15% 미만이므로 옳은 설명이다.
③ 2015년 1/4분기 충청남도 치과의원 수의 5년 전 대비 증가율은 (486 − 422) / 422 ≒ 15.2%임에 따라 15% 이상이므로 옳은 설명이다.

38 수리능력   정답 ②

2020년 1/4분기 경기도의 5년 전 대비 증가한 약국 수는 5,072 − 4,481 = 591개소이고, 2020년 1/4분기 경기도의 5년 전 대비 증가한 요양병원 수는 352 − 281 = 71개소이다.
따라서 2020년 1/4분기 경기도의 5년 전 대비 증가한 약국 수는 동일한 기간 경기도의 5년 전 대비 증가한 요양병원 수의 591 / 71 ≒ 8.3배이다.

[39-40]

39 수리능력   정답 ④

600만 원 이상 집단에서 '있다'라고 응답한 인원수는 2020년에 10,000 × 0.709 = 7,090명이고, 2021년에 10,000 × 0.583 = 5,830명임에 따라 2020년이 2021년보다 7,090 − 5,830 = 1,260명 더 많으므로 옳지 않은 설명이다.

오답 체크
① 연령별 집단 중 2021년에 '없다'라고 응답한 비율이 전년 대비 5%p 이상 증가한 집단은 43.0 − 36.6 = 6.4%p 증가한 30대, 29.3 − 22.3 = 7%p 증가한 40대, 20.4 − 13.9 = 6.5%p 증가한 50대 집단 3개이므로 옳은 설명이다.
② 가구 소득별 집단 중 다른 집단에 비해 '없다'라고 응답한 비율이 두 번째로 낮은 집단은 2020년과 2021년에 모두 150만 원 이상 300만 원 미만 집단이므로 옳은 설명이다.
③ 연령별 집단 중 2021년에 '있다'라고 응답한 비율과 '없다'라고 응답한 비율의 차이가 가장 작은 집단은 57.0 − 43.0 = 14.0%p 차이가 나는 30대 집단이므로 옳은 설명이다.

40 수리능력   정답 ③

연령별 집단 중 2021년에 '있다'라고 응답한 비율이 다른 집단에 비해 두 번째로 많은 연령대는 50대 집단이고, 응답 비율은 79.6%이며, 조사 인원은 매년 연령별로 20,000명을 대상으로 조사하였다.
따라서 2021년에 50대 집단 중 '있다'라고 응답한 인원수는 20,000 × 0.796 = 15,920명이다.

[41-43]

41 문제해결능력   정답 ①

'3. 지원 내용'에 따르면 소아 암 환자와 의료급여 수급권자인 성인 암 환자의 지원 암종은 모두 악성 신생물, 제자리 신생물, 행동양식 불명 또는 미상의 신생물 중 원발성 악성 신생물에 해당하는 일부 암종으로 서로 동일하므로 옳은 내용이다.

오답 체크
② '4. 지원 항목'에 따르면 소아 암 환자의 경우 일반적으로 10일 이내, 의학적 사유가 있는 경우 30일까지 상급 병실료 전액을 지원하므로 옳지 않은 내용이다.
③ '2. 신청 절차 − 1)'에 따르면 암 환자 의료비 지원을 받고자 하는 암 환자의 보호자는 신청 대상에 해당하지만, 매월 1일부터 5일간 접수할 수 있으므로 옳지 않은 내용이다.
④ '4. 지원 항목'에 따르면 투약 및 조제료 등 비급여 본인부담금의 지원 대상은 소아 암 환자와 의료급여 수급권자에 해당하는 성인 암 환자이므로 옳지 않은 내용이다.

42 문제해결능력 정답 ④

'3. 지원 내용 - 1)'에 따르면 소아 암 환자가 기타 암종으로 조혈모세포 이식을 받을 경우에는 연간 최대 3,000만 원까지 지원받을 수 있으므로 옳지 않은 내용이다.
따라서 안내문을 잘못 이해한 사람은 '승현'이다.

오답 체크

① '3. 지원 내용 - 2)'에 따르면 의료급여 수급권자인 성인 암 환자는 최대 연속 3년간 지원하므로 옳은 내용이다.
② '3. 지원 내용 - 2)'에 따르면 건강보험에 가입한 성인 암 환자의 지원 암종은 위암, 유방암, 자궁경부암, 간암, 대장암이므로 옳은 내용이다.
③ '첨부 1'에 따르면 소아 암 환자 2인 가구의 소득 기준은 3,705,695원이며, '첨부 2'에 따르면 소아 암 환자 2인 가구의 재산 기준은 250,865,583원이므로 옳은 내용이다.

43 문제해결능력 정답 ③

'3. 지원 내용 - 2)'에 따르면 의료급여 수급권자에 해당하는 성인 암 환자는 연간 최대 120만 원의 본인 일부 부담금과 연간 최대 100만 원의 비급여 본인부담금을 지원받을 수 있으므로 K가 지불해야 하는 본인 일부 부담금은 250 - 120 = 130만 원, 비급여 본인부담금은 200 - 100 = 100만 원이다. 이때 '4. 지원 항목'에 따르면 치과 의료비는 성인 암 환자의 지원 항목에 포함되지 않는다.
따라서 K가 올해 지불해야 하는 진료비는 130 + 100 + 80 = 310만 원이다.

[44-46]
44 문제해결능력 정답 ④

3문단에 따르면 이전 연구들 대부분은 초음파 영상이나 간단한 혈액검사 등을 이용하여 비알코올성 지방간질환 여부와 중증도를 정의한 반면 본 연구에서는 생검 조직학적 데이터를 기반으로 정의하여 임상적 구분 정확도가 높으므로 옳은 내용이다.

오답 체크

① 5문단에 따르면 비알코올성 지방간 연구를 위한 국내 연구 기반은 매우 열악한 상황이므로 옳지 않은 내용이다.
② 2문단에 따르면 단순 지방간은 임상적으로 예후가 양호하지만, 비알코올성 지방간염은 간 손상이 동반되어 예후가 심각한 형태이므로 옳지 않은 내용이다.
③ 4문단에 따르면 임상에 참여한 한국인 비알코올성 지방간 환자 500명 중 간 생검으로 입증된 비알코올 지방간질환 환자는 398명이므로 옳지 않은 내용이다.

45 문제해결능력 정답 ②

4문단에 따르면 정상인에 비해 지방간염을 가진 비알코올성 지방간 환자에서 10년 내 심혈관질환 발생위험이 4.07배 증가하였으므로 옳지 않은 내용이다.

오답 체크

① 1문단에 따르면 비알코올성 지방간에 대한 연구 결과는 심혈관 대사 및 간질환 분야의 국제 학술지인 헤파톨로지 인터내셔널의 인터넷판에 게재되었으므로 옳은 내용이다.
③ 2문단에 따르면 비알코올성 지방간질환은 심혈관질환 발생과 깊은 연관성이 있는 것으로 알려져 있으나 환자별 질환 진행상의 조직학적 스펙트럼을 고려한 연구는 많지 않으므로 옳은 내용이다.
④ 1문단에 따르면 비만과 당뇨병의 증가 추세를 고려한다면 비알코올성 지방간질환의 유병률은 지속적으로 증가될 것으로 예상되므로 옳은 내용이다.

46 문제해결능력 정답 ②

4문단에 따르면 지방간염을 가진 비알코올성 지방간 환자가 경증 간 섬유화를 가지는 경우 정상인에 비해 10년 내 심혈관질환 발생위험이 4.97배까지 증가하였다.
따라서 정상인에 비해 환자 A에게 10년 내 증가할 수 있는 심혈관질환 발생위험의 최대치는 약 4.97배이다.

[47-48]
47 문제해결능력 정답 ③

'2. 급여 지원 내용'에 따르면 완전틀니 중 급여 지원 대상에 해당하는 것은 레진상 완전틀니와 금속상 완전틀니이며, 금속을 사용한 완전틀니는 급여 지원에서 제외된다고 하였으므로 옳은 내용이다.

오답 체크

① '4. 급여 대상자 변경/해지/취소 신청 방법'에 따르면 요양기관이 취소 신청을 할 경우 건강보험 틀니 대상자 변경/해지/취소 신청서만 제출하면 되므로 옳지 않은 내용이다.
② '2. 급여 지원 내용'에 따르면 완전틀니는 치아가 전혀 없는 상태에서 치아와 흡수된 잇몸을 수복해주는 틀니이며, 치아가 부분적으로 남아 있을 경우에는 부분틀니가 사용되므로 옳지 않은 내용이다.
④ '3. 급여 신청 절차'에 따르면 치과 병원에서 진료 후 노인틀니 급여 대상자로 판정되면 노인틀니 시술을 받을 요양기관에서 시술 동의를 받은 후, 치과 병·의원이 급여 등록 신청을 대행하므로 옳지 않은 내용이다.

48 문제해결능력   정답 ②

'2. 급여 지원 내용'에 따르면 노인틀니 건강보험 급여 대상자의 본인부담률은 비용 총액의 30%이나, 의료급여 대상자 2종에 해당하는 경우 비용 총액의 15%가 적용된다. 이에 따라 의료급여 대상자 2종에 해당하는 N 씨는 틀니를 시술하는 데 필요한 비용 총액 280만 원의 15%를 본인이 부담하게 된다.
따라서 N 씨 본인이 부담한 금액은 280 × 0.15 = 42만 원이다.

[49-51]

'3. 암 검진 내용'과 '4. 고위험군 기준'에 따르면 암종별 대상 나이가 된 해부터 검진 주기에 따라 검진을 받아야 한다. 2022년에 51세 남자인 갑은 2024년에 53세가 되어 50세 이상 남녀를 대상으로 검진 주기가 1년인 대장암 검진을 받고, 검진 주기가 2년인 위암은 2022년에 검진을 받지 않았으므로 해당 항목의 검진은 받지 않는다. 2022년에 28세 여자인 을은 2024년에 30세가 되어 20세 이상 여성을 대상으로 검진 주기가 2년인 자궁경부암 검진을 받는다. 2022년에 38세 여자인 병은 2024년에 40세가 되어 40세 이상 남녀를 대상으로 검진 주기가 2년인 위암 검진, 40세 이상 여성을 대상으로 검진 주기가 2년인 유방암 검진, 20세 이상 여성을 대상으로 검진 주기가 2년인 자궁경부암 검진을 받는다. 2022년에 52세 남자인 정은 2024년에 54세가 되어 40세 이상 남녀를 대상으로 검진 주기가 2년인 위암 검진, 50세 이상 남녀를 대상으로 검진 주기가 1년인 대장암 검진을 받고, 국가 건강검진 자료에 16 × 2 = 32갑년의 흡연 경력을 가진 현재 흡연자로 기록되어 54세~74세 남녀 고위험군을 대상으로 검진 주기가 2년인 폐암 검진을 받는다.
2022년에 49세 여자인 무는 2024년에 51세가 되어 50세 이상 남녀를 대상으로 검진 주기가 1년인 대장암 검진을 받고, C형 간염 바이러스 항체 양성 반응이 기록되어 40세 이상 남녀 고위험군을 대상으로 검진 주기가 1년인 간암 검진을 받는다. 이때 검진 주기가 2년인 위암, 유방암, 자궁경부암은 2022년에 검진을 받지 않았으므로 해당 항목의 검진은 받지 않는다.
이에 따라 2024년 B 기업 직원의 암 검진 항목은 다음과 같다.

구분	2024년 암 검진 항목
갑	대장암
을	자궁경부암
병	위암, 유방암, 자궁경부암
정	위암, 대장암, 폐암
무	대장암, 간암

49 문제해결능력   정답 ②

2024년에 가장 많은 직원이 검진받는 암 검진 항목은 '대장암'이다.

50 문제해결능력   정답 ③

2024년에 무가 검진받는 암 검진 항목은 대장암, 간암이고, '3. 암 검진 내용'에 따르면 대장암은 분변잠혈 검사, 간암은 간 초음파 검사 및 혈액 검사를 진행한다.
따라서 2024년에 무가 검진받는 암 검진 항목에 따라 받게 되는 검사는 분변잠혈 검사, 간 초음파 검사, 혈액 검사이므로 총 '3개'의 검사를 받는다.

51 문제해결능력   정답 ②

2024년에 정이 검진받는 암 검진 항목은 위암, 대장암, 폐암이고, '3. 암 검진 내용'에 따르면 위암과 대장암의 검진 비용은 118,000원, 폐암의 검진 비용은 100,000원이다. 이때 대장암 검진 비용은 공단에서 전액 부담하고, 나머지 검진 비용은 수검자가 10%만을 부담하므로 정은 위암과 폐암 검진 비용의 10%만 부담한다.
따라서 2024년에 정이 부담하는 암 검진 비용은 총 (118,000 + 100,000) × 0.1 = 21,800원이다.

[52-53]
52 문제해결능력   정답 ②

'4. 금연교육 및 금연지원서비스 이수 기준'에 따르면 금연교육과 금연지원서비스 중 1종류를 선택하여 신청 후 이수 기준을 충족해야 하며, 금연교육 중 1종류인 온라인 금연교육은 이수 기준이 3시간 이상 이수이므로 온라인 금연교육센터에서 온라인 금연교육을 3시간 이수하면 금연교육 이수 기준을 만족한다는 것은 옳은 내용이다.

[오답 체크]
① '2. 감면 신청 방법'에 따르면 우편 신청은 의견제출 기한 내 도착분에 한하여 인정하므로 의견제출 기한 내 발송분까지 감면 신청이 가능하다는 것은 옳지 않은 내용이다.
③ '3. 과태료 부과 유예 및 감면 결정'에 따르면 유예 기간 중 금연구역에서 흡연행위를 적발당한 경우 지체 없이 원래의 기준에 따라 과태료를 부과한다고 하였으므로 옳지 않은 내용이다.

④ '3. 과태료 부과 유예 및 감면 결정'에 따르면 금연교육 신청자의 과태료 부과 유예 기간은 신청서를 제출한 날부터 1개월이고, 금연지원서비스 신청자의 과태료 부과 유예 기간은 신청서를 제출한 날부터 6개월이므로 옳지 않은 내용이다.

53 문제해결능력   정답 ②

'4. 금연교육 및 금연지원서비스 이수 기준'에 따르면 금연구역 내 흡연행위로 과태료 부과 대상인 사람이 금연교육을 이수하면 과태료 금액의 50%를 감면하고, 금연지원서비스를 이수하면 과태료 금액의 100%를 면제하며, H 씨는 최근 2년간 제시된 내역 외의 과태료 부과 처분이나 체납 내역이 없으므로 과태료 감면제도를 이수한 내역에 대해 모두 과태료 감면이 가능하다. 이때, H 씨는 2020년 12월 10일에 지하철 출입구 10m 이내 흡연으로 부과된 과태료 5만 원에 대하여 금연교육에 해당하는 보건소 실시 오프라인 금연교육을 이수하였으므로 5만 원의 50%가 감면되었고, 2021년 5월 23일에 유치원 10m 이내 흡연으로 부과된 과태료 10만 원에 대하여 금연지원서비스에 해당하는 보건소 금연클리닉을 이수하였으므로 10만 원의 100%가 면제되었으며, 2021년 7월 21일에 공동주택 금연구역 흡연으로 부과된 과태료 5만 원에 대해서는 과태료 감면제도 2회 이용으로 감면받지 못하였다.

따라서 H 씨가 감면 또는 면제받은 과태료의 총금액은 (5 × 0.5) + 10 = 12.5만 원 = 12만 5천 원이다.

[54-56]
54 문제해결능력   정답 ②

'5. 지원 절차'에 따르면 3~6차 취업촉진수당은 2차 취업촉진수당을 받은 다음 달부터 구직 활동 프로그램을 최소 월 2회 이상 이행한 자에게 매달 말일에 지급하므로 옳지 않은 내용이다.

오답 체크
① '4. 지원 대상 - 2)'에 따르면 선발형은 요건 심사형 중 취업 경험 요건만을 충족하지 못한 자가 조건에 해당하므로 옳은 내용이다.
③ '2. 신청 방법 - 1)'에 따르면 취업지원제도 지원을 희망하는 당사자가 신청 대상이므로 옳은 내용이다.
④ '5. 지원 절차'에 따르면 사후관리로 취업자에게는 장기근속 유도를 위한 취업성공수당을 지급하므로 옳은 내용이다.

55 문제해결능력   정답 ③

'4. 지원 대상 - 1)'에 따르면 요건 심사형의 요건에는 15~69세 구직자 중 가구 단위 중위소득 50% 이하, 재산 3억 원 이하, 최근 2년 이내 100일 또는 800시간 이상의 취업 경험이 해당한다.

따라서 자신이 지원한 유형의 요건에 충족되지 않는 사람은 취업 경험이 2년 내 738시간인 지원자 C이다.

56 문제해결능력   정답 ④

E는 9월 2일에 △△시 취업지원제도에 신청하여 신청일로부터 13일이 지난 9월 15일에 1차 취업촉진수당을 지원받았고, '5. 지원 절차'에 따르면 2차 취업촉진수당은 1차 취업촉진수당 지급일로부터 두 달 후에 지급하므로 E는 11월 15일에 2차 취업촉진수당을 받았다. 이때 3~6차 취업촉진수당은 2차 취업촉진수당을 받은 다음 달부터 구직 활동 프로그램을 최소 월 2회 이상 이행한 자에게 매달 말일에 지급한다.

따라서 E가 3차 취업촉진수당을 받은 날짜는 12월 31일이다.

[57-58]
57 문제해결능력   정답 ③

[상병수당 시범사업 안내]의 '1. 지원 조건'에 따르면 근로 활동 불가 모형 1은 근로 활동 불가 기간만큼 급여를 지급하고, 최대 보장기간인 지원 기간은 90일이므로 옳은 내용이다.

오답 체크
① [참여 의료기관 모집 공고]의 '2. 등록 절차'에 따르면 가수요 신청서를 공단에 제출한 의료기관은 상병수당 진단 관련 온라인 교육을 이수한 다음 등록 신청서를 공단에 제출해야 하므로 옳지 않은 내용이다.
② [상병수당 시범사업 안내]의 '1. 지원 조건'에 따르면 충청북도 지역이 포함되는 모형은 없고, [참여 의료기관 모집 공고]의 '1. 신청 대상'에 따르면 신청 대상은 각 모형에 해당하는 지역 내 소재한 의원·병원·종합병원·상급종합병원이므로 옳지 않은 내용이다.
④ [상병수당 시범사업 안내]의 '1. 지원 조건'에 따르면 근로 활동 불가 모형 1의 대기기간은 7일이고, 근로자에게는 대기기간이 종료된 다음 날부터 상병수당을 지급하므로 옳지 않은 내용이다.

58 문제해결능력   정답 ②

[상병수당 시범사업 안내]의 '1. 지원 조건'에 따르면 전라남도 순천시에서 지원하는 모형인 의료 이용 일수 모형은 입원 발생 시에 지원받을 수 있으며 대기기간은 3일이고, '2. 지원 내용'에 따르면 의료 이용 일수 모형의 급여 지급기간은 의료 이용 일수에서 대기기간 일수를 제외한 기간이므로 2주 동안의 입원 치료가 필요한 박 씨의 급여 지급기간은 14 - 3 = 11일이다. 이때 지급 금액은 1일당 43,960원이므로 박 씨가 지급받을 수 있는 상병수당은 43,960 × 11 = 483,560원이다.

따라서 빈칸에 들어갈 내용으로 가장 적절한 것은 483,560원이다.

[59-60]
59 문제해결능력   정답 ②

'2. 신청장소'에 따르면 거동이 불편한 사람의 경우 대리 신청 또는 담당 공무원의 직권 신청도 가능하여 거주지 내 읍·면·동에 사전 문의하면 되므로 옳지 않은 내용이다.

오답 체크

① '6. 바우처 금액'에 따르면 1인 세대가 20X3년 받을 수 있는 총 지원 금액의 2배는 (31,300 + 118,500) × 2 = 299,600원이고, 3인 세대가 20X3년 받을 수 있는 총 지원 금액은 66,700 + 225,800 = 292,500원임에 따라 1인 세대가 20X3년 1년간 받을 수 있는 바우처 금액의 2배가 더 크므로 옳은 내용이다.

③ '4. 신청대상'에 따르면 「국민기초생활 보장법」상 생계·의료·주거·교육급여 수급 세대 중 노인, 영유아, 장애인, 임산부, 중증·희귀난치질환자, 한부모가족, 소년소녀가정(가정위탁보호 아동 포함)이 있는 세대가 에너지 바우처를 신청할 수 있으므로 옳은 내용이다.

④ '5. 사용 안내'에 따르면 하절기 바우처로는 전기 요금만, 동절기 바우처로는 전기, 도시가스, 지역난방 중 택1하여 요금 차감이 가능하므로 옳은 내용이다.

60 문제해결능력   정답 ②

기초생활수급자인 A 씨는 80대 부모 및 임산부 부인과 함께 거주하는 4인 세대이며, '6. 바우처 금액'에 따라 하절기에는 95,200원을, 동절기에는 284,440원을 바우처 금액으로 사용할 수 있다. 이때, A 씨는 에너지 바우처 최초 신청 시 동절기 바우처의 최대 금액인 45,000원을 하절기 바우처에 당겨쓰는 것으로 신청하였으므로 A 씨가 사용 가능한 하절기 바우처 금액은 95,200 + 45,000 = 140,200원이다. 이후 A 씨는 120,000원을 하절기 바우처 금액으로 사용하였고, '6. 바우처 금액 - 3)'에 따라서 하절기에 당겨쓴 금액을 제외한 금액에 하절기 바우처 잔액은 동절기 바우처에 합산하여 사용할 수 있으므로 4인 이상 세대의 동절기 바우처 금액인 284,440원에서 하절기에 당겨쓴 금액을 제외한 금액이 하절기 바우처 잔액을 합산한 금액이 A 씨 세대가 동절기에 사용할 수 있는 바우처 금액임을 알 수 있다.

따라서 동절기에 A 씨 세대가 사용 가능한 바우처 금액은 239,440 + 20,200 = 259,640원이다.

국민건강보험법

01	02	03	04	05	06	07	08	09	10
④	③	④	④	②	③	②	②	②	③
11	12	13	14	15	16	17	18	19	20
④	②	④	②	③	①	①	④	②	②

01   정답 ④

국민건강보험법 제10조 제1항 제3호에 따라 가입자는 국내에 거주하지 아니하게 된 날의 다음 날에 그 자격을 잃으므로 옳은 설명이다.

오답 체크
① 국민건강보험법 제5조 제1항 제2호 가목에 따라 유공자 등 의료보호 대상자 중 건강보험의 적용을 보험자에게 신청한 사람은 가입자 또는 피부양자가 되고, 제13조에 따라 건강보험의 보험자는 국민건강보험공단이므로 옳지 않은 설명이다.
② 국민건강보험법 제8조 제1항 제2호에 따라 직장가입자의 피부양자이었던 사람은 그 자격을 잃은 날에 직장가입자 또는 지역가입자의 자격을 얻으므로 옳지 않은 설명이다.
③ 국민건강보험법 제8조 제2항에 따라 직장가입자의 자격을 얻은 경우 그 직장가입자의 사용자는 그 명세를 보건복지부령으로 정하는 바에 따라 자격을 취득한 날부터 14일 이내에 보험자에게 신고하여야 하므로 옳지 않은 설명이다.

02   정답 ③

국민건강보험법 제109조 제8항에 따라 국내 체류 외국인 등에 해당하는 지역가입자의 보험료는 그 직전 월 25일까지 납부하여야 한다. 다만, 자격을 취득한 날이 속하는 달의 보험료를 징수하는 경우이거나 매월 26일 이후부터 말일까지의 기간에 자격을 취득한 경우에 해당되는 경우에는 국민건강보험법 제78조 제1항에 따라 보험료 납부의무가 있는 자는 가입자에 대한 그달의 보험료를 그다음 달 10일까지 납부하여야 한다. 따라서 20X3년 2월 1일에 지역가입자 자격을 취득한 병은 보험료를 그 직전 월 25일까지 납부하여야 함에 따라 20X3년 3월 보험료 23,500원을 20X3년 2월 25일까지 납부하여야 하므로 옳은 설명이다.

오답 체크
① 20X3년 4월 26일에 지역가입자 자격을 취득한 갑은 그달의 보험료를 그다음 달 10일까지 납부해야 함에 따라 20X3년 4월 보험료 24,000원을 20X3년 5월 10일까지 납부하여야 하므로 옳지 않은 설명이다.
② 20X3년 1월 20일에 지역가입자 자격을 취득한 을은 보험료를 그 직전 월 25일까지 납부해야 함에 따라 20X3년 3월 보험료 24,000원을 20X3년 2월 25일까지 납부해야 하므로 옳지 않은 설명이다.
④ 20X2년 8월 22일에 지역가입자 자격을 취득한 정은 보험료를 그 직전 월 25일까지 납부해야 함에 따라 20X3년 4월 보험료 25,000원을 20X3년 3월 25일까지 납부해야 하므로 옳지 않은 설명이다.

03   정답 ④

국민건강보험법 제63조 제1항에 따라 ㉠~㉠ 중 건강보험심사평가원이 관장하는 업무에 해당하는 것은 ㉡, ㉢, ㉥, ㉦이다.

🔍 더 알아보기

업무(국민건강보험법 제63조 제1항)
① 심사평가원은 다음 각 호의 업무를 관장한다.
  1. 요양급여비용의 심사
  2. 요양급여의 적정성 평가
  3. 심사기준 및 평가기준의 개발
  4. 제1호부터 제3호까지의 규정에 따른 업무와 관련된 조사연구 및 국제협력
  5. 다른 법률에 따라 지급되는 급여비용의 심사 또는 의료의 적정성 평가에 관하여 위탁받은 업무
  6. 그 밖에 이 법 또는 다른 법령에 따라 위탁받은 업무
  7. 건강보험과 관련하여 보건복지부장관이 필요하다고 인정한 업무
  8. 그 밖에 보험급여 비용의 심사와 보험급여의 적정성 평가와 관련하여 대통령령으로 정하는 업무

04 정답 ④

국민건강보험법 제49조 제3항에 따라 준요양기관은 요양을 받은 가입자나 피부양자의 위임이 있는 경우 공단에 요양비의 지급을 직접 청구할 수 있고, 이 경우 공단은 지급이 청구된 내용의 적정성을 심사하여 준요양기관에 요양비를 지급할 수 있으므로 옳지 않은 설명이다.

05 정답 ②

국민건강보험법 제9조 제1항 제2호에 따라 직장가입자가 다른 적용대상사업장의 사용자로 되거나 근로자 등으로 사용된 날 가입자는 그 자격이 변동되므로 20X3년 6월 2일에 다른 적용대상사업자의 근로자로 사용된 직장가입자 B씨의 자격 변동 일자는 20X3년 6월 2일이다.

🔍 **더 알아보기**

자격의 변동 시기(국민건강보험법 제9조 제1항)
① 가입자는 다음 각 호의 어느 하나에 해당하게 된 날에 그 자격이 변동된다.
  1. 지역가입자가 적용대상사업장의 사용자로 되거나, 근로자·공무원 또는 교직원(이하 "근로자 등"이라 한다)으로 사용된 날
  2. 직장가입자가 다른 적용대상사업장의 사용자로 되거나 근로자 등으로 사용된 날
  3. 직장가입자인 근로자 등이 그 사용관계가 끝난 날의 다음 날
  4. 적용대상사업장에 제7조 제2호에 따른 사유가 발생한 날의 다음 날
  5. 지역가입자가 다른 세대로 전입한 날

06 정답 ③

국민건강보험법 제69조 제4항 제1호에 따라 보수월액보험료는 산정한 보수월액에 보험료율을 곱하여 얻은 금액이며, 직장가입자의 보험료율은 국민건강보험법 제73조 제1항과 제2항에 따라 1천분의 80의 범위에서 심의위원회의 의결을 거쳐 대통령령으로 정하며, 국외에서 업무에 종사하고 있는 직장가입자에 대한 보험료율은 제1항에 따라 정해진 보험료율의 100분의 50으로 한다. A와 D는 모두 국내에서 업무에 종사하고 있는 직장가입자이므로 A의 보수월액 보험료는 2,600,000 × 0.07 = 182,000원이고, D의 보수월액 보험료는 4,500,000 × 0.07 = 315,000원이다. 이때 B와 C는 모두 국외에서 업무에 종사하고 있는 직장가입자이므로 B와 C의 보험료율은 직장가입자의 보험료율 7%의 100분의 50인 7 × 0.5 = 3.5%이다. B의 보수월액 보험료는 3,400,000 × 0.035 = 119,000원, C의 보수월액 보험료는 2,800,000 × 0.035 = 98,000임에 따라 A, B, C, D의 보수월액 보험료의 합은 182,000 + 119,000 + 315,000 + 98,000 = 714,000원이다.

따라서 근로자 4명의 보수월액 보험료의 합은 714,000원이다.

07 정답 ②

국민건강보험법 제57조 제4항에 따라 국민건강보험공단은 속임수나 그 밖의 부당한 방법으로 보험급여를 받은 사람과 같은 세대에 속한 가입자에게 속임수나 그 밖의 부당한 방법으로 보험급여를 받은 사람과 연대하여 징수금을 내게 할 수 있으며, 속임수나 그 밖의 부당한 방법으로 보험급여를 받은 사람이 피부양자인 경우에는 그 직장가입자에게 보험급여를 받은 사람과 연대하여 징수금을 내게 할 수 있으므로 옳지 않은 설명이다.

08 정답 ②

국민건강보험법 제74조 제1항에 따라 국민건강보험공단은 직장가입자가 업무에 종사하기 위해 대통령령으로 정하는 기간인 3개월 이상 국외에 체류하는 경우에 그 가입자의 보험료를 면제하지만, 국외에 체류하는 직장가입자의 경우는 국내에 거주하는 피부양자가 없을 때에만 보험료를 면제한다고 하였으므로 A씨는 보험료가 면제되지 않는다. 또한, 국민건강보험법 제69조 제4항 제2호에 따르면 보수 외 소득월액 보험료는 보수 외 소득이 대통령령으로 정하는 금액을 초과하는 경우 (연간 보수 외 소득−대통령령으로 정하는 금액) × 1 / 12로 산정되는 보수 외 소득월액에 국외에서 업무에 종사하고 있는 직장가입자에 대한 보험료율인 7 × 0.5 = 3.5%를 곱하여 얻은 금액이므로 A씨의 보수 외 소득월액은 (1,500,000 − 180,000) × 1 / 12 = 110,000원이며, 보수 외 소득월액 보험료는 110,000 × 0.035 = 3,850원이다.

따라서 A씨가 납부해야 하는 보수 외 소득월액 보험료는 3,850원이다.

09 　　　　　　　　　　　　　　　　정답 ②

등록 임원은 국민건강보험공단의 설립등기에 해당하지 않는다.

🔍 **더 알아보기**

등기(국민건강보험법 제18조)
공단의 설립등기에는 다음 각 호의 사항을 포함하여야 한다.
1. 목적
2. 명칭
3. 주된 사무소 및 분사무소의 소재지
4. 이사장의 성명·주소 및 주민등록번호

10 　　　　　　　　　　　　　　　　정답 ③

㉠~㉣ 중 임원에 대한 설명으로 옳지 않은 것은 ㉡, ㉣이다.
㉡ 국민건강보험법 제20조 제4항 제1호에 따라 비상임이사는 노동조합·사용자단체·시민단체·소비자단체·농어업인단체 및 노인단체가 추천하는 각 1명과 대통령령으로 정하는 바에 따라 추천하는 관계 공무원 3명을 보건복지부 장관이 임명하므로 옳지 않은 설명이다.
㉣ 국민건강보험법 제20조 제3항에 따라 상임이사는 보건복지부령으로 정하는 추천 절차를 거쳐 이사장이 임명하므로 옳지 않은 설명이다.

오답 체크
㉠ 국민건강보험법 제20조 제2항에 따라 이사장은 임원 추천위원회가 복수로 추천한 사람 중에서 보건복지부 장관의 제청으로 대통령이 임명하므로 옳은 설명이다.
㉢ 국민건강보험법 제20조 제5항에 따라 감사는 임원 추천위원회가 복수로 추천한 사람 중에서 기획재정부 장관의 제청으로 대통령이 임명하므로 옳은 설명이다.

11 　　　　　　　　　　　　　　　　정답 ④

국민건강보험법 제110조 제5항에 따라 임의계속가입자의 보수월액보험료는 그 임의계속가입자가 전액을 부담하고 납부해야 하므로 옳지 않은 설명이다.

오답 체크
① 국민건강보험법 제110조 제1항에 따라 사용관계가 끝난 사람 중 직장가입자의 자격을 유지한 기간이 보건복지부령으로 정하는 기간 동안 통산 1년 이상인 사람은 지역가입자가 된 이후 최초로 지역가입자 보험료를 고지받은 날부터 그 납부기한에서 2개월이 지나기 이전까지 공단에 임의계속가입자 자격을 신청할 수 있으며, 제78조 제1항에 따라 보험료 납부기한은 보험료를 고지받은 다음 달 10일까지이므로 옳은 설명이다.
② 국민건강보험법 제110조 제3항에 따라 임의계속가입자의 보수월액은 보수월액보험료가 산정된 최근 12개월간의 보수월액을 평균한 금액으로 하므로 옳은 설명이다.
③ 국민건강보험법 제110조 제2항에 따라 임의계속가입자 자격을 신청한 사람이 신청 후 최초로 내야 할 직장가입자 보험료를 그 납부기한부터 2개월이 지난 날까지 내지 아니한 경우에는 그 자격을 유지할 수 없으므로 옳은 설명이다.

12 　　　　　　　　　　　　　　　　정답 ②

국민건강보험법 제87조 제4항에 따라 요양기관은 요양급여 대상 여부에 대한 심사평가원의 확인에 대하여 이의신청을 하려면 심사평가원으로부터 결과를 통보받은 날부터 30일 이내에 해야 하므로 옳지 않은 설명이다.

오답 체크
① 국민건강보험법 제87조 제1항에 따라 가입자 및 피부양자의 자격, 보험료, 보험급여, 보험급여 비용에 관한 공단의 처분에 이의가 있는 경우 공단에 이의신청을 할 수 있으므로 옳은 설명이다.
③, ④ 국민건강보험법 제87조 제3항에 따라 요양급여비용 및 요양급여의 적정성 평가 등에 관한 심사평가원의 처분에 이의가 있는 공단, 요양기관 또는 그 밖의 자는 처분이 있음을 안 날부터 90일 이내에 심사평가원에 문서로 이의신청을 해야 하며, 처분이 있은 날부터 180일을 지나면 제기하지 못하므로 옳은 설명이다.

13 　　　　　　　　　　　　　　　　정답 ④

국민건강보험법 제47조 제7항에 따라 ㉠~㉣ 중 요양기관이 심사평가원에 요양급여비용의 심사청구를 대행하게 할 수 있는 단체는 ㉠, ㉡, ㉢, ㉣이다.

🔍 **더 알아보기**

요양급여비용의 청구와 지급(국민건강보험법 제47조 제7항)
⑦ 요양기관은 제2항에 따른 심사청구를 다음 각 호의 단체가 대행하게 할 수 있다.
　1. 「의료법」 제28조 제1항에 따른 의사회·치과의사회·한의사회·조산사회 또는 같은 조 제6항에 따라 신고한 각각의 지부 및 분회
　2. 「의료법」 제52조에 따른 의료기관 단체
　3. 「약사법」 제11조에 따른 약사회 또는 같은 법 제14조에 따라 신고한 지부 및 분회

14 　　　　　　　　　　　　　　　　정답 ②

국민건강보험법 제42조 제1항에 따라 ㉠~㉣ 중 간호와 이송을 제외하고 요양급여를 실시할 수 있는 요양기관에 해당하는 것은 ㉠, ㉢, ㉣이다.

> **더 알아보기**
>
> **요양기관(국민건강보험법 제42조 제1항)**
> ① 요양급여(간호와 이송은 제외한다)는 다음 각 호의 요양기관에서 실시한다. 이 경우 보건복지부 장관은 공익이나 국가정책에 비추어 요양기관으로 적합하지 아니한 대통령령으로 정하는 의료기관 등은 요양기관에서 제외할 수 있다.
> 1. 「의료법」에 따라 개설된 의료기관
> 2. 「약사법」에 따라 등록된 약국
> 3. 「약사법」 제91조에 따라 설립된 한국희귀·필수의약품센터
> 4. 「지역보건법」에 따른 보건소·보건의료원 및 보건지소
> 5. 「농어촌 등 보건의료를 위한 특별조치법」에 따라 설치된 보건진료소

15 정답 ③

㉠~㉣을 벌금 상한액이 높은 것부터 순서대로 바르게 나열하면 '㉡ - ㉠ - ㉢ - ㉣'이다.

㉡ 국민건강보험법 제115조 제1항에 따라 국민건강보험공단, 건강보험심사평가원 및 요양급여비용의 심사청구를 대행하는 단체에 종사했던 사람 또는 종사하는 사람은 가입자 및 피부양자의 개인정보를 누설하는 행위를 해서는 안 된다는 제102조 제1호를 위반한 자는 5년 이하의 징역 또는 5천만 원 이하의 벌금에 처한다.

㉠ 국민건강보험법 제115조 제4항에 따라 거짓이나 그 밖의 부정한 방법으로 보험급여를 받거나 타인으로 하여금 보험급여를 받게 한 자는 2년 이하의 징역 또는 2천만 원 이하의 벌금에 처한다.

㉢ 국민건강보험법 제116조에 따라 보건복지부 장관의 요양·약제의 지급 등 보험급여에 관한 보고 또는 서류 제출 명령을 위반하여 서류 제출을 하지 아니한 자, 거짓으로 서류를 제출한 자, 검사나 질문을 거부·방해 또는 기피한 자는 1천만 원 이하의 벌금에 처한다.

㉣ 국민건강보험법 제117조에 따라 준요양기관은 보건복지부 장관이 정하는 요양비 명세서나 요양 명세를 적은 영수증을 요양을 받은 사람에게 내주어야 한다는 제49조 제2항을 위반한 자는 500만 원 이하의 벌금에 처한다.

16 정답 ①

국민건강보험법 제89조에 따라 ㉠은 88, ㉡은 60, ㉢은 7, ㉣은 9이므로 ㉠~㉣에 들어갈 숫자를 모두 더하면 88 + 60 + 7 + 9 = 164이다.

17 정답 ①

국민건강보험법 제101조 제1항에 따라 제조업자 등에는 「약사법」에 따른 의약품의 제조업자·위탁제조판매업자·수입자·판매업자 및 「의료기기법」에 따른 의료기기 제조업자·수입업자·수리업자·판매업자·임대업자가 포함되므로 옳지 않은 설명이다.

오답 체크

② 국민건강보험법 제101조 제1항 제2호에 따라 제조업자 등은 약제·치료재료와 관련하여 요양급여대상 여부를 결정하거나 요양급여비용을 산정할 때 보건복지부, 공단 또는 심사평가원에 거짓 자료를 제출하여 보험자·가입자 및 피부양자에게 손실을 주어서는 안 되므로 옳은 설명이다.

③ 국민건강보험법 제101조 제2항에 따라 보건복지부 장관은 제조업자 등이 금지행위를 위반한 사실이 있는지 여부를 확인하기 위하여 그 제조업자 등에게 관련 서류의 제출을 명하거나, 소속 공무원이 관계인에게 질문을 하게 하거나 관계 서류를 검사하게 하는 등 필요한 조사를 할 수 있으므로 옳은 설명이다.

④ 국민건강보험법 제101조 제3항에 따라 공단은 금지행위를 위반하여 보험자·가입자 및 피부양자에게 손실을 주는 행위를 한 제조업자 등에 대하여 손실에 상당하는 금액을 징수하므로 옳은 설명이다.

18 정답 ④

국민건강보험법 제98조 제1항에 따라 보건복지부 장관은 요양기관이 속임수나 그 밖의 부당한 방법으로 보험자·가입자 및 피부양자에게 요양급여비용을 부담하게 한 경우 그 요양기관에 대하여 1년의 범위에서 기간을 정하여 업무정지를 명할 수 있으므로 옳은 설명이다.

오답 체크

① 국민건강보험법 제98조 제3항에 따라 업무정지 처분의 효과는 그 처분이 확정된 요양기관을 양수한 자에 승계되고, 업무정지 처분의 절차가 진행 중인 때에는 양수인에 대하여 그 절차를 계속 진행할 수 있으며, 양수인이 그 처분 또는 위반사실을 알지 못하였음을 증명하는 경우에는 그러지 아니하므로 옳지 않은 설명이다.

② 국민건강보험법 제98조 제4항에 따라 업무정지 처분을 받았거나 업무정지 처분의 절차가 진행 중인 자는 행정처분을 받은 사실 또는 행정처분절차가 진행 중인 사실을 보건복지부령으로 정하는 바에 따라 양수인 또는 합병 후 존속하는 법인이나 합병으로 설립되는 법인에 지체 없이 알려야 하므로 옳지 않은 설명이다.
③ 국민건강보험법 제98조 제5항에 따라 업무정지를 부과하는 위반행위의 종류, 위반 정도 등에 따른 행정처분기준이나 그 밖에 필요한 사항은 대통령령으로 정하므로 옳지 않은 설명이다.

오답 체크
㉠ 국민건강보험법 제53조 제5항에 따라 공단으로부터 체납보험료의 분할납부 승인을 받고 그 승인된 보험료를 1회 이상 낸 경우에는 보험급여를 할 수 있으므로 옳은 설명이다.
㉢ 국민건강보험법 제82조 제1항에 따라 공단은 보험료를 3회 이상 체납한 자가 체납보험료의 분할납부를 신청하는 경우 보건복지부령으로 정하는 바에 따라 분할납부를 승인할 수 있으므로 옳은 설명이다.

19 정답 ②

국민건강보험법 제119조 제4항 제6호에 따라 제105조를 위반하여 국민건강보험공단이 아님에도 국민건강보험공단의 명칭을 사용한 경우 100만 원 이하의 과태료를 부과하므로 갑에게 부과되는 최대 과태료는 100만 원이다.
국민건강보험법 제119조 제4항 제4호에 따라 제96조의4를 위반하여 요양기관이 요양급여가 끝난 날부터 5년간 보건복지부령으로 정하는 바에 따라 제47조에 따른 요양급여비용의 청구에 관한 서류를 보존하지 않은 경우 100만 원 이하의 과태료를 부과하므로 을에게 부과되는 최대 과태료는 100만 원이다.
국민건강보험법 제119조 제3항 제1호에 따라 제7조를 위반하여 휴업·폐업 등 보건복지부령으로 정하는 사유가 발생한 경우에 신고를 하지 아니하거나 거짓으로 신고한 사용자에게는 500만 원 이하의 과태료가 부과되므로 병에게 부과되는 최대 과태료는 500만 원이다.
국민건강보험 제119조 제4항 제3호에 따라 제12조 제4항을 위반하여 정당한 사유 없이 건강보험증이나 신분증명서로 가입자 또는 피부양자의 본인 여부 및 그 자격을 확인하지 아니하고 요양급여를 실시한 자에게는 100만 원 이하의 과태료가 부과되므로 정에게 부과되는 과태료는 최대 100만 원이다.
따라서 4명에게 부과될 수 있는 최대 과태료의 합은 100 + 100 + 500 + 100 = 800만 원이다.

20 정답 ②

㉠~㉢ 중 체납보험료의 분할납부에 대한 설명으로 옳지 않은 것은 ㉡으로 총 1개이다.
㉡ 국민건강보험법 제53조 제5항에 따라 공단으로부터 체납보험료의 분할납부 승인을 받은 사람이 정당한 사유 없이 5회 이상 그 승인된 보험료를 내지 아니한 경우에는 보험급여를 실시하지 않을 수 있으므로 옳지 않은 설명이다.

노인장기요양보험법

p.100

01	02	03	04	05	06	07	08	09	10
④	③	③	②	②	④	④	④	③	③
11	12	13	14	15	16	17	18	19	20
①	③	③	③	④	①	④	④	④	③

01 정답 ④

노인장기요양보호법 제52조 제5항에 따라 등급판정위원회 위원의 임기는 3년으로 하되, 한 차례만 연임할 수 있으므로 이미 등급판정위원회 위원으로 한 차례 연임한 한의사는 등급판정위원회의 위원으로 새로 위촉될 수 없다.

🔍 더 알아보기

등급판정위원회의 설치(노인장기요양보험법 제52조 제3항, 제4항, 제5항)
③ 등급판정위원회는 위원장 1인을 포함하여 15인의 위원으로 구성한다.
④ 등급판정위원회 위원은 다음 각호의 자 중에서 공단 이사장이 위촉한다. 이 경우 특별자치시장·특별자치도지사·시장·군수·구청장이 추천한 위원은 7인, 의사 또는 한의사가 1인 이상 각각 포함되어야 한다.
  1. 「의료법」에 따른 의료인
  2. 「사회복지사업법」에 따른 사회복지사
  3. 특별자치시·특별자치도·시·군·구 소속 공무원
  4. 그 밖에 법학 또는 장기요양에 관한 학식과 경험이 풍부한 자
⑤ 등급판정위원회 위원의 임기는 3년으로 하되, 한 차례만 연임할 수 있다. 다만, 공무원인 위원의 임기는 재임기간으로 한다.

02 정답 ③

노인장기요양보험법 제58조 제1항에 따라 국가는 매년 예산의 범위 안에서 해당 연도 장기요양보험료 예상수입액의 100분의 20에 상당하는 금액을 국민건강보험공단에 지원한다.
2022년 국가가 국민건강보험공단에 지원한 금액은 14,740억 원이므로 2023년 국가가 국민건강보험공단에 지원한 금액은 14,740 × 1.8 = 26,532억 원이다.
따라서 2023년의 장기요양보험료 예상수입액은 26,532 / 0.2 = 132,660억 원이다.

03 정답 ③

노인장기요양보험법 제36조 제1항, 제37조 제6항에 따라 ㉠~㉢ 중 장기요양기관에 대한 설명으로 옳은 것은 ㉡, ㉢으로 총 2개이다.

오답 체크
㉠ 노인장기요양보험법 제32조의4 제1항에 따라 장기요양기관의 장은 장기요양기관 지정의 유효기간이 끝난 후에도 계속하여 그 지정을 유지하려는 경우에는 소재지를 관할구역으로 하는 특별자치시장·특별자치도지사·시장·군수·구청장에게 지정 유효 기간이 끝나기 90일 전까지 지정 갱신을 신청해야 하므로 옳지 않은 설명이다.

04 정답 ②

노인장기요양보험법 제7조 제4항에 따라 ㉠에 들어갈 말은 대통령령, ㉡에 들어갈 말은 보건복지부령이다.

05 정답 ②

노인장기요양보험법 제67조 제1항 제1호에 따라 거짓이나 그 밖의 부정한 방법으로 장기요양급여비용을 청구한 자는 3년 이하의 징역 또는 3천만 원 이하의 벌금에 처하므로 A에게 부과되는 최대 벌금은 3천만 원이다.
노인장기요양보험법 제67조 제2항 제4호에 따라 제35조 제6항을 위반하여 수급자를 소개, 알선 또는 유인하는 행위를 하거나 이를 조장한 자는 2년 이하의 징역 또는 2천만 원 이하의 벌금에 처하므로 B에게 부과되는 최대 벌금은 2천만 원이다.
노인장기요양보험법 제67조 제3항 제1호에 따라 제35조 제1항을 위반하여 정당한 사유 없이 장기요양급여의 제공을 거부한 자는 1년 이하의 징역 또는 1천만 원 이하의 벌금에 처하므로 C에게 부과되는 최대 벌금은 1천만 원이다.

노인장기요양보험법 제67조 제4항에 따라 제61조 제2항에 따른 자료제출 명령에 따르지 아니하거나 거짓으로 자료제출을 한 장기요양기관 또는 의료기관이나 질문 또는 검사를 거부·방해 또는 기피하거나 거짓으로 답변한 장기요양기관 또는 의료기관은 1천만 원 이하의 벌금에 처하므로 D에게 부과되는 최대 벌금은 1천만 원이다.
따라서 4명에게 부과될 수 있는 최대 벌금의 합은 3 + 2 + 1 + 1 = 7천만 원이다.

06 정답 ④

㉠~㉣을 장기요양급여의 신청 절차에 따라 순서대로 바르게 나열하면 '㉢ - ㉡ - ㉣ - ㉠'이다.
㉢ 노인장기요양보험법 제13조에 따라 신청인은 국민건강보험공단에 장기요양인정신청서에 의사소견서를 첨부하여 제출해야 한다.
㉡ 노인장기요양보험법 제14조에 따라 국민건강보험공단은 신청서를 접수한 때 신청인의 심신상태, 신청인에게 필요한 장기요양급여의 종류 및 내용 등을 조사한다.
㉣ 노인장기요양보험법 제15조에 따라 국민건강보험공단은 조사가 완료된 때 조사결과서, 신청서, 의사소견서, 그 밖에 심의에 필요한 자료를 등급판정위원회에 제출해야 한다.
㉠ 노인장기요양보험법 제17조에 따라 국민건강보험공단은 장기요양등급판정위원회가 장기요양인정 및 등급판정의 심의를 완료한 경우 장기요양인정서를 작성하여 수급자에게 송부해야 한다.

07 정답 ④

노인장기요양보험법 제31조 제4항에 따라 특별자치시장·특별자치도지사·시장·군수·구청장은 제1항에 따라 장기요양기관을 지정한 때 지체 없이 지정 명세를 국민건강보험공단에 통보하여야 하므로 옳지 않은 설명이다.

오답 체크

① 노인장기요양보험법 제31조 제1항에 따라 제23조 제1항 제1호에 따른 재가급여 또는 같은 항 제2호에 따른 시설급여를 제공하는 장기요양기관을 운영하려는 자는 보건복지부령으로 정하는 장기요양에 필요한 시설 및 인력을 갖추어 소재지를 관할 구역으로 하는 특별자치시장·특별자치도지사·시장·군수·구청장으로부터 지정을 받아야 하므로 옳은 설명이다.
② 노인장기요양보험법 제31조 제2항에 따라 제1항에 따라 장기요양기관으로 지정을 받을 수 있는 시설은 「노인복지법」 제31조에 따른 노인복지시설 중 대통령령으로 정하는 시설로 하므로 옳은 설명이다.
③ 노인장기요양보험법 제31조 제3항 제1호에 따라 특별자치시장·특별자치도지사·시장·군수·구청장이 제1항에 따른 지정을 하려는 경우에는 장기요양기관을 운영하려는 자의 장기요양급여 제공 이력을 검토하여 장기요양기관을 지정하여야 하므로 옳은 설명이다.

🔎 더 알아보기

장기요양기관의 지정(노인장기요양보험법 제31조)
① 재가급여 또는 시설급여를 제공하는 장기요양기관을 운영하려는 자는 보건복지부령으로 정하는 장기요양에 필요한 시설 및 인력을 갖추어 소재지를 관할 구역으로 하는 특별자치시장·특별자치도지사·시장·군수·구청장으로부터 지정을 받아야 한다.
② 제1항에 따라 장기요양기관으로 지정을 받을 수 있는 시설은 「노인복지법」 제31조에 따른 노인복지시설 중 대통령령으로 정하는 시설로 한다.
③ 특별자치시장·특별자치도지사·시장·군수·구청장이 제1항에 따른 지정을 하려는 경우에는 다음 각호의 사항을 검토하여 장기요양기관을 지정하여야 한다. 이 경우 특별자치시장·특별자치도지사·시장·군수·구청장은 공단에 관련 자료의 제출을 요청하거나 그 의견을 들을 수 있다.
  1. 장기요양기관을 운영하려는 자의 장기요양급여 제공 이력
  2. 장기요양기관을 운영하려는 자 및 그 기관에 종사하려는 자가 이 법, 「사회복지사업법」 또는 「노인복지법」 등 장기요양기관의 운영과 관련된 법에 따라 받은 행정처분의 내용
  3. 장기요양기관의 운영 계획
  4. 해당 지역의 노인인구 수, 치매 등 노인성질환 환자 수 및 장기요양급여 수요 등 지역 특성
  5. 그 밖에 특별자치시장·특별자치도지사·시장·군수·구청장이 장기요양기관으로 지정하는 데 필요하다고 인정하여 정하는 사항
④ 특별자치시장·특별자치도지사·시장·군수·구청장은 제1항에 따라 장기요양기관을 지정한 때 지체 없이 지정 명세를 국민건강보험공단에 통보해야 한다.
⑤ 재가급여를 제공하는 장기요양기관 중 의료기관이 아닌 자가 설치·운영하는 장기요양기관이 방문간호를 제공하는 경우에는 방문간호의 관리책임자로서 간호사를 둔다.
⑥ 장기요양기관의 지정절차와 그 밖에 필요한 사항은 보건복지부령으로 정한다.

08　　정답 ④

노인장기요양보험법 제3조에 따라 ㉠~㉣ 중 장기요양급여 제공의 기본원칙에 대한 설명으로 옳은 것은 ㉡, ㉢, ㉣이다.
㉡ 노인장기요양보험법 제3조 제2항에 따라 장기요양급여는 노인 등의 심신상태·생활환경과 노인 등 및 그 가족의 욕구·선택을 종합적으로 고려하여 필요한 범위 안에서 이를 적정하게 제공하여야 하므로 옳은 설명이다.
㉢ 노인장기요양보험법 제3조 제4항에 따라 장기요양급여는 노인 등의 심신상태나 건강 등이 악화되지 아니하도록 의료서비스와 연계하여 이를 제공하여야 하므로 옳은 설명이다.
㉣ 노인장기요양보험법 제3조 제1항에 따라 장기요양급여는 노인 등이 자신의 의사와 능력에 따라 최대한 자립적으로 일상생활을 수행할 수 있도록 제공하여야 하므로 옳은 설명이다.

[오답 체크]
㉠ 노인장기요양보험법 제3조 제3항에 따라 장기요양급여는 노인 등이 가족과 함께 생활하면서 가정에서 장기요양을 받는 재가급여를 우선적으로 제공하여야 하므로 옳지 않은 설명이다.

09　　정답 ③

노인장기요양보험법 제21조 제1항에 따라 장기요양급여를 받고 있는 수급자는 장기요양등급, 장기요양급여의 종류 또는 내용을 변경하여 장기요양급여를 받고자 하는 경우 국민건강보험공단에 변경 신청을 하여야 하므로 장기요양인정에 대해 잘못 설명한 사람은 丙이다.

[오답 체크]
① 노인장기요양보험법 제15조 제2항에 따라 등급판정위원회는 신청인이 제12조의 신청자격요건을 충족하고 6개월 이상 동안 혼자서 일상생활을 수행하기 어렵다고 인정하는 경우 심신상태 및 장기요양이 필요한 정도 등 대통령령으로 정하는 등급판정기준에 따라 수급자로 판정하므로 옳은 설명이다.
② 노인장기요양보험법 제15조 제4항 제2호에 따라 국민건강보험공단은 장기요양급여를 받고 있거나 받을 수 있는 자가 고의로 사고를 발생하도록 하거나 본인의 위법행위에 기인하여 장기요양인정을 받은 것으로 의심되는 경우에는 제14조 제1항 각 호의 사항을 조사하여 그 결과를 등급판정위원회에 제출하여야 하며, 제15조 제5항에 따라 등급판정위원회는 제4항에 따라 제출된 조사 결과를 토대로 제2항에 따라 다시 수급자 등급을 조정하고 수급자 여부를 판정할 수 있으므로 옳은 설명이다.

④ 노인장기요양보험법 제22조 제1항에 따라 장기요양급여를 받고자 하는 자 또는 수급자가 신체적·정신적인 사유로 이 법에 따른 장기요양인정의 신청, 장기요양인정의 갱신신청 또는 장기요양등급의 변경신청 등을 직접 수행할 수 없을 때 본인의 가족이나 친족, 그 밖의 이해 관계인은 이를 대리할 수 있으므로 옳은 설명이다.

10　　정답 ③

노인장기요양보험법 제27조 제1항에 따라 수급자는 장기요양인정서와 개인별장기요양이용계획서가 도달한 날부터 장기요양급여를 받을 수 있으며, 제시된 사례에 따라 국민건강보험공단이 甲에게 송부한 개인별장기요양이용계획서를 첨부한 장기요양인정서는 2023년 5월 2일의 다음 날에 甲에게 도달하였음을 알 수 있다.
따라서 甲이 장기요양급여를 제공받기 시작하는 날은 2023년 5월 3일이다.

11　　정답 ①

노인장기요양보험법 제33조에 따라 ㉠에 들어갈 말은 보건복지부령이다.

12　　정답 ③

노인장기요양보험법 제37조의4 제1항에 따라 ㉠~㉣ 중 행정제재처분 효과가 승계되는 대상에 해당하는 것은 ㉠, ㉡, ㉢이다.

[오답 체크]
㉣ 노인장기요양보험법 제37조의4 제1항 제3호에 따라 장기요양기관 폐업 후 같은 장소에서 장기요양기관을 운영하는 자 중 종전에 행정제재처분을 받은 자(법인인 경우 그 대표자를 포함한다)나 그 배우자 또는 직계혈족은 행정제재처분 효과가 승계되지만, 방계혈족은 행정제재처분 효과가 승계되는 대상에 해당하지 않는다.

13　　정답 ③

㉠~㉢ 중 전자문서의 사용에 대한 설명으로 옳지 않은 것은 ㉠, ㉡으로 2개이다.
㉠ 노인장기요양보험법 제59조 제2항에 따라 국민건강보험공단 및 장기요양기관은 장기요양기관의 지정신청, 재가·시설 급여비용의 청구 및 지급, 장기요양기관의 재무·회계정보 처리 등에 대하여 전산매체 또는 전자문서교환방식을 이용하여야 하므로 옳지 않은 설명이다.

ⓒ 노인장기요양보험법 제59조 제3항에 따라 정보통신망 및 정보통신서비스 시설이 열악한 지역 등 보건복지부장관이 정하는 지역의 경우 전자문서·전산매체 또는 전자문서교환 방식을 이용하지 아니할 수 있으므로 옳지 않은 설명이다.

오답 체크

ⓒ 노인장기요양보험법 제59조 제1항에 따라 장기요양사업에 관련된 각종 서류의 기록, 관리 및 보관은 보건복지부령으로 정하는 바에 따라 전자문서로 한다.

14　　　　　　　　　　　　　　　　　　　　　정답 ③

노인장기요양보험법 제63조에 따라 재가장기요양기관 폐쇄명령 또는 업무정지명령은 청문을 하여야 하는 경우에 해당하지 않는다.

🔍 더 알아보기

청문(노인장기요양보험법 제63조)

특별자치시장·특별자치도지사·시장·군수·구청장은 다음 각 호의 어느 하나에 해당하는 처분 또는 공표를 하려는 경우에는 청문을 하여야 한다.
1. 제37조 제1항에 따른 장기요양기관 지정취소 또는 업무정지명령
2. 삭제 <2018. 12. 11.>
3. 제37조의3에 따른 위반사실 등의 공표
4. 제37조의5 제1항에 따른 장기요양급여 제공의 제한 처분

15　　　　　　　　　　　　　　　　　　　　　정답 ④

노인장기요양보험법 제23조 제1항에 따라 재가급여에는 방문요양, 방문목욕, 방문간호, 주·야간보호, 단기보호, 기타재가급여가 포함되며, 그중 장기요양요원이 수급자의 가정 등을 방문하여 신체활동 및 가사활동 등을 지원하는 방문요양에는 수급자의 가족을 위한 김장 도움 활동은 해당하지 않는다.

16　　　　　　　　　　　　　　　　　　　　　정답 ①

ⓒ 노인장기요양보험법 제47조 제1항에 따라 장기요양위원회 회의는 구성원 과반수의 출석으로 개의하고 출석위원 과반수의 찬성으로 의결하므로 옳지 않은 설명이다.
ⓔ 노인장기요양보험법 제46조 제1항에 따라 장기요양위원회는 위원장 1인, 부위원장 1인을 포함한 16인 이상 22인 이하의 위원으로 구성하므로 옳지 않은 설명이다.

오답 체크

ⓐ 노인장기요양보험법 제46조 제4항에 따라 장기요양위원회 위원의 임기는 3년으로 하고, 공무원인 위원의 임기는 재임기간으로 하므로 옳은 설명이다.
ⓒ 노인장기요양보험법 제47조 제3항에 따라 장기요양위원회의 구성·운영에 대한 사항은 대통령령으로 정하므로 옳은 설명이다.

17　　　　　　　　　　　　　　　　　　　　　정답 ④

노인장기요양보험법 제32조의2에 따라 장기요양기관으로 지정받을 수 없는 자는 금고 이상의 실형을 선고받고 그 집행이 종료(집행이 종료된 것으로 보는 경우를 포함한다)되거나 집행이 면제된 날부터 5년이 경과되지 아니한 사람이므로 금고 이상의 실형 2년을 선고받고 집행 종료일로부터 5년이 경과한 사람은 결격사유에 해당하지 않는다.

🔍 더 알아보기

결격사유(노인장기요양보험법 제32조의2)

다음 각 호의 어느 하나에 해당하는 자는 제31조에 따른 장기요양기관으로 지정받을 수 없다.
1. 미성년자, 피성년후견인 또는 피한정후견인
2. 「정신건강증진 및 정신질환자 복지서비스 지원에 관한 법률」 제3조 제1호의 정신질환자. 다만, 전문의가 장기요양기관 설립·운영 업무에 종사하는 것이 적합하다고 인정하는 사람은 그러하지 아니하다.
3. 「마약류 관리에 관한 법률」 제2조 제1호의 마약류에 중독된 사람
4. 파산선고를 받고 복권되지 아니한 사람
5. 금고 이상의 실형을 선고받고 그 집행이 종료(집행이 종료된 것으로 보는 경우를 포함한다)되거나 집행이 면제된 날부터 5년이 경과되지 아니한 사람
6. 금고 이상의 형의 집행유예를 선고받고 그 유예기간 중에 있는 사람
7. 대표자가 제1호부터 제6호까지의 규정 중 어느 하나에 해당하는 법인

18　　　　　　　　　　　　　　　　　　　　　정답 ④

노인장기요양법 제25조에 따라 ⓔ에 들어갈 말은 보건복지부령이다.

19　　　　　　　　　　　　　　　　　　　　　정답 ④

노인장기요양보험법 제11조에 따라 ⓐ에 들어갈 말은 장기요양보험료, ⓑ에 들어갈 말은 장기요양보험, ⓒ에 들어갈 말은 장기요양보험가입자이다.

20 정답 ③

甲, 乙, 丁은 특별현금급여 중 가족요양비를, 丙은 요양병원간병비를 지급받고 있으므로 甲~丁 중 특별현금급여의 종류가 다른 사람은 丙이다.

🔍 더 알아보기

가족요양비(노인장기요양보험법 제24조)

① 국민건강보험공단은 다음 각 호의 어느 하나에 해당하는 수급자가 가족 등으로부터 제23조 제1항 제1호 가목에 따른 방문요양에 상당한 장기요양급여를 받은 때 대통령령으로 정하는 기준에 따라 해당 수급자에게 가족요양비를 지급할 수 있다.
  1. 도서·벽지 등 장기요양기관이 현저히 부족한 지역으로서 보건복지부장관이 정하여 고시하는 지역에 거주하는 자
  2. 천재지변이나 그 밖에 이와 유사한 사유로 인하여 장기요양기관이 제공하는 장기요양급여를 이용하기가 어렵다고 보건복지부장관이 인정하는 자
  3. 신체·정신 또는 성격 등 대통령령으로 정하는 사유로 인하여 가족 등으로부터 장기요양을 받아야 하는 자

② 제1항에 따른 가족요양비의 지급절차와 그 밖에 필요한 사항은 보건복지부령으로 정한다.

요양병원간병비(노인장기요양보험법 제26조)

① 국민건강보험공단은 수급자가 「의료법」 제3조 제2항 제3호 라목에 따른 요양병원에 입원한 때 대통령령으로 정하는 기준에 따라 장기요양에 사용되는 비용의 일부를 요양병원간병비로 지급할 수 있다.

② 제1항에 따른 요양병원간병비의 지급절차와 그 밖에 필요한 사항은 보건복지부령으로 정한다.

취업강의 1위, 해커스잡
ejob.Hackers.com

실전모의고사 2회

바로 채점 및 성적 분석 서비스

NCS 직업기초능력

p.110

01 의사소통 ②	02 의사소통 ④	03 의사소통 ②	04 의사소통 ②	05 의사소통 ①	06 의사소통 ③	07 의사소통 ④	08 의사소통 ②	09 의사소통 ③	10 의사소통 ④
11 의사소통 ③	12 의사소통 ②	13 의사소통 ④	14 의사소통 ②	15 의사소통 ④	16 의사소통 ②	17 의사소통 ②	18 의사소통 ③	19 의사소통 ②	20 의사소통 ④
21 수리 ③	22 수리 ②	23 수리 ②	24 수리 ①	25 수리 ①	26 수리 ③	27 수리 ③	28 수리 ③	29 수리 ②	30 수리 ③
31 수리 ③	32 수리 ③	33 수리 ①	34 수리 ④	35 수리 ③	36 수리 ①	37 수리 ②	38 수리 ④	39 수리 ④	40 수리 ③
41 문제해결 ①	42 문제해결 ④	43 문제해결 ③	44 문제해결 ③	45 문제해결 ③	46 문제해결 ③	47 문제해결 ③	48 문제해결 ③	49 문제해결 ③	50 문제해결 ③
51 문제해결 ④	52 문제해결 ③	53 문제해결 ③	54 문제해결 ①	55 문제해결 ③	56 문제해결 ③	57 문제해결 ④	58 문제해결 ②	59 문제해결 ③	60 문제해결 ①

[01-03]

01 의사소통능력   정답 ②

(가) 빈칸 앞에서는 대표적인 알레르기 질환에는 천식, 아토피 피부염, 알레르기 비염이 있다는 내용을 말하고 있고, 빈칸 뒤에서는 2021년 국민건강영양조사 결과, 만 19세 이상의 성인 중 대표적인 알레르기 질환을 진단받은 적 있다고 답한 환자의 규모가 점차 증가하는 경향을 보이고 있다는 내용을 말하고 있으므로 빈칸에는 앞 문장에 대한 구체적인 내용을 뒤 문장으로 설명할 때 사용하는 부사 '실제로'가 들어가야 한다.

(나) 빈칸 앞에서는 모든 알레르기 질환을 치료하기 위한 공통된 방법에는 환자 본인의 알레르기 질환 원인과 악화 요인 검사, 확인된 위험 요인 피하기, 꾸준한 치료가 있다는 내용을 말하고 있고, 빈칸 뒤에서는 알레르기의 대표적 질환 중에서도 아토피 피부염을 치료하기 위한 방법과 천식이나 알레르기 비염을 치료하기 위한 방법에 대한 내용을 말하고 있으므로 빈칸에는 앞의 내용과 관련 있는 내용을 추가할 때 사용하는 접속어 '그리고'가 들어가야 한다.

(다) 빈칸 앞에서는 어린이집, 유치원, 초·중·고등학교를 대상으로 아토피·천식 안심학교가 운영되고 있다는 내용을 말하고 있고, 빈칸 뒤에서는 알레르기 질환 환자는 어린이가 많으나 어린이의 경우 스스로 질환을 다루기 어려우며 알레르기 질환은 학습 능력 및 삶의 질 저하 문제를 가져온다는 내용을 말하고 있으므로 빈칸에는 앞의 내용과 뒤의 내용이 원인과 결과 관계를 이룰 때 사용하는 부사 '왜냐하면'이 들어가야 한다.

(라) 빈칸 앞에서는 질병관리청은 아토피·천식 예방관리사업을 수행하고 있을 뿐 아니라 아토피·천식 안심학교도 운영하고 있다는 내용을 말하고 있고, 빈칸 뒤에서는 아토피·천식 예방관리 심포지엄이 매년 개최되고 있으며, 제17회 아토피·천식 예방관리 심포지엄의 세부 일정에 대한 내용을 말하고 있으므로 빈칸에는 앞의 내용과 다른 새로운 내용을 전개할 때 사용하는 부사 '한편'이 들어가야 한다.

따라서 위 보도자료의 빈칸에 들어갈 단어로 가장 적절하지 않은 것은 앞의 내용과 뒤의 내용이 상반될 때 사용하는 부사 '반면에'이다.

02 의사소통능력   정답 ④

(라) 문단에서 「아토피·천식 예방관리 심포지엄」은 지역사회에서 알레르기 질환을 예방 및 관리하는 사업을 추진하는 데 필요한 정보를 공유하기 위해 매년 개최되고 있다고 하였으므로 알레르기 질환을 예방하고 관리하는 사업의 진행에 필요한 정보를 교류하는 아토피·천식 예방관리 심포지엄이 격년으로 개최된다는 것은 아님을 알 수 있다.

오답 체크
① (나) 문단에서 아토피 피부염의 특성에 따른 예방관리 수칙으로는 피부 보습 및 관리와 더불어 실내의 온도 및 습도 유지가 권장된다고 하였으므로 적절한 내용이다.
② (다) 문단에서 2022년을 기준으로 알레르기 질환 아토피·천식 안심학교에는 3천 3백여 기관이 자원하여 참여하고 있는데, 이들은 교내 알레르기 질환 환아 파악, 알레르기 질환 환자 돌봄 방법에 대한 교육 수강 등의 활동에 참여하고 있다고 하였으므로 적절한 내용이다.
③ (가) 문단에서 알레르기는 인간에게 해를 가하지 않는 외부 물질에 대해 우리 몸의 면역 체계가 과민반응을 보일 때 나타나는 질환으로, 그중에서도 알레르기 비염은 코점막에 알레르기로 인한 염증이 발병해 코 막힘이나 콧물의 흐름, 재채기, 코 가려움증과 같은 증세가 나타나는 질병이라고 하였으므로 적절한 내용이다.

03 의사소통능력   정답 ②

2문단에서 알레르기 질환은 효과와 안정성이 검증된 치료 방법을 통해 적절한 관리가 이뤄지면 건강한 일상생활을 하는 데 어려움이 없기 때문에 알레르기 환자는 검사를 통해 확인된 알레르기 질환 발병 및 악화 요인을 피하고 적절한 방법으로 꾸준히 치료하는 것이 중요하다고 하였으므로 유전적 요인 따라 드러나는 알레르기 질환의 증상은 같기 때문에 알레르기 질환 발병을 예방하기 위해 유전적 요인에 따른 관리 수칙을 실천해야 한다는 내용의 ⓒ은 삭제해야 한다.

[04-05]
04 의사소통능력   정답 ②

이 글은 부신 피질 호르몬의 특징과 과잉되거나 결핍 시 나타나는 증상 및 치료법에 대해 설명하는 글이다.

따라서 '(나) 부신의 겉질에서 만들어지는 부신 피질 호르몬 → (라) 부신 피질 호르몬의 종류(1): 당질코르티코이드 → (가) 부신 피질 호르몬의 종류(2): 무기질 코르티코이드 중 하나인 알도스테론 → (마) 부신 피질 호르몬 과잉 또는 결핍 시 나타날 수 있는 증상 → (다) 부신 피질 호르몬 과잉 또는 결핍 해소를 위한 치료법' 순으로 연결되어야 한다.

05 의사소통능력   정답 ①

(가) 문단에서 부신 피질에서 분비되는 호르몬은 피질 스테로이드라고 부른다고 하였으며, (라) 문단에서 코르티졸과 코르티코스테론은 포도당 대사에 영향을 미치는 당질코르티코이드라고 하였으므로 코르티코스테론이 포도당 대사에 영향을 주는 피질 스테로이드임을 알 수 있다.

오답 체크
② (나) 문단에서 부신은 좌우의 콩팥 위에 있는 내분비샘이라고 하였으므로 적절하지 않은 내용이다.
③ (다) 문단에서 글루코코르티코이드인 히드로코르티손이나 데사모르티손은 무기질 코르티코이드 호르몬 조절을 위해 사용된다고 하였으므로 적절하지 않은 내용이다.
④ (마) 문단에서 당질코르티코이드에 해당하는 호르몬이 과잉 또는 결핍되면 저혈당증이 나타날 수 있다고 하였으며, (가) 문단에서 알도스테론은 무기질 코르티코이드라고 하였으므로 적절하지 않은 내용이다.

[06-07]
06 의사소통능력   정답 ③

이 보도자료는 수족구병 표본 감시 결과 영유아 환자가 한 달 전 대비 3배 이상 증가하였으며, 증상 발현 시 빠른 진료가 필요하고, 백신이나 치료제가 없어 예방과 전파 차단을 위해 관리가 필요하다는 내용이므로 이 보도자료의 제목으로 가장 적절한 것은 ③이다.

오답 체크
① 1문단에서 영유아 수족구병 환자 발생이 한 달 전 대비 3배 이상 증가하였다고 하였으므로 적절하지 않은 내용이다.
② 3문단에서 수족구병 의심 환자는 키즈 카페 등 다중이용시설의 이용을 자제해야 한다는 내용은 설명하고 있지만, 글 전체를 포괄할 수 없으므로 적절하지 않은 내용이다.
④ 3문단에서 수족구병은 백신이나 치료제가 없다고 하였으므로 적절하지 않은 내용이다.

07 의사소통능력   정답 ④

2문단에서 수족구병 환자는 대부분 7~10일 이후에 자연 치료되지만, 수막염, 뇌염 등의 합병증이 동반될 수 있으며, 환자 중에서도 6개월 미만의 영아, 수분을 충분히 섭취하지 못하는 경우, 2일 이상의 발열 등 증상이 심한 경우 반드시 의료 기관의 진료를 받아야 한다는 내용을 말하고 있다.
따라서 빈칸에 들어갈 내용으로 유치원이나 어린이집 등에 다니고 있는 영유아가 합병증 발생 가능성이 높다는 것은 가장 적절하지 않다.

[08-09]
08 의사소통능력   정답 ②

1문단에서 농촌진흥청은 국산 의료용 대마 식물체 2자원을 국내 연구기관에 분양한다고 하였지만, 2문단에서 칸나비디올 고함유 대마와 테트라하이드로 칸나비놀 저함유 대마 총 2자원을 육성했다고 하였으므로 국내 연구기관이 이번 사업을 통해 테트라하이드로 칸나비놀 함유량이 높은 대마와 칸나비디올 함유량이 낮은 대마를 분양받을 계획인 것은 아님을 알 수 있다.

[오답 체크]
① 2문단에서 연구진이 육성한 의료용 대마 2자원은 섬유용 대마 청삼과 달리 줄기가 짧고 가지가 많은 특성을 가지고 있어 시설 안에서 여러 단으로 재배할 수 있다고 하였으므로 적절한 내용이다.
③ 1문단에서 대마는 활용 용도에 따라 줄기를 활용하는 섬유용, 씨앗을 활용하는 종실용, 꽃과 잎에서 추출한 유용 성분을 원료로 사용하는 의료용으로 구분한다고 하였으므로 적절한 내용이다.
④ 2문단에서 연구진은 육종 효율을 높이기 위해 암그루에서 수꽃이 피도록 유도하여 자가 수정을 하는 인공교배 기술, 암꽃이 피기 전 어린잎을 조기 분석하여 우수 자원을 선발하는 기술, 실내 재배에 알맞은 자원을 선발하는 기술을 개발했다고 하였으므로 적절한 내용이다.

09 의사소통능력   정답 ③

2문단에서 칸나비디올은 해외에서 염증이나 우울증·불면증 완화 효과가 알려져 건강식품 등에 이용되고 있다는 내용을 말하고 있다.
따라서 빈칸에 들어갈 내용으로 숙면에 도움을 주는 효과가 있어 해외에서는 건강식품에 활용되고 있다는 것이 가장 적절하다.

[오답 체크]
① 2문단에서 칸나비디올의 염증 완화 효과가 알려져 해외에서 건강식품 등에 이용되고 있다고 하였으므로 적절하지 않은 내용이다.
② 2문단에서 테트라하이드로 칸나비놀이 진통 및 진정 효과가 있으나 중독성이 있다고 하였으므로 적절하지 않은 내용이다.
④ 2문단에서 칸나비디올은 소아 뇌전증 치료제인 에피디올렉스의 주요 성분이라고 하였으므로 서설하지 않은 내용이다.

[10-11]
10 의사소통능력   정답 ④

'2. 가입 안내 - 1)'에서 체류자격이 유학(D-2)인 유학생 중 국내 체류 신입생은 D-2 체류자격을 부여받은 날 당연 가입된다고 하였으며, 국민건강보험법 제109조에 따라 외국인 등록을 완료한 외국인에 한해 국민건강보험 가입이 허용된다고 하였으므로 체류자격이 유학인 국내 체류 신입생 중 외국인 등록을 완료한 경우에만 D-2 체류자격을 부여받은 날 유학생 국민건강보험에 당연 가입됨을 알 수 있다.

[오답 체크]
① '4. 건강보험 자격상실'에서 체류 기간이 종료되지 않은 외국인이 출국 후 1개월 이상 국외에 체류하는 경우에 한하여 국외로 출국한 날의 다음 날 유학생 국민건강보험 혜택을 받을 자격을 상실한다고 하였으므로 적절하지 않은 내용이다.
② '2. 가입 안내 - 2)'에서 유학생 국민건강보험 가입은 별도의 신고 없이 국민건강보험공단에서 일괄 처리한다고 하였으므로 적절하지 않은 내용이다.
③ '2. 가입 안내 - 1)'에서 초중고생(D-4-3) 중 국내에 최초 입국한 유학생의 경우 외국인 등록날 당연 가입된다고 하였으므로 적절하지 않은 내용이다.

11 의사소통능력   정답 ③

'3. 보험료 안내 - 2)'에서 다음 달 보험료를 매월 25일까지 미리 납부해야 한다고 하였고, '3. 보험료 안내 - 3)'에서 보험료 체납 시 납부 기한의 다음 달 1일부터 완납할 때까지 건강보험 혜택을 받을 수 없다고 하였으므로 익월 1일까지 체납한 보험료를 완납하지 않을 경우 완납을 하더라도 병·의원 이용 시 건강보험 혜택을 받기 어렵다는 것은 가장 적절하지 않은 내용이다.

[오답 체크]
① '3. 보험료 안내 - 3)'에서 보험료 체납 시 법무부에 비자 연장을 신청할 때 체류 기한에 불이익을 받을 수 있으며, 이때 건강보험료 50만 원 미만, 기타 징수금 10만 원 미만일 경우에는 비자 연장에 제한이 없다고 하였으므로 적절한 내용이다.
② '3. 보험료 안내 - 3)'에서 체납처분 시 납부 기한을 정하여 독촉하고 해당 기한까지 납부하지 않을 경우 부동산, 자동차, 예금 등을 강제 징수할 수 있다고 하였으므로 적절한 내용이다.

④ '4. 건강보험 자격상실'에서 세대주의 체류자격이 유학(D-2)인 지역 가입자 세대가 보험료를 체납한 경우 그 납부 기한이 속한 달의 1일에 건강보험 자격이 상실되나 그 체납한 보험료를 납부 기한이 속한 달의 말일까지 납부할 경우에는 자격상실 대상에서 제외된다고 하였으므로 적절한 내용이다.

[12-13]
12 의사소통능력   정답 ②

이 글은 항원 활용으로 나타나는 예방접종의 효과에 대해 설명하고 예방접종 시 지켜야 하는 사항과 예방접종 진행 시기와 관련된 주의사항에 대해서 설명하는 내용이므로 이 글의 제목으로 가장 적절한 것은 ②이다.

오답 체크
① 예방접종의 부작용에 대해서는 서술하고 있으나 글 전체를 포괄할 수 없으므로 적절하지 않은 내용이다.
③ 연령에 따라 맞아야 하는 예방접종과 그 특징에 대해서는 다루고 있지 않으므로 적절하지 않은 내용이다.
④ 항원이 체내에서 항체를 형성한다는 내용은 서술하고 있으나 글 전체를 포괄할 수 없으므로 적절하지 않은 내용이다.

13 의사소통능력   정답 ④

5문단에서 시대에 따라 유행하는 감염성 및 바이러스의 변이가 잘 진행되기 때문에 이전에 한 접종으로는 효과가 나타나지 않을 수도 있다고 하였으므로 이전에 인플루엔자 백신을 맞았다고 하더라도 인플루엔자 바이러스에 대해 예방접종이 평생 필요하지 않은 것은 아님을 알 수 있다.

오답 체크
① 3문단에서 콜레라는 몸속에 항체가 생기고 나면 평생 해당 질병에 걸리지 않을 수 있다고 하였으므로 적절한 내용이다.
② 2문단에서 항원은 세균성 항원과 바이러스 항원으로 구분되며, 백일해 백신과 디프테리아, 파상풍 백신은 세균성 항원에 포함된다고 하였으므로 적절한 내용이다.
③ 4문단에서 예방접종 시 쇼크나 호흡곤란 등의 부작용이 나타날 수 있어 예방접종 전 건강상의 문제를 확인해야 한다고 하였으므로 적절한 내용이다.

[14-15]
14 의사소통능력   정답 ②

3문단에서 정부는 취약계층 위주 사회서비스를 중산층으로 확대하며, 국민 긴급돌봄 서비스가 그 일환이라고 하였으므로 국민 긴급돌봄 서비스를 통해 사회서비스가 취약계층에서 중산층까지 확대될 예정임을 알 수 있다.

오답 체크
① 5문단에서 청년마음건강지원서비스는 이용 횟수 및 지원대상을 확대하고 비대면 서비스 도입을 추진한다고 하였으므로 적절하지 않은 내용이다.
③ 2문단에서 국민안내방식이 개선되어 정부 민원 안내 콜센터(110)와 지자체 상담 전화(120), '복지로' 홈페이지를 통해 할 수 있도록 연계를 강화할 예정이라고 하였으므로 적절하지 않은 내용이다.
④ 4문단에서 청년과 중장년을 대상으로 한 일상적인 돌봄 서비스는 하반기부터 10개 시도에서 우선 실시된다고 하였으므로 적절하지 않은 내용이다.

15 의사소통능력   정답 ④

이 글은 보건복지부가 사회보장 전략회의를 개최하여 중앙부처 사회보장제도 통합관리 방안과 전 국민이 사회 서비스를 누릴 수 있는 사회서비스 고도화 추진 방향을 발표했다는 내용이므로 이 글의 주제로 가장 적절한 것은 ④이다.

오답 체크
① 글 전체에서 사회보장제도의 문제점을 점검하고 취약점을 개선할 수 있는 시스템을 구축할 것인지에 대해서는 다루고 있지 않으므로 적절하지 않은 내용이다.
② 7문단에서 정부는 연말까지 범부처 협력과제를 구체화하여 '제3차 사회보장기본계획(2024~2028)'을 수립할 예정이라고 하였으므로 적절하지 않은 내용이다.
③ 1문단에서 사회보장 전략회의는 정부의 전략회의 복지철학과 기조를 사회보장 정책 전반에 확산하기 위해 마련되었다고 하였으므로 적절하지 않은 내용이다.

[16-18]
16 의사소통능력   정답 ②

(나)문단에서 메타버스가 오락적 요소인 VR에서 벗어나 생일파티나 제품 판매와 같이 현실 세계와 동일한 활동을 실현할 수 있는 공간이라는 점에서 VR에서 한 단계 진화한 개념으로 여겨진다고 하였으므로 (나)문단의 내용을 요약하면 'VR과 차별화되는 메타버스의 특징'이 된다.

17 의사소통능력   정답 ②

(라)문단에서 과거의 메타버스는 현실을 보완하는 두 번째 공간의 개념에 가까웠다면 근래의 메타버스는 현실을 대신할 수 있는 첫 번째 공간의 개념에 가깝다고 하였으므로 과거의 메타버스가 현실을 대체하는 개념이었고 최근의 메타버스가 현실을 보완하는 개념에 가까운 것은 아님을 알 수 있다.

오답 체크

① (나)문단에서 메타버스는 게임이나 VR을 단순한 게임으로 즐기는 것에서 더 나아가 현실 세계와 동일한 사회·경제·문화 활동이 실현되는 공간이라는 점에서 VR보다 한 단계 더 진화한 개념으로 받아들여진다고 하였으므로 적절한 내용이다.

③ (다)문단에서 메타버스를 현실과 비슷하게 구현하기 위해서는 VR, 클라우드, 그래픽 등 다양한 기술이 요구되며 오늘날 5G를 포함하여 관련 기술이 급격히 발전하면서 현실과 비슷한 가상 세계를 보다 저렴한 가격으로 제공할 수 있게 되었다고 하였으므로 적절한 내용이다.

④ (나)문단에서 대표적인 메타버스 게임인 로블록스는 이용자들이 제작한 물건을 가상 화폐를 통해 판매하여 수익을 얻을 수 있다고 하였으므로 적절한 내용이다.

18 의사소통능력   정답 ③

글 전체에서 현실 세계와 가상 세계가 융합된 초월적 세계를 의미하는 메타버스가 5G의 상용화와 더불어 코로나19의 장기화로 인한 언택트 산업의 성장으로 인해 차세대 서비스로 각광받고 있다고 하였으므로 언택트 산업의 성장으로 인해 코로나 블루와 같은 신조어가 탄생하고 있음을 설명하는 내용의 ⓒ은 삭제되어야 한다.

[19-20]
19 의사소통능력   정답 ②

이 글은 의료 공급자에게 대가를 지급하는 보상 방식인 진료비 지불제도 중 행위별수가제, 포괄수가제, 신포괄수가제, 인두제 각각의 특징과 장단점을 설명하는 내용이므로 이 글의 제목으로 가장 적절한 것은 ②이다.

오답 체크

① 이 글에서 국내 진료비 지불제도 통합의 필요성에 대해서는 다루고 있지 않으므로 적절하지 않은 내용이다.

③ 2문단에서 진료비 청구를 간소화하는 진료비 지불제도인 포괄수가제의 내용에 대해서는 다루고 있지만, 글 전체를 포괄할 수 없으므로 적절하지 않은 내용이다.

④ 이 글에서 질환에 따라 구분되는 진료비 지불제도의 유형에 대해서는 다루고 있지 않으므로 적절하지 않은 내용이다.

20 의사소통능력   정답 ④

3문단에서 신포괄수가제는 환자의 질병군에 따라 진료에 필요한 기본적인 의료 서비스에는 사전에 정해진 포괄수가제를 적용하고, 고가의 의료 서비스에는 행위별수가제를 적용하는 제도라고 하였으므로 신포괄수가제는 포괄수가제와 달리 기본 진료 항목과 고비용 진료 항목을 구분하여 의료 공급자에게 비용을 지불하는 특징이 있음을 알 수 있다.

오답 체크

① 4문단에서 인두제는 의료의 종류나 질과 상관없이 자신의 환자가 될 가능성이 있는 특정 지역의 주민 수에 일정 금액을 곱하여 이에 따른 보수를 지급받는 제도라고 하였으므로 적절하지 않은 내용이다.

② 2문단에서 포괄수가제는 입원부터 퇴원까지 진행한 검사, 수술 등의 의료 서비스의 종류나 횟수와는 무관하게 미리 정해진 진료비 일정액을 의료기관에 지급하는 제도라고 하였으므로 적절하지 않은 내용이다.

③ 1문단에서 행위별수가제는 진찰료 등을 별도로 산정하고 의료 공급자가 제공한 항목별 진료 행위에 가격을 책정하여 진료비를 지급하는 방식으로 환자에게 과중한 의료비가 부과될 수 있다고 하였으므로 적절하지 않은 내용이다.

[21-22]
21 수리능력   정답 ③

ⓒ 2020년 어린이집 미설치 지역 수의 전년 대비 증가량은 충남이 $51 - 44 = 7$개소, 경남이 $104 - 99 = 5$개소로 충남이 경남보다 $7 - 5 = 2$개소 더 많으므로 옳지 않은 설명이다.

ⓔ 전국 어린이집 미설치 지역 수에서 강원이 차지하는 비중은 2019년에 $(29 / 516) \times 100 ≒ 5.6\%$, 2020년에 $(28 / 542) \times 100 ≒ 5.2\%$이므로 옳지 않은 설명이다.

오답 체크

㉠ 전남의 어린이집 미설치 지역 수의 전년 대비 증가율은 2019년에 $\{(92 - 86) / 86\} \times 100 ≒ 7.0\%$, 2020년에 $\{(95 - 92) / 92\} \times 100 ≒ 3.3\%$이므로 옳은 설명이다.

ⓒ 2018년부터 2020년까지 경북의 어린이집 미설치 지역 수의 평균은 $(99 + 103 + 104) / 3 = 102$개소이므로 옳은 설명이다.

22 수리능력   정답 ②

전국 어린이집 미설치 지역 수에서 경북과 경남의 합이 차지하는 비중은 2019년에 {(103 + 99) / 516} × 100 = (202 / 516) × 100 ≒ 39.1%, 2020년에 {(104 + 104) / 542} × 100 = (208 / 542) × 100 ≒ 38.4%이다.
따라서 비중의 차이는 39.1 − 38.4 ≒ 0.7%p이다.

[23-25]
23 수리능력   정답 ②

강원 총진료비의 전년 대비 증가율은 2020년에 {(2,623−2,595)/2,595}×100≒1.1%, 2021년에 {(2,869−2,623)/2,623}×100≒9.4%로 2020년이 2021년보다 작으므로 옳지 않은 설명이다.

오답 체크

① 제시된 기간 동안 세종의 총진료비 대비 총급여비의 비율은 2019년에 371 / 490 ≒ 0.76, 2020년에 381 / 506 ≒ 0.75, 2021년에 432 / 576 ≒ 0.75로 2019년에 가장 크므로 옳은 설명이다.
③ 2021년 전국의 총급여비에서 경남의 총급여비가 차지하는 비중은 (4,880 / 71,557) × 100 ≒ 6.8%로 10% 미만이므로 옳은 설명이다.
④ 울산의 총진료비와 총급여비의 차이는 2019년에 1,809−1,370 = 439십억 원, 2020년에 1,804 − 1,362 = 442십억 원으로 2019년이 2020년보다 442 − 439 = 3십억 원 = 30억 원 더 적으므로 옳은 설명이다.

⏱ **빠른 문제 풀이 Tip**

② 분수의 크기를 비교한다.
2020년 강원 총진료비의 전년 대비 증가율 $\frac{2,623-2,595}{2,595}$ × 100과 2021년 강원 총진료비의 전년 대비 증가율 $\frac{2,869-2,623}{2,623}$ × 100에서 공통되는 '× 100'을 생략하고 $\frac{28}{2,595}$, $\frac{246}{2,623}$의 크기를 비교한다. 이때 분자의 크기는 2021년이 2020년의 246 / 28 ≒ 8배 이상이지만, 분모의 크기는 2021년이 2020년보다 100 미만 더 크므로 강원 총진료비의 전년 대비 증가율은 2021년이 2020년보다 큼을 알 수 있다.

24 수리능력   정답 ①

제시된 지역 중 2021년 총급여비가 두 번째로 적은 지역은 제주이고, 제주의 총진료비는 2019년에 1,062십억 원, 2021년에 1,145십억 원이다.

따라서 2021년 제주 총진료비의 2년 전 대비 증가율은 {(1,145 − 1,062) / 1,062} × 100 ≒ 7.8%이다.

25 수리능력   정답 ①

서울과 경기 총급여비의 합은 2019년에 11,365 + 15,061 = 26,426십억 원, 2020년에 11,481 + 15,328 = 26,809십억 원, 2021년에 12,624 + 17,199 = 29,823십억 원이므로 옳은 그래프이다.

오답 체크

② 2021년 충북의 총급여비는 2,245십억 원이지만, 그래프에서는 2,200십억 원보다 낮게 나타나므로 옳지 않은 그래프이다.
③ 2019년 경기와 인천의 총진료비 차이는 20,023 − 4,684 = 15,339십억 원이지만, 그래프에서는 15,500십억 원보다 높게 나타나므로 옳지 않은 그래프이다.
④ 2020년 강원과 제주의 평균 총급여비는 (1,987 + 813) / 2 = 1,400십억 원이지만, 그래프에서는 1,400십억 원보다 낮게 나타나므로 옳지 않은 그래프이다.

[26-28]
26 수리능력   정답 ③

2020년 바이오 의료기기 업종의 수입액 대비 바이오 자원 업종 수입액의 비율은 7,919 / 54,119 ≒ 0.15로 0.1 이상이므로 옳은 설명이다.

오답 체크

① 2020년 바이오 화학·에너지 업종의 수입액은 전년 대비 감소하였으므로 옳지 않은 설명이다.
② 2022년 전체 업종의 바이오산업 수입액에서 바이오 장비 및 기기 업종이 차지하는 비중은 (104,885 / 551,497) × 100 ≒ 19.0%로 20% 미만이므로 옳지 않은 설명이다.
④ 2022년 업종별 바이오산업 수입액의 전년 대비 증가량은 바이오 식품 업종이 77,611 − 64,243 = 13,368백만 원, 바이오 서비스 업종이 4,377 − 3,598 = 779백만 원으로 바이오 식품 업종이 바이오 서비스 업종의 13,368 / 779 ≒ 17.2배이므로 옳지 않은 설명이다.

27 수리능력   정답 ③

2018~2022년 바이오 의약 업종의 평균 수입액은 (146,008 + 154,763 + 162,097 + 188,430 + 201,284) / 5 = 170,516.4백만 원이고, 2018~2022년 바이오 환경 업종의 총수입액은 201 + 194 + 194 + 200 + 186 = 975백만 원이다.

따라서 2018~2022년 바이오 의약 업종의 평균 수입액은 2018~2022년 바이오 환경 업종 총수입액의 170,516.4 / 975 ≒ 175배이다.

28 수리능력   정답 ②

2021년 바이오 화학·에너지 업종의 수입액 대비 바이오 식품 업종의 수입액 비율은 64,243 / 80,079 ≒ 0.80이지만, 그래프에서는 0.8보다 낮게 나타나므로 옳지 않은 그래프이다.

오답 체크

① 2019년 이후 바이오 환경 업종 수입액의 전년 대비 증감량은 2019년에 -7백만 원, 2020년에 0원, 2021년에 6백만 원, 2022년에 -14백만 원이므로 옳은 그래프이다.
③ 바이오 자원 업종의 수입액은 2018년에 6,457백만 원, 2019년에 7,712백만 원, 2020년에 7,919백만 원, 2021년에 8,306백만 원, 2022년에 9,301백만 원이고, 바이오 서비스 업종의 수입액은 2018년에 9,444백만 원, 2019년에 4,378백만 원, 2020년에 3,484백만 원, 2021년에 3,598백만 원, 2022년에 4,377백만 원이므로 옳은 그래프이다.
④ 2019년 이후 바이오 장비 및 기기 업종 수입액의 전년 대비 증가량은 2019년에 62,424 - 50,547 = 11,877백만 원, 2020년에 88,178 - 62,424 = 25,754백만 원, 2021년에 100,243 - 88,178 = 12,065백만 원, 2022년에 104,885 - 100,243 = 4,642백만 원이므로 옳은 그래프이다.

[29-31]
29 수리능력   정답 ②

광주의 지역응급의료기관 수는 경북의 전체 응급실 운영기관 수의 (14 / 38) × 100 ≒ 36.8%임에 따라 40% 미만이므로 옳지 않은 설명이다.

오답 체크

① 전국의 권역응급의료센터 1개당 지역응급의료기관 수는 238 / 38 ≒ 6.3개임에 따라 6개 이상이므로 옳은 설명이다.
③ 전국의 지역응급의료센터 수에서 경기의 지역응급의료센터 수가 차지하는 비중은 (30 / 128) × 100 ≒ 23.4%임에 따라 20% 이상이므로 옳은 설명이다.
④ 서울과 제주의 평균 지역응급의료센터 수는 (26 + 4) / 2 = 15개임에 따라 부산과 충북의 평균 지역응급의료기관 수인 (19 + 9) / 2 = 14개보다 많으므로 옳은 설명이다.

30 수리능력   정답 ③

전국의 권역응급의료센터 수에서 경기의 권역응급의료센터 수가 차지하는 비중은 (7 / 38) × 100 ≒ 18.4%이고, 전국의 지역응급의료센터 수에서 전북의 지역응급의료센터 수가 차지하는 비중은 (8 / 128) × 100 ≒ 6.3%이다.
따라서 전국의 권역응급의료센터 수에서 경기의 권역응급의료센터 수가 차지하는 비중과 전국의 지역응급의료센터 수에서 전북의 지역응급의료센터 수가 차지하는 비중의 차이는 18.4 - 6.3 = 12.1%p이다.

31 수리능력   정답 ③

경남의 전체 응급실 운영기관 수 대비 강원의 전체 응급실 운영기관 수 비율은 26 / 50 = 0.52이고, 충남의 전체 응급실 운영기관 수 대비 세종의 전체 응급실 운영기관 수 비율은 2 / 20 = 0.1이다.
따라서 경남의 전체 응급실 운영기관 수 대비 강원의 전체 응급실 운영기관 수 비율은 충남의 전체 응급실 운영기관 수 대비 세종의 전체 응급실 운영기관 수 비율의 0.52 / 0.1 = 5.2배이다.

[32-33]
32 수리능력   정답 ③

2018년 매출액 규모가 5천만 원 미만이면서 존속기간이 10년 이상인 여행업의 사업체 수는 전년 대비 {(1,565 - 968) / 968} × 100 ≒ 61.7%로 60% 이상 증가하였으므로 옳은 설명이다.

오답 체크

① 2017년 매출액 규모가 1억 원 이상 3억 원 미만인 전체 여행업 사업체 수에서 존속기간이 5년 미만인 여행업 사업체 수가 차지하는 비중은 (1,883 / 5,641) × 100 ≒ 33.4%이므로 옳지 않은 설명이다.
② 2017년 매출액 규모가 5천만 원 미만인 전체 여행업 사업체 수는 매출액 규모가 10억 원 이상인 전체 여행업 사업체 수의 4,863 / 2,342 ≒ 2.1배이므로 옳지 않은 설명이다.
④ 2018년 존속기간이 5년 미만인 일반 여행업의 사업체 수는 전년 대비 2,307 - 2,136 = 171개 감소하였으므로 옳지 않은 설명이다.

33 수리능력   정답 ①

존속기간이 5년 이상이면서 매출액이 3억 원 이상인 여행업 사업체의 총 개수는 2017년에 1,148 + 2,206 + 581 + 1,109 = 5,044개, 2018년에 1,004 + 1,787 + 823 + 1,333 = 4,947개이다.

따라서 2018년에 2017년 대비 감소한 양은 5,044 − 4,947 = 97개이다.

[34-36]
34 수리능력   정답 ④

ⓒ 고엽제후유증 환자의 전체 응답자가 총 2,000명이라면 고엽제후유증 환자의 전체 응답자 중 '연금수급'으로 응답한 사람 2,000 × 0.574 = 1,148명은 '비해당'으로 응답한 사람 2,000 × 0.33 = 660명보다 1,148 − 660 = 488명 더 많으므로 옳지 않은 설명이다.

ⓔ 비중이 높은 순서에 따른 가입 형태별 순위는 60대가 '연금수급', '비해당', '연금가입', '미가입', '기타' 순이고, 70대가 '연금수급', '비해당', '미가입', '연금가입', '기타' 순으로 세 번째 순위와 네 번째 순위가 서로 동일하지 않으므로 옳지 않은 설명이다.

오답 체크

ⓐ 제시된 연령대에서 '비해당'의 연령대별 비율은 80대 이상이 75.0%, 70대가 35.7%, 60대가 24.8%, 50대가 6.4%, 40대 이하가 4.6%로 연령대가 낮아질수록 비율이 낮아지므로 옳은 설명이다.

ⓑ 국가유공자(본인)의 가입 형태 중 비중이 38.5%로 가장 높은 '연금가입'과 비중이 15.3%로 세 번째로 높은 '비해당'의 비중 차이는 38.5 − 15.3 = 23.2%p이므로 옳은 설명이다.

35 수리능력   정답 ③

ⓒ 국가유공자(유족)의 '연금가입' 비율은 11.9%로 '연금가입'의 비율이 국가유공자(유족)의 3배인 11.9 × 3 = 35.7% 이상인 항목은 B이므로 B가 5·18민주유공자이다.

ⓔ '연금수급' 비중과 '미가입' 비중의 합은 A가 28.7 + 7.0 = 35.7%, C가 46.9 + 5.0 = 51.9%, D가 54.2 + 5.7 = 59.9%이므로 A가 독립유공자이다.

ⓑ '비해당'의 비율은 C가 47.6%, D가 3.7%로 C가 D보다 높고, '기타'의 비율은 C가 0.1%, D가 4.2%로 C가 D보다 낮으므로 C가 참전유공자, D가 제대군인이다.

따라서 A는 독립유공자, B는 5·18민주유공자, C는 참전유공자, D는 제대군인이다.

36 수리능력   정답 ①

제시된 자료에 따르면 40대 이하 가입 형태별 비중은 '비해당' 4.6%, '연금수급' 6.2%, '연금가입' 71.2%, '미가입' 14.8%, '기타' 3.2%이므로 옳은 그래프는 ①이다.

오답 체크

② 50대의 '연금수급' 비율은 25.5%이지만, 그래프에서는 30.0%보다 높게 나타나므로 옳지 않은 그래프이다.
③ 70대의 '미가입' 비중은 3.8%이지만, 그래프에서는 3.0%보다 낮게 나타나므로 옳지 않은 그래프이다.
④ 특수임무유공자 '기타' 비중은 0.4%이지만, 그래프에서는 4.4%로 크게 나타나고, '연금수급' 비중은 18.8%이지만, 그래프에서는 14.8%로 작게 나타나므로 옳지 않은 그래프이다.

[37-38]
37 수리능력   정답 ②

2020년 암 사망자 수는 ㉠, ㉡, ㉢ 모두 전년 대비 증가하였지만, 2021년 암 사망자 수는 ㉠, ㉡은 증가하였고 ㉢은 감소하였으므로 옳지 않은 설명이다.

오답 체크

① 2021년 암 발생자 수의 전년 대비 증가량은 ㉠이 32,118 − 31,993 = 125명, ㉡이 38,988 − 38,400 = 588명, ㉢이 36,589 − 36,092 = 497명으로 ㉠이 가장 적으므로 옳은 설명이다.
③ 2020년 ㉠ 발생자 수는 전년 대비 31,993 − 31,169 = 824명 증가하였으므로 옳은 설명이다.
④ 2021년 ㉢ 발생자 수는 같은 해 ㉢ 사망자 수의 36,589 / 13,013 ≒ 2.8배이므로 옳은 설명이다.

38 수리능력   정답 ④

b. C 암은 다른 해에 비해 2019년 암 발생자 수가 가장 많지만, 그래프에서 ㉠, ㉡, ㉢ 모두 2019년에 암 발생자 수가 가장 적으므로 ㉠, ㉡, ㉢ 중 C 암은 없다. 이에 따라 ㉠, ㉡, ㉢은 각각 A 암 또는 B 암 또는 D 암이다.
a. B 암과 C 암의 사망자 수는 매년 15,000명을 넘지 않으므로 ㉢은 B 암이다.
c. 2019년부터 2021년까지 암 발생자 수는 ㉠이 ㉡보다 적고, 암 사망자 수는 ㉠이 ㉡보다 많아 암 발생자 수 대비 사망자 수의 비율은 ㉠이 ㉡보다 높으므로 ㉠이 D 암이고, ㉡이 A 암이다.

따라서 ㉠은 D 암, ㉡은 A 암, ㉢은 B 암이다.

[39-40]
39 수리능력　　　정답 ④

2019년 대비 2021년 상담자 수가 증가한 병원은 A 병원과 B 병원이며, 2021년 A 병원 상담자 수는 2019년 대비 {(456 - 410) / 410} × 100 ≒ 11.2% 증가하였고, 2021년 B 병원 상담자 수는 2019년 대비 {(34 - 22) / 22} × 100 ≒ 54.5% 증가하여 2019년 대비 2021년 상담자 수의 증가율이 가장 높은 병원은 B 병원이므로 옳은 설명이다.

오답 체크
① 제시된 모든 병원의 2019년 총상담자 수는 410 + 22 + 62 + 22 + 11 + 15 + 12 + 22 = 576명이므로 옳지 않은 설명이다.
② 2021년 E 병원 상담자 수는 10명이고, 2021년 상담자 수가 10명인 병원은 G 병원 1곳이므로 옳지 않은 설명이다.
③ 제시된 기간 동안 C 병원 상담자 수의 평균은 (62 + 69 + 61) / 3 = 64명이므로 옳지 않은 설명이다.

40 수리능력　　　정답 ③

A ~ H 병원 중 2020년에 상담자 수가 세 번째로 많은 병원은 상담자 수가 39명인 B 병원이다.
따라서 2020년 B 병원 상담자 수의 전년 대비 증가율은 {(39 - 22) / 22} × 100 ≒ 77.3%이다.

[41-43]
41 문제해결능력　　　정답 ②

2문단에 따르면 전체 의료기기 중 고위험성 감염체 유전자 검사 시약의 수출액은 2위를 차지하였고, 수출액 1위를 차지한 품목은 고위험성 감염체 면역 검사 시약이므로 옳지 않은 내용이다.

오답 체크
① 4문단에 따르면 다초점 인공수정체의 올해 수입 실적은 112.9% 상승하였고, 이는 고령 인구가 늘어나면서 백내장 수술환자 수와 요양 급여비용이 지속적으로 증가한 것이 영향을 미쳤으므로 옳은 내용이다.
③ 1문단에 따르면 올해 의료기기 수출 실적은 9조 8,746억 원, 수입 실적은 6조 1,257억 원으로 각각 작년 대비 30%, 20.8% 상승하였으므로 옳은 내용이다.
④ 3문단에 따르면 코로나19 자가검사 키트는 올해 전체 의료기기 생산순위 7위와 수출 순위 4위를 차지하였으므로 옳은 내용이다.

42 문제해결능력　　　정답 ④

1문단에 따르면 올해 생산 금액 기준 100억 원 이상인 제조업체 172개소의 인력은 5,582명 증가하였고, 의료기기 제조·수입업체 종사자 수가 작년 대비 8,049명 증가하였으므로 위 보도자료를 잘못 이해한 사람은 '현호'이다.

오답 체크
① 2문단에 따르면 체외 진단 의료기기 주요 수출국인 독일은 작년에 이어 수출 1위를 차지하였고, 수출액은 작년 대비 2배 이상 증가하였으므로 옳은 내용이다.
② 5문단에 따르면 식약처는 규제과학 전문성을 바탕으로 신기술·신개념 혁신 의료기기 등의 개발부터 허가까지 전 단계에 걸쳐 전략적으로 제품화를 지원하는 등 의료기기 산업 발전을 위해 노력하겠다고 전하였으므로 옳은 내용이다.
③ 4문단에 따르면 임플란트 시술에 대한 건강보험 확대로 치과용 임플란트 시장이 지속적으로 성장하는 것으로 분석되었으므로 옳은 내용이다.

43 문제해결능력　　　정답 ③

2문단에 따르면 체외 진단 의료기기 생산 실적은 작년 대비 올해 29.7% 증가하였고, 4문단에 따르면 개인용 온열기 생산 실적은 작년 대비 올해 96.4%, 치과용 임플란트 생산 실적은 45.7% 증가하였다.
따라서 작년 대비 올해 생산 실적의 증가율이 높은 순서대로 바르게 나열한 것은 'ⓒ - ⓐ - ⓑ'이다.

[44-46]
44 문제해결능력　　　정답 ③

3문단에 따르면 현재 사용자 휴대폰에 있는 와이파이 및 블루투스 기능을 활용해 개인이 보유한 휴대폰과 이용하고자 하는 키오스크를 연결한 후 음성 읽기 기능이 있는 모바일 앱을 통해 키오스크 화면의 문자를 음성으로 읽어낼 수 있는 기술이 상용화 단계에 있으므로 옳지 않은 내용이다.

오답 체크
① 5문단에 따르면 모바일 앱은 스마트폰, 스마트패드, 스마트워치 등 모바일 기기에 탑재되는 응용 소프트웨어이며, 모바일 앱에는 문제 발생 시 수어, 문자, 음성 등을 통해 의사소통할 수 있는 서비스가 제공되어야 하므로 옳은 내용이다.
② 2문단에 따르면 개정안이 적용되는 키오스크(무인정보단말기)는 과학기술정보통신부 관련 고시에 따른 접근성 검증 기준을 준수한 제품이므로 옳은 내용이다.

④ 3문단에 따르면 키오스크 높낮이 조절 기능이 확보되지 않고서도 보조 인터 페이스와 소프트웨어만을 추가함으로써 장애인들이 이용하는 데 필요한 편의를 제공할 수 있으므로 옳은 내용이다.

45 문제해결능력   정답 ③

3문단에 따르면 바닥면적의 합계가 50 제곱미터 미만의 소규모 시설의 경우 기기의 전면 교체 없이도 모바일 앱 등을 통해 키오스크를 원격 제어할 수 있는 보조적 수단을 두거나, 상시 지원 인력이 있어 장애인의 키오스크 이용을 돕기 위한 조치가 제공되는 경우에는 법률상 정당한 편의를 제공한 것으로 본다. 이때 김 씨의 가게는 총 두 개의 층으로 운영되어 각 층 바닥이 $20m^2$라고 하였으므로 가게의 총 바닥 면적은 $20 \times 2 = 40m^2$이며, 소규모 시설 규정보다 $50 - 40 = 10m^2$이 작다.
따라서 빈칸에 들어갈 내용은 ㉠이 40, ㉡이 10이다.

46 문제해결능력   정답 ④

4문단에 따르면 개정안 시행일 전일까지 설치된 키오스크는 20X6년 1월 28일부터 관련 의무를 적용하고, 법률 시행일 이후부터 각 단계별 적용일 전일까지 이미 설치된 키오스크의 경우에도 20X6년 1월 28일부터 관련 의무를 적용한다고 하였다. 또한, 5문단에 따르면 모바일 앱의 적용 시기는 키오스크와 마찬가지로 시행하며, 다만 해당 업계의 준비기간 등을 고려하여 개정 법률 적용일 전일까지 배포된 모바일 앱에 대해서는 적용일로부터 6개월 이내에 규정을 적용한다. 이때 [참고]에 따르면 개정안 시행일은 20X3년 1월 28일이며, 복지시설의 개정안 적용일은 키오스크가 20X4년 7월 28일, 모바일 앱이 20X4년 1월 28일, 상시 근로자 80명을 사용하는 사업자의 키오스크가 20X5년 1월 28일, 모바일 앱이 20X4년 7월 28일이고, 의료기관의 키오스크가 20X4년 1월 28일, 모바일 앱이 20X3년 7월 28일, 문화 사업자의 키오스크가 20X4년 7월 28일, 모바일 앱이 20X4년 7월 28일이다. 민간기관 A~D의 기기별 설치 날짜에 따른 규정 적용 날짜는 다음과 같다.

구분	키오스크		모바일 앱	
	설치 날짜	적용 날짜	설치 날짜	적용 날짜
A	20X3. 1. 26.	20X6. 1. 28.	20X4. 1. 28.	20X4. 1. 28.
B	20X5. 1. 28.	20X5. 1. 28.	20X4. 5. 28.	20X5. 1. 27. 이내
C	20X3. 2. 26.	20X6. 1. 28.	20X3. 8. 28.	20X3. 8. 28.
D	20X4. 7. 28.	20X4. 7. 28.	20X4. 6. 26.	20X5. 1. 27. 이내

따라서 기기별 설치 날짜에 따른 키오스크 및 모바일 앱의 개정된 규정안이 적용된 날짜가 올바른 기관은 D이다.

[47-49]
47 문제해결능력   정답 ③

'3. 신청 시 구비 시류'에 따르면 운영 실적 평가 지표 중 여가 비용 지원 실적 자료는 홈페이지에 직접 입력하여 제출해야 하지만, '5. 인증 기관 선정 절차'에 따르면 여가 친화인증 신청을 위해서는 각 평가지표에 해당하는 구비 서류를 제출해야 하며, 각 평가지표에 해당하는 자료 미비 시 보완 요청을 할 수 있으므로 옳지 않은 내용이다.

오답 체크

① '4. 인증 신청 및 인증 제외 대상 - 2)'에 따르면 부당노동, 해고, 산업재해, 직장 내 괴롭힘 등 3년 이내 근로기준법을 위반한 기업 및 기관에 해당한다면 인증 제외 대상이 되며, '6. 인증 유효기간'에 따르면 인증 유효기간 중 인증 제외 조건이 확인될 경우 인증이 취소될 수 있으므로 옳은 내용이다.
② '6. 인증 유효기간'에 따르면 재인증 대상은 인증 유효기간이 종료된 기업 및 기관이며, '5. 인증 기관 선정 절차'에 따르면 신규 인증과 재인증 모두 절차가 동일하므로 옳은 내용이다.
④ '5. 인증 기관 선정 절차'에 따르면 여가 친화인증 신청 전에는 여가 친화인증 평가지표를 확인하여 기업 및 기관 자체 평가와 기업 및 기관 자체 인증 제외 조건 해당 여부 자체 평가 두 가지를 모두 완료해야 다음 절차를 진행할 수 있으므로 옳은 내용이다.

48 문제해결능력   정답 ③

'4. 인증 제외 대상 - 2)'에 따르면 육상운송업, 수상운송업, 항공운송업, 기타 운송 관련 서비스업, 보건업을 제외하고 노선여객 자동차운송업을 포함한 기업 및 기관 중 주 52시간 근무제를 위반한 기업 및 기관은 인증 제외 대상이 되므로 업종이 노선여객 자동차운송업이며 주 53시간을 근무하는 D 기업은 인증 제외 기업이 된다. 또한, '5. 인증 기관 선정 절차'에 따르면 인증신청 기업 및 기관 임직원을 대상으로 여가 친화지원 홈페이지 내 온라인 설문 조사를 실시하며, 목표 조사 인원에 도달하지 않는 기업은 인증 제외 기업으로 보므로 직원 수가 120명인 A 기업은 임직원의 30% 이상이 목표 조사 인원에 해당함에 따라 $120 \times 0.3 = 36$명 이상 설문 조사를 실시해야 하므로 인증 제외 기업이 된다. '4. 인증 신청 및 인증 제외 대상 - 2)'에 따르면 인증 유효기간이 20X4년~20X5년까지 남은 기업 및 기관은 인증 제외 대상이며, '6. 인증 유효기간'에 따르면 인증 유효기간은 인증받은 날을 기준으로 그다음 해 1월 1일부터 3년이다. 이에 따라 20X0년 1월 1일에 신규인증을 받은 B 기업은 인증받은 날을 기준으로 그다음 해인 20X1년 1월 1일부터 3년이므로 20X4년 1월 1일까지 인증 유효기간이 남게 되어 인증 제외 기업이 된다.
따라서 서류 심사 대상이 될 수 있는 기업은 C 기업이다.

49 문제해결능력   정답 ②

'5. 인증 기관 선정 절차'에 따르면 임직원 수가 500명 이상 1,000명 미만인 기업의 설문 조사 목표 인원은 임직원의 20% 이상이어야 하므로 기업 임직원 수가 작년에 1,500 - 600 = 900명임에 따라 설문 조사 목표 인원은 900 × 0.2 = 180명 이상이어야 한다. 이때 올해부터 변경된 규정을 적용하면 임직원 수가 1,500명 이상인 기업의 설문 조사 목표 인원은 임직원의 15% 이상이어야 하므로 기업 임직원 수가 올해 1,500명임에 따라 설문 조사 목표 인원은 1,500 × 0.15 = 225명 이상이어야 하며, 설문 조사 목표 인원 수의 차이는 225 - 180 = 45명이 된다.

[50-52]

50 문제해결능력   정답 ③

1문단에 따르면 여성에게 많이 발생하는 중증 손·발바닥 농포증에 사용하는 트렘피어 프리필드 시린지의 경우 선행 치료제에 반응이 없거나 부작용이 있어야 보험급여를 적용하므로 옳은 내용이다.

오답 체크

① 4문단에 따르면 퇴장방지 의약품으로 지정된 약제는 1년에 2회 원가 보전을 신청할 수 있으며, 이번에 원가 보전을 수용한 약제는 농약 중독 시 해독제가 포함되어 있고, 농약 중독 시 해독제로 사용되는 파무에이주를 대체할 수 있는 해독제가 없으므로 옳지 않은 내용이다.
② 2문단에 따르면 골수섬유증 환자는 비급여로 연간 투약비용을 약 5,800만 원을 부담하였으나 이번 건강보험 적용으로 1인당 연간 투약비용에 본인 부담 5%를 적용하면 290만 원까지 절감되므로 옳지 않은 내용이다.
④ 1문단에 따르면 자궁난관 조영 검사 시 사용하는 리피오돌 울트라액은 기존에 주로 간 조영제로 사용되었으므로 옳지 않은 내용이다.

51 문제해결능력   정답 ④

1문단에 따르면 난임 여부를 판단하는 자궁난관 조영 검사 시 사용하는 방사선 조영제 중 리피오돌 울트라액은 기존 수용성 제제에 비해 지용성 제제의 특성으로 가임에 도움을 줄 수 있다고 검토되었으므로 옳지 않은 내용이다.
따라서 위 보도자료를 잘못 이해한 사람은 D이다.

오답 체크

① 3문단에 따르면 수산화마그네슘 성분의 조제용 변비치료제의 보험약가 인상을 통해 적정한 원가 보상으로 공급이 원활하게 이루어질 수 있도록 하였으므로 옳은 내용이다.
② 4문단에 따르면 퇴장방지 의약품으로 지정된 약제의 경우 건강보험심사평가원에서는 회계법인 검토 등을 거쳐 타당성이 인정되면 약가를 인상하고 있으므로 옳은 내용이다.
③ 2문단에 따르면 인레빅 캡슐의 건강보험 대상은 이전에 룩소리티닙으로 치료를 받은 성인환자이므로 옳은 내용이다.

52 문제해결능력   정답 ③

1문단에 따르면 가임기 여성에게 주로 사용하는 치료제인 메토트렉세이트와 사이클로스포린을 선행치료제 범위에 포함시켜 가임기 여성에 대한 동 약제의 보험 적용 대상의 범위를 넓힌다. 따라서 메토트렉세이트가 주로 사용되는 대상은 가임기 여성이다.

[53-54]

53 문제해결능력   정답 ③

'1. 입찰 내용'에 따르면 납품 내역은 휠체어 300대이지만, 납품 장소인 전국 110개 지사별 수량은 계약체결 후 별도로 제공한다고 하였으므로 옳은 내용이다.

오답 체크

① '3. 입찰 일시 및 장소'에 따르면 가격입찰 전자입찰 제출 일정은 6월 24일 9시부터 6월 28일 11시까지 24 + 24 + 24 + 24 + 2 = 98시간 동안 진행되므로 옳지 않은 내용이다.
② '4. 입찰 참가서류'에 따르면 입찰 참가서류로 사업자등록증, 법인등기부등본, 법인인감증명서 각 1부를 제출해야 한다고 하였으므로 옳지 않은 내용이다.
④ '3. 입찰 일시 및 장소'에 따르면 입찰공고에 접수하는 모든 업체는 휠체어 1대를 공단 본부 내 경영지원실에 제출해야 한다고 하였으므로 옳지 않은 내용이다.

54 문제해결능력   정답 ①

'4. 입찰 참가서류'에 따르면 입찰 참가서류는 입찰보증금 지급각서 1부로 입찰보증금 납부는 입찰금액의 100분의 2.5에 해당하는 금액이며, 입찰보증금 지급각서 제출로 갈음하지만, 최근 1년 이내에 낙찰 후 계약 미체결·불이행으로 입찰 참가 자격을 제한받은 업체 등 계약체결 기피 우려가 있는 자에 대해서는 지급각서로 대체하지 않으며 입찰보증금을 납부해야 한다고 하였으므로 입찰공고 4개월 전 낙찰 후 계약미체결로 입찰참가자격 제한을 받은 적이 있는 △△업체는 입찰금액의 100분의 2.5에 해당하는 금액을 입찰보증금으로 납부해야 한다.

따라서 △△업체가 입찰금액으로 85,000,000원을 제시하였다면 납부해야 할 입찰보증금은 85,000,000 × 0.025 = 2,125,000원이다.

[55-56]
55 문제해결능력　　　　　　　　　　정답 ③

'4. 신청 방법'에 따르면 지원자는 장학생 지원서, 포트폴리오, 성적증명서, 고등학교 졸업 증명서를 소속 의과 대학 또는 의학 전문 대학원 행정실에 직접 제출해야 하므로 옳은 내용이다.

> **오답 체크**
> ① '4. 신청 방법'에 따르면 신청 기간은 9월 1일부터 9월 30일이며, 장학금 지급 날짜는 10월 중이므로 옳지 않은 내용이다.
> ② '6. 참고 사항'에 따르면 지자체별 온라인 설명회는 지역별로 묶어서 하루씩 진행하며 경기와 강원은 9월 13일, 충북과 충남은 9월 14일, 경북과 경남은 9월 15일, 전북은 9월 16일에 진행되므로 옳지 않은 내용이다.
> ④ '2. 모집 대상 - 2)'에 따르면 선발된 장학생은 졸업 후 최소 2년간 광역 지자체의 지방의료원 등 공공보건의료 수행기관에서 공공보건의료 업무에 종사해야 하므로 옳지 않은 내용이다.

56 문제해결능력　　　　　　　　　　정답 ③

'5. 선정 기준'에 따르면 최종 점수는 각 지원자의 서류 점수와 면접 점수를 합산한 점수이므로 강효선은 50 + 20 = 70점, 김종수는 70 + 13 = 83점, 임선희는 62 + 21 = 83점, 차윤호는 48 + 28 = 76점, 하예슬은 63 + 19 = 82점이다. 이때 동점자의 경우 면접 점수가 더 높은 순서대로 순위가 매겨지므로 1등은 면접 점수가 더 높은 임선희, 2등은 김종수, 3등은 하예슬, 4등은 차윤호, 5등은 강효선이고, '3. 지원 내용'에 따르면 1등은 1,500만 원, 5등은 500만 원을 받는다.
따라서 강효선과 임선희가 받게 될 장학금을 합산한 금액은 500 + 1,500 = 2,000만 원이다.

[57-58]
57 문제해결능력　　　　　　　　　　정답 ④

'6. 시상 내역'에 따르면 대상 1작품에 200만 원, 금상 3작품에 각 100만 원씩 총 300만 원, 은상 8작품에 각 50만 원씩 총 400만 원, 동상 8작품에 각 30만 원씩 240만 원을 제공함에 따라 총 상금은 1,140만 원이므로 옳지 않은 내용이다.

> **오답 체크**
> ① '2. 공모 주제'에 따르면 1인당 5건까지 제안 가능하며, 시상은 최상위로 평가된 1건에 대해서만 수여하므로 옳은 내용이다.
> ② '5. 평가 방법'에 따르면 서류 합격자는 전문가에 의해 심사될 예정이며, 이후 합격자는 2개월간 아이디어 가치제고를 위한 교육 및 컨설팅 진행 후 최종 시상작을 선정하므로 옳은 내용이다.
> ③ '4. 신청기간 및 방법-2)'에 따르면 특허청 온라인 홈페이지를 통해서 제안서를 접수하므로 옳은 내용이다.

58 문제해결능력　　　　　　　　　　정답 ②

'5. 평가 방법'에 따르면 전문가 심사는 기초심사, 서면심사, 대면심사 각 항목에 대해 100점 만점을 기준으로 심사하되, 항목별로 각 20%, 30%, 50% 가중치를 적용하며, 이에 따라 환산한 甲~丁의 점수는 다음과 같다.

구분	전문가 심사 점수
甲	(80 × 0.2) + (83 × 0.3) + (87 × 0.5) = 84.4점
乙	(75 × 0.2) + (88 × 0.3) + (90 × 0.5) = 86.4점
丙	(90 × 0.2) + (74 × 0.3) + (88 × 0.5) = 84.2점
丁	(80 × 0.2) + (87 × 0.3) + (79 × 0.5) = 81.6점

따라서 전문가 심사 점수가 가장 높은 사람은 乙이다.

[59-60]
59 문제해결능력　　　　　　　　　　정답 ③

'1. 납세자'에 따르면 재산분은 7월 1일에 연면적 330m^2 이상 사업소를 둔 사업주에게 부과되고, 7월 1일 현재 1년 이상 계속하여 휴업하고 있는 자는 제외되지만 7월 1일 기준 연면적이 500m^2인 사업소를 6개월 동안 휴업 중인 사업주는 재산분을 납부해야 하므로 옳지 않은 내용이다.

> **오답 체크**
> ① '1. 납세자'에 따르면 균등분은 개인 또는 개인사업자·법인이 납부하고, 재산분과 종업원분은 사업주만 납부함에 따라 개인은 주민세 중 균등분에 해당하는 주민세만 부과되므로 옳은 내용이다.
> ② '2. 세율'에 따르면 일반 사업소는 사업소용 건축물의 연면적 1m^2당 250원, 오염물질 배출 사업소는 사업소용 건축물의 연면적 1m^2당 500원임에 따라 동일한 연면적에서 오염물질 배출 사업소의 재산분은 일반 사업소 재산분의 500 / 250 = 2배가 적용되므로 옳은 내용이다.
> ④ '2. 세율'에 따르면 법인은 법인의 자본 규모 및 종업원 수에 따라 5~50만 원의 균등분 세율이 적용되므로 옳은 내용이다.

60 문제해결능력 정답 ①

백명현의 사업소 정보에 따르면 명현 아카데미는 개인사업자로 균등분 50,000원이 부과된다. 사업소용 건축물의 연면적은 330m^2이므로 재산분을 납부해야 하며, 오염물질 배출 사업소가 아님에 따라 연면적 1m^2당 250원이 부과되어 재산분은 330 × 250 = 82,500원이 부과된다. 최근 1년간 종업원 급여총액의 월평균금액이 1억 5천만 원 미만이므로 종업원분은 부과되지 않는다.

따라서 백명현이 납부할 주민세의 총액은 50,000 + 82,500 = 132,500원이다.

국민건강보험법

p.160

01	02	03	04	05	06	07	08	09	10
②	③	③	③	②	③	④	③	②	④
11	12	13	14	15	16	17	18	19	20
②	③	③	③	③	③	④	③	④	④

01 정답 ②

국민건강보험법 제18조에 따라 이사장의 성명·주소 및 주민등록번호는 공단의 설립등기에 포함해야 하는 사항이므로 옳지 않다.

02 정답 ③

국민건강보험법 제5조 제2항에 따라 ㉠~㉠ 중 직장가입자의 피부양자가 될 수 있는 사람은 ㉠, ㉡, ㉢, ㉣, ㉤, ㉥, ㉦으로 7명이다.

> **🔍 더 알아보기**
>
> **적용대상 등(국민건강보험법 제5조 제2항)**
> ② 제1항의 피부양자는 다음 각 호의 어느 하나에 해당하는 사람 중 직장가입자에게 주로 생계를 의존하는 사람으로서 소득 및 재산이 보건복지부령으로 정하는 기준 이하에 해당하는 사람을 말한다.
> 1. 직장가입자의 배우자
> 2. 직장가입자의 직계존속(배우자의 직계존속을 포함한다)
> 3. 직장가입자의 직계비속(배우자의 직계비속을 포함한다) 과 그 배우자
> 4. 직장가입자의 형제·자매

03 정답 ③

국민건강보험법 제104조에 따라 국민건강보험공단으로부터 포상금 혹은 장려금을 받을 수 있는 사례는 ㉠, ㉣이다.

04 정답 ③

심사위원이 직무를 수행할 능력이 부족하다고 인정되는 경우는 건강보험심사평가원의 원장이 진료심사평가위원회의 심사위원을 해임 또는 해촉할 수 있는 경우에 해당하지 않는다.

> **🔍 더 알아보기**
>
> **진료심사평가위원회 심사위원의 해임 또는 해촉(국민건강보험법 제66조 제5항)**
> ⑤ 건강보험심사평가원의 원장은 심사위원이 다음 각 호의 어느 하나에 해당하면 그 심사위원을 해임 또는 해촉할 수 있다.
> 1. 신체장애나 정신장애로 직무를 수행할 수 없다고 인정되는 경우
> 2. 직무상 의무를 위반하거나 직무를 게을리한 경우
> 3. 고의나 중대한 과실로 건강보험심사평가원에 손실이 생기게 한 경우
> 4. 직무 여부와 관계없이 품위를 손상하는 행위를 한 경우

05 정답 ②

국민건강보험법 제79조에 따르면 공단이 보험료등을 징수하기 위해 납입 의무자에게 납입 고지를 할 때, 포함해야 하는 사항은 징수하려는 보험료등의 종류, 납부기한 및 장소, 납부해야 하는 금액으로, 고지 유예 방법은 해당하지 않는다.

06 정답 ③

국민건강보험법 제9조 제1항 제2호에 따라 직장가입자가 다른 적용대상사업장의 사용자로 되거나 근로자 등으로 사용된 날에 직장가입자 또는 지역가입자의 자격이 변경되므로 옳지 않은 설명이다.

오답 체크

① 국민건강보험법 제8조 제1항 제3호에 따라 유공자 등 의료보호대상자이었던 사람은 그 대상자에서 제외된 날에 직장가입자 또는 지역가입자의 자격을 얻으므로 옳은 설명이다.
② 국민건강보험법 제8조 제1항 제1호에 따라 수급권자이었던 사람은 그 대상자에서 제외된 날에 직장가입자 또는 지역가입자의 자격을 얻으므로 옳은 설명이다.
④ 국민건강보험법 제9조 제1항 제3호에 따라 직장가입자인 근로자 등이 그 사용관계가 끝난 날의 다음 날에 직장가입자 또는 지역가입자의 자격이 변동되므로 옳은 설명이다.

> 🔍 **더 알아보기**
>
> **자격의 취득 시기 등(국민건강보험법 제8조 제1항)**
> ① 가입자는 국내에 거주하게 된 날에 직장가입자 또는 지역가입자의 자격을 얻는다. 다만, 다음 각 호의 어느 하나에 해당하는 사람은 그 해당되는 날에 각각 자격을 얻는다.
> 1. 수급권자이었던 사람은 그 대상자에서 제외된 날
> 2. 직장가입자의 피부양자이었던 사람은 그 자격을 잃은 날
> 3. 유공자 등 의료보호대상자이었던 사람은 그 대상자에서 제외된 날
> 4. 제5조 제1항 제2호 가목에 따라 보험자에게 건강보험의 적용을 신청한 유공자 등 의료보호대상자는 그 신청한 날
>
> **자격의 변동 시기 등(국민건강보험법 제9조 제1항)**
> ① 가입자는 다음 각 호의 어느 하나에 해당하게 된 날에 그 자격이 변동된다.
> 1. 지역가입자가 적용대상사업장의 사용자로 되거나, 근로자·공무원 또는 교직원(이하 "근로자 등"이라 한다)으로 사용된 날
> 2. 직장가입자가 다른 적용대상사업장의 사용자로 되거나 근로자 등으로 사용된 날
> 3. 직장가입자인 근로자 등이 그 사용관계가 끝난 날의 다음 날
> 4. 적용대상사업장에 제7조 제2호에 따른 사유가 발생한 날의 다음 날
> 5. 지역가입자가 다른 세대로 전입한 날

07 정답 ④

국민건강보험법 제22조에 따라 상임이사가 없거나 그 직무를 대행할 수 없을 때에는 정관으로 정하는 임원이 그 직무를 대행하므로 옳지 않은 설명이다.

08 정답 ③

국민건강보험법 제86조 제2항에 따라 보험료 등에 우선 충당하고 남은 금액이 있는 경우 대통령령으로 정하는 바에 따라 납부의무자에게 환급하여야 하므로 보험료 등의 충당과 환급에 대해 바르게 설명한 사람은 丙이다.

오답 체크
①, ② 국민건강보험법 제86조 제1항에 따라 국민건강보험공단은 납부의무자가 보험료 등·연체금 또는 체납처분비로 낸 금액 중 과오납부한 금액이 있으면 대통령령으로 정하는 바에 따라 그 과오납금을 보험료 등·연체금 또는 체납처분비에 우선 충당하여야 하므로 옳지 않은 설명이다.
④ 국민건강보험법 제86조 제3항에 따라 과오납금에 대통령령으로 정하는 이자를 가산하여야 하므로 옳지 않은 설명이다.

09 정답 ②

국민건강보험법 제41조 제3항에 따라 요양급여의 방법·절차·범위·상한 등의 기준은 보건복지부령으로 정하므로 옳지 않은 설명이다.

10 정답 ④

국민건강보험법 제26조 제3항에 따라 감사는 이사회에 출석하여 발언할 수 있으므로 옳지 않은 설명이다.

11 정답 ②

국민건강보험법에 따른 대통령의 명령을 위반한 경우는 공단의 임원 해임 사유에 해당하지 않는다.

> 🔍 **더 알아보기**
>
> **임원의 해임 사유(국민건강보험법 제24조 제2항)**
> ② 임명권자는 임원이 다음 각 호의 어느 하나에 해당하면 그 임원을 해임할 수 있다.
> 1. 신체장애나 정신장애로 직무를 수행할 수 없다고 인정되는 경우
> 2. 직무상 의무를 위반한 경우
> 3. 고의나 중대한 과실로 공단에 손실이 생기게 한 경우
> 4. 직무 여부와 관계없이 품위를 손상하는 행위를 한 경우
> 5. 이 법에 따른 보건복지부 장관의 명령을 위반한 경우

12 정답 ③

국민건강보험법 제29조, 제36조, 제37조에 따라 ㉠~㉣ 중 보건복지부 장관이 승인하는 업무에 해당하는 것은 ㉠, ㉡, ㉣로 3개이다.
㉠ 국민건강보험법 제36조에 따라 국민건강보험공단은 회계연도마다 예산안을 편성하여 이사회의 의결을 거친 후 보건복지부 장관의 승인을 받아야 하며, 예산안을 변경할 때에도 또한 같다.
㉡ 국민건강보험법 제37조에 따라 국민건강보험공단은 지출할 현금이 부족한 경우에는 차입할 수 있다. 다만, 1년 이상 장기로 차입하려면 보건복지부 장관의 승인을 받아야 한다.
㉣ 국민건강보험법 제29조에 따라 국민건강보험공단의 조직·인사·보수 및 회계에 관한 규정은 이사회의 의결을 거쳐 보건복지부 장관의 승인을 받아 정한다.

오답 체크
ⓒ 국민건강보험법 제25조에 따라 국민건강보험공단 상임임원은 국민건강보험공단의 상임임원의 임명권자 또는 제청권자의 허가를 받거나 국민건강보험공단의 직원이 이사장의 허가를 받은 경우에는 비영리 목적의 업무를 겸할 수 있다.

13   정답 ③

국민건강보험법 제35조 제3항에 따라 국민건강보험공단의 다른 회계와 구분하여 각각 회계처리를 하여야 하는 건강보험사업 및 징수위탁근거법의 위탁에 따른 사업은 국민연금사업, 고용보험사업, 산업재해보상보험사업, 임금채권보장사업을 말하므로 이 사업에 해당하는 것의 개수는 4개이다.

14   정답 ③

㉠~ⓒ 중 결손처분에 대한 설명으로 옳지 않은 것은 ㉠, ⓒ이다.

㉠ 국민건강보험법 제84조 제1항 제3호에 따라 국민건강보험공단은 징수할 가능성이 없다고 인정되는 경우로서 대통령령으로 정하는 경우 재정운영위원회의 의결을 받아 보험료 등을 결손처분 할 수 있으므로 옳지 않은 설명이다.

ⓒ 국민건강보험법 제84조 제2항에 따라 국민건강보험공단은 결손처분을 한 후 압류할 수 있는 다른 재산이 있는 것을 발견한 때에는 지체 없이 그 처분을 취소하고 체납처분을 해야 하므로 옳지 않은 설명이다.

오답 체크
ⓒ 국민건강보험법 제84조 제1항 제1호에 따라 국민건강보험공단은 체납처분이 끝나고 체납액에 충당될 배분금액이 그 체납액에 미치지 못하는 경우 재정운영위원회의 의결을 받아 보험료 등을 결손처분할 수 있으므로 옳은 설명이다.

15   정답 ③

국민건강보험법 제3조의2 제2항에 따라 ㉠~ⓗ 중 건강보험정책심의위원회에서 국민건강보험종합계획을 수립할 때 포함하여야 하는 사항은 ㉠, ⓒ, ⓜ, ⓗ으로 4개이다.

🔍 더 알아보기
국민건강보험종합계획의 수립(국민건강보험법 제3조의2 제1항, 제2항)
① 보건복지부 장관은 이 법에 따른 건강보험(이하 "건강보험"이라 한다)의 건전한 운영을 위하여 제4조에 따른 건강보험정책심의위원회(이하 이 조에서 "건강보험정책심의위원회"라 한다)의 심의를 거쳐 5년마다 국민건강보험종합계획(이하 "종합계획"이라 한다)을 수립하여야 한다. 수립된 종합계획을 변경할 때도 또한 같다.
② 종합계획에는 다음 각 호의 사항이 포함되어야 한다.
  1. 건강보험정책의 기본목표 및 추진방향
  2. 건강보험 보장성 강화의 추진계획 및 추진방법
  3. 건강보험의 중장기 재정 전망 및 운영
  4. 보험료 부과체계에 관한 사항
  5. 요양급여비용에 관한 사항
  6. 건강증진 사업에 관한 사항
  7. 취약계층 지원에 관한 사항
  8. 건강보험에 관한 통계 및 정보의 관리에 관한 사항
  9. 그 밖에 건강보험의 개선을 위하여 필요한 사항으로 대통령령으로 정하는 사항

16   정답 ③

㉠~ⓒ 중 위반사실 공표 기관이 될 수 있는 기관은 ⓒ, ⓒ으로 2개이다.

ⓒ, ⓒ 국민건강보험법 제100조에 따라 보건복지부장관은 관련 서류의 위조·변조로 요양급여비용을 거짓으로 청구하여 제98조 또는 제99조에 따른 행정처분을 받은 요양기관이 거짓으로 청구한 금액이 1천 500만 원 이상이거나, 요양급여비용 총액 중 거짓으로 청구한 금액의 비율이 100분의 20 이상인 경우에 해당하면 그 위반 행위, 처분 내용, 해당 요양기관의 명칭·주소 및 대표자 성명, 그 밖에 다른 요양기관과의 구별에 필요한 사항으로서 대통령령으로 정하는 사항을 공표할 수 있다.

17   정답 ②

국민건강보험법 제106조에 따라 국민건강보험공단은 징수하여야 할 금액이나 반환하여야 할 금액이 1건당 2천 원 미만인 경우에는 징수 또는 반환하지 아니하고, 각각 상계 처리할 수 있는 본인일부부담금 환급금 및 가입자나 피부양자에게 지급하여야 하는 금액은 제외하므로 빈칸에 들어갈 내용으로 옳은 것은 2천 원이다.

18   정답 ③

국민건강보험법 제60조 제1항에 따라 국민건강보험공단이 요양급여비용을 예탁받을 수 있는 직위에 해당하는 직위는 ㉠, ㉡, ㉢, ㉣, ㉤으로 5개이다.

🔍 **더 알아보기**

현역병 등에 대한 요양급여비용 등의 지급(국민건강보험법 제60조 제1항)
① 국민건강보험공단은 제54조 제3호 및 제4호에 해당하는 사람이 요양기관에서 대통령령으로 정하는 치료 등(이하 이 조에서 "요양급여"라 한다)을 받은 경우 그에 따라 공단이 부담하는 비용(이하 이 조에서 "요양급여비용"이라 한다)과 제49조에 따른 요양비를 법무부 장관·국방부 장관·경찰청장·소방청장 또는 해양경찰청장으로부터 예탁받아 지급할 수 있다. 이 경우 법무부 장관·국방부 장관·경찰청장·소방청장 또는 해양경찰청장은 예산상 불가피한 경우 외에는 연간(年間) 들어갈 것으로 예상되는 요양급여비용과 요양비를 대통령령으로 정하는 바에 따라 미리 국민건강보험공단에 예탁하여야 한다.

19   정답 ④

국민건강보험법 제10조 제1항 제6호에 따라 건강보험을 적용받고 있던 사람이 유공자 등 의료보호대상자가 되어 건강보험의 적용배제신청을 한 날에 가입자 자격을 잃으므로 자격을 잃는 날에 해당하지 않는 것은 건강보험을 적용받고 있던 사람이 의료보호대상자가 되어 건강보험의 적용배제신청을 한 날의 다음 날이다.

🔍 **더 알아보기**

자격의 상실 시기 등(국민건강보험법 제10조 제1항)
가입자는 다음 각 호의 어느 하나에 해당하게 된 날에 그 자격을 잃는다.
  1. 사망한 날의 다음 날
  2. 국적을 잃은 날의 다음 날
  3. 국내에 거주하지 아니하게 된 날의 다음 날
  4. 직장가입자의 피부양자가 된 날
  5. 수급권자가 된 날
  6. 건강보험을 적용받고 있던 사람이 유공자 등 의료보호대상자가 되어 건강보험의 적용배제신청을 한 날

20   정답 ④

국민건강보험법 제53조 제1항 제1호에 따라 고의 또는 중대한 과실로 인한 범죄행위에 그 원인이 있거나 고의로 사고를 일으킨 경우 국민건강보험공단은 보험급여를 받을 수 있는 사람에게 보험급여를 하지 않으므로 옳지 않은 설명이다.

오답 체크

① 국민건강보험법 제53조 제5항에 따라 국민건강보험공단으로부터 분할납부 승인을 받고 그 승인된 보험료를 1회 이상 낸 경우에는 보험급여를 할 수 있다. 다만, 분할납부 승인을 받은 사람이 정당한 사유 없이 5회(승인받은 분할납부 횟수가 5회 미만인 경우에는 분할납부 횟수를 말한다.) 이상 그 승인된 보험료를 내지 아니한 경우에는 그러하지 아니하므로 옳은 설명이다.
② 국민건강보험법 제53조 제1항 제4호에 따라 업무 또는 공무로 생긴 질병·부상·재해로 다른 법령에 따른 보험급여나 보상(報償) 또는 보상(補償)을 받게 되는 경우 보험급여를 받을 수 없으므로 옳은 설명이다.
③ 국민건강보험법 제53조 제6항 제1호에 따라 국민건강보험공단이 급여 제한 기간에 보험급여를 받은 사실이 있음을 가입자에게 통지한 날부터 2개월이 지난 날이 속한 달의 납부기한 이내에 체납된 보험료를 완납한 경우 급여 제한 기간에 받은 보험급여도 보험급여로 인정되므로 옳은 설명이다.

노인장기요양보험법

01	02	03	04	05	06	07	08	09	10
②	②	①	②	②	③	①	②	④	③
11	12	13	14	15	16	17	18	19	20
④	④	③	③	⑤	③	②	③	①	③

01 정답 ②

노인장기요양보험법 제35조 제6항에 따라 누구든지 영리를 목적으로 금전, 물품, 노무, 향응, 그 밖의 이익을 제공하거나 제공할 것을 약속하는 방법으로 수급자를 장기요양기관에 소개, 알선 또는 유인하는 행위 및 이를 조장하는 행위를 해서는 안 되므로 옳지 않은 설명이다.

02 정답 ②

보건복지부 장관은 재심사위원회의 위원을 임명 또는 위촉할 수 있는 직위에 해당한다.

🔍 더 알아보기

재심사청구(노인장기요양보험법 제56조 제3항)
③ 재심사위원회의 위원은 관계 공무원, 법학, 그 밖에 장기요양사업 분야의 학식과 경험이 풍부한 자 중에서 보건복지부 장관이 임명 또는 위촉한다. 이 경우 공무원이 아닌 위원이 전체 위원의 과반수가 되도록 하여야 한다.

03 정답 ①

노인장기요양보험법 제27조 제5항에 따라 장기요양급여 인정 범위와 절차, 장기요양급여 제공 계획서 작성 절차에 관한 구체적인 사항 등은 대통령령으로 정하므로 옳지 않은 설명이다.

04 정답 ②

노인장기요양보험법 제16조에 따라 등급판정위원회는 신청인이 신청서를 제출한 날부터 30일 이내에 장기요양등급판정을 완료해야 하되 신청인에 대한 정밀조사가 필요한 경우 등 기간 이내에 등급판정을 완료할 수 없는 부득이한 사유가 있는 경우 30일 이내의 범위에서 이를 연장할 수 있으며, 공단은 등급판정위원회가 장기요양인정심의 및 등급판정기간을 연장하고자 하는 경우 신청인 및 대리인에게 그 내용·사유 및 기간을 통보해야 하므로 가장 옳은 것은 ②이다.

05 정답 ②

노인장기요양보험법 제8조에 따라 ㉠의 빈칸에 들어갈 말은 장기요양보험료, 제21조에 따라 ㉡의 빈칸에 들어갈 말은 장기요양급여, 제11조에 따라 ㉢의 빈칸에 들어갈 말은 장기요양보험료, 제10조에 따라 ㉣의 빈칸에 들어갈 말은 장기요양보험료이다.
따라서 ㉠~㉣ 중 빈칸에 들어갈 말이 나머지와 다른 것은 ㉡이다.

06 정답 ③

노인장기요양보험법 제38조 제1항에 따라 장기요양기관은 수급자에게 재가급여 또는 시설급여를 제공한 경우 국민건강보험공단에 장기요양급여비용을 청구해야 하므로 옳은 설명이다.

오답 체크

① 노인장기요양보험법 제38조 제2항에 따라 국민건강보험공단은 장기요양기관으로부터 재가 또는 시설 급여비용의 청구를 받은 경우 이를 심사하여 그 내용을 장기요양기관에 통보해야 하므로 옳지 않은 설명이다.
② 노인장기요양보험법 제38조 제8항에 따라 재가 및 시설 급여비용의 심사기준, 장기요양급여비용의 가감지급의 기준, 청구절차, 지급방법 및 지급 보류의 절차·방법 등에 관한 사항은 보건복지부령으로 정하므로 옳지 않은 설명이다.
④ 노인장기요양보험법 제38조 제7항에 따라 국민건강보험공단은 장기요양기관이 정당한 사유 없이 자료제출 명령에 따르지 않거나 질문 또는 검사를 거부·방해 또는 기피하는 경우 이에 응할 때까지 해당 장기요양기관에 지급해야 할 장기요양급여비용의 지급을 보류할 수 있으므로 옳지 않은 설명이다.

07 정답 ①

노인장기요양보험법 제40조에 따라 소득·재산 등이 보건복지부장관이 정하여 고시하는 일정 금액 이하인 자는 본인부담금의 100분의 60의 범위에서 본인부담금을 감경할 수 있으므로 옳지 않은 설명이다.

08 정답 ②

노인장기요양보험법 제8조에 따라 ㉠~㉢ 중 장기요양보험료의 징수에 대한 설명으로 옳지 않은 것은 ㉢으로 1개이다.

> **🔍 더 알아보기**
> **장기요양보험료의 징수(노인장기요양보험법 제8조)**
> ① 국민건강보험공단은 장기요양사업에 사용되는 비용에 충당하기 위하여 장기요양보험료를 징수한다.
> ② 제1항에 따른 장기요양보험료는 「국민건강보험법」 제69조에 따른 보험료(이하 이 조에서 "건강보험료"라 한다)와 통합하여 징수한다. 이 경우 국민건강보험공단은 장기요양보험료와 건강보험료를 구분하여 고지하여야 한다.
> ③ 국민건강보험공단은 제2항에 따라 통합 징수한 장기요양보험료와 건강보험료를 각각의 독립회계로 관리하여야 한다.

09 정답 ④

노인장기요양보험법 제48조 제2항에 따라 ㉠~㉣ 중 장기요양사업의 관리운영기관인 국민건강보험공단이 관장하는 업무에 해당하는 것은 ㉠, ㉡, ㉢, ㉣, ㉤으로 5개이다.

> **🔍 더 알아보기**
> **국민건강보험공단 업무(노인장기요양보험법 제48조 제2항)**
> ② 국민건강보험공단은 다음 각 호의 업무를 관장한다.
>   1. 장기요양보험가입자 및 그 피부양자와 의료급여수급권자의 자격관리
>   2. 장기요양보험료의 부과·징수
>   3. 신청인에 대한 조사
>   4. 장기요양등급판정위원회의 운영 및 장기요양등급 판정
>   5. 장기요양인정서의 작성 및 개인별 장기요양이용계획서의 제공
>   6. 장기요양급여의 관리 및 평가
>   7. 수급자 및 그 가족에 대한 정보제공·안내·상담 등 장기요양급여 관련 이용지원에 관한 사항
>   8. 재가 및 시설 급여비용의 심사 및 지급과 특별현금급여의 지급
>   9. 장기요양급여 제공내용 확인
>   10. 장기요양사업에 관한 조사·연구 및 홍보
>   11. 노인성질환예방사업
>   12. 이 법에 따른 부당이득금의 부과·징수 등
>   13. 장기요양급여의 제공기준을 개발하고 장기요양급여비용의 적정성을 검토하기 위한 장기요양기관의 설치 및 운영
>   14. 그 밖에 장기요양사업과 관련하여 보건복지부 장관이 위탁한 업무

10 정답 ③

노인장기요양보험법 제47조의2 제2항에 따라 ㉠~㉣ 중 장기요양요원지원센터의 수행 업무에 해당하는 것은 ㉠, ㉢, ㉣로 3개이다.

> **🔍 더 알아보기**
> **장기요양요원지원센터의 설치 등(노인장기요양보험법 제47조의2 제2항)**
> ② 장기요양요원지원센터는 다음 각 호의 업무를 수행한다.
>   1. 장기요양요원의 권리 침해에 관한 상담 및 지원
>   2. 장기요양요원의 역량강화를 위한 교육지원
>   3. 장기요양요원에 대한 건강검진 등 건강관리를 위한 사업
>   4. 그 밖에 장기요양요원의 업무 등에 필요하여 대통령령으로 정하는 사항

11 정답 ④

노인장기요양보험법 제24조에 따르면 가족요양비는 각종 사유로 장기요양기관이 제공하는 장기요양급여를 이용하기 어려워 수급자가 가족 등으로부터 방문요양에 상당한 장기요양급여를 받았을 때 지급받을 수 있는 것이며, 노인장기요양보험법 제25조에 따르면 장기요양기관이 아닌 노인요양시설 등의 기관 또는 시설에서 재가급여 또는 시설급여에 상당한 장기요양급여를 받은 경우에는 특례요양비를 지급받을 수 있다.

12 정답 ④

노인장기요양보험법 제1조에 따라 ㉣에 들어갈 말은 '삶의 질'이다.

13 정답 ③

노인장기요양보험법 제20조에 따라 제12조부터 제19조까지의 조항은 장기요양인정의 갱신절차에 관하여 준용하며, 장기요양급여를 받고자 하는 자 또는 수급자가 장기요양인정신청 등을 할 수 없는 경우 특별자치시장·특별자치도지사·시장·군수·구청장이 지정하는 자는 이를 대리할 수 있다는 내용은 노인장기요양보험법 제22조 제3항이므로 옳지 않은 설명이다.

오답 체크
① 노인장기요양보험법 제14조 제4항에 따라 장기요양인정 신청의 조사를 의뢰받은 특별자치시·특별자치도·시·군·구는 조사를 완료한 때 조사결과서를 작성하여야 하며, 조사를 의뢰받은 특별자치시·특별자치도·시·군·구는 지체 없이 공단에 조사결과서를 송부하여야 하므로 옳은 설명이다.

② 노인장기요양보험법 제16조 제1항에 따라 등급판정위원회는 신청인이 신청서를 제출한 날부터 30일 이내에 장기요양등급판정을 완료해야 하지만, 신청인에 대한 정밀조사가 필요한 경우 등 기간 이내에 등급판정을 완료할 수 없는 부득이한 사유가 있는 경우 30일 이내의 범위에서 이를 연장할 수 있으므로 옳은 설명이다.
④ 노인장기요양보험법 제15조 제1항에 따라 국민건강보험공단은 장기요양인정 신청의 조사가 완료된 때 조사결과서, 신청서, 의사소견서, 그 밖에 심의에 필요한 자료를 등급판정위원회에 제출해야 하므로 옳은 설명이다.

14 정답 ③

㉠~㉢ 중 장기요양급여의 관리·평가에 대한 설명으로 옳은 것은 ㉡, ㉢이다.
㉡ 노인장기요양보험법 제54조 제1항에 따라 국민건강보험공단은 장기요양기관이 제공하는 장기요양급여 내용을 지속적으로 관리·평가하여 장기요양급여의 수준이 향상되도록 노력해야 하므로 옳은 설명이다.
㉢ 노인장기요양보험법 제54조 제2항에 따라 국민건강보험공단은 장기요양기관이 장기요양급여의 제공 기준·절차·방법 등에 따라 적정하게 장기요양급여를 제공하였는지 평가를 실시하고 그 결과를 국민건강보험공단의 홈페이지 등에 공표하는 등 필요한 조치를 할 수 있으므로 옳은 설명이다.

오답 체크
㉠ 노인장기요양보험법 제54조 제3항에 따라 장기요양급여 제공내용의 평가 방법 및 평가 결과의 공표 방법, 그 밖에 필요한 사항은 보건복지부령으로 정하므로 옳지 않은 설명이다.

15 정답 ③

노인장기요양보험법 제35조의2에 따라 ㉢에 들어갈 말은 '보건복지부 장관'이다.

16 정답 ③

노인장기요양보험법 제22조 제4항에 따라 장기요양인정신청 등의 방법 및 절차 등에 관하여 필요한 사항은 보건복지부령으로 정하므로 옳지 않은 설명이다.

오답 체크
①, ④ 노인장기요양보험법 제22조 제1항에 따라 장기요양급여를 받고자 하는 자 또는 수급자가 신체적·정신적인 사유로 이 법에 따른 장기요양인정의 신청, 장기요양인정의 갱신신청 또는 장기요양등급의 변경신청 등을 직접 수행할 수 없을 때 본인의 가족이나 친족, 그 밖의 이해관계인은 이를 대리할 수 있으므로 옳은 설명이다.

② 노인장기요양보험법 제22조 제2항 제2호에 따라 「치매관리법」에 따른 치매안심센터의 장은 관할 지역 안에 거주하는 사람 중 장기요양급여를 받고자 하는 사람 또는 수급자(같은 법에 따른 치매환자인 경우로 한정한다)가 장기요양인정신청 등을 직접 수행할 수 없을 때 본인 또는 가족의 동의를 받아 그 신청을 대리할 수 있으므로 옳은 설명이다.

17 정답 ②

노인장기요양보험법 제35조의4에 따라 ㉠~㉢ 중 장기요양요원의 보호에 대한 설명으로 옳은 것은 ㉠, ㉡이다.

오답 체크
㉢ 노인장기요양보험법 제35조의4 제2항에 따라 장기요양기관의 장은 장기요양요원에게 급여외행위의 제공을 요구해서는 아니 되며, 수급자의 가족만을 위한 행위는 제28조의2 제1항 제1호에 따라 급여외행위에 해당하므로 옳지 않은 설명이다.

18 정답 ③

개인별장기요양이용계획서는 장기요양위원회에서 심의하는 사항에 해당하지 않는다.

🔍 더 알아보기
장기요양위원회의 설치 및 기능(노인장기요양보험법 제45조)
다음 각 호의 사항을 심의하기 위하여 보건복지부 장관 소속으로 장기요양위원회를 둔다.
1. 제9조 제2항에 따른 장기요양보험료율
2. 제24조부터 제26조까지의 규정에 따른 가족요양비, 특례요양비 및 요양병원간병비의 지급기준
3. 제39조에 따른 재가 및 시설 급여비용
4. 그 밖에 대통령령으로 정하는 주요 사항

19 정답 ①

노인장기요양보험법 제41조 제1항에 따라 ㉠에 들어갈 말은 '방문요양', ㉡에 들어갈 말은 '감면'이다.

20 정답 ③

노인장기요양보험법 제12조에 따라 장기요양인정을 신청할 수 있는 자는 노인 등으로서 장기요양보험가입자, 장기요양보험가입자 피부양자, 의료급여수급권자 중 하나에 해당하는 자격을 갖추어야 하므로 노인성 질병 환자는 갖추어야 하는 자격으로 옳지 않다.

실전모의고사 3회

NCS 직업기초능력

01 의사소통 ④	02 의사소통 ③	03 의사소통 ②	04 의사소통 ④	05 의사소통 ②	06 의사소통 ④	07 의사소통 ②	08 의사소통 ③	09 의사소통 ①	10 의사소통 ③
11 의사소통 ③	12 의사소통 ④	13 의사소통 ③	14 의사소통 ②	15 의사소통 ②	16 의사소통 ①	17 의사소통 ③	18 의사소통 ③	19 의사소통 ③	20 의사소통 ③
21 수리 ②	22 수리 ③	23 수리 ②	24 수리 ③	25 수리 ②	26 수리 ②	27 수리 ②	28 수리 ③	29 수리 ②	30 수리 ①
31 수리 ④	32 수리 ④	33 수리 ②	34 수리 ②	35 수리 ②	36 수리 ②	37 수리 ④	38 수리 ④	39 수리 ④	40 수리 ③
41 문제해결 ②	42 문제해결 ④	43 문제해결 ②	44 문제해결 ②	45 문제해결 ④	46 문제해결 ②	47 문제해결 ④	48 문제해결 ③	49 문제해결 ④	50 문제해결 ①
51 문제해결 ①	52 문제해결 ②	53 문제해결 ②	54 문제해결 ②	55 문제해결 ③	56 문제해결 ②	57 문제해결 ③	58 문제해결 ④	59 문제해결 ②	60 문제해결 ②

[01-02]

01 의사소통능력 정답 ④

(라) 문단에서 질병관리청 청장이 희귀질환 추가 지정을 통해 의료비 부담 경감 등 희귀질환자에 대한 지원이 확대될 수 있게 되었다고 하였으므로 (라) 문단의 내용을 요약하면 '희귀질환 추가 지정에 따른 희귀질환자 지원 확대'가 된다.

02 의사소통능력 정답 ③

(가) 문단에서 「희귀질환관리법」이 시행된 시기는 2016년 12월이고, 희귀질환이 지정된 시기가 2018년 9월이라고 하였으므로 희귀질환관리법이 시행된 시기가 2018년인 것은 아님을 알 수 있다.

오답 체크

① (나) 문단에서 신규 지정된 희귀질환에 대한 산정특례는 건강보험정책심의위원회보고를 거친 후에 적용된다고 하였으므로 적절한 내용이다.

② (다) 문단에서 중앙지원센터 1개소, 권역별 거점센터 11개소 총 권역별 희귀질환 거점센터 12개소가 운영되고 있다고 하였으므로 적절한 내용이다.

④ (가) 문단에서 희귀질환 추가 지정에 따라 국가관리대상 희귀질환이 1,123개로 확대된다고 하였고, (나) 문단에서 희귀질환자에 대한 의료비 지원 사업의 대상 질환도 1,123개로 확대된다고 하였으므로 적절한 내용이다.

[03-04]
03 의사소통능력   정답 ②

이 글은 고대 메소포타미아 문명에서 하늘의 신과 지상의 인간을 연결하기 위해 세워진 지구라트는 오늘날 그 원형을 확인하기 어려우나 일부 남아 있는 지구라트를 통해 그 원형을 짐작할 수 있다는 내용이므로 이 글의 중심 내용으로 가장 적절한 것은 ②이다.

오답 체크
① 고대 메소포타미아의 건축물을 통해 알 수 있는 당대 중요 관습에 대해서는 다루고 있지 않으므로 적절하지 않은 내용이다.
③ 지구라트 건축 시 사용된 건축 양식이나 건축하는 데 사용된 자재 확인의 필요성에 대해서는 다루고 있지 않으므로 적절하지 않은 내용이다.
④ 우르의 지구라트가 오늘날 건축 발전에 기여했는지의 여부에 대해서는 다루고 있지 않으므로 적절하지 않은 내용이다.

04 의사소통능력   정답 ④

2문단에서 우르의 지구라트는 수메르 신화에 나오는 달의 신 난나를 받들기 위해 세워진 신전으로, 중앙부는 진흙과 갈대를 반죽하여 형틀에 넣고 빚어낸 후에 햇볕에 말린 벽돌 약 7백만 개로 지어졌다고 하였으므로 달의 신 난나를 모시고자 지어진 우르의 지구라트는 중앙부가 햇볕에 말린 벽돌 약 7백만 개로 지어졌음을 알 수 있다.

오답 체크
① 1문단에서 피라미드에는 직선상의 통로가 있지만, 지구라트에는 지그재그로 된 곡선상의 통로가 있다는 점에서 차이가 있다고 하였으므로 적절하지 않은 내용이다.
② 3문단에서 인간의 오만함을 나타내는 바벨탑은 층마다 다른 색으로 칠해져 있다고 하였으므로 적절하지 않은 내용이다.
③ 1문단에서 지구라트는 점차 작아지는 사각형의 테라스를 겹쳐서 기단으로 만들고 맨 꼭대기에 신상을 모시는 직사각형의 신전을 안치하여 성소의 역할을 하도록 한 것이 전형적인 형태라고 하였으므로 적절하지 않은 내용이다.

[05-07]
05 의사소통능력   정답 ②

이 보도자료는 환경부에서 환경보전 실천을 함께 하자는 핵심 주제를 전하는 환경의 날 기념식을 개최하고, 환경의 날을 기념하는 다양한 환경보전 실천 홍보활동을 펼칠 것이라는 내용이므로 이 보도자료의 제목으로 가장 적절한 것은 ②이다.

오답 체크
① 이 보도자료에서 친환경 생활을 실천할 수 있는 홍보활동, 그린카드 사용 등에 대해서는 다루고 있지만, 글 전체를 포괄할 수 없으므로 적절하지 않은 내용이다.
③ 3문단에서 그린카드 사용 시 에코 머니 포인트가 적립되어 경제적 혜택을 누릴 수 있다는 내용에 대해서는 다루고 있지만, 글 전체를 포괄할 수 없으므로 적절하지 않은 내용이다.
④ 3문단에서 친환경 생활을 위한 지구 지킴 참여 행사를 진행한다는 내용에 대해서는 다루고 있지만, 글 전체를 포괄할 수 없으므로 적절하지 않은 내용이다.

06 의사소통능력   정답 ④

3문단에서 온라인 녹색 매장에서는 녹색 제품 구매 시 할인 또는 경품을 제공하는 환경의 날 특별 기획전이 마련되어 있다고 하였으므로 온라인 녹색 매장에 방문하면 녹색 제품 구매 시 경품 또는 할인 혜택을 받을 수 있는 특별 기획전에 참여할 수 있음을 알 수 있다.

오답 체크
① 4문단에서 전북 부안군 장신리 일원에 조성된 새만금 환경 생태단지는 작년에 새만금 내 생태 녹지공간으로 준공되었으며, 생태 습지, 탐조대, 습지 관찰대 등으로 구성되어 있다고 하였으므로 적절하지 않은 내용이다.
② 2문단에서 환경부가 진행하는 제27회 환경의 날의 핵심 주제는 자연과 조화롭고 지속 가능한 미래와 건강한 지구를 위해 국민 모두가 환경보전 실천을 해야 한다는 것이므로 적절하지 않은 내용이다.
③ 3문단에서 지구 지킴 실천 참여 행사에서 지구를 위한 실천 다짐과 방법을 공유하는 사진을 소셜 네트워크 서비스에 올린 참가자를 대상으로 추첨을 통해 소정의 경품을 제공한다고 하였으므로 적절하지 않은 내용이다.

07 의사소통능력   정답 ②

3문단에서 한 달 동안 사용한 그린카드 누적 금액이 10만 원 이상일 경우 에코 머니 포인트 1만 점을 추가로 제공한다고 하였으므로 1개월 동안 그린카드로 10만 원을 사용했다면 총 1만 점의 에코 머니 포인트가 적립되는 것은 아님을 알 수 있다.

오답 체크
① 2문단에서 환경부 산하 기관에서는 증강현실 및 가상현실 체험, 손부채와 커피 찌꺼기 화분 만들기 등 다양한 체험 전시를 운영한다고 하였으므로 적절한 내용이다.

③ 1문단에서 세계 환경의 날은 1972년 6월 5일 스웨덴 스톡홀름에서 열린 유엔 인간 환경 회의를 계기로 지정되었고, 우리나라도 1996년부터 법정기념일로 제정하였다고 하였으므로 적절한 내용이다.

④ 2문단에서 환경보전에 공로가 큰 시민단체, 기업, 학교 등 사회 각 분야의 유공자에게 정부 포상을 하는 수여식이 진행된다고 하였으므로 적절한 내용이다.

[08-10]
08 의사소통능력   정답 ③

(가) 문단에서 라식 수술 중에 절단된 각막 표면으로 가는 말초 신경이 재생되기 전에는 안구건조증이 잦게 발생하며, 안구건조증은 대개 수술 후 6개월이면 회복된다고 하였으므로 라식 수술 중에 절단된 각막 표면으로 가는 말초 신경이 재생되지 않는 것은 아님을 알 수 있다.

오답 체크

① (다) 문단에서 라식은 PRK나 라섹에 비해 수술 후의 통증과 각막 혼탁 현상이 적고 시력 회복기간을 줄일 수 있다고 하였으므로 적절한 내용이다.

② (마) 문단에서 호세 바라카가 각막의 형태를 수술로 바꾸는 방안을 개발하였고, 이를 스뱌토슬라프 표도로프가 개선해서 방사성 각막 절개술을 고안하였다고 하였으므로 적절한 내용이다.

④ (나) 문단에서 랭가스워미 스리니바산이 자외선 엑시머 레이저가 조직 주변을 손상시키지 않으면서도 살아 있는 조직을 확실하게 절삭할 수 있다는 점을 발견하였다고 하였으므로 적절한 내용이다.

09 의사소통능력   정답 ①

이 글은 라식의 개념을 언급하며 라식의 발명 과정을 시간순으로 설명하고, 라식을 할 때의 주의사항과 수술 후의 경과 및 합병증에 대해 알려주는 글이다.
따라서 '(다) 라식의 개념과 특징 → (마) 라식의 발명 과정(1): 방사성 각막 절개술의 개발 → (나) 라식의 발명 과정(2): 엑시머 레이저의 발명 → (라) 라식 수술 중 주의사항 → (가) 라식 수술 후 경과 및 합병증' 순으로 연결되어야 한다.

10 의사소통능력   정답 ③

라식 수술 전에 반드시 받아야 하는 검사에 대해서는 다루고 있지 않으므로 적절하지 않다.

오답 체크

①은 (라) 문단, ②는 (마) 문단, ④는 (다) 문단을 읽고 답변할 수 있는 질문이다.

[11-13]
11 의사소통능력   정답 ③

빈칸 앞에서는 우리나라는 다양한 형태로 생성되는 보건 의료 데이터의 특성을 반영한 표준화 및 품질관리 기준이 미흡하여 데이터 기반 성과 창출에 제약이 있다는 내용을 말하고 있고, 빈칸 뒤에서는 고품질 데이터 생산을 위해 품질관리 방안을 마련해야 한다는 내용을 말하고 있다.
따라서 앞 문장 내용이 뒤 문장 내용의 원인이나 이유, 근거가 될 때 사용하는 접속 부사 '따라서'가 들어가야 한다.

12 의사소통능력   정답 ④

3문단에서 대한 의료정보학회에서 진행하는 기조 발표에서는 고품질 데이터 구축을 위한 방안으로 의료데이터 특화 품질검증 지표 개발, 의료데이터 품질검증 및 인증기관 설립을 제시한다고 하였으므로 대한 의료정보학회에서 담당하는 기조 발표에서는 의료데이터 품질과 관련한 인증기관 설립 및 검증 척도 개발에 대한 내용을 다룸을 알 수 있다.

오답 체크

① 5문단에서 패널토론에서는 대한 의료정보학회를 중심으로 의료계·학계, 산업계 등이 함께 품질관리 정책 추진 방향에 대해서 논의할 예정이라고 하였으므로 적절하지 않은 내용이다.

② 1문단에서 보건복지부와 한국 보건의료 정보원은 수요자 중심의 보건 의료데이터 품질관리를 주제로 하는 제2차 보건 의료데이터 혁신 토론회를 온라인으로 개최한다고 하였으므로 적절하지 않은 내용이다.

③ 2문단에서 우리나라는 전 국민 건강보험, 병원 전자 의무기록 등 잠재 가치가 높은 데이터를 다량으로 보유하고 있으며 제도적으로 보건 의료데이터 활용 여건이 성숙하다고 하였으므로 적절하지 않은 내용이다.

13 의사소통능력   정답 ③

4문단에서 한국 데이터 산업 진흥원이 맡은 첫 번째 발제에서 K-데이터 인증 제도를 소개하고 세부적으로 데이터 품질, 관리 및 보안 측면에서 인증 절차를 시행한다는 내용을 설명하고 있으므로 내부적으로 현저히 낮은 수준을 보이는 데이터 자체 품질과 보안 절차의 필요성을 지적한다는 내용의 ⓒ은 삭제되어야 한다.

[14-15]
14 의사소통능력　　　　　　　　　　정답 ②

'3. 접수 절차 – 신청 접수'에서 신청서는 원본 제출이 원칙이며, 사본 제출은 불가능하다고 하였으므로 급여 신청서 접수 시에는 원본을 제출해야 하나 거주지 불특정 등으로 원본 제출이 어려운 경우라면 사본 제출도 가능한 것은 아님을 알 수 있다.

오답 체크

① '3. 접수 절차 – 접수 안내'에서 수급자의 급여 신청은 통합 신청이 기본이기는 하나 본인이 원할 경우에 한해 생계급여, 의료급여, 주거급여, 교육급여, 해산급여 등 급여 종류별로도 선택하여 급여 신청을 할 수 있다고 하였으므로 적절한 내용이다.

③ '3. 접수 절차 – 통보 방법'에서 결과는 서면 통보가 원칙이기는 하나 문자해독이 어려운 경우라면 전화 안내, 전자우편, 문자메시지 등으로도 통보 가능하다고 하였으므로 적절한 내용이다.

④ '2. 수급 신청 접수 – 1)'에서 사회복지 담당 공무원은 관할 지역 내 수급자의 동의를 얻은 경우에는 직권으로 수급 신청이 가능하다고 하였으므로 적절한 내용이다.

15 의사소통능력　　　　　　　　　　정답 ②

'3. 접수 절차 – 처리 기한'에서 법 제22조 제1항 및 제2항에 따라 부양의무자의 유무 및 부양능력 등 부양의무자와 관련된 사항, 수급자 및 부양의무자의 소득·재산에 관한 사항, 수급자의 근로능력, 취업상태, 자활욕구 등 자활지원계획 수립에 필요한 사항, 수급자의 건강상태, 가구 특성 등 생활실태에 관한 사항 등에 해당할 경우 조사나 자료 제출을 요구받을 수 있다고 하였으므로 부양의무자의 건강상태 및 가구 특성 등 생활실태에 관한 사항은 귀하가 수급 신청자에게 요청할 수 있는 사항으로 가장 적절하지 않다.

[16-18]
16 의사소통능력　　　　　　　　　　정답 ①

이 글은 뉴스 가치란 시의성, 지리적·심리적 근접성 등의 요인에 의해 판단되는 것이지만, 미디어의 발달로 가짜 뉴스라는 문제점이 부상하고 있으며 이는 개인의 편견과 고정관념을 강화시키는 것을 넘어 사실 해석에 편향적인 결과를 유발할 수 있다는 내용이므로 이 글에 나타난 필자의 의견으로 가장 적절한 것은 ①이다.

오답 체크

② 글 전체에서 뉴스 보도가 활발한 사회의 특징에 대해서는 다루고 있지 않으므로 적절하지 않은 내용이다.

③ 4문단에서 이용자 성향에 맞는 정보만을 접하면 개인의 편견과 고정관념을 강화할 수 있다는 내용에 대해서는 서술하고 있지만, 글 전체를 포괄할 수 없으므로 적절하지 않은 내용이다.

④ 1문단에서 시의성은 뉴스의 가치 판단 시 가장 중요한 요소로 활용된다는 내용에 대해서는 서술하고 있지만, 글 전체를 포괄할 수 없으므로 적절하지 않은 내용이다.

17 의사소통능력　　　　　　　　　　정답 ③

빈칸 앞에서는 뉴스란 새로운 소식이 매스미디어를 통해 대중에게 전달되는 것이라는 내용을 말하고 있고, 빈칸 뒤에서는 새로 발생한 모든 사건이 뉴스의 소재가 되는 것은 아니라는 내용을 말하고 있다.
따라서 앞의 내용과 뒤의 내용이 반대되는 내용으로 연결될 때 앞뒤 문장을 연결하는 접속어 '그러나'가 들어가야 한다.

18 의사소통능력　　　　　　　　　　정답 ③

3문단에서 가짜 뉴스의 정의와 특징 및 문제점에 대해 설명하고 있으므로 기사 게재 시 발생할 수 있는 저작권 문제에 대해 설명하는 내용의 ⓒ은 삭제되어야 한다.

[19-20]
19 의사소통능력　　　　　　　　　　정답 ③

빈칸 앞에서는 국내의 전체 항생제 처방 중 26.1%가 부적절한 처방이었으며, ASP에 대한 인식도 및 인지도가 낮은 것으로 조사됐는데, 이로 인한 항생제의 부적절한 사용은 약제 부작용 및 항생제의 내성을 유발하기 때문에 질병관리청은 ASP 통합 운영 가이드라인을 마련했다는 내용을 말하고 있고, 빈칸 뒤에서는 질병관리청이 국내 항생제 내성 감소와 더불어 의료기관의 적정한 항생제 처방 지원과 관련한 정책을 마련하기 위해 ASP 통합 운영 가이드라인 발간 간담회를 개최하여 전문가들의 의견을 수렴했다는 내용을 말하고 있다.
따라서 앞의 내용과 관련 있는 내용을 추가할 때 사용하는 접속부사인 '아울러'가 들어가야 한다.

20 의사소통능력　　　　　　　　　　정답 ③

4문단에서 불필요한 항생제 처방 경험이 없다고 답한 의사의 비율은 59.6%라고 하였으며, 이는 다시 말해 불필요한 항생제를 처방한 경험이 있다는 의사의 비율은 40.4%에 달할 수 있다는 말이므로 항생제가 불필요한 상황에서 항생제를 처방한 적이 있다고 답변한 의사의 비율은 전체의 과반수를 넘지 않음을 알 수 있다.

오답 체크

① 3문단에서 인구 1,000명당 하루 의약품 소비량은 2018년이 29.8 DID, 2019년이 26.1 DID, 2020년이 21.0 DID로 매년 감소하는 추세에 있다고 하였으므로 적절하지 않은 내용이다.
② 2문단에서 이번 ASP 통합 운영 가이드라인은 대한감염학회와 대한항균요법학회의 정책 연구용역 결과를 바탕으로 준비했다고 하였으므로 적절하지 않은 내용이다.
④ 1문단에서 질병관리청은 국내 항생제의 적정 사용관리를 위해 종합병원 및 상급종합병원을 대상으로 ASP 통합 운영 가이드라인을 발간 및 배포한다고 하였으므로 적절하지 않은 내용이다.

[21-22]

21 수리능력   정답 ②

연간 생산량 = (연간 부과량 / 유수율) × 100임을 적용하면, 대전광역시의 연간 생산량은 2017년에 (193 / 94) × 100 ≒ 205.3백만m³, 2018년에 (198 / 94) × 100 ≒ 210.6백만m³로 2018년이 2017년보다 크므로 옳은 설명이다.

오답 체크

① 2017년 전라북도의 연간 부과량은 전라남도의 연간 부과량의 185 / 161 ≒ 1.1배이므로 옳지 않은 설명이다.
③ 2017년과 2018년의 유수율이 동일한 지역은 부산광역시, 인천광역시, 대전광역시, 경기도, 충청북도, 전라북도, 전라남도, 경상남도, 제주특별자치도로 총 9곳이므로 옳지 않은 설명이다.
④ 2017년 연간 부과량이 세 번째로 많은 지역은 부산광역시이지만, 2018년 연간 부과량이 세 번째로 많은 지역은 인천광역시로 서로 동일하지 않으므로 옳지 않은 설명이다.

22 수리능력   정답 ③

2018년 유수율이 95%로 가장 큰 지역은 서울특별시이고, 연간 생산량 = (연간 부과량 / 유수율) × 100임을 적용하면, 서울특별시의 연간 생산량은 (1,112 / 95) × 100 ≒ 1,170.5백만m³, 전체 연간 생산량은 (5,650 / 85) × 100 ≒ 6,647.1백만m³이다.
따라서 2018년 유수율이 가장 큰 지역인 서울특별시의 연간 생산량이 전체 연간 생산량에서 차지하는 비중은 (1,170.5 / 6,647.1) × 100 ≒ 17.6%이다.

[23-25]

23 수리능력   정답 ②

2019년 종합병원 입원환자 수는 전년 대비 증가, 2020년 종합병원 입원환자 수는 전년 대비 감소하였고, 2019년 이후 종합병원 입원환자 수의 전년 대비 증감 추이와 동일한 의료기관은 병원, 요양병원, 의원 총 3개이므로 옳은 설명이다.

오답 체크

① 2018년에 다른 의료기관에 비해 환자 수가 가장 많은 의료기관은 입원환자는 종합병원이지만, 외래환자는 의원이므로 옳지 않은 설명이다.
③ 2020년 외래환자 수가 다른 의료기관에 비해 가장 적은 요양병원 외래환자 수는 전년 대비 {(3,149 - 2,887) / 3,149} × 100 ≒ 8.3% 감소하였으므로 옳지 않은 설명이다.
④ 전체 입원환자 수에서 상급종합병원 입원환자 수가 차지하는 비중은 2018년에 (1,947 / 9,659) × 100 ≒ 20.2%, 2019년에 (1,946 / 10,253) × 100 ≒ 19.0%이므로 옳지 않은 설명이다.

⏱ 빠른 문제 풀이 Tip

④ 전체 입원환자 수와 상급종합병원 입원환자 수의 전년 대비 증감량을 각각 확인한다.
2019년 상급종합병원 입원환자 수는 전년 대비 1,947 - 1,946 = 1천 명 감소하였지만, 전체 입원환자 수는 전년 대비 10,253 - 9,659 = 594천 명 증가하여 전체 입원환자 수에서 상급종합병원 입원환자 수가 차지하는 비중은 2019년이 2018년보다 낮음을 알 수 있다.

24 수리능력   정답 ③

2020년 입원환자 수가 2년 전 대비 감소한 의료기관은 상급종합병원, 종합병원, 병원, 요양병원, 의원이고, 2020년 입원환자 수의 2년 전 대비 감소량은 상급종합병원이 1,947 - 1,778 = 169천 명, 종합병원이 3,147 - 2,853 = 294천 명, 병원이 2,838 - 2,460 = 378천 명, 요양병원이 483 - 407 = 76천 명, 의원이 942 - 859 = 83천 명이다.
따라서 2020년 입원환자 수가 2년 전 대비 가장 많이 감소한 병원의 2020년 입원환자 수의 2년 전 대비 감소율은 (378 / 2,838) × 100 ≒ 13.3%이다.

25 수리능력   정답 ②

제시된 자료에 따르면 2020년 외래환자 수 상위 3개 기관은 의원, 기타 병·의원, 종합병원이고, 의료기관별 외래환자 수는 각각 484,226천 명, 182,277천 명, 66,370천 명이지만, 이 그래프에서는 기타 병·의원 외래환자 수가 200,000천 명보다 높게 나타나므로 옳지 않은 그래프는 ②이다.

오답 체크

① 한방병원 입원환자 및 외래환자 수는 2018년에 각각 267천 명, 5,372천 명, 2019년에 각각 432천 명, 6,336천 명, 2020년에 각각 463천 명, 6,798천 명이므로 옳은 그래프이다.
③ 치과병원 외래환자 수의 전년 대비 증감량은 2019년에 4,613 - 4,344 = 269명이고, 2020년에 4,432 - 4,613 = -181명이므로 옳은 그래프이다.
④ 전체 입원환자 수는 2018년에 9,659명, 2019년에 10,253명, 2020년에 8,927명이므로 옳은 그래프이다.

[26-28]
26 수리능력   정답 ②

적합률(%) = $\frac{적합\ 건수}{해당\ 식품\ 전체\ 수거\ 건수}$ × 100,

부적합률(%) = $\frac{부적합\ 건수}{해당\ 식품\ 전체\ 수거\ 건수}$ × 100임을 적용하여 구한다.

(가) 2021년 면류의 적합률은 {3,740 / (3,740 + 2)} × 100 ≒ 99.9%이다.
(나) 2019년 알가공품류의 적합률은 {429 / (429 + 11)} × 100 = 97.5%이다.
(다) 2020년 조미식품의 부적합률은 {24 / (6,942 + 24)} × 100 ≒ 0.34%이다.
(라) 2018년 수산가공식품류의 부적합률은 {20 / (4,858 + 20)} × 100 ≒ 0.41%이다.

따라서 (가)~(라)의 크기가 큰 순서대로 나열하면 '(가) - (나) - (라) - (다)'이다.

27 수리능력   정답 ②

a, b. 2018년 주류의 적합 건수는 2019년과 2020년 농산가공식품류 부적합 건수 합의 30배 이상이므로 2018년 주류의 적합 건수는 (29 + 42) × 30 = 2,130건 이상이다. 이때 주류는 제시된 유형 중 2018년 적합 건수가 5번째로 적은 유형이며, 2018년 주류를 제외하고 적합 건수가 5번째로 적은 유형은 적합 건수가 2,408건인 유가공품이므로 2018년 주류의 적합 건수는 2,408건 미만이다.

c. 2021년 동물성가공식품류의 적합 건수 대비 부적합 건수의 비율은 0.05 미만이므로 2021년 동물성가공식품류의 부적합 건수는 166 × 0.05 = 8.3건 미만이다.

따라서 ⊙은 2,296, ⓒ은 8인 ②가 정답이다.

28 수리능력   정답 ③

부적합률(%) = $\frac{부적합\ 건수}{해당\ 식품\ 전체\ 수거\ 건수}$ × 100임을 적용하여 구한다.

2020년 장류의 부적합 건수를 x라고 하면,
$1.7 = \frac{x}{2,303 + x} \times 100 \to 0.017 = \frac{x}{2,303 + x} \to 0.017(2,303 + x) = x \to 39.151 + 0.017x = x \to 0.983x = 39.151$

따라서 2020년 장류의 부적합 건수는 39.151 / 0.983 ≒ 40건이다.

[29-31]
29 수리능력   정답 ②

증가율 = {(해당 연도 설치 기관 수 - 비교 연도 설치 기관 수) / 비교 연도 설치 기관 수} × 100임을 적용하여 구한다.

(가) 2020년 설치한 자살예방센터 수의 2년 전 대비 증가율은 {(52 - 48) / 48} × 100 ≒ 8.3%이다.
(나) 2022년 설치한 공립 정신병원 수의 2018년 대비 증가율은 {(23 - 15) / 15} × 100 ≒ 53.3%이다.
(다) 2019년 설치한 ⓒ 수의 전년 대비 증가율은 {(331 - 325) / 325} × 100 ≒ 1.8%이다.
(라) 2022년 설치한 정신재활시설 수의 3년 전 대비 증가율은 {(1,100 - 988) / 988} × 100 ≒ 11.3%이다.

따라서 (가)~(라)의 크기가 큰 순서대로 나열하면 '(나) - (라) - (가) - (다)'이다.

30 수리능력   정답 ①

a. 제시된 기관 중 2021년 설치 기관 수가 전년 대비 증가한 기관은 정신재활시설, ⊙, 종합병원 정신과, ⓒ, ⓒ, 국립 정신병원, 공립 정신병원 총 7곳이고, 7개 기관의 2021년 설치 기관 수의 전년 대비 증가량은 정신재활시설이 1,124 - 1,005 = 119개, ⊙이 472 - 436 = 36개, 종합병원 정신과가 921 - 900 = 21개, ⓒ이 332 - 327 = 5개, ⓒ이 125 - 109 = 16개, 국립 정신병원이 60 - 59 = 1개, 공립 정신병원이 22 - 20 = 2개로 ⊙이 두 번째로 많으므로 ⊙이 정신요양시설이다.

b. 제시된 기간 동안 설치한 평균 기관 수는 정신요양시설이 (434 + 448 + 436 + 472 + 461) / 5 = 450.2개, ㉡이 (325 + 331 + 327 + 332 + 340) / 5 = 331개, ㉢이 (112 + 107 + 109 + 125 + 133) / 5 = 117.2개로 정신요양시설이 ㉡의 450.2 / 331 ≒ 1.4배, ㉢의 450.2 / 117.2 ≒ 3.8배이므로 ㉢이 한방병원 정신과이다.
따라서 ㉠은 정신요양시설, ㉡은 요양병원 정신과, ㉢은 한방병원 정신과이다.

31 수리능력   정답 ④

연도별 설치한 전체 정신병원 수에서 국립 정신병원 수가 차지하는 비중은 2020년에 {59 / (59 + 20 + 257)} × 100 ≒ 17.6%, 2022년에 {63 / (63 + 23 + 248)} × 100 ≒ 18.9%이다. 따라서 2022년 설치한 전체 정신병원 수에서 국립 정신병원 수가 차지하는 비중의 2년 전 대비 증가율은 {(18.9 − 17.6) / 17.6} × 100 ≒ 7.4%이다.

[32-34]
32 수리능력   정답 ④

2020년 전체 A 질병 환자 중 여성 환자가 차지하는 비중은 {(30,963 / 33,003 + 30,963)} × 100 ≒ 48.4%이므로 옳지 않은 설명이다.

오답 체크

① 2021년 25~29세 유병률은 림프성, 골수성, 상세 불명 모두 남성이 여성보다 높으므로 옳은 설명이다.
② 2021년 15~19세 남성 인구가 약 1,400,000명일 때, 15~19세 남성 림프성 환자 수는 (1,400,000 / 100,000) × 6.0 = 84명이므로 옳은 설명이다.
③ 2021년 A 질병의 림프성 및 골수성 환자 수의 합은 2,223 + 1,951 + 3,717 + 3,119 = 11,010명이므로 옳은 설명이다.

33 수리능력   정답 ②

2021년 A 질병의 남성 상세 불명 환자 수는 463명이고, 이는 전년 대비 3% 감소한 수치이다.
따라서 2020년 A 질병의 남성 상세 불명 환자 수는 463 / (1 − 0.03) ≒ 477명이다.

34 수리능력   정답 ②

제시된 자료에 따르면 2020년 A 질병 환자의 기간별 상대 생존율은 남성이 32.3%, 여성이 33.2%인 ㉠은 4년, 남성이 35.3%, 여성이 34.6%인 ㉡은 5년, 남성이 40.0%, 여성이 40.1%인 ㉢은 2년, 남성이 43.1%, 여성이 45.7%인 ㉣은 3년이다.
따라서 그래프의 ㉠~㉣에 들어갈 항목을 바르게 연결한 것은 ②이다.

[35-36]
35 수리능력   정답 ②

2017년부터 2020년까지 D의 주식 소유액의 평균은 (346.2 + 307.9 + 289.3 + 313.1) / 4 ≒ 314조 원이므로 옳은 설명이다.

오답 체크

① 2021년 E의 주식 소유액은 A의 주식 소유액의 439.5 / 52.9 ≒ 8.3배이므로 옳지 않은 설명이다.
③ A와 C의 주식 소유액의 차이는 2015년에 230.5 − 40.1 = 190.4조 원, 2016년에 186.2 − 27.0 = 159.2조 원, 2017년에 216.6 − 26.7 = 189.9조 원, 2018년에 356.3 − 50.5 = 305.8조 원임에 따라 A와 C의 주식 소유액의 차이가 처음으로 300조 원 이상인 해는 2018년이므로 옳지 않은 설명이다.
④ 2018년 B의 주식 소유액은 전년 대비 증가하였지만, 같은 해 D의 주식 소유액은 전년 대비 감소하였으므로 옳지 않은 설명이다.

⏱ 빠른 문제 풀이 Tip

① 2021년 E의 주식 소유액과 A의 주식 소유액의 9배를 근삿값으로 구하여 비교한다.
E의 주식 소유액은 439.5조 원이고, A의 주식 소유액을 소수점 첫째 자리에서 반올림하여 구하면 53 × 9 ≒ 477조 원이므로 2021년 E의 주식 소유액은 A의 주식 소유액의 9배 미만임을 알 수 있다.

36 수리능력   정답 ③

제시된 자료에 따르면 연도별 총주식 소유액은 50.5 + 176.3 + 356.3 + 307.9 + 395.4 = 1,286.4조 원인 ㉠은 2018년, 27.0 + 82.7 + 186.2 + 196.3 + 179.4 = 671.6조 원인 ㉡은 2016년, 26.7 + 127.1 + 216.6 + 346.2 + 306.0 = 1,022.6조 원인 ㉢은 2017년, 51.4 + 210.1 + 319.3 + 313.1 + 419.5 = 1,313.4조 원인 ㉣은 2020년이다.
따라서 그래프의 ㉠~㉣에 들어갈 항목을 바르게 연결한 것은 ③이다.

[37-38]

37 수리능력   정답 ③

40대 이상 50대 이하 유방암 유병자 수는 40대 이상 50대 이하 간암 유병자 수의 65,414 / 12,218 ≒ 5.4배이므로 옳은 설명이다.

오답 체크

① 전체 갑상샘암 유병자 수에서 20대 이상 30대 이하 유병자 수가 차지하는 비중은 (30,903 / 136,573) × 100 ≒ 22.6%이므로 옳지 않은 설명이다.
② 60대 이상 유병자 수가 다른 암종에 비해 가장 많은 위암과 가장 적은 후두암의 유병자 수 차이는 81,673 − 3,879 = 77,794명이므로 옳지 않은 설명이다.
④ 10대 이하 유병자 수가 다른 암종에 비해 가장 많은 상위 3개 암종인 갑상샘암, 간암, 췌장암의 유병자 수의 합은 447 + 86 + 65 = 598명이므로 옳지 않은 설명이다.

⏱ 빠른 문제 풀이 Tip

③ 40대 이상 50대 이하 유방암 유병자 수와 40대 이상 50대 이하 간암 유병자 수의 5배를 비교한다.
40대 이상 50대 이하 유방암 유병자 수는 65,414명이고, 40대 이상 50대 이하 간암 유병자 수의 5배는 12,218 × 5 = 61,090명이므로 40대 이상 50대 이하 유방암 유병자 수는 40대 이상 50대 이하 간암 유병자 수의 5배 이상임을 알 수 있다.

38 수리능력   정답 ②

2020년 전체 대장암 5년 유병자 수가 전년 대비 10% 감소하면 136,183 × 0.9 ≒ 122,565명이고, 위암 5년 유병자 수가 전년 대비 10% 증가하면 116,992 × 1.1 ≒ 128,691명이다. 따라서 2020년 전체 대장암 5년 유병자 수와 위암 5년 유병자 수의 합은 122,565 + 128,691 = 251,256명이다.

[39-40]

39 수리능력   정답 ③

2020년 내원 1일당 진료비가 가장 낮은 연령대는 20~24세로 내원일수는 25,408천 일, 내원 1일당 진료비는 71천 원임에 따라 2020년 총 진료비는 (25,408 × 1,000) × (71 × 1,000) = 1,803,968 × 1,000,000 ≒ 1.8조 원으로 2조 원 미만이므로 옳은 설명이다.

오답 체크

① 2020년 내원일수가 많은 순서대로 상위 3개 연령대는 60~64세, 65~69세, 55~59세이고, 같은 해 내원 1일당 진료비가 많은 순서대로 상위 3개 연령대는 80~84세, 75~79세, 85세 이상이므로 옳지 않은 설명이다.
② 2018년 내원일수가 50,000천 일 미만인 연령대는 20~24세, 25~29세, 30~34세, 85세 이상이므로 옳지 않은 설명이다.
④ 제시된 기간 동안 내원 1일당 진료비가 70천 원 이상 80천 원 미만인 연령대의 수는 2018년에 45~49세, 50~54세, 55~59세로 3개, 2019년에 30~34세, 35~39세, 40~44세, 45~49세로 4개, 2020년에 20~24세, 25~29세로 2개이므로 옳지 않은 설명이다.

40 수리능력   정답 ③

제시된 자료에 따르면 연도별 50~59세 내원 1일당 진료비는 2018년에 {(77,568 × 74.5) + (95,680 × 78.9)} × 1,000,000 / (77,568 + 95,680) × 1,000 ≒ 76,930원 ≒ 77천 원, 2019년에 {(78,443 × 80.7) + (94,249 × 85.5)} × 1,000,000 / (78,443 + 94,249) × 1,000 ≒ 83,320원 ≒ 83천 원, 2020년에 {(71,901 × 89.9) + (83,623 × 95.1)} × 1,000,000 / (71,901 + 83,623) × 1,000 ≒ 92,696원 ≒ 93천 원이지만, 그래프에서는 매년 100천 원보다 높게 나타나므로 옳지 않은 그래프는 ③이다.

오답 체크

① 70~74세 연도별 내원일수는 2018년에 82,155천 일, 2019년에 86,051천 일, 2020년에 80,902천 일이고, 75~79세 연도별 내원일수는 2018년에 82,525천 일, 2019년에 82,780천 일, 2020년에 73,797천 일이므로 옳은 그래프이다.
② 2019년 내원일수는 20~29세가 27,718 + 35,175 = 62,893천 일, 30~39세가 38,595 + 49,493 = 88,088천 일이므로 옳은 그래프이다.
④ 제시된 기간 내원일수 연평균은 60~64세가 (95,168 + 100,444 + 95,045) / 3 ≒ 96,886천 일, 65~69세가 (87,092 + 91,490 + 89,491) / 3 ≒ 89,358천 일이므로 옳은 그래프이다.

[41-43]

제시된 자료에 따르면 4명의 업무 항목별 평점은 다음과 같다.

구분	실적	지식	판단력	수행능력	총점
갑	2 × 1.3 = 2.6점	3점	2점	1 × 1.3 = 1.3점	8.9점
을	2 × 1.3 = 2.6점	5점	1점	2 × 1.3 = 2.6점	11.2점
병	3 × 1.3 = 3.9점	3점	3점	2 × 1.3 = 2.6점	12.5점
정	2 × 1.3 = 2.6점	3점	3점	5 × 1.3 = 6.5점	15.1점

또한, 4명의 비업무 항목별 평점은 다음과 같다.

구분	근무태도	협조성	성실성	근무 의욕	발전 가능성	총점
갑	3 × 1.2 = 3.6점	2점	2 × 1.1 = 2.2점	1점	5 × 1.1 = 5.5점	14.3점
을	5 × 1.2 = 6점	3점	3 × 1.1 = 3.3점	2점	3 × 1.1 = 3.3점	17.6점
병	2 × 1.2 = 2.4점	3점	3 × 1.1 = 3.3점	3점	2 × 1.1 = 2.2점	13.9점
정	3 × 1.2 = 3.6점	3점	1 × 1.1 = 1.1점	5점	2 × 1.1 = 2.2점	14.9점

41 문제해결능력   정답 ③

수행능력 항목에서 A 등급을 받아 최고 등급을 받은 정의 최종 점수는 15.1 + 14.9 = 30점이고, D 등급을 받아 최저 등급을 받은 갑의 최종 점수는 8.9 + 14.3 = 23.2점임에 따라 정과 갑의 최종 점수 차이는 30 - 23.2 = 6.8점이므로 옳은 내용이다.

오답 체크

① 비업무 항목의 각 인원별 총점은 갑이 14.3점, 을이 17.6점, 병이 13.9점, 정이 14.9점으로 비업무 항목만을 고려하였을 때 가장 낮은 평점을 받는 직원은 병이므로 옳지 않은 내용이다.
② 우수 직원 선정 시 근무태도 평점에 20%의 가중치를 부여하고, 성실성 항목에 10%의 가중치를 부여하므로 옳지 않은 내용이다.
④ 협조성 항목에서 C 등급을 받아 전략사업팀 직원 중 가장 낮은 평점을 받은 갑은 발전 가능성 항목에서 A 등급을 받았으며 가중치에 따라 5 × 1.1 = 5.5점을 받았으므로 옳지 않은 내용이다.

42 문제해결능력   정답 ④

'1. 선정 방법'에 따르면 가중치를 부여하여 산출된 각 항목의 평점과 나머지 항목의 평점을 합산하여 최종 점수가 가장 높은 사람이 그해의 우수 직원으로 선정되므로 최종 점수는 갑이 8.9 + 14.3 = 23.2점, 을이 11.2 + 17.6 = 28.8점, 병이 12.5 + 13.9 = 26.4점, 정이 15.1 + 14.9 = 30점이다.
따라서 우수 직원으로 선정되는 사람은 최종 점수가 가장 높은 '정'이다.

43 문제해결능력   정답 ②

변경된 규정에 따르면 4명의 항목별 평점은 다음과 같다.

구분	실적	수행능력	근무태도	성실성	총점
갑	2 × 1.5 = 3점	1점	3점	2점	9점
을	2 × 1.5 = 3점	2점	5점	3점	13점
병	3 × 1.5 = 4.5점	2점	2점	3점	11.5점
정	2 × 1.5 = 3점	5점	3점	1점	12점

따라서 변경된 규정을 적용하였을 때, 우수 직원으로 선정되는 사람은 최종 점수가 가장 높은 '을'이다.

[44-45]
44 문제해결능력   정답 ②

'1. 공모 부문'에 따르면 시공지 공모 부문에는 우수한 산림 복원 신기술 및 신공법을 적용한 0.2ha 이상의 시공지 사례를 공모할 수 있으므로 옳지 않은 내용이다.

오답 체크

① '3. 심사 절차'에 따르면 1차 심사는 서류 심사, 2차 심사는 현장 및 PPT 발표 심사이고, '4. 심사 기준'에 따르면 심사 항목 중 실현가능성과 기술성의 배점은 1차에서 각각 25점, 2차에서 각각 30점이므로 옳은 내용이다.
③ '5. 유의 사항'에 따르면 타 부처 기술 및 공법으로 참가할 수 있지만 산림 복원 사업에 적용이 가능한 기술로 한정하므로 옳은 내용이다.
④ '3. 심사 절차'에 따르면 1차 심사에서는 서류 심사 결과에 따라 아이디어 부문에서 총점이 높은 5개의 사례를 선정하므로 옳은 내용이다.

45 문제해결능력   정답 ④

'3. 심사 절차'와 '4. 심사 기준'에 따르면 최종 순위는 2차 심사의 결과에 따라 결정하고, 2차 심사의 총점이 동일한 경우 1차 점수가 더 높은 지원자가 더 높은 순위를 차지한다. 이에 따라 변경 전에는 2차 점수가 87점으로 가장 높은 B 단체와 C 협회 중 1차 점수가 더 높은 C 협회가 1위를 차지하고, 변경 후에는 2차 점수가 88점으로 가장 높은 B 단체와 D 단체 중 1차 점수가 더 높은 D 단체가 1위를 차지한다.
따라서 변경 전 최종 순위 1위와 변경 후 최종 순위 1위를 순서대로 바르게 나열한 것은 'C 협회 - D 단체'이다.

[46-47]

46 문제해결능력 정답 ①

3문단에 따르면 고령자 맞춤형 스마트 돌봄 시범사업을 위해 국토부는 영구임대주택 시설에 대한 총괄지원을 하였고, 사단법인 복지마을에서 스마트 돌봄 기기를 개발 및 설치하였으므로 옳지 않은 내용이다.

오답 체크

② 4문단에 따르면 성남 위례 고령자복지주택은 고령자를 위한 급식 지원, 정서 상담 등의 복지서비스를 제공하고 있으므로 옳은 내용이다.
③ 5문단에 따르면 고령자 맞춤형 스마트 돌봄 시범사업을 통해 축적된 빅데이터를 평면 설계, 단지 배치, 복지서비스, 시설 개선 등에 적용하여 임대주택을 질적으로 개선할 예정이므로 옳은 내용이다.
④ 4문단에 따르면 임대주택과 사회복지시설이 복합 조성된 시흥 은계 고령자복지주택에서 단지 내 건강한 노인이 도움이 필요한 노인의 가정을 방문하여 말벗이 되거나 취미생활을 공유하는 노노케어 사업을 실시하고 있으므로 옳은 내용이다.

47 문제해결능력 정답 ④

4문단에 따르면 장성 영천 고령자복지주택에서는 지역 어르신이 경로 식당, 인지 향상 프로그램, 원예 교실 등 복지프로그램을 이용하고 있으며, 시흥 은계 고령자복지주택에서는 단지 내 건강한 노인이 도움이 필요한 노인의 가정을 방문하여 말벗이 되거나 취미생활을 공유하는 노노케어 사업 등을 실시하고 있으므로 옳지 않은 내용이다.
따라서 보도자료를 잘못 이해한 사람은 '소희'이다.

오답 체크

① 3문단에 따르면 국토부와 L 공사는 임대주택과 돌봄을 함께 제공하는 고령자복지주택의 대상지를 선정하여 2025년까지 1만 호를 공급할 계획이므로 옳은 내용이다.
② 1문단에 따르면 영구임대주택에서는 돌봄 대상자 외출 시 동선이 파악되어 위급 상황이 발생하면 신속한 대처가 가능하고, 2문단에 따르면 고령자 맞춤형 스마트 돌봄 시범사업을 통해 24시간 스마트 돌봄 서비스가 제공되므로 옳은 내용이다.
③ 3문단에 따르면 고령자복지주택 내 공공임대주택과 함께 조성되는 사회복지시설에는 개소당 27.3억 원의 건설비가 지원되므로 옳은 내용이다.

[48-50]

48 문제해결능력 정답 ③

'3. 긴급진료병상별 지원 조건'에 따르면 순중증 및 특수병상은 300병상 이상이 있는 종합병원이 지원 대상이며, 지자체에서 별도로 요청할 경우 300병상 미만의 종합병원도 신청 가능하므로 옳지 않은 내용이다.

오답 체크

① '4. 지원 절차'에 따르면 긴급치료병상 확충 비용을 지원받게 될 의료기관에 대한 검토는 지자체와 공단이 함께 진행하므로 옳은 내용이다.
② '1. 지원 목적'에 따르면 긴급치료병상은 평상 시 일반환자 진료 시설로 운영이 가능하며, 감염병 위기 등 유사시 음압격리병상으로 전환하여 감염병 환자 진료를 위해 사용하는 병상이므로 옳은 내용이다.
④ '2. 지원 내용 – 1)'에 따르면 이동 가능 가구 등의 비품비는 지원하지 않으므로 옳은 내용이다.

49 문제해결능력 정답 ④

A는 이의 신청을 하지 않는다는 전제 하에 지원금을 11월 1일에 받고자 하며, '4. 지원 절차'에 따르면 지원자의 선택 사항인 이의 신청에 따라 재심사가 진행되며, 이외의 모든 절차는 반드시 진행된다고 하였다. 공단에 제출된 신청서는 공단이 당일 접수 처리하며, 이후 모든 절차는 각각 7일이 소요되므로 11월 1일에 공단으로부터 지원금을 받으려면 공단의 지원금 결정 통보가 이로부터 일주일 전에 이루어져야 하므로 10월 25일에 진행되어야 하고, 10월 25일에 공단의 지원금 결정이 통보되려면 위원회의 신청내용 심사가 이로부터 일주일 전에 이루어져야 하므로 10월 18일에 진행되어야 한다. 또한, 10월 18일에 위원회의 신청내용이 심사되려면 지자체 및 공단의 대상 의료기관 검토가 이로부터 일주일 전에 이루어져야 하므로 10월 11일에 진행되어야 하고, 10월 11일에 지자체 및 공단으로부터 대상 의료기관이 검토되려면 공단의 신청서 접수가 10월 4일에 진행되어야 한다. 이때 접수된 신청서는 당일 제출된 신청서이므로 10월 4일에 신청서를 접수해야 한다.
따라서 A가 긴급치료병상 확충 비용 지원 신청서를 접수해야 하는 날짜는 10월 4일이다.

50 문제해결능력 정답 ①

'3. 긴급치료병상별 지원 조건'에 따르면 준중증 병상의 신청 조건은 300병상 이상의 종합병원이 해당하므로 신청 병상이 준중증이지만 기관 종류가 병원인 B 의료기관은 신청 조건에 충족하지 않는다. 또한, 특수병상의 경우 병원급도 신청 가능하지만, 지자체에서 별도로 요청을 했을 경우에 신청할 수 있으므로 지자체가 요청하지 않은 C 의료기관은 신청 조건에 충족하지 않음에 따라 신청 조건을 충족한 의료기관은 A와 D이다. '2. 지원 내용 – 2)'에 따르면 총 소요비용의 50%가 지원금이며, 중증 및 특수병상은 최대 2.1억 원까지, 준중증병상은 최대 1.35억 원까지 지원한다. 이때 중증병상을 신청한 A 의료기관의 총 소요비용은 3억 원이므로 3×0.5=1.5억 원을 지원받고, 준중증병상을 신청한 D 의료기관의 총 소요비용은 3억 원이므로 3×0.5=1.5억 원을 지원받을 수 있지만, 최대 1.35억 원까지 지원함에 따라 1.35억 원을 지원받을 수 있다.
따라서 네 개의 기관 중 선정될 수 있는 A 의료기관과 D 의료기관이 최대 지원받을 수 있는 금액의 총합은 1.5+1.35=2.85억 원이다.

[51-53]
51 문제해결능력 정답 ①

2문단에 따르면 총 비대면 진료 736만 건 중 재진이 600만 건, 초진이 136만 건임에 따라 재진 건수는 초진 건수보다 600 / 136 ≒ 4.4배 더 높으므로 옳지 않은 내용이다.

오답 체크
② 6문단에 따르면 한시적 비대면 진료를 실시하는 동안 비대면 진료에 따른 심각한 의료사고는 확인되지 않았으므로 옳은 내용이다.
③ 4문단에 따르면 처방지속성은 처방일수율과 적정 처방지속군 비율을 통해 확인할 수 있으며, 처방일수율은 평가 기간 동안 관련 약제를 투약받은 총 기간이므로 옳은 내용이다.
④ 3문단에 따르면 의원급 의료기관의 진료 건수는 전체 진료 건수의 86.2%를 차지했으므로 옳은 내용이다.

52 문제해결능력 정답 ②

5문단에 따르면 전화상담 처방 진료를 받은 환자 또는 가족 500명을 대상으로 실시한 만족도 조사 결과에서 응답자의 약 78%가 '비대면 진료 이용에 만족한다'라고 답변하였으며, 해당 응답자의 약 88%가 '재이용 의향이 있다'라고 응답하였으므로 위 보도자료를 잘못 이해한 사람은 '지원'이다.

오답 체크
① 4문단에 따르면 비대면 진료에 대한 연구에서는 고령층일수록 비대면 진료 이용자의 고혈압, 당뇨병에 대한 처방일수율과 적정 처방지속군 비율 증가율이 높아지는 경향을 보였으므로 옳은 내용이다.
③ 2문단에 따르면 비대면 진료가 처음 허용된 이후 3,661만 건의 비대면 진료가 실시되었으며, 일반적인 현황을 파악하기 위해 코로나19 확진자의 코로나19 관련 질환을 대상으로 실시된 재택치료 2,925만 건을 제외한 736만 건에 대해 분석하였으므로 옳은 내용이다.
④ 1문단에 따르면 최근 정부는 제2차 의료현안협의체에서 대한의사협회가 제안하는 방안을 수용하여, 대면 진료 원칙하에서 국민건강 증진이라는 목적 달성을 위해 비대면 진료를 보조적으로 활용하고, 재진환자와 의원급 의료기관 중심으로 실시하되, 비대면 진료 전담 의료기관은 금지한다는 제도화 추진 원칙에 대해 합의하였으므로 옳은 내용이다.

53 문제해결능력 정답 ②

5문단에 따르면 국민건강보험공단에서 설문조사를 실시한 대상인 전화상담 처방 진료를 받은 환자 또는 가족 500명과 동일한 사람들을 대상으로 보건산업진흥원이 설문조사를 실시하였으며, 응답자의 62.3%가 '비대면 진료 이용에 만족한다'라고 응답하였으므로 500 × 0.623 ≒ 312명이다.
따라서 보건산업진흥원에서 실시한 설문조사에서 '비대면 진료 이용에 만족한다'라고 답을 한 사람은 약 312명이다.

[54-55]
54 문제해결능력 정답 ②

'2. 신청 자격'에 따르면 고용자가 50인 이상인 기업은 최근 1년간 고용 증가 인원이 3명 이상이어야 하므로 22년 말 기준 근로자 수가 21년 말 대비 66 – 60 = 6명 증가한 B 기업, 130 – 120 = 10명 증가한 C 기업, 88 – 85 = 3명 증가한 E 기업은 신청 자격에 부합하고, 고용자가 50인 미만인 기업은 최근 1년간 고용 증가 인원이 1명 이상이어야 하므로 2022년 말 기준 근로자 수가 2021년 말 대비 36 – 33 = 3명 증가한 A 기업과 49 – 48 = 1명 증가한 D 기업도 신청 자격에 부합한다. '3. 제한 자격'에 따르면 사업을 개시한 지 10년 이상인 기업과 기간제 근로자, 일용직 근로자 등 단기간 근로자를 5명 이상 고용하고 있는 기업은 제한 자격에 부합하므로 사업 개시 경과 연수가 12년인 C 기업과 일용직 근로자 6명을 고용하고 있는 B 기업은 사업에 신청할 수 없다. 또한, 고용 증가율이 3% 미만인 기업은 제한 자격에 부합하므로 고용 증가율이

{(49−48) / 48} × 100 ≒ 2.1%인 D 기업은 사업에 신청할 수 없고, 고용 증가율이 {(36−33) / 33} × 100 ≒ 9.1%인 A 기업과 {(88−85) / 85} × 100 ≒ 3.5%인 E 기업은 사업에 신청할 수 있다.
따라서 2022년 말 기준 위 사업에 신청할 수 있는 기업은 'A 기업, E 기업'이다.

55 문제해결능력   정답 ③

'4. 선정 기준'에 따르면 100점 만점 중 총점이 70점 이상인 기업에서 가장 높은 점수를 얻은 기업이 선정되므로 기업별 총점은 갑 기업이 53 + 34 = 87점, 을 기업이 60 + 29 = 89점, 병 기업이 56 + 33 = 89점, 정 기업이 57 + 30 = 87점으로 가장 높은 점수를 얻은 기업은 을 기업과 병 기업이다.
이때 총점이 동일한 기업이 2개 이상일 경우 최근 3년 평균 부채비율 증가율 점수가 더 높은 기업이 선정되며 증가율이 낮을수록 높은 점수를 받으므로 기업별 최근 3년 평균 부채비율 증가율은 을 기업이 (120,000,000 / 150,000,000) × 100 = 80%, 병 기업이 (160,000,000 / 210,000,000) × 100 ≒ 76.2%로 평균 부채비율 증가율 점수가 더 높은 기업은 병 기업이다.
따라서 최종적으로 선정되는 기업은 '병 기업'이다.

[56-57]
56 문제해결능력   정답 ②

상황에 따르면 유나의 월평균 데이터 사용량은 70GB이므로 Q1, Q2, Q3 중 가장 저렴한 Q3 요금제를 선택하면 월정액 요금은 69,000원이다. 또한, 파손보험과 피싱보호 부가서비스를 가입하므로 각각 5,500원과 1,000원이 가산된다. 이때, 유나는 2년 약정으로 공시지원금을 받고 나머지 이동전화 단말기 값은 일시불로 납부하므로 추가되는 단말기 값은 없다.
따라서 유나가 Q 통신사에 매월 납부할 총금액은 69,000 + 5,500 + 1,000 = 75,500원이다.

57 문제해결능력   정답 ③

승혁이는 2020년 8월에 이동전화 요금제 중 월정액 요금이 30,000원인 Q6 요금제와 인터넷 요금제 중 월정액 요금이 45,000원인 인터넷 A 요금제를 사용했으므로 옳지 않은 내용이다.

오답 체크
① 승혁이의 2020년 8월 이동전화 및 인터넷 이용 요금은 35,000 + 2,700 − 8,000 + 45,000 + 2,300 − 22,000 = 55,000원이므로 옳은 내용이다.
② 승혁이는 2020년 4월부터 7월까지 총 69,000 + 35,000 + 72,120 + 58,730 = 234,850원의 이동전화 및 인터넷 이용 요금을 납부하였으므로 옳은 내용이다.
④ 승혁이는 2020년 5월 16일부터 Q 통신사의 이동전화와 인터넷 서비스를 모두 이용하여 결합할인을 받아 안심옵션을 무료로 제공받았으므로 옳은 내용이다.

[58-60]
58 문제해결능력   정답 ④

'5. 선정 절차 및 기준 − 1)'에 따르면 서류 점수 고득점 순으로 전체 지원 기업 중 24개를 선정하며, 동점자의 경우 모두 선정하므로 옳은 내용이다.

오답 체크
① '2. 모집 대상'에 따르면 신청 기간의 첫날을 기준으로 설립 만 7년 이하의 보건·복지·환경 분야 사회적경제기업 또는 중소기업이므로 옳지 않은 내용이다.
② '4. 신청 방법 − 3)'에 따르면 사업 신청 시 제출해야 하는 기본 서류는 PDF 파일로 변환하여 제출해야 하는 참가 신청 내역서 1부, 참가 신청서 1부, 기업 정보 수집·이용·제공 동의서 1부, 신청기업 자체 진단표 1부로 총 4부이므로 옳지 않은 내용이다.
③ '3. 지원 내용'에 따르면 기업당 최대 1,400만 원의 글로벌 성장 바우처를 지원하며, 선정된 기업은 한도 내에서 해외판로 세부 사업 중복 선택이 가능하다. 이때 바이어 매칭 서비스와 통번역 서비스를 선택한 기업은 7,000 + 3,500 = 10,500천 원의 지원을 받게 되어 지원 한도가 3,500천 원인 해외 홍보물 제작을 추가로 선택할 수 있으므로 옳지 않은 내용이다.

59 문제해결능력   정답 ②

'5. 선정 절차 및 기준 − 1)'에 따르면 서류 점수는 기업의 평가 항목 점수에 각 가중치를 곱한 값으로 산출되며, 평가 항목별 가중치는 핵심 기술력이 0.3, 품목 시장성이 0.4, 프로젝트 적합성이 0.3이다. 또한, '5. 선정 절차 및 기준 − 2'에 따르면 발표 심사는 업체현황, 사업계획 적정성, 기대효과를 기준으로 종합적으로 평가하며, 발표 점수는 항목별 점수의 총합을 산술평균한 값으로 산출되고 소수점 첫째 자리에서 반올림하므로 각 기업의 서류 점수, 발표 점수는 다음과 같다.

구분	서류 심사 결과				발표 심사 결과			
	핵심 기술력	품목 시장성	프로젝트 적합성	점수	업체 현황	사업계획 적정성	기대 효과	점수
갑 기업	90 × 0.3 = 27점	80 × 0.4 = 32점	60 × 0.3 = 18점	27 + 32 + 18 = 77점	50점	75점	90점	(50 + 75 + 90) / 3 ≒ 72점
을 기업	60 × 0.3 = 18점	70 × 0.4 = 28점	60 × 0.3 = 18점	18 + 28 + 18 = 64점	85점	90점	55점	(85 + 90 + 55) / 3 ≒ 77점
병 기업	100 × 0.3 = 30점	50 × 0.4 = 20점	80 × 0.3 = 24점	30 + 20 + 24 = 74점	60점	90점	75점	(60 + 90 + 75) / 3 = 75점
정 기업	80 × 0.3 = 24점	60 × 0.4 = 24점	70 × 0.3 = 21점	24 + 24 + 21 = 69점	80점	80점	75점	(80 + 80 + 75) / 3 ≒ 78점

따라서 서류 점수가 77점으로 가장 높은 기업은 갑 기업이며, 발표 점수가 78점으로 가장 높은 기업은 정 기업이다.

60 문제해결능력 정답 ②

'4. 신청 방법 - 3)'에 따르면 기업 증빙 서류는 사업자 등록증 1부, 중소기업 확인서 또는 사회적 경제기업 확인서 1부, 최근 3개년 재무제표 1부, 국세 및 지방세 완납 증명서 각 1부로 총 5개의 서류를 제출해야 하므로 총 구비한 서류가 4개인 A 기업은 지방세 완납 증명서 1부를 구비하지 않았다. 또한, 국세 및 지방세 완납 증명서의 발급일자는 20X3. 5. 25. 이후로 국세 완납 증명서 1부의 발급일자가 20X3. 5. 2.인 C 기업은 서류를 모두 구비하지 않았으며, 신청 첫날을 기준으로 설립한지 3년 미만인 기업만이 설립 날짜부터 신청 첫날까지에 해당하는 내용을 제출하므로 20X0. 1. 1. ~ 20X2. 12. 31.에 해당하는 3개년 재무제표를 구비해야 하는 D 기업은 서류를 모두 구비하지 않았다.
따라서 건강보험 해외판로 지원사업에 지원한 기업 중 기업 증빙 서류를 모두 구비한 기업은 B 기업이다.

국민건강보험법

p.226

01	02	03	04	05	06	07	08	09	10
④	③	②	④	②	①	④	④	②	②
11	12	13	14	15	16	17	18	19	20
①	①	②	③	③	③	②	③	②	③

01　정답 ④

국민건강보험법 제92조에 따라 국민건강보험법이나 국민건강보험법에 따른 명령에 규정된 기간의 계산에 관하여 국민건강보험법이 정한 사항 외에는 헌법이 아닌 「민법」의 기간에 관한 규정을 준용한다.

02　정답 ③

국민건강보험법 제73조 제1항, 제2항에 따라 ㉠에 들어갈 숫자는 80, ㉡에 들어갈 숫자는 50이다.

03　정답 ②

국민건강보험법 제3조 제2호에 따라 사용자란 근로자가 소속되어 있는 사업장의 사업주, 공무원이 소속되어 있는 기관의 장으로서 대통령령으로 정하는 사람, 교직원이 소속되어 있는 사립학교를 설립·운영하는 자 중 어느 하나에 해당하는 자를 말하므로 사용자에 해당하는 것은 ㉡, ㉣로 2개이다.

🔍 더 알아보기

정의(제3조)

이 법에서 사용하는 용어의 뜻은 다음과 같다.
1. "근로자"란 직업의 종류와 관계없이 근로의 대가로 보수를 받아 생활하는 사람(법인의 이사와 그 밖의 임원을 포함한다)으로서 공무원 및 교직원을 제외한 사람을 말한다.
2. "사용자"란 다음 각 목의 어느 하나에 해당하는 자를 말한다.
   가. 근로자가 소속되어 있는 사업장의 사업주
   나. 공무원이 소속되어 있는 기관의 장으로서 대통령령으로 정하는 사람
   다. 교직원이 소속되어 있는 사립학교(「사립학교교직원 연금법」제3조에 규정된 사립학교를 말한다. 이하 이 조에서 같다)를 설립·운영하는 자
3. "사업장"이란 사업소나 사무소를 말한다.
4. "공무원"이란 국가나 지방자치단체에서 상시 공무에 종사하는 사람을 말한다.
5. "교직원"이란 사립학교나 사립학교의 경영기관에서 근무하는 교원과 직원을 말한다.

04　정답 ④

국민건강보험법 제76조에 따라 직장가입자의 보수월액보험료는 직장가입자와 동조 각 호의 구분에 따른 자가 각각 보험료액의 100분의 50씩 부담하되, 직장가입자가 교직원으로서 사립학교에 근무하는 교원이면 보험료액은 그 직장가입자가 100분의 50을, 제3조 제2호 다목에 해당하는 사업주(교직원이 소속되어 있는 사립학교를 설립 및 운영하는 자)가 100분의 30을, 국가가 100분의 20을 각각 부담하므로 정답은 ④이다.

05　정답 ②

국민건강보험법 제91조 제1항 제4호에 따라 보험급여 비용을 받을 권리는 3년 동안 행사하지 아니하면 소멸시효가 완성되므로 옳지 않은 설명이다.

🔍 더 알아보기

시효(제91조)

① 다음 각 호의 권리는 3년 동안 행사하지 아니하면 소멸시효가 완성된다.
   1. 보험료, 연체금 및 가산금을 징수할 권리
   2. 보험료, 연체금 및 가산금으로 과오납부한 금액을 환급받을 권리
   3. 보험급여를 받을 권리
   4. 보험급여 비용을 받을 권리
   5. 제47조 제3항 후단에 따라 과다납부된 본인일부부담금을 돌려받을 권리
   6. 제61조에 따른 근로복지공단의 권리
② 제1항에 따른 시효는 다음 각 호의 어느 하나의 사유로 중단된다.
   1. 보험료의 고지 또는 독촉
   2. 보험급여 또는 보험급여 비용의 청구

③ 휴직자 등의 보수월액보험료를 징수할 권리의 소멸시효는 제79조 제5항에 따라 고지가 유예된 경우 휴직 등의 사유가 끝날 때까지 진행하지 아니한다.
④ 제1항에 따른 소멸시효기간, 제2항에 따른 시효 중단 및 제3항에 따른 시효 정지에 관하여 이 법에서 정한 사항 외에는 「민법」에 따른다.

06 정답 ①

국민건강보험법 제34조에 따르면 국민건강보험공단 재정운영위원회는 직장가입자, 지역가입자, 공익을 대표하는 위원으로 구성되며, 각 10명으로 동일한 비율로 구성되므로 적절하지 않은 설명이다.

07 정답 ④

국민건강보험법 제4조 제7항에 따라 ㉢에 들어갈 내용은 대통령령이다.

08 정답 ④

국민건강보험법 제102조 제1호, 제115조 제1항에 따라 공단, 심사평가원 및 대행청구단체에 종사하였던 사람 또는 종사하는 사람이 가입자 및 피부양자의 개인정보를 누설하거나 직무상 목적 외의 용도로 이용 또는 정당한 사유 없이 제3자에게 제공하면 5년 이하의 징역 또는 5천만 원 이하의 벌금에 처한다.

09 정답 ②

신용보증기금은 제14조 제1항 제11호에 따른 업무에 소요되는 비용을 사용하기 위하여 지급받는 출연금에 해당하지 않는다.

> **더 알아보기**
> **출연금의 용도 등(국민건강보험법 제114조 제1항)**
> ① 국민건강보험공단은 「국민연금법」, 「산업재해보상보험법」, 「고용보험법」 및 「임금채권보장법」에 따라 국민연금기금, 산업재해보상보험 및 예방기금, 고용보험기금 및 임금채권보장기금으로부터 각각 지급받은 출연금을 제14조 제1항 제11호에 따른 업무에 소요되는 비용에 사용하여야 한다.

10 정답 ②

국민건강보험법 제94조 제1항에 따르면 국민건강보험공단은 사용자, 직장가입자 및 세대주에게 가입자의 거주지 변경, 가입자의 보수·소득, 그 밖에 건강보험사업을 위하여 필요한 사항을 신고하게 하거나 전자적 방법으로 기록된 것을 포함한 관계 서류를 제출하게 할 수 있으므로 옳지 않은 설명이다.

11 정답 ①

국민건강보험법 제37조에 따라 국민건강보험공단은 지출할 현금이 부족한 경우에는 차입할 수 있지만, 1년 이상 장기로 차입하려면 보건복지부 장관의 승인을 받아야 하므로 빈칸에 들어갈 내용으로 옳은 것은 1년이다.

12 정답 ①

국민건강보험법 제71조에 따라 보수 외 소득이 대통령령으로 정하는 금액을 초과하는 경우 소득월액은 (연간 보수 외 소득 − 대통령령으로 정하는 금액) × (1/12)이다.
따라서 직장가입자 A 씨의 소득월액은 (4,000 − 3,400) × (1/12) = 50만 원이다.

13 정답 ②

국민건강보험법 제99조 제2항에 따라 보건복지부 장관은 국민 건강에 심각한 위험을 초래할 것이 예상되는 등 특별한 사유가 있다고 인정되는 때 해당 약제에 대한 요양급여비용 총액의 100분의 60을 넘지 아니하는 범위에서 과징금을 부과·징수할 수 있으므로 甲 요양기관에 최대 1,163,000 × 0.6 = 697,800원의 과징금이 부과·징수될 수 있다.
국민건강보험법 제99조 제2항에 따라 보건복지부 장관은 환자 진료에 불편을 초래하는 등 공공복리에 지장을 줄 것으로 예상되는 때 해당 약제에 대한 요양급여비용 총액의 100분의 200을 넘지 아니하는 범위에서 과징금을 부과·징수할 수 있으므로 乙 요양기관에 최대 522,000 × 2 = 1,044,000원의 과징금이 부과·징수될 수 있다.
따라서 ㉠에 들어갈 내용은 697,800원, ㉡에 들어갈 내용은 1,044,000원이다.

14 정답 ③

국민건강보험법 제52조에 따르면 영유아건강검진 대상자는 6세 미만의 가입자 및 피부양자이므로 옳지 않은 설명이다.

15　정답 ③

국민건강보험법 제87조 및 제88조에 따라 ㉠~㉤ 중 심판청구에 대한 설명으로 옳지 않은 것은 ㉡, ㉣, ㉤이다.
㉡ 국민건강보험법 제87조 제3항에 따라 이의신청은 처분이 있음을 안 날부터 90일 이내에 전자문서를 포함한 문서로 하여야 하므로 옳지 않은 설명이다.
㉣ 국민건강보험법 제88조 제2항에 따라 심판청구를 하려는 자는 대통령령으로 정하는 심판청구서를 처분을 한 국민건강보험공단 또는 건강보험심사평가원에 제출하거나 건강보험분쟁조정위원회에 제출하여야 하므로 옳지 않은 설명이다.
㉤ 국민건강보험법 제88조 제3항에 따라 심판청구의 절차, 방법, 결정 및 그 결정의 통지 등에 필요한 사항은 대통령령으로 정하므로 옳지 않은 설명이다.

오답 체크
㉠ 국민건강보험법 제88조 제1항에 따라 이의신청에 대한 결정에 불복하는 자는 건강보험분쟁조정위원회에 심판청구를 할 수 있으므로 옳은 설명이다.
㉢ 국민건강보험법 제87조 제3항에 따라 이의신청은 처분이 있은 날부터 180일을 지나면 제기하지 못하지만, 정당한 사유로 그 기간에 이의신청을 할 수 없었음을 소명한 경우에는 그러하지 아니하므로 옳은 설명이다.

16　정답 ③

국민건강보험법 제58조 및 제59조에 따라 ㉠~㉣ 중 구상권 및 수급권 보호에 대한 설명으로 옳은 것은 ㉡, ㉢이다.

오답 체크
㉠ 국민건강보험법 제59조 제2항에 따라 요양비등수급계좌에 입금된 요양비등은 압류할 수 없으므로 옳지 않은 설명이다.
㉣ 국민건강보험법 제59조 제1항에 따라 보험급여를 받을 권리는 양도하거나 압류할 수 없으므로 옳지 않은 설명이다.

17　정답 ②

국민건강보험법 제21조 제4항에 따라 징수이사추천위원회는 모집한 사람을 보건복지부령으로 정하는 징수이사 후보 심사기준에 따라 심사하여야 하며, 징수이사 후보로 추천될 사람과 계약 조건에 관하여 협의하여야 하므로 옳은 설명이다.

오답 체크
① 국민건강보험법 제21조 제1항에 따라 징수이사는 경영, 경제 및 사회보험에 관한 학식과 경험이 풍부한 사람으로서 보건복지부령으로 정하는 자격을 갖춘 사람 중에서 선임하므로 옳지 않은 설명이다.
③ 국민건강보험법 제21조 제3항에 따라 징수이사추천위원회는 주요 일간신문에 징수이사 후보의 모집 공고를 하여야 하며, 이와 별도로 적임자로 판단되는 징수이사 후보를 조사하거나 전문단체에 조사를 의뢰할 수 있으므로 옳지 않은 설명이다.
④ 국민건강보험법 제21조 제5항에 따라 이사장은 심사와 협의 결과에 따라 징수이사 후보와 계약을 체결하여야 하며, 제6항에 따라 계약 조건에 관한 협의, 계약 체결 등에 필요한 사항은 보건복지부령으로 정하므로 옳지 않은 설명이다.

18　정답 ③

국민건강보험법 제54조에 따라 보험급여를 받을 수 있는 사람이 국외에 체류하는 경우 그 기간에는 보험급여를 하지 아니하므로 옳지 않은 설명이다.

19　정답 ②

국민건강보험법 제77조 제2항에 따라 지역가입자의 보험료는 그 가입자가 속한 세대의 지역가입자 전원이 연대하여 납부하지만, 소득 및 재산이 없는 미성년자와 소득 및 재산 등을 고려하여 대통령령으로 정하는 기준에 해당하는 미성년자는 납부 의무를 부담하지 아니하므로 빈칸에 들어갈 내용으로 옳은 것은 미성년자이다.

20　정답 ③

국민건강보험법 제41조의2 제1항에 따르면 「약사법」 제47조 제2항에 따라 의약품공급자로부터 의약품의 판매촉진 업무를 위탁받은 자는 의약품 채택·처방유도·거래유지 등 판매촉진을 목적으로 약사·한약사·의료인·의료기관 개설자 또는 의료기관 종사자에게 경제적 이익 등을 제공하거나 이들로 하여금 약국 또는 의료기관이 경제적 이익 등을 취득하게 하여서는 아니 되고, 이 사항을 위반한 약제에 대하여 보건복지부 장관이 요양급여비용 상한금액의 100분의 20을 넘지 아니하는 범위에서 그 금액의 일부를 감액할 수 있으므로 甲 요양기관이 감액받는 금액 = 832,000 × 0.2 = 166,400원이다.
국민건강보험법 제41조의2 제2항에 따르면 보건복지부 장관은 제1항에 따라 요양급여비용의 상한금액이 감액된 약제가 감액된 날부터 5년의 범위에서 다시 제1항에 따른 감액의 대상이 된 경우에는 요양급여비용 상한금액의 100분의 40을 넘지 아니하는 범위에서 요양급여비용 상한금액의 일부를 감액할 수 있으므로 乙 요양기관이 감액받는 금액은 1,400,000 × 0.4 = 560,000원이다.
따라서 두 요양기관이 감액받는 금액의 합은 166,400 + 560,000 = 726,400원이다.

노인장기요양보험법

p.234

01	02	03	04	05	06	07	08	09	10
①	①	④	④	①	④	②	④	③	④
11	12	13	14	15	16	17	18	19	20
④	②	②	④	②	③	④	④	③	②

01 정답 ①

노인장기요양보험법 제31조 제1항에 따라 ㉠에 들어갈 말은 보건복지부령, 제13조 제2항에 따라 ㉡에 들어갈 말은 대통령령, 제55조 제5항에 따라 ㉢에 들어갈 말은 대통령령, 제69조 제3항에 따라 ㉣에 들어갈 말은 대통령령이다.
따라서 ㉠~㉣ 중 빈칸에 들어갈 말이 나머지와 다른 것은 ㉠이다.

02 정답 ①

노인장기요양보험법 제37조의5 제1항에 따라 빈칸에 들어갈 말은 1년이다.

03 정답 ④

노인장기요양보험법 제58조에 따라 국가는 매년 예산의 범위 안에서 해당 연도 장기요양보험료 예상수입액의 100분의 20에 상당하는 금액을 공단에 지원하므로 올해 장기요양보험료 예상수입액이 100억 원일 경우 국가로부터 지원받을 수 있는 금액은 20억 원이다.

04 정답 ④

노인장기요양보험법 제28조의2에 따르면 급여외행위에는 수급자의 가족만을 위한 행위, 수급자 또는 그 가족의 생업을 지원하는 행위, 그 밖에 수급자의 일상생활에 지장이 없는 행위가 포함되며, 수급자의 신체활동 또는 가사 활동, 간병 등을 지원하는 것은 노인장기요양보험의 도입 취지이므로 급여외행위에 해당하지 않는다.

05 정답 ①

㉠에 들어갈 숫자는 1, ㉡에 들어갈 숫자는 30이므로 ㉠ + ㉡ = 31이다.

06 정답 ④

노인장기요양보험법 제39조 제2항에 따라 보건복지부 장관은 제1항에 따른 재가 및 시설 급여비용을 정할 때 대통령령으로 정하는 바에 따라 국가 및 지방자치단체로부터 장기요양기관의 설립비용을 지원받았는지 여부 등을 고려할 수 있으므로 장기요양급여비용 등의 산정에 대해 잘못 설명한 사람은 丁이다.

[오답 체크]
①, ② 노인장기요양보험법 제39조 제3항에 따라 재가 및 시설 급여비용과 특별현금급여의 지급금액의 구체적인 산정방법 및 항목 등에 관하여 필요한 사항은 보건복지부령으로 정하므로 옳은 설명이다.
③ 노인장기요양보험법 제39조 제1항에 따라 보건복지부 장관은 매년 급여종류 및 장기요양등급 등에 따라 장기요양위원회의 심의를 거쳐 다음 연도의 재가 및 시설 급여비용과 특별현금급여의 지급금액을 정하여 고시하여야 하므로 옳은 설명이다.

07 정답 ②

노인장기요양보험법 제33조의2에 따르면 폐쇄회로 텔레비전을 설치·관리하는 자는 수급자의 안전과 장기요양기관의 보안을 위하여 최소한의 영상정보만을 적법하고 정당하게 수집하고, 목적 외의 용도로 활용하지 않아야 하므로 옳지 않은 설명이다.

08 정답 ④

노인장기요양보험법 제25조 제1항 및 제26조 제1항에 따라 ㉠에 들어갈 말은 '일부', ㉡에 들어갈 말은 '일부'이다.

09 정답 ③

㉠에 들어갈 말은 보건복지부령, ㉡에 들어갈 말은 보건복지부령, ㉢에 들어갈 말은 대통령령, ㉣에 들어갈 말은 보건복지부령이다.

따라서 ㉠~㉣ 중 빈칸에 들어갈 말이 나머지와 다른 것은 ㉢이다.

10 정답 ④

노인장기요양보험법 제32조의3에 따라 빈칸에 들어갈 숫자는 6이다.

11 정답 ④

노인장기요양보험법 제6조 및 제6조의2에 따라 ㉠~㉣ 중 장기요양기본계획 및 장기요양사업의 실태 조사에 대한 설명으로 옳은 것은 ㉡, ㉢, ㉣이다.
- ㉡ 노인장기요양보험법 제6조의2 제2항에 따라 실태조사의 방법과 내용 등에 필요한 사항은 보건복지부령으로 정하므로 옳은 설명이다.
- ㉢ 노인장기요양보험법 제6조의2 제1항에 따라 보건복지부 장관은 장기요양사업의 실태를 파악하기 위하여 3년마다 조사를 정기적으로 실시하고 그 결과를 공표해야 하므로 옳은 설명이다.
- ㉣ 노인장기요양보험법 제6조 제2항에 따라 지방자치단체의 장은 장기요양기본계획에 따라 세부시행계획을 수립·시행해야 하므로 옳은 설명이다.

오답 체크
- ㉠ 노인장기요양보험법 제6조 제1항에 따라 보건복지부 장관은 노인 등에 대한 장기요양급여를 원활하게 제공하기 위하여 5년 단위로 장기요양기본계획을 수립·시행해야 하므로 옳지 않은 설명이다.

12 정답 ②

노인장기요양보험법 제19조에 따라 빈칸에 들어갈 말은 1년이다.

13 정답 ②

노인장기요양보험법 제62조에 따라 빈칸에 들어갈 말은 장기요양기관이다.

14 정답 ④

노인장기요양보험법 제35조의3에 따라 보건복지부장관은 인권교육기관이 거짓이나 그 밖의 부정한 방법으로 지정을 받은 경우에는 그 지정을 취소해야 하므로 옳지 않은 설명이다.

15 정답 ②

노인장기요양보험법 제67조에 따라 본인부담금을 면제 또는 감경하는 행위는 2년 이하의 징역 또는 2천만 원 이하의 벌금에 처해질 수 있는 행위이지만 노인장기요양보험법 제69조에 따라 과태료 부과 대상은 아니다.

16 정답 ③

노인장기요양보험법 제37조의3에 따라 ㉠~㉣ 중 위반사실을 공표하는 경우에 해당하는 것은 ㉡, ㉢이다.

오답 체크
- ㉠ 장기요양기관이 폐업한 경우는 위반사실을 공표하지 않는 경우에 해당한다.
- ㉣ 장기요양기관이 재가 및 시설 급여비용을 거짓으로 청구한 금액이 1천만 원 이상이거나 거짓으로 청구한 금액이 장기요양급여비용 총액의 100분의 10 이상일 때 위반사실을 공표하는 경우에 해당한다.

🔍 더 알아보기

위반사실 등의 공표(노인장기요양보험법 제37조의3 제1항, 제2항)
① 보건복지부 장관 또는 특별자치시장·특별자치도지사·시장·군수·구청장은 장기요양기관이 거짓으로 재가·시설 급여비용을 청구하였다는 이유로 제37조 또는 제37조의2에 따른 처분이 확정된 경우로서 다음 각 호의 어느 하나에 해당하는 경우에는 위반사실, 처분내용, 장기요양기관의 명칭·주소, 장기요양기관의 장의 성명, 그 밖에 다른 장기요양기관과의 구별에 필요한 사항으로서 대통령령으로 정하는 사항을 공표하여야 한다. 다만, 장기요양기관의 폐업 등으로 공표의 실효성이 없는 경우에는 그러하지 아니하다.
  1. 거짓으로 청구한 금액이 1천만 원 이상인 경우
  2. 거짓으로 청구한 금액이 장기요양급여비용 총액의 100분의 10 이상인 경우
② 보건복지부 장관 또는 특별자치시장·특별자치도지사·시장·군수·구청장은 장기요양기관이 제61조 제2항에 따른 자료 제출 명령에 따르지 아니하거나 거짓으로 자료 제출을 한 경우나 질문 또는 검사를 거부·방해 또는 기피하거나 거짓으로 답변하였다는 이유로 제37조 또는 제37조의2에 따른 처분이 확정된 경우 위반사실, 처분내용, 장기요양기관의 명칭·주소, 장기요양기관의 장의 성명, 그 밖에 다른 장기요양기관과의 구별에 필요한 사항으로서 대통령령으로 정하는 사항을 공표하여야 한다. 다만, 장기요양기관의 폐업 등으로 공표의 실효성이 없는 경우 또는 장기요양기관이 위반사실 등의 공표 전에 제61조 제2항에 따른 자료를 제출하거나 질문 또는 검사에 응하는 경우에는 그러하지 아니하다.

17 정답 ④

노인장기요양보험법 제27조의2 제1항에 따라 정보통신장애나 그 밖에 대통령령으로 정하는 불가피한 사유로 특별현금급여를 특별현금급여수급계좌로 이체할 수 없을 때에는 현금 지급 등 대통령령으로 정하는 바에 따라 특별현금급여를 지급할 수 있으므로 옳지 않은 설명이다.

오답 체크
① 노인장기요양보험법 제27조의2 제2항에 따라 특별현금급여수급계좌가 개설된 금융기관은 특별현금급여만이 특별현금급여수급계좌에 입금되도록 관리해야 하므로 옳은 설명이다.
② 노인장기요양보험법 제27조의2 제1항에 따라 국민건강보험공단은 특별현금급여를 받는 수급자의 신청이 있는 경우에는 특별현금급여를 특별현금급여수급계좌로 입금해야 하므로 옳은 설명이다.
③ 노인장기요양보험법 제27조의2 제3항에 따라 특별현금급여를 받는 수급자의 신청방법과 특별현금급여의 지급 절차 및 특별현금급여수급계좌의 관리에 필요한 사항은 대통령령으로 정하므로 옳은 설명이다.

18 정답 ④

노인장기요양보험법 제4조에 따라 ㉠~㉣ 중 국가 및 지방자치단체의 책무 등에 대한 설명으로 옳은 것은 ㉢, ㉣이다.

오답 체크
㉠ 노인장기요양보험법 제4조 제2항에 따라 국가는 노인성질환예방사업을 수행하는 지방자치단체 또는 「국민건강보험법」에 따른 국민건강보험공단에 대해 이에 소요되는 비용을 지원할 수 있으므로 옳지 않은 설명이다.
㉡ 노인장기요양보험법 제4조 제5항에 따라 국가 및 지방자치단체는 장기요양급여가 원활히 제공될 수 있도록 국민건강보험공단에 필요한 행정적 또는 재정적 지원을 할 수 있으므로 옳지 않은 설명이다.

19 정답 ③

노인장기요양보험법 제35조에 따라 ㉠~㉣ 중 장기요양기관의 의무에 대한 설명으로 옳지 않은 것은 ㉡, ㉢이다.
㉡ 노인장기요양보험법 제35조 제1항에 따라 장기요양기관은 수급자로부터 장기요양급여신청을 받은 때 장기요양급여의 제공을 거부해서는 안 되지만, 입소정원에 여유가 없는 경우 등 정당한 사유가 있는 경우에는 그렇지 않으므로 옳지 않은 설명이다.
㉢ 노인장기요양보험법 제35조 제4항에 따라 장기요양기관의 장은 장기요양급여 제공에 관한 자료를 기록·관리해야 하며, 장기요양기관의 장 및 그 종사자는 장기요양급여 제공에 관한 자료를 거짓으로 작성해서는 안 되므로 옳지 않은 설명이다.

오답 체크
㉠ 노인장기요양보험법 제35조 제3항에 따라 장기요양기관의 장은 장기요양급여를 제공한 수급자에게 장기요양급여비용에 대한 명세서를 교부해야 하므로 옳은 설명이다.
㉣ 노인장기요양보험법 제35조 제7항에 따라 장기요양급여비용의 명세서, 기록·관리해야 할 장기요양급여 제공 자료의 내용 및 보존기한, 그 밖에 필요한 사항은 보건복지부령으로 정하므로 옳은 설명이다.

20 정답 ②

노인장기요양보험법 제6조의2 제1항에 따라 ㉠~㉤ 중 보건복지부 장관이 장기요양사업의 실태를 파악하기 위하여 3년마다 조사를 정기적으로 실시하고 그 결과를 공표해야 하는 사항에 해당하는 것은 ㉠, ㉢, ㉤이다.

오답 체크

㉡, ㉣ 노인장기요양보험법 제6조 제1항에 따라 노인 등의 장기요양에 관한 사항으로서 대통령령으로 정하는 사항, 연도별 장기요양기관 및 장기요양전문인력 관리 방안은 보건복지부 장관이 노인 등에 대한 장기요양급여를 원활하게 제공하기 위하여 5년 단위로 장기요양기본계획을 수립·시행하는 경우에 포함하여야 하는 사항이므로 옳지 않은 내용이다.

🔍 더 알아보기

장기요양기본계획 사항(노인장기요양보험법 제6조 제1항)

① 보건복지부 장관은 노인 등에 대한 장기요양급여를 원활하게 제공하기 위하여 5년 단위로 다음 각 호의 사항이 포함된 장기요양기본계획을 수립·시행하여야 한다.
   1. 연도별 장기요양급여 대상인원 및 재원조달 계획
   2. 연도별 장기요양기관 및 장기요양전문인력 관리 방안
   3. 장기요양요원의 처우에 관한 사항
   4. 그 밖에 노인 등의 장기요양에 관한 사항으로서 대통령령으로 정하는 사항

실태조사 사항(노인장기요양보험법 제6조의2 제1항)

① 보건복지부 장관은 장기요양사업의 실태를 파악하기 위하여 3년마다 다음 각 호의 사항에 관한 조사를 정기적으로 실시하고 그 결과를 공표하여야 한다.
   1. 장기요양인정에 관한 사항
   2. 제52조에 따른 장기요양등급판정위원회의 판정에 따라 장기요양급여를 받을 사람의 규모, 그 급여의 수준 및 만족도에 관한 사항
   3. 장기요양기관에 관한 사항
   4. 장기요양요원의 근로조건, 처우 및 규모에 관한 사항
   5. 그 밖에 장기요양사업에 관한 사항으로서 보건복지부령으로 정하는 사항하는 경우에는 그러하지 아니하다.

실전모의고사 4회

NCS 직업기초능력

p.244

01 의사소통 ④	02 의사소통 ③	03 의사소통 ④	04 의사소통 ②	05 의사소통 ③	06 의사소통 ②	07 의사소통 ②	08 의사소통 ②	09 의사소통 ④	10 의사소통 ②
11 의사소통 ③	12 의사소통 ②	13 의사소통 ③	14 의사소통 ②	15 의사소통 ④	16 의사소통 ③	17 의사소통 ①	18 의사소통 ②	19 의사소통 ④	20 의사소통 ①
21 수리 ④	22 수리 ④	23 수리 ④	24 수리 ①	25 수리 ②	26 수리 ④	27 수리 ④	28 수리 ③	29 수리 ④	30 수리 ②
31 수리 ④	32 수리 ①	33 수리 ④	34 수리 ③	35 수리 ②	36 수리 ④	37 수리 ④	38 수리 ④	39 수리 ④	40 수리 ③
41 문제해결 ③	42 문제해결 ②	43 문제해결 ④	44 문제해결 ②	45 문제해결 ②	46 문제해결 ②	47 문제해결 ④	48 문제해결 ③	49 문제해결 ③	50 문제해결 ②
51 문제해결 ③	52 문제해결 ③	53 문제해결 ④	54 문제해결 ③	55 문제해결 ③	56 문제해결 ③	57 문제해결 ③	58 문제해결 ③	59 문제해결 ③	60 문제해결 ④

[01-02]

01 의사소통능력   정답 ④

2문단에서 안전사용 도우미 서한 주요 내용에는 기본통계를 통해 성분별 환자 수를 포함한다고 하였으므로 안전사용 도우미 서한을 통해서는 의료용 마약류 32개 성분 개별로 처방된 환자 수를 확인할 수 있음을 알 수 있다.

오답 체크

① 3문단에서 항뇌전증제에 대한 안전사용기준을 내년에 마련한다고 하였으므로 적절하지 않은 내용이다.
② 2문단에서 올해 안전사용 도우미 서한을 제공할 의료용 마약류 처방 의사 수는 식욕억제제가 3만 7,540명, 프로포폴이 3만 1,657명임에 따라 식욕억제제를 처방한 의사의 수가 더 많으므로 적절하지 않은 내용이다.
③ 3문단에서 안전사용 도우미 서한은 의료용 마약류 32개 성분을 처방한 경험이 있는 모든 의사에게 온라인으로 제공되며, 처방량, 처방 환자 수 등이 많은 의사 2,493명에게만 우편으로 전달한다고 하였으므로 적절하지 않은 내용이다.

02 의사소통능력   정답 ③

㉠, ㉡, ㉣은 내용과 관련 있는 내용을 추가할 때 사용하는 접속어로, 첨가/보충 기능을 한다.
따라서 ㉠~㉣ 중 접속어의 기능이 나머지와 다른 것은 앞의 내용과 뒤의 내용이 상반될 때 사용하는 접속어로, 역접의 기능을 하는 ㉢이다.

[03-04]

03 의사소통능력   정답 ④

3문단에서 인센티브는 리워드 상품인 문화상품권으로 교환 가능하지만, 6월 중순 이후부터는 스포츠 상품권으로 변경된다고 하였으므로 스포츠활동에 따라 적립한 인센티브는 추후 문화상품권이나 스포츠 상품권 중 하나로 교환 가능하다는 것은 아님을 알 수 있다.

오답 체크

① 6문단에서 인센티브 인증 시설은 전국 46개이며, 그중 전라북도가 12개, 부산 5개, 서울 2개, 경기 2개라고 하였으므로 적절한 내용이다.
② 4문단에서 인센티브 적립 기간은 2023년 4월 24일부터 2023년 11월 30일까지이며, 리워드 상품 신청 기간은 2023년 12월 31일까지이되 적립된 인센티브는 올해 이후 소멸된다고 하였으므로 적절한 내용이다.
③ 5문단에서 국민체력100 스포츠활동 인센티브에 참여하고자 할 때 국민체력100 체력인증센터를 찾아 체력을 측정해야 하는데, 미리 본인 거주지 주변의 국민체력인증이 가능한 센터를 찾은 뒤 예약해야 한다고 하였으므로 적절한 내용이다.

04 의사소통능력   정답 ②

3문단에서 스포츠활동 인센티브로 지급되는 포인트는 리워드 상품인 문화상품권으로 교환 가능하지만, 6월 중순부터는 스포츠 상품권으로 변경된다고 하였으므로 전통 시장과 시장의 활성화를 위해 만들어진 온누리 상품권을 취지에 맞게 사용해야 한다는 내용의 ⓒ은 삭제되어야 한다.

[05-07]
05 의사소통능력   정답 ③

이 보도자료는 주민·기업·지자체의 협력을 통해 디지털 기술로 해결이 필요한 생활밀착형 과제를 선정하여 추진하고, 지속 가능한 디지털 지역 혁신이 이루어질 수 있도록 지원한다는 내용이므로 이 보도자료의 중심 내용으로 가장 적절한 것은 ③이다.

오답 체크

① 이 보도자료에서 쓰레기 배출량 감축에 효과적인 디지털 통합 플랫폼을 확대시켜야 한다는 내용에 대해서는 다루고 있지 않으므로 적절하지 않은 내용이다.
② 이 보도자료에서 지속적인 지역 혁신을 위해 생활 맞춤형 서비스를 제공할 계획이라는 내용에 대해서는 다루고 있지 않으므로 적절하지 않은 내용이다.
④ 2문단에서 전력 데이터 정보를 활용하여 디지털 기반의 에너지 소비 환경을 조성했다는 내용에 대해서는 다루고 있지만, 글 전체를 포괄할 수 없으므로 적절하지 않은 내용이다.

06 의사소통능력   정답 ②

3문단에서 부산광역시 진구는 중·장년층의 고립감 해소를 도와줄 5070 고립 탈피를 위한 활동 유도 서비스인 진이의 하루 플랫폼을 구축한다고 하였으므로 청년층의 사회적 고립감을 해소하기 위해 부산광역시에서 진이의 하루 플랫폼을 운영하는 것은 아님을 알 수 있다.

오답 체크

① 2문단에서 전라남도 신안군에서는 실시간 선박 위치 정보, 운항·결항 정보 등의 선박 운행 정보를 제공받을 수 있는 선박 정보 안내 시스템을 구축했다고 하였으므로 적절한 내용이다.
③ 4문단에서 행정안전부와 한국지역정보개발원이 개최한 이번 행사에서는 우수과제인 안전한 섬살이를 위해 전라도 신안군에서 구축한 선박 정보 안내 시스템 책임자의 발표 등을 진행한다고 하였으므로 적절한 내용이다.
④ 1문단에서 공감e가득의 주민 참여 기반 지역 문제 해결 사업은 4년 전부터 시행되어 지금까지 총 50여 개의 지역사회 문제해결을 지원했다고 하였으므로 적절한 내용이다.

07 의사소통능력   정답 ②

2문단에서 서울특별시 강서구에서는 에너지 절감 및 에너지 취약계층의 요금 부담 완화를 위해 전력 소비 정보 제공 플랫폼 및 취약계층 안전망 관리 플랫폼을 구축하였고, 3문단에서 서울특별시 광진구에서는 음식물 쓰레기 감량 및 탄소중립을 위한 광진구 음쓰 제로 플랫폼을 구축했다고 하였으므로 고객 문의에 답변한 내용으로 가장 적절하지 않은 것은 ②이다.

오답 체크

① 3문단에서 경기도 하남시는 아동 비만 예방을 위한 하남시 맞춤형 건강 습관 형성 사업을 통해 맞벌이 가구가 많은 하남시 주민들의 체계적이고 건강한 맞춤형 보육을 지원한다고 하였으므로 적절한 내용이다.
③ 3문단에서 경기도 고양시는 주민들의 저탄소 생활을 돕기 위하여 물품의 나눔·리퍼·교환 등을 쉽게 할 수 있는 탄소중립 푸른 고양 나눔 마켓 디지털 통합 플랫폼을 구축했다고 하였으므로 적절한 내용이다.
④ 3문단에서 경상남도 통영시는 예상 탄소 배출량을 기반으로 친환경 축제 기획 플랫폼을 구축하여 많은 지역 축제를 통해 발생하는 환경오염으로 인한 주민의 피해를 줄이고 있다고 하였으므로 적절한 내용이다.

[08-09]
08 의사소통능력 정답 ②

'2. 아포스티유 확인 대상 문서 종류 - 3)'에서 국가 간 언어 차이로 인해 부수적으로 필요한 번역문은 우리나라에서 번역한 후에 그 번역문에 대해 아포스티유 확인이 필요한 경우 원문과 번역문에 대해서도 각각 별도의 아포스티유 확인이 필요하다고 했으므로 국가 간 언어 차이로 인해 필요한 번역문은 국내에서 먼저 번역한 후 원문과 번역문 각각 별도의 아포스티유 확인 과정이 필요함을 알 수 있다.

오답 체크

① '2. 아포스티유 확인 대상 문서 종류 - 4)'에서 우리나라 재외공관 또는 외교부는 외국에서 발행된 문서에 대한 아포스티유 확인이 불가능하다고 하였으므로 적절하지 않은 내용이다.
③ '2. 아포스티유 확인 대상 문서 종류 - 3)'에서 아포스티유 확인은 문서의 원문을 대상으로 하며 문서 발행기관의 관인이나 해당 공무원의 서명을 확인하고 부여한다고 하였으므로 적절하지 않은 내용이다.
④ '2. 아포스티유 확인 대상 문서 종류 - 1)'에서 사립학교 발행 성적증명서는 공증문서로, 이는 공증인법 혹은 변호사법 규정에 의해 공증인의 자격을 가진 자가 작성해야 한다고 하였고, '2. 아포스티유 확인 대상 문서 종류 - 2)'에서 공증문서 확인 발급기관은 법무부라고 하였으므로 적절하지 않은 내용이다.

09 의사소통능력 정답 ④

'4. 아포스티유 확인 신청 시 제출 서류'에서 아포스티유 확인 신청서, 아포스티유 확인을 받고자 하는 공문서 또는 공증된 문서, 전자수입인지, 대리인에 의한 신청인 경우 대리인의 신분증 사본이 제출 서류에 해당한다고 하였으므로 본인의 신분증 원본은 아포스티유 확인 신청 시 제출할 서류로 가장 적절하지 않다.

[10-11]
10 의사소통능력 정답 ②

2문단에서 전자처방전 발급 시 병원 등이 공단의 요양기관 정보마당에 요양비 처방 내역을 등록하고 공단이 처방전 등록번호를 수급자의 휴대전화에 전송하면 수급자는 처방전 등록번호를 준요양기관에 제공한다고 하였으므로 전자처방전 발급 시 의료수급자로부터 처방전 등록번호를 전송받은 공단은 해당 번호를 준요양기관에 제공하는 것은 아님을 알 수 있다.

오답 체크

① 3문단에서 공단은 사용자의 불편을 최소화하기 위해 신속한 시스템 대응팀과 민원 대응팀을 따로 구성할 계획이라고 하였으므로 적절한 내용이다.
③ 2문단에서 수급자 등은 공단 홈페이지와 모바일 앱에서, 준요양기관은 급여보장포털에서 요양비 처방 내역 조회가 가능하다고 하였으므로 적절한 내용이다.
④ 3문단에서 요양기관에서 급여보장포털 및 OCS를 통해 공단에 요양비 처방 내역을 실시간으로 연계하는 시스템도 오픈할 예정이라고 하였으므로 적절한 내용이다.

11 의사소통능력 정답 ③

4문단에서 요양기관 및 준요양기관 담당자가 인증서 찾기 등 접속에 어려움이 있는 경우 원격지원을 받을 수 있다고 하였다. 따라서 빈칸에 들어갈 내용으로 인증서 발급에 어려움을 겪는 의료 수급자가 원격으로 지원을 받을 수 있다는 내용이 가장 적절하지 않다.

오답 체크

① 2문단에서 요양비 지급 신청 시 전자처방전을 발급받은 경우에 한하여 필수 구비서류인 처방전 제출을 생략할 수 있다고 하였으므로 적절한 내용이다.
② 1문단에서 요양비 전자처방 내역 실시간 연계시스템을 통해 의료인 처방부터 요양비 청구·지급까지 온라인 원스톱 프로세스를 구현할 수 있다고 하였으므로 적절한 내용이다.
④ 2문단에서 요양비 급여품목을 구입하거나 대여할 수 있다고 하였으므로 적절한 내용이다.

[12-13]
12 의사소통능력 정답 ②

이 글은 범불안 장애의 정의 및 증상을 제시하고, 생물학적, 심리사회학적 요인에 따른 범불안 장애 발병의 원인과 범불안 장애를 치료하기 위한 심리 치료 및 약물 치료 방법에 대해 설명하는 글이다.
따라서 '(나) 범불안 장애의 정의 및 증상 → (라) 범불안 장애 발병의 생물학적 요인 → (가) 범불안 장애 발병의 심리사회학적 요인 → (다) 범불안 장애의 심리 치료 방법 → (마) 범불안 장애의 약물 치료 방법' 순으로 연결되어야 한다.

13 의사소통능력   정답 ③

(라) 문단에서 감정과 행동을 통제하는 뇌의 부위는 전두엽, 변연계, 기저핵, 후두엽이며, 이들 부위의 활성도가 지나치게 높거나 떨어지면 불안증세가 유발된다고 하였으므로 감정과 행동을 제어하는 부위의 활성도가 저하되면 불안 증세가 완화될 수 있다는 것은 아님을 알 수 있다.

오답 체크

① (나) 문단에서 범불안 장애 환자의 경우 평소 심리적, 신체적으로 극도의 긴장 상태를 유지하기 때문에 주변 사람과 원활한 인간관계를 형성하는 데 고충이 따른다고 하였으므로 적절한 내용이다.
② (마) 문단에서 범불안 장애의 약물 치료에는 벤조디아제핀 계열의 약물이 널리 쓰이는데, 장기간 복용할 경우 내성이 생기기 쉽기 때문에 약물 치료를 중단할 경우 금단증상이 나타난다고 하였으므로 적절한 내용이다.
④ (다) 문단에서 범불안 장애의 치료를 위해 자신이 예측했던 불안이 현실에 어떠한 영향을 끼치는지 확인하거나 일상을 보내는 시간과 걱정을 하는 시간을 구분하여 걱정을 조절하고 이에 대응하는 능력을 키우는 인지행동 치료법이 주로 쓰인다고 하였으므로 적절한 내용이다.

[14-15]
14 의사소통능력   정답 ②

이 보도자료는 한약 신뢰성 제고 및 부가가치 창출 등을 위해 우수 한약 육성 시범사업을 추진할 예정이고, 사업 추진을 위해 우수 한약 사업단을 공모하여 사업비를 지원한다는 내용이므로 이 보도자료의 제목으로 가장 적절한 것은 ②이다.

오답 체크

① 이 글에서 한약 재배 농업인 및 한방 의료기관의 협업을 확대했다는 내용에 대해서는 다루고 있지 않으므로 적절하지 않은 내용이다.
③ 이 글에서 친환경 한약재 제품의 표준 규격을 개선 및 보완한다는 내용에 대해서는 다루고 있지 않으므로 적절하지 않은 내용이다.
④ 3문단에서 온라인으로 우수 한약 육성 시범사업 설명회를 개최한다는 내용에 대해서는 다루고 있지만, 글 전체를 포괄할 수 없으므로 적절하지 않은 내용이다.

15 의사소통능력   정답 ④

3문단에서 올해 생산되는 유기농·무농약 한약재로 규격품을 제조하고 한방의료기관에 공급하는 것을 원칙으로 하지만, 한약재의 특성에 따라 내년에 규격품이 제조되고 한방의료기관에 공급하는 것도 가능하다고 하였으므로 올해 생산되는 유기농 한약재로 제조되지 않은 규격품을 한방의료기관에 공급할 수 없는 것은 아님을 알 수 있다.

오답 체크

① 4문단에서 사업관리, 품질 모니터링 등을 담당하는 5명 이상의 전문인력을 보유한 곳을 관리기관으로 선정한다고 하였으므로 적절한 내용이다.
② 5문단에서 사업단은 사업 종료 후 사업성과서를 제출하고 사업계획서의 성과 목표 이행 및 달성 여부를 평가받는다고 하였으므로 적절한 내용이다.
③ 1문단에서 우수 한약 육성 사업 공모에 참여하기 위해서는 농업인, 제조업자, 한의사 등이 사업단을 구성해야 한다고 하였고, 2문단에서 사업의 신뢰성을 보증하거나 사업 지원 또는 보조를 위해 지방자치단체, 공공기관, 보건의료인 등도 함께 참여할 수 있다고 하였으므로 적절한 내용이다.

[16-18]
16 의사소통능력   정답 ③

(다) 문단에서 균근을 형성하는 균류의 균사가 식물 뿌리보다 훨씬 가늘고 작아 식물에 부족한 물이나 영양분을 전달하기 쉬워 식물 생장에 도움을 주며, 식물의 질병 저항력을 높인다고 하였으므로 (다) 문단의 내용을 요약하면 '식물 생장에 긍정적인 영향을 미치는 균근의 이점'이 된다.

17 의사소통능력   정답 ①

(다) 문단에서 균근은 균근을 형성하는 균류의 균사가 식물의 뿌리보다 월등히 가늘고 작아서 식물에 부족한 물과 영양분을 효율적으로 전달할 수 있다고 하였으므로 균류의 균사가 식물의 뿌리보다 크고 두껍기 때문에 식물에 영양분을 효과적으로 전달할 수 있는 것은 아님을 알 수 있다.

오답 체크

② (가) 문단에서 수분과 필수영양소가 원활하게 공급되는 장소에 뿌리 내린 식물은 균근을 생성하지 않는다고 하였으므로 적절한 내용이다.
③ (나) 문단에서 내생균근은 균사 끝부분이 넓게 발달한 구조를 갖는다고 하였으므로 적절한 내용이다.
④ (다) 문단에서 균근을 가진 식물이 그렇지 않은 식물보다 토양에서 비롯되는 질병을 견디는 힘이 강하다고 하였으므로 적절한 내용이다.

18 의사소통능력   정답 ④

(나) 문단에서 무엽록 식물군은 내생균근의 도움 없이는 살아남을 수 없으며 내생균근이 없는 일부 난초류는 종자가 발아하지 않거나 발육하지 않기도 한다고 하였으므로 내생균근이 무엽록 식물군의 생존과 일부 난초류의 종자 발아 및 발육에 영향을 미침을 알 수 있다.

오답 체크
① (라) 문단에서 곤충의 공격을 받은 식물은 균근의 균류를 통해 휘발성 유기화합물을 분비하는데, 이 유기화합물은 곤충의 천적을 유인함으로써 곤충에 대한 저항성을 증가시킨다고 하였으므로 적절하지 않은 내용이다.
② (나) 문단에서 외생균근은 균사가 식물의 뿌리 세포 내부로 침입하지 않고 뿌리 세포 사이사이에 균사체를 뻗는 구조로 되어 있어 외부에서는 균류가 식물의 뿌리를 감싼 것과 같이 보이기도 한다고 하였으므로 적절하지 않은 내용이다.
③ (가) 문단에서 균류는 식물이 토양의 수분과 무기물, 비타민류 등을 얻을 수 있도록 돕고, 광합성을 통해 만들어진 유기물을 식물로부터 전달받음으로써 서로 공생 관계를 유지한다고 하였으므로 적절하지 않은 내용이다.

[19-20]
19 의사소통능력   정답 ④

1문단에서 실업크레딧은 1인당 생애 최대 12개월까지 지원받을 수 있다고 하였으므로 실업크레딧이 신청자가 실직할 때마다 신청할 수 있으며, 최대 1년간 지원되는 것은 아님을 알 수 있다.

오답 체크
① 2문단에서 실업크레딧 신청을 위해서는 국민연금을 1개월 이상 납부한 이력이 있어야 하며, 18세 이상 60세 미만의 실업급여 수급자여야 한다고 하였으므로 적절한 내용이다.
② 1문단에서 실업크레딧 신청 시 구직급여를 받는 동안 국민연금 보험료의 75%를 지원받을 수 있으며, 본인 부담은 25%라고 하였으므로 매달 12만 원의 국민연금을 납부하던 사람이 실업크레딧 지원을 받을 경우의 본인 부담금은 12×0.25=3만 원이므로 적절한 내용이다.
③ 3문단에서 1년 이상 직장가입자 자격을 유지한 사람은 건강보험 임의계속 가입제도를 신청할 수 있다고 하였으므로 적절한 내용이다.

20 의사소통능력   정답 ①

빈칸 앞에서는 실직자가 받을 수 있는 혜택인 실업크레딧을 신청하려면 국민연금 1개월 이상 납부, 18~60세 미만의 실업급여 수급자여야 함을 설명하고 있고, 빈칸 뒤에서는 실직자 모두가 실업크레딧을 받을 수 있는 것이 아니며, 재산 조건에도 부합해야 한다는 내용을 설명하고 있다.
따라서 앞의 내용을 심화하면서 다른 내용을 추가할 때 사용하는 접속어 '그러나'가 들어가야 한다.

[21-22]
21 수리능력   정답 ④

2019년 일반 판매 업체 수가 다른 지역에 비해 가장 적은 지역은 307개인 세종이고, 유통 전문 판매 업체 수가 다른 지역에 비해 가장 적은 지역은 10개인 울산이므로 옳지 않은 설명이다.

오답 체크
① 2020년 전국 유통 전문 판매 업체 중에서 서울과 경기의 업체 수가 차지하는 비중의 합은 {(1,809 + 897) / 3,801} × 100 ≒ 71.2%이므로 옳은 설명이다.
② 2020년 경북과 경남의 건강기능식품 판매 업체 수의 합은 3,675 + 88 + 4,480 + 64 = 8,307개이므로 옳은 설명이다.
③ 제시된 기간 동안 인천의 일반 판매 업체 수의 평균은 (3,728 + 4,234) / 2 = 3,981개이므로 옳은 설명이다.

22 수리능력   정답 ④

2020년 일반 판매 업체 수가 전년 대비 가장 많이 증가한 지역은 23,650 − 20,521 = 3,129개 증가한 경기이다.
따라서 경기의 2020년 일반 판매 업체 수의 전년 대비 증가율은 (3,129 / 20,521) × 100 ≒ 15.2%이다.

[23-24]
23 수리능력   정답 ④

2013년 당뇨병 2차 판정을 받은 남성은 50,516명으로 같은 해 당뇨병 2차 판정을 받은 여성 16,830명의 50,516 / 16,830 ≒ 3.0배이므로 옳은 설명이다.

오답 체크
① 제시된 기간 중 당뇨병 2차 판정을 받은 남성이 처음으로 6만 명을 넘은 2015년에 당뇨병 2차 판정을 받은 남성 68,345명 중에서 50~64세인 13,565 + 11,501 + 7,953 = 33,019명이 차지하는 비중은 (33,019 / 68,345) × 100 ≒ 48.3%이므로 옳지 않은 설명이다.

② 2016년 45~49세 당뇨병 2차 판정을 받은 남성은 2013년 대비 {(12,879 − 8,181) / 8,181} × 100 ≒ 57.4% 증가하였으므로 옳지 않은 설명이다.

③ 제시된 기간 동안 60~64세 당뇨병 2차 판정을 받은 여성은 평균 (2,612 + 3,135 + 3,443 + 4,745 + 4,465) / 5 = 3,680명이므로 옳지 않은 설명이다.

24 수리능력 정답 ①

㉠ 제시된 기간 동안 당뇨병 2차 판정을 받은 남성과 여성의 차이는 다음과 같다.
2013년에 50,516 − 16,830 = 33,686명,
2014년에 59,370 − 19,409 = 39,961명,
2015년에 68,345 − 21,433 = 46,912명,
2016년에 80,679 − 26,792 = 53,887명,
2017년에 77,222 − 25,063 = 52,159명
따라서 2014년부터 2016년까지 매년 전년 대비 증가하다가 2017년에 감소하였으므로 옳지 않은 설명이다.

㉡ 2013년 55~59세 당뇨병 2차 판정을 받은 남성은 7,910명으로 같은 해 30~34세 당뇨병 2차 판정을 받은 남성의 3배인 2,670 × 3 = 8,010명 이하이므로 옳지 않은 설명이다.

오답 체크

㉢ 제시된 기간 동안 50~54세 당뇨병 2차 판정을 받은 남성은 2013년에 10,335명, 2014년에 12,226명, 2015년에 13,565명, 2016년에 15,284명, 2017년에 14,229명으로 연령대별 당뇨병 2차 판정을 받은 남성 중 매년 가장 많으므로 옳은 설명이다.

㉣ 2015년 30~64세 당뇨병 2차 판정을 받은 여성은 601 + 807 + 1,679 + 2,756 + 4,358 + 3,728 + 3,443 = 17,372명이고, 2015년 당뇨병 2차 판정을 받은 여성은 총 21,433명으로 65세 이상 당뇨병 2차 판정을 받은 여성은 21,433 − 17,372 = 4,061명 이하이므로 옳은 설명이다.

⏱ 빠른 문제 풀이 Tip

㉠ 성별 당뇨병 2차 판정 현황을 나타낸 그래프의 눈금선 간격으로 확인한다.
당뇨병 2차 판정을 받은 남성과 여성의 차이는 2013년에 약 3칸, 2014년에 약 4칸, 2015년에 약 5칸, 2016년에 5칸 이상, 2017년에 약 5칸이므로 2014년부터 2016년까지 전년 대비 증가하였음을 알 수 있으므로 2016년과 2017년만 계산하면 2016년에 80,679 − 26,792 = 53,887명, 2017년에 77,222 − 25,063 = 52,159명이므로 2017년에 전년 대비 감소하였음을 알 수 있다.

[25-27]
25 수리능력 정답 ②

제시된 기간 중 총인구수가 가장 많은 2020년에 다른 의약품에 비해 국민 1인당 의약품 판매액이 가장 높은 의약품은 소화기관 및 신진대사이다.
따라서 2020년 소화기관 및 신진대사의 국민 1인당 의약품 판매액의 전년 대비 증가율은 {(98,540 − 91,783) / 91,783} × 100 ≒ 7.4%이다.

26 수리능력 정답 ④

2018년 이뇨제의 총판매액은 444 × 51,629 × 1,000 = 22,923,276,000원으로 약 229억 원이므로 옳은 설명이다.

오답 체크

① 2019년 이후 소화기관 및 신진대사의 국민 1인당 의약품 판매액은 전년 대비 매년 증가하였고, 2019년 이후 국민 1인당 의약품 판매액이 전년 대비 매년 증가하지 않은 의약품은 없으므로 옳지 않은 설명이다.

② 2020년 총인구수는 2018년 대비 51,828 − 51,629 = 199천 명 증가하였으므로 옳지 않은 설명이다.

③ 제시된 기간 동안 국민 1인당 의약품 판매액이 많은 순서대로 의약품을 나열하면 4위는 매년 진통제이므로 옳지 않은 설명이다.

27 수리능력 정답 ④

제시된 자료에 따르면 2018년부터 2020년까지 국민 1인당 의약품 판매액이 각각 444원, 473원, 561원인 ㉠은 이뇨제, 961원, 1,162원, 1,325원인 ㉡은 최면제 및 진정제, 679원, 709원, 761원인 ㉢은 혈압강하제, 1,376원, 1,426원, 1,564원인 ㉣은 제산제이다.
따라서 그래프의 ㉠~㉣에 들어갈 항목을 바르게 연결한 것은 ④이다.

[28-30]
28 수리능력 정답 ③

12월 원주 지점 강수량 대비 제주 지점 강수량의 비율은 31.4/4.9 ≒ 6.4로 6 이상이므로 옳은 설명이다.

오답 체크

① 9월 서울 지점 강수량은 전월 대비 {(211.2 − 131.0) / 211.2} × 100 ≒ 38.0% 감소하였으므로 옳지 않은 설명이다.

② 제시된 기간 동안 충주 지점 강수량의 평균은 (310.7 + 239.9 + 240.3 + 45.5 + 44.9 + 5.6) / 6 ≒ 147.8mm임에 따라 150mm 미만이므로 옳지 않은 설명이다.
④ 2021년 하반기 광주 지점 전체 강수량에서 11월 강수량이 차지하는 비중은 {85.8 / (227.6 + 338.7 + 131.1 + 35.3 + 85.8 + 7.1)} × 100 ≒ 10.4%로 10% 이상이므로 옳지 않은 설명이다.

⏱ 빠른 문제 풀이 Tip
④ 2021년 11월 광주 지점 강수량과 2021년 하반기 광주 지점 전체 강수량의 10%를 비교한다.
2021년 11월 광주 지점 강수량은 85mm로 2021년 하반기 광주 지점 전체 강수량의 10%인 (227.6 + 338.7 + 131.1 + 35.3 + 85.8 + 7.1) × 0.1 = 82.56mm보다 많으므로 2021년 하반기 전체 강수량에서 11월 강수량이 차지하는 비중은 10% 이상임을 알 수 있다.

29 수리능력   정답 ④

제시된 기간 중 강릉 지점 강수량이 가장 적은 달은 11월이고, 여수 지점 강수량은 9월에 144.7mm, 11월에 43.0mm이다. 따라서 11월 여수 지점 강수량의 2개월 전 대비 감소율은 {(144.7 − 43.0) / 144.7} × 100 ≒ 70.3%이다.

30 수리능력   정답 ②

12월 춘천과 서울 지점의 평균 강수량은 (5.1 + 7.9) / 2 = 6.5mm이지만, 그래프에서는 10mm보다 높게 나타나므로 옳지 않은 그래프이다.

오답 체크
① 2021년 하반기 속초 지점 강수량의 전월 대비 증감량은 8월에 247.1 − 104.1 = 143mm, 9월에 141.6 − 247.1 = −105.5mm, 10월에 216.9 − 141.6 = 75.3mm, 11월에 16.2 − 216.9 = −200.7mm, 12월에 68.7 − 16.2 = 52.5mm이므로 옳은 그래프이다.
③ 2021년 3분기 관측지점별 강수량은 철원이 7월에 117.2mm, 8월에 219.6mm, 9월에 105.9mm이고, 충주가 7월에 310.7mm, 8월에 239.9mm, 9월에 240.3mm이므로 옳은 그래프이다.
④ 2021년 4분기 제주 지점 전체 강수량의 월별 비중은 10월에 {32.1 / (32.1 + 63.8 + 31.4)} × 100 ≒ 25.2%, 11월에 {63.8 / (32.1 + 63.8 + 31.4)} × 100 ≒ 50.1%, 12월에 {31.4 / (32.1 + 63.8 + 31.4)} × 100 ≒ 24.7%이므로 옳은 그래프이다.

[31-32]
31 수리능력   정답 ④

건강관리사업에 대해 불만족이라고 응답한 사람은 35~39세가 248 × 0.229 ≒ 57명, 40세 이상이 43 × 0.203 ≒ 9명으로 35세 이상은 57 + 9 ≒ 66명이므로 옳은 설명이다.

오답 체크
① 25세 미만 응답자 중에서 건강관리사업을 인지하고 있는 사람은 52 × 0.529 ≒ 28명으로 이용하고 있는 사람인 25 × 0.274 ≒ 7명보다 28 − 7 ≒ 21명 더 많으므로 옳지 않은 설명이다.
② 건강관리사업에 대해 매우 만족이라고 응답한 사람의 비율은 58.2%로 매우 불만족이라고 응답한 비율의 9배인 6.0 × 9 = 54.0%보다 높으므로 옳지 않은 설명이다.
③ 25세 이상 응답자 중에서 이용률은 연령대가 높을수록 높지만, 인지율은 40세 이상이 35~39세보다 낮으므로 옳지 않은 설명이다.

32 수리능력   정답 ①

건강관리사업에 대한 인지율이 68.0%로 가장 높은 연령대는 35~39세이다. 이 중 만족도 조사에서 만족과 매우 만족이라고 응답한 사람의 비율은 각각 11.5%, 57.3%이므로 만족 또는 매우 만족이라고 응답한 사람의 비율은 11.5 + 57.3 = 68.8%이다.
따라서 만족 또는 매우 만족이라고 응답한 35~39세는 248 × 0.688 ≒ 171명이다.

[33-35]
33 수리능력   정답 ③

전체 영재교육 교사·강사 수가 전년 대비 5,861 − 4,580 = 1,281명 증가하여 전년 대비 가장 많이 증가한 해는 2018년이다.
따라서 2018년 영재교육 교사·강사 1인당 영재교육 학생 수는 23,710 / 5,861 ≒ 4명이다.

34 수리능력   정답 ②

다른 해에 비해 전체 영재교육 학생 수가 가장 많은 2018년에 전체 학생 수에서 영재학급 학생 수가 차지하는 비중은 (11,329 / 23,710) × 100 ≒ 47.8%이므로 옳은 설명이다.

오답 체크

① 2019년 영재학급 교사·강사 수는 대학 영재교육원 교사·강사 수의 2,278 / 548 ≒ 4.16배이고, 2020년 영재학급 교사·강사 수는 대학 영재교육원 교사·강사 수의 2,589 / 617 ≒ 4.2배이 므로 옳지 않은 설명이다.

③ 2020년 영재학교·과학고 학생 수의 전년 대비 증가율은 {(2,137 - 1,718) / 1,718} × 100 ≒ 24.4%이므로 옳지 않은 설명이다.

④ 전체 영재교육 교사·강사 수가 전년 대비 감소한 2019년에 전체 영재교육 학생 수도 전년 대비 감소하였지만, 전체 영재교육 교사·강사 수가 전년 대비 감소한 2020년에 전체 영재교육 학생 수는 전년 대비 증가하였으므로 옳지 않은 설명이다.

35 수리능력   정답 ④

제시된 자료에 따르면 대학 영재교육원 학생 수의 전년 대비 증가량은 2019년에 2,446 - 2,233 = 213명, 2020년에 2,696 - 2,446 = 250명으로 2020년이 2019년보다 많지만, 이 그래프에서는 2019년이 2020년보다 높게 나타나므로 옳지 않은 그래프는 ④이다.

오답 체크

① 교육청 영재교육원 교사·강사 수는 2016년에 1,542명, 2017년에 1,593명, 2018년에 2,630명, 2019년에 2,206명, 2020년에 2,097명이고, 교육청 영재교육원 학생 수는 2016년에 6,186명, 2017년에 6,142명, 2018년에 6,100명, 2018년에 7,688명, 2020년에 7,710명이므로 옳은 그래프이다.

② 대학 영재교육원 학생 수는 2016년에 2,175명, 2017년에 2,187명, 2018년에 2,233명, 2019년에 2,446명, 2020년에 2,696명이고, 영재학급 학생 수는 2016년에 9,180명, 2017년에 10,714명, 2018년에 11,329명, 2019년에 9,397명, 2020년에 9,281명이므로 옳은 그래프이다.

③ 영재학교·과학고 교사·강사 1명당 학생 수는 2016년에 2,024 / 295 ≒ 6.9명, 2017년에 2,040 / 302 ≒ 6.8명, 2018년에 2,048 / 304 ≒ 6.7명, 2019년에 1,718 / 295 ≒ 5.8명, 2020년에 2,137 / 308 = 6.9명이므로 옳은 그래프이다.

[36-37]
36 수리능력   정답 ④

전국 호텔업 편의 시설의 전체 직영 수는 전체 임대 수의 2,854 / 690 ≒ 4.1배로 4배 이상이므로 옳지 않은 설명이다.

오답 체크

① 전국 호텔업 편의 시설 중 직영 수가 가장 많은 편의 시설은 연회장·회의장으로 1,006개, 직영 수가 가장 적은 편의 시설은 스키장으로 1개로 차이는 1,006 - 1 = 1,005개이므로 옳은 설명이다.

② 전국 호텔업 편의 시설 중 직영 수와 임대 수가 같은 편의 시설은 스키장 1곳이므로 옳은 설명이다.

③ 수영장의 직영 수와 임대 수의 합은 160 + 90 = 250개, 사우나 탕의 직영 수와 임대 수의 합은 211 + 24 = 235개로 수영장이 더 크므로 옳은 설명이다.

37 수리능력   정답 ③

2019년 전국 호텔업 편의 시설의 전체 직영 수에서 헬스장이 차지하는 비중은 (230 / 2,854) × 100 ≒ 8.1%이고, 전체 임대 수에서 헬스장이 차지하는 비중은 (21 / 690) × 100 ≒ 3.0% 이다.

따라서 2019년 전국 호텔업 편의 시설의 전체 직영 수에서 헬스장이 차지하는 비중과 전체 임대 수에서 헬스장이 차지하는 비중의 차이는 8.1 - 3.0 ≒ 5.1%p이다.

[38-40]
38 수리능력   정답 ④

2분기 전체 공사비 지수의 월평균은 (531.40 + 530.30 + 523.36) / 3 ≒ 528.35이므로 옳은 설명이다.

오답 체크

① 제시된 항목을 공사비 지수가 큰 순서대로 나열하면 1월, 2월, 3월, 4월, 6월은 ㉢, ㉡, ㉠, T 시설 순이지만, 5월은 ㉢, ㉡, T 시설, ㉠ 순이므로 옳지 않은 설명이다.

② 4월 전체 공사비 지수는 전월 대비 532.08 - 531.40 = 0.68 감소하였으므로 옳지 않은 설명이다.

③ 제시된 기간 동안 T 시설의 증감 추이는 증가, 감소, 감소, 증가, 감소이고, 제시된 항목 중 동일한 증감 추이를 보이는 항목은 없으므로 옳지 않은 설명이다.

39 수리능력   정답 ①

제시된 기간 중 다른 월에 비해 전체 공사비 지수가 세 번째로 높은 월은 1월이고, T 시설의 1월 공사비 지수는 125.05이다. 따라서 1월 전체 공사비 지수에서 T 시설이 차지하는 비중은 (125.05 / 531.68) × 100 ≒ 23.5%이다.

40 수리능력   정답 ③

c. 매월 A 시설과 C 시설의 공사비 지수는 같은 증감 추이를 보이므로 매월 같은 증감 추이를 보는 ㉠과 ㉢이 각각 A 시설 또는 C 시설이고, 나머지 ㉡은 B 시설이다.

a. B 시설과 ㉠의 5월 공사비 지수 차이는 136.09 - 128.91 = 7.18이고, B 시설과 ㉢의 5월 공사비 지수 차이는 140.70 - 136.09 = 4.61이다. B 시설과 C 시설의 5월 공사비 지수의 차이는 같은 달 B 시설과 A 시설의 공사비 지수 차이보다 크므로 ㉠은 C 시설, ㉢은 A 시설이다.

따라서 ㉠는 C 시설, ㉡는 B 시설, ㉢은 A 시설이다.

[41-43]
41 문제해결능력 정답 ③

'1. 운행 종류별 특징'에 따르면 서울과 서울 외 지역을 연계하는 버스는 광역버스이며, '2. 운행 종류별 번호 표시 규정'에 따라 광역버스의 번호는 총 네 자리로 '9 + 출발권역 + 일련번호 두 자리'가 된다. 이때, '3. 운행 권역별 숫자 규정'에 따라 수원시 출발의 권역 번호는 5이고, 송파구 도착의 권역 번호는 3이므로 옳지 않은 내용이다.

오답 체크

① '2. 운행 종류별 번호 표시 규정'에 따르면 출발권역과 도착권역이 버스 번호에 모두 표시되는 것은 간선버스와 지선버스 총 2개이므로 옳은 내용이다.

② '2. 운행 종류별 번호 표시 규정'에 따르면 간선버스의 번호는 총 세 자리로 '출발권역 + 도착권역 + 일련번호 한 자리'이며, '3. 운행 권역별 숫자 규정'에 따라 도봉구 출발의 권역 번호는 1이고, 금천구 도착의 권역 번호는 5이므로 옳은 내용이다.

④ '1. 운행 종류별 특징'에 따르면 초록색 버스는 지선버스이며, '2. 운행 종류별 번호 표시 규정'에 따라 지선버스의 번호는 총 네 자리로 '출발권역+도착권역+일련번호 두 자리'이다. 이때, '3. 운행 권역별 숫자 규정'에 따라 성동구 출발의 권역 번호는 2이고, 종로구 도착의 권역 번호는 0이므로 옳은 내용이다.

42 문제해결능력 정답 ②

'1. 운행 종류별 특징'에 따르면 알파벳 B가 표시된 버스는 시외곽과 도심, 부도심 등의 지역을 연계하는 간선버스이며, '2. 운행 종류별 번호 표시 규정'에 따라 간선버스의 번호는 '출발권역 + 도착권역 + 일련번호 한 자리'로 구성된 총 세 자리이다. 이때, '3. 운행 권역별 숫자 규정'에 따라 강남구 출발의 권역 번호는 4이고, 동대문구 도착의 권역 번호는 2이고, 간선버스의 일련번호는 0~9 중 하나임을 알 수 있다.

따라서 알파벳 B가 표시된 버스의 번호가 될 수 있는 것은 420이다.

43 문제해결능력 정답 ④

제시된 내용에 따라 K씨는 성남시 분당구에서 서울시 강남구까지 운행하는 버스를 최초 출발과 도착 시 총 2회 이용하였으며, 서울시 강남구에서 서대문구까지 운행하는 버스 1회, 서울시 서대문구에서 서울시 강남구 논현동까지 운행하는 초록색 버스 1회 총 4회의 버스를 이용하였음을 알 수 있다.

이때 모든 버스의 일련 번호는 0 또는 00이므로 제시된 [버스 번호 규정]과 K씨의 버스 이용 내역에 따라 K씨가 탑승한 버스를 정리하면 다음과 같다.

버스 종류	출발 권역	도착 권역	버스 번호
광역버스	성남시	강남구	9400
간선버스	강남구	서대문구	470
지선버스	서대문구	강남구	7400

따라서 K 씨가 하루 동안 탑승한 모든 버스 번호의 총합은 9,400 + 470 + 7,400 + 9,400 = 26,670이다.

[44-46]
44 문제해결능력 정답 ②

제시된 자료에 따라 신청인 갑~정 4인의 장기요양 인정 점수 환산을 위한 영역별 조사항목의 원점수를 합산하면, 갑이 5 + 4 + 5 + 22 + 19 = 55점, 을이 2 + 3 + 3 + 30 + 22 = 60점, 병이 4 + 2 + 2 + 30 + 24 = 62점, 정이 10 + 7 + 5 + 25 + 21 = 68점으로 정의 원점수 총합이 가장 높고, 정의 재활 영역 원점수는 21점임을 알 수 있다. 따라서 정이 받은 재활 항목 환산 점수는 54.97점이 된다.

45 문제해결능력 정답 ②

병의 원점수를 장기요양 인정 점수 환산을 위한 영역별 조사항목의 환산 점수에 따라 환산한 결과는 다음과 같다.

구분	원점수	환산 점수
행동 변화	4점	37.29점
간호 처치	2점	36.90점
인지 기능	2점	33.81점
신체 기능	30점	66.59점
재활	24점	66.93점

따라서 병의 병의 장기요양 인정 점수 환산을 위한 영역별 조사항목의 환산 점수는 총 37.29 + 36.90 + 33.81 + 66.59 + 66.93 = 241.52점이 된다.

46 문제해결능력   정답 ②

신청인 갑~정 4인의 장기요양 인정 점수에 따른 장기요양 등급을 계산한 결과는 다음과 같다.

구분	갑	을	병	정
장기요양 인정 점수	68점	74.5점	74.9점	75.7점
장기요양 등급	3등급	3등급	3등급	2등급

따라서 장기요양 등급이 가장 높은 사람은 정이며, 정의 장기요양 등급은 2등급이다.

[47-48]
47 문제해결능력   정답 ④

교통 유발 부담금 = 시설의 각 층 바닥 면적 합계 × 단위 부담금 × 교통 유발 계수임을 적용하여 구한다.
제시된 조건에 따르면 6층 시설의 각 층 바닥 면적은 1,000m^2이므로 면적 합계는 1,000 × 6 = 6,000m^2이고, '2. 부담금 산정 방법 – 2)'에 따르면 면적 구간이 3천m^2 초과 3만m^2 이하인 경우 단위 부담금은 700원이므로 해당 시설물의 단위 부담금은 700원이다. 이때 교통 유발 부담금으로 3,444,000원이 부과되었으므로 교통 유발 계수는 3,444,000 / (6,000 × 700) = 0.82이다. 이에 따라 해당 시설이 위치하는 지역의 거주 인구가 약 90만 명이므로 50만 명 이상 100만 명 미만 범위에서 교통 유발 계수가 0.82인 곳은 전신 전화국이다.
따라서 3,444,000원의 교통 유발 부담금이 부과된 시설은 '전신 전화국'이다.

48 문제해결능력   정답 ③

교통 유발 부담금 = 시설의 각 층 바닥 면적 합계 × 단위 부담금 × 교통 유발 계수임을 적용하여 구한다.
K 씨가 운영하는 가게의 층수는 2층이므로 각 층 바닥 면적의 합계는 500 × 2 = 1,000m^2이고, '2. 부담금 산정 방법 – 2)'에 따르면 면적 구간이 3천m^2 이하의 범위에 해당하여 단위 부담금은 350원이다. 이때 해당 시설이 위치하는 지역의 거주 인구가 약 70만 명이므로 K 씨 가게의 교통 유발 계수는 50만 명 이상 100만 명 미만의 일반 음식점의 교통 유발 계수인 2.48이다.
따라서 K 씨가 지불해야 하는 부담금은 1,000 × 350 × 2.48 = 868,000원이다.

[49-51]
49 문제해결능력   정답 ④

1문단에 따르면 국내 백신 산업의 가치사슬은 개발, 생산, 수출·유통의 3단계로 이루어져 있으므로 옳지 않은 내용이다.

오답 체크

① 3문단에 따르면 2차 회의에서 백신 원부자재와 관련한 논의를 진행했으며, 특허청은 맞춤형 특허 전략 지원을 위한 백신 원부자재 특허 분석 추진 방안을 논의하였으므로 옳은 내용이다.
② 1문단에 따르면 백신 허브화 TF의 2차 회의에서는 한·미 파트너십을 기반으로 하여 백신 분야 협력 사항을 구체화하는 데 속도를 내고 있으며, 백신 허브화 TF의 세부 과제 및 국내 원부자재 수급 현황 및 한·미 협상 전략 등을 집중적으로 논의하였으므로 옳은 내용이다.
③ 4문단에 따르면 '백신 기업 협의체'에는 한국보건산업진흥원이 간사기관으로 참여해 전반적인 운영을 지원하므로 옳은 내용이다.

50 문제해결능력   정답 ②

2문단에 따르면 식품의약품안전처에서는 백신 제품화 지원을 위한 각종 지원 방안을 마련하고, 질병관리청에서는 한·미 간 연구개발 협력을 진행하므로 옳지 않은 내용이다.
따라서 보도자료를 잘못 이해한 사람은 '영준'이다.

오답 체크

① 2문단에 따르면 과학기술정보통신부는 백신 원천기술 개발, 바이러스 기초연구 등 백신 생산의 기초역량 강화를 위한 과제를 추진하므로 옳은 내용이다.
③ 2문단에 따르면 보건복지부에서는 백신 허브화 TF 운영을 추진할 계획이므로 옳은 내용이다.
④ 2문단에 따르면 외교부, 문화체육관광부, 특허청 등에서는 대국민 홍보체계 구축을 추진할 예정이므로 옳은 내용이다.

51 문제해결능력   정답 ③

4문단에 따르면 백신 기업 협의체는 한·미 글로벌 백신 파트너십을 통한 백신 생산 가속화 및 전 세계 백신 공급 확대라는 막중한 과제의 실현을 위한 정부·기업 또는 기업 간 협력을 촉진하는 파트너로서 활동하게 되며, 5문단에 따르면 정부·기업 간 소통 촉진, 국내 백신 생산역량 제고, 원부자재 수급, 한·미 협상 공동 대응과 같이 백신 기업 측의 대표로서 국내 백신 산업 생태계 고도화를 통한 글로벌 백신 허브로의 도약을 준비하는 역할을 담당하게 된다.
따라서 백신 기업 협의체의 역할로 옳은 것은 ③이다.

[52-53]

52 문제해결능력   정답 ③

'3. 신청 방법'에 따르면 국민건강보험공단으로부터 본인 부담 상한액 초과금 지급신청 안내문을 전달받은 지급 대상자는 전화·팩스·우편·인터넷 등을 통해 국민건강보험공단에 신청하므로 옳은 내용이다.

오답 체크

① '5. 소득분위별 본인 부담 상한액 및 본인 부담 상환액 월별 기준 보험료'에 따르면 요양병원에서 120일 초과 입원한 소득 5분위 환자의 본인 부담 상한액은 211만 원이므로 옳지 않은 내용이다.
② '4. 상한액 초과금 지급 방법 - 2)'에 따르면 사전급여 방법은 국민건강보험공단에서 요양기관에 지급하는 방법이므로 옳지 않은 내용이다.
④ '1. 개요'에 따르면 본인 부담 상한제는 1월 1일부터 12월 31일까지 본인 일부 부담금의 총액이 건강보험료 정산에 따라 정해진 개인별 상한액을 초과하는 경우 그 초과금을 국민건강보험공단이 부담하여 가입자 또는 피부양자에게 직·간접적으로 지급하는 제도이므로 옳지 않은 내용이다.

53 문제해결능력   정답 ④

제시된 자료에 따르면 A는 직장가입자로 매월 5만 3,220원의 보험료를 납부하므로 소득 2~3분위에 해당하고, 1월 1일부터 12월 31일까지 요양병원에서 120일 이하에 해당하는 120일을 입원하므로 본인 부담 상한액은 101만 원이다. 이때 A는 의료비 본인 일부 부담금으로 총 483만 3,775원을 납부하였으므로 본인 부담 상한액을 초과한 금액에 대해 국민건강보험공단으로부터 지급받는다.
따라서 A가 국민건강보험공단으로부터 지급받은 금액은 4,833,775 - 1,010,000 = 3,823,775원이다.

[54-55]

54 문제해결능력   정답 ③

'5. 지원 방법'에 따르면 지정 의료기관 외의 의료기관에서 검진을 희망하는 경우 정밀 검진비를 선지급한 후 보건소에 진료비를 청구할 수 있으므로 옳은 내용이다.

오답 체크

① '4. 지원 기간'에 따르면 3, 4분기 검진 수검자를 대상으로 다음 연도 상반기까지 지원 기간을 연장하므로 옳지 않은 내용이다.
② '1. 영유아 발달장애 정밀 검진이란?'에 따르면 9~12개월의 영유아인 2차에 해당하는 영유아부터 영유아 발달 선별 검진 도구를 이용하여 검진을 실시하므로 옳지 않은 내용이다.
④ '3. 지원 내용'에 따르면 장애인 진단서 발급 비용은 지원 내용에서 제외되지만, 법정 본인 부담금 및 비급여를 포함한 검진 및 진찰료를 지원받을 수 있으므로 옳지 않은 내용이다.

55 문제해결능력   정답 ③

'6. 지원 금액'에 따르면 건강 보험료 부과 금액이 하위 50%인 115,000원 이하인 자고, 직장 가입자 A의 건강 보험료 납부액은 95,000원이다. 이때 건강 보험료 부과 금액이 하위 50%인 자는 200,000원을 지원받으므로 본인 부담금은 청구된 580,000원에서 200,000원을 공제한 금액이다.
따라서 A가 지불하는 금액은 580,000 - 200,000 = 380,000원이다.

[56-57]

56 문제해결능력   정답 ③

3문단에 따르면 건강보험 산정특례에 따른 의료비 혜택은 등록을 해야만 적용되므로 7월 1일 이전부터 현재까지 치료받고 있는 대상자도 새로 신청해야 하므로 옳지 않은 내용이다.

오답 체크

① 4문단에 따르면 의료급여 수급자는 기존 치료자와 신규 등록자에 상관없이 산정특례 등록을 할 필요가 없으며, 현행처럼 관할 보건소에서 계속 지원하므로 옳은 내용이다.
② 7문단에 따르면 잠복결핵은 감염된 후 2년 이내에 결핵이 발병할 확률이 50%에 달할 정도로 높지만, 치료 시 결핵 예방 효과가 83% 이상으로 높다는 것이 입증되었으므로 옳은 내용이다.
④ 1문단에 따르면 잠복결핵감염은 결핵균에 감염되었으나 몸속에 들어온 결핵균이 활동하지 않아 결핵으로 발병하지 않은 상태를 말하며, 대개 잠복결핵감염의 약 10%가 활동성 결핵으로 발병되므로 옳은 내용이다.

57 문제해결능력   정답 ③

[붙임 1]의 '2) 비용 부담'에 따르면 전염성 결핵 환자 접촉자에 대한 잠복결핵감염 검사비는 무료이므로 전염성 결핵을 진단받은 동거인의 밀접 접촉자로 분류된 丙은 본인부담금 없이 잠복결핵감염 검사를 할 수 있다.

[58-60]

58 문제해결능력   정답 ④

'2. 재난적 의료비 지원 사업 - 1)'에 따르면 사업 진행 시 2,000만 원 한도에서 비급여를 포함한 본인 부담금에 대한 의료비를 지원하므로 옳지 않은 내용이다.

오답 체크

① '1. 건강 증진 사업 - 4)' 및 '2. 재난적 의료비 지원 사업 - 4)'에 따르면 두 사업의 위탁기관 모두 보건복지부이므로 옳은 내용이다.
② '1. 건강 증진 사업 - 1)'에 따르면 의료급여 수급권자 생애전환기 건강검진 대상자 선정 및 통보 시 미수검자 안내를 함께 진행하므로 옳은 내용이다.
③ '3. 희소난치성 질환·결핵·치매 환자 의료비 지원 사업 - 1)'에 따르면 사업 진행 시 결핵 환자의 요양급여 중 본인 부담금의 50%를 지원하므로 옳은 내용이다.

59 문제해결능력   정답 ③

'4. 공·직무상 요양비 지급 관리 사업 - 2)'에 따르면 공무원연금법 제35조 내지 제38조, 사학연금법 제42조, 군인연금법 제30조의7, 공·직무상 요양비 지급 업무 위·수탁 계약이 추진 근거이다.
따라서 공·직무상 요양비 지급 관리 사업의 추진 근거로 적절하지 않은 것은 '군인연금법 제35조의7'이다.

60 문제해결능력   정답 ④

'1. 건강 증진 사업'에 따르면 사업 진행 시 의료급여 수급권자 중 일반 및 영유아 건강검진 대상자를 선정하고 통보하는 것이 포함된 해당 사업의 20X2년 예산액은 57,316백만 원이고, '3. 희소난치성 질환·결핵·치매 환자 의료비 지원 사업'에 따르면 사업 진행 시 희소난치성 질환자 중 지원 대상자의 의료비 예탁금을 관리하는 것이 포함된 해당 사업의 20X2년 예산액은 51,408백만 원이다. 이에 따라 두 사업의 20X2년 총예산액은 57,316 + 51,408 = 108,724백만 원이다.
따라서 빈칸에 들어갈 내용으로 가장 적절한 것은 108,724백만 원이다.

국민건강보험법

p.292

01	02	03	04	05	06	07	08	09	10
①	④	③	④	②	②	③	①	②	③
11	12	13	14	15	16	17	18	19	20
④	④	①	①	①	①	④	①	④	④

01 정답 ①

국민건강보험법 제98조 제1항에 따라 제97조 제2항(보건복지부장관은 요양기관에 대하여 요양·약제의 지급 등 보험급여에 관한 보고 또는 서류 제출을 명하거나, 소속 공무원이 관계인에게 질문하게 하거나 관계 서류를 검사하게 할 수 있다)에 따른 명령에 위반하거나 거짓 보고를 하거나 거짓 서류를 제출하거나, 소속 공무원의 검사 또는 질문을 거부·방해 또는 기피한 경우 1년의 범위에서 기간을 정하여 업무정지를 명할 수 있다.

02 정답 ④

㉠~㉢ 중 연체금에 대한 설명으로 옳지 않은 것은 ㉠, ㉡, ㉢으로 3개이다.

㉠ 국민건강보험법 제80조 제1항에 따라 국민건강보험공단은 보험료 등의 납부의무자가 납부기한까지 보험료 등을 내지 아니하면 그 납부기한이 지난 날부터 매 1일이 경과할 때마다 연체금을 징수하므로 옳지 않은 설명이다.

㉡ 국민건강보험법 제80조 제1항 제1호에 따라 보험급여 제한 기간 중 받은 보험급여에 대한 징수금을 체납한 경우 납부기한이 지난날부터 매 1일이 경과할 때마다 징수하는 연체금은 해당 체납금액의 1천분의 20을 넘지 못하고 같은 조 제2항 제1호에 따라 납부기한 후 30일이 지난 날부터 매 1일이 경과할 때마다 징수되는 연체금은 체납금액의 1천분의 50을 넘지 못하므로 징수금 200만 원을 체납한 경우 연체금은 최대 200 × 0.05 = 10만 원이므로 옳지 않은 설명이다.

㉢ 국민건강보험법 제80조 제3항에 따라 국민건강보험공단은 천재지변이나 그 밖에 보건복지부령으로 정하는 부득이한 사유가 있으면 연체금을 징수하지 않을 수 있음에 따라 항상 연체금을 징수하지 않는 것은 아니므로 옳지 않은 설명이다.

03 정답 ③

국민건강보험법 제53조 제3항 및 제5항에 따르면 보험급여를 받을 수 있는 사례는 ㉡, ㉣이다.

오답 체크

㉠, ㉢ 국민건강보험법 제53조 제1항 제2호 및 제4호에 따라 보험급여를 지급받지 못하는 사례에 해당한다.

04 정답 ④

국민건강보험법 제48조 제4항에 따라 확인 요청의 범위, 방법, 절차, 처리기간 등 필요한 사항은 보건복지부령으로 정하므로 옳지 않은 설명이다.

오답 체크

① 국민건강보험법 제48조 제1항에 따라 가입자나 피부양자는 본인일부부담금 외에 자신이 부담한 비용이 요양급여 대상에서 제외되는 비용인지 여부에 대하여 건강보험심사평가원에 확인을 요청할 수 있으므로 옳은 설명이다.

② 국민건강보험법 제48조 제2항에 따라 건강보험심사평가원은 요양급여 대상 여부 확인 요청을 받은 경우 그 결과를 요청한 사람에게 알려야 하며, 확인을 요청한 비용이 요양급여 대상에 해당되는 경우 그 내용을 국민건강보험공단 및 관련 요양기관에 알려야 하므로 옳은 설명이다.

③ 국민건강보험법 제48조 제3항에 따라 요양기관은 과다본인부담금이 있는 경우 지체 없이 확인을 요청한 사람에게 지급해야 하지만 요양기관이 지급하지 않을 경우 국민건강보험공단은 요양기관에 지급할 요양급여비용에서 과다본인부담금을 공제하여 지급할 수 있으므로 옳은 설명이다.

05 정답 ②

㉠에 들어갈 말은 보건복지부령, ㉡에 들어갈 말은 대통령령, ㉢에 들어갈 말은 보건복지부령, ㉣에 들어갈 말은 보건복지부령이다.

따라서 ㉠~㉣ 중 빈칸에 들어갈 말이 나머지와 다른 것은 ㉡이다.

06 정답 ②

㉠~㉢ 중 요양기관 현황에 대한 설명으로 옳은 것은 ㉢으로 1개이다.
㉢ 국민건강보험법 제43조 제3항에 따라 신고의 범위, 대상, 방법 및 절차 등에 필요한 사항은 보건복지부령으로 정하므로 옳은 설명이다.

[오답 체크]
㉠ 국민건강보험법 제43조 제1항에 따라 요양기관은 요양급여비용을 최초로 청구하는 때에 요양기관의 시설·장비 및 인력 등에 대한 현황을 건강보험심사평가원에 신고해야 하므로 옳지 않은 설명이다.
㉡ 국민건강보험법 제43조 제2항에 따라 요양기관은 요양급여비용의 증감에 관련된 사항이 변경된 경우 그 변경된 날부터 15일 이내에 보건복지부령으로 정하는 바에 따라 건강보험심사평가원에 신고해야 하므로 옳지 않은 설명이다.

07 정답 ③

국민건강보험법 제85조에 따라 ㉠~㉤ 중 보험료보다 우선하여 징수하는 채권에 해당하는 것은 ㉠, ㉡, ㉢, ㉣로 4개이다.

더 알아보기

보험료등의 징수 순위(국민건강보험법 제85조)
보험료등은 국세와 지방세를 제외한 다른 채권에 우선하여 징수한다. 다만, 보험료등의 납부기한 전에 전세권·질권·저당권 또는 「동산·채권 등의 담보에 관한 법률」에 따른 담보권의 설정을 등기 또는 등록한 사실이 증명되는 재산을 매각할 때에 그 매각대금 중에서 보험료등을 징수하는 경우 그 전세권·질권·저당권 또는 「동산·채권 등의 담보에 관한 법률」에 따른 담보권으로 담보된 채권에 대하여는 그러하지 아니하다.

08 정답 ①

국민건강보험법 제51조 제2항에 따라 장애인인 가입자 또는 피부양자에게 보조기기를 판매한 자는 가입자나 피부양자의 위임이 있는 경우 국민건강보험공단에 보험급여를 직접 청구할 수 있으므로 옳지 않은 설명이다.

09 정답 ②

㉠~㉢ 중 소멸시효가 완성된 것은 ㉠으로 1개이다.
㉠ 국민건강보험법 제91조에 따라 보험료의 고지 또는 독촉을 하지 않는 한 보험료, 연체금 및 가산금을 징수할 권리를 3년 동안 행사하지 않을 경우 소멸시효가 완성된다.

10 정답 ③

국민건강보험법 제95조 제1항에 따라 국민건강보험공단은 가입자가 신고한 보수에 탈루가 있다고 인정하는 경우에는 보건복지부 장관을 거쳐 소득의 탈루에 관한 사항을 문서로 국세청장에게 송부할 수 있으므로 옳은 내용이다.

[오답 체크]
① 국민건강보험법 제94조 제3항에 따라 가입자가 보수에 대한 자료를 제출하여 그 사실 여부 확인이 필요한 경우 그 조사를 하는 소속 직원은 권한을 표시하는 증표를 지니고 관계인에게 보여주어야 하므로 옳지 않은 내용이다.
② 국민건강보험법 제95조 제2항에 따라 국세청장은 가입자의 보수 중 탈루가 있음을 송부받은 사항에 대하여 법률에 따른 세무조사를 하면 그 조사 결과 중 보수에 관한 사항을 국민건강보험공단에 송부하여야 하므로 옳지 않은 내용이다.
④ 국민건강보험법 제94조 제2항에 따라 국민건강보험공단은 가입자가 신고한 보수 및 소득 사항에 대하여 사실 여부를 확인할 필요가 있으면 소속 직원이 해당 사항에 관하여 조사하게 할 수 있으므로 옳지 않은 내용이다.

더 알아보기

신고 등(국민건강보험법 제94조)
① 국민건강보험공단은 사용자, 직장가입자 및 세대주에게 다음 각 호의 사항을 신고하게 하거나 관계 서류(전자적 방법으로 기록된 것을 포함한다)를 제출하게 할 수 있다.
  1. 가입자의 거주지 변경
  2. 가입자의 보수·소득
  3. 그 밖에 건강보험사업을 위하여 필요한 사항
② 국민건강보험공단은 제1항에 따라 신고한 사항이나 제출받은 자료에 대하여 사실 여부를 확인할 필요가 있으면 소속 직원이 해당 사항에 관하여 조사하게 할 수 있다.
③ 제2항에 따라 조사를 하는 소속 직원은 그 권한을 표시하는 증표를 지니고 관계인에게 보여주어야 한다.

소득 축소·탈루 자료의 송부 등(국민건강보험법 제95조)
① 국민건강보험공단은 제94조 제1항에 따라 신고한 보수 또는 소득 등에 축소 또는 탈루가 있다고 인정하는 경우에는 보건복지부장관을 거쳐 소득의 축소 또는 탈루에 관한 사항을 문서로 국세청장에게 송부할 수 있다.
② 국세청장은 제1항에 따라 송부받은 사항에 대하여 「국세기본법」 등 관련 법률에 따른 세무조사를 하면 그 조사 결과 중 보수·소득에 관한 사항을 국민건강보험공단에 송부하여야 한다.
③ 제1항 및 제2항에 따른 송부 절차 등에 필요한 사항은 대통령령으로 정한다.

11 정답 ④

국민건강보험법 제75조 제1항 제2호에 따라 보험료 경감은 65세 이상인 사람이 받을 수 있으므로 현재 직장 생활을 하고 있는 64세 직장인 D 씨는 보험료를 경감 혹은 감액 받을 수 있는 대상에 해당하지 않는다.

12 정답 ④

국민건강보험법 제78조2 제1항에 따라 사업장의 사용자가 대통령령으로 정하는 사유에 해당되어 직장가입자가 될 수 없는 자를 거짓으로 보험자에게 직장가입자로 신고한 경우, 국민건강보험공단은 사용자가 직장가입자로 신고한 사람이 직장가입자로 처리된 기간 동안 그 가입자가 부담하여야 하는 보험료의 총액에서 해당 기간 동안 국민건강보험공단이 해당 가입자에 대해 산정하여 부과한 보험료의 총액을 뺀 금액의 100분의 10에 상당하는 가산금을 그 사용자에게 부과하여 징수하므로 국민건강보험공단이 갑의 사용자에게 부과하여 징수한 가산금은 $(375,000 - 288,500) \times 0.1 = 8,650$원이다.
따라서 빈칸에 들어갈 내용은 8,650원이다.

13 정답 ①

국민건강보험법 제110조 제1항에 따라 ㉠에 들어갈 내용은 1년이다.

14 정답 ①

㉠에는 5월 31일, ㉡에는 6월 30일이 들어간다.

15 정답 ①

국민건강보험법 제6조에 따라 6개월 전 임용에 합격하여 근무하고 있는 교직원 A 씨는 직장가입자에 해당한다.

> 🔍 **더 알아보기**
> **가입자의 종류(국민건강보험법 제6조)**
> ① 가입자는 직장가입자와 지역가입자로 구분한다.
> ② 모든 사업장의 근로자 및 사용자와 공무원 및 교직원은 직장가입자가 된다. 다만, 다음 각 호의 어느 하나에 해당하는 사람은 제외한다.
> 1. 고용 기간이 1개월 미만인 일용근로자
> 2. 「병역법」에 따른 현역병(지원에 의하지 아니하고 임용된 하사를 포함한다), 전환복무된 사람 및 군간부후보생
> 3. 선거에 당선되어 취임하는 공무원으로서 매월 보수 또는 보수에 준하는 급료를 받지 아니하는 사람
> 4. 그 밖에 사업장의 특성, 고용 형태 및 사업의 종류 등을 고려하여 대통령령으로 정하는 사업장의 근로자 및 사용자와 공무원 및 교직원
> ③ 지역가입자는 직장가입자와 그 피부양자를 제외한 가입자를 말한다.

16 정답 ①

국민건강보험법 제78조 제1항에 따라 보험료의 납부 의무가 있는 자는 가입자에 대한 그달의 보험료를 그다음 달 10일까지 납부하여야 하고, 같은 조 제2항에 따라 납입고지의 송달 지연 등 보건복지부령으로 정하는 사유가 있는 경우 납부의무자의 신청에 따라 납부기한부터 1개월의 범위에서 납부기한을 연장할 수 있으므로 보험료의 납부기한에 대해 바르게 설명한 사람은 동현이다.

> **오답 체크**
> ② 국민건강보험법 제78조 제1항에 따라 직장가입자의 소득월액보험료 및 지역가입자의 보험료는 보건복지부령으로 정하는 바에 따라 분기별로 납부할 수 있음에 따라 분기별로 납부해야만 하는 것은 아니므로 옳지 않은 설명이다.
> ③ 국민건강보험법 제78조 제2항에 따라 납부기한 연장을 신청하는 방법, 절차 등에 필요한 사항은 보건복지부령으로 정하므로 옳지 않은 설명이다.
> ④ 국민건강보험법 제78조 제2항에 따라 납입고지의 송달 지연 등 보건복지부령으로 정하는 사유가 있는 경우 납부의무자의 신청에 따라 납부기한부터 1개월의 범위에서 납부기한을 연장할 수 있으므로 옳지 않은 설명이다.

17 정답 ④

국민건강보험법 제81조에 따라 압류한 재산의 공매에 대하여 전문지식이 필요하거나 그 밖에 특수한 사정으로 직접 공매하는 것이 적당하지 아니하다고 인정하는 경우에는 「한국자산관리공사 설립 등에 관한 법률」에 따라 설립된 한국자산관리공사에 공매를 대행하게 할 수 있으므로 옳지 않은 설명이다.

18 정답 ①

국민건강보험법 제83조 제1항에 따라 납부기한의 다음 날부터 1년이 경과한 보험료, 연체금과 체납처분비의 총액이 1천만 원 이상인 체납자가 납부능력이 있음에도 불구하고 체납한 경우 그 인적사항·체납액 등을 공개할 수 있으므로 옳지 않은 설명이다.

오답 체크

② 국민건강보험법 제83조 제1항에 따라 체납된 보험료, 연체금과 체납처분비와 관련하여 제87조에 따른 이의신청, 제88조에 따른 심판청구가 제기되거나 행정소송이 계류 중인 경우 또는 그 밖에 체납된 금액의 일부 납부 등 대통령령으로 정하는 사유가 있는 경우에는 인적사항·체납액 등을 공개하지 않으므로 옳은 설명이다.
③ 국민건강보험법 제83조 제4항에 따라 체납자 인적사항·체납액 등의 공개는 관보에 게재하거나 국민건강보험공단 인터넷 홈페이지에 게시하는 방법에 따르므로 옳은 설명이다.
④ 국민건강보험법 제83조 제3항에 따라 국민건강보험공단은 보험료정보공개심의위원회의 심의를 거친 인적사항·체납액 등의 공개대상자에게 공개대상자임을 서면으로 통지하여 소명의 기회를 부여해야 하므로 옳은 설명이다.

19 정답 ④

국민건강보험법 제25조 제2항에 따라 ㉢에 들어갈 내용은 이사장이다.

20 정답 ④

국민건강보험법 제96조의4 제1항에 따라 요양기관은 요양급여가 끝난 날부터 5년간 보건복지부령으로 정하는 바에 따라 요양급여비용의 청구에 관한 서류를 보존하여야 하므로 옳지 않은 설명이다.

🔍 더 알아보기

서류의 보존(국민건강보험법 제96조의4)
① 요양기관은 요양급여가 끝난 날부터 5년간 보건복지부령으로 정하는 바에 따라 제47조에 따른 요양급여비용의 청구에 관한 서류를 보존하여야 한다. 다만, 약국 등 보건복지부령으로 정하는 요양기관은 처방전을 요양급여비용을 청구한 날부터 3년간 보존하여야 한다.
② 사용자는 3년간 보건복지부령으로 정하는 바에 따라 자격관리 및 보험료 산정 등 건강보험에 관한 서류를 보존하여야 한다.
③ 제49조 제3항에 따라 요양비를 청구한 준요양기관은 요양비를 지급받은 날부터 3년간 보건복지부령으로 정하는 바에 따라 요양비 청구에 관한 서류를 보존하여야 한다.
④ 제51조 제2항에 따라 보조기기에 대한 보험급여를 청구한 자는 보험급여를 지급받은 날부터 3년간 보건복지부령으로 정하는 바에 따라 보험급여 청구에 관한 서류를 보존하여야 한다.

노인장기요양보험법

01	02	03	04	05	06	07	08	09	10
④	④	③	④	①	③	②	②	④	①
11	12	13	14	15	16	17	18	19	20
②	②	④	④	④	③	④	④	①	③

01 정답 ④

노인장기요양보험법 제53조에 따라 등급판정위원회 회의는 구성원 과반수의 출석으로 개의하고 출석위원 과반수의 찬성으로 의결하므로 옳지 않은 설명이다.

02 정답 ④

노인장기요양보험법 제32조의4에 따라 장기요양기관의 장이 지정의 유효기간이 끝난 후에도 계속하여 그 지정을 유지하려는 경우에는 소재지를 관할구역으로 하는 특별자치시장·특별자치도지사·시장·군수·구청장에게 지정 유효기간이 끝나기 90일 전까지 지정 갱신을 신청하여야 하므로 옳지 않은 설명이다.

03 정답 ③

노인장기요양보험법에 제2조 제2호에 따라 ⓒ에 들어갈 말은 6개월이다.

04 정답 ④

노인장기요양보험법 제37조 제1항에 따라 ㉠~㉣ 중 장기요양기관 지정 취소 또는 업무정지 사유에 해당하는 것은 ㉠, ㉡, ㉢이다.

오답 체크
㉣ 노인장기요양보험법 제37조 제1항 제6호 가목에 따라 수급자의 신체에 폭행을 가하거나 상해를 입히는 행위를 한 경우는 장기요양기관 지정의 취소 및 업무정지 사유가 되지만, 장기요양기관의 장이 그 행위를 방지하기 위하여 해당 업무에 관하여 상당한 주의와 감독을 게을리하지 않은 경우는 제외된다.

05 정답 ①

㉠~ⓒ 중 1,000원 미만의 금액을 소액 처리하는 경우에 해당하는 것은 없으므로 0개이다.

더 알아보기

소액 처리(노인장기요양보험법 제66조의3)
국민건강보험공단은 징수 또는 반환하여야 할 금액이 1건당 1,000원 미만인 경우(제38조 제5항 및 제43조 제4항 후단에 따라 각각 상계할 수 있는 지급금 및 장기요양보험료 등은 제외한다)에는 징수 또는 반환하지 아니한다. 다만, 「국민건강보험법」제106조에 따른 소액 처리 대상에서 제외되는 건강보험료와 통합하여 징수 또는 반환되는 장기요양보험료의 경우에는 그러하지 아니하다.

재가 및 시설 급여비용의 청구 및 지급 등(노인장기요양보험법 제38조 제5항)
⑤ 국민건강보험공단은 수급자에게 지급하여야 하는 금액을 그 수급자가 납부하여야 하는 장기요양보험료 및 그 밖에 이 법에 따른 징수금과 상계할 수 있다.

부당이득의 징수(노인장기요양보험법 제43조 제4항)
④ 국민건강보험공단은 장기요양기관이나 의료기관이 수급자 또는 신청인으로부터 거짓이나 그 밖의 부정한 방법으로 장기요양급여비용 또는 의사소견서 등 발급비용을 받은 때 해당 장기요양기관 또는 의료기관으로부터 이를 징수하여 수급자 또는 신청인에게 지체 없이 지급하여야 한다. 이 경우 국민건강보험공단은 수급자 또는 신청인에게 지급하여야 하는 금액을 그 수급자 또는 신청인이 납부하여야 하는 장기요양보험료 등과 상계할 수 있다.

06 정답 ③

노인장기요양보험법 제37조의2 제5항에 따라 특별자치시장·특별자치도지사·시장·군수·구청장은 과징금의 부과와 징수에 관한 사항을 보건복지부령으로 정하는 바에 따라 기록·관리하여야 하므로 옳지 않은 설명이다.

오답 체크
① 노인장기요양보험법 제37조의2 제3항에 따라 과징금을 부과하는 위반행위의 종류 및 위반의 정도 등에 따른 과징금의 금액과 과징금의 부과절차 등에 필요한 사항은 대통령령으로 정하므로 옳은 설명이다.

② 노인장기요양보험법 제37조의2 제2항에 따라 특별자치시장·특별자치도지사·시장·군수·구청장은 업무정지명령을 하여야 하는 경우로서 그 업무정지가 해당 장기요양기관을 이용하는 수급자에게 심한 불편을 줄 우려가 있는 등 보건복지부 장관이 정하는 특별한 사유가 있다고 인정되는 경우에는 업무정지명령을 갈음하여 거짓이나 그 밖의 부정한 방법으로 청구한 금액의 5배 이하의 금액을 과징금으로 부과할 수 있으므로 옳은 설명이다.

④ 노인장기요양보험법 제37조의2 제1항에 따라 특별자치시장·특별자치도지사·시장·군수·구청장은 업무정지명령을 하여야 하는 경우로서 그 업무정지가 해당 장기요양기관을 이용하는 수급자에게 심한 불편을 줄 우려가 있는 등 보건복지부 장관이 정하는 특별한 사유가 있다고 인정되는 경우에는 업무정지명령을 갈음하여 2억 원 이하의 과징금을 부과할 수 있으므로 옳은 설명이다.

07 정답 ②

노인장기요양보험법 제55조에 따라 정당한 사유로 그 기간에 심사청구를 할 수 없었음을 증명하면 그 기간이 지난 후에도 심사청구를 할 수 있으므로 옳지 않은 설명이다.

08 정답 ②

노인장기요양보험법 제9조 제1항에 따라 장기요양보험료는 보험료액에서 경감 또는 면제되는 비용을 공제한 금액에 건강보험료율 대비 장기요양보험료율의 비율을 곱하여 산정한 금액으로 한다.
따라서 A 씨가 지불해야 하는 장기요양보험료는 (353,000 − 103,000) × 0.086 = 21,500원이다.

09 정답 ④

㉠~㉤ 중 장기요양기관을 지정하거나 지정을 취소할 수 있는 권한을 가진 자는 ㉠, ㉢, ㉤이다.
노인장기요양보험법 제31조, 제37조에 따라 법률에 근거하여 장기요양기관을 지정하거나 지정을 취소할 수 있는 자는 기관 소재지를 관할 구역으로 하는 특별자치시장·특별자치도지사·시장·군수·구청장이다.

10 정답 ①

노인장기요양보험법 제49조에 따라 (가)에 들어갈 업무는 장기요양보험 가입자 및 그 피부양자와 의료급여수급권자의 자격관리와 장기요양보험료의 부과·징수업무이다.

노인장기요양보험법 제48조 제2항 제8호에 따라 특별현금급여의 지급업무는 장기요양사업의 관리운영기관인 국민건강보험공단이 관장하는 업무에 해당하지만, 제49조에 따른 (가) 업무에는 해당하지 않는다.

11 정답 ②

㉠~㉢ 중 장기요양인정서에 대한 설명으로 옳지 않은 것은 ㉡으로 1개이다.

㉡ 노인장기요양보험법 제18조에 따라 국민건강보험공단은 장기요양인정서를 작성할 경우 장기요양급여의 종류 및 내용을 정하는 때 수급자의 장기요양등급 및 생활환경, 수급자와 그 가족의 욕구 및 선택, 시설급여를 제공하는 경우 장기요양기관이 운영하는 시설 현황을 고려하여 정해야 하므로 옳지 않은 설명이다.

오답 체크

㉠ 노인장기요양보험법 제17조 제4항에 따라 장기요양인정서 및 개인별장기요양이용계획서의 작성방법에 관하여 필요한 사항은 보건복지부령으로 정하므로 옳은 설명이다.

㉢ 노인장기요양보험법 제17조 제3항에 따라 국민건강보험공단은 장기요양인정서를 송부하는 때 장기요양급여를 원활히 이용할 수 있도록 월 한도액 범위 안에서 개인별장기요양이용계획서를 작성하여 이를 함께 송부해야 하므로 옳은 설명이다.

12 정답 ②

노인장기요양보험법 제23조에 따르면 재가급여의 유형에 해당하는 것은 ㉠, ㉢, ㉣이다.

13 정답 ④

노인장기요양보험법 제40조 제1항에 따라 장기요양급여를 받는 자는 대통령령으로 정하는 바에 따라 비용의 일부를 본인이 부담하고, 제4항 제2호에 따라 소득·재산 등이 보건복지부 장관이 정하여 고시하는 일정 금액 이하인 자에 대해서는 본인부담금의 100분의 60의 범위에서 보건복지부 장관이 정하는 바에 따라 차등하여 감경할 수 있으므로 본인부담금이 2,500,000원인 을은 최대 100분의 60까지 감경받을 수 있다.
따라서 을은 자신이 부담하는 장기요양급여의 본인부담금 중 최대 2,500,000 × 0.6 = 1,500,000원을 감경받을 수 있다.

14 정답 ④

건강보험 가입자로서 보건복지부령으로 정하는 사유로 인해 가족 등으로부터 장기요양을 받아야 하는 자는 가족요양비 지급 대상에 해당하지 않는다.

> 🔍 **더 알아보기**
>
> **가족요양비(노인장기요양보험법 제24조)**
> ① 국민건강보험공단은 다음 각 호의 어느 하나에 해당하는 수급자가 가족 등으로부터 방문요양에 상당한 장기요양급여를 받은 때 대통령령으로 정하는 기준에 따라 해당 수급자에게 가족요양비를 지급할 수 있다.
> 1. 도서·벽지 등 장기요양기관이 현저히 부족한 지역으로서 보건복지부 장관이 정하여 고시하는 지역에 거주하는 자
> 2. 천재지변이나 그 밖에 이와 유사한 사유로 인하여 장기요양기관이 제공하는 장기요양급여를 이용하기가 어렵다고 보건복지부 장관이 인정하는 자
> 3. 신체·정신 또는 성격 등 대통령령으로 정하는 사유로 인하여 가족 등으로부터 장기요양을 받아야 하는 자
> ② 제1항에 따른 가족요양비의 지급절차와 그 밖에 필요한 사항은 보건복지부령으로 정한다.

15 정답 ④

노인장기요양보험법 제44조 제1항에 따라 ㉠에 들어갈 말은 국민건강보험공단, 제48조 제1항에 따라 ㉡에 들어갈 말은 국민건강보험공단, 제50조 제2항에 따라 ㉢에 들어갈 말은 국민건강보험공단, 제56조 제1항에 따라 ㉣에 들어갈 말은 장기요양재심사위원회이다.
따라서 ㉠~㉣ 중 빈칸에 들어갈 말이 나머지와 다른 것은 ㉣이다.

16 정답 ③

노인장기요양보험법 제67조에 따라 업무수행 중 알게 된 비밀을 누설하면 2년 이하의 징역 또는 2천만 원 이하의 벌금에 처한다.

17 정답 ④

노인장기요양보험법 제61조 제1항에 따라 보건복지부 장관, 특별시장·광역시장·도지사 또는 특별자치시장·특별자치도지사·시장·군수·구청장은 장기요양보험가입자, 피부양자, 의료급여 수급권자에 해당하는 자에게 보수·소득이나 그 밖에 보건복지부령으로 정하는 사항의 보고 또는 자료의 제출을 명하거나, 소속 공무원으로 하여금 관계인에게 질문을 하게 하거나 관계 서류를 검사하게 할 수 있으므로 빈칸에 들어갈 내용으로 옳지 않은 것은 장기요양기관 및 의료기관이다.

> 🔍 **더 알아보기**
>
> **보고 및 검사(노인장기요양보험법 제61조 제1항, 제2항)**
> ① 보건복지부 장관, 특별시장·광역시장·도지사 또는 특별자치시장·특별자치도지사·시장·군수·구청장은 다음 각 호의 어느 하나에 해당하는 자에게 보수·소득이나 그 밖에 보건복지부령으로 정하는 사항의 보고 또는 자료의 제출을 명하거나 소속 공무원으로 하여금 관계인에게 질문을 하게 하거나 관계 서류를 검사하게 할 수 있다.
> 1. 장기요양보험가입자
> 2. 피부양자
> 3. 의료급여 수급권자
> ② 보건복지부 장관, 특별시장·광역시장·도지사 또는 특별자치시장·특별자치도지사·시장·군수·구청장은 다음 각 호의 어느 하나에 해당하는 자에게 장기요양급여의 제공 명세, 재무·회계에 관한 사항 등 장기요양급여에 관련된 자료의 제출을 명하거나 소속 공무원으로 하여금 관계인에게 질문을 하게 하거나 관계 서류를 검사하게 할 수 있다.
> 1. 장기요양기관 및 의료기관
> 2. 장기요양급여를 받은 자

18 정답 ④

노인장기요양보험법 제34조 제1항에 따라 ㉠~㉢ 중 장기요양급여 선택의 용이성과 급여의 질을 보장하기 위해 국민건강보험공단이 운영하는 홈페이지에 게시되어야 하는 장기요양기관의 정보에 해당하는 것은 ㉠, ㉡, ㉢이다.

> 🔍 **더 알아보기**
>
> **장기요양기관 정보의 안내 등(노인장기요양보험법 제34조 제1항)**
> ① 장기요양기관은 수급자가 장기요양급여를 쉽게 선택하도록 하고 장기요양기관이 제공하는 급여의 질을 보장하기 위하여 장기요양기관별 급여의 내용, 시설·인력 등 현황자료 등을 국민건강보험공단이 운영하는 인터넷 홈페이지에 게시하여야 한다.

19   정답 ①

노인장기요양보험법 제55조에 따라 심사청구에 대해 바르게 설명한 사람은 갑, 을이다.
- 갑: 노인장기요양보험법 제55조 제3항에 따라 심사청구 사항을 심사하기 위하여 국민건강보험공단에 장기요양심사위원회를 두고, 제5항에 따라 장기요양심사위원회의 구성·운영 및 위원의 임기, 그 밖에 필요한 사항은 대통령령으로 정하므로 옳은 설명이다.
- 을: 노인장기요양보험법 제55조 제1항에 따라 장기요양인정·장기요양등급·장기요양급여·부당이득·장기요양급여비용 또는 장기요양보험료 등에 관한 국민건강보험공단의 처분에 이의가 있는 자는 국민건강보험공단에 심사청구를 할 수 있고, 제2항에 따라 심사청구는 그 처분이 있음을 안 날부터 90일 이내에 문서 또는 전자문서로 하여야 하므로 옳은 설명이다.

[오답 체크]
- 병: 노인장기요양보험법 제55조 제2항에 따라 처분이 있은 날부터 180일을 경과하면 심사청구를 제기하지 못하지만, 정당한 사유로 그 기간에 심사청구를 할 수 없었음을 증명하면 그 기간이 지난 후에도 심사청구를 할 수 있으므로 옳지 않은 설명이다.

20   정답 ③

노인장기요양보험법 제36조 제1항에 따라 장기요양기관의 장은 폐업하거나 휴업하고자 하는 경우 폐업이나 휴업 예정일 전 30일까지 특별자치시장·특별자치도지사·시장·군수·구청장에게 신고하여야 하므로 빈칸에 들어갈 내용으로 옳은 것은 30일이다.

이 책에는 국립국어원 표준국어대사전의 단어 정의를 인용 및 편집하여 제작한 내용이 수록되어 있습니다. 해당 내용의 저작권은 국립국어원에 있습니다.

한국사능력검정시험 1위* 해커스!
해커스 한국사능력검정시험 교재 시리즈

* 주간동아 선정 2022 올해의 교육 브랜드 파워 온·오프라인 한국사능력검정시험 부문 1위

빈출 개념과 기출 분석으로
기초부터 문제 해결력까지
꽉 잡는 기본서

해커스 한국사능력검정시험
심화 [1·2·3급]

스토리와 마인드맵으로 개념잡고!
기출문제로 점수잡고!

해커스 한국사능력검정시험
2주 합격 **심화 [1·2·3급]** **기본 [4·5·6급]**

 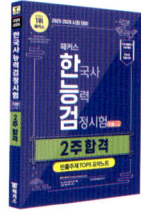

시대별/회차별 기출문제로
한 번에 합격 달성!

해커스 한국사능력검정시험
시대별/회차별 기출문제집 **심화 [1·2·3급]**

개념 정리부터 실전까지
한권완성 기출문제집!

해커스 한국사능력검정시험
한권완성 기출 500제 **기본 [4·5·6급]**

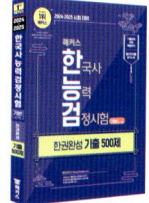

빈출 개념과 기출 선택지로
빠르게 합격 달성!

해커스 한국사능력검정시험
초단기 5일 합격 **심화 [1·2·3급]**
기선제압 막판 3일 합격 **심화 [1·2·3급]**

해커스잡·해커스공기업 누적 수강건수 700만 선택
취업교육 1위 해커스

합격생들이 소개하는 **단기합격 비법**

**삼성 그룹
최종 합격!
오*은 합격생**

정말 큰 도움 받았습니다!
삼성 취업 3단계 중 많은 취준생이 좌절하는 GSAT에서 해커스 덕분에 합격할 수 있었다고 생각합니다.

**국민건강보험공단
최종 합격!
신*규 합격생**

모든 과정에서 선생님들이 최고라고 느꼈습니다!
취업 준비를 하면서 모르는 것이 생겨 답답할 때마다, 강의를 찾아보며 그 부분을 해결할 수 있어 너무 든든했기 때문에 모든 선생님께 감사드리고 싶습니다.

해커스 대기업/공기업 대표 교재

**GSAT 베스트셀러
279주 1위**

**7년간 베스트셀러
1위 326회**

[279주 베스트셀러 1위] YES24 수험서 자격증 베스트셀러 삼성 GSAT 분야 1위(2014년 4월 3주부터, 1판부터 20판까지 주별 베스트 1위 통산)
[326회] YES24/알라딘/반디앤루니스 취업/상식/적성 분야, 공사 공단 NCS 분야, 공사 공단 수험서 분야, 대기업/공기업/면접 분야 베스트셀러 1위 횟수 합계 (2016.02.~2023.10/1~14판 통산 주별 베스트/주간 베스트/주간집계 기준)
[취업교육 1위] 주간동아 2024 한국고객만족도 교육(온·오프라인 취업) 1위
[700만] 해커스 온/오프라인 취업강의(특강) 누적신청건수(중복수강/무료 강의 포함/2015.06~2024.11.28)

대기업	공기업

**최종합격자가
수강한 강의는?
지금 확인하기!**

해커스잡 **ejob.Hackers.com**

해커스잡 | ejob.Hackers.com

본 교재 인강 · 해커스잡 단과 강의 · 국민건강보험공단 취업성공전략 동영상강의 ·
건보 고득점을 위한 PSAT형 모의고사 · 법률 빈칸노트 ·
인성검사 온라인 모의고사 · 무료 바로 채점 및 성적 분석 서비스